Ralph Gälzer
Grünplanung für Städte

Ralph Gälzer

Grünplanung für Städte

Planung, Entwurf, Bau und Erhaltung

24 Farbabbildungen
176 Schwarz-weiß-Abbildungen

VERLAG
EUGEN
ULMER

Mitarbeiterinnen:
Ilona Gälzer (Text)
Sonja Then (Abbildungen)

Einband:
Hintergrundbild: Ausschnitt der topographischen Karte Passaus. Aus: Tomáš Valena, Stadt und Topographie; Kassette zur gleichnamigen Ausstellung. Ernst + Sohn, Berlin 1990.

Einklinker unten rechts: Büro Kirchner, Wien; siehe Abbildung 63.
Alle übrigen Bilder stammen vom Autor.

Die Deutsche Bibliothek – CIP-Einheitsaufnahme

Gälzer, Ralph:
Grünplanung für Städte:
Planung, Entwurf, Bau und Erhaltung/Ralph Gälzer. – Stuttgart (Hohenheim): Ulmer, 2001
ISBN 3-8001-3186-2

© 2001 Eugen Ulmer GmbH & Co.
Wollgrasweg 41, 70599 Stuttgart (Hohenheim)
www.ulmer.de
Info@ulmer.de
Lektorat: Dr. Friederike Hübner, Hermine Tasche
Herstellung: Gabriele Wieczorek
Printed in Germany
Druck: Gutmann, Talheim
Buchbindung: Koch, Tübingen

ISBN 3-8001-3186-2

Das vorliegende Manuskript ist als **Lehrbuch, Arbeits- und Handbuch** gedacht, es richtet sich an Lehrende und Studierende der Studienrichtungen Architektur, Landschaftsplanung und Landschaftspflege sowie Raumplanung und Raumordnung. Es ist ferner für den Gebrauch in Planungs- und Architekturbüros und in Dienststellen der planenden Verwaltung bestimmt. Sein Inhalt entspricht dem derzeitigen Stand der wissenschaftlichen Forschung und der Praxis der Grünplanung. Es fasst die in zahlreichen in- und ausländischen Publikationen verstreuten, vom Verfasser nach ihrer Bedeutung ausgewählten Aussagen zum Stand und zur Entwicklung der Landschaftsarchitektur in übersichtlicher Form zusammen.

Das Buch umfasst zwar ausschnittsweise gleiche Sachbereiche wie einige früher in Deutschland erschienenen Werke (J. GREINER und H. GELBRICH 1974, G. RICHTER 1981, K. SELLE und S. BOCHNIG 1992, K. ERMER, R. HOFF und R. MOHRMANN 1996), nämlich grundlegende Fragen der Freiraumplanung für Städte, bezieht sich aber in seinem Hauptteil besonders auf die planerischen, rechtlichen und organisatorischen Gegebenheiten der **Objektplanung** und auf Grundsätze des Entwurfs von Grünräumen.

Der Inhalt ist aus systematischen Gründen in drei Teile gegliedert: Teil A umfasst die Grundlagen der Freiraumplanung, die Funktionen der Grünräume in der Stadt sowie die Aufgaben und Methoden der Freiraumplanung. Teil B behandelt den Entwurf, den Bau und die Erhaltung von Grünanlagen. Für das Thema Stadtgrün insgesamt wichtige Werke und Zeitschriften, Gesetze und Normen sowie Informationsstellen sind im Teil C zusammengefasst. Die sehr speziellen Fachgebiete Stadtökologie und Stadtsoziologie, zu denen eine umfangreiche Literatur zur Verfügung steht, sind nicht als besondere Kapitel behandelt, ihre Ziele und Inhalte sind, soweit dies sinnvoll und möglich war, in die entsprechenden Abschnitte des gesamten Textes eingearbeitet.

Zur Begrenzung des Umfangs mussten kurzfristig Teile des ursprünglichen Manuskriptes gestrichen werden, vor allem in den Kapiteln Grundlagen der Freiraumplanung (1), Funktionen der Grünräume in der Stadt (2), Computerunterstütztes Planen und Entwerfen (6) und Bau und Erhaltung von Grünanlagen (7); zu diesen Themen steht auch zahlreiche aktuelle Fachliteratur zur Verfügung; sie ist bei den entsprechenden Kapiteln unverändert angeführt. Durch die Kürzungen können stellenweise Brüche im Text auftreten. Da einzelne Themen aus verschiedener Sicht behandelt werden, kommt es fallweise zu Wiederholungen.

Das vorliegende Buch beruht im Wesentlichen auf den Ergebnissen der Lehr- und wissenschaftlichen Forschungstätigkeit des Verfassers an den Technischen Universitäten Wien und Graz in den Jahren 1972 bis 1992 sowie auf dessen praktischer Tätigkeit in Planung, Entwurf und Verwaltung auf zahlreichen Gebieten der Freiraumplanung in Städten (Wien, Hannover, Salzburg, Innsbruck, Klagenfurt, St. Pölten) seit 1959. Das bringt es mit sich, dass auch einige subjektive Erfahrungen einfließen, die nicht unbedingt der gängigen Lehr- und Verwaltungsauffassung entsprechen.

Um die Lesbarkeit zu erleichtern, sind die Quellen nicht unmittelbar im Text angegeben, die verwendete und weiterführende Literatur ist vielmehr nach jedem abgeschlossenen Kapitel angeführt. Diese Angaben können natürlich nicht vollständig sein; sie sollen auch die Möglichkeit eröffnen, weitere Quellen zu erschließen. In Anbetracht der Fülle der Fachliteratur wurden nur deutschsprachige Bücher angeführt; Zeitschriftenaufsätze und fremdsprachige Quellen wurden nur berücksichtigt, wenn sie von grundsätzlicher Bedeutung sind. Ausdrücklich wird auf die ergänzenden Informationen im **Teil C** hingewiesen, ebenso auf das umfangreiche Material an Diplomarbeiten und Dissertationen zu einzelnen Themen.

Die verwendeten Bezeichnungen in männlicher Form, wie Mitarbeiter, Stadtbewohner, Nutzer, sind geschlechtneutral zu verstehen und gelten in gleicher Weise für Frauen und Männer. Da es trotz größter Sorgfalt nicht möglich ist, alle Aspekte der Freiraumplanung für Städte nach dem jeweils letzten Stand der Erkenntnis und der Fachliteratur darzustellen, ist der Verfasser für Hinweise auf Ergänzungen und allfällige Berichtigungen des Textes und der Literaturangaben dankbar.

Inhalt

7

1.0 Vorbemerkung

Rund die Hälfte der 6,1 Milliarden Menschen auf der Erde lebt in Städten und städtischen Agglomerationen, nach Schätzungen der UN werden es um das Jahr 2025 über 60 % sein, der Großteil davon in Millionenstädten. Über 600 Millionen Menschen wohnen in Verhältnissen, die als gesundheits- bis lebensgefährdend eingestuft werden müssen. Etwa ein Drittel der in Städten lebenden Bevölkerung ist – quantitativ und qualitativ – unzureichend mit Wohnraum versorgt. Die Zahl der Obdachlosen wird weltweit auf rund 500 Millionen geschätzt, sie halten sich überwiegend in den Städten der Entwicklungsländer auf. Gut 250 Millionen Stadtbewohner haben keinen direkten Zugang zu Trinkwasser, 400 Millionen müssen ohne geordnete Abwasserentsorgung auskommen. Die Weltbevölkerung nimmt stetig weiter zu, durch die Landflucht in den Städten und Agglomerationen stärker als auf dem flachen Land. Die Einwohnerzahlen in Ballungsgebieten nehmen dabei unvorstellbare Größenordnungen an: Kairo 18 Millionen, Sao Paolo 21 Mio., Mexico City 24 Mio.

In der Europäischen Union leben fast 80 % aller Menschen in Städten und Ballungsräumen. Hier verbringen die Bewohner rund 50 % ihrer frei verfügbaren Zeit am Feierabend im Umfeld der Wohnungen. In Anbetracht der damit verbundenen Aufgaben hat die Kommission der EU ein eigenes „Grünbuch über die städtische Umwelt" herausgegeben.

Die Stadt von heute ist kein in sich geschlossenes Gebilde, sie ist vielfach zerteilt, fraktioniert, baulich wie in der Zusammensetzung ihrer Bewohner. Diese Heterogenität, in der sich kaum Gesetzmäßigkeiten erkennen lassen, verlangt nach Vielfalt auch im Umgang mit den Freiräumen. Zentrales Anliegen wird dabei immer das Wohlbefinden der **Menschen** sein, und dazu gehört das Erleben von und der Umgang mit Natur in der Stadt. Wir müssen uns von der Vorstellung lösen, dass die Stadt als Ganzes und ihre Entwicklung planbar seien; möglich und notwendig sind viele kleine, manchmal auch schmerzhafte Eingriffe. Wesentlich ist die Einsicht, dass sich die Freiraumplanung immer innerhalb eines sich stetig verändernden Systems bewegt. Ihr Ziel ist, darin die Nachhaltigkeit (sustainability) der natürlichen Ressourcen zu sichern und zu entwickeln (sustainable development).

Die Freiraumplanung ist nach wie vor Grundlage und Fachplanung für Stadtentwicklung und Stadtplanung; sie ist mit ihnen wechselseitig so eng verflochten, dass eine genaue definitorische Trennung nicht möglich ist. Durch viele Jahrzehnte haben namhafte Autoren Stadt und Landschaft als zwei voneinander getrennte Welten betrachtet, die unterschiedlichen Gesetzen unterliegen, die durch einen „Stadtrand" auch sichtbar voneinander getrennt werden könnten. Heute sehen wir, dass diese Begriffe nicht länger als Gegensätze haltbar sind, dass sich, wie auch D. KIENAST deutlich gezeigt hat, Stadtraum und Naturraum nicht mehr dialektisch gegenüber stehen. Die Wortschöpfung „Stadtlandschaft", die sich jeder ernsthaften Definition entzieht, macht das Dilemma deutlich.

Die Sicherung und Entwicklung der Freiflächen ist vor allem eine politische Aufgabe; dem entspricht der gängige Begriff „Grün(flächen)politik". Nach P. BREITLING ist Grünflächenpolitik „die Gesamtheit der Maßnahmen zur Beschaffung, Verteilung, Verwertung und Sicherung von Bodenflächen für die Befriedigung der Bedürfnisse der Bewohner eines Siedlungskörpers nach grünbestimmten Freiflächen aller Größenordnungen und Zweckbestimmungen." Diese Definition ist zu ergänzen um die Aufgabe, Grundlage für die gesamte Siedlungsentwicklung einer Stadt zu sein.

1.1 Naturräumlich-ökologische Grundlagen

Bei der Entscheidung über die anzustrebende bauliche Entwicklung der Stadt und über die Abgrenzung zwischen bebauten und unbebauten Gebieten ist die auf der geomorphologischen Situation aufbauende Landschaftsstruktur jedenfalls das wichtigste Kriterium. Eine besondere Bedeutung besitzt die Geomorphologie bei der Festsetzung der Höhe der Bebauung, etwa durch

Teil A Funktionen und Planung der Freiräume

1. Grundlagen der Freiraumplanung

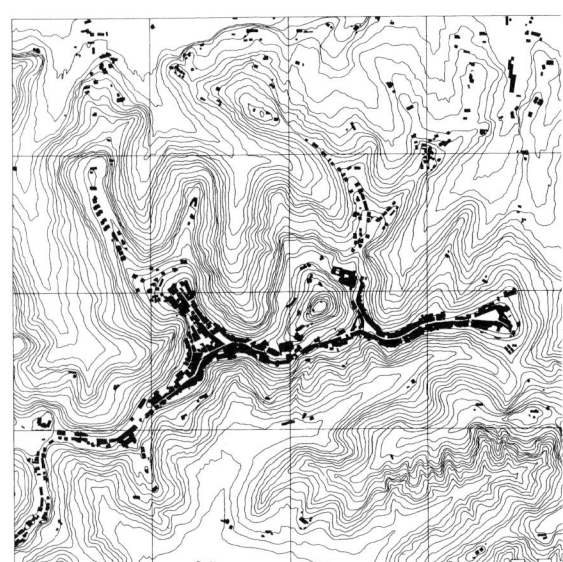

Abbildung 1: San Miniato al Tedesco – Beispiele einer toskanischen Bergstadt („Ein-Straßen-Stadt"). Grundriss um 1980.

Abbildung 2: San Miniato al Tedesco, Stadtansicht um 1985.

die Bauklasse, hier wieder vor allem bei der Situierung von Hochhäusern. Viele Städte entwickeln dafür eigene Konzepte. Kuppige Lagen können durch höhere Bebauung überhöht und damit hervorgehoben werden, Tallagen sollten von Bebauung frei gehalten, wenn unbedingt notwendig, dann nur niedrig bebaut werden.

Boden und **Grundwasser** sind die Lebensgrundlage für Menschen und Voraussetzung für ihre Ansiedlung, für die Gründung und Entwicklung von Städten. Die Ansammlung von Menschen und Gütern bringt in aller Regel weiteren Zuzug mit sich, selbst wenn die wirtschaftliche Tragfähigkeit des Standorts schon erschöpft ist, die Folgen sind die verstärkte Inanspruchnahme der Ressourcen des Umlandes. Der wesentliche begrenzende Faktor für Stadtgründung und Stadtwachstum ist die Wasserversorgung, sei es durch die Gewinnung aus dem Grundwasser, sei es die Möglichkeit der Ausbeutung von Fließgewässern und Quellen. Niederschläge, die in Zisternen gesammelt werden, reichen nur für vergleichsweise kleine Siedlungen aus (Les Baux, Provence).

Flüsse sind grundlegend wichtig für die Versorgung ebenso wie für die Entsorgung der Städte, sei es durch ein Kanalsystem, sei es durch die früher verbreitete Entwässerung über offene Gerinne. In manchen Städten spielen Kanäle und Grachten eine große Rolle als Verkehrswege, der größte Teil der Transporte wird auf dem Wasserwege durchgeführt, Beispiele dafür sind Venedig, Amsterdam, Souzhou.

Die Erscheinungen in der Lufthülle der Erde werden als Wetter oder – in längerfristiger Betrachtung – als **Klima** bezeichnet. Während das Großklima – ozeanisch oder kontinental – praktisch nicht beeinflusst werden kann, spielen beim Mittel- und Kleinklima – auch „Lokalklima" genannt – das Geländerelief, die Art der Vegetation, die Bodennutzung und das Vorhandensein von Wasserflächen eine bedeutende Rolle. In der Stadt werden diese Einflüsse noch entscheidend verstärkt durch die Bebauung, so dass man hier von einem eigenen „**Stadtklima**" spricht. Diese Faktoren sind bis zu einem gewissen Maße im Sinne günstiger Lebensbedingungen für die Stadtbewohner beeinflussbar, beispielsweise durch künstlich angelegte Wasserflächen (Wien, Neue Donau; Nürnberg, Wöhrder See; Stuttgart, Max Eyth-See) und Wälder (Wien, Laaer Wald).

Seit dem Sesshaftwerden des Menschen war für die Gründung von Siedlungen und später von Städten vielfach entscheidend, dass die vorhandene reiche **Vegetation** unmittelbar für die Ernährung, aber auch zur Begründung einer agrarischen Produktion für die Ausfuhr genutzt werden konnte. Das gilt auch für die Rodungsinseln, die neben dem fruchtbaren Boden auch das Bau- und Brennholz liefern konnten. Ein sehr anschauliches Beispiel für Gründungen auf fruchtbarem Boden sind die Städte im Zwischenstromland (Mesopotamien).

Die Lagegunst für die Stadtansiedlung deckt sich also vielfach mit der für Landwirtschaft und Gartenbau (Boden, Wasser, Klima), wodurch der alten Stadt die Sicherheit der Ernährung für alle Bewohner gegeben war, wenn man von den Zeiten der Belagerung absieht. Mit dem starken Wachstum der Städte seit der zweiten Hälfte des 19. Jh. werden allerdings auch gute bis beste Böden zur Bebauung herangezogen, eine volkswirtschaftlich sehr kurzsichtige Vorgangsweise, die bei einem Zusammenbruch der empfindlichen Transportsysteme zwischen den agrarischen Gebieten und der Stadt zwangsläufig zu Hungersnöten führt.

Der Anteil vegetationsbedeckter Flächen (öffentliche und private Gärten, land- und forstwirtschaftlich genutzte Flächen, Brachland, Ödland u. a. m.) und Wasserflächen ist selbst in Großstädten hoch, meist noch bei 50 % des Stadtgebietes. Bei diesen Werten ist allerdings zu berücksichtigen, dass die politische Grenze des Stadtgebietes bei vielen Städten nicht mit der natürlichen Stadtgrenze übereinstimmt; Vergleiche zwischen Städten sind daher nur bedingt möglich. Die Anzahl der Bäume auf Privatgrundstücken wird für die meisten Städte auf das 10- bis 15-fache der Straßenbäume geschätzt; dies macht die Versuche verständlich, diesen Baumbestand durch Satzungen zu schützen. Der dichte hain- oder fast waldartige Baumbestand in manchen Siedlungsgebieten wird im englischen Sprachraum als „urban forest" bezeichnet.

Literatur

Braun R.R., W.M. Kaerkes: Bibliographie zur Stadtökologie und zur ökologischen Stadtplanung. Materialien zur Raumordnung, Geograph. Institut der Ruhr-Univ. Bochum Band XXXI. Bochum 1985

Bundesforschungsanstalt für Naturschutz und Landschaftsökologie (BFANL) (Hrsg.): Untersuchungen zu Naturschutz und Landschaftspflege im besiedelten Bereich. Dokumentation Natur und Landschaft 30 (1990) Sonderheft 14 Bibliographie Nr. 59. Bonn-Köln 1990

Delft University Press (Hrsg.): Sustainable Urban Development. PRO Den Haag 1994

Grebe R.: Ökologische Rahmenbedingungen der Stadtentwicklung. Institut für Städtebau und Wohnungswesen (ISW) München der Deutschen Akademie für Städtebau und Landesplanung. Manuskriptreihe H. 4.18, 1989

Grebe R.: Stadtentwicklung und Naturraum. Institut für Städtebau und Wohnungswesen (ISW) München der Deutschen Akademie für Städtebau und Landesplanung. Manuskriptreihe H. 15.4, 1990

Kaplan R., S. Kaplan: The experience of nature. Cambridge University Press. New York 1989. Reprint Cambridge 1994

Norberg-Schulz Ch.: Genius loci. Landschaft – Lebensraum – Baukunst. Stuttgart 1982

Petzholdt H.: Trier – Einflüsse von Landschaft und Klima auf die Stadtentwicklung. In: Städtisches Grün in Geschichte und Gegenwart, Veröffentlichungen der Akademie für Raumforschung und Landesplanung, Forschungs- und Sitzungsberichte Band 101, S. 137–145. Hannover 1975

Pflug W., H. Wedeck: Zur Bedeutung landschaftsökologischer Grundlagen für die Planung. In: Buchwald K., W. Engelhardt (Hrsg.): Handbuch für Planung, Gestaltung und Schutz der Umwelt Bd. 3, München/Wien/Zürich 1980

Sukopp H.: Ökologische Charakteristik von Großstädten. In: Grundriss der Stadtplanung. Akademie für Raumforschung und Landesplanung Hannover, 1983

Sukopp H. et al.: Untersuchungen zu Naturschutz und Landschaftspflege im besiedelten Bereich. Literaturnachträge bis 1992. Dokumentation Natur und Landschaft Sonderheft 20. Bibliographie Nr. 66. Köln o.J. (1993). Literaturnachträge 1992–1995 Sonderheft 25. Köln 1995

Valena T.: Stadt und Topographie. Die europäische Stadt im topographischen Kontext. Berlin 1990

Zu diesem Abschnitt ist eine sehr reichhaltige Fachliteratur verfügbar, aus der hier nur einige Arbeiten angeführt werden können, über die weitere Informationen zu erschließen sind.

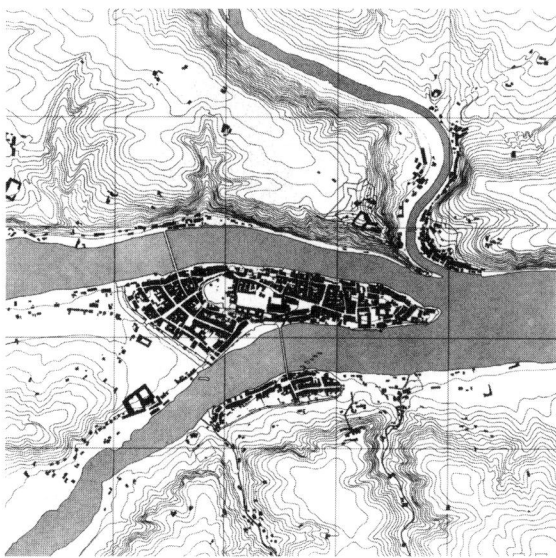

Abbildung 3: Stadtgründung an einer Flussmündung – Beispiel Passau (1826).

1.2 Siedlungs- und freiraumgeschichtliche Grundlagen

Zum Verständnis der Aufgaben, die sich heute der Freiraumplanung stellen, ist die Kenntnis der Entwicklung des Stadtgrüns in den vergangenen Jahrhunderten hilfreich. Da eine ausführliche Darstellung den Rahmen dieses Handbuches sprengen würde, wird auf die umfangreiche Fachliteratur zu diesem Thema verwiesen, vor allem auf die Buchreihe „Geschichte des Stadtgrüns" und die zahlreichen umfassenden und eingehenden Publikationen zur Geschichte der Gartenkunst, so von M. L. GOTHEIN und D. HENNEBO. Hier soll vielmehr aufgezeigt werden, ob und wie die Planung der Freiräume für ganze Städte und Stadtregionen im Laufe der Geschichte Gegenstand gezielter Bemühungen wurde.

Siedlungsgeschichtliche Grundlagen

Solange Städte in sich geschlossene, von Mauern umgebene, bauliche Gebilde waren, stellte sich die Frage einer generellen Freiraumplanung so gut wie gar nicht. Öffentliche Freiräume waren die – zum Teil baumbestandenen – Plätze, die unterschiedlichen Funktionen dienten, etwa dem Markt, einem Fest, der Repräsentation des Bürgertums oder des Adels, der Versammlung der Stadtbewohner, die also gleichsam die Agora, das Forum bildeten. Daneben gab es nur Raum für einige wenige, abgeschlossene Hausgärten wohlhabender Bürger und Klostergärten. Der Friedhof umschloss meist als Kirchhof ein Gotteshaus. Die Flächen für die Versorgung der Stadt mit Lebensmitteln, für die Weide, für die Jagd und Fischerei, auch für große festliche Veranstaltungen (Festwiese) lagen außerhalb der Stadt. Ihre Situierung war abhängig vom Grundbesitz, oft waren sie als Allmende im gemeinschaftlichen Eigentum der Stadtbürger, so wie auch Moore und Wälder (Urbarialwald).

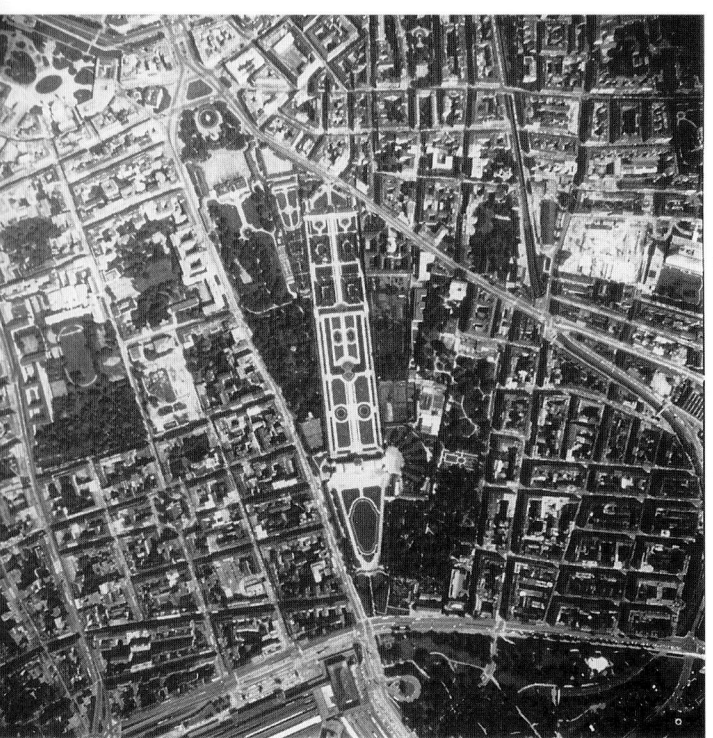

Abbildung 4: Barockgärten Belvedere und Schwarzenberg in Wien, eingeengt zwischen Verkehrsanlagen und dichter gründerzeitlicher Wohnbebauung.

Die freien Flächen vor der Stadtmauer, das Glacis, waren Freiraum für Betätigungen verschiedener Art. Im 19. Jh. unternahmen die Stadtbürger Ausflüge in die bäuerlichen Orte der weiteren Umgebung, mit dem Anwachsen der Stadt wuchs auch die Entfernung zu diesen Ausflugsorten; sie wurden (und werden auch heute) schließlich als Wohnorte gewählt, die Folge war eine weitere Zersiedlung. Die Stadterweiterung hängt auch von anderen Faktoren ab, beispielsweise von der Lage eines Schlosses (Wien-Schönbrunn). Zusätzliche große Freiräume werden in Anspruch genommen, wenn eine Stadt eine besondere Bedeutung, etwa als Haupt- und Residenzstadt, Hafenstadt, Messestadt und dergleichen erlangt. Für die Stadterweiterung maßgeblich waren auch Straßen, insbesondere Fernstraßen, die oft topographischen Linien folgen.

Das rasche Wachsen einer Stadt hat fast zwangsläufig ihre Auflösung an den Rändern zur Folge; der **Stadtrand** zum Umland ist nicht mehr als klare Linie erlebbar. Der Übergang von der dicht bebauten Stadt zum Freiraum, etwa zum Grüngürtel, ist eine sehr sensible Zone, in der viele Ansprüche an die Bodennutzung und an die Stadtgestaltung aufeinander treffen und koordiniert werden müssen. Dieser Übergang von „Stadt" zu „Land" entlang der „Urban edges" wird auch als „Transitorische Zone" bezeichnet, die Randsiedlungen als Suburbs, das Umfeld als Banlieu. Der Begriff „Sprawl" gibt die Zerstreuung in einzelne Vororte mit eigenem Kern wieder. Entsprechend divergierend wird daher die Freiraumplanung für diesen Bereich diskutiert. Schon der Begriff „Stadtrand" ist verschwommen, denn seit dem Hinausrücken der Bebauung über eine definierte Stadtbefestigung mit Wall und Mauer verschwimmen die Übergänge zwischen Stadt und Umland bis zur Unkenntlichkeit einer Begrenzung. Dazu kommt, dass eine planungsrechtliche Steuerung an die Grenzen der Planungshoheit sowohl der Großstadt als auch der Orte in der Umgebung stößt, die mit den naturräumlichen Grenzen nicht übereinstimmen.

Zum „**Stadtrand**" gibt es aus Sicht der Stadtplanung unterschiedliche Auffassungen:
- die „Stadtkante" als gebaute, deutlich sichtbare Begrenzung,
- das „Ineinanderfließen" von Stadt und Landschaft, wobei die Landschaft in das Stadtgefüge hineingeführt werden soll. Für die Übergangszone zwischen Stadt und Land hat Th. Sieverts den Begriff „Zwischenstadt" geprägt, in dem die gleichsam verschwommene Dualität zum Ausdruck kommt.

In vielen großen Städten ist kaum eine mit Nachbargemeinden abgestimmte Grundstückspolitik zu erkennen, eine koordinierte Planung zwischen Großstadt und den Umlandgemeinden, auch zwischen diesen selbst, fehlt meist, verstärkt durch die Planungshoheit der Gemeinden. Die offensichtlichen Nachteile der fehlenden Koordination führen zur Bildung von grenzüberschreitenden Planungs-Organisationen. Beispiele sind Umlandverbände wie der Kommunalverband Ruhr (KVR, früher Siedlungsverband Ruhrkohlenbezirk SVR), Umland- und Regionalverbände in Frankfurt, Stuttgart, Hannover, Planungsgemeinschaft Ost (PGO) Wien-Niederösterreich-Burgenland.

Ein wesentliches, immer wiederkehrendes städtebauliches Prinzip ist das der **mehrkernigen** Stadt, also von Einheiten mit je 25 000 bis höchstens 50 000 Einwohnern mit den dazugehörigen zentralen Einrichtungen, wozu auch die entsprechenden Grünräume wie Parks, Sportanlagen, Kleingartenanlagen, Friedhöfe u. a. m. zählen. Mit zunehmender Größe einer Stadt kommt es zur **Fraktionierung** in kleinere Einheiten mit einem gewissen Grad an Selbstständigkeit. In der Umgangssprache bilden sich dafür eigene Begriffe wie „Grätzl", „Kiez", „Hieb". Aus grünplanerischer Sicht trifft die Bezeichnung „Environmental area" am ehesten zu. Eine weitere Bezeichnung ist „Pedestrian pocket", ein Bereich, in dem alle Punkte in höchstens fünf Minuten zu erreichen sind, so wie etwa in einem mittelalterlichen Stadtviertel. Die Fraktionierung stellt eine wesentliche Grundlage für die Verteilung von Freiräumen und deren Planung dar.

Freiraumgeschichtliche Grundlagen
Gestaltete Freiräume sind in Europa oft Zeichen, Symbol für eine Epoche, für die kulturelle Entwicklung einer Gesellschaft, so etwa die Gärten der Renaissance, des Barock, die Landschaftsgärten, die Gärten der Moderne.

In der Republik und mehr noch im Kaiserreich entstanden in Rom große Gärten und Parkanlagen, sie waren aber als Privatbesitz den Stadtbewohnern nicht zugänglich, ihre Lage folgte auch keinem erkennbaren städtebaulichen Konzept. Das gilt auch für Aufmarschplätze wie das Marsfeld, die eher militärische als soziale Bedeutung besaßen. Die nach außen stark befestigte Stadt des Mittelalters bot nur wenig Raum für Gärten und Plätze, viele freie Grundstücke wurden mit weiteren Häusern zugebaut; große Grünflächen lagen als gemeinschaftliches Eigentum vor den Toren der Stadt und waren in kurzer Zeit zu Fuß erreichbar. Die ersten neuzeitlichen Einbrüche in das sich gleichsam selbst regulierende Grünsystem der umfriedeten Stadt des Altertums und des Mittelalters gab es in der Renaissance, als absolutistisch regierende Fürsten damit begannen, ihre Städte und die umgebende Landschaft nach ihren Vorstellungen zu ordnen und zu gestalten, sei es durch den Bau von Kanälen zur Be- und Entwässerung ganzer Landstriche, sei es durch die Anlage großer Landgüter mit bestimmten agrarischen Kulturformen. Viele kleine Villen und Landsitze in der Umgebung der Städte begannen, die strengen Grenzen zur Kulturlandschaft aufzuweichen.

Die Vorstellung, eine ganze Stadt und mit ihr auch deren System von Freiräumen aus einer Hand und nach dem Willen eines einzigen Menschen zu gestalten, verstärkte sich im Barock. Die Maxime „Der Staat bin ich" schloss das vermeintliche Recht des Herrschers ein, ein ganzes Land einschließlich seiner Hauptstadt und aller seiner Bewohner nach freiem Willen zu formen. Damit beginnt auch die gezielte Planung der Freiräume, die – wie in Karlsruhe – Bestandteil eines oft konzentrisch auf das Schloss ausgerichteten Stadtgrundrisses wurden. Zum Teil wurden diese Städte auf dem freien Felde angelegt, zum Teil auch auf Kosten bestehender Siedlungen, die ohne Rücksicht auf die Bewohner geschleift wurden. Es lag nahe, die imperialen Freiräume vorwiegend nach repräsentativen Grundsätzen zu gestalten, sei es als Prachtstraßen für Paraden, wie sie beispielsweise in Paris noch von Charles DE GAULLE veranstaltet wurden, sei es als Prunkräume für große höfische Feste. Die Landschaftsarchitektur war also kaum etwas anderes als die Theater- und Bühnenarchitektur jener Zeit, nur in einem viel größeren Maßstab.

In den europäischen Städten waren die großen Grünflächen noch im 18. Jh. durchwegs im Besitz des Herrscherhauses, der Kirche, des Adels und später des Großbürgertums und damit zunächst vor jeder Bebauung gesichert. Zwischen der inneren Stadtbefestigung von Wien und dem Linienwall, dem heutigen Gürtel, lagen hunderte Palais und Landsitze mit großen Gärten, entstanden in einer Zeit wirtschaftlicher Blüte nach dem Abzug des osmanischen Heeres 1683. Die Parzellierung und Bebauung dieser Gärten begann nach den schweren Verlusten im Kriege 1756–1763 und setzte sich im 19. Jh. rasch fort.

Nach dem Barockgarten und dem Rokokogarten entstand mit dem gesellschaftlichen Wandel im 18. Jh. der Landschaftsgarten, zunächst als herrschaftliche Anlage, auch in weiträumigem Zusammenhang, etwa mit der Idee der „Landesverschönerung" und dem Wörlitzer Gartenreich, dann als bürgerlicher Park. Der „Park" war ursprünglich eine feudale Form des Grünraums, als Jagdpark weit außerhalb der Stadt, als Park zum Schloss und zum adeligen Ansitz. Erst das rasche Wachstum der Städte und die Öffnung herrschaftlicher Gärten zunächst für die bürgerliche und später für die breite Bevölkerung führte zur Integration des Parks in die Stadt. Aus dem Schloss wurde die Villa, aus der Villa das Reihenhaus, aus dem Park der Hausgarten, aus diesem die schmale Gartenparzelle mit 100 m².

Ein weiterer, wesentlicher Schritt war – seit etwa 1800 – der Bau öffentlicher Volksparks, zunächst in England, dann auf dem Festland. Sie wurden von der breiten Bevölkerung in Besitz genommen, hier war eine Selbstdarstellung des aufstrebenden Proletariats, waren Partei- und Gewerkschafts-Veranstaltungen, vor allem lebhafte Betätigungen wie Sport oder Spiel möglich.

Nach dem Schleifen der Befestigungsanlagen (München 1791, Mannheim 1798, Düsseldorf 1801, Hamburg 1804, Wien 1860) entstanden an ihrer Stelle öffentliche Promenaden und zusammenhängende Grünflächen, so auch in Bremen, Braunschweig und Lübeck. 1818 beauftragte die Stadt Magdeburg Peter Joseph LENNÉ mit dem Entwurf eines kommunalen Stadtparks. Als Königlich preußischer Gartendirektor verwirklichte er die Ideen der Stadt- und Landesverschönerung, so etwa durch „Schmuck- und Grenzzüge von Berlin mit nächster Umgegend". Zugleich mit den sich weiter verschlechternden Lebensverhältnissen breiter Bevölkerungsschichten ab etwa 1850 wurden in vielen Städten Verschönerungsvereine gegründet, die den Bau von Schmuck- und Repräsentationsanlagen ins Werk setzten. 1860 wurde in Bremen mit der Anlage des Bürgerparks begonnen, ganz ohne öffentliche Mittel, wie etwas später auch beim Türkenschanzpark in Wien. Bürger stellten ihre Grundstücke und beträchtliche Mittel für öffentliche Gärten zur Verfügung.

Eine **Grünpolitik** im heutigen Sinne gibt es in Ansätzen schon seit Beginn des 19. Jh., als Landesfürsten und Städte eine zusammenhängende Durchgrünung oder die Anlage großer Bürgerparks, beispielsweise den Englischen Garten München 1808, den Magdeburger Bürgerpark 1828, veranlassten oder förderten. Der entscheidende Durchbruch vom schmückenden und gliedernden zum funktionellen Grün aber war die Dissertation von Martin WAGNER „Das sanitäre Grün der Städte" im Jahre 1915, in der zum ersten Mal Grundsätze und Richtlinien für eine städtische Freiflächenpolitik im Sinne der Nutzung der Grünflächen durch die Stadtbewohner, hier am Beispiel Berlin, formuliert wurden. Er kritisiert, dass der ästhetische Wert der Grünflächen überbewertet sei: „Die Lösung des Freiflächenproblems der Großstädte konnte ... durch den Daseinswert der Wälder und Parkanlagen auf der einen und den Schmuckplätzen auf der anderen Seite nicht gefördert werden, sie ist nur möglich auf der Grundlage der körperlichen Inbesitznahme der Freiflächen in der Form von Sport- und Spielplätzen, Pachtgärten, Volksparkanlagen und dem Wanderbedürfnisse dienenden Wälder und Wiesen." Im Folgenden stellt M. WAGNER unter anderem Überlegungen zum altersspezifischen Nutzen der Grünflächen an und kommt, abgeleitet aus der Wohndichte der städtischen Quartiere, erstmals zu Richtwerten für die städtische Freiraumplanung. Im Zusammenhang damit fordert er: „Das Streben einer gesunden Freiflächenpolitik muss aber darauf gerichtet sein, alle Wohnquartiere gleichmäßig mit Freiflächen zu versorgen."

Mit der Ausweitung des Baurechts entstanden auch die ersten Möglichkeiten, mit Hilfe von Bauvorschriften die prekäre Situation für die Freiflächen in der Stadt zu entschärfen. Martin WAGNER (1915) weist allerdings darauf hin, dass die praktische Auswirkung deshalb gering blieb, weil die Gemeinden bei der Umwandlung von Baugrundstücken zu Grünflächen den Eigentümern (wie auch heute) zur Entschädigung verpflichtet waren. Auch Rechtsgrundlagen für die Grünpolitik wurden in Grundzügen schon gegen Ende des 19. Jh. geschaffen, blieben aber zunächst auf einzelne Städte bzw. Stadterweiterungen beschränkt. Wesentliche bindende Bestimmungen, etwa zum Bau von Kinderspielplätzen, wurden erst nach 1945 erlassen.

Die Forderung nach der Einbeziehung **naturhaft-landschaftlicher** Bereiche in den Städtebau geht auf die Wohnungsnot und die hygienischen Verhältnisse der Großstädte seit etwa 1850 zurück. Belege finden sich bei E. BRUCH 1870, ARMINUS 1874, R. BAUMEISTER 1876, J. STÜBBEN 1890, C. SITTE 1889 (4. Auflage 1909 mit Anhang „Großstadtgrün"), Th. FISCHER 1903. Anfang des 20. Jh. wird die Verbindung zum Heimatgedanken hergestellt (Heimatvereine, Wandervogel), auch zu der sich organisch entwickelnden Stadt; davon ist auch P. SCHULTZE-NAUMBURG (München 1922) stark geprägt. Die Grundsätze der nordamerikanischen Grünsysteme werden in Europa beispielgebend, vor allem durch die Allgemeine Städtebau-Ausstellung 1910 in Berlin. Aus diesem Jahre stammt auch der Wettbewerbs-Entwurf von EBERSTADT/MÖHRING/PETERSEN für Groß-Berlin. Neu ist in diesen Parksystemen, dass naturräumliche und geomorphologische Gegebenheiten wie Flussläufe und Talräume – anstelle ausschließlich formaler Elemente – die Grundlage des Grünsystems bilden.

1893 schrieb die Stadt Wien einen Wettbewerb zur Erlangung von Entwürfen für einen Generalregulierungsplan für das ganze Stadtgebiet aus; in vorbereitenden Unterlagen dazu ist zum ersten Mal die Rede von einer quantitativen Versorgung mit öffentlichen Grünflächen, nämlich „auf je 8 km² des Stadtgebietes mindestens 0,5 km² an Parkanlagen". Aus diesem Wettbewerb stammt auch der Vorschlag von Eugen FASSBENDER für einen „Volksring für Wien", der dann 1905 als „Wald- und Wiesengürtel" vom Gemeinderat beschlossen wurde.

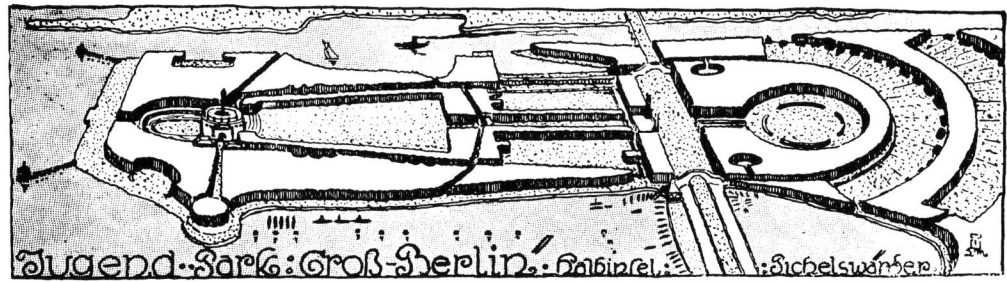

Abbildung 5: Leberecht MIGGE: Das Konzept Jugend-
park, zum Gedächtnis der Gefallenen des Krieges
(1916).

Abbildung 6: Wald- und Wiesengürtel Wien, 1905. Gestaltungskonzept für den Laaerberg, Wien – Favoriten.

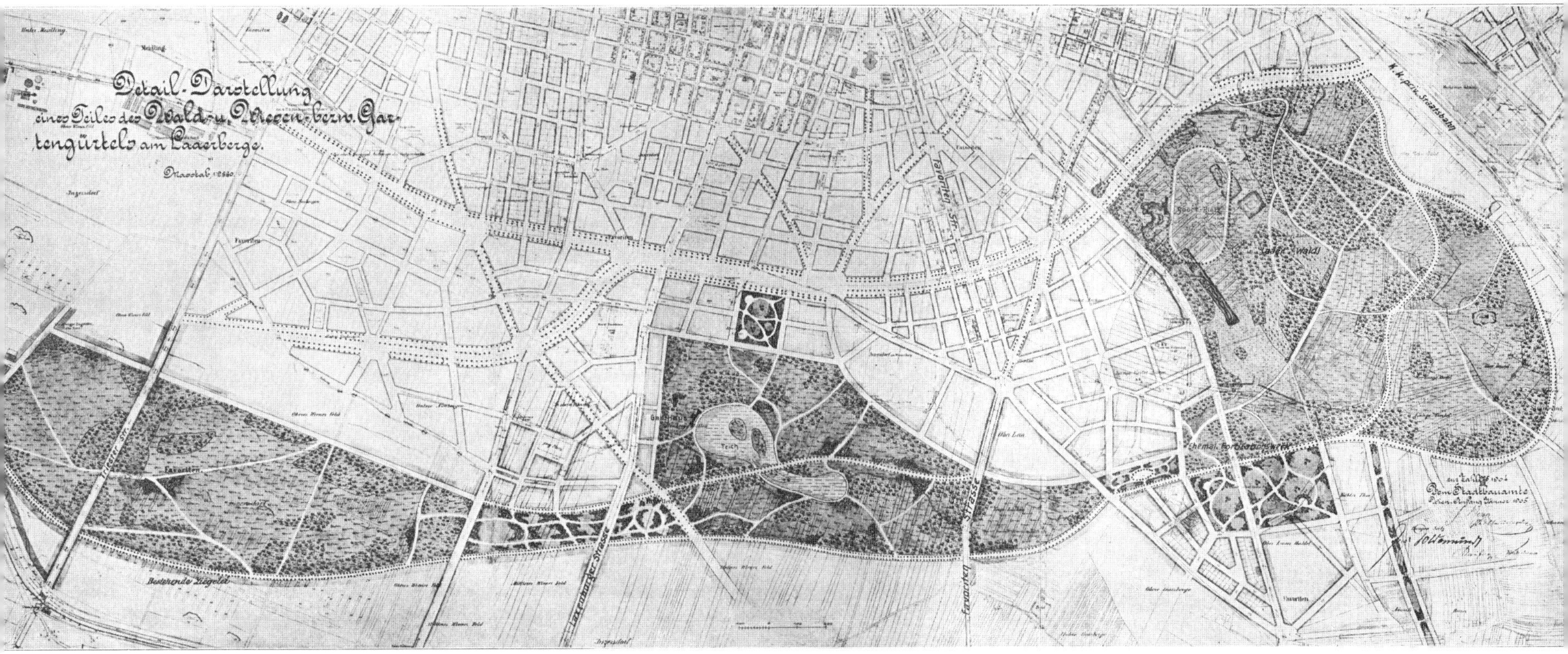

1874 erscheint unter dem Pseudonym ARMINIUS das Buch „Die Großstädte in ihrer Woh-
nungsnot und die Grundlagen einer durchgreifenden Abhilfe" von Adelheid Gräfin DOHNA-PO-
NINSKA. Sie fordert eine 3,7 km breite unbebaute Zone, einen „grünen Ring", bei Städten mit ge-
schlossener Bebauung im Ausmaß von mehr als 2 km Radius zusätzlich einen „inneren grünen
Ring" oder zumindest inselartig verstreute Grünflächen. Ebenezer HOWARD plant 1898 für seine
„Garden-cities of to-morrow" zum einen innerstädtische Grünflächen in Form einer „schönen
Gartenanlage" von 2,5 ha, einem „Zentralpark" mit 58 ha und einer ringförmig angelegten
„Grand avenue" mit 46 ha Gesamtfläche, zum anderen einen „Green belt" mit 2000 ha in land-
wirtschaftlicher Nutzung vielfältiger Art. Die „Grüngürtel" sind seither – bis heute – Gegen-
stand der Planung in Großstädten, beispielsweise der Waldgürtel in Budapest 1870, der Wald-
und Wiesengürtel für Wien seit 1895, 1905 erstmals beschlossen, der „GrünGürtel Frankfurt am
Main" 1992. Sie alle sind im Wesentlichen „Randelemente".

Wichtige Impulse für die städtische Freiflächenpolitik gingen von der „Parkpolitik" der englischen und vor allem der amerikanischen Städte aus: mit dem von Frederick Law OLMSTED ge-

15

planten – für damalige Begriffe riesigen und auf hochwertigem Baugrund gelegenen – Central Park in New York, mit dessen Bau 1852 begonnen wurde, aber auch mit seinem 1891 entworfenen Parksystem für Boston, dem Urban (inneren) and Suburban (äußeren) Parc System, wurden neue Wertigkeiten und Maßstäbe im Städtebau gesetzt. In der Folge stiegen auch in europäischen Städten die Aufwendungen für den Bau neuer, vielfältig nutzbarer Parkanlagen.

Für das damals durchwegs industrialisierte Ruhrgebiet in Deutschland wird 1912 in einer „Grünflächen-Kommission" von Robert SCHMIDT die Idee eines zusammenhängenden regionalen Grünsystems entwickelt, das die Grundlage des 1920 gegründeten Siedlungsverbandes Ruhrkohlenbezirk (SVR, jetzt Kommunalverband Ruhrgebiet KVR) bildet. Es ist gleichsam die Kernstruktur des „Gebietsentwicklungsplanes" (GEP) mit einer Kombination aus Nord-Süd gerichteten Grünzügen mit einem „grünen Ring".

Ein interessantes Beispiel für den Versuch einer geordneten Stadterweiterung sind die Planungen von Ernst MAY und Leberecht MIGGE (1881–1935) für Frankfurt am Main. Während der Architekt und Städtebauer MAY die Idee der aus der Stadt hinausgeschobenen Trabantensiedlungen vertrat, setzte sich der Gartenarchitekt MIGGE für eine konzentrierte, „innere" Stadterweiterung ein, allerdings mit einer angemessenen Durchgrünung. MIGGE sah das Hinausschieben der Siedlungen „aufs platte Land" als „einen romantischen Irrweg", nicht zuletzt wegen der unvertretbaren „Ankaufs- und Erschließungskosten der Grüngebiete", der „Achillesferse der Dezentralisation" (MIGGE 1929). Für ihn waren wirtschaftliche und gesellschaftliche Bedingungen die Grundlage der „Grünpolitik" und damit der Grünplanung für Städte.

Nach 1918 führte die finanzielle Not nicht nur zu Einschränkungen im Gartenwesen, sondern auch zum Bau neuer Parkanlagen im Zuge der Beschäftigung von Arbeitslosen, etwa in Berlin die Volksparks Rehberge, Mariendorf, Wuhlheide, Hasenheide, der Francke-Park und der Schulenburg-Park, in Hannover der Maschsee. Zur gleichen Zeit fanden Freiflächenpläne in Deutschland verstärkt Eingang in die Bauordnungen der Großstädte. Ein Beispiel dafür, dass der Bedeutung natürlicher Faktoren für den Städter Rechnung getragen wurde, ist auch das 1922 erlassene „Preußische Gesetz zur Erhaltung des Baumbestandes und Erhaltung und Freigabe von Uferwegen im Interesse der Volksgesundheit".

Nach 1945 lag in vielen durch den Krieg verwüsteten Städten der Schwerpunkt auf der Wiederherstellung der zerstörten Parkanlagen, an den Bau neuer Gärten war nicht zu denken. Eine besondere Aufgabe war die Bewältigung der großen Mengen an Trümmerschutt, sie führte zur Errichtung von Bergen, die als Erholungsgebiete dienen konnten (Teufelsberg Berlin, „Monte Scherbellino" Frankfurt am Main). Der Aufgabenkatalog der Gartenämter wuchs an, Bedarfszahlen für Freiraumansprüche der Bevölkerung wurden angewandt, der Begriff „Grüne Lunge" wurde oft argumentativ verwendet. Seit etwa 1960 gewinnen auch Bürgerinitiativen an Bedeutung, Rasenflächen werden für das Betreten freigegeben.

Für die Entwicklung einer anderen Sicht und eines neuen Bewusstseins für die umfassende Bedeutung des Grüns in der Stadt waren zwei Veröffentlichungen bahnbrechend: „Gras darf nicht mehr wachsen" von Hermann MATTERN (1964) und „Leistungsgrün" von Günther GRZIMEK (1963), ferner die Arbeiten der sogenannten „Kasseler Schule" unter K. HÜLBUSCH. Wie dieser mit der Methode der „Spurensuche" gezeigt hat, kann die Vegetation in der Stadt als Zeiger von Stadtentwicklung und -struktur, Nutzungsform und -intensität, von Bodensubstrat, Stadtklima und Immissionen dienen. Es waren weniger die Inhalte der „Kasseler Schule" im Einzelnen, die auch von Fachleuten vielfach kritisiert wurden, als vielmehr einige grundlegende Gedanken, die inzwischen in die Garten- und Landschaftsarchitektur Eingang gefunden haben.

Seit etwa 1970 tritt ein Wandel in der Parknutzung ein, bedingt durch neue Wertigkeiten im öffentlichen Raum insgesamt („68er-Bewegung"), dann auch durch die Lebensgewohnheiten von Zuwanderer-Familien. Sport, Picknick, Lagern, Freikörperkultur und anderes wird nun freizügig ausgeübt. Die „Rasenfreiheit" wird eingeführt (G. GRZIMEK), die Nutzung wird lebhafter, bunter, reicher an Farben und Gerüchen, Ordnung und Sauberkeit als Leitlinien sind überholt, allerdings nehmen auch Zerstörungen zu.

Insgesamt ist deutlich, dass die Entwicklung des städtischen Grünwesens von den jeweiligen wirtschaftlichen, politischen und gesellschaftlichen Bedingungen abhängt und dass wesentliche Impulse meistens von einzelnen Persönlichkeiten oder von Personengruppen ausgehen, die ihre Ziele formulieren und durchsetzen können (beispielsweise Kleingarten-, Gartenstadt-, Sport-Bewegung). Die Befürwortung des Grüns in der Stadt dient allerdings auch oft zum Verschleiern ökonomisch motivierter Absichten einer dichten Besiedlung, der Errichtung von Industrie- und Gewerbebauten; die in der Öffentlichkeit verbreiteten Pläne und Prospekte sind reichlich mit Grün, Bäumen und Sträuchern dekoriert, die im ausgeführten Projekt fehlen. Die gerne propagierte Auflockerung und Durchgrünung erscheint als geeignetes Mittel zur Neutralisierung brisanter sozialer Konflikte.

Zwischen allen diesen Ideen einer systematischen Grünpolitik, die bis heute unverändert geblieben und Gegenstand vieler Deklarationen sind, und ihrer politischen, rechtlichen und finanziellen Umsetzung bestehen nach wie vor erhebliche Divergenzen, die vor allem darin liegen, dass öffentliche Grünflächen nach wie vor als liebenswerte, im Grunde aber – etwa im Vergleich zu anderen öffentlichen Aufgaben wie Krankenhäusern oder Schulen – überflüssige Einrichtungen eingeschätzt werden. Die bauliche Erweiterung der Stadt geht auch heute vorwiegend auf Kosten der Freiflächen, vor allem der landwirtschaftlich genutzten, vor sich.

Literatur

Akademie für Raumforschung und Landesplanung (Hrsg.): Städtisches Grün in Geschichte und Gegenwart. Forschungs- und Sitzungsberichte Band 101. Hannover 1975.

Akademie für Raumforschung und Landesplanung (Hrsg.): Grundriss der Stadtplanung. Hannover 1983

Albers G.: Entwicklungslinien im Städtebau, Ideen, Thesen, Aussagen 1875 bis 1945: Texte und Interpretationen. Bauwelt Fundamente 46, Düsseldorf 1975

Cranz, G.: The Politics of Parc Design. A history of urban parcs in America. Cambridge, Massachusetts 1982, Reprint 1992

Eisel U., St. Schultz (Hrsg.): Geschichte und Struktur der Landschaftsplanung. Schriftenreihe des FB 14 der TU Berlin. Berlin 1991, Nachdruck 1995

Faludi A.: Der Wiener Wald- und Wiesengürtel und der Ursprung der Green-Belt-Idee. In: Raumforschung und Raumordnung 25 (1967), Nr. 5

Fischer F.: Die Grünflächenpolitik Wiens bis zum Ende des Ersten Weltkrieges. Diss. TH Wien 1971

Göderitz J., R.Rainer, H. Hoffmann: Die gegliederte und aufgelockerte Stadt. Tübingen 1957

Hennebo D. (Hrsg.): Geschichte des Stadtgrüns. Hannover/Berlin:
- Band 1: Entwicklung des Stadtgrüns von der Antike bis in die Zeit des Absolutismus. 1979.
- Band 2: Entwicklung des Stadtgrüns in Deutschland zwischen 1890 und 1925 am Beispiel der Arbeiten Fritz Enckes (H. Wiegand). 1983
- Band 3: Entwicklung des Stadtgrüns in England von der Volkswiese bis zu den öffentlichen Parks im 19. Jh. (D. Hennebo, E. Schmidt). 1977
- Band 4: Stadtparkanlagen in der ersten Hälfte des 19. Jh. (D. Nehring). 1982
- Band 5: Stadtparkanlagen im Industriezeitalter (Hamburg). (M. Goecke). 1981

Hennebo D., A. Hoffmann: Geschichte der deutschen Gartenkunst (3 Bände). Hamburg 1962–1965

Hoffmann-Axthelm D.: Die dritte Stadt. Frankfurt a.Main 1993

Jellicoe G., S. Jellicoe: Die Geschichte der Landschaft. Frankfurt a.M./New York 1988

Karg D. et al.: Peter Joseph Lenné. Gartenkunst im 19. Jahrhundert. Beiträge zur Lenné-Forschung. Berlin 1992

Keller H.: Kleine Geschichte der Gartenkunst. 2.Aufl. Berlin 1994

Kieß W.: Urbanismus im Industriezeitalter. Von der klassizistischen Stadt zur Garden City. Berlin 1991

Mosbauer A., Chr. Valentien: Die Kommunale Grünentwicklung in München. München 1991

Poblotzki U.: Menschenbilder in der Landespflege 1945 bis 1970. Arbeiten zur sozialwissenschaftlich orientierten Freiraumplanung, Bd. 13. München 1992

Schediwy R., F. Baltzarek: Grün in der Großstadt. Geschichte und Zukunft europäischer Parkanlagen unter besonderer Berücksichtigung Wiens. Wien 1982

Schmidt E.: Die Green Belt-Idee vom 16. Jahrhundert bis zur Gegenwart und ihre Zukunftschancen. Das Gartenamt 1971 H.8 371-381, H.9 442-451; 1972 H.4 201-206, H.10 559–564

Selle K.: Vom sparsamen Umgang zur nachhaltigen Entwicklung. Hannover 1999
Sieverts Th.: Zwischenstadt. Bauwelt Fundamente 3. Aufl. Wiesbaden 1999
Historische Literatur:
Denkschrift Der Wald- und Wiesengürtel und die Höhenstraße der Stadt Wien. Wien 1905.
Esch A., A.C. Baumgartner: Der Garten von heute – sein Aufbau und seine Ausgestaltung. Wien/Leipzig 1933
Gothein M. L.: Geschichte der Gartenkunst. 2 Bände, Jena 1914
Grimme K.-M.: Gärten von Albert Esch. Wien/Leipzig 1931
Günther H. (Hrsg.): Hermann Fürst von Pückler-Muskau: Andeutungen über Landschaftsgärtnerei. Stuttgart 1996
Günther H.: Peter Joseph Lenné (Gärten, Parke, Landschaften). Stuttgart 1985
Hampel C.: Stadtbäume. Berlin 1893
Hegemann W.: Der Städtebau (nach den Ergebnissen der allgemeinen Städtebau-Ausstellung in Berlin). Berlin 1911
Hirschfeld C.C.L.: Theorie der Gartenkunst. 5 Bde. Leipzig 1779 bis 1785. Neuausgabe F. Ehmke (Hrsg.), 1. Aufl. Stuttgart 1990
Koch H.: Gartenkunst im Städtebau. Berlin 1914
Koch H.: Der Garten. Wege zu seiner Gestaltung. Berlin 1927
Lange W.: Gartengestaltung der Neuzeit. 6. Aufl. Leipzig 1928
Migge L.: Die Gartenkultur des 20. Jahrhunderts. Jena 1913. Nachdruck Jena 1995
Migge L.: Jedermann Selbstversorger – Eine Lösung der Siedlungsfrage durch neuen Gartenbau, Jena 1918
Migge L.: Der soziale Garten (1926). Neuausgabe Berlin 1999
Olbrich G.: Neue Gärten von G. Olbrich. Berlin o.J.
Schiller H.: Gartengestaltung. Berlin/Hamburg 1958
Schneider C.: Deutsche Gartengestaltung und Kunst. Zeit- und Streitfragen, Leipzig 1904
Sitte C.: Der Städtebau nach seinen künstlerischen Grundsätzen. 4. Auflage Wien 1909
Wagner M.: Städtische Freiflächenpolitik. Schriften der Zentralstelle für Volkswohlfahrt H. 11. Berlin 1915

1.3 Gesellschaftliche Grundlagen

In unserem Kulturkreis hatten auch große Städte bis ins 18. Jh., viele bis zum Beginn der Industrialisierung, eine so geringe Flächengröße, dass jeder Bürger die freie Kulturlandschaft von beinahe jedem Punkt der Stadt aus zu Fuß erreichen konnte. Dazu kam auch, dass in den Stadterweiterungen bis etwa zur Mitte des 19. Jh. sowohl die Zahl der Einwohner je Haus als auch die Zahl der Bewohner je Wohnung vergleichsweise gering geblieben war. Eine Ausnahme stellten Städte wie Wien dar, die als Residenz und Garnison durch Zwangseinquartierungen meist überfüllt waren. Die Unter- und Mittelschicht der städtischen Bevölkerung hatte wenig frei verfügbare Zeit, so dass kaum ein Bedürfnis nach Erholungsflächen bestand. Der Tagesablauf der Städter war weitgehend mit beruflichen und traditionellen Verpflichtungen ausgefüllt. Trotzdem gab es Freiflächen, in Wien etwa das Glacis, in anderen Städten Bürger- oder Festwiesen, auch große Schützenplätze, die der Erholung im Freien dienten; einige davon sind bis heute erhalten geblieben (Hannover, Rom, Wien). Sie waren allerdings nicht geplant, sondern Ergebnis funktionaler Erfordernisse, beispielsweise das Glacis als freies Schußfeld vor der Stadtbefestigung, die Festwiese als landwirtschaftliche Nutzfläche.

Die ersten planmäßig angelegten großen Parks waren ausschließlich „Herrschaftsparks", der nächste Schritt waren „Bürgerparks", dann „Volksparks". Anlage und Nutzung von Parkanlagen waren immer Zeichen eines gesellschaftlichen Standes; die Angehörigen unterschiedlicher Stände hielten sich, wie M. Möcsényi für Budapest deutlich gezeigt hat, auch in getrennten Parks auf. Die Gärten der Herrscher und heute der Reichen waren und sind Privatgärten, abgeschirmt vom „niederen Volk" oder, wie der Wiener Prater und der Augarten, auf Anordnung von Kaiser Joseph II., für „das Volk" geöffnet, allerdings zunächst nur „Personen von Stand" vorbehalten. Einem anderen Stand dienten die „Armengärten" und „Arbeitergärten" des 19. Jh. mit ihrer sozialen und wirtschaftlichen Bedeutung. Als „Schrebergärten" und „Kleingärten"

Abbildung 7: Böhmischer Prater auf dem Laaerberg in Wien; um 1890 von tschechischen Ziegelarbeitern („Ziegel-Böhm") errichtet (Ausschnitt).

sind sie heute bei hohen Ablösebeträgen – in Wien von etwa 43 000 bis 72 000 Euro – wieder Ausdruck einer bescheidenen Wohlhabenheit des Kleinbürgertums: die Schicht der sozial Bedürftigen ist von diesen Gärten ebenso wie von den Villengärten ausgeschlossen und auf öffentliche Freiräume verwiesen.

Parks bedurften aber bedeutender Mittel, wie sie bis zur Wende des 19. Jh. fast nur dem Adel als Auftraggeber zur Verfügung standen. Je mehr aber die Städte „versteinerten", umso lauter wurde der Ruf nach dem „Stadtpark". Friedrich Ludwig von SCKELL (1750 bis 1823) arbeitete für Fürsten ebenso wie für Stadtverwaltungen. Je unbekümmerter die mächtiger werdenden Bürger jeden Baum, jede Wiese aus der Stadt vertrieben, um Bauplätze und mit ihnen Profit zu gewinnen, umso liebevoller bemühten sie sich gleichzeitig um die „Natur" im Park und siedelten sich rund um diesen an (Paris-Bois de Boulogne, Berlin-Tiergarten, London-Kensington, Wien-Türkenschanzpark).

Was hier für die öffentlichen Gärten gesagt wurde, gilt auch für den privaten Grünraum. Die Einstellung zum eigenen Garten unterliegt starken, gesellschaftlich bedingten Schwankungen. Für die einen ist der Garten Mittel zur Verbesserung der wirtschaftlichen Situation, ja sogar zum Überleben, für andere Mittel zur Repräsentation, wieder für andere Ort der Muße. Was oft übersehen wird, ist der Arbeitsaufwand, mit dem die „Leistungen" des Gartens erkauft werden muss, sei es durch eigene körperliche Anstrengung, sei es durch bezahlte Arbeit Dritter; in vielen Fällen wird auf diese Weise der Gartenbesitzer zu seinem eigenen Knecht.

Etwa seit 1880 entwickelte sich auch das organisierte **Kleingartenwesen** aus karitativen Anfängen, den Armengärten, zu einer starken, bedeutenden Gartenkultur, bedingt durch die Wohnungsnot und durch die hohen Preise für die Grundnahrungsmittel. Gemeinschaftliche Gartenanlagen, seien es die Arbeitergärten, seien es die frühen Schrebergärten, haben von Anfang an die Solidarisierung ihrer Besitzer in Vereinen bewirkt und damit gesellschaftliche Kräfte konstituiert, die bis heute wirksam sind. Im Laufe ihrer Geschichte waren Kleingärten auch vielfach Fluchtort für Verfolgte. Die soziale Bedeutung des eigenen Gartens für den „kleinen

19

Mann" wird zuerst bei den Schrebergärten in der zweiten Hälfte des 19. Jh. sichtbar, auch bei den Gärten in unmittelbarer Verbindung mit der Wohnung in den ersten – aus paternalistischen Erwägungen gebauten – Arbeitersiedlungen, so in Wien-Favoriten um 1880. Bei der Wiener Siedlerbewegung ab etwa 1920 wurden, zur teilweisen Selbstversorgung, Gärten von 400 m² Größe vorgesehen, in der ersten Phase bis 1923 auch Kleintierställe; in der Folge wurden die Gärten kleiner, bis 100 m² (vgl. auch Abschnitt 4.3.5). Als Ergebnis der Weltwirtschaftskrise wurden ab 1930 sogenannte „Nebenerwerbs-Siedlungen", wieder mit großen Gärten, gebaut. Maßgeblich waren die Schriften und Vorträge von Leberecht MIGGE, vor allem zum intensiven, nachhaltigen Gartenbau. Von Adolf LOOS, 1921 zum Chefarchitekten des Wiener Siedlungsamtes berufen, stammen die programmatischen Sätze: „Wie soll nun das siedlungshaus aussehen? Wir wollen vom garten ausgehen. Der garten ist das primäre, das haus ist das sekundäre. Der garten wird natürlich der modernste garten sein."... „Je rationeller bebaut wird, desto häufiger wird geerntet. Wir müssen es in unserem klima auf zehn bis vierzehn ernten im jahre bringen und sie können sich wohl vorstellen, welche gewaltige arbeit das erfordert. Vom klima und von der erde, vom terrain selbst ist der siedler nicht abhängig." Hier beruft sich A. LOOS (Die moderne Siedlung, Wien 1924) ausdrücklich auf den „gärtnerischen Reformator" L. MIGGE. In dessen „Grünem Manifest" (1918) finden sich unter anderem Grundsätze, die eine fast beklemmende Aktualität besitzen, wenn man an die heutige Stadterweiterung denkt: „In Zukunft: Neue Wohnstätten nur noch auf dem Lande – mehr Häuser kann die alte Stadt nicht verdauen. In Zukunft: Neue Hausstätten nur noch flach auf dem Lande. – Das Übereinanderbauen war die Wurzel allen Übels. In Zukunft: Neue Siedlungen nur noch mit Selbstversorgergärten – die alle Hausabfälle selber verarbeiten".

Die Grundlage der Siedler- und der Kleingarten-Bewegung war die Gemeinschaft, die Solidarität von Menschen, die gemeinsam – als „Genossen" im Wortsinne – ein Ziel erreichen wollten: das eigene Heim, den eigenen Garten. Diese Solidarität ist – bis auf wenige Ausnahmen – mit zunehmendem Wohlstand und beim mehrmaligen Generationenwechsel verlorengegangen. In Wohn- und Kleingarten-Siedlungen wie Wien 12. Hoffingergasse der Genossenschaft Altmannsdorf-Hetzendorf und Wien 15. Auf der Schmelz, wo sich beispielsweise noch funktionierende Bauhöfe und Werkstätten gehalten haben, könnte die alte Gemeinschaftsidee wieder belebt werden. Die Siedler-Bewegung wäre auch heute eine optimale Möglichkeit, Zuwanderern, Unbehausten und Beschäftigungslosen durch ihre eigene Arbeit ein Dach über dem Kopf zu verschaffen, wenn ihnen – wie seinerzeit – die Stadt Baurechtsgründe zur Verfügung stellte.

Eine wesentliche Vorgabe für die Freiraumplanung in Städten ist die Differenzierung zwischen **Privatheit** einerseits und **Öffentlichkeit** andererseits. Unabhängig von soziologischen Erkenntnissen soll hier unter „Privatheit" der Wunsch und die Möglichkeit für einzelne Menschen oder Gruppen von Menschen verstanden werden, sich so weit zurückzuziehen, dass sie sich von Dritten ungestört verhalten und frei bewegen können. Selbstverständlich ist dies in erster Linie in einem umbauten Raum der Fall, sehr wohl aber auch im Freiraum.

Privatheit ist nicht möglich ohne Öffentlichkeit und umgekehrt, beide bedingen einander. Der „öffentliche Raum" im Sinne der Differenzierung zum „privaten Raum" ist dadurch gekennzeichnet, dass er in aller Regel für jedermann zugänglich ist und vielfach gerade zu dem Zwecke aufgesucht wird, zu sehen und gesehen zu werden. Bestimmte Altersgruppen und Angehörige ausgewählter Schichten suchen immer die gleichen öffentlichen Räume auf, so dass sich dort schon wieder eine Art gruppenspezifischer Privatheit bildet. Der öffentliche Raum kann durchaus in sich abgeschlossen und nur gegen Entgelt betretbar sein, etwa ein Freibad oder ein historischer Park; die Privatheit wäre erst dann gegeben, wenn dieser Freiraum etwa für eine bestimmte Zeit einer definierten Gruppe, vielleicht einem Sportverein oder den Teilnehmern an einem Kongreß, vorbehalten bliebe. Gerade manche Freibäder sind öffentliche Orte in dem Sinne, dass Kontakte gesucht und angeknüpft werden. Ein derzeit ungelöstes Problem besteht darin, dass der öffentliche Freiraum von den meisten Besuchern als „res nullius" betrachtet wird, als Sache, für die niemand verantwortlich ist und die deshalb ohne Rücksicht auf ihren Zustand nicht nur genutzt, sondern auch demoliert werden kann. Das Bewusstsein, dass auch der öffentliche Park eine gemeinschaftliche Einrichtung ist, deren Erhaltung allen Steuerzahlern zur Last fällt, fehlt weitgehend.

Von W. LENDHOLT und anderen wird der Begriff „**Halböffentlichkeit**" für eine Übergangsform zwischen Privatheit und Öffentlichkeit gewählt. Bekannte Beispiele sind die Freiflächen im mehrgeschossigen Wohnbau und die Kleingartenanlagen. In mehrgeschossigen Wohnsiedlungen sind die Grünräume zum größten Teil eingesehen, sie unterliegen also einer „sozialen Kontrolle", die es verhindert, sich dort ungestört und unbeobachtet zu verhalten. Viele Bewohner scheuen deshalb den Aufenthalt dort, auch wenn sie durchaus sozial tolerierte Tätigkeiten wie Lesen, Sonnenbaden, Schreiben und ähnliche ausüben könnten. Sie fürchten zum einen die Kritik der Nachbarn, zum anderen wollen sie ihre privaten Neigungen, seien sie auch noch so harmlos, nicht preisgeben. Es gibt im Allgemeinen nur zwei Betätigungen, die hier sozial erlaubt sind: die Aufsicht auf kleine spielende Kinder und die Arbeit im Mietergarten. Diese Einschränkungen gelten umso mehr, je größer die Wohnhausanlage und je geringer der Bekanntheitsgrad der Bewohner untereinander ist. In sehr kleinen Häusern mit etwa 20 bis 30 Wohnungen kann es durchaus zu informellen Vereinbarungen darüber kommen, dass einige Familien die gemeinschaftlichen Grünräume gleichsam als private Gärten – ohne Einzäunung – nutzen. In solchen Anlagen kommt es auch vor, dass die Bewohner die Gartenflächen selbst pflegen.

In den vergangenen Jahren ist der Begriff „**Aneignung**" im Zusammenhang mit Freiräumen mehrfach diskutiert worden, teilweise mit unterschiedlichem Inhalt. Es kann die gleichsam körperliche Besetzung einer Freifläche ebenso gemeint sein wie die Identifikation mit einem Grünraum im Sinne von „Unser Park". In jedem Fall bedeutet „Aneignung" eine direkte oder indirekte Inbesitznahme des öffentlichen Grüns durch Stadtbewohner, manchmal verbunden mit dem Ausschluss der „Nicht-Besitzenden".

Für die Freiraumplanung ist auch der Begriff der „**Distanz**" von großer Bedeutung. Die Empfindlichkeit gegenüber tolerablen Distanzen hängt von vielen Variablen ab, so von der jeweiligen räumlichen Situation, von der Betätigung – etwa bei unterschiedlichen Sportarten –, vom Alter, von der Erziehung, der gesellschaftlichen Schicht, vom Geschlecht, von der Nationalität und vielen anderen.

Ein besonderes Problem ist das immer raschere Auseinanderklaffen gesellschaftlicher Schichten und deren Möglichkeiten Freiräume zu nutzen. In den überwiegend von Zuwanderern bewohnten Gründerzeit-Vierteln in Wien, etwa im Bereich des Gürtels, fehlt die soziale Infrastruktur weitgehend. Die beengten Wohnverhältnisse zwingen vor allem Kinder und Jugendliche, den öffentlichen Raum in Besitz zu nehmen. Die wenigen vorhandenen Grünflächen sind bei weitem übergenutzt und dadurch zerstört, was wiederum den ausländischen Kindern zur Last gelegt wird. Für sogenannte „Randgruppen" bieten öffentliche Grünanlagen die Möglichkeit zu Kontakten, zum Aufenthalt und vielfach auch zur Nächtigung.

Der Gedanke, dass Gärten gleichsam Heilstätten und Gartenarbeit Medizin seien, prägte noch um 1960 das Bewusstsein von Architekten und Gartenarchitekten, die sich mehr als Ärzte denn als Künstler betrachteten. Für die Stadtplanung stellt sich heute die Frage, ob und wie das Handeln des Menschen im Freiraum beeinflusst werden kann, ja ob es überhaupt beeinflusst werden soll, ob es nicht vielmehr Aufgabe der Planer ist, dieses Handeln nur zu beobachten, nachzuvollziehen und allenfalls helfend zu begleiten, wenn der Wunsch nach einer selbstständigen Gestaltung von Parks vorhanden ist. Vielerorts entsteht allerdings der Eindruck, dass sich manche Stadtbürger in ungepflegten Grünanlagen durchaus wohlfühlen.

Dass heute die Bereitschaft fehlt, für öffentliche Grünflächen, gleichgültig ob für den Grunderwerb, ob für die Planung, ob für Bau und Erhaltung, nur geringe Mittel – etwa im Vergleich zu Verkehrsbauten – zur Verfügung zu stellen, liegt nicht zuletzt am Desinteresse des überwiegenden Teiles der stimmberechtigten Stadtbewohner. Besucher und Nutzer der innerstädtischen Grünflächen in vielen Städten sind vermehrt Touristen, Zuwanderer mit ihren Familien und sogenannte „Randgruppen", also Personen, die auf die Kommunalpolitik keinen Einfluss ausüben können. Für die meisten anderen Stadtbewohner, ausgenommen Rentner und Mütter mit kleinen Kindern aus den unteren Schichten, sind städtische – auch historische – Gärten und Park-anlagen kaum von Interesse. Wenn P. GLEICHMANN um 1960 für Deutschland feststellt, dass das Grünwesen aus dem Stadium der „Bewegungen" längst in das der institutionalisierten Organi-sation getreten sei, so trifft dies für viele Städte um 1990 nicht zu. Fortschritte beruhen meist auf der Initiative einzelner Politiker oder Beamter, nicht auf gesetzlichen Grundlagen oder der Tätigkeit von Körperschaften.

Literatur

Amar L.: Parks und Plätze in Paris – eine sozialpsychologische Studie städtischer Freiraumqualitäten. Arbei-ten zur sozialwissenschaftlich orientierten Freiraumplanung, Bd. 6. München 1986

Bahrdt H. P., U. Herlyn (Hrsg.): Die moderne Großstadt. Soziologische Überlegungen zum Städtebau. Opla-den 1998 (Basel/Boston/Stuttgart 1961)

Berndt H.: Die Natur der Stadt. Frankfurt/M. 1978

Forschungsgesellschaft Landschaftsentwicklung Landschaftsbau FLL: Aspekte der Freiraumplanung. Der sozio-psychologische Bereich. Schriftenreihe Band 12. Bonn 1986

Gleichmann P.: Sozialwissenschaftliche Aspekte der Grünplanung in der Großstadt. Stuttgart 1963

Grzimek G.: Die Besitzergreifung des Rasens. Katalog zur Ausstellung. München 1983

Herlyn U.: Leben in der Stadt. Lebens- und Familienphasen in städtischen Räumen. Opladen 1990

Jacobs J.: Tod und Leben großer amerikanischer Städte. Bauwelt Fundamente 4, Gütersloh und Berlin 1963. 3. Aufl. Braunschweig 1993

Lenz-Romeiß F.: Die Stadt – Heimat oder Durchgangsstation? München 1970

Mitscherlich A.: Die Unwirtlichkeit unserer Städte. Franfurt/M. 1965

Muchow M., H. Muchow: Der Lebensraum des Großstadtkindes. Darmstadt 1935. Neuausgabe Weinheim 1998

Nohl W.: Städtischer Freiraum und Reproduktion der Arbeitskraft – Einführung in eine arbeitnehmerorien-tierte Freiraumplanung. IMU-Studien Nr. 2. 4. Aufl. München 1990

Nohl W.: Soziale und kommunikative Nutzung von Freiräumen. München 1995

Postman N.: Das Technopol. Die Macht der Technologien und die Entmündigung der Gesellschaft. 4. Aufl. Frankfurt am Main 1994

Rainer R.: Die Welt als Garten – China. Graz 1976

Rotenberg R.: Landscape and Power in Vienna. John Hopkins University Press. Baltimore 1995

Schmidt-Relenberg N., H. Kärner, V. Köhler: Selbstorganisation der Armen. Frankfurt a.M. 1980

Selle K.: Was ist bloß mit der Planung los? Erkundungen auf dem Weg zum kooperativen Handeln. Dort-munder Beiträge zur Raumplanung Band 69. 2. Aufl. Dortmund 1996

Sennett R.: Verfall und Ende des öffentlichen Lebens. Die Tyrannei der Intimität. Frankfurt/Main 1996 (New York 1974)

Vester F.: Ballungsgebiete in der Krise. Verstehen und Planen menschlicher Lebensräume. München 5. Aufl. 1994

Wenzel J., S. Schöbel: Für eine neue Freiraumplanung. In: Garten und Landschaft H. 3/1999

2.0 Vorbemerkung

Die zentrale Frage für alle Funktionen von Grünräumen ist die der gesellschaftlichen **Bewertung**, die einem steten Wandel unterliegt. T. KOENIGS spricht in diesem Zusammenhang von einer „In Wert-Setzung" durch die Gesellschaft; ihr steht allerdings auch eine mögliche Abwertung gegenüber. Wertmaßstäbe und Prioritäten sind wechselnd, in zunehmend rascher Abfolge; im 19. und 20. Jh. beispielsweise Wohnen, Hygiene, Verkehr, Ästhetik, Soziales, Wirtschaft. Gleichzeitig wächst stetig der Einfluss der sogenannten Massen-Medien.

Bei einer Konkurrenz mehrerer Nutzungen um eine Fläche obsiegt in der Regel diejenige, die den höchsten Ertrag für den Grundeigentümer bringt, oft ohne Rücksicht auf den Nutzen für die Gesellschaft. Je mehr Funktionen, die einen gesellschaftlichen Wert besitzen, ein Freiraum erfüllen kann, desto eher ist seine Erhaltung gesichert. Öffentliche Grün- und Freiflächen können sich auf Dauer nicht durch ihre Ausmaße und ästhetischen Eigenschaften halten, sondern nur durch ihre Funktionen, ihren – möglichst in Wählerstimmen messbaren – Wert für die Bewohner der Stadt, unabhängig davon, ob es sich um wohnungsnahe oder wohnungferne Grünflächen handelt.

Alle Grünräume, ob Gärten oder Erholungsgebiete, unterliegen einem ständigen **Prozess** der Entwicklung, sie verändern sich stetig durch die Natur und durch Eingriffe des Menschen. Sie sind daher nicht planbar mit dem Ziel eines beabsichtigten Endzustandes; beeinflussbar ist allenfalls die Richtung der verändernden Prozesse.

Literatur

Andritzky M., K. Spitzer (Hrsg.): Grün in der Stadt. Reinbek/Hamburg 1986

Bochnig S., K. Selle (Hrsg.): Freiräume für die Stadt. Sozial und ökologisch orientierter Umbau von Stadt und Region. Band 1: Programme, Konzepte, Erfahrungen. Band 2: Instrumente der Freiraumentwicklung. Wiesbaden/Berlin 1992

Gilgen K.: Kommunale Raumplanung in der Schweiz: ein Lehrbuch. VLP, BSP, HSR. Zürich 1999

Greiner J., H. Gelbrich: Grünflächen der Stadt. 2. Aufl. Berlin 1976

Hölzinger J.P., G. de Bruyn: Der öffentliche Raum. Frankfurt a.M. 1992

Le Roy L.: Natur ausschalten – Natur einschalten. Stuttgart 1978

Österreichisches Institut für Raumplanung (ÖIR): Ökologische und familienpolitische Aspekte der Grünraum- und Erholungsplanung. Unveröffentlichtes Gutachten im Auftrage des Bundesministeriums für Umwelt, Jugend und Familie. Wien 1993

Redl L.: Stadt im Durchschnitt. Texte, Konzepte, Stadtplanung, Stadtgestaltung. Wien/Köln/Weimar 1994.

Vester F.: Unsere Welt – ein vernetztes System, Frankfurt a.M. 1983

2.1 Stadtökologische Funktion

2.1.1 Stadt als Lebensraum für Tiere und Pflanzen

Für die Landschaftsarchitektur ist die Einsicht notwendig, dass die Stadt, und zwar die ganze Stadt mit ihrem Umland, gleichermaßen Lebensraum für Menschen, Tiere und Pflanzen ist. Es ist nicht möglich und auch nicht sinnvoll, „Natur" in der Stadt in Reservate und Schutzgebiete zu verbannen, gleichsam als Alibi für die Zerstörung der übrigen Räume. Der ökologisch ausgerichtete Städtebau sieht die Stadt in Gesamtheit ihrer inneren Wirkungszusammenhänge, externen Einflüssen und Wechselwirkungen als System.

Ziel der Landschaftsplanung ist demnach die Ausrichtung aller Vorgänge und Kreisläufe in der und um die Stadt auf die „ökologische Stadt", etwa im Sinne der alten chinesischen Stadt, die alle Energien und Produkte in einem stetigen Kreislauf genutzt hat. Das System der heutigen Stadt kann aber nicht mit einem Ökosystem gleichgesetzt werden; gleichwohl lassen sich viele Grundsätze in dieser Richtung verwirklichen, beispielsweise durch Abfallvermeidung, durch den Einsatz ökologisch verträglicher Baustoffe, durch Wasserbewirtschaftung, Vermeiden

2. Funktionen der Grünräume in der Stadt

der Bodenversiegelung und durch den Bau von Pflanzenkläranlagen für kleinere Siedlungseinheiten. In Berlin gelten dazu ökologische Vorschriften für das gesamte öffentliche und durch die öffentliche Hand geförderte Bauwesen.

Die **Stadtökologie** ist eine untersuchende, beschreibende Wissenschaft und als solche äußerst wichtig für das Erkennen der Lebensvorgänge und Zusammenhänge, sie wertet aber nicht nach „gut" und „schlecht" in dem Sinne, wie es die Planung oft wünscht. Demgegenüber ist der **Naturschutz** handlungsorientiert und vom Leitbild der „intakten" Natur geprägt. In seiner klassischen Ausprägung ist er – ebenso wie der klassische Denkmalschutz – auf das Bewahren von Strukturen und Abläufen ausgerichtet. Er steht damit von vornherein im Widerspruch zum Paradigma, dass alles in der Stadt und in der Landschaft von einem stetigen Wandel geprägt ist.

Wenn auch die Stadt insgesamt nicht einem Ökosystem gleichgesetzt werden kann, sind innerhalb des Stadtgefüges eine Fülle von **Ökosystemen** unterschiedlicher Größenordnung lebendig. Sie sind gekennzeichnet durch Kreisläufe von Stoffen, Energie und Informationen; ferner durch die Eigenschaften
- Regeneration, Selbststeuerung und -erneuerung,
- Ausgleich, Substituierung von Einzelelementen, zum Beispiel durch zuwandernde Arten,
- Anpassungsfähigkeit an sich verändernde Lebensbedingungen, etwa an Grundwasserstand und Nährstoffzufuhr.

Wichtige Aufgaben der Landschaftsplanung für Städte sind die Aufnahme und die Sicherung vorhandener, aber auch die Anlage neuer Biotope. Unter „**Biotop**" versteht man den abgegrenzten Lebensraum einer Pflanzen- und Tiergemeinschaft mit den darin lebenden Arten in ihrem Zusammenhang und ihrer gegenseitigen Abhängigkeit. Typische Beispiele für ein Biotop sind etwa ein Tümpel oder ein Baum. Biotope sind meist Bestandteil größerer Einheiten von in sich geschlossenen Lebensräumen, etwa der Baum in einem Wald. Natürliche und naturnahe, vom Menschen wenig beeinflusste Biotope sind wichtige biologische Ausgleichsräume. Es ist wichtig, nicht nur die Fläche des Biotops selbst, sondern auch sein Umfeld als „Pufferzone" zu erhalten. In der Umgangssprache, auch in vielen Medien, werden fälschlich nur kleine Feuchtbiotope als „Biotop" bezeichnet.

Notwendig und durch die Freiraumplanung zu fördern ist die „Biotopvernetzung", sie ist wichtig für das Nachwandern und die Regeneration von Tier- und Pflanzenarten und -gesellschaften in einem „**Biotop-Verbund**". Dabei sind auch ganz kleine Strukturen wie einzelne Bäume, Gehölzgruppen, Feldraine und dergleichen von Bedeutung. Im herkömmlichen Biotopschutz besteht allerdings die Gefahr, dass die flächenhafte Verbesserung der ökologischen Bedingungen – zwischen den Linien und Knoten des Netzes – vernachlässigt werden. In diesem Sinne ist die Stadt sinngemäß als Ganzes zu sehen. Das Bundesgesetz über den Natur- und Heimatschutz der Schweiz schreibt den Kantonen vor, in intensiv genutzten Gebieten inner- und außerhalb von Siedlungen „für ökologischen Ausgleich mit Feldgehölzen, Hecken, Uferbestockungen oder mit anderer naturnaher und standortgemäßer Vegetation" zu sorgen.

Die Stadt ist gekennzeichnet durch eine große **Vielfalt an Biotopen** unterschiedlicher Größe und Ausprägung, die einem sehr breiten Spektrum von Tieren und Pflanzen bzw. Tier- und Pflanzengesellschaften Lebensräume bieten. Die Zahl vor allem der Pflanzenarten, teilweise auch der Tierarten, wird durch das Einführen fremdländischer Arten, durch Züchtung und Selektion sowie durch Zuwanderung beträchtlich erhöht. Die Artenvielfalt steigt mit dem Anteil der Vegetationsfläche am Bauland; selbst bei einem Vegetationsanteil von weniger als 10 % finden sich in einem Baublock bis zu 20 Baum- und Straucharten, bei einem Anteil der Vegetation von über 70 % Artenzahlen von 60 bis 100. Die meisten Arten sind in alten Villengärten (vor 1918) und alten Friedhöfen nachzuweisen. Für die Artenzahl von Bedeutung ist auch der mehrschichtige Aufbau der Vegetation aus Krautschicht, Strauchschicht und mehreren Baumschichten, teils mit sehr alten Bäumen.

Tier- und Pflanzengesellschaften **wandern** aus dem Umland über Naturgärten am Stadtrand, weiter über Grünverbindungen und Parke ökologischer Ausprägung in die dicht bebauten Teile der Stadt. Diese Wanderung und die Sukzession in den Grünflächen sollte zugelassen werden, mit vorsichtigen, behutsamen Eingriffen, soweit sie zur Steuerung der Entwicklung und im Sinne der Nutzung erforderlich sind.

Literatur

Abart-Heriszt L.: Wirkungsorientierte ökologische Planung. ORL-Bericht 96. Zürich 1995

Adam K.: Stadtökologie in Stichwörtern. Unterägeri/Schweiz 1988

Eriksen W.: Die Stadt als urbanes Ökosystem. Paderborn 1983

Gelbrich H., C.-Ch. Wiegandt: Stadtökologie in Ostdeutschland: Stellenwerte und Schwierigkeiten kommunaler Entscheidungen für eine ökologisch ausgerichtete Stadtentwicklung. In: Standort, Zeitschrift für Angewandte Geographie, Hamburg. 15 (1991) 4, 3–9

Helms H.G. (Hrsg.): Die Stadt als Gabentisch. Leipzig 1992

Hülbusch K.H.: Landschaftsökologie der Stadt in: Naturschutz und Landschaftspflege zwischen Gestalten und Erhalten, ABN (Hrsg.), Jahrbuch für Naturschutz und Landschaftspflege Bd. 33, Bonn 1983

Kaerkes W.M.: Zur ökologischen Bedeutung urbaner Freiflächen. Dargestellt an Beispielen aus dem mittleren Ruhrgebiet. Materialien zur Raumordnung Band 35 Geograph. Inst. Ruhr-Univ. Bochum. 1989

Kennedy M. (Hrsg.): Handbuch ökologischer Siedlungs(um)bau. Europäische Akademie für städtische Umwelt, Ökozentrum Nordrhein-Westfalen. Hannover/Berlin 1998

Klausnitzer B.: Ökologie der Großstadtfauna. 2. Aufl. Jena 1993

Kunick W.: Veränderungen von Flora und Vegetation einer Großstadt, dargestellt am Beispiel von Berlin (West). Diss. am Fachbereich Landschaftsbau Techn. Univ. Berlin 1974

Lichtenberger E.: Stadtökologie und Sozialgeographie. In: Sukopp H., R. Wittig (Hrsg.): Stadtökologie. 10–45. Stuttgart 1993

Sukopp H. et al.: Beiträge zur Stadtökologie von Berlin (West). Schriftenreihe des Fachbereichs Landschaftsentwicklung der TU Berlin H. 3, Berlin o.J.

Sukopp H., P. Blume: Stadtökologie – ein Fachbuch für Studium und Praxis. 2. Aufl. Stuttgart 1998

Wittig R.: Ökologie der Großstadtflora. Flora und Vegetation der Städte des nordwestlichen Mitteleuropas. Stuttgart 1991

2.1.2 Biotopkartierung, Biotopsicherung, Biotopmanagement

Biotopkartierung

Es lassen sich drei Kategorien von Biotopkartierungen im besiedelten Bereich unterscheiden:

1. Die **selektive** Kartierung erfasst nur schutzwürdige Biotope; dazu ist ein Bewertungsrahmen erforderlich, mit dem die „Schutzwürdigkeit" und damit die Auslese beurteilt werden kann;
2. bei der **flächendeckenden** Kartierung werden die biologisch-ökologischen Merkmale aller Biotope des Untersuchungsgebietes erfasst, zunächst ohne Bewertung;
3. bei der **repräsentativen** Kartierung werden für alle flächenrelevanten Nutzungstypen Beispielflächen untersucht und die Ergebnisse auf alle Flächen gleicher Nutzungsstruktur bezogen.

Möglich ist auch eine Trennung von faunistischer und vegetationskundlich-floristischer Kartierung. Wenn möglich, ist eine **flächendeckende** Kartierung der selektiven Kartierung vorzuziehen. Bei allen Biotopkartierungen muss die Bewertung der Kartierungsergebnisse nachvollziehbar und anwendungsbezogen sein, muss also planerisch und politisch umsetzbar sein. Manche Biotopkartierungen erbringen wohl wissenschaftlich sehr wertvolle Ergebnisse, lassen aber keine für die Stadtplanung argumentativ verwertbaren Aussagen zu. Wichtig sind jedenfalls Angaben zu den Sachbereichen Arten- und Biotopschutz, zur Umsetzung der Naturschutzgesetze, und zum Naturerleben in der Stadt.

Siehe Farbtafel I, Abbildung 8: Stadtplanung Dornbirn, Vorarlberg; Landschafts- und Grünraumkonzept 1985. Verfasser R. ALGE, A. EICHBERGER, Th. LOACKER, S. ZECH, Landschaftsplaner/Raumplaner.

Biotopsicherung

Grundlage für die **Sicherung** der vorhandenen Biotope ist eine genaue Kartierung, wobei das Schwergewicht auf der vegetationsökologischen Aufnahme liegt, bei der die Tierwelt anhand von Kennarten miterfasst werden kann. Eine eingehende zoologische Aufnahme wird in der Regel nur in einigen typischen Biotopen möglich sein. Bei der sehr großen Artenzahl der Tiere ist es jedenfalls sinnvoll, sich bei den Erhebungen auf einige wenige Tiergruppen zu beschränken, dies sind in der Regel Amphibien, Reptilien, Vögel und Säugetiere. Vor allem Brutvögel sind in allen Ökosystemen vertreten, vergleichsweise einfach zu kartieren und zeigen ein bekanntes, typisches Verhalten, aus dem auf den Zustand des Biotops geschlossen werden kann. Auch bei der floristischen Kartierung kann der hohe Aufwand einer flächendeckenden Aufnahme dadurch gesenkt werden, dass nur einige ausgewählte Arten oder Artengruppen (Kennarten, Leitarten) erfasst werden. Dies bietet sich vor allem für Folgekartierungen an.

Eine sehr **stark vereinfachte** Bewertung der Biotope als Grundlage für die Sicherung ist möglich nach:

- Zustand,
- Bedeutung für Naturhaushalt,
- gestalterischer Bedeutung,
- Funktion.

Biotopmanagement

Darunter versteht man Leistungen und Maßnahmen aller Art, die zur Erhaltung und Entwicklung von Biotopen beitragen. Sie reichen von rechtlichen Schritten bis zur Pflege, etwa durch Mähen oder Beweidung. Wichtig sind oft die kleinräumige Bewirtschaftung des Wassers, die Einzäunung einzelner Flächen und die umfassende Information der Bevölkerung an Ort und Stelle und durch die Medien. Das Ziel ist eine flächendeckende Betreuung des ganzen Stadtgebietes anstelle der früher für den Naturschutz typischen Beschränkung auf Schutzgebiete.

So könnte etwa für Industriegebiete ein neuer Schutzgebiettypus „Ökologische Entwicklungsfläche" eingeführt werden. Der etwas sperrige Begriff „Biotop-Entwicklungsräume" meint Bereiche, in denen die Voraussetzungen für die Entwicklung von Biotopen bestehen und in denen diese gefördert werden soll. Biotop-Entwicklungsräume sind dort wichtig, wo der Bestand an Biotopen gering ist, oder als Ausgleichsflächen dort, wo etwa bestehende Biotope einer Bebauung weichen müssen.

In Anbetracht der Vielzahl von erhaltenswerten Biotopen und den beschränkten finanziellen und personellen Möglichkeiten muss eine Auswahl nach der Dringlichkeit der Pflegemaßnahmen getroffen werden. Dazu ist es sinnvoll, im Zuge der Biotopkartierung eine Wertung vorzunehmen, die zum einen den Grad der aktuellen Gefährdung, zum anderen den wissenschaftlich begründeten Wert, etwa Einmaligkeit oder Seltenheit, berücksichtigt.

Literatur

Arbeitsgruppe Artenschutzprogramm Berlin: Grundlagen für das Artenschutzprogramm Berlin, 3 Bände. Landschaftsentwicklung und Umweltforschung 23, Berlin 1984

Blana H. et al.: Bioökologischer Grundlagen- und Bewertungskatalog für die Stadt Dortmund, Teil 1: Methodik der Datenerfassung und Landschaftsbewertung; Allgemeine Bewertungsgrundlagen für das ganze Stadtgebiet. Dortmund 1984

Jedicke E.: Biotopschutz in der Gemeinde. Radebeul 1994

Kaule G.: Arten- und Biotopschutz. Stuttgart 1991

Kienast D.: Die spontane Vegetation der Stadt Kassel in Abhängigkeit von bau- und stadtstrukturellen Quartierstypen. Urbs et Regio, Kasseler Schriften zur Geographie und Planung Heft 10. Kassel 1978

Kirsch-Stracke R. et al.: Stadtbiotopkartierung Hannover – Von der Vorbereitung bis zum Planungsbeitrag. In: Landschaft + Stadt 19 (2), 49–77, 1987

Kunick W.: Landschaftsökologische Grundlagen. Teil 3 – Biotopkartierung. Hrsg. Stadt Köln. Köln 1983

Kunick W. und M. Kleyer: Stadtbiotopkartierung. Hrsg. Stadt Karlsruhe. Mitteil. Bürgermeisteramt Nr. 61. Karlsruhe 1985

Kunick W.: Vegetation städtischer Biotope. GHS Kassel, Fachbereich Städtebau und Landschaftsplanung. Heft 6 (Reprint). Kassel 1998

Rijpert J.: Biotopkartierung im besiedelten Bereich in Westfalen. Forschungsgesellschaft Landschaftsentwicklung Landschaftsbau FLL (Hrsg.): 4/1986

Schanda F.: Biotopkartierung Wien. Ziele-Methoden-Durchführung. In: Biotopkartierung in Österreich. ÖIR-Forum Nr. 11, S. 189–204. Österr. Institut für Raumplanung, Wien o.J. (1985)

Schulte W.: Flächendeckende Biotopkartierung im besiedelten Bereich als Grundlage einer stärker naturschutzorientierten Stadtplanung. Forschungsgesellschaft Landschaftsentwicklung Landschaftsbau FLL (Hrsg.): 5/1986

Sukopp H., S. Weiler: Biotopkartierung im besiedelten Bereich der Bundesrepublik Deutschland. in: Landschaft + Stadt 18 (1), 25–30, 1986

Die hier angeführten Quellen stellen nur einen kleinen Teil der umfangreichen Fachliteratur zum Thema Biotope in der Stadt dar; sie sollen auch dazu dienen, weitere Informationen zu erschließen.

2.2 Stadthygienische Funktion

Stadtklima

Die wesentlichen Ursachen für die Ausbildung eines Stadtklimas sind anthropogen bedingt und führen in Abhängigkeit von der Art und Ausdehnung der Bebauung und der Beschaffenheit der Oberflächen zu deutlichen Veränderungen des natürlichen Wärme- und Feuchtigkeits-Haushaltes und der Windverhältnisse. Das Stadtklima setzt sich aus vielen mikroklimatischen Elementen mit unterschiedlichen Eigenschaften zusammen, die in der Freiraumplanung berücksichtigt werden müssen.

In jüngerer Zeit beschäftigt sich die Stadtklimatologie vor allem mit der Differenzierung des Stadtgefüges in verschiedene **kleinklimatische Bereiche**, die – je nach Aufgabenstellung und finanziellen Möglichkeiten der Untersuchung – bis zur Baublockgröße unterteilt werden können. Dieser Flächenbezug ist insofern wichtig, als ja auch Planungsaussagen auf klar abgegrenzte Bereiche, etwa auf ein Wohn- oder Gewerbegebiet, bezogen werden. Aus einer Fülle von Datenmaterial, aus zusätzlichen Messfahrten und Vertikalsondierungen, nach Auswertung von Karten der Flächennutzung und Reliefs der Stadtstruktur können klimatisch sich ähnlich verhaltende Flächen zu „Klimatopen" zusammengefasst werden. Nach Leser sind Klimatope „Geländeausschnitte, die langfristig und auch bei verschiedenen Witterungen ein gleichartiges gelände- und mikroklimatisches Verhalten zeigen." Dabei ist die Zusammensetzung der Klimatope von Stadttyp zu Stadttyp durchaus unterschiedlich, sollte also für jede Stadt gesondert untersucht werden.

Das **Stadtklima** ist durch folgende Besonderheiten gegenüber dem Klima des Stadtumlandes und der freien Landschaft gekennzeichnet:

- höhere Temperatur, im Sommer durch Wärmespeicherung in der Bebauung, im Winter durch Heizung der Gebäude, vor allem nachts;
- geringere Temperaturdifferenzen zwischen Tag und Nacht, Sommer und Winter;
- deutliche Temperaturunterschiede zwischen dicht bebauten Gebieten und größeren Parks und Stadtwäldern, bis zu 5 °C auf 1000 m Entfernung, auch zwischen Innenstadt und Randbereichen;
- die Windgeschwindigkeit ist sehr differenziert: in manchen Bereichen durch die unregelmäßige Oberfläche der Dächer herabgesetzt, in Gassen, Straßen und Flusstälern in der Hauptwindrichtung sehr hoch;
- die Niederschläge sind höher als in der freien Landschaft, eine Folge der vielen Kondensationskerne; das Oberflächenwasser wird über befestigte Flächen rasch abgeführt;
- die Luftverunreinigung durch Abgase, Staub u. a. m. ist höher, es bildet sich eine „Dunstglocke", wodurch die UV-Strahlung – im Winter um rund 30 % – herabgesetzt wird.

Abbildung 9: Gestaltete Lärmschutzwand an der Donauufer-Autobahn A 22, Wien-Kaisermühlen. Landschaftsarchitekt Wilfried KIRCHNER.

Durch die Temperaturdifferenz zwischen Stadt und Umland, aber auch zwischen Bebauung und Parks entstehen **Luftbewegungen**, die nachts kühlere Luft einmal in die Stadt insgesamt, zum anderen in die dicht bebauten Gebiete im Umkreis der Parks bringen (Flurwind). Diese Luftbewegung ist bei starker Überhitzung der Häuser deutlich stärker, extrem spürbar bei großen Bränden, die sich dadurch rasch ausbreiten. Für die Planung bedeutet das, dass Ventilationsbahnen, möglichst unter Ausnutzung des Reliefs, freigehalten und dass Parks und Stadtwälder den dichtest bebauten Gebieten zugeordnet sein sollten. Das Phänomen des Flurwindes tritt vor allem bei austauscharmen Wetterlagen auf, wobei die Innenstadt vom Umland her annähernd radial belüftet wird. Weil dieser Luftzug in Bodennähe streicht, sind Flusstäler, breite Ausfallstraßen und Bahnlinien, in denen keine Hindernisse liegen, hervorragend für den Transport der Luftmassen geeignet. Zu bedenken ist dabei allerdings, dass sich die zugeführte Luft dabei mit Schadstoffen anreichern kann. Optimal sind daher breite unbebaute, begrünte radiale Freiflächen mit niedrigem Bewuchs.

Wie in der freien Landschaft sind auch in der Stadt deutlich **Mikroklima, Mesoklima und Makroklima** zu unterscheiden. Vor allem Temperatur und Luftbewegung lassen sich auf kleinstem Raum differenzieren, es gibt eine große Vielfalt von Mikroklimaten. Der Anteil von Wasser- und Vegetationsflächen steuert die stadtklimatischen Verhältnisse. Insofern stellt diese meso- und mikroklimatische Ausgleichsfunktion von Freiflächen einen Nutzungsanspruch dar, vor allem wenn die Flächen zu diesem Zwecke angelegt oder von Bebauung freigehalten werden.

Die klimatischen Bedingungen sind vor allem für die Stadterweiterung und für die Situierung von Industrie- und Gewerbegebieten, aber auch anderer größerer Baugebiete von besonderer Bedeutung. Im Rahmen der Bearbeitung des Landschaftsrahmenplanes für Wien wurde dem „Ausgleichsraum", also dem inneren Stadtgebiet, der „Wirkungsraum" am Rande und im Umland der Stadt gegenüber gestellt.

Bei der Anordnung der Bebauung selbst sollten „**Winddüsen**" zwischen den Gebäuden vermieden werden, jedenfalls sind Modelle der geplanten Bebauung im Windkanal daraufhin zu überprüfen. Durch mehrreihige Schutzpflanzungen können hohe Windgeschwindigkeiten beträchtlich verringert und dadurch Staubstürme und Schneeverwehungen, etwa bei Straßen in Außenbezirken, verhindert werden. Die Windgeschwindigkeit und damit die Durchlüftung nimmt mit der Größe der bebauten Flächen ab, die Dachlandschaft wirkt bremsend. Innerhalb der Stadt aber treten stellenweise, abhängig von der Bebauung, hohe Windgeschwindigkeiten und Luftwirbel auf. Insgesamt ist die dynamische Luftbewegung stärker als die thermische.

Die lufthygienische Wirkung von Grünräumen im Sinne einer „Grünen Lunge", also durch Produktion von Sauerstoff, wird oft überschätzt. Ihre Wirkung liegt in erster Linie im Luftaustausch und in der Verringerung negativer Faktoren, so in der Aufnahmefähigkeit von CO_2 (für die Photosynthese). Die Wirkung von Grünräumen steigt mit der Blattmasse, also mit dem Anteil von Bäumen und Sträuchern. Das bezieht sich auf die Verdunstung wie auf die Kapazität der Staubbindung. Durch die Verdunstung, also höhere Luftfeuchtigkeit über Grünflächen, werden Temperaturextreme gemildert. Einfluss auf die Temperatur hat auch die Feuchtigkeit des nicht versiegelten Bodens, der langsamer abtrocknet als etwa Beton- oder Asphaltflächen. Große Laubbäume tragen durch das Verdampfen beträchtlicher Mengen an Wasser besonders zur Verbesserung des Stadtklimas bei.

Grünräume mit Bäumen und Sträuchern bilden ein eigenes **Bestandsklima**, das durch folgende Faktoren gekennzeichnet ist:

- die Temperatur der Gärten und Parks ist ausgeglichen; sie sind bei Tag durch die Schattenwirkung und Verdunstung kühler, bei Nacht wärmer als ihre Umgebung;
- die Grünräume erzeugen selbst keinen Staub, können aber Staub aus der Umgebung an den Blättern binden (Filterwirkung durch Vergrößerung der Oberfläche);
- die Windgeschwindigkeit wird im Bestand des Grünraumes herabgesetzt.

Im dichtbebauten Gebiet wirken sich auch kleine Grünräume auf diese Weise positiv aus, wenn sie mit Gehölzen, möglichst mit Bäumen, bestanden sind.

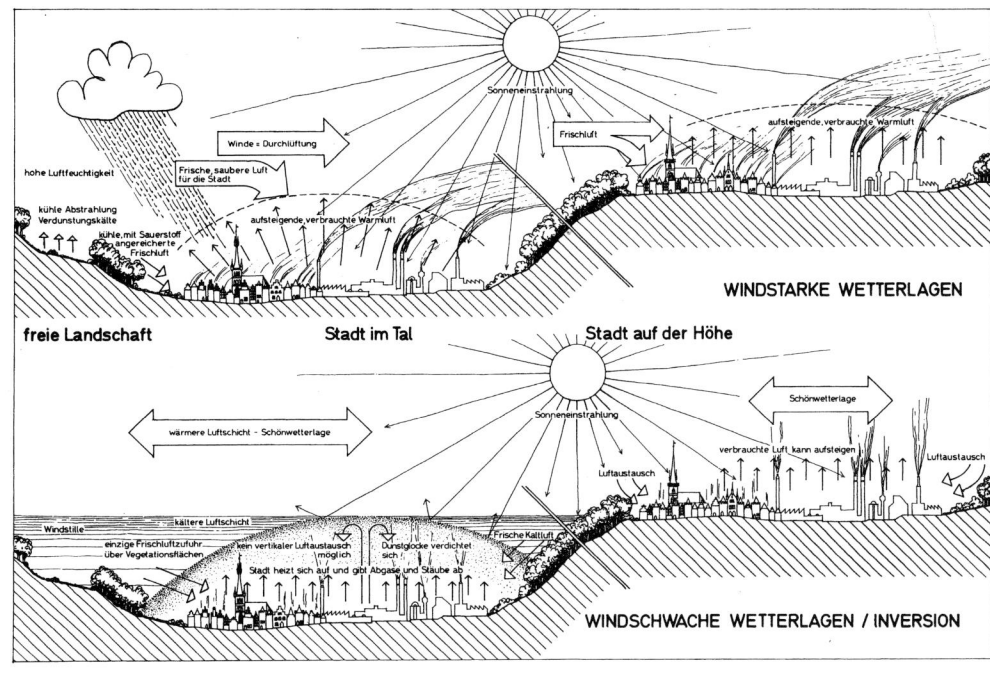

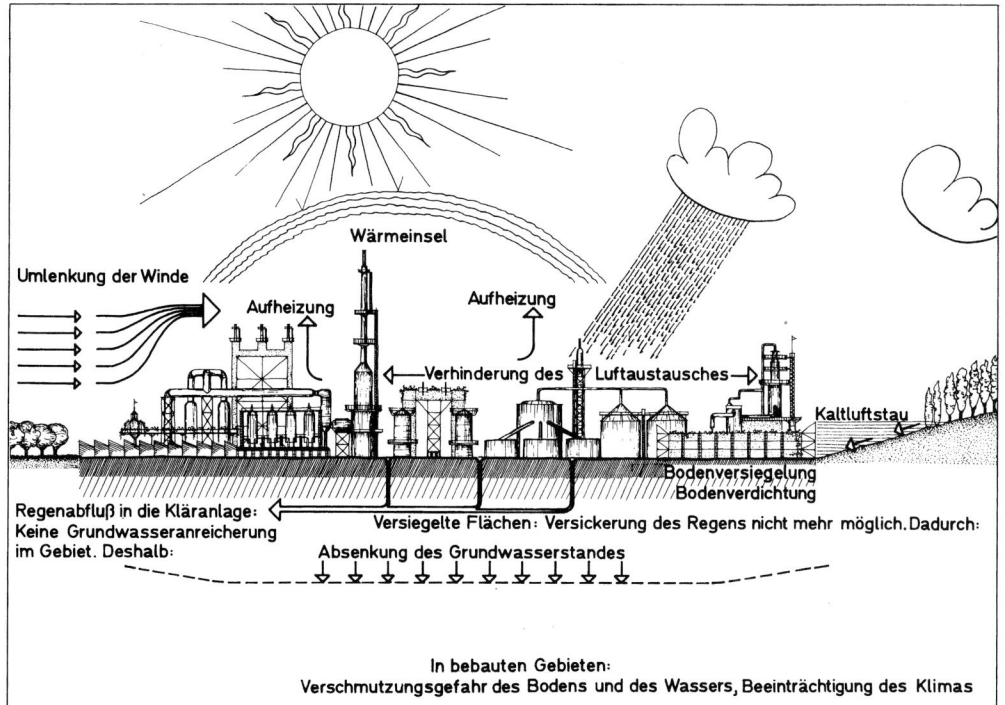

Kaltluft ist ein weiterer wichtiger Faktor der Klimaregulierung. Sie entsteht nachts bei Verdunstung und Abstrahlung über kahlen Flächen wie beispielsweise gepflügte Äcker und gemähte Wiesen, den sogenannten „Kaltluft-Entstehungsgebieten", und fließt langsam – „wie ein zäher Brei" – hangabwärts. Diese Bewegung kann nun gesteuert werden durch das Freihalten von Strömungsbahnen oder durch das Errichten von Barrieren, etwa in Form von Mauern oder dichten Hecken. So kann die Kaltluft zum einen in Bereiche hoher Temperaturen, zum Beispiel in Kessellagen, gelenkt, zum anderen von empfindlichen Kulturen ferngehalten werden. Bei-

29

Abbildung 11: Nutzung der Windenergie als prägendes Element der Stadt- und Landschaftsstruktur.

spiele für die gesteuerte kühlende Wirkung der Kaltluft sind Stuttgart und Wiesbaden, Beispiele für den Frostschutz sind Obst- und Weinkulturen am Gardasee. Beim Einfließen vom Stadtrand her erwärmt sich die Frischluft. Temperaturmessfahrten zeigen deutlich die Auswirkung der Topographie, etwa das Eindringen kräftiger kühler Luftströme über Ventilationsbahnen aus Seitentälern in ein Haupttal, beispielsweise in Bonn. Die Luftbewegung wird auch wesentlich durch den Verlauf von Straßen, in Wien etwa durch die Radialstraßen, und von Flüssen bestimmt.

Luftqualität

Im Hinblick auf die Luftverunreinigungen in Städten durch Staub, Abrieb von Autoreifen, Kohlendioxid, Stickoxide und andere gasförmige Stoffe wirken sich Grünräume, vor allem solche mit einer großen Blattmasse, sehr positiv aus. Diese Wirkung beruht zum einen auf dem Freiwerden von Sauerstoff und der Verarbeitung von CO_2 bei der Photosynthese, also bei der Erzeugung organischer Masse, zum anderen auf dem Binden von Staub und Abrieb auf der Blattoberfläche. Gehölze weisen durch die Zweige und Blätter eine sehr große Oberfläche auf, vergleichbar etwa einem dem Motor vorgeschalteten Staubfilter; von dort werden die abgelagerten Stoffe bei Regen zum Boden gespült und gebunden. Dieser Effekt tritt vor allem bei Laubgehölzen auf; die Windgeschwindigkeit wird in der Krone gebremst, der Staub setzt sich an den Blättern ab. Bereits 14 m hinter einer Schutzpflanzung werden über 74 % des Staubes herausgefiltert, während über dem freien Feld in diesem Bereich der Staubanteil erst um 30 % gesunken ist. Es konnte nachgewiesen werden, dass selbst kleine Rasenflächen bis 80 Prozent des herabsinkenden Staubes binden können.

Zur Beobachtung der Luftqualität dienen Flechtenarten als **Bioindikatoren**; sie sind dafür besonders geeignet, denn für ihre Resistenz ist das langfristige Ausharren entscheidend, nicht die kurzfristige Belastbarkeit wie bei anderen Pflanzen. Verwendet werden als Indikatoren nur Rindenepiphyten. Vom Stadtrand bis in die Innenstadt nimmt die Häufigkeit der Arten und die Dichte des Vorkommens ab; bei der Innenstadt spricht man von der „Flechtenwüste". Auch Höhere Pflanzen zeigen durch ihre Verbreitung und die Verteilung von Lebensformen, Arealtypen und ökologischen Gruppen die Umweltbedingungen zu einem bestimmten Zeitpunkt an; dies kann dazu beitragen, Umweltveränderungen in Verdichtungsräumen frühzeitig zu erkennen.

Schall

In Normen und Richtlinien werden Planungsrichtwerte für die höchste zulässige Lärmbelastung angeführt, unterschiedlich je nach betroffenem Gebiet und dem Standort von Einrichtungen, ferner nach Lärmeinwirkung am Tage oder nachts bzw. während oder außerhalb sogenannter Ruhezeiten.

Planungsziel ist die Schaffung bzw. Erhaltung von ruhigen, nicht durch Lärm beeinträchtigten Zonen. Für kommunale Landschaftsrahmenpläne und Landschaftspläne in Ballungsräumen, Plan- und Programm-UVP für Generalverkehrspläne sowie Projekt-UVP für Umgehungsstraßen sind dafür Flächengrößen im Bereich zwischen vier und 30 km² anzustreben.

Lärmschutz – besser: Schutz vor Lärm – stellt eine besondere Form des Immissionsschutzes dar. In vielen Fällen ist es nämlich nicht möglich, die vorgeschriebenen Werte ohne besondere Schutzmaßnahmen einzuhalten, vor allem, wenn neue Verkehrsanlagen durch Wohn- oder Erholungsgebiete geführt werden müssen. Hier bieten sich, wenn genügend Fläche zur Verfügung steht, dichte Schutzpflanzungen als wirtschaftlich günstiges Mittel der Wahl an. Lärmdämpfend wirken dicht belaubte Sträucher und Bäume durch die Bewegung der Blätter, durch Streuung des Schalles und durch diffuse Reflexion. Hohe Frequenzen werden stärker absorbiert als tiefe. Die Lärmminderung beträgt etwa 0,2–0,3 dB/A je Meter Pflanzbreite bei einer mehrstufigen, dichten Pflanzung mit gleichmäßiger Belaubung, zusätzlich zur Schallminderung durch die Entfernung von der Schallquelle. Zwischen Gebäuden, etwa in Höfen und zwischen parallel gestellten Zeilen, verringern Bäume das sogenannte „Flatterecho" (mehrfacher Widerhall).

30

Eine wesentliche Lärmminderung tritt durch feste Hindernisse wie Erdwälle oder Mauern ein, verstärkt mit zunehmender Höhe des Hindernisses und dessen Nähe zur Schallquelle, zum Beispiel einer Straße, Schießsportanlage und dergleichen. Eine sehr günstige Lösung ist ein Erdwall mit einer mehrreihigen Pflanzung auf jener Böschung, die der Lärmquelle zugewandt ist, und auf der Dammkrone. Der Erdwall soll zur Lärmquelle hin möglichst steil sein (Schüttwinkel des jeweiligen Materials), zur abgewandten Seite kann er flach auslaufen und in Grünräume, etwa in einen Park oder die Außenanlagen einer Wohnbebauung, integriert werden, beispielsweise als Rodel- und Spielhügel. Bei tiefer liegender Lärmquelle ist eine dichte Bepflanzung der Böschung besonders wichtig. Notwendig ist die schallabsorbierende Ausstattung der Seite des Schallschirms, die der Schallquelle zugewandt ist, weil dadurch die Schallabsorption im Vergleich zu glatten Flächen erhöht wird. Schallschutzpflanzungen und dicht begrünte Schallschutz-Wände, beispielsweise Mauern, haben den Vorteil, dass die Reflexionen, die bei glatten Wänden auftreten und die zur Verstärkung der Schallwirkung führen können, vermieden werden.

In jüngerer Zeit tritt verstärkt das Phänomen des „**Freizeitlärms**" auf, beispielsweise in der Umgebung von Freibädern, Hundeabrichtplätzen, Tennisanlagen und Fußballstadien, durch motorgetriebene Geräte wie Modellflugzeuge, Modellautos, durch Rasenmäher und andere Gartengeräte; auch durch einige Sportarten wie Motocross, das auch als Freizeitsport mit Mopeds ausgeübt wird. Dazu ist allerdings anzumerken, dass viele Leute das Erleben von Lärm positiv beurteilen und ihn bewusst suchen und erzeugen. Die auftretenden Konflikte sind nur durch eine entsprechende Standortwahl für die betreffenden Anlagen, soweit dies möglich ist, und durch zeitliche Beschränkungen beim Betrieb zu vermeiden.

Literatur

Auer I., R. Böhm, H. Mohnl: Klima von Wien. Eine anwendungsorientierte Klimatographie. Beiträge zur Stadtforschung, Stadtentwicklung und Stadtgestaltung, Band 20. Wien 1989

Beck G.: Pflanzen als Mittel zur Lärmbekämpfung. 2. Aufl. Hannover/Berlin 1982

Bertsch E., F. Schweitzer: Leitfaden Klimaschutz auf kommunaler Ebene. BMin. für Umwelt. Wien 1995

Franke E. (Hrsg.): Stadtklima, Ergebnisse und Aspekte für die Stadtplanung. Stuttgart 1977

Grundmann V.: Spiellärm und andere Störungen, die von Kinderspielplätzen ausgehen. Heft 9 der Schriftenreihe Beiträge zur räumlichen Planung, Diss. Univ. Hannover. 1985

Hoffjann T.: Klimaökologie in der Stadtplanung. Dissertation Univ. Hamburg. Hamburg-Harburg 1994

Horbert M., A. Kirchgeorg, A. von Stülpnagel: Ergebnisse stadtklimatischer Untersuchungen als Beitrag zur Freiraumplanung. Umweltbundesamt Text 18/83. Berlin 1983

Jendritzky G., W. Sönning, H.-J. Swanties: Ein objektives Bewertungsverfahren zur Beschreibung des thermischen Milieus in der Stadt- und Landschaftsplanung. Beiträge der Akademie für Raumforschung und Landesplanung, 28. Hannover 1979

Kiermeier P., P. Fischer: Bepflanzung von Lärmschutzwällen. in: Das Gartenamt 42 (1993) H.6, 380 (ZTV-LSW 1990)

Kratzer A.: Das Stadtklima. Die Wissenschaft 90. Braunschweig 1956

Kühling W.: Planungsrichtwerte für die Luftqualität. Institut für Landes- und Stadtentwicklungsforschung des Landes Nordrhein-Westfalen (Hrsg.). Dortmund 1986

Lötsch B.: Stadtklima und Grün. in: Andritzky M., K. Spitzer (Hrsg.): Grün in der Stadt. Hamburg 1981

Meister F.J., W. Ruhrberg: Der Einfluß von Grünanlagen auf den Verkehrsgeräusch-Pegel. Schallabsorption durch Baum- und Heckenpflanzungen. VDI-Z.97, 1955

Weischet W.: Stadtklimatologie und Stadtplanung. In: „Klima und Planung 79", Tagung am Geograph. Institut Univ. Bern (GIUB) am 19./20. Sept. 1979. Bern 1980

2.3 Erlebnisfunktion

Orientierung

Das Erleben eines Grünraumes lässt sich in zwei Komponenten zerlegen: das Interesse an der Erforschung, auch als Explorationsverhalten bezeichnet, und das Gefallen, auch als Präferenzverhalten umschrieben. Das Interesse, also das Orientierungsverhalten, lässt sich aus dem Bedürfnis des Menschen nach Sicherheit und Geborgenheit erklären; dem entsprechen die Übersichtlichkeit, Überschaubarkeit des Raumes, ein leicht ablesbares Ordnungsprinzip, das der Gestaltung zugrundeliegt, eine klare Formensprache. Überschaubarkeit und die Möglichkeit der Orientierung vermitteln Sicherheit und **Identifikation**, im Sinne von „unser Quartier", „unser Park".

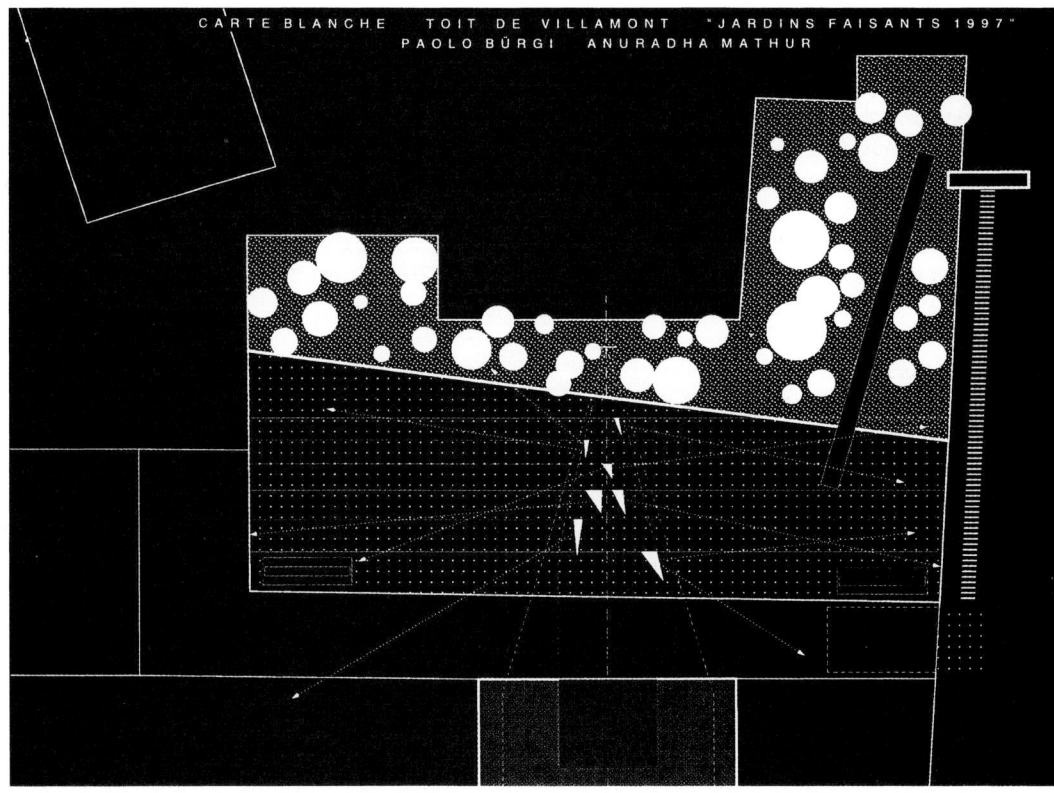

Abbildung 13: Gartenschau Lausanne 97, Projekt „Carte blanche" von Landschaftsarchitekt Paolo Bürgi, Camorino.

Zur Bedeutung von Freiräumen für die Stadtgestalt sind die Untersuchungen von Werner Nohl aufschlussreich, so zum Beispiel zum Wunsch nach **Abwechslung**, Farben und Formen; stimulierend wirken demnach

- Neuheit, zum Beispiel die wechselnden Bepflanzungen mit Einjahresblumen in Gärten seit dem Barock;
- Überraschung, etwa Effekte wie das „Haha", die in einer Mulde versteckte Einfriedung des Landschaftsgartens;
- Unsicherheit, beispielsweise im Irrgarten, Wildheit, weglose Wildnis.

Für das Erleben der Freiräume in der Stadt spielt daher das physiologisch begrenzte **Sehvermögen** des Menschen eine wichtige Rolle. Soll ein Betrachter einen Gegenstand noch erkennen können, darf eine bestimmte Entfernung nicht überschritten werden. Diese Distanz ist abhängig von der Größe des Gegenstandes; für das Erkennen von Personen gelten etwa folgende Entfernungen:

32

1200 m – Personen allgemein, als solche
 150 m – Personen, die sich bewegen, die Richtung der Bewegung
  25 m – Erkennen der Gesichtszüge
  10 m – Unterscheiden der Gesichtszüge (Stimmung).

Dies hat für den Entwurf von Freiräumen insofern Bedeutung, als ein intimer Raum 25 m und ein großer Raum 150 m in der Ausdehnung nicht überschreiten sollte. Von Bedeutung ist auch, dass sich Vorstellung und visuelle Wahrnehmung wechselseitig beeinflussen können; der Betrachter „sieht" in seiner Vorstellung mehr oder auch anderes als dargestellt und sichtbar ist, seine Wahrnehmung ist selektiv.

Für die Orientierung sind **Blickbeziehungen** zu bekannten Bauten und Punkten wichtig, etwa in Wien der Blick in der Achse von Radialstraßen auf den Stephansdom. Zur Orientierung im Freiraum trägt auch die Möglichkeit und Art der **Bewegung** in unterschiedlichen Geschwindigkeiten bei, zur Identifikation die der vielfältigen **Betätigung**. In der Stadt ist nur in den Freiräumen die zwanglose Vielfalt des Erlebens, der selbstverständlichen Kooperation vieler Menschen möglich, das Neben- und Nacheinander von Enge und Weite, von Licht und Schatten. Auf diese Weise besitzen Freiräume einen wichtigen soziokulturellen Aspekt, sie können Erlebnis, Erholung, Ruhe und Entspannung, Kommunikation und Selbstverwirklichung bieten. Der früher im Alltagsleben selbstverständliche Umgang mit den Elementen Feuer, Wasser, Erde und Luft kann heute im Freiraum nur mehr teilweise ermöglicht werden, etwa durch Feuerstellen, begehbare Springbrunnen, plätschernde Wasserläufe, die Pflege von Gartenbeeten oder durch duftende Gehölze.

Vertikale Elemente besonderer Art sind die am Stadtrand vermehrt errichteten Anlagen zur Nutzung der Windenergie. Sie treten einzeln, in Gruppen oder in großer Anzahl als „Windparks" im Stadtbild und in der Landschaft deutlich in Erscheinung. Ihre optische Wirkung wird durchaus kontrovers beurteilt, wobei weniger ihre Sinnhaftigkeit und ihr äußeres Bild in Frage gestellt werden, als vielmehr ihr Standort.

Lineare Strukturelemente in der Stadtlandschaft, beispielsweise Leitungstrassen, Straßen oder Bahnlinien, können durch eine einheitliche, möglichst form- und farbwirksame Bepflanzung, etwa durch Alleen und Baumreihen, gezielt hervorgehoben werden.

Raum, Zeit

Der Garten ist ein „wachsender Raum", in ihm ist die „vierte Dimension" erlebbar, in der der Gärtner und Gartenarchitekt – im Gegensatz zum Maurer und Architekt – denkt und entwirft. Der Landschaftsplaner baut mit lebendem Material, das in Dimensionen von Jahren und Jahrzehnten wächst und sich verändert. Er erlebt den erwünschten und imaginierten Zustand meist selbst nicht mehr und muss daher, wie es H. Repton in den „Red books" und S. I. Andersson für den Karlsplatz in Wien getan haben, Anweisungen für die nächsten Gärtnergenerationen hinterlassen, wie sein Werk zu pflegen und weiterzuentwickeln sei.

Die **Zeit** wird im Jahresablauf sichtbar am Austreiben, Blühen, Fruchten, Reifen, der Laubfärbung und dem Laubfall der Gehölze. Der Tagesablauf wird sichtbar an manchen Stauden und Einjahresblumen, etwa am Öffnen und Schließen der Blüte; das Wetter wird von einigen Pflanzen wie der Wetterdistel (*Carlina acaulis*) angezeigt. Insgesamt ist die Vegetation als verwandlungsfähiges natürliches Element von großer Bedeutung für den Städter. Pflanzen sind für das Schaffen von Abwechslung hervorragend geeignet, vor allem durch ihre jahreszeitliche Veränderung. Darin liegt unter anderem die Problematik von Pflanzen aus Kunststoff im öffentlichen Grün, wie sie in einigen amerikanischen Städten verwendet werden.

Raum und Entfernungen lassen sich durch Bewegung – Gehen, Laufen, Fahren – in Freiräumen erfahren. Im Entwurf von Freiräumen sind also Raumbildung und Raumgrößen von der Art und Geschwindigkeit der Bewegung abhängig; so waren zum Beispiel die Räume im Landschaftsgarten auf das Erleben beim Fahren mit der Kutsche oder beim gemächlichen Reiten ab-

Siehe Farbtafel I, Abbildung 12: Wirkung von Farben am Beispiel des Gartens von Emil Nolde in Seebüll, Schleswig-Holstein.

gestellt. Das Erleben ein und desselben Freiraumes in Ruhe, also stehend oder sitzend, unterscheidet sich deutlich von dem im Gehen oder im Fahren, und dabei wiederum sehr je nach Verkehrsmittel: Fahrrad, Auto oder Hochgeschwindigkeitszug. Es ist bekannt, dass ein beträchtlicher Teil der Stadtbewohner Parks und Stadtgärten nur vom Vorbeifahren mit dem Auto oder der Straßenbahn kennen.

In der Freiraumgestaltung stehen ganz unterschiedliche Möglichkeiten der Raumbildung und damit des Raumerlebens zur Verfügung, so unter anderen randlich begrenzende Pflanzungen, das Überstellen mit Bäumen als Baumdach oder Hain, das Ausbilden von Mulden und Hügeln, die Säulenstellung mit pyramidenförmig wachsenden Bäumen (Pappel, Eiche). Hier finden wir ja – im Gegensatz zum Hochbau – Räume sehr unterschiedlicher Ausprägung und Größe, vom Reihenhausgarten mit 100 m² bis zum Barock- und Landschaftsgarten mit mehreren 100 ha Größe, also eine beträchtliche Vielfalt an Gestaltungs- und Erlebnismöglichkeiten.

Vielfalt ergibt sich auch aus der Maßstäblichkeit bei der Betrachtung, aus dem Abstand des Betrachters vom Objekt; das wird am deutlichsten beim Blick von einem Berggipfel: unmittelbar vor den Füßen sind alpine Kräuter und Gräser zu sehen, in größerer Entfernung ein Ort im Tal oder ein Höhenrücken; am Horizont, bis in 100 km Entfernung, andere Gipfel. Schon die Schöpfer der Barock- und der Landschaftsgärten haben bewusst mit dem Mittel der Betrachtung aus unterschiedlichen Entfernungen und von jeweils anderen Standorten – beim Durchwandern oder Durchfahren des Gartens – gearbeitet.

Sinnliche Wahrnehmung

Die Gestaltqualität von Städten wird wesentlich mitbestimmt durch Grünräume verschiedener Art und Größe und durch Grünelemente wie Einzelbäume, Baumgruppen und Alleen. Sie besitzen neben ihrer ökologischen Qualität auch eine bedeutende ästhetische, also Wahrnehmungs-Qualität. Die stadtgestaltende, **ästhetische** Funktion des Stadtgrüns wird gegenüber den anderen Funktionen oft zu wenig beachtet; die Freiräume in der Stadt können ja, wenn sie richtig entworfen und ausgeführt sind, eine eigene hohe Gestaltqualität besitzen, die bewusst, aber auch unbewusst erlebbar ist. In manchen modernen Städten und Siedlungen sind Parkanlagen und Gärten ein abwechslungsreicher Gegenpol zur Einförmigkeit der Bebauung.

Die **Ästhetik** von Grünräumen in der Stadt trägt viel zu ihrer Akzeptanz bei: Nach Untersuchungen von Werner NOHL ist das ästhetische Bedürfnis stärkstes Motiv für den Besuch von Parkanlagen, gefolgt vom Wunsche nach Erholung und nach Ruhe. Unter „Ästhetik" wurde dabei verstanden, dass die Besucher den „malerischen Charakter einer Grünanlage genießen" und sich „an der Schönheit der Natur erfreuen" wollen. Übertragen auf Gestaltungsgrundsätze bedeutet das zum einen den Wunsch nach einem hohen Grad an **Natürlichkeit**, zum anderen nach Abwechslung in Form von **Vielfalt und Neuheit**.

Es gibt selbstverständlich keinen objektiv messbaren „schönen" Garten oder Park; Gärten sind an sich nicht „schön", sondern können es nur durch die subjektive Wertung eines Betrachters werden. Diese Wertung ist nicht zu trennen von der Lebensgeschichte und dem gegenwärtigen Befinden des Wertenden, auch nicht von einer von den Medien „vorgekauten" Meinung.

Zu den sinnlichen Erfahrungen gehört auch das Empfinden von Temperaturdifferenzen, von unterschiedlichen Lichtverhältnissen (Sonne – Schatten), von Wind und Windstille, zum Beispiel vor und hinter einer Hecke. Auch das Geräusch wird wahrgenommen, etwa Blätterrauschen, bewegtes Wasser, das Knarren von Ästen, Vogelrufe und dergleichen mehr. Sehr vielfältige Eindrücke vermitteln die unzähligen Farben und Farbschattierungen der Pflanzen, bei Blättern, Blüten, Früchten, besonders vielfältig und bunt im Herbstlaub. Eine interessante, eingehende Arbeit von G. HOTTENTRÄGER untersucht die Farbgestaltung in der Landschaftsarchitektur und leitet Kriterien für den Umgang mit Farbe im Freiraum ab. Eine andere Arbeit, von J. KUFNER, beschäftigt sich mit der Wahrnehmung von Farben verschiedener Stauden und Einjahresblumen und der Anwendung bei Bepflanzungsplänen für Beete.

Besonders attraktiv ist Wasser in jeder Form, vor allem belebtes Wasser. Das gilt auch für Blüten in großer Menge, etwa die Kirschblüte, blühende Rhododendren, bunte Teppichbeete. Viele Pflanzen sprechen den Geruchsinn an, andere reizen zum Be-greifen von Blättern oder Früchten. Blinde verfügen über eine intensive Wahrnehmung durch Tasten, Hören und Riechen. Wichtig sind wechselnde Eindrücke beim Gehen entlang eines Weges, zum Beispiel Licht – Schatten, Enge – Weite. Die große Bedeutung von Duft als Erlebnis ist zwar bekannt, es ist aber nur schwer möglich, dem bei der Gestaltung öffentlicher Grünräume Rechnung zu tragen: die Gerüche anderer Herkunft überlagern die der Pflanzen, abgesehen von einzelnen kleinen, verkehrsfreien Plätzen. Duftgärten entstehen daher fast nur bei Heimen für Behinderte, Krankenhäusern und Gartenschauen.

Dem Wunsch nach „Naturerlebnis" im Freiraum, nach „Wildheit", steht der nach geordneten, gestalteten Freiräumen gegenüber. „Natur" wird oft assoziiert mit „Gesundheit", „Ruhe", „Freiheit", „Ursprünglichkeit"; der Wunsch nach Ungebundenheit, Freiheit, Selbstverwirklichung, etwa als Grund für Camping, tritt in breiten Bevölkerungsschichten auf. Daraus, aber auch schon durch Spazierengehen im Park, resultiert auch die Beschäftigung mit Natur im eigenen Garten, die Freude am selbst Geschaffenen, am Einbezogen sein in die Natur, nach Tätigsein. Für viele Städter in dichtbebauten Gebieten ist der Park wohl eine für das Publikum „nachgeahmte Natur" (A. Geuze), allerdings doch immer noch besser als keine Natur.

Literatur

Blaas-Pratscher K.: Veröffentlichte Kunst. Kunst im öffentlichen Raum Niederösterreich. 4 Bände. Hrsg. Amt der NÖ Landesregierung, Kulturabteilung. Wien 1995–1998

Duthweiler H.: Die Bamberger Bergstadt und ihr landschaftlicher Rahmen. Ein Beitrag zur Stadtphysiognomie und -ökologie sowie zu den planerischen Folgerungen. in: Landschaft und Stadt 7 (1975), H.2, 89–96

Eco U.: Zeichen – eine Einführung in einen Begriff und seine Geschichte. 9. Aufl. Frankfurt/M. 1988

Frohmann E.: Gestaltqualität in Landschaft und Freiraum. Wien 1997

Gröning G. (Hrsg.): Landschaftswahrnehmung und Landschaftserfahrung. Münster 1996

Hard G.: Die Lesbarkeit eines Freiraumes in: Garten und Landschaft, Jg. 1988, Heft 1, S. 24–30, München

Hottenträger G.: Zur Anwendung von Farbe und Farbtheorien in der Gartenarchitektur des 19. und frühen 20. Jahrhunderts. Diss. TU Berlin, 1996

Institut für Orts-, Regional- und Landesplanung (ORL-Institut) ETH Zürich: Stadt als Heimat. Schriftenreihe Nr. 88, Zürich 1993

Kluth W. R.: Die ästhetische Bewertung vegetationsbestimmter städtischer Freiräume. Beiträge zur räumlichen Planung Bd. 34. Institut für Grünplanung und Gartenarchitektur Univ. Hannover. 1993

Lassus B.: Jardins imaginaires. Collection Les habitants paysagistes. Paris 1977

Lynch K.: The image of the city. Cambridge/Mass. 1960, Reprint 1982. deutsch: Das Bild der Stadt. 2. Aufl. Braunschweig 1993, ferner: Bauwelt Fundamente 16, Gütersloh 1968

Maar Ch., F. Rötzer (Hrsg.): Virtual Cities. Basel, Berlin, Boston 1997

Nickig M., H. Rau: Der sinnliche Garten. Hamburg 1997

Nohl W.: Das Naturschöne im Konzept der städtischen Freiraumplanung, in: Garten + Landschaft Heft 11/1981, S. 885–891

Sator G. et al.: Feng Shui – Garten für die Sinne. Rheda-Wiedenbrück 1999

Valena T.: Beziehungen. Über den Ortsbezug in der Architektur. Berlin 1994

2.4 Nutzungsfunktion

2.4.1 Landwirtschaft, Obst- und Weinbau, Waldbau

Alle Grünflächen erfüllen insofern eine Produktionsfunktion, als auf ihnen Biomasse erzeugt wird. An der Menge dieser Biomasse im Verhältnis zur Fläche lässt sich die biologische Produktion eines Grünraumes, etwa eines Parks, messen. Dabei ist zu bedenken, dass diese Größe nur ein Parameter unter mehreren für den Wert eines Grünraumes sein kann.

Als Produktionsfunktion im engeren Sinne sollen hier die **Landwirtschaft** einschließlich ihrer Zweige Obst-, Wein- und Gartenbau sowie die Forstwirtschaft bzw. der Waldbau betrachtet werden. Die agrarische Bewirtschaftung ist in der Stadt **erschwert:** durch Trittschäden, Verun-

Abbildung 14: Freilandflächen eines Gartenbaubetriebes in Wien-Essling.

Abbildung 15: Erholungswald Laaer Berg, Wien-Favoriten, um 1960 auf extremem Standort aufgeforstet. Mag. Abt. 49, Stadtforstamt.

reinigung der Kulturen, Felddiebstähle; auch durch hohe Löhne; durch Beschwerden, zum Beispiel wegen lästiger Lärm- und Geruchsentwicklung bei der Massentierhaltung, durch damit verbundene besondere behördliche Auflagen, durch Erschwernisse beim Transport der Produkte, Belastung von Boden und Produkten durch Luftverunreinigungen aus Industrie und Verkehr, stellenweise auch durch Zerschneidung der Produktionsflächen mit Verkehrsanlagen. Ein Beispiel dafür sind die Betriebe auf der Simmeringer Haide in Wien.

Trotz der Erschwernisse nimmt die Landwirtschaft noch durchwegs einen vergleichsweise hohen Anteil an der Fläche österreichischer und einiger deutscher Städte ein. Innerhalb der Stadtgrenzen hält sich die Landwirtschaft in der Regel nur mehr in Form von Intensivkulturen wie Gartenbau, Obstbau und Weinbau. Eine Kombination mit **Erholung** ist zwar anzustreben, etwa in Form von Wanderwegen und Radwegen an den Bewirtschaftungsgrenzen, sie ist aber nur schwer realisierbar durch den begreiflichen Widerstand der Landwirte. In alten historisch gewachsenen Gartenbaugebieten (Wien-Simmeringer Haide, Hamburg-Altes Land) kann ein Spaziergang oder eine Fahrt mit dem Fahrrad durchaus eine Form der Erholung sein; auch Obstkulturen und Streuobstwiesen (Stuttgart, Frankfurt am Main) sind im Stadtbild durch die Baumblüte attraktiv, ebenso Weingärten durch ihr Erscheinungsbild (Wien, Würzburg). Der Straßen- und ab-Hof-Verkauf landwirtschaftlicher Produkte kann ebenso wie der Heurigenbetrieb beträchtlich zum wirtschaftlichen Ertrag beisteuern.

Alle landwirtschaftlichen Betriebe im Stadtgebiet, auch die des Erwerbsgartenbaues, sind zunehmend von der **Verdrängung** durch Bebauung und Verkehrsanlagen bedroht. Im Stadtentwicklungsplan für Wien **1984** war noch zu lesen: „Die hochwertigen land- und forstwirtschaftlichen Nutzflächen sind im Sinne von „naturräumlichen Vorrangflächen" **zu erhalten** und entsprechend zu schützen. ... Dies ist im Hinblick auf die vielfältigen Funktionen als ökologischer Ausgleichsraum, stadtgliederndes Element, Erholungsraum und Produktionsgebiet für die Landwirtschaft einschließlich der wertvollen Sonderkulturen wie Obst-, Wein- und Gartenbau (Nahversorgung) notwendig". Im Entwurf zum Stadtentwicklungsplan **1994** heißt es bereits: „Zur Zeit sichert die Landwirtschaft in erheblichem Umfang die Erhaltung des Freiraumes und die kulturelle Bewirtschaftung. Wir müssen....davon ausgehen, dass die Landwirtschaft in Wien in der Form, wie sie heute betrieben wird, **nicht** mehr länger aufrecht **zu erhalten** ist".

Gewichtige Gründe für die **Erhaltung** der Landwirtschaft in der Stadt sind aber nach wie vor:

- die Versorgung der Bevölkerung, vor allem mit frischem Gemüse und Obst, über kurze Transportwege, wichtig in Krisenzeiten, wenn motorbetriebene Transportmittel fehlen;
- die stadthygienische, insbesondere stadtklimatische Funktion, zum Beispiel als Kaltluft-Entstehungsgebiete;
- die Bedeutung für das Stadtbild, den Stadtcharakter, etwa die Weingärten und Heurigen in Wien;
- als Flucht räume bei Bomben- und Artillerieangriffen, auch bei Erdbeben;
- zur Gliederung des Stadtgefüges, als Pufferzonen zwischen unterschiedlichen Nutzungen.

Abbildung 16: Landwirtschaftliche Nutzung im Stadtgebiet, hier in Wien-Unterlaa.

Gartenbaugebiete ähneln bei neuzeitlicher Betriebsweise in der Erscheinungsform Gewerbegebieten, mit einem sehr hohen Anteil an Hoch- und Niederglasflächen; viele Flächen liegen auch unter Kunststofftunneln, Flächen im Freilandanbau sind ziemlich gering. Die Produktion leidet oft unter ungünstigen Bedingungen, vor allem durch die Luftverunreinigung von kalorischen Kraftwerken, Industriebetrieben und stark befahrenen Straßen.

In jüngerer Zeit haben sich in den Städten und in deren Umland **neue Betriebsformen** entwickelt, beispielsweise Reiterhöfe, manchmal verbunden mit Pferdezucht, oder die Semiferox-Haltung von Wildtieren in Gattern. Diese Arten der landwirtschaftlichen Nutzungen sind differenziert zu beurteilen: sie bringen wohl örtlich Nachteile mit sich, etwa den Bau von Reithallen und die Einzäunung großer Flächen, verhindern aber die Bebauung als Wohn- oder Industriegebiete.

In der **Forstwirtschaft** im Stadtgebiet ist die Holzproduktion untergeordnet; vorrangig sind die Wohlfahrtswirkung, vor allem im Hinblick auf das Stadtklima und die Wasserspeicherung, und die Erholungsfunktion, beispielsweise in Wien im Wienerwald, auf dem Bisamberg und in der Lobau. In einer Befragung der Wienerwald-Besucher im Jahre 1993 wurde deutlich, dass die Wiener ein größeres, gut erlebbares und mit entsprechender Infrastruktur ausgestattetes Waldgebiet unter allen Erholungsgebieten an die erste Stelle reihen.

In vielen Städten, beispielsweise in Klagenfurt, ist es ein großes Problem, einzelne Waldinseln, zum Teil mit Flächen unter 100 ha, zu erhalten; sie sind bedroht von Bauwünschen, umringt von Straßen, Bebauung, Trinkwasserbrunnen. Gerade diese Umgebung erschwert das Überleben, der Zustand verschlechtert sich, was wiederum als Argument für die Rodung benutzt wird. Auch in großen Wäldern kann die übermäßige Entnahme von Grundwasser den Bestand bedrohen.

Bereiche wie etwa die Lobau in Wien, die weitgehend durch Waldbau und teilweise Landwirtschaft geprägt sind und schon seit langem als Erholungsgebiet am Wochenende von Wanderern aufgesucht wurden, müssen in zunehmendem Maße die Funktion von Freiräumen erfüllen, die **täglich** besucht werden, weil die Wohnbebauung in ihre Nähe vorrückt. Zusammen mit der wachsenden Beliebtheit des Radfahrens bringt das eine erhebliche zusätzliche Belastung des Ökosystems Wald bzw. Auwald mit sich.

Literatur
Haubenberger G., Th. Quendler, W. Schwackhöfer: Die Land- und Forstwirtschaft im Rahmen der Stadtentwicklung Wiens. Wien 1980. Beiträge zur Stadtforschung, Stadtentwicklung und Stadtgestaltung, Band. 5

Jacob H.: Zur Messung der Erlebnisqualität von Erholungswaldbeständen. Landschaft und Stadt, Beiheft 9. Stuttgart 1973

Jacsman J.: Die mutmaßliche Belastung der Wälder durch Erholungsuchende. Institut für Orts-, Regional- und Landesplanung (ORL), ETH Zürich, ORL-Schriften H. 79. Zürich 1990

Schanda F.: Biotopvernetzung im Agrarraum – Naturschutzplanung in der intensiv genutzten Agrarlandschaft im 22. Wiener Gemeindebezirk. Österr. Gesellschaft Natur- und Umweltschutz (ÖGNU) (Hrsg.) Wien 1987

2.4.2 Lebensraum, Erholung der Bewohner

Freiflächen, die der Erholung im Grünen, der sportlichen Betätigung oder kulturellen bzw. kultischen Zwecken dienen, erfüllen gleichsam eine Trägerfunktion für alle diese Tätigkeiten. Eine besondere Stellung nimmt hier der **Hausgarten** als „Wohngarten" ein, also nicht der Nutzgarten wie etwa der Bauerngarten; der Wohngarten hat seit jeher die Funktion des Ausgleichs, der Entlastung und war deshalb immer ein Zeichen der Hochkultur. Bei Befragungen nach Wünschen für die Freizeit wird heute dementsprechend oft der Hausgarten genannt; 45 % der Haushalte in Deutschland verfügen über einen Hausgarten oder Kleingarten.

Die Deutsche Gesellschaft für Freizeit hat ermittelt, dass die durchschnittliche arbeitsfreie Zeit Erwachsener 2457 Stunden im Jahr beträgt. Ein erheblicher Teil der Freizeit, auch am Wochenende, wird in der Wohnung und in deren unmittelbarem Umfeld verbracht. Das bedeutet, dass den Freiräumen in diesem Bereich eine besonders große Bedeutung zukommt, vor allem wenn dort die Freizeit mit einer befriedigenden Betätigung ausgefüllt werden kann. Ausgangspunkt fast aller Freizeit-Aktivitäten ist die **Wohnung**. Der Charakter der Wohnumgebung – ob Bebauung, Grünanlagen oder freies Feld – kann als unfreundlich, indifferent oder anonym empfunden werden oder aber Geborgenheit, Sicherheit und Identität bedeuten. Parks erfüllen dabei durchwegs die Funktion der wohnungsnahen Erholung: 57 % der Parkbesucher in Wien kommen **zu Fuß** und nutzen nahegelegene öffentliche Grünräume bei gutem Wetter täglich bis wöchentlich einmal. Von den Personen oder Familien, die täglich oder mehrmals in der Woche einen Park aufsuchen, wohnt etwa die Hälfte auch in der Nähe des Parks. Bei sehr attraktiven Parks oder Erholungsgebieten, in Wien etwa die Donauinsel, werden längere Wege in Kauf genommen, zum Teil auch die Anfahrt mit Verkehrsmitteln. Interessant ist auch, dass sehr viele Städter ihren gewohnten Freizeitorten treu bleiben.

Der **öffentliche Freiraum** wird von manchen Städtern, die eigene Gärten besitzen, als liebenswerte Arabeske, als Verzierung der Stadt betrachtet. Für den weit überwiegenden Teil der Stadtbevölkerung und hier vor allem für jene, die in beengten Wohnverhältnissen leben müssen, sind Straße, Platz und Park jedoch notwendiger **Lebensraum**, der nicht nur mit Freizeit oder Erholung zu tun hat. So werden Parks beispielsweise von Zuwandererfamilien auch im Winter und bei Schlechtwetter genutzt. Bei den Einheimischen beschränkt sich der Besuch in der Regel auf die warme Jahreszeit und hier auf Tage mit gutem Wetter.

Sogenannte **dysfunktionale** Freiräume sind solche, die nicht für eine oder mehrere vorgegebene Funktionen bestimmt sind, sondern deren Funktion sich gleichsam „von innen heraus" durch den Gebrauch und die Aneignung von Menschen entwickelt. Synonyme Bezeichnungen sind etwa „Niemandsland" (an einer Grenze), „Zwischenraum" (zwischen definierten Nutzungsbereichen), „Gstetten" (marginale Flächen). Man spricht hier auch von „temporärer Nutzung". Beispiele dafür sind die Städte Herten und München (Deutschland) und Rotterdam (Niederlande), in denen gezielt Projekte dieser Art verwirklicht werden. Dysfunktionale Freiräume treten in der Stadt oft zeitweise – auch für viele Jahre – auf; sie werden meist strikt (und vergeblich) eingezäunt, weil Eigentümer oder Behörden fürchten, dass sich die informelle Nutzung nicht mehr verdrängen lässt, wenn sich der Bedarf an einer anderen, bestimmten Nutzung, meist als Baufläche, einstellt.

Das Fachgebiet der **Freiraumsoziologie** beschreibt und untersucht die Nutzung von Grün- und Freiräumen; die Ergebnisse sind in einer Reihe spezieller Publikationen niedergelegt, auf die hier nur verwiesen werden kann. Eine wesentliche Schwierigkeit ist dabei, Ursachen und Zusammenhänge abzubilden und zu begründen: es ist oft schwer zu sagen, warum der eine Freiraum sehr gut, der andere – ähnlich gelegene und gestaltete – überhaupt nicht angenommen wird. Die wechselseitigen Abhängigkeiten von Freiraumangebot und Freiraumnachfrage werden immer neu zu untersuchen sein.

Wesentliche Faktoren für den Besuch von Freiräumen sind jedenfalls:
- die verfügbare Zeit, abhängig vom Berufsstand und damit verbundenen Verpflichtungen;
- die wirtschaftliche Lage und Bereitschaft zu Aufwendungen für den Besuch („willingness to pay"), zum Beispiel für die Kosten des privaten oder öffentlichen Verkehrsmittels;
- die physische Möglichkeit, begrenzt etwa durch Alter, Behinderung, aber auch durch die unterschiedliche Bereitschaft zur Mobilität.

Begrenzende und bestimmende Faktoren für die Nutzung von Freiräumen sind:
- die Erreichbarkeit; Wege bis zum Park, die zu Fuß oder mit dem Fahrrad mehr als 10 Minuten in Anspruch nehmen, werden nicht in Kauf genommen;
- die Größe des Freiraumes; im Allgemeinen werden große Grünräume stärker angenommen als kleine;
- das subjektive Gefühl der Sicherheit durch Übersichtlichkeit, Beleuchtung der Wege;
- die Attraktivität, beispielsweise Spielmöglichkeiten, Sitzgelegenheiten mit der Möglichkeit, etwas zu beobachten, Wasser in jeder Form, blühende Pflanzen, Unterstellmöglichkeit bei Regen und dergleichen mehr.

Ein bestimmender Faktor für die Nutzung öffentlicher Freiräume ist das Geschlecht: **Frauen** jeglichen Alters sind hier in vieler Hinsicht benachteiligt, sowohl objektiv als auch nach ihrem subjektiven Empfinden. Objektiv, weil es für sie keine spezifischen Einrichtungen gibt, weil eine ausreichende Beleuchtung fehlt, weil sie Belästigungen durch Männer und Burschen ausgesetzt sind; subjektiv, weil Frauen viele Freiräume als „Angsträume" erleben, meist nach einem abschreckenden oder abstoßenden Vorfall. Mädchen werden viel öfter von Spielgelegenheiten vertrieben als Buben, so dass sie die Grenze zu einem Park oder Spielbereich als Barriere sehen und ihn schließlich gar nicht mehr aufsuchen. Eine Reihe dieser Faktoren lassen sich beim Entwurf und Bau öffentlicher Grünräume vermeiden oder nachträglich beseitigen.

Der Begriff „**Minutengrün**" wurde um 1960 von Karl Paul FILIPSKY geprägt für die vielen Gelegenheiten im Tagesablauf, für kurze Zeit im Freien zu verweilen. Dies an vielen Stellen im Stadtgefüge möglich zu machen, sei mindestens ebenso wichtig wie der Bau großer Parkanlagen. Die Summe aller Phasen einer Kurz-Erholung sei mehr und entscheidender von Einfluss als die Wochenend-Erholung mit allen ihren Nebenerscheinungen. Dies gilt auch sinngemäß für die oft zitierte „Kommunikation" im Freiraum, die sich zwar nicht planen, aber doch fördern lässt. Treffpunkte entstehen gleichsam von selbst, ohne geplant zu sein, an geeigneten Orten wie vor der Haustür, auf einem Kinderspielplatz, vor einem Kindergarten, an einem Wartehäus-

Abbildung 17: Spielbereich in Wohngebiet für Problemfamilien. Ausführung in Beton nach mehrfachen Zerstörungen und Instandsetzungen eines herkömmlichen Spielplatzes (Hannover, um 1965).

chen, an der Kreuzung zweier Wege. Ziel der Freiraumplanung muss es sein, Möglichkeiten für viele individuelle Kontakte zu eröffnen.

Grundsätzlich ist die Nutzung von Grünräumen in hohem Maße von allgemeinen **gesellschaftlichen Faktoren**, auch Trends und Moden, abhängig. Bedürfnisse und Interessen der Nutzer üben einen großen Einfluss aus; desgleichen besteht ein enger Zusammenhang zwischen Angebot und Nachfrage in dem Sinne, dass ein höheres Angebot an entsprechenden Einrichtungen bei manchen Nutzungsarten die Nachfrage steigern kann. Dies gilt beispielsweise für jede Betätigung im und am Wasser, nicht aber für vereinsgebundene Sportanlagen. Die Arten der Betätigung werden vielfach durch Industrie und Handel gesteuert, es gibt auch immer mehr kommerzielle Anbieter von Freizeitaktivitäten. So treten immer neue Nutzungsansprüche auf wie Fels-Klettern, unterschiedliche Arten des Rad fahrens, Tauchen, Skateboard, Rollerblade, Reiten, am-Spieß-Braten und dergleichen mehr, während andere zurücktreten oder ganz verschwinden, etwa Spazierengehen. Inline-Skating hat beispielsweise in den Jahren 1996/97 um 100 % zugenommen. Einige der neuen Sportarten können zu erheblichen Konflikten führen, zum Beispiel zwischen Wanderern und Radfahrern, zwischen älteren Parkbesuchern und Rollerbladern, wenn nicht genügend Raum für beide Betätigungen zur Verfügung steht.

Beträchtliche Schwierigkeiten entstehen durch divergierende Prioritäten der Besucher von Freiräumen zwischen Kindern einerseits und Hunden andererseits, wobei in überalterten Städten wie beispielsweise Wien Hunde, etwa bei der Nutzung von öffentlichen Rasenflächen und Wiesen, eindeutig bevorzugt werden.

In jüngerer Zeit ist die große Bedeutung der Animation und **Betreuung** der Besucher öffentlicher Grünräume erkannt worden, vor allem für Kinder und Jugendliche, sei es die ständige Betreuung in einem Spielpark mit Spielhaus, sei es eine temporäre Betreuung, seien es mobile Spiel-Animationen. Positive Erfahrungen werden unter anderem aus Wien, Hamburg, Hannover und Stuttgart berichtet. Als Betreuer sind sowohl pädagogisch und für die Jugendarbeit ausgebildete Personen als auch engagierte Hausfrauen und Studenten mit Erfolg tätig. Betreute Spielbereiche und Parks sind auch wichtige Kontaktzonen zwischen unterschiedlichen ethnischen und sozialen Gruppen. Der Wiener Integrationsfonds versucht, durch gezielte Betreuungsprojekte in Parks Konflikte zwischen Besuchergruppen zu verringern und nach Möglichkeit auszuräumen. Schon die ersten Erfahrungen haben gezeigt, dass sinnvolle Kontakte ausschließlich über die Muttersprache und die Zugehörigkeit zum gleichen Kulturkreis und zur entsprechenden Religion möglich sind. Nach den bisherigen Berichten ist die Arbeit mit Kindern am leichtesten, mit Erwachsenen, ganz besonders mit älteren österreichischen Frauen, am schwersten.

Ebenfalls in den letzten Jahren werden zunehmend Aktivitäten zur **Animation** und zur Beeinflussung der Besucher von Freiräumen gesetzt; dazu gibt es zum einen pädagogische Ansätze wie Umweltpädagogik, Freizeitpädagogik, Spielpädagogik und Sozialpädagogik, zum anderen verschiedene Marketing-Ansätze. Zu den pädagogischen Programmen gehören Lehr- und Erlebnispfade, schriftliche und elektronische Führer (walk-man), Einzel- und Gruppenführungen, Vorträge, spezielle Spiele. Der Animation dienen auch verschiedene Sportarten, Geselligkeit, Basteln, Abenteuer wie Nachtwandern und dergleichen mehr. Der Grundgedanke dabei ist, dass die meisten Städter nicht mehr in der Lage sind, aktiv und mit sinnvollen Betätigungen ihre Zeit in den Freiräumen zu verbringen, ja diese überhaupt aufzusuchen, sondern dass sie dazu die Animation durch Dritte benötigen. Eine große Bedeutung haben Veranstaltungen und Wettbewerbe unterschiedlicher Art in Freiräumen, oft auch kommerziell betrieben; sie sind allerdings umstritten, weil sie der althergebrachten Vorstellung des „ruhigen" Parks zuwiderlaufen. Spielpädagogik wird vor allem in den Spielparks und in Form einer mobilen Spielbetreuung ausgeübt.

Eine besondere Stellung nehmen Friedhöfe und Gedenkstätten ein. Sie vermitteln die emotionale Bindung an Verstorbene und an Ereignisse, beispielsweise an einen Bombenangriff. Auf dem Friedhof kann der Schmerz „verarbeitet" werden, gebunden an einen festen Ort, das Grab, das der Überlebende betreut. Man spricht davon, dass hier mit der Pflege „Trauerarbeit" geleistet wird. Der Friedhof kann auch als Ort der Besinnung auf die Vergänglichkeit menschlichen Lebens gesehen werden, der den Besucher zum Nachdenken über Wertigkeiten anregt. Der Friedhof wird vielfach auch, bei entsprechender Lage zu einem Wohngebiet, als Park genutzt, zum Spazierengehen und Verweilen; diese Funktion ist aber in jedem Fall der kultischen und hygienischen unterzuordnen.

Abbildung 18: Multiethnisch genutzter Park in einem Gründerzeitviertel in Wien-Hernals. Hinweisschilder in deutscher, türkischer und serbo-kroatischer Sprache.

Literatur

Böse H.: Die Aneignung von städtischen Freiräumen – Beiträge zur Theorie und sozialen Praxis des Freiraums. Arbeitsbericht des Fachbereichs 13 Gesamthochschule Kassel. Kassel 1981

Dörhöfer K., U. Terlinden: Verbaute Räume. Auswirkungen von Architektur und Stadtplanung auf das Leben von Frauen. 2. Aufl. Köln 1987

Flade A. (Hrsg.): Raus aus dem Haus. Mädchen erobern die Stadt. Frankfurt/M. 1996

Greater London Council: Surveys of the Use of Open Spaces, Vol. 1.,Vol. 2, London 1968/1972

Grimm-Pretner D.: Parks und Plätze als soziale Interaktionsräume von Kindern und Jugendlichen. Diss. Univ. für Bodenkultur Wien. Wien 1998

Herlyn U., U. Poblotzki (Hrsg.): Von großen Plätzen und kleinen Gärten. Beiträge zur Nutzungsgeschichte von Freiräumen in Hannover. Arbeiten zur sozialwiss. orientierten Freiraumplanung. München 1992

Huizinga J.: Homo ludens. Hamburg 1938. Neuausgabe Reinbek bei Hamburg 1991

Institut Wohnen und Umwelt: Kinder – Stadt – Kinderstadt – Stadtkinder – Stadt für Kinder. Darmstadt 1991

Opaschowski H. W.: Sport in der Freizeit. Schriftenreihe BAT-Freizeit-Forschungsinstitut: Freizeitforschung Band 8. Hamburg 1987

Schildmeier A.: Freizeitmöglichkeiten ausländischer Arbeitnehmer. Schriftenreihe des Bundesmin. für Jugend, Familie und Gesundheit Band 114. Stuttgart 1978

Spitthöver M.: Freiraumansprüche und Freiraumbedarf. Schriftenreihe Arbeiten zur sozialwissenschaftlich orientierten Freiraumplanung, Bd. 3. München 1982

Spitthöver M.: Frauen in städtischen Freiräumen. Köln 1989

2.5 Schutzfunktion für Ressourcen

Boden

Der Boden – als wichtige Ressource – ist die oberste, aus der Verwitterung des Gesteins entstandene Schicht der Erdrinde, durchsetzt mit Luft, Wasser und organischer Substanz, belebt durch Mikroorganismen und zahlreiche Tierarten. Sie ist das Substrat für das Wachstum der Pflanzen, die aus ihr die Nährstoffe beziehen, sie wird daher auch „Mutterboden" oder **Oberboden** genannt. Er kann praktisch, das heißt mit wirtschaftlich vertretbaren Mitteln, nicht künstlich hergestellt und muss daher besonders gesichert werden.

Die Bodenqualität kann sowohl durch natürliche Ursachen beeinträchtigt werden als auch durch falsche Bewirtschaftung. Zu diesen Beeinträchtigungen gehören neben der Bodenerosion vor allem die Bodenverdichtung und schließlich der Verlust des Bodenlebens durch die sogenannte **Versiegelung**. Die Versiegelung mit Beton und Asphalt unterbindet die Austauschvorgänge zwischen Boden und Atmosphäre, sowohl im abiotischen Bereich, indem Versickerung oder (umgekehrt) Verdunstung von Bodenwasser sowie die Luftaustauschprozesse zwischen Boden und Luft unterbunden werden, als auch im biotischen Bereich (Pflanzen, Tiere). Lebensvorgänge sind unter versiegelten Flächen in der Regel nicht möglich. Die lange Zeit als günstige Wegebeläge angesehenen sogenannten wassergebundenen Decken verdichten sich übrigens im Laufe der Jahre und sind dann wasserundurchlässig.

Nach dem **Grad der Versiegelung** wird unterschieden:
- **gering** (0 bis 15 %) versiegelt: Waldgebiete, Acker- und Grünlandflächen, größere innerstädtische Grünanlagen;
- **mäßig** (10 bis 50 %) versiegelt: große Einfamilienhausgebiete, meist am Stadtrand, mehrgeschossiger Wohnbau in Zeilenbauweise, Kleingartenanlagen;
- **mittlere** Versiegelung (45 bis 75 %): Blockrandbebauung mit Innenhöfen, dicht bebaute Neubaugebiete;
- **stark** versiegelt (70 bis 90 %): Blockrandbebauung mit bebauten Innenhöfen, Industrie- und Gewerbegebiete (zum Teil);.
- **sehr stark** versiegelt (85 bis 100 %): Innenstadt, Industrie- und Gewerbegebiete (zum Teil).

Ein besonderes Problem sind chemisch verunreinigte Böden, in vielen Städten als Altlasten an früheren Industrie-Standorten vorhanden. Diese toxisch belasteten Böden können durchaus Pflanzenstandorte sein, sie sind oft auch im Zuge der Sukzession mit Wald bestockt. Dadurch, dass sie von anderen Nutzungen ausgeschlossen sind und meist auch nicht betreten werden, sind sie in besiedelten Gebieten oft wichtige ökologische Rückzugsgebiete. Nur an städtebaulich besonders wichtigen und wirtschaftlich wertvollen Standorten werden die belasteten Böden ausgehoben und in gesonderten Deponien entsorgt. Zur Sanierung belasteter Böden können sogenannte Repositionspflanzen eingesetzt werden, die – in gewissem Umfang – Giftstoffe aufnehmen können.

Wasser

Neben dem Boden ist das Wasser die wichtigste Lebensgrundlage für Pflanzen, Tiere und Menschen. Es gilt daher, sowohl eine ausreichende Menge als auch eine optimale Güte des Wassers zu sichern. Die größten Gefahren liegen in der Beschleunigung des Wasserabflusses, der Absenkung des Grundwassers und in der Wasserverschmutzung. Auch hier wird die zunehmende **Versiegelung** immer stärker wirksam: die Grundwasserneubildung wird verhindert und der Oberflächenabfluss (in die Kanalisation) verstärkt. Die Folgen sind ein stetiges Absinken des Grundwasserspiegels, das sich auf die Vegetation auswirkt, und ein starkes Anschwellen der Vorfluter, begleitet von Hochwässern, die wiederum neue Rückhaltebecken notwendig machen.

Im Allgemeinen kann in unseren Städten von natürlicher oder gar ursprünglicher Bachbett-, Bachufer- und Bachauen-Vegetation kaum mehr gesprochen werden, und wo noch Reste davon vorhanden sind, bilden sie nicht mehr den Bestandteil eines zusammenhängenden dynamischen Systems im Wechsel von Hoch- und Niedrigwasser. Sie sind aber ökologisch doch so wichtig, dass sie geschützt und möglichst wieder in das Bachsystem eingebunden werden müssen. Einige Städte haben daher in vorbildlicher Weise Konzepte zur **Revitalisierung** aller Bäche und zur Öffnung verrohrter oder eingedeckter Bachläufe im gesamten Stadtgebiet ausgearbeitet. Das Öffnen verrohrter Bäche entlastet auch hydraulisch die Kläranlagen, weil Niedrigwässer offen abgeführt werden können.

Große Gefahren für Oberflächengewässer und Grundwasser gehen vom Schadstoffeintrag auf dem Wege über den Boden und die Luft aus, örtlich verstärkt im Bereich von älteren, nicht ausreichend abgedichteten Deponien. Wesentlich ist der Grad der Durchlässigkeit und des Filtervermögens des anstehenden Bodens. Von Bedeutung ist dabei auch der Flurabstand, nämlich der Abstand des höchsten Grundwasserstandes vom Gelände. Je geringer dieser Abstand ist, umso größer ist die Gefahr, dass Verunreinigungen aus dem Boden in das Grundwasser gelangen, vor allem bei durchlässigen Böden wie Kies oder Sand.

Nicht kontaminiertes **Grundwasser** hat auch für die Wasserversorgung der Städte große Bedeutung; durch die Gewinnung im Stadtgebiet selbst besteht eine höhere Versorgungs-Sicherheit gegenüber dem durch lange Leitungen herantransportierten Wasser, beispielsweise bei den Leitungen für das Hochquellwasser von Hochschwab und Rax für Wien.

Siehe Farbtafel I, Abbildung 18: Rückhaltebecken des Liesingflusses, gleichzeitig Erholungsgebiet für die dichte 18-geschossige Wohnbebauung Alt-Erlaa in Wien. Landschaftsarchitekt Ing. Wilfried KIRCHNER

Abbildung 20: Sicherung wichtiger Grundwasservorkommen, schematische Darstellung.

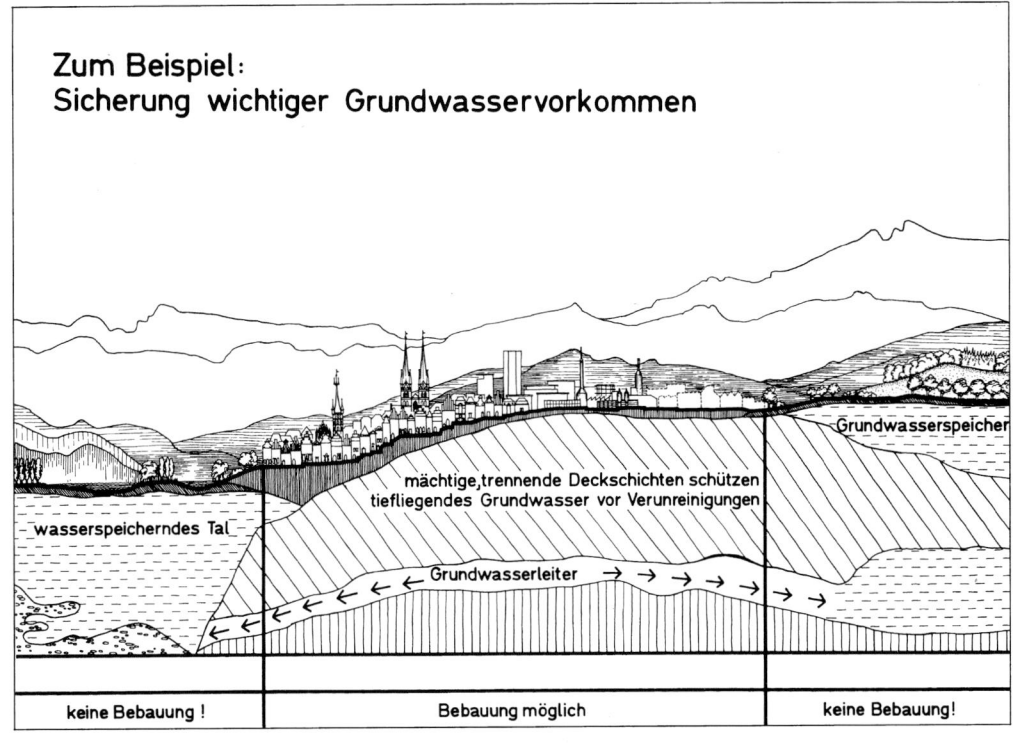

Zum Beispiel:
Sicherung wichtiger Grundwasservorkommen

Grundwasserspeicher

mächtige, trennende Deckschichten schützen tiefliegendes Grundwasser vor Verunreinigungen

wasserspeicherndes Tal

Grundwasserleiter

keine Bebauung ! | Bebauung möglich | keine Bebauung!

Bestimmender Faktor für die Berechnung der Oberflächenwässer sind der Anteil der bebauten und versiegelten Flächen und damit auch die Bebauungsart vom freistehenden Einfamilienhaus bis zur Industrieanlage sowie die Abflussbeiwerte je nach Durchlässigkeit der Oberflächen. Ein unbewachsener, offener Boden hat die höchste Durchlässigkeit; Kleinsteinpflaster vermindert sie um etwa 40 %, ein Belag mit Rasengittersteinen und eine wassergebundene Decke um etwa 60 %. Plattenbeläge und Betonverbundsteine reduzieren die Versickerung um rund 85 %, Betonboden, herkömmlicher Asphalt und Kunststoffbeläge sind praktisch wasserundurchlässig.

In den Bebauungsplänen und beim Entwurf der Bebauung ist das Entwässern der **Dach- und Wegeflächen** unmittelbar in Vegetationsflächen oder in Versickerungsmulden bzw. -gräben, auch als Verdunstungsbecken bezeichnet, vorzusehen. Die Versickerung in Pflanzflächen ist nur bei ausreichend wasserdurchlässigem Boden sinnvoll. Bei Bedarf kann für besondere Fälle ein zusätzlicher Sickerschacht angelegt oder durch Rigole (kiesgefüllte Gräben) eine Verbindung zum Vorfluter geschaffen werden. Nach Möglichkeit sollen vorhandene Überflutungsflächen ausgenutzt oder wieder hergestellt werden. Beim Bau der Max Schmeling-Halle im Berliner Stadtteil Prenzlauer Berg wurde der Freiflächengestaltung ein ausgeklügeltes Konzept zur Nutzung des Regenwassers zugrunde gelegt, das unter anderem die Bewässerung der Grünflächen eines Platzes ermöglicht und eine Kläranlage einschließt. Ein positiver Effekt ist dabei eine beträchtliche Ersparnis, weil geringere Mengen teuren Leitungswassers benötigt werden.

Abbildung 21: Beispiel einer ökologischen und gestalterischen Lösung für die Versickerung des Regenwassers einer fünfgeschossigen Bebauung in Zürich-Stadelhofen. Landschaftsarchitekt A. Erni, Zürich.

Jedes Gewässer, unabhängig von seiner Größe, ist in seiner Verbindung mit dem Umraum als **landschaftliche Einheit** zu sehen, so etwa der Fluss im Zusammenhang mit dem gesamten Talraum. Am Beispiel der Flusslandschaft lassen sich einige Grundsätze der Landschaftsplanung für die Stadt aufzeigen:

● die Tallandschaft ist als Einheit von Fluss, Aubereich und Ufergehölz zu sehen;
● jeder Veränderung am Wasserlauf sollte eine gründliche Untersuchung der möglichen Auswirkungen auf den Landschaftshaushalt und das Landschaftsbild vorausgehen;
● jeder, auch ein ausgebauter Wasserlauf soll eine naturnahe Uferzone mit den entsprechenden Vegetationsstufen (Laichkrautzone, Röhrichtzone, Weiche und Harte Au) aufweisen;
● Altwasserarme, Altarmsenken und -rinnen sind typische Elemente der Flusslandschaft und als solche zu erhalten;
● der Talraum im Überschwemmungsbereich ist, soweit er nicht von Auwald eingenommen wird, als Grünland zu nutzen und nicht in Acker umzuwandeln.

Vegetation

Die Vegetation entwickelt sich auf der Grundlage von Boden, Wasser und klimatischen Gegebenheiten. Ohne menschlichen Eingriff wäre die Oberfläche unserer Städte mit Vegetation bedeckt. Das gilt für den Boden ebenso wie für Mauern und Dächer; ein Beispiel dafür ist die Spontanvegetation auf Dächern und befestigten Flächen. Ziel in Planung und Bau sollte es sein, einen möglichst hohen Anteil an autochthonen Vegetationsflächen im Stadtgefüge zu erhalten. Jede Vegetation in der Stadt ist „Natur", die zweimähdige Wiese am Stadtrand ebenso wie der Barockgarten, der zur Kugel geschnittene Buchsbaum ebenso wie der freiwachsende Holunderstrauch. Eine „unnatürliche" Vegetation ist ebenso undenkbar wie ein „unmenschlicher" Stadtbewohner. Unterschiedliche Formen und Ausprägungen der Vegetation sind sowohl im Stadtgefüge insgesamt wie auch in einzelnen Grünräumen nebeneinander möglich.

Die ökologisch und stadthygienisch wirksamste Form der Vegetation in der Stadt sind die **Laubbäume**, vor allem großkronige Arten. Die Vitalität des städtischen Grüns, auch der Stadtbäume, lässt sich durch die Auswertung von Infrarot-Luftbildern abschätzen und durch Befliegungen in regelmäßigen Abständen von drei bis vier Jahren in ihrer Entwicklung verfolgen. Eine schlüssige Interpretation der Luftbilder ist nur durch vergleichende Beobachtung am Objekt, zum Beispiel Baumansprachen von ausgewählten Referenzbäumen, möglich; auch die Art von Schäden lässt sich aus den Infrarot-Aufnahmen nicht erkennen. Es empfiehlt sich eine Einteilung der Bäume nach etwa vier **Vitalitätsklassen.** Die günstigste Jahreszeit für Befliegungen liegt nach dem Ende der Hauptwachstumszeit, also etwa Mitte Juli bis Mitte August, bei hohem Sonnenstand und wolkenlosem Himmel. Der Interpretationsschlüssel sollte zur gleichen Zeit wie die Flugaufnahmen erstellt werden, parallel mit einer terrestrischen Aufnahme, die Aussagen zu den Ursachen der Verfärbungen im Infrarotbild möglich machen. Die Ergebnisse sind in Karten, möglichst im Maßstab 1 : 2000, und in die Grünflächendatei (Baumkataster) einzutragen. Die Angaben über den Gesundheitszustand sind die Arbeitsgrundlage für Baumpflegearbeiten und für die Kontrolle im Rahmen der Verkehrssicherungspflicht.

In Städten wie beispielsweise Wien, die an den Grenzen mehrerer Klima- und Florengebiete liegen, lassen sich innerhalb des Stadtgebietes unterschiedliche **Vegetationstypen** deutlich unterscheiden. Die Holzarten für das öffentliche Grün sollten so ausgewählt werden, dass damit der typische Charakter der Stadtteile unterstrichen wird. Pappeln in einem Trockengebiet sind ebenso fehl am Platze wie Nadelgehölze am Rande des Auwaldes. Untersuchungen in Stuttgart/BRD haben gezeigt, dass auch die angepflanzten Baumarten und deren Vielfalt in Abhängigkeit von der Bebauung durchaus unterschiedlich sind. In jüngeren Quartieren ist die Artenvielfalt signifikant geringer als etwa in Villengärten aus der Zeit vor 1918.

Das **Lebensalter** der Bäume in der Stadt geht infolge der sich verschlechternden Lebensbedingungen zurück; zur Zeit kann man mit einer durchschnittlichen Lebenserwartung von 80 Jahren rechnen, worauf in der Planung Rücksicht zu nehmen ist.

Literatur

Abwassertechnische Vereinigung – ATV (Hrsg.): Bau und Bemessung von Anlagen zur dezentralen Versickerung von nicht schädlich verunreinigtem Niederschlagswasser. Arbeitsblatt A 138. St. Augustin 1990

Bayerisches Staatsministerium für Landesentwicklung und Umweltfragen (Hrsg.): Arten- und Biotopschutzprogramm für die Stadt Erlangen. München 1992

BMin. für Land- und Forstwirtschaft: Richtlinien für die Gewinnung von Sand und Kies mit einer Abbausohle über dem höchsten Grundwasserspiegel. Erlaß. Wien 1972 (in Überarbeitung)

BMin. für Land- und Forstwirtschaft: Richtlinien für den Schutz des Grundwassers bei Entnahme von Sand und Kies (Nassbaggerungen). Erlaß vom 23. 7. 1975. Wien 1975 (in Überarbeitung)

Blume H. P. (Hrsg.): Handbuch des Bodenschutzes. Landsberg/Lech 1990

Broggi M.: Naturschutz in der Gemeinde. Zürcher Naturschutzbund. Zürich 1990

Bundesamt für Naturschutz (Hrsg.): Naturschutz und Landschaftspflege im besiedelten Bereich. Bearb. Sukopp H. et al. Reihe Dokumentation Natur und Landschaft Sonderheft 25. Bonn 1995

Goldschmid U., Ch. Grötzer: Innovation Grün – Lebensräume von Menschenhand; ein wasserbauliches Arbeitsbuch. Stadt Wien, Mag.Abt. 45 (Hrsg.). Wien 1993

Hard G.: Die Vegetation städtischer Freiräume – Überlegungen zur Freiraum-, Grün- und Naturschutzplanung in der Stadt. in: Stadt Osnabrück (Hrsg.), Perspektiven der Stadtentwicklung: Ökonomie – Ökologie, 227–243, Osnabrück 1988

Heeb J. et al.: Denkansätze und Handlungskonzepte für den Bodenschutz in der Schweiz. = Bericht des Nationalen Forschungsprogrammes „Boden". Liebefeld-Bern 1990

Holzwarth F. et al.: Bundes-Bodenschutzgesetz. Handkommentar. Band 5 der Reihe „Bodenschutz und Altlasten". Berlin/Bielefeld/München 1998

IBA Emscher Park: Studie zur ökologisch orientierten Regenwasserentsorgung versiegelter Flächen. Gelsenkirchen 1992

Institut für Stadtforschung und Strukturpolitik Berlin: Städtebauliche Lösungsansätze zur Verminderung der Bodenversiegelung als Beitrag zum Bodenschutz. Schriftenreihe Forschung des BMin. für Raumordnung, Bauwesen und Städtebau, Heft 456. Bearb. U. Giseke. Bonn 1988

Kanton Zürich: Die Versickerung von Regenwasser auf der Liegenschaft. Baudirektion des Kantons Zürich, Amt für Abfall, Wasser, Energie und Luft. Zürich 1996

Katzmann W. et al.: Umweltgestaltung und Umweltpflege, Teil 3 Wasser. Hrsg. Österr. Bundesinstitut für Gesundheitswesen (ÖBIG). Wien 1985

König K. W.: Regenwassernutzung von A bis Z. Ein Anwender-Handbuch für Planer, Handwerker und Bauherren. 3. Auflage, Donaueschingen 1996

Kunick W.: Gehölzvegetation im Siedlungsbereich. In: Landschaft + Stadt 17 (3) 1985, S. 120–133

Schuhmacher H. (Hrsg.): Urbane Gewässer. Essen 1991

2.6 Wirtschaftliche Funktion

Attraktivität der Stadt

Immer mehr Städte bemühen sich, auch durch gezieltes Marketing, eine Identität und ein positives Image in der Öffentlichkeit aufzubauen oder zu verstärken. **Stadtmarketing** hat auch mit der Diskussion der Agenda 21 „Lokales Audit" an Aktualität gewonnen. Nicht nur als Gewerbe-, sondern auch als Wohnstandort soll die Stadt ansehnlich sein. Grünräume können viel zur **Charakteristik** einer Stadt beitragen, so etwa Weingärten und Historische Gärten. In diesem Sinne haben auch repräsentative Freiräume, die nicht unmittelbar wirtschaftlich nutzbar sind, ihre Bedeutung. Vielfach handelt es sich um – manchmal kleine – Reste alter Kulturlandschaften, beispielsweise Mühlgänge, Mühlen- und Fischteiche, historische Wege, Hohlwege, Mauern. Sie alle sind wichtige Teile der Ikonographie einer Stadt. In vielen Städten tragen einzelne Grünräume oder der insgesamt hohe Grünflächenanteil zur Attraktivität als **Reiseziel** bei, beispielsweise in Paris, London, Prag, Wien, „Das grüne Stuttgart" und andere.

In allen Fällen haben Freiräume eine positive wirtschaftliche Auswirkung durch die **Umweg-Rentabilität** des Städtetourismus. Mit dem Image der „Stadt im Grünen" kann auch um Betriebsansiedlungen und den Zuzug von Mitarbeitern geworben werden. Dieser Faktor gewinnt mit dem Zusammenwachsen aller europäischen Staaten und der damit verbundenen Konkurrenz um Betriebsstandorte zunehmend an Bedeutung.

Wert für die Volksgesundheit

Durch den Aufenthalt und die Betätigung im Freien, vor allem in Grünräumen, wird die **Gesundheit** der Stadtbewohner erhalten und gefördert. Vor allem für die Entwicklung der Kinder sind Aufenthalt und Bewegung in Gärten und Parks entscheidend. Neben der körperlichen Betätigung ist auch der Einfluss natürlicher Faktoren auf die Psyche wichtig, etwa durch die Kontrastwirkung zur Bebauung, zur Industrie, zur Umgebung am Arbeitsplatz. Öffentliche Grünflächen tragen zur Reproduktion der Arbeitskraft bei; dies war der Grund dafür, dass sich schon im Frühkapitalismus Unternehmer für den Bau von Parkanlagen eingesetzt haben.

Für den Stadtbewohner wichtig ist eine eigene produktiv-schöpferische Tätigkeit, am Lernen orientiert, möglichst auch kooperativ ausgeübt, vor allem in Gärten verschiedener Art (Hausgarten, Kleingarten, Mietergarten). Diese Gärten erfüllen gleichzeitig auch viele Funktionen öffentlicher Parks, etwa für das Stadtklima und die Luftqualität, ohne dass sie den städtischen

Haushalt belasten; zumindest die Einsparung der Pflegekosten ist also als kommunalwirtschaftlicher Wert einzusetzen.

Zur Ermittlung des Freizeit- und Erholungswertes – als Begründung für den Bau und die Pflege von öffentlichen Grünräumen – können die über längere Zeiträume hinweg gezählten **Nutzerstunden** herangezogen werden. Die grundlegenden Parameter zur Berechnung der Nutzerstunden sind:
- die Zahl der an der Erholung in Parks teilnehmenden Stadtbewohner;
- die Häufigkeit der Aufenthalte;
- die Verweildauer.

Für die Feststellung der **Nutzungsintensität** und damit des aktellen wirtschaftlichen Werts von Grünräumen werden Kennziffern verwendet wie
- Anzahl der Besucher in einer vorgegebenen Zeit: **Besucherstunden** = Summe der Besucher × Aufenthaltsdauer in Stunden oder in einer anderen Zeiteinheit, etwa in einem Jahr oder in einer Saison;
- Anzahl Besucher je vorgegebener Flächeneinheit bzw. Weglänge;
- Anzahl Besucher in Beziehung zur Kapazität einer Anlage, zum Beispiel Kabinen, Kästchen bei Freibädern;
- Verhältnis der Anzahl der Besucher zu den Kosten für Bau und Erhaltung der Anlage.

Ausgehend von der in mehreren deutschen Städten ermittelten Zahl von durchschnittlich 80,1 Stunden, die jeder Stadtbewohner pro Jahr in Parkanlagen und Stadtwäldern verbringt und einem angenommenen Wert von 0,75 Euro für einen fiktiven Eintrittspreis pro Stunde (Willingness-to-pay) ergibt sich in einer Stadt mit 100 000 Einwohnern allein für den Freizeit- und Erholungswert der Parks ein Betrag von 6,01 Mio. Euro, in einer Stadt mit 1,5 Mio. Einwohnern, also etwa der Größe von München oder Wien, ein Betrag von 90,2 Mio. Euro. Dazu kommt der volkswirtschaftliche Wert durch das Erhöhen der Produktivität, die Leistungssteigerung, das Regenerieren der Arbeitskraft, letzteres vor allem bei Betriebsfreiräumen.

Zur sportlichen Betätigung der Städter liegen divergierende Zahlen vor, gleichbleibend ist die Aussage, dass nur ein vergleichsweise geringer Anteil der Stadtbewohner regelmäßig intensiv Sport betreibt. Unter Berücksichtigung der unterschiedlichen Dauer der Sportausübung (ohne Schwimmen) bei den aktiven und bei Gelegenheitssportlern lässt sich ein Durchschnittswert von rund 20,4 Nutzerstunden/Jahr für jeden Stadtbewohner errechnen. Nach ähnlichen Berechnungen fallen auf jeden Stadtbewohner pro Jahr durchschnittlich 3,9 Nutzerstunden in Freibädern und an Badegewässern, 70,4 Nutzerstunden auf den Aufenthalt in Hausgärten und 30,4 Stunden in Kleingärten. Anhand dieser Zahlen lässt sich so wie für die Parks auch für die anderen Grünflächen ein (fiktiver) monetärer Wert berechnen.

Es gibt weiters Versuche der Berechnung der Wirtschaftlichkeit von Erholungseinrichtungen durch Nutzen-Kosten-Analysen; sie werden angewendet, wenn zwischen mehreren möglichen Projekten entschieden werden soll. Der Nutzen wird dabei bestimmt durch die Besuchszeit: Anzahl der Besuche (nicht Besucher) × Zeitdauer des Aufenthalts. Bei den Kosten fallen meist die Grundstückspreise ins Gewicht, wobei hier die Bewertung deshalb schwierig ist, weil für Grünland in städtischem Eigentum in den meisten Städten nur fiktive oder Erinnerungs-Werte im Budget angesetzt werden. In der Praxis des Grundstücksverkehrs werden solche Flächen, wenn sie im Privateigentum stehen, trotz ihrer Widmung als Grünland, zu Quadratmeterpreisen gehandelt, die im benachbarten Bauland gefordert und bezahlt werden.

Abbau, Deponie

Die Nutzungsfunktionen Abbau und Ablagerung zielen zum einen auf die Verwertung des Rohstoffpotentials durch den **Abbau** von Gestein, Schotter, Sand, Lehm und anderem Material, in der Regel zur Baustoffgewinnung, zum anderen auf die vorübergehende oder dauernde **Lage-**

rung auf Deponien von Material, das im Produktionsprozess nicht verwertet oder wiederverwertet werden kann, beispielsweise Bauschutt, Reststoffe der Müllverbrennung und Hausmüll. Beide, gewerbliche und industrielle Tätigkeiten verfolgen primär wirtschaftliche Ziele. Sowohl Abbauflächen wie Steinbrüche, Sand-, Kies- und Schottergruben als auch Deponien können bei rechtzeitigem Einsatz der Landschaftsplanung mit landschaftspflegerischen Maßnahmen einer sinnvollen Nachnutzung zugeführt werden.

Die Entwicklung geht allgemein von kleineren, auf viele Standorte verteilten Anlagen zu großen, mit modernstem technischen Einsatz betriebenen Abbau- und Deponieflächen. Damit steigen aber die Möglichkeiten für eine vorsorgliche Planung und für sorgfältige landschaftspflegerische Begleitmaßnahmen. Beides wird durch die gesetzliche Verpflichtung zur Umweltverträglichkeits-Prüfung sichergestellt.

Grundstückswert, Wert für die Bauwirtschaft

Der Anteil der Grünflächen liegt in der Regel zwischen 30 und 50 % der Stadtfläche. In der Umgebung der einzelnen Grünräume, vor allem von Parks und baumbestandenen Friedhöfen, sind die Grundstückspreise höher als im Durchschnitt, und zwar fallend mit der Entfernung vom Grünraum. Generell sind die gut durchgrünten Wohngebiete, etwa Villenviertel, die teuersten, wobei auch der Baumbestand, etwa in Form von Alleen, von Bedeutung ist. Für diese Wertschätzung sind die privaten ebenso wie die öffentlichen Gärten maßgebend. Die Standortqualität von Flächen für Wohnen und Gewerbe steigt also mit ihrer Nähe zu Grünräumen.

Bei der Umwandlung eines oder mehrerer bebauter Grundstücke in einen öffentlichen Park trägt die Stadt, also die Gesamtheit der Bürger, die Kosten, während die Wertsteigerung der umliegenden Grundstücke, Häuser und Wohnungen den privaten Eigentümern steuerfrei zufließt. Auch innerhalb der mehrgeschossigen Bebauung steigern Verbesserungen der Grünanlagen und Kinderspielbereiche die Miete, vor allem bei Neuvermietungen.

Eine schwierige Aufgabe stellt die **Bewertung von Grünräumen** für den finanziellen Ausgleich bei Eingriffen und Schädigungen durch Baumaßnahmen dar. Während für die Bewertung von Bäumen bewährte Methoden vorliegen, vor allem diejenige nach W. Koch, fehlen bisher entsprechende Verfahren für ganze Grünräume. Eine denkbare Vorgangsweise ist die Berechnung der bis zum Eingriff aufgewendeten Kosten für die Herstellung, Erhaltung und Pflege der Anlage. Es wäre möglich, für gesellschaftlich besonders bedeutende Park- und Gartenanlagen, etwa für Historische Gärten, einen Zuschlag anzusetzen. Der Wert für die Bevölkerung kann mit Hilfe der Willingness of Pay-Methode ermittelt werden, also durch eine Befragung, wie viel die Bewohner einer Stadt für die Nutzung eines Grünraumes zu bezahlen bereit wären. Kommunalwirtschaftlich werden öffentliche Grünflächen allgemein als **Kostenträger** – für Anschaffung und Erhaltung – betrachtet, der potentielle Grundstückswert, etwa bei einer Umwandlung in Baugrundstücke, bleibt außer Ansatz. Diese fiktiven Werte auf der Habenseite unterscheiden sich von Stadt zu Stadt beträchtlich, je nachdem, in welchem Maße unbebaute Grundstücke als Baulandreserve zur Verfügung stehen und ob sie aktiviert werden können.

Durch den Bau und die Pflege privater und öffentlicher Freiräume fließen der **Bauwirtschaft**, hier vor allem den Betrieben des Garten- und Landschaftsbaues, beträchtliche Mittel zu, die über verschiedene Steuern und Abgaben wiederum der Stadt zugute kommen. Mit Hilfe einer gezielten Werbung ist in den vergangenen Jahren für die Gartenanlage und Gartenpflege ein beträchtlicher Markt erschlossen worden, der im Wesentlichen von einigen Gartencenters, Baumärkten und Baustoffhandlungen abgedeckt wird.

Die Bautätigkeit in Kleingartenanlagen bringt der Wirtschaft, vor allem Fertighaus-Herstellern und kleinen Baufirmen, beträchtliche Umsätze, allein in Wien jährlich rund 35,9 Mio. Euro. Die Kleingärten selbst sind Produktionsflächen mit einer möglichen hohen Wertschöpfung. Die Bewirtschaftung kann, nicht zuletzt durch die lange Pflege des Bodens, sehr intensiv betrieben werden. In Wien könnte in den derzeit bestehenden rund 32 000 Kleingärten die Grundnahrung für etwa 120 000 Personen erzeugt werden.

Eine ökonomische Bedeutung hat auch die **Vorhaltefunktion** von Grünflächen, vor allem der Landwirtschaftsflächen. Sie stellen in den Außenbereichen der Städte eine stille Flächenreserve dar, deren Wert sich beträchtlich steigern kann. Diese Reserve ist besonders für Bauvorhaben mit hohem Flächenbedarf wichtig, beispielsweise für die Ansiedlung von Industriebetrieben oder für neue Wohnsiedlungen. Die Umwidmung in Bauland wird damit begründet, dass sie einer „höherwertigen Nutzung" zugeführt werden müssen, auch dass sie vergleichsweise günstig und ohne Hemmnisse erworben werden können. Dies trifft sich oft mit den Interessen der Grundeigentümer, die einen hohen Planungsgewinn, beispielsweise bei einem Hektar Acker in Wien rund 646 500 Euro steuerfrei gewinnen und sich aus dem Zinsertrag ein im Vergleich zum Ertrag landwirtschaftlicher Flächen hohes Einkommen ohne Eigenleistung sichern können.

Durch den hohen Anteil nicht qualifizierter Tätigkeiten bei der Unterhaltung von Grünanlagen werden **Arbeitsplätze** auch für teilweise behinderte oder auf dem Arbeitsmarkt schwer vermittelbare Personen gesichert. In Deutschland ist ein großer Teil der im Rahmen der Arbeitsbeschaffungs-Maßnahmen (ABM) beschäftigten Personen im kommunalen Grünwesen tätig. Das ist eine sozial wie auch wirtschaftlich sinnvolle Vorgangsweise, die nicht mit dem seinerzeitigen Reichsarbeitsdienst in Verbindung zu bringen ist.

Literatur

Bäuerle G.: Der Freiraum als räumliches Wertobjekt. Ein Ansatz zu einer räumlichen Werttheorie. München 1984

Beck, G.: Untersuchung über die Wirtschaftlichkeit von Erholungseinrichtungen in Berlin (West) – Kosten-Nutzen-Analyse von öffentlichen Grünanlagen. Institut Landschaftsbau und Gartenkunst der Techn. Univ. Berlin, 1970–1973

Elsasser P.: Der Erholungswert des Waldes. Monetäre Bewertung der Erholungsleistung ausgewählter Wälder in Deutschland. Frankfurt/M. 1996

Ewers H.-J. u. W. Schulz: Die monetären Nutzen gewässergüteverbessernder Maßnahmen – dargestellt am Beispiel des Tegeler Sees in Berlin. Studie des Umweltbundesamtes. Berlin 1981

Helbrecht I.: Stadtmarketing. 2. Aufl. Basel 1998

Koch W., H. Breloer: Aktualisierte Gehölzwerttabellen. Bäume und Sträucher als Grundstücksbestandteile an Straßen, in Parks und Gärten sowie in der freien Landschaft, einschließlich Obstgehölze. 3. Auflage. Karlsruhe 1997

Koch W.: Die Wertschätzung von Wohnen im Grünen durch den Grundstücksmarkt. Die Schritte des Sachwertverfahrens. Stuttgart 1991

Krumbholz R.: Verkehrswert sondergenutzter Flächen im Außenbereich. Bauschuttdeponie, Freizeitgelände. Institut für Städtebau und Wohnungswesen (ISW) München der Deutschen Akademie für Städtebau und Landesplanung. Manuskriptreihe H. 10.12, 1989

Mierheim H.: Nutzen-Kosten-Analysen öffentlicher Grünanlagen im innerstädtischen Bereich – Eine Untersuchung über die Anwendbarkeit am Beispiel Berlin-West. Dissertation am Fachbereich Landbau, Techn.Univ. Berlin. Berlin 1974

Rothenburger W.: Kosten-Nutzen-Rechnung in der Freiraumplanung. In: Landschaft und Stadt 5 (1973) H.4 S. 145–151. Stuttgart 1973

Rothenburger W.: Ökonomie der Landespflege. Betriebswirtschafts- und Organisationslehre für landschaftspflegerische Berufe. Stuttgart 1993

Schacht C.: Beurteilung von Dachbegrünungen nach siedlungswasserwirtschaftlichen Gesichtspunkten. Diplomarbeit TU Berlin, Institut für technischen Umweltschutz. Berlin 1981

Schönbäck W, M. Kos: Kosten-Nutzen-Analyse Nationalpark Donau-Auen. Im Auftrage der Nationalparkplanung. Institut für Finanzwissenschaft TU Wien. Wien 1993 (unveröffentlicht)

2.7 Stadträumliche und stadtgliedernde Funktion

Die Frage, ob und in welcher Weise eine große Stadt in Teilräume gegliedert, fraktioniert sein soll, kann nur von Fall zu Fall beantwortet werden. Unbestritten ist es, dass Grünräume wesentlich zu einer solchen Gliederung beitragen können. Die städtebaulichen Leitbilder seit dem

Siehe Farbtafel I, Abbildung 22: Stadtgliedernder Grünzug Wien Stadlau – Mühlgrund im Nordosten der Stadt. Planung Landschaftsarchitekt Wilfried KIRCHNER, 1990.

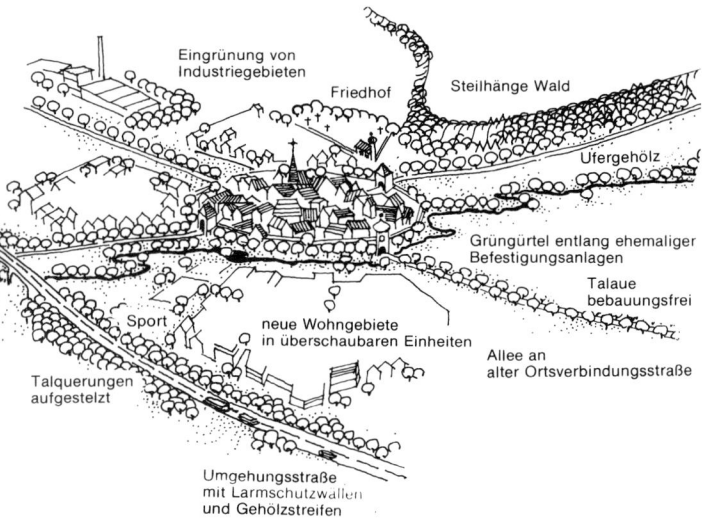

Abbildung 23: Gliederung des Siedlungsgebietes durch verschiedene Grünräume.

Abbildung 24: Paris-Bercy. Jardin de la Memoire; architektonisch gestaltete Wasserfläche als stadträumliches Element.

Ausgang des 19. Jh. haben die Frage sehr unterschiedlich beantwortet. Als sicher kann gelten, dass die gliedernde, das heißt **trennende** Funktion von Grünräumen eine Flächengröße voraussetzt, die den Fußweg zum jenseitigen Stadtteil unattraktiv macht; da Wege über etwa 10 Minuten für tägliche Verrichtungen nicht in Kauf genommen werden, beträgt die entsprechende Mindestbreite also rund 850 m. Die Problematik dieser Berechnung liegt darin, dass heute tägliche Wege kaum mehr zu Fuß, sondern mit dem Fahrrad, mit dem Auto und mit öffentlichen Verkehrsmitteln zurückgelegt werden. Die praktische Erfahrung zeigt auch, dass die gliedernde Wirkung großer Grünräume gegenüber ihren anderen Funktionen, etwa als Erholungsgebiet oder für die Stadtgestalt, im Bewusstsein der Städter sehr gering ausgeprägt ist. Sie erleben Eisenbahnlinien und Stadtautobahnen viel stärker als trennende Elemente, die sich nur schwer überwinden lassen.

Lineare Grünräume, etwa Grünverbindungen mit Fuß- und Radwegen und einigen Rastplätzen können zwischen Stadtteilen **verbindend** wirken. Sie bieten den Stadtbewohnern den Vorteil, sich abseits des motorisierten Verkehrs relativ gefahrlos bewegen zu können. Andererseits können zerschneidend wirkende lineare Strukturen wie Schnellstraßen, Autobahnen und Eisenbahnlinien durch „Grünbrücken" oder durch Überdeckungen auf längere Strecken („Einhausung") überwunden werden. Grünbrücken bieten sich vor allem dort an, wo ein großer, zusammenhängender Freiraum durch Verkehrsbauten zerschnitten und eine trennende Gliederung widersinnig wird, etwa im Donaubereich von Wien.

Eine wichtige gliedernde und verbindende Funktion haben auch Grünräume an der Naht zwischen der City mit ihren Büro- und Geschäftsvierteln und angrenzenden dichten Wohngebieten, in Wien etwa der Stadtpark. Sie dienen sowohl als Pausenraum im Freien in der Nähe der Arbeitsplätze als auch als Erholungs- und Bewegungsraum für die angrenzend Wohnenden. Schließlich haben sie auch eine Aufgabe als „grüner Weg" zur und von der Arbeit. Ein großer Teil der Besucher des Stadtparks durchqueren ihn nur, viele davon, obwohl das für sie einen Umweg mit sich bringt.

Eines der ersten weitgehend verwirklichten Konzepte einer Gliederung von Stadt und Landschaft waren die von Peter Joseph LENNÉ projektierten „Schmuck- und Grenzzüge" um Berlin. Sie bestanden aus teilweise schon vorhandenen Park- und Gartenanlagen, die durch Sichtschneisen in einen visuell erlebbaren räumlichen Zusammenhang gebracht wurden. Jede dieser Sichtachsen hatte Bezug zu einem architektonischen Element und war dadurch unverwechselbar.

Literatur

Curdes G.: Stadtstrukturelles Entwerfen. Stuttgart 1995

Curdes G.: Stadtstruktur und Stadtgestaltung. 2. Auflage. Stuttgart 1997

Hiss T.: Ortsbesichtigung. Wie Räume den Menschen prägen und warum wir unsere Stadt- und Landschaftsplanung verändern müssen. Hamburg 1992

Institut für Städtebau, Raumplanung und Raumordnung, TU Wien: K. Semsroth (Hrsg.) Stadträume. Materialien zum Städtebau. Wien 1992

Krier R.: Stadtraum in Theorie und Praxis. Schriftenreihe Institut Zeichnen und Modellieren Universität Stuttgart Band 1. Stuttgart 1975

Oertel D.: Die Stadtlandschaftsgestaltung des Raumes Karlsruhe. Stadtgestaltanalysen und ihre Anwendung in der Flächennutzungsplanung in: Landschaft + Stadt, 1976, H.2, S. 49–60

Prinz D.: Städtebauliches Gestalten. Band 1: 6. Aufl. 1995, Band 2: 6. Aufl. 1997. Stuttgart

3.0 Vorbemerkung

Frei- und Grünraumplanung ist ein **politischer Prozess** der Artikulation gesellschaftlicher Bedürfnisse, deren Umsetzung in Handlungsprogramme und deren Realisierung und ständige Anpassung an veränderte Bedingungen. Durch die prozesshafte Entwicklung der Stadt und damit auch ihrer Freiräume innerhalb eines sich ständig verändernden Systems, dessen Gesetzmäßigkeiten nur zu einem sehr kleinen Teil bekannt sind, werden der Planung, aber auch der Möglichkeit, die künftige Entwicklung zu steuern, deutliche Grenzen gesetzt. Manchmal wird sogar, sicher überspitzt, von „Un-Planbarkeit", vom „Ende der Planung" gesprochen. Vor allem in Anbetracht der Zeitspanne von etwa 100 Jahren vom Entwurf bis zur imaginären Vollendung etwa eines Parks ist es wohl möglich, das Bild eines angestrebten, nicht aber das des wirklich entstehenden Zustandes zu zeichnen. Planung kann also nur Anweisung für Interventionen in Richtung einer gewünschten Entwicklung sein. Gezeichnete Pläne sind gleichwohl zur Veranschaulichung, aber auch als Grundlage für rechtliche, organisatorische und finanzielle Maßnahmen notwendig.

Der **Trend** der Freiraumplanung geht daher weg von Planungen und Plänen und hin zu **Programmen** und **Projekten** wie GrünGürtel Frankfurt am Main, 1000 ha-Programm im Wald- und Wiesengürtel Wien, Internationale Gartenschauen, Die Stadt als Garten – Expo 2000 Hannover. Entgegen der landläufigen Meinung, auch vieler Kommunalpolitiker, deckt die Freiflächenplanung für eine Stadt zahlreiche **Konfliktpotentiale** auf. Es ist daher wichtig, im Planungsprozess alternative Szenarien darzustellen und Lösungsmöglichkeiten aufzuzeigen. Viele beamtete, aber auch freiberufliche Landschaftsplaner scheuen allerdings vor Aussagen über inhaltliche Konflikte und Widersprüche zurück, weil sie um ihre berufliche Stellung und um weitere Aufträge fürchten müssen.

Zwischen Planung und realer Entwicklung bestehen erhebliche Divergenzen. Einschneidende Vorgänge wie die Ölkrise 1973/74 oder die politischen Umwälzungen im Jahre 1989 sind nicht vorhersehbar. Grundsätzlich ist daher die Planung für kurze Zeiträume und innerhalb kleiner Systeme, etwa einem Quartier, leichter möglich als langfristig und in großen, kaum steuerbaren Systemen wie einer Großstadt. Aber auch kleinräumig kommt es immer öfter zu raschen strukturellen Veränderungen, die sich der Planung entziehen. Ein weiteres Merkmal der heutigen Stadt ist die Vielfalt heterogener Nutzungen auf kleinem Raum, die sogenannte Fraktionierung, die zonale Konzepte oft obsolet macht. Dazu kommt die steigende Mobilität der Stadtbewohner. Der entscheidende Faktor für die Verwirklichung aller Planungen ist allerdings nicht die Raumordnung, sondern der Grundstücksmarkt. Externe, vor allem wirtschaftliche Einflüsse sind stärker als interne Einflüsse der Freiraumplanung.

Die **Ziele**, **Aufgaben und Inhalte** der Landschaftsplanung für Städte hat Roman IVANCSICS in dem Text „Stadtgärten und Stadtlandschaften – ökologische Aspekte des Freiraumes" in fünf **Thesen** beispielhaft zusammengefasst, die im Folgenden auszugsweise wiedergegeben werden:
These 1:
„Die ökologische Stadt überwindet den Widerspruch zwischen Stadt und Natur.
Sie begreift Stadt als ein ökologisches, dynamisches System, das sich verändert und das verändert werden kann. Sie versteht Natur nicht als etwas Ausgrenzbares oder Eingrenzbares, sondern als Prozess, dessen Gesetzmäßigkeiten einen Entwicklungsrahmen abstecken".
These 2:
„Die ökologische Stadt ist eine flächensparende Stadt.
Sie ist nicht gegliedert und aufgelockert, sondern strukturiert und verdichtet. Sie versteht das Umland nicht als Ausgleichsfläche oder Fluchtraum, sondern als gleichwertigen Partner".
These 3:
„Die ökologische Stadt ist nicht eine einheitlich durchgrünte Stadt.
Sie definiert Freiräume als strukturelle Träger der Entwicklung. Sie legt Funktionen nicht fest, sondern schafft Orte. Sie präzisiert Grenzen, aber vermeidet Barrieren".

These 4:

„Die ökologische Stadt versteht das Naturangebot nicht als Idylle oder Luxus, sondern als Notwendigkeit. Ihre Stadtgärten suggerieren nicht Natur, sondern verknüpfen das Naturhafte mit dem Kulturhaften zum gebrauchsfähigen Garten".

These 5:

„Die ökologische Stadterweiterung berücksichtigt wieder naturräumliche Grenzen.
Sie respektiert den Flächenanspruch ökologischer Teilsysteme und gebraucht diese als Entwicklungsträger selbstregulierender Landschaften".

Die chinesischen Städte, auch die Großstädte, waren früher auf einen vollständigen Stoff- und Energiekreislauf ausgerichtet, mit einer in sich ausgeglichenen Wasserbilanz. Die von außen zugeführten Stoffe wie Nahrungsmittel und Brennstoffe wurden durch wiederverwertbare Abfälle, die aus der Stadt ins Umland gebracht wurden, ausgeglichen. Im Zuge der Weltausstellung Expo 2000 in Hannover sollten diese Prinzipien einer ökologischen Stadt unter der Bezeichnung **„Die Stadt als Garten"** – in Anlehnung an den Inhalt und Titel des Buches „Die Welt als Garten – China" von Roland RAINER – wieder aufgegriffen werden. Freiraumplanung ist in diesem Sinne Teil einer umfassenden Umweltpolitik, die immer mehr an Bedeutung gewinnt, etwa für die Stadt als Standort. Ein wesentliches Ziel ist dabei die Sicherung und Entwicklung der Nachhaltigkeit (sustainability) der natürlichen Ressourcen.

In jedem Falle ist Freiraumplanung eine gesellschaftliche Aufgabe, bei der der Freiraumplaner die Rolle des fachkundigen, dabei den Verlauf und das Ergebnis mitverantwortenden Beraters hat. Gemeinschaftliche und öffentliche Freiräume sollten möglichst in den pfleglichen Besitz und die Verantwortung der Bewohner zurückgeführt werden. Hauptziel sind **Frei-Räume anstelle von Grün-Flächen.**

Trotz der oben dargestellten Problematik aller Planwerke ist die Landschaftsplanung für unsere Städte an bestimmte Pläne gebunden, die teils gesetzlich vorgeschrieben, teils durch lange Übung eingeführt sind. Nicht alle Ziele der Landschafts- und Freiraumplanung für Städte können in den **verbindlichen** Plänen, die in den österreichischen Raumordnungsgesetzen bzw. im deutschen Baugesetzbuch vorgesehen sind (Flächenwidmungsplan bzw. Flächennutzungsplan, Bebauungsplan), dargestellt werden. Insbesondere Grundlagenmaterial wie die biologisch-ökologischen und naturräumlichen Gegebenheiten, die räumliche Zuordnung von Grünflächen innerhalb des Stadtgefüges in Beziehung zu den Wohn- und Betriebsgebieten, die Ermittlung des Flächenbedarfs und anderer Ausgangsdaten können nur in gesonderten Plänen mit entsprechenden Erläuterungen aufgezeigt werden. Dasselbe gilt für programmatische Planungen bestimmter Einrichtungen wie Sportanlagen, Spielparks, Grünverbindungen und andere mehr. Daraus ergibt sich die Notwendigkeit eigener Fachpläne, nämlich **Landschaftsplan** (1 : 10 000, 1 : 5000) und **Grünordnungsplan** (1 : 1000). Das fachliche Planwerk sollte in einem „Landschafts- und Grünordnungsplan" zusammengefasst werden, das für alle städtebaulichen Planungen als Grundlage und Nachschlagewerk dienen kann.

Der Verwirklichung dieser Planungen dient der **Entwurf** der einzelnen Grünflächen in den Maßstäben 1 : 1000 bis 1 : 100, mit Werkzeichnungen in 1 : 50 bis 1 : 10; vgl. dazu Teil B dieses Buches; dort finden sich auch Angaben zum Flächenbedarf, zum Standort und zu nutzungsbedingten Anforderungen an Grünflächen.

Literatur

Adam K. (Hrsg.), T. Grohe: Ökologie und Stadtplanung – Erkenntnisse und praktische Beispiele integrierter Planung. Köln 1984

Bundesamt für Umwelt, Wald und Landschaft, Bern (Hrsg.): Naturnahe Gestaltung im Siedlungsraum. Leitfaden Umwelt Heft 5. Bern 1995

de la Chevallerie H.: Mehr Grün in die Stadt. Freiraumplanung im Wohnungs- und Städtebau. Wiesbaden/Berlin 1976

Gälzer R.: Beitrag zur methodischen Grünplanung für Großstädte. Diss. Techn. Univ. München. München 1980

Gälzer R. (Hrsg.): Landschaftsplanung und Gartenkunst – Perspektiven. Symposion 1992. Schriftenreihe des Instituts für Landschaftsplanung und Gartenkunst TU Wien H.18. Wien 1994

Hanisch J.: Planungstheorie, Planungs- und Entscheidungsmethodik. Berlin 1998

Institut für Landschaftsplanung und Gartenkunst TU Wien (Hrsg.): Landschaftsplanung im städtischen Bereich (Seminarbericht), Schriftenreihe des Instituts H. 6, Wien 1984

Jacsman J., R. Ch. Schilter: Landschaftsplanung. Aufgaben, Grundsätze, Konzepte und Methoden für eine ökologisch orientierte Raumplanung. Zürich 1995

Mahnstein B. et al.: Ökologie und Planung. Vorschläge zur Biotopanreicherung im Gebiet der geschlossenen Bebauung. Berlin 1983 (vervielfältigt)

Korda M. (Hrsg.): Müller/Korda, Städtebau. Technische Grundlagen (mit: Kommunale Freiraumplanung). 4. Aufl. Stuttgart 1999

Ogrin D.: Grün im städtischen Bereich. Internationales Symposion Universität Ljubljana 1970. Ljubljana 1970

Richter G.: Handbuch Stadtgrün. Landschaftsarchitektur im städtischen Freiraum. München/Wien/Zürich 1981

Rowe C., F. Koetter: Collage City. 5. Auflage, Basel Boston Berlin 1997

Ruff A.R., R. Tregay: An ecological approach to urban landscape design. Occasional paper No. 8/1982 Dept. Of Town and Country Planning. Univ. of Manchester. 1982

Spirn Whiston A.: The Granite Garden. New York 1984 (dort Bibliographie amer. Literatur)

Vogler P., E. Kühn (Hrsg.): Medizin und Städtebau, 2 Bände. München/Berlin/Wien 1957

3.1 Planungsaufgaben

3.1.1 Zielfindung, wertende Bestandsaufnahme, Analyse

Zwischen den Zeithorizonten der Ziele von Städtebau und Stadtentwicklung mit höchstens 10 Jahren und denen der Landschafts- und Freiraumplanung mit 30 bis 100 Jahren, allein bedingt durch das Lebensalter der Bäume, besteht eine erhebliche Diskrepanz. Dem entsprechend folgt die Ausweisung von Grünräumen anderen, langfristigeren Gesetzen als die von Baugebieten. Als Grünräume werden hier alle nicht bebauten, überwiegend oder zumindest teilweise bepflanzten Flächen in der Stadt bezeichnet.

Für die Freiraumplanung in Städten gibt es ganz unterschiedliche Zugangswege: die bauliche Entwicklung der Stadt, die Lebensmöglichkeiten der Menschen in der Stadt, die Systeme der naturräumlichen und ökologischen Zusammenhänge, die wirtschaftlichen Bedingungen und viele andere mehr. Aufgabe des Planers ist es, ausgehend von seiner fachlichen Kompetenz, alle diese Faktoren im Blick zu behalten. Die Planungsaufgaben für die Freiraumplanung sind nicht losgelöst von vielen anderen Fach- und Sachgebieten zu sehen, sie erstrecken sich über viele Sparten der kommunalen Verwaltung.

Jeder Planungsprozess beginnt mit der Analyse des **Ortes** (topos), an den Planung und Entwurf gebunden sind. Der Ort ist gleichsam der Ausgangspunkt jeder Planung. Die Analyse umfasst kulturelle, ökologische und soziale Faktoren, die naturräumliche Tragfähigkeit und die geschichtliche Entwicklungsstufe des Ortes und seines Umfelds.

Grundlage der Planung ist in jedem Falle die vorhandene Freiraumstruktur. Merkmale zu ihrer Beschreibung sind etwa:

- die Flächennutzung, beispielsweise Ackerflächen, Wald, Ziergehölze;
- die Ausstattung mit Objekten der Raumgliederung wie Bäume, Hecken, Mauern und anderes;
- die Ausstattung mit speziellen Erholungseinrichtungen wie Spielgeräte, Bänke und dergleichen;
- Flächen- bzw. Raumqualitäten als Voraussetzung für spezielle Nutzungsmöglichkeiten, zum Beispiel eine Wasserfläche zum Baden, befestigte Flächen für Rollerblade, Skateboard und dergleichen mehr;
- Erschließungsflächen und -einrichtungen;
- den Freiräumen zugeordnete Gebäude.

Grundlage der Bearbeitung ist das Beschaffen von **Informationen**, möglichst in einem methodischen Vorgehen. Zunächst überwiegen die problemorientierten Informationen über Ziele, Ideen, Projekte und Absichten, mit Fortschreiten der Arbeiten eher lösungsorientierte Inhalte, also Realisierungsmöglichkeiten, Mittel und Maßnahmen. Bei der gezielten Ermittlung handelt es sich einmal um das Erfassen von Informationen (Daten), zum anderen um die inhaltliche Erschließung dieser Daten. Die Ergebnisse der Informationsbeschaffung sind in zweckdienlicher Form zu dokumentieren; diese Form hängt davon ab, wem die Informationen dienen sollen.

Die **Bestandsaufnahme** als erster Arbeitsschritt sollte in jedem Falle problemorientiert sein und sich auf die **notwendigen** Fakten beschränken. Zwischen dem Aufwand für die Informationsbeschaffung und dem für die kreative Phase der Planung muss ein vernünftiges Verhältnis bestehen. Es ist daher dringend zu empfehlen, dem Planungsvorgang eine sorgfältige **Problemanalyse** voranzustellen. Wichtig ist das **Scoping**, also das formelle Ermitteln des räumlichen und inhaltlichen Untersuchungsrahmens, das allerdings oft aus Zeit- und Kostengründen nicht oder nur sehr eingeschränkt durchgeführt werden kann. Für die Bestandsaufnahme für den Landschaftsrahmenplan reicht der Maßstab 1 : 25 000 aus, für die Grundlagen zum Landschaftsplan hat sich der Maßstab 1 : 5000 bewährt. Die weitere Verarbeitung, die Speicherung der Daten und die graphische Darstellung geschehen mit Hilfe der Datenverarbeitung. Hier empfiehlt sich das Arbeiten nach einem Hektarraster, also 100 × 100 m, oder nach Baublöcken, je nach Art der digitalen Grundkarte.

In jedem Falle sind bei der Freiraumanalyse zu unterscheiden:
- nicht veränderbare Faktoren, zum Beispiel das Großklima, ein bestehender Friedhof;
- nur mit sehr großem Aufwand veränderbare Fakten, etwa ein Flusslauf, ein Waldbestand;
- mit vertretbarem oder geringem Aufwand veränderbare Gegebenheiten, beispielsweise ein einfacher Sportplatz, Grabelandflächen, Acker oder Wiese.

Bei allen Freiraum-Analysen sind auch, soweit möglich, als Grundlage für die Planung Potentiale und Entwicklungsmöglichkeiten aufzuzeigen. Eine wichtige Grundlage der generellen Freiraumplanung sind **Prognosen**, etwa zur Veränderung der Einwohnerzahl, zu Trends bei Betätigungen im Freien, zur Entwicklung der frei verfügbaren Zeit, zur wirtschaftlichen Situation. Erfahrungsgemäß treffen allerdings Prognosen nur selten zu, manchmal tritt auch das Gegenteil des Vorhergesagten ein.

Folgende Aussagen zur **Bewertung** der Planungsgrundlagen sind ohne umständliche Verfahren und schon während der Bestandsaufnahme zu treffen:
- Formulierung der Bewertungskriterien, beispielsweise angewandte Richtwerte für Größe und Lage von Grünflächen;
- Abgrenzung von Vorrangflächen mit besonderer, beispielsweise ökologischer Bedeutung; in Berlin wurde dafür der Biotopflächenfaktor (BFF) als Maß eingeführt, vergleichbar der Geschossflächenzahl (GFZ) für die Bebauung;
- Bewertung von Größe und Lage (Zuordnung) von Grün- und anderen Freiflächen in Beziehung zu vorhandenen und künftigen Wohn- und Betriebsgebieten;
- Bewertung geplanter Bau- und Verkehrsflächen;
- Problembereiche wie Mülldeponien, Baustoffgewinnung, Erosionsflächen und dergleichen.

Aufgrund der praktischen Erfahrung in der Landschafts- und Freiraumplanung für Städte wird davon abgeraten, methodische Abstufungen, wie etwa zwischen Analyse und Diagnose einerseits und Planungsaussage andererseits, durch unterschiedliche Bezeichnungen auszudrücken. Die Verflechtungen und gegenseitigen Abhängigkeiten aller einfließenden Faktoren untereinander und deren Verknüpfungen mit der städtebaulichen Planung in allen Phasen und Stufen des Planungsprozesses sind so stark, dass jeder Versuch, allein über die Nomenklatur zu differenzieren, problematisch ist und unbefriedigend bleiben muss.

Der Begriff „Ziel" wird in der Umgangssprache, in der Rechtsetzung, in der Systemtechnik und in der Planung unterschiedlich verwendet. In der Folge ist damit der antizipierte zukünftige Zustand oder Prozess gemeint, der durch zielgerichtete Maßnahmen erreicht werden soll.

Als **Ziele** für die Landschaftsplanung für Städte können formuliert werden:
- Ausgehen von der Analyse des Ortes und seiner Entwicklung, „Spurensuche";
- Freiraumplanung nach stadtökologischen Grundsätzen, zum Beispiel Bewirtschaftung des Oberflächenwassers, Diversität stadtökologischer Systeme, Erhalten von Sukzessionsflächen, beispielsweise aufgelassene Bahnanlagen oder Industriebrachen; sinnliches Erleben von Natur in der Stadt in allen Formen;
- Sicherstellen der gleichmäßigen Versorgung aller Stadtbewohner mit Freiräumen;
- Freiraumplanung für kleine Teile der Stadt anstelle einer zentralen Planung, kleine Netze, Dezentralisierung;
- Einbinden möglichst vieler Stadtbewohner in die Planung, den Bau und die Pflege ihrer Freiräume;
- möglichst wenig „starre" Detailpläne; es werden viele Freiräume zur Verfügung gestellt, die Nutzung kann sich dort beliebig entwickeln;
- Übergang öffentlicher Aufgaben auf private Träger und Unternehmen.

In die Zielfindung fließen Planungen anderer Fachdisziplinen, Programme und Trends ein; sie sind jedoch nicht unkritisch zu übernehmen, sondern auf ihre möglichen Auswirkungen auf das Stadt- und Freiraumgefüge zu überprüfen. Es ist bedauerlich, dass in die Ziele kommunaler Planungen in allen Maßstäben, das gilt auch für die Landschaftsplanung, soziale und wirtschaftliche Überlegungen so gut wie nie einfließen. Nicht zuletzt das ist der Grund, warum viele Projekte über das Stadium der Planung nicht hinauskommen.

Neben unverzichtbaren **quantitativen** müssen unbedingt auch **qualitative Parameter** der Freiraumplanung zugrunde gelegt werden. Das heißt aber auch, dass als grundsätzlich richtig erkannte Ziele beibehalten werden müssen, etwa ein angemessener Anteil von privaten Grünräumen am gesamten Grünbestand und damit die Erhaltung der vorhandenen Kleingärten. Eine weitere Konsequenz daraus ist, dass die Freiraumplanung „offen" sein und konträre Entwicklungen ermöglichen muss. Hilfreich können dabei sogenannte „Szenarien" sein, in denen unterschiedliche Möglichkeiten in ihrem Ablauf dargestellt und miteinander verglichen werden. Die Planung hat jedenfalls mit dem Phänomen der unerwarteten, nicht vorhersehbaren Auswirkungen zu rechnen, sowohl in ökologischer Hinsicht als auch in der Nutzung; bekannte Beispiele sind die Donauinsel mit Neuer Donau, das Deltaprojekt Niederlande („Deltawerke") und die Szala-Regulierung vor der Einmündung in den Plattensee, Ungarn.

Für die Landschaftsplanung in Städten stellt sich das Problem der Kommunikation zwischen Wissenschaftlern, Planern, Politikern, der Verwaltung, Ausführenden und Stadtbewohnern. Was hier gefragt ist, ist also die Koordination, der Koordinator. Bei tiefgreifenden Konflikten zwischen den Vertretern gegenläufiger Interessen hat sich in einigen Fällen die fachlich qualifizierte Mediation bewährt.

Um 1960 wurde von der Praxis die Verwissenschaftlichung der Landschaftsplanung gefordert, um gegenüber anderen Planungsdisziplinen objektiv belegbare Argumente vorbringen zu können. Seit etwa 1990 werden von einem veränderten gesellschaftlichen, vor allem aber ökonomischen Standpunkt aus die seither erarbeiteten fachspezifischen Standards und ökologischen Erkenntnisse als eher zweitrangig betrachtet.

Literatur

Fitger C., G. Mahler: Ökologische Vorrangflächen in der Bauleitplanung. 3. Auflage. Magdeburg 1996
Garbrecht D., U. Matthes: Öffentliche Grün- und Freiflächen in der Stadt. Entscheidungshilfen für die Freiraumplanung. Schriftenreihe Landes- und Stadtentwicklungsforschung des Landes Nordrhein-Westfalen: Stadtentwicklung und Städtebau Band 2.025, 2.026. Dortmund 1980

Gebhard M., A. Malkus, G. Nagel: "Spielraum Stadt", Bewertung der Spielqualität städtischer Freiräume in Hannover. Heft 23 der Beiträge zur räumlichen Planung. Band 1 und 2 der Schriftenreihe des Fachbereichs Landespflege der Universität Hannover. Hannover 1989

Gruppe Ökologie und Planung (GÖP): Ökologische Grundlagen zur Bewertung der Stadtentwicklungsplanung. Universität Essen 1991

Institut für Grünplanung und Gartenarchitektur der Universität Hannover (Hrsg.): Forschungsfeld Stadtgrün – Tagungsbericht. Hannover 1991

Institut für Grünplanung und Gartenarchitektur der Universität Hannover (Hrsg.): Grünqualität als Stadtqualität. Beiträge zur räumlichen Planung – Tagungsbericht. Schriftenreihe des Fachbereichs Landespflege der Universität Hannover, Heft 20. Hannover 1987

Institut für Grünplanung und Gartenarchitektur Universität Hannover (Hrsg.): Nutzungs- und Gestaltwandel des Stadtgrüns unter veränderten Bedingungen der Stadtentwicklung. Schriftenreihe Beiträge zur räumlichen Planung Heft 5. Hannover 1983

Institut für Orts-, Regional- und Landesplanung (ORL-Institut ETH Zürich): Lehrmittel Landschaftsplanung, Schriftenreihe. Zürich 1995

Lendholt W., F. Gercke, Ch. Gewecke: Landschaft und Stadtgrün, Grundsatzüberlegungen und landschaftspflegerische Stellungnahme zum Aufbauplan von 1960 der Freien und Hansestadt Hamburg. Techn. Hochschule Hannover 1967

Loidl H.: Freiraum-Bausteine der qualifizierten Dichte. In: Beiträge zur Stadtforschung, Stadtentwicklung und Stadtgestaltung, H. 32. Wien 1993

Metron, Atelier für Naturschutz und Umweltfragen: Stadtentwicklungskonzept Bern. Untersuchungen zur Grünflächenqualität der Stadt Bern. Bern 1993

Nohl W., S. Zekorn-Löffler: Die Versorgung Münchens mit Grün- und Erholungsflächen. Freiflächenbewertungen und Versorgungsanalysen. Inst. für Medienforschung und Urbanistik. IMU-Informationsdienst 4/1994. München 1994

Sedlmayer H.: Stadt ohne Landschaft. Salzburg 1970

3.1.2 Lokalisierung, Lagewert, Erreichbarkeit

Die Lage, also die Verteilung von Freiräumen im Stadtgebiet wird durch ihre stadtökologische und stadthygienische Wirkung bestimmt, weiters durch ihre stadtgliedernde Funktion, vor allem aber durch ihre Bedeutung als nutzbare Freiräume für möglichst viele Stadtbewohner. Planungsaufgabe ist besonders die Vorsorge für die benachteiligten bzw. in ihrer Beweglichkeit eingeschränkten Gruppen, also für Familien mit kleinen Kindern, für Behinderte und für alte Menschen. Darauf hat schon M. Wagner 1915 hingewiesen; von ihm stammt auch der Begriff „Einflusszonen", also der Bereich, den ein öffentlicher Grünraum versorgen kann. Ziel ist eine möglichst enge Verflechtung von Wohn-, Arbeits- und Erholungsgebieten, so dass Grünräume von allen Standorten leicht erreichbar sind; dabei ist auch auf Erweiterungsmöglichkeiten Bedacht zu nehmen. Große Bedeutung besitzen „Netze" verschiedener Art: naturräumlich-ökologische, wirtschaftliche und soziale Netze.

Der **Lagewert** (nach R. Gälzer) eines Freiraumes ist umso höher, je mehr Nutzer ihn in möglichst kurzer Zeit erreichen können, etwa ein Grünraum inmitten eines Wohngebiets mit hoher Dichte. Demgegenüber hat ein weit von einem locker bebauten Wohngebiet entfernter Teil eines Stadtwaldes einen vergleichsweise geringen Lagewert. Diese Überlegungen sind wichtig für die Situierung von Einrichtungen, etwa einem Spielbereich für Kinder, aber auch für die monetäre Bewertung der entsprechenden Grundstücke.

Der Radius, in dem sich Menschen im Laufe ihres Lebens bewegen, verändert sich mit dem Alter: von wenigen Metern im Säuglingsalter über einige 100 m als Kind, einige km als Jugendlicher bis zu Fernreisen im Erwachsenenalter, schließlich wieder zurück bis zur sehr eingeschränkten Bewegungsfreiheit des ganz alten Menschen. Dem hat die Zuordnung der Freiräume zu folgen; ein Beispiel ist der „Türplatz" am Hauseingang, ein sehr wichtiger Bereich für Spiel und Gespräch. Spielflächen müssen in die bauliche Struktur eines Wohngebietes integriert sein, sie müssen also den Wohnungen, den Kindertagesstätten und Schulen schon in der Bebauungsplanung zugeordnet und gleichzeitig mit diesen geplant werden. Die Entfernung zwi-

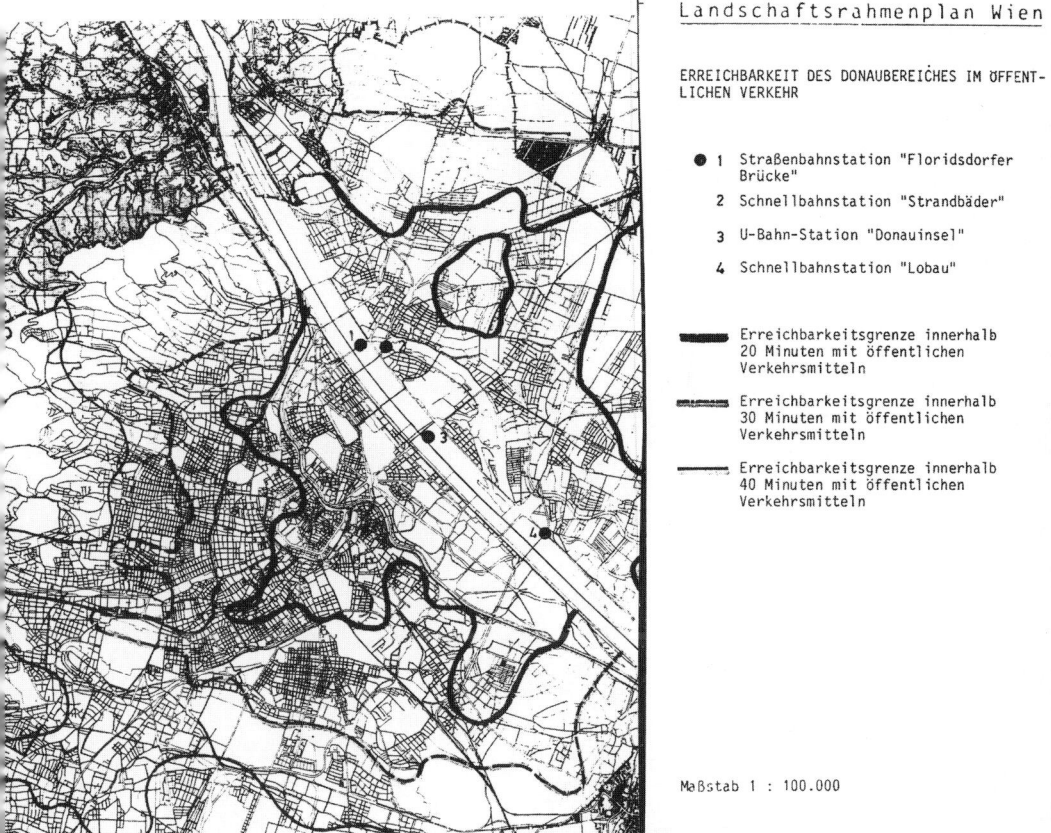

Abbildung 25: Ermittlung der Erreichbarkeit eines Erholungsraumes mit öffentlichen Verkehrsmitteln, hier am Beispiel von Donauinsel und Neuer Donau in Wien.

Landschaftsrahmenplan Wien

ERREICHBARKEIT DES DONAUBEREICHES IM ÖFFENT-
LICHEN VERKEHR

● 1 Straßenbahnstation "Floridsdorfer
  Brücke"

2 Schnellbahnstation "Strandbäder"

3 U-Bahn-Station "Donauinsel"

4 Schnellbahnstation "Lobau"

▬ Erreichbarkeitsgrenze innerhalb
20 Minuten mit öffentlichen
Verkehrsmitteln

▬ Erreichbarkeitsgrenze innerhalb
30 Minuten mit öffentlichen
Verkehrsmitteln

▬ Erreichbarkeitsgrenze innerhalb
40 Minuten mit öffentlichen
Verkehrsmitteln

Maßstab 1 : 100.000

LAGE VON GRÜNFLÄCHEN IN ABHÄNGIGKEIT VON DER ENTFERNUNG ZUR WOHNUNG

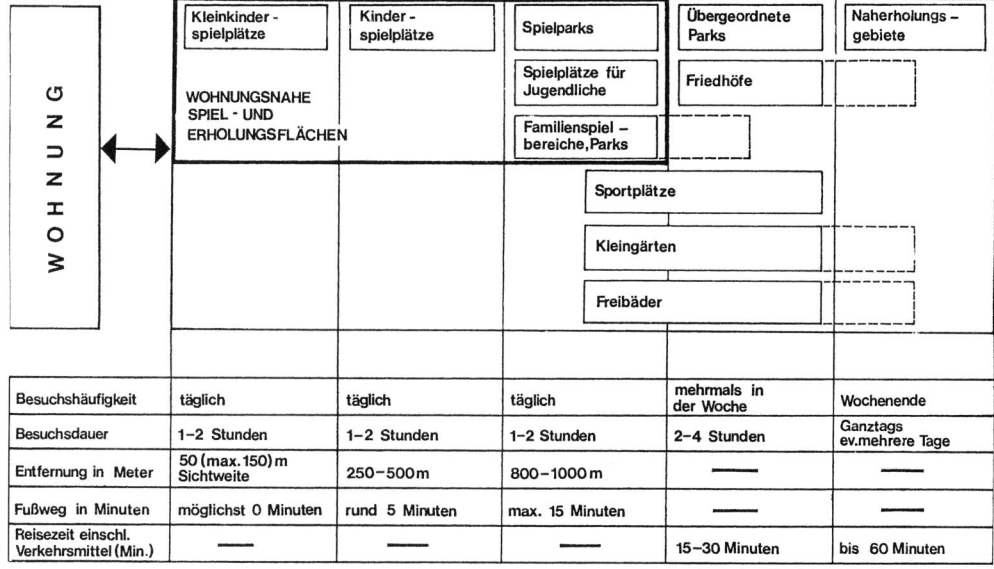

Abbildung 26: Arten und Lage von Grünflächen in Abhängigkeit von ihrer Entfernung zur Wohnung (Schema)

	Kleinkinder-spielplätze	Kinder-spielplätze	Spielparks	Übergeordnete Parks	Naherholungs-gebiete
WOHNUNGSNAHE SPIEL- UND ERHOLUNGSFLÄCHEN			Spielplätze für Jugendliche	Friedhöfe	
			Familienspiel-bereiche, Parks		
			Sportplätze		
			Kleingärten		
			Freibäder		
Besuchshäufigkeit	täglich	täglich	täglich	mehrmals in der Woche	Wochenende
Besuchsdauer	1–2 Stunden	1–2 Stunden	1–2 Stunden	2–4 Stunden	Ganztags ev. mehrere Tage
Entfernung in Meter	50 (max. 150) m Sichtweite	250–500m	800–1000 m	▬	▬
Fußweg in Minuten	möglichst 0 Minuten	rund 5 Minuten	max. 15 Minuten	▬	▬
Reisezeit einschl. Verkehrsmittel (Min.)	▬	▬	▬	15–30 Minuten	bis 60 Minuten

WOHNUNG

schen Wohnung und Freiraum und die Qualität der Wege dorthin beeinflussen in starkem Maße die Häufigkeit des Aufenthaltes im Freien. In der nach wie vor gültigen Richtlinie der Deutschen Olympischen Gesellschaft von 1976 („Goldener Plan") werden als zumutbare Entfernung von der Wohnung aus angegeben:

- 100 m – für Kleinkinder bis 5 Jahre,
- 400 m – für Schulkinder bis 12 Jahre
- 1000 m – für Jugendliche ab 12 Jahre.

Die Lage eines Freiraumes ist für die Nutzer umso günstiger, mit je geringerem Aufwand an Mühe, Zeit und Hilfsmitteln sie ihn von der Wohnung oder vom Arbeitsplatz aus erreichen können. Dabei spielt die persönliche **Mobilität** eine wesentliche Rolle: sie ist sehr eingeschränkt bei Eltern mit kleinen Kindern und bei alten und behinderten Menschen. Das bedeutet, dass ein – wenn auch kleiner – Freiraum unmittelbar an oder nahe der Wohnung nicht durch das Angebot großer Freiräume am Stadtrand kompensiert werden kann. Die günstigste Möglichkeit bietet der Garten, Gartenhof oder Atriumgarten am Einfamilienhaus bzw. beim mehrgeschossigen Wohnbau der Freiraum auf dem Grundstück selbst. Man spricht hier von „wohnungsgebundenen" oder „**wohnungsbezogenen**" Grünräumen. Diese Freiräume sollten so angeordnet sein, dass sie nach Möglichkeit frei von Lärm bleiben.

Freiräume für größere Kinder, Familien mit Kindern und für ältere Leute, die ebenso mobil sind, sollten in etwa 5 bis 10 Minuten zu Fuß erreichbar sein; sie werden als „**wohngebiets- bzw. quartiersbezogene**"Grünflächen, auch als „Nachbarschaftspark", bezeichnet. Für sie stellen etwa 10 bis 15 Minuten Fußweg die längstmögliche Distanz dar; ansonsten werden sie von den Nutzern nicht angenommen. Anzustreben ist die Erreichbarkeit aller dieser Grünräume in rund 5 Minuten Fußweg = etwa 300 bis 400 m Weglänge (nicht Luftlinie). Hier sind, möglichst punktförmig, alle Einrichtungen vorzusehen, die Lärm verursachen, beispielsweise Spielplätze für größere Kinder.

Eine weitere Gruppe bilden Freiräume, die jeweils einem **Stadtteil** oder Bezirk zuzuordnen sind, also Kleingartenanlagen, Sportplätze (Bezirkssportanlage), Friedhöfe, Bäder (Bezirksbad) und größere Parks. Sie sind zu Fuß nur mit einer vergleichsweise langen Gehzeit von 30 Minuten und mehr zu erreichen; für diese Distanz ist das Fahrrad das Verkehrsmittel der Wahl, allenfalls das öffentliche Verkehrsmittel. Viele Städte verfolgen das Planungsziel einer möglichst gleichmäßigen Verteilung von Stadtteilparks über das Stadtgebiet.

Schließlich gibt es Freiräume und -anlagen, die für die ganze Stadt und darüber hinaus für die Region von Bedeutung sind, etwa Stadien, Tiergärten, Erholungsgebiete; sie sind „**stadt**"- oder „**regionsbezogen**". Sie werden von den meisten Besuchern mit dem Fahrrad, mit öffentlichen oder individuellen motorisierten Verkehrsmitteln aufgesucht.

Dieser Abstufung entsprechen in den USA die Begriffe Neighbourhood Park, City Park, Regional Park, in den Niederlanden die Bezeichnungen Buurtpark (Nachbarschaftspark) und Wijkpark (Wijk = Bezirk), auch als Stadsdeelpark (Stadtteilpark) bezeichnet.

Für alle diese Freiräume gilt der Grundsatz der **abgestuften Zentralität**, dass also ein Stadtteilpark auch alle Elemente eines Quartierparks enthalten und dessen Funktion mit übernehmen kann. Es ist nach Möglichkeit auch die räumliche Kombination mehrerer Anlagen anzustreben; so können zum Beispiel bei einem Freibad die Liege- und Spielwiesen außerhalb der Badesaison allgemein zugänglich sein. Spielplätze von Kindergärten können mit öffentlichen Spielbereichen kombiniert werden. Die Pausenhöfe und fallweise auch die Sportanlagen von Schulen können in der unterrichtsfreien Zeit Vereinen oder der Allgemeinheit zur Verfügung gestellt werden. Wirtschaftlich ist auch die Zusammenfassung mehrerer Vereinssportanlagen zu einer Stadtteilsportanlage, möglichst in Verbindung mit einer oder mehreren Schulen.

Es werden also heute durchwegs vier – ineinander übergehende – räumliche Zonen unterschieden:

- **Wohnumfeld** – der Raum unmittelbar um das Haus herum, das was man aus den Fenstern sehen kann, der Gehsteig vor dem Haus, Garten oder Hof, die Straße bis zur nächsten Kreuzung, der Baublock;
- **Wohnquartier** – der täglich begangene Raum mit den nötigen Geschäften und Dienstleistungen, räumlich unterschiedlich groß, aber kaum kleiner als 5 bis 6 Baublöcke, den Bewohnern gut bekannt;
- **Stadtteil** – meist mit einem eigenen Namen bezeichnetes Gebiet, mit deutlichen Grenzen wie Bahnlinie, Fluss, Park, zu anderen Stadtteilen; er umfasst mehrere Quartiere und besitzt meist ein Stadtteilzentrum an einer Hauptstraße oder einem Platz;
- **Stadt, Stadtregion** – umfasst mehrere Stadtteile, auch das nähere Umland; gegen andere Städte abgegrenzt, wobei diese Grenzen durch die Bebauung verschwimmen können; Identifikation durch den Namen der Stadt bzw. Stadtregion und spezifische Bauten, Parks.

Vielfach wird der Bedarf an Freiflächen, etwa für Kindertagesstätten und Schulen, auf angrenzende Grünbereiche verwiesen, die eigentlich anderen Zwecken, etwa als öffentlicher Park oder als Schutzgebiet, dienen. Die Folge sind dann beispielsweise Schulsportplätze und Freibäder in Barockgärten wie im Augarten und in Schönbrunn in Wien. In Neubaugebieten wird die Anlage von Stadtteilparks mit dem unsachlichen Hinweis abgelehnt, dass die Bevölkerung ja mit dem Fahrrad oder Auto vorhandene, entfernt liegende Erholungsgebiete aufsuchen könne.

Es gibt einige Anlagen, die nicht oder kaum „distanzempfindlich" sind; für ihren Besuch bzw. ihre Nutzung werden erfahrungsgemäß auch große Entfernungen in Kauf genommen, zum Beispiel Sportanlagen für den Leistungssport und für vergleichsweise exklusive Sportarten wie Golf. J.-C. Gewecke differenziert zwischen „**standortgebundenen**" Freiflächen, etwa einer attraktiven Landschaft als Erholungsgebiet und „**bedingt standortvariablen**" Freiflächen, bei denen die Nutzung, etwa eine selten ausgeübte Sportart, zwar an einen bestimmten Standort gebunden ist; dieser Standort kann aber innerhalb der Stadt weitgehend beliebig sein.

Spezielle Freiräume wie Freibad, Kleingartenanlage, Friedhof sind nur in Städten **bis 50 000 Einwohner** als **zentrale Anlage** anzuordnen, bei größeren Städten empfiehlt sich eine Dezentralisierung mit mehreren Einrichtungen dieser Art in Stadtteilen. Neue Kleingartenanlagen sollten jedenfalls nicht in isolierter Lage im Grünland errichtet werden, wo ein kostspieliger Ausbau der Infrastruktur notwendig und die Zersiedlung gefördert wird. Die Gehdistanz von der Kleingartenanlage zur Haltestelle eines öffentlichen Verkehrsmittels soll höchstens 500 m betragen, die Anlagen sollten an Geh- und Radwegverbindungen liegen. Für die Erreichbarkeit von Freiräumen gewinnt das **Fahrrad** wieder zunehmend an Bedeutung, vor allem für die Distanz zwischen Wohnung und quartier- und stadtteilbezogenen Freiräumen, etwa Freibäder und Badeplätze, Kleingärten und Friedhöfe. Wesentlich ist, dass Freiräume für Fußgänger und Radfahrer **ohne** das Überwinden von **Barrieren** wie Eisenbahnlinien, Hauptverkehrsstraßen, Wasserläufe erreichbar sind. Selbst bei ausreichenden Übergangsmöglichkeiten stellen diese psychologisch ein Hindernis dar.

Wenn in entsprechender Zuordnung zur Wohnung oder zum Arbeitsplatz keine bzw. zu kleine Freiräume zur Verfügung stehen, treten folgende Erscheinungen auf:

- eine Überbelastung vorhandener Freiräume, die dadurch zerstört und in der Folge zweckentfremdet werden oder zeitweise gesperrt und mit hohem Aufwand instandgesetzt werden müssen;
- ein starker Trend zu Fahrten in Erholungsgebiete außerhalb der Stadt, damit verbunden ein dichter Individualverkehr, vor allem bei der Rückreise, und ein hoher materieller und Zeitaufwand; wirtschaftlich schwächere und in ihrer Mobilität eingeschränkte Menschen sind von dieser Freiraumnutzung ausgeschlossen.

59

Der Standortplanung für große bzw. hochwertige Freiräume sind insoweit Grenzen gesetzt, als sich das Stadtgefüge und damit die Erreichbarkeit einzelner Punkte durch die fortschreitende Erschließung mit schnellen öffentlichen Verkehrsmitteln ändert. Je dichter das Netz von U- und S-Bahnen wird, umso besser ist die Qualität der Freiflächenversorgung, allerdings nur für diejenigen, die das Verkehrsangebot – auch finanziell – annehmen können. Es wäre zu überlegen, dem Vorschlag von Martin WAGNER (1915) folgend, am Sonntag den „Null-Tarif" bei jenen öffentlichen Verkehrsmitteln einzuführen, die zu beliebten Freiräumen fahren.

In den äußeren Stadtbereichen stellt sich im Zuge der Flächenwidmung immer wieder die Frage nach der **Abgrenzung des Baulandes** vom Grünland. Aus Sicht der Landschaftsplanung sind dabei folgende Sachverhalte zu berücksichtigen:

- **Bodenwert:**
  Hochwertige Böden sollten grundsätzlich als Bauland ausscheiden; dabei ist nicht allein von den absoluten Bodenwertzahlen (Ackerzahl, Grünlandzahl) auszugehen, sondern vom Verhältnis der entsprechenden Werte innerhalb des Stadtgebietes: ein nach absoluten Zahlen mittlerer Boden kann in einer Stadt mit allgemein niedrigen Ziffern durchaus hochwertig sein;
- **Relief, Hangneigung, Exposition:**
  Steile Lagen sind von Bebauung freizuhalten, etwa die Geländestufen zwischen holozänen und pleistozänen Flussterrassen; maßgeblich sind die Hangneigung der potentiellen Bauflächen selbst und die Steigung der zur Erschließung notwendigen Straßen; freizuhalten sind auch Niederungen, Senken und Mulden von Altarmen. Wesentlich ist auch die Lage zur Himmelsrichtung (Exposition; Schatt-, Sonnseite);
- **Klima:**
  Senken, in denen sich Kaltluft sammelt und Täler, über die Kaltluft abfließen kann, dürfen nicht bebaut werden. Ebenso sind dem Wind ausgesetzte Kuppen ungünstig für eine Bebauung;
- **Erhaltenswerte Einzelelemente der Kulturlandschaft:**
  Wertvolle Landschaftselemente sollten bei der Flächenwidmungs- und Bebauungsplanung berücksichtigt werden; dazu zählen insbesondere Einzelbäume, beispielsweise Grenzbäume und freistehende Bäume in der Feldflur, Baumgruppen, Alleen, Feldhecken, Steinwälle, Felsbildungen, Hohlwege, Ackerterrassen und Feldsteinmauern;
- **Biotope:**
  Lebensräume für seltene Pflanzen- und Tiergesellschaften wie Feuchtwiesen, Anmoore, Trockenrasen und Waldränder sind unbedingt von Bebauung frei zu halten;
- **Gefahrenzonen, rutschungsgefährdete Hänge:**
  Durch Wildbäche, Lawinen oder Muren gefährdete Bereiche dürfen nicht oder – bei geringerem Gefährdungsgrad – nur unter besonderen Bedingungen bebaut werden. Grundlage für die Abgrenzung sind hier die Gefahrenzonenpläne der forstlichen Dienststellen für Wildbach- und Lawinenverbauung. Wo diese noch nicht vorliegen, sind alle geneigten Flächen auf die Gefahr von Rutschungen und Erosionen zu untersuchen.

Bei der Flächenwidmungs- und Bebauungsplanung ist zu vermeiden, dass eine mögliche Bebauung das Stadt- und Landschaftsbild beeinträchtigt. **Sichtbeziehungen** von und zu wichtigen Punkten im Stadtgefüge und in der Umgebung sind besonders zu beachten und möglichst durch Simulationsverfahren zu überprüfen, beispielsweise durch Fotomontagen oder digitale Visualisierung. Dabei ist zu bedenken, dass bei den Abbildungen Manipulationen möglich sind.

Eine besondere Aufgabe ist die Suche nach Flächen, auf denen Ausgleichs- und Ersatzmaßnahmen für überbaute Grünräume durchgeführt werden können. Man spricht in diesem Zusammenhang von „**Suchräumen**". Jeder Versuch, an einem bestimmten Standort Grünflächen auszuweisen, stößt in aller Regel sehr bald an die Grenzen des Grundstücksmarktes. Ein wesentliches Ergebnis der Bewertung der Planungsgrundlagen ist daher das Aufzeigen von konkurrierenden Flächenansprüchen und der sich daraus ergebenden kommunalpolitischen **Konflikte**.

Literatur

Entwicklung und Gestaltung von Landschaft GmbH. – EGL: Landschaftspflegerisches Gutachten zur Standortvorauswahl für Windparks in der Freien und Hansestadt Hamburg. Hamburg 1993

Finke L.: Zuordnung und Mischung von bebauten und begrünten Flächen. Schriftenreihe Städtebauliche Forschung, Bundesminister für Raumordnung, Bauwesen und Städtebau. Nr. 03.044, Bonn 1976

Köhl W.: Standortgefüge und Flächenbedarf von Freizeitanlagen. Schriftenreihe des Instituts für Städtebau und Landesplanung, Universität Karlsruhe, H.4. 2. Aufl. Karlsruhe 1974

Migge L.: Grünpolitik der Stadt Frankfurt a. M. in: der Städtebau, Jg. 1929 (S 37–46)

Osburg G.: Untersuchungen zum Besuch allgemeiner öffentlicher Grünflächen in der gemeinsamen Stadtrandzone der Städte Essen und Gelsenkirchen. Dissertation TU Hannover. Hannover 1973

Windtest Kaiser-Wilhelm-Koog GmbH.: Untersuchung des Windpotentials und Flächenfindung für Windparks in der Freien und Hansestadt Hamburg. Kaiser-Wilhelm-Koog 1992

3.1.3 Quantifizierung, Flächenbedarf

Mit dem Blick auf den Bedarf an Freiflächen ist es das Ziel, langfristig einen Ausgleich zwischen neuen Flächenansprüchen für Bebauung und Verkehr einerseits und der Freisetzung von bisher bebauten Flächen durch das Aufgeben der bisherigen Nutzung, etwa bei Industrie- und Gewerbebrachen, zu erreichen. „Der Kampf um Freiflächen ist ein Kampf um Quadratmeter – man müsste hinzufügen um Mark und Pfennig, den die Allgemeinheit zu ihren Gunsten zu entscheiden hat." (M. WAGNER 1915).

In der Diskussion um Stadtentwicklung und Freiraumplanung ist der missverständliche Begriff „**Landschaftsverbrauch**" eingeführt worden. Missverständlich deshalb, weil damit die Bebauung vorher unbebauter Grundstücke bezeichnet wird, während es in Wahrheit um die Umwandlung einer Form der Kulturlandschaft in eine andere geht. Das ändert nichts daran, dass die zunehmende Überbauung und Versiegelung schwerwiegende Folgen nach sich zieht. Die immer wieder plakativ veröffentlichten Zahlen über die betroffenen Flächen täuschen darüber hinweg, dass es vor allem um die qualitative Seite der Veränderung der Landschaft, hier vor allem im Umland der Städte, geht. Eine wesentliche Frage ist die Art der Wohnbebauung: beim freistehenden Einfamilienhaus liegt der Flächenbedarf je Wohneinheit bei 800 bis 1200 m², während er beim verdichteten Flachbau (Reihen-, Haken-, Atriumhäuser, Terrassenhäuser und dergleichen) rund 400 m² und darunter ausmacht. Roland RAINER hat eindrücklich gezeigt, dass beim Stapeln von Wohnungen mit der Anzahl der Geschosse die scheinbar „gewonnene" Fläche exponentiell geringer wird.

Die ersten Versuche, den **Bedarf an Freiflächen** in Städten zu bemessen und zu begründen, hat Martin WAGNER 1915 unternommen, ebenso die Berechnung des „**Nutzwertes**" von Freiflächen in Abhängigkeit von Besiedlungsdichte, Wohnqualität und Altersschichten der Bevölkerung. Seither sind für den Flächenbedarf von Freiräumen verschiedener Art eine Reihe von **Richtwerten**, meistens angegeben in m² je Einwohner, entwickelt worden; sie werden weiter unten tabellarisch angeführt.

Das Ziel von Richtwerten besteht vor allem darin, dem Bedarf an Grünflächen im weitesten Sinne einen angemessenen Stellenwert in der Konkurrenz um Flächen innerhalb des Stadtgefüges zu sichern. Dementsprechend war der Ruf nach Richtwerten, vor allem in Richtung auf die Hochschulinstitute, am lautesten, als mit dem wirtschaftlichen Aufschwung in Deutschland und Österreich immer mehr Industrie- und Gewerbeflächen, Wohnbauflächen und vor allem Verkehrsflächen gefordert wurden. Gerade die Verkehrsplaner gingen mit vielen detaillierten Zahlen in die Offensive, während die Grünplaner mit Begriffen wie „angemessen" oder „ausreichend" operieren mussten. Die Richtwerte, die daraufhin um 1960 für die Grünflächen entwickelt wurden, stammen zum Teil aus älteren Angaben, zum Teil aus ausländischen Quellen, zum Teil aber auch aus praktischen Erfahrungen in Planungs- und Gartenämtern.

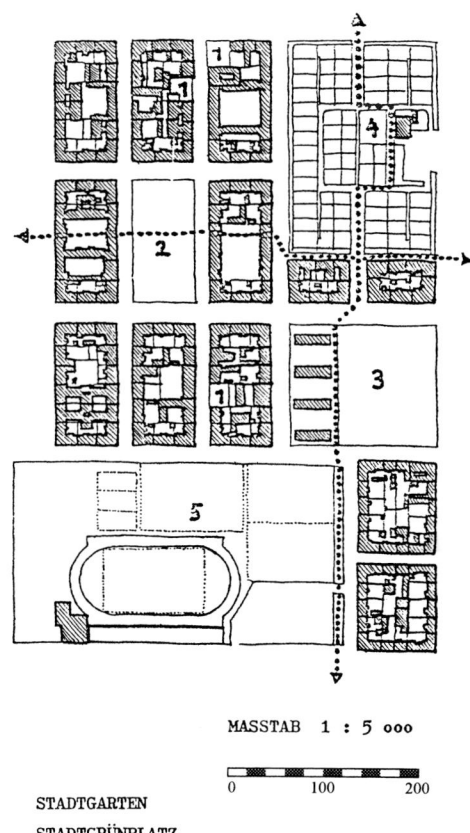

MASSTAB 1 : 5 000

0   100   200

1	STADTGARTEN
2	STADTGRÜNPLATZ
3	SPIELPARK
4	KLEINGARTENANLAGE
5	BEZIRKSSPORTANLAGE
•••••	FUSS- UND RADWEGE IN GRÜNVERBINDUNGEN

Abbildung 27: Größenvergleich innerstädtischer Grünräume als Hinweis für die Freiraumplanung.

61

Die **Problematik der Richtwerte** in der Freiraumplanung hat W. Lendholt mehrfach aufgezeigt. Für die Planungspraxis erscheint eine von K. Borchard vorgeschlagene Differenzierung sinnvoll, nämlich nach „Richtwerten", die gleichsam Normcharakter besitzen und einzuhalten sind, und „Orientierungswerten", die unverbindliche Faustzahlen darstellen. Jedenfalls ist immer zu bedenken, dass **Qualität nicht durch Quantität** ersetzt werden kann. Richtwerte, soweit sie nicht aus technischen Gründen notwendig sind, können auch zur „Mechanisierung" der Planung beitragen, die kaum mehr den Menschen und seine Bedürfnisse, sondern nur mehr Zahlenwerte sieht, ähnlich der modernen apparativen Medizin. Die Beurteilung nach Richtzahlen lässt auch außer Acht, dass scheinbar gleiche Verhaltensweisen, etwa der geringe Besuch bestimmter öffentlicher Parks, unterschiedliche Ursachen haben können. Die ausschließliche Bindung an Richtzahlen führt auch dazu, dass Bauträger wohl die vorgegebenen Grünflächen rechnerisch nachweisen, dass diese aber praktisch infolge ihres Zuschnitts oder ihrer Lage im Schatten nicht nutzbar sind.

Abgesehen davon, dass Bedarfszahlen nichts über die Qualität von Freiräumen aussagen, ist ihre kritiklose Anwendung auch aus anderen Gründen problematisch:

- Die Angabe in Quadratmeter bezeichnet nicht den biologisch-ökologischen Wert eines Grünraumes, etwa die Produktivität der Blattmasse, die Auswirkung auf das Stadtklima und dergleichen mehr.
- Trends, zum Beispiel bei Sportarten, sind kaum vorhersehbar; bei immer mehr Sportarten verlagert sich die Ausübung in die Halle.
- Verhaltensweisen der Nutzer von Freiräumen werden durch Angebot und Nachfrage mitbestimmt, sie unterliegen Modeströmungen und sind von der Freizeitindustrie manipulierbar.
- Es gibt Nachfrage empfindliche Freiräume, zum Beispiel Wochenendhäuser in Abhängigkeit von der Wohnungsstruktur und von der wirtschaftlichen Lage, und Nachfrage unempfindliche, beispielsweise Spielbereiche.
- Unabhängig von der Nachfrage ist die Flächenausweisung von Grünräumen begrenzt durch die Finanzkraft der Stadt, sowohl für den Ankauf als auch für den Ausbau von Flächen.
- Es gibt Freiflächen, auf denen sich mehrere Nutzungen überschneiden können.
- Manche Bedarfswerte sind nicht mehr aktuell, weil sich die Lebensweise und die Ansprüche an Freiflächen geändert haben; steigenden Tendenzen im Flächenanspruch einiger Sparten stehen fallende Tendenzen bei anderen gegenüber.
- Für manche Grünflächensparten, etwa für Friedhöfe, stehen zwar genauere Berechnungsmethoden zur Verfügung, für die meisten jedoch nicht.
- Es bestehen Unterschiede zwischen den Ansprüchen in dicht bebauten und in Einfamilienhaus-Gebieten.
- Demographische und wirtschaftliche Daten und – vor allem – Prognosen stellen sich immer wieder als falsch heraus.

Insgesamt ist der Aussage von Fritz Schumacher zu folgen, wonach an die Stelle der Berechnung „Beobachtung, Denken, Abwägen" treten sollten. Grundsätzlich sind primär nicht Richtwerte maßgeblich, sondern das für die **Erfüllung der Funktion** erforderliche Ausmaß.

Faktoren für die **Ermittlung des Flächenbedarfs** für Freiräume in Städten sind:

- Normen; für alle Sportarten, international festgesetzt;
- Altersstruktur der Bevölkerung, für Spielflächen, Friedhofsflächen;
- Zahl der Nutzer im Verhältnis zur Fläche bzw. Länge, zum Beispiel Boote je ha Wasserfläche, Spaziergänger je lfm Weg, Lagernde je lfm Waldrand; meist Erfahrungswerte;
- Anzahl der gartenlosen Wohnungen, für Bedarf an Kleingartenflächen; Erfahrungswerte, je nach Stadt, sehr unterschiedlich;
- ökologische Belastbarkeit durch Besucher, bei deren Überschreiten Schäden an Boden und Vegetation eintreten; auf der Grundlage von Erfahrungswerten und Beobachtung;
- gestalterische Grundsätze, vor allem bei repräsentativen Freiräumen; örtlich unterschiedlich;
- Stadtgröße: je größer die Stadt, umso länger werden die Wege in die umgebende Landschaft; unter der Annahme einer kreisförmigen Stadt sind es bei 50 bis 100 000 Ew. rund 2 km zwischen Zentrum und Stadtrand, bei 300 bis 600 000 Ew. 5 bis 10 km, das heißt, es müssen mehr Freiflächen innerhalb der Bebauung bereitgestellt werden;
- funktioneller Bedarf, beispielsweise für Lärmschutzwälle, Schutzpflanzungen;
- stadtklimatische Faktoren, etwa das Freihalten von Schneisen für Kaltluft in einem Talkessel.

Ein gesetzlich vorgeschriebener Flächenbedarf ergibt sich aus den Freihaltezonen aufgrund technischer und umweltbedingter Vorschriften, beispielsweise Sichtdreiecke bei Straßen- und Bahnkreuzungen, Freihalteflächen entlang Schnellstraßen, Flächen für Lärmschutzwälle.

„Restgrünflächen" sind jene an vielen Stellen im Stadtgefüge auftretenden Zwickel und Streifen, die nur eine Funktion als Abstandsflächen haben; sie dienen allenfalls als Baumstandort oder werden der Ruderalvegetation überlassen, sie sind jedenfalls **nicht** als nutzbare Grünflächen anzurechnen.

Für die Bemessung von Freiflächen für **Wohngebiete** wird von einigen Autoren von der Geschossflächenzahl (GFZ) ausgegangen, weil sie etwas über die Dichte der Bebauung und damit über den Grad der Notwendigkeit etwa von Spielflächen aussagt. Dies gilt sinngemäß auch für das Verhältnis von Wohnungseinheiten (WE) zur Anzahl der Spielbereiche für Kinder. Entsprechend der Geschossflächenzahl als Maß der zulässigen Bebauung wird der Anteil der Frei- bzw. Grünflächen am Brutto- oder Nettobauland durch die „Freiflächenzahl" oder „**Grünflächenzahl**" ausgedrückt. Sie bildet, immer in Verbindung mit anderen Parametern, vor allem der Bebauungsart, die Freiraumversorgung recht anschaulich ab. Mit zunehmender Anzahl der Geschosse sinken die verfügbaren Freiflächen je Einwohner im Wohnumfeld; als Folge davon steigt die Nachfrage nach Kleingärten mit dem entsprechenden Flächenbedarf.

In einigen Fällen findet eine **Substitution** zwischen Grünflächen-Sparten statt, beispielsweise können Mietergärten den Bedarf an Kleingärten mindern; allgemein zugängliche Sportmöglichkeiten in Parks können den Bedarf an Vereinssportanlagen senken. Nicht substituierbar sind dagegen private Nutzungsmöglichkeiten wie in Haus- und Kleingärten durch öffentliche Parkanlagen. In diesem Zusammenhang sollten folgende Fragen beantwortet werden:

- Sind innerstädtische Freiflächendefizite durch leicht erreichbare Angebote in der stadtnahen Landschaft auszugleichen, sind also wohnungsnahe durch wohnungsferne Erholungsräume zu ersetzen?
- Lassen sich Freiflächendefizite, vor allem in dichtbewohnten Innenstadtbezirken, durch eine bessere Ausstattung ausgleichen, kann also Fläche durch Ausstattung, Quantität durch Qualität substituiert werden?

Bei den **Richtwerten** werden folgende **Messgrößen** verwendet:
- Maßeinheiten:
  – m² je Einwohner, Haushalt, Wohnung
  – m² je Besucher, Benutzer
  – lfm je Einwohner, Benutzer;

63

- Bezugsdaten wie: Anteil von Grünflächen am Stadtgebiet, Verhältnis Freiflächen zu bebaute Flächen, Waldrand je ha, Wanderwege je ha;
- Technische Daten in absoluten Flächen-, Längen- und Breitenmaßen, zum Beispiel für wirksame Schutzpflanzungen, Mindestflächen für bestimmte Nutzungen.

Tabelle 1. Gebräuchliche Richtwerte für Grünflächen [m² je Einwohner]

Gebräuchliche Richtwerte für Grünflächen [m² je Einwohner]		
Kinderspielplätze	in offener Bauweise	0,25
	in geschlossener Bauweise	0,5
Sportanlagen:	bis 2500 Einwohner	5,0
	2500 bis 10 000 Einwohner	3,5
	über 10 000 Einwohner	2,5
davon 20 % für Leichtathletik-Anlagen, evtl. kombiniert mit Kleinspielfeldern		
Friedhöfe		3,5–5,0
Kleingärten		1 Garten je 7 bis 10 gartenlose Wohnungen.
Bei Kleingärten sind die manchmal genannten Angaben von 10–12 m² je Einwohner nicht zielführend, weil sie nicht zwischen den Bewohnern von Einfamilienhäusern mit Garten und den Bewohnern gartenloser Wohnungen, etwa in einem Gründerzeitviertel oder einer Großsiedlung, unterscheiden.		

Richtwerte für die Freiflächen in Mischgebieten, Gewerbe- und Industriegebieten und bei Verkehrsanlagen können nur von Fall zu Fall, entsprechend der örtlichen Situation, der Betriebsstruktur und der Art der Verkehrsanlage, festgelegt werden. Oft ergeben sich durch das Einlösen der notwendigen Grundstücke kleinere Teilflächen, die als Grünräume oder Schutzpflanzungen ausgestaltet werden können.

Tabelle 2. Richtwerte für Grünflächen am Beispiel Wien [m² je Einwohner]

Richtwerte für Grünflächen am Beispiel Wien [m² je Einwohner]	
In **Wien** werden laut Stadtentwicklungsplan 1994 und späteren Planungen folgende Richtwerte für Grünflächen als Mindestwerte angewendet:	
Wohnungsbezogene Grünflächen Mindestgröße 2000 m², vorwiegend innerhalb der Wohnbebauung zu realisieren, z. B. Kinderspielplätze, Freiräume im Geschoßwohnbau, Mietergärten	3,5
Wohngebietsbezogene Grünflächen, Mindestgröße 10 000 m², kleinere Parks, Stadtgrünplätze, Jugendspielplätze	(3,0 bis) 5,0
Stadtteilbezogene Grünflächen Mindestgröße 5 ha, Stadtteilparks, Teile von Grünzügen	8,0
Stadtteilbezogene Sportflächen Mindestgröße 6 ha, beispielsweise Bezirkssportanlage	3,5

Die in **München** für neue Wohnbebauungen vorgeschriebenen Werte sind ähnlich wie in Wien, nämlich 17 m² je Einwohner, davon 4 m² für wohnungsbezogene, 6 m² für wohngebietsbezogene und 7 m² für stadtteilbezogene Grünflächen.

Tabelle 3. Grünflächenbedarf für die Versorgung eines Wohngebietes

Grünflächenbedarf für die Versorgung eines Wohngebietes	
Für ein Wohngebiet mit rund 15 000 Einwohnern sollten nach F. Jantzen folgende Angebote an nutzbaren Freiflächen eingeplant werden:	
• Wiesen als Bewegungsflächen, Spazierwege, Sondergärten für Schach, Boccia u.dgl.	35 000 m²
• Hänge mit unterschiedlichem Gefälle zum Rodeln, Schifahren (für Kinder)	11 000 m²
• Minigolf mit Geräteraum und Kasse	2 500 m²
• betreuter Spielpark mit Spielhaus, Kleinspielfeld, Planschbecken	8 000 m²
• Spielbereich für kleine Kinder, für Betreuung geeignet, Schutzraum, Geräteraum	2 000 m²
• Tennisanlage mit sechs Spielfeldern, Vereinshaus	6 000 m²
• Stützpunkt mit Schutzdach, Geräteraum für Pflege, Toiletten, Erste Hilfe, Kiosk	2 700 m²

Aus diesem wünschenswerten Angebot ergibt sich mit den notwendigen Ergänzungsflächen ein Bedarf von rund 6,5 m² (brutto) je Einwohner in unmittelbarer Nähe des Wohngebiets. Dieser Wert kann zwar in alten Baugebieten nicht erreicht werden, sollte aber allen Planungen in Stadterweiterungs-Gebieten als Mindestmaß zugrunde gelegt werden. Die tatsächlichen durchschnittlichen Werte bei Wohnsiedlungen in den USA und in europäischen Ländern bewegen sich in einer Bandbreite von 0,8 bis mehr als 50 m², mit einer deutlichen Häufung zwischen rund 10 und 30 m² je Einwohner.

Ausgehend von der Nutzung, beträgt die Mindestgröße für einen wohnungsnahen Park 0,5 ha; die anzustrebende Größe für ein breites Angebot an Betätigungsmöglichkeiten ist 10 ha.

Ob in dicht bebauten Gebieten höhere oder niedrigere Werte angenommen werden sollen als in Bereichen lockerer, durchgrünter Bebauung, ist eine gesellschaftspolitische Frage und nicht von der Grünplanung zu entscheiden. Nach einer realistischen Einschätzung der Möglichkeiten, die einer Stadtverwaltung offenstehen, können in dichten Altbaugebieten etwa die Hälfte der allgemein geltenden Richtwerte erreicht werden.

Eine weitere Vorgabe für den Flächenbedarf ergibt sich aus der **Mindestbreite für Grünverbindungen** und **Grünzüge** in Abhängigkeit von der Nutzungsmöglichkeit.

Tabelle 4. Regelbreiten für Grünverbindungen und Grünzüge

Regelbreiten für Grünverbindungen und Grünzüge	
Regelbreite [m]	Nutzungs- und Gestaltungsmöglichkeit
3 bis 5	Weg
5 bis 10	Weg + Pflanzung, Weg + Straße
10 bis 30	Weg + Straße + Pflanzung; Weg + Rasen; Weg + Sitzplatz + Kartenspielplatz; Kleinkinderspielplatz; Ballspielplatz (Längsrichtung) + Pflanzung; Promenade + Bäume
30 bis 100	Kinderspielplatz, Spiel- und Liegewiese, Kleinsportanlage, evtl. Kleingartenanlage
100 bis 500	Spiel- und Sportanlage, Kleingartenanlage, Friedhof, Stadtgärten aller Art, Grünzüge mit Erholungseinrichtungen
500 bis 1000	Sportstadion, Friedhof, Freizeitpark, Volkspark, Wasserflächen, Wald, Obstbau, Freilandgartenbau, Sonderanlagen, zum Beispiel Pferdesport, Tiergarten
> 1000	Gartenbau, Acker und Grünland, Wald, Erholungsgebiete (Landschaftsteile)

65

Tabelle 5. Flächengrößen von Freiräumen in Bezug zur Anzahl der Besucher

Flächengrößen von Freiräumen in Bezug zur Anzahl der Besucher		
Grünflächenart	Wegbreite [m]	Fläche je Besucher [m²]
Alleen	2	11 bis 12
	3	13 bis 14
	4	15 bis 17
	Flächengröße [m²]	
Kleine Plätze	50	12 bis 13
	100	14 bis 15
	250	18 bis 20
Kleine Wiesen	250	25
	400	30
	1000	40

Tabelle 6. Richtwerte für die obere Grenze der ökologischen und psychologischen Belastbarkeit von Freiräumen in der Stadt

Richtwerte für die obere Grenze der ökologischen und psychologischen Belastbarkeit von Freiräumen in der Stadt	
Art der Nutzung	Tragfähigkeit [Besucher/ha]
Parkartige Grünräume	25
Liegewiesen am Waldrand	200
Liege- und Spielwiesen	100
Kinderspielbereiche	200
Golfplatz	6
Spiel, Sport, Promenieren, Unterhaltung, Besichtigung	250
Waldesinneres, Wandern	15
Waldrand, 50 m tief	40 bis 100
Stadtwald	25 bis 50

Aufgrund dieser Überlegungen ist der Begriff der „Tragfähigkeit", „Versorgungsfähigkeit" oder „Kapazität" (nach R. GÄLZER) eingeführt worden. Sie ist durch folgende Komponenten zu bestimmen:

- durch das **Flächenausmaß**: je nach Art der bestehenden oder vorgesehenen Nutzung ist die mögliche Zahl der – zur gleichen Zeit anwesenden – Besucher oder Nutzer durch die Flächengröße des Grünraumes begrenzt;
- durch die **Gestaltung und Ausstattung**, beispielsweise die Anzahl der verfügbaren Sitzmöglichkeiten oder Spielgeräte, durch die Gliederung des Freiraumes, durch das Verbot oder die Erlaubnis, die Rasenflächen zu betreten, ändert sich die potentielle Besucherzahl;
- durch die **Lage**, insbesondere zu Wohngebieten, ist die Anzahl potentieller Nutzer, die den Grünraum in vertretbarer Zeit zu Fuß oder mit dem Fahrrad erreichen können, unterschiedlich.

Während die Lage und das Flächenausmaß eines Freiraumes in aller Regel nicht im positiven Sinne veränderbar sind, kann durch eine bessere Gestaltung und Ausstattung in vielen Fällen mit einfachen Mitteln eine höhere Kapazität erreicht werden.

Ein wesentlicher Faktor für den Bedarf an Grünräumen ist deren **ökologische Funktion.** Mit der Größe eines Parks steigt die Vielfalt an Arten der Tier- und Pflanzenwelt, die dort ihren Lebensraum finden. Wird dieser Raum zerschnitten, etwa durch eine Straße, auch ohne dass seine Gesamtfläche wesentlich abnimmt, bedeutet das die Gefährdung vieler, vor allem seltener Arten. Die Minimalareale verschiedener Artengruppen der Fauna sowie die Minimalflächen der verschiedenen Biotoptypen sind gerade in der Stadt besonders zu beachten. Erst ab einer bestimmten Populations- und damit Flächengröße ist – unter dem Gesichtspunkt der genetischen Vielfalt – die dauerhafte Reproduktion einer Art gewährleistet. Die Mindestgröße von Lebensräumen für Tiere in der Stadt beträgt je nach Art etwa 3 bis 10 ha, etwa bei Parkanlagen in geschlossenen Baugebieten. Aus ökologischen Gründen sind auch Maßzahlen für den Versiegelungsgrad wünschenswert. Eine weitere wichtige Größe wäre der Bedarf an stadtökologisch wirksamer Blattmasse, ebenso das Minimum an stadtgliedernden Grünflächen und an Freiräumen zur Luftzirkulation.

Von diesen Überlegungen geht auch die Berechnung der **Ersatz- und Ausgleichsflächen** im Zuge von Bebauungsprojekten aus: in München sind für ökologische Vorrangflächen, die ursprünglich als nicht bebaubar bewertet wurden, vom Projektwerber Flächen im Verhältnis 4 : 1 zur Verfügung zu stellen, für wertvolle Grünräume mit Biotopqualität, etwa vom Typ Englischer Garten, Flächen im Verhältnis 3 : 1, bei der Bebauung von Frischluftschneisen im Mittel 2 : 1, unterschieden je nach Dringlichkeit, für alte Gartenanlagen 1 : 1, ebenso für extensiv genutzte Landwirtschaftsflächen am Stadtrand.

Bei allen Angaben über die Bemessung von Grünräumen ist zu unterscheiden zwischen der
- **Gesamtfläche** (= Bruttofläche), wie sie etwa im Flächenwidmungsplan dargestellt ist, und der
- **nutzbaren Fläche** (= Nettofläche), das ist der Anteil an der Gesamtfläche, der der vorgesehenen Nutzung zur Verfügung steht, also bei Sportanlagen die Spielfelder und Laufbahnen, bei Kleingartenanlagen die Fläche der Gärten.
- **Nebenflächen** (= Bruttofläche minus Nettofläche) sind alle zur Erschließung erforderlichen Flächen, Zuschauertribünen, Schutz- und Rahmenpflanzungen, Bauten für den Betrieb der Freiräume und dergleichen mehr. Die Nebenflächen nehmen je nach Art des Freiraumes und Grundstückszuschnitt zwischen 30 und 50 % der Gesamtfläche in Anspruch.

Für die Bemessung des Flächenbedarfs dürfen jene Grünräume nicht außer Acht gelassen werden, die anderen Nutzungen, vor allem Bau- und Verkehrsprojekten, weichen müssen; es ist zu beachten, dass in Statistiken oft die Zugänge, nicht aber die Verluste an Grünflächen angeführt werden. Von der Umwidmung besonders betroffen sind ältere Sportanlagen in gut erschlossenen Lagen, etwa in U-Bahn- oder S-Bahn-Nähe, also der von Sportverbänden angestrebte Typus des „Sportplatzes um die Ecke". Die Absiedlung von Kleingartenanlagen ist heute in Anbetracht der hohen Kosten und des politischen Widerstands nur mehr auf wenige Fälle beschränkt.

Mit Nachdruck muss darauf hingewiesen werden, dass **Vergleiche** zwischen Städten und ihrer Grünflächenversorgung nur dann sinnvoll sind, wenn dieselben Parameter für die Flächenberechnung angewendet werden und wenn die Berechnungsgrundlagen wie Flächengröße und Bebauungsstruktur vergleichbar sind.

Literatur

Borchard K.: Orientierungswerte für die städtebauliche Planung – Flächenbedarf – Einzugsgebiete – Folgekosten. Institut für Städtebau und Wohnungswesen der Deutschen Akademie für Städtebau und Landesplanung. München 1974

Deutsche Olympische Gesellschaft (DOG): Der Goldene Plan in den Gemeinden. Frankfurt/Wien 1962

Deutsche Olympische Gesellschaft (DOG) (Hrsg.): Richtlinien für die Schaffung von Erholungs-, Spiel- und Sportanlagen. 3. Fassung. Frankfurt/M. 1976

Gälzer R.: Grünflächenversorgung des Stadtgebietes Wien. Untersuchung im Auftrage der Stadtbauamtsdirektion, Gruppe Stadtplaner. Wien 1961

Gerberding-Wiese I.: Dichtewerte und Freiflächenzahl im Städtebau. Diss. Rhein.-Westfälische Technische Hochschule. Aachen 1968

Hartung H.-H. und R. Herz: Flächenbedarf und Standortbewertung von Friedhöfen. Landschaft und Stadt, 9.Jg., H.2, S. 58–72. Stuttgart 1977

Herlyn U.: Soziale Ungleichheiten in der städtischen Freiraumversorgung. In: Landschaft und Stadt Jg. 9, H.2, 49–57. 1977

Jantzen F.: Freiflächenbedarf Parkanlagen. Katalog dringlicher Forschungsaufgaben. Schriftenreihe Konferenz der Gartenbauamtsleiter beim Deutschen Städtetag. Hamburg 1973

Schulze H.-D., W. Pohl, M. Grossmann, Gutachten: Werte für die Landschafts- und Bauleitplanung. Grünvolumenzahl und Bodenfunktionszahl. Schriftenreihe der Behörde für Bezirksangelegenheiten, Naturschutz und Umweltgestaltung H. 9. Hamburg 1984

Ständige Konferenz der Gartenbauamtsleiter beim Deutschen Städtetag (GALK): 15. Konferenz, Arbeitsgruppe Bedarfszahlen, Richtzahlen für die Planung von Grünflächen. Köln 1973

Umweltbehörde der Freien und Hansestadt Hamburg (Hrsg.): Grünvolumen- und Bodenfunktionszahl als mögliche Planungsrichtwerte in der Landschafts- und Bauleitplanung. Heft 37 der Schriftenreihe Naturschutz und Landschaftspflege. Hamburg 1990

Wieland H., A. Rütten: Sport und Freizeit in Stuttgart – Sozialempirische Erhebung zur Sportnachfrage in einer Großstadt. Sportwissenschaft und Praxis Bd. 3. Stuttgart 1991

3.1.4 Funktionelle Vorgaben für den Entwurf

Aus mehreren empirischen Untersuchungen lassen sich Vorgaben für Funktionsbereiche von Freiräumen ableiten, soweit sie nicht durch Normen vorgegeben sind wie etwa für Laufbahn, Leichtathletikanlagen und Spielfelder auf Sportplätzen. Keine Richtlinien, wohl aber Erfahrungswerte lassen sich für beliebte definierte Tätigkeiten wie Spazierengehen, Bewirtschaften eines Kleingartens und andere mehr aufstellen. G. BECK unterscheidet „allgemeine", nämlich auf alle Stadtbewohner zutreffende, und „besondere", nur auf bestimmte Gruppen zutreffende Bedarfsfaktoren.

Grundsätzlich sollte die Freiraumplanung nicht viel mehr als die angemessenen Räume und die Gelegenheit für Betätigungen, für einen möglichst vielfältigen Gebrauch, vorsehen. Dazu gehört natürlich auch eine Vielfalt an Bedingungen: Sonne und Schatten, unterschiedliche Beläge für Wege, Plätze und Spielflächen, die Modellierung des Reliefs für Spielfeld oder Rodelhügel, Wasser in verschiedener Form, schließlich viele Arten von robusten, standortgerechten Pflanzen.

Maßgeblich für die funktionalen Vorgaben der Planung für den Entwurf der Freiräume in der Stadt ist die Nutzung, genauer gesagt, eine möglichst vielfältige und nicht determinierte Nutzung. Die beste Möglichkeit, dazu Erkenntnisse zu gewinnen, ist die Beobachtung vieler vorhandener Freiräume zu unterschiedlichen Zeiten und bei unterschiedlichem Wetter. In keinem Quartier oder Baublock gibt es ein idealtypisches Verhalten, sondern viele Verhaltensweisen nebeneinander und nacheinander. Die Verhaltensweisen ändern sich rasch mit dem Alter der Nutzer, aber auch mit wechselnden Bedürfnissen und Moden. Sie hängen nicht zuletzt davon ab, ob und wie stark ordnende Kräfte wirksam werden. Alle Nutzungen hinterlassen Spuren, die wiederum zu neuer Nutzung auffordern.

Das Verhaltensspektrum des Personenkreises oder der Altersgruppe, für die Vorsorge getroffen werden soll, kann sehr breit sein, etwa bei Jugendlichen: die Skala reicht von „weichem" – beispielsweise Musik hören – bis zu „hartem" Verhalten, zum Beispiel intensives sportliches Training oder Motocross. Jugendliche bevorzugen Möglichkeiten zu geselligem Treffen, diese Orte sollen aber zum Teil der Sicht entzogen sein, dann aber wieder Gelegenheit zum Imponiergehabe bieten. Sehr beliebt sind gerade hier Räume ohne funktionelle Vorbestimmung. Besonderer Aufmerksamkeit bedarf die Gestaltung von Freiräumen, die von Frauen genutzt werden, vor allem im Hinblick auf die Sicherheit, auf die Möglichkeit der Kommunikation untereinander und auf die Betreuung von Kindern in der Umgebung der Wohnung.

Dysfunktionale Freiräume (vgl. Abschnitt 2.4.2) sind gleichwohl ebenso wichtig wie gepflegte Parkanlagen. Der Grad der Funktionalität bzw. Dysfunktionalität eines Grünraumes, ja eines Raumes schlechthin, hängt davon ab, wie stark und in welchem Ausmaß verschiedene Kräfte die Nutzung determinieren. Räume, die nur wenig geordnet sind, bieten Spielräume für neue, unerwartete Formen der Ordnung. Dysfunktionalität ist hier nicht als „gestörte Funktionalität", sondern als „vielseitige, offene Funktionalität" zu verstehen.

Qualitative Vorgaben sollten sich auch auf die weitere Entwicklung vorhandener Garten- und Parkanlagen erstrecken. Sie können veränderten Ansprüchen zwangsläufig nur dann genügen, wenn sie nicht nur erhalten, sondern auch sinnvoll weiter ausgebaut und verbessert werden. Das gilt für viele innerstädtische Grünanlagen, die nach eher repräsentativen Grundsätzen angelegt worden waren, jetzt aber Spiel und Sport dienen sollen.

Ausdrücklich zu warnen ist vor der „Möblierungswut", nämlich dem Drang, aus Angst vor dem leeren Raum jede freie befestigte Fläche mit einzelnen, meist nicht zueinander passenden Elementen anzufüllen und damit den Raumeindruck und die Benutzbarkeit einzuschränken, wie es vielfach bei Fußgängerzonen der Fall ist; ein eindrucksvolles Gegenbeispiel dazu ist die Piazza San Marco in Venedig.

Literatur

Gensch B., V. Zimmer: Gewalt gegen Frauen. Stadtplanerische und bauliche Komponenten der nächtlichen Unsicherheit. Heft 15 der Reihe „Arbeitsberichte des Fachbereichs Stadtplanung und Landschaftsplanung der GHS Kassel. Kassel 1981

Gewecke J.Chr.: Typisierung der allgemein zugänglichen Freiflächen der Stadtregion Hannover. Dissertation Technische Universität Hannover 1976

Helbrecht I.: Das Ende der Gestaltbarkeit. Zu Funktionswandel und Zukunftsperspektiven räumlicher Planung. Oldenburg 1991

Hülbusch I. M.: Innenhaus und Außenhaus – umbauter und sozialer Raum. Schriftenreihe 01 – Heft 033 der OE Architektur-Stadtplanung-Landschaftsplanung Gesamthochschule Kassel. Kassel 1978

Kail E., J. Kleedorfer (Hrsg.): Wem gehört der öffentliche Raum, Frauenalltag in der Stadt. Reihe Kulturstudien. Wien 1991

Kellner U., G. Nagel: Qualitätskriterien für die Nutzung öffentlicher Freiräume – empirische Studie: A. Bolte et al. Beiträge zur räumlichen Planung Heft 16. Hannover 1986

Schürmeyer B.: Landschaftsideal und Stadtzerstörung. Zur Ökonomie des Ausgleichs in der Stadt- und Landschaftsplanung in: ILS Institut für Landes- und Stadtentwicklung des Landes Nordrhein-Westfalen (Hrsg.), Flächenverbrauch und Verkehr. ILS-Schriften Heft 7, 27–30. Dortmund 1987

3.2 Planungsmethoden

3.2.1 Iterative und sektorale Planung

Iterative Planung

Es ist das schrittweise Vorgehen vom kleinen zum großen Maßstab (Top-down-Prinzip); gleichsam die „klassische" Abfolge vom Stadtentwicklungsplan (1 : 50 000, 1 : 25 000) über den Flächenwidmungsplan (1 : 10 000, 1 : 5000) zum Bebauungsplan (1 : 1000) mit der rechtskräftigen Festsetzung der Bebauung. Dieser Abfolge entsprechen die Instrumente der Landschaftsplanung mit Landschaftsrahmenplan, Landschaftsplan und Grünordnungsplan. So ist es aus Gründen der Planungsökonomie möglich, für die gesamte Stadt einen Landschaftsrahmenplan, gleichsam als **Leitlinie**, zu erarbeiten und diesen nach Bedarf für Teilgebiete durch Landschafts- und Grünordnungspläne zu vertiefen. Dem entspricht auch der Grundsatz, Geltungsbereiche für einzelne Flächenkategorien immer vom kleinerem zum größerem Maßstab hin abzugrenzen. Man spricht in diesem Zusammenhang auch von einer **Planungshierarchie**, die von allgemeinen Zielen stufenweise zu konkreten Handlungsanweisungen führt.

Die **Nachteile** dieser Planungsmethode liegen auf der Hand:

- Die Ausarbeitung der Pläne auf allen Ebenen nimmt so viel Zeit in Anspruch, dass zu dem Zeitpunkt, zu dem etwa der Grünordnungsplan aus dem Landschaftsplan abgeleitet werden soll, die Voraussetzungen für den Landschaftsentwicklungsplan schon ganz andere sind;
- in der Planungspraxis entstehen Bebauungspläne und die dazugehörigen Grünordnungspläne sehr oft nicht auf der Grundlage des Flächenwidmungs- bzw. Landschaftsplanes, sondern aus aktuellen Anlässen, meist größeren Bauvorhaben eines Bauträgers (Bank, Wohnbaugenossenschaft, Industriebetrieb). Der Bebauungsplan wird dem Architektenentwurf angepasst und erst danach der Flächenwidmungsplan geändert, also nachgeführt;
- zwischen den einzelnen Planungsschritten auf den unterschiedlichen Ebenen werden Konflikte im konkurrierenden Anspruch an bestimmte Flächen von leitenden Beamten und durch Kommunalpolitiker kurzerhand eliminiert, bevor sie sachlich bewertet und ausdiskutiert oder der Öffentlichkeit bekannt gemacht werden können; die Entscheidung fällt dabei in aller Regel zugunsten von Bau- und Verkehrsflächen;
- politische Entscheidungsträger, gewohnt, in sehr kurzen Zeithorizonten zu denken, verlangen rasche Aussagen, diese sind aber auf iterativem Wege kaum ableitbar.

Eine Gefahr dieser Methode besteht darin, dass oft schon in der höchsten Ebene intuitive, sachlich nicht begründete Entscheidungen getroffen werden, die sich in den folgenden Schritten immer stärker auswirken. Es wird ohne Nachprüfung von vornherein die „altbewährte Lösung", der hergebrachte Planungsablauf, das vordergründige Argument, der Weg des geringsten Widerstandes zur Grundlage einer (politischen) Entscheidung gemacht, die der Planer nachzuvollziehen hat.

Eine andere iterative Planungsmethode geht von der Stellung, dem **Rang der Freiraumplanung** innerhalb der Planungsdisziplinen aus:

- In der ersten Stufe beansprucht die Freiraumplanung absolute **Priorität** vor den anderen Fachplanungen; sie grenzt die nicht zu bebauenden Flächen, also die Freihaltezonen, ab, und zwar auf der Grundlage der naturräumlichen und der stadtgeschichtlichen Faktoren. Dazu zählen die stadtökologisch wichtigen Ökotope, die stadtklimatisch wesentlichen Bereiche, die vom Stadterlebnis her zu erhaltenden Freiräume, beispielsweise Höhenrücken, Täler und die Substanz an historischen Gärten und Parks.
- In der zweiten Stufe ist die Freiraumplanung gleichberechtigter **Partner** im gesamten Planungsteam aus Siedlungsplanern, Verkehrsplanern, Sozialplanern und anderen Fachleuten. Hier wird gemeinsam die Richtung der Stadterweiterung festgelegt, zum Beispiel die Entwicklungsachsen, vor allem in Abstimmung mit dem öffentlichen Nahverkehr; es werden die anzustrebenden Einwohnerdichten festgelegt, auch die Flächen für neue Industrie- und Gewerbegebiete. In diesem Zusammenhang wird auch das künftige „Grünsystem", immer in der Diskussion mit anderen Flächenansprüchen, abgegrenzt, die Nutzung der Freiräume innerhalb dieses Systems aber noch nicht im Einzelnen benannt.
- Im dritten Schritt hat die Freiraumplanung die **spezielle Aufgabe**, die Inhalte der einzelnen Grünräume, also Sportanlagen, Kleingärten, Parkanlagen, Friedhöfe u. a. m. festzulegen, jeweils in der entsprechenden Zuordnung zu Wohn- und Arbeitsplatzgebieten und im ausreichenden Flächenausmaß. Dabei sind kommunalpolitische Prioritäten, die Eigentumsverhältnisse an Grundstücken und finanzielle Restriktionen zu bedenken. Die Differenzierung der im Grünsystem dargestellten Flächen kann auch zu einer Modifizierung des Modells aus der zweiten Stufe führen.

Eine wesentliche Kritik an der iterativen, linearen Planung wird deshalb geübt, weil sie einem hierarchischen Prinzip folgt: die Richtlinien müssen in der höchsten Ebene vorgegeben werden, wobei schon von vornherein Zielkonflikte installiert oder eliminiert werden; ein Feedback ist nicht möglich oder bleibt weitgehend wirkungslos. Die lineare Planung entspricht der klassischen „Linienverwaltung" von oben nach unten, die auf den Vollzug von Weisungen ausgerichtet ist.

In jedem Falle ist, unabhängig von der angewendeten Methode, die „informelle Planung" **vor** dem formellen Verfahren von großer Bedeutung. Es empfiehlt sich, schon im Vorfeld der intensiven Bearbeitung die Standpunkte beteiligter Interessenten und Gruppen vorsichtig abzutasten, die politischen und wirtschaftlichen Meinungsbildner herauszufinden, mögliche Konfliktfelder auszuforschen, eine Sprachregelung über heikle Begriffe herbeizuführen und dergleichen mehr. Der Aufwand für diese in keiner Honorarordnung oder Arbeitsplatzbeschreibung enthaltenen Tätigkeiten lohnt sich erfahrungsgemäß in jedem Fall.

Sektorale Planung

Die sektorale Planung entspricht der realen Situation in vielen Planungsämtern und -büros. Fachleute verschiedener Disziplinen arbeiten, nach Fachgruppen zusammengefasst, getrennt und voneinander unabhängig, an der Lösung einer Planungsaufgabe. So bearbeitet etwa ein Team die Flächenwidmungs- und Bebauungspläne, ein zweites die Frei- und Grünräume, ein drittes den Individualverkehr, ein anderes den öffentlichen Verkehr; Aufgaben für weitere Teams wären Gewerbe und Industrie, Bildungseinrichtungen, Sozialeinrichtungen und andere mehr.

Manchmal sind die Arbeitsgruppen oder Bearbeiter sowohl räumlich als auch durch die Verwaltungsgliederung voneinander getrennt, es herrschen unterschiedliche Zuständigkeiten bei Weisungen und kommunalpolitischer Verantwortlichkeit. Die Ergebnisse der einzelnen sektoralen Planungen werden in Besprechungen vorgetragen und, soweit dies möglich ist, aufeinander abgestimmt. Dabei hat die Freiraumplanung, zumindest auf den ersten Blick, oft die schwächeren Argumente, etwa gegenüber dem Verkehr oder wirtschaftlichen Interessen.

Bei der sektoralen Landschafts- und Freiraumplanung folgt man in der Regel dem seit langem üblichen Arbeitsablauf in folgenden Schritten:
- **Bestandsaufnahme**
  mit Hilfe von Satellitenaufnahmen, Luftaufnahmen, Karten und Plänen; vorhandenen Daten; durch Geländeaufnahmen, Kartierungen; Informationsgespräche, Befragungen;
- **Analyse, Bewertung**
  im Hinblick auf Planungsziele, die vom Auftraggeber vorgegeben und vom Planer selbst gestellt werden;
- **Planung**
  als Darstellung der einzelnen Flächennutzungen und Grünflächensparten in ihren Abgrenzungen, Abbildung der Optimalvariante der Landschaftsplanung;
- **Vorschläge**
  für Maßnahmen zur Verwirklichung der Planung, grobe Kostenschätzung;
- **Überarbeitung**
  aufgrund der Stellungnahmen anderer Dienststellen, von Interessenvertretungen und Betroffenen, Darstellung und Diskussion der Konflikte; Erarbeiten von Kompromissvarianten.

In der Planungspraxis gehen diese Arbeitsschritte mehrfach ineinander über, so müssen etwa Ziele aufgrund neu hervortretender Probleme verändert werden, Rahmenbedingungen, etwa die Finanzlage der Stadt, verändern sich und dergleichen mehr. Der Planungsprozess muss also, was allerdings grundsätzlich gilt, **flexibel** gestaltet werden. Dazu gehört jedenfalls eine stetige Rückkopplung von den Ergebnissen zu den Zielen.

Die nach Sach- und Fachgebieten getrennte Bearbeitung macht zwar Interessen- und Nutzungskonflikte an Stadtflächen sichtbar, erschwert aber konstruktive Lösungen, wie sie durch gemeinsame Diskussionen gefunden werden können. Ein in Fachkreisen bekanntes Beispiel ist das unproduktive Nebeneinander von Landschaftsplanung und Stadtplanung in zwei nach diametral entgegengesetzten Grundsätzen geführten Behörden. Eine Schwierigkeit, die zwar bei allen Planungen auftritt, bei der sektoralen Planung aber besonders schwer bewältigt werden kann, ist die völlig unterschiedliche Denkweise von Ökologen einerseits und Planern und Betriebswirten andererseits, etwa bei der Beurteilung der Wertigkeit von Biotopen und Ökotonen. Eine Lösung kann nur durch eine enge Zusammenarbeit der Fachdisziplinen von der Planung bis zur Baustelle, allerdings unter einer straffen Leitung, gefunden werden. Die sektorale Planung erschwert, ja verhindert vielfach Synergie-Effekte, sie ist sowohl vom Arbeitsaufwand als auch vom Ergebnis her kostspielig und vergleichsweise wenig wirtschaftlich.

Wesentliche Probleme und **Nachteile** dieser formalen Planungsmethoden sind, gemessen an der praktischen Grünplanung, nach G. Aufmkolk und W. Tomášek:

- Das von Dritten, meist von politischen Mandatsträgern, vorgegebene Programm ist unvollständig; oft wird ein Programm erst als Ergebnis der Planung gewünscht; meist fehlt ein übergeordneter Rahmen mit begrenzenden Bedingungen;
- die Vorarbeiten sind unvollständig; die Landschaftsplaner müssen sich mit allen in Frage kommenden Stellen auseinandersetzen, auch viele Grundlagen ihrer Arbeit mühsam selbst ermitteln;
- die allgemeinen Ziele der Planung sind unvollständig oder verschwommen formuliert, der Planer muss sie selbst erarbeiten.

Als Vorteil kann gelten, dass bei der sektoralen Planung eine Reihe von Fachplanungen wie Stadtplanung, Verkehrsplanung, Landschaftsplanung, wasserwirtschaftliche Planung, Sozialplanung, Industrie- und Gewerbeplanung und andere parallel nebeneinander betrieben und dann zusammengeführt werden könnten.

Literatur

Bach L., W. Köhl, K. Hochstrate: Leitfaden für die Sportstättenentwicklungsplanung, Band 1 – Planungsmethoden, Band 2 – Arbeitsunterlagen für die Planung. Schriftenreihe Sport- und Freizeitanlagen, Planungsgrundlagen P2/91 Bundesinstitut für Sportstättenbau. Köln 1991

Bach L., W. Köhl: Sportstättenentwicklungsplan Weimar, Teil A – Planungskonzept. Vervielf. Manuskript, Nürnberg/Karlsruhe 1994

Beyer W., K. Glotter: Sport in der Stadt. Beiträge zur Stadtforschung, Stadtentwicklung und Stadtgestaltung Band 57. Wien 1995

BDLA (Bund Deutscher Landschaftsarchitekten): Planen für Mensch und Umwelt. Bonn 1994

Forschungsgruppe Freiraumplanung Gesamthochschule Kassel: Analyse von Planungs- und Entscheidungsprozessen der Freiraumplanung in Innenstädten. Hrsg.: Bundesminister für Raumordnung, Bauwesen und Städtebau, RS II 6-704102-77.02. Bonn 1982

Grzimek G.: Grünplanung Darmstadt. Darmstadt 1965

Institut für Landschaftsplanung und Gartenkunst TU Wien: Spielflächenbedarfsplan für Großstädte, Forschungsprojekt, Bearb. H. Wahl. Schriftenreihe des Instituts Heft 9. Wien 1986

Seebauer M., K. Wefers und Partner: Freiraumkonzept Berlin-Hellersdorf – Baumleitplan. Berlin 1993

Tauchnitz H.: Grünordnung Münster, Kapitel Kleingärten. Münster 1980

Woess F. et al.: Wiener Gstettnkonzept. Im Auftrage der Mag.Abt. 18, Stadtplanung. Wien 1973

3.2.2 Integrative und partizipatorische Planung

Integrative Planung

Hier werden die Fachdisziplinen zu Teams mit höchstens sieben Mitgliedern zusammengefasst, dazu einige Hilfskräfte (Zeichner, Computerfachkräfte). Dieses Team bearbeitet eine fest vorgegebene, gemeinsam mit dem Team ausformulierte Aufgabe oder Fragestellung, beispielsweise die Entwicklung eines Stadtteils, die Suche nach Industrie- oder Gewerbestandorten im ganzen Stadtgebiet, das Projekt eines großen Freizeitparks oder die Bewertung möglicher Straßenvarianten aus gesamtstädtischer Sicht.

Alle Teammitglieder sind auf dem gleichen Informationsstand, auch alle gegebenenfalls gleichzeitig arbeitenden Teams. Die Teamleitung wird jeweils einem dafür geschulten oder dazu besonders begabten Teammitglied als **Projektmanager** übertragen, unabhängig von dessen Fachgebiet. Je nach gestellter Aufgabe wird für die Bearbeitung eine Frist gesetzt. Die Teams sollten ohne jede Beeinflussung von außen oder oben arbeiten, ausgenommen wichtige neue Informationen, deren Bedeutung für ihre Arbeit sie selbst einschätzen.

Bei der integrativen Planung können durch gesteuerte interne Diskussionen auch Methoden wie das Bottom-up-Prinzip (vom Detail zur Leitlinie) oder das Prinzip der Bildung von Varianten, das Vorgehen auf der Grundlage des Ist-Zustandes oder auf der eines angenommenen Soll-

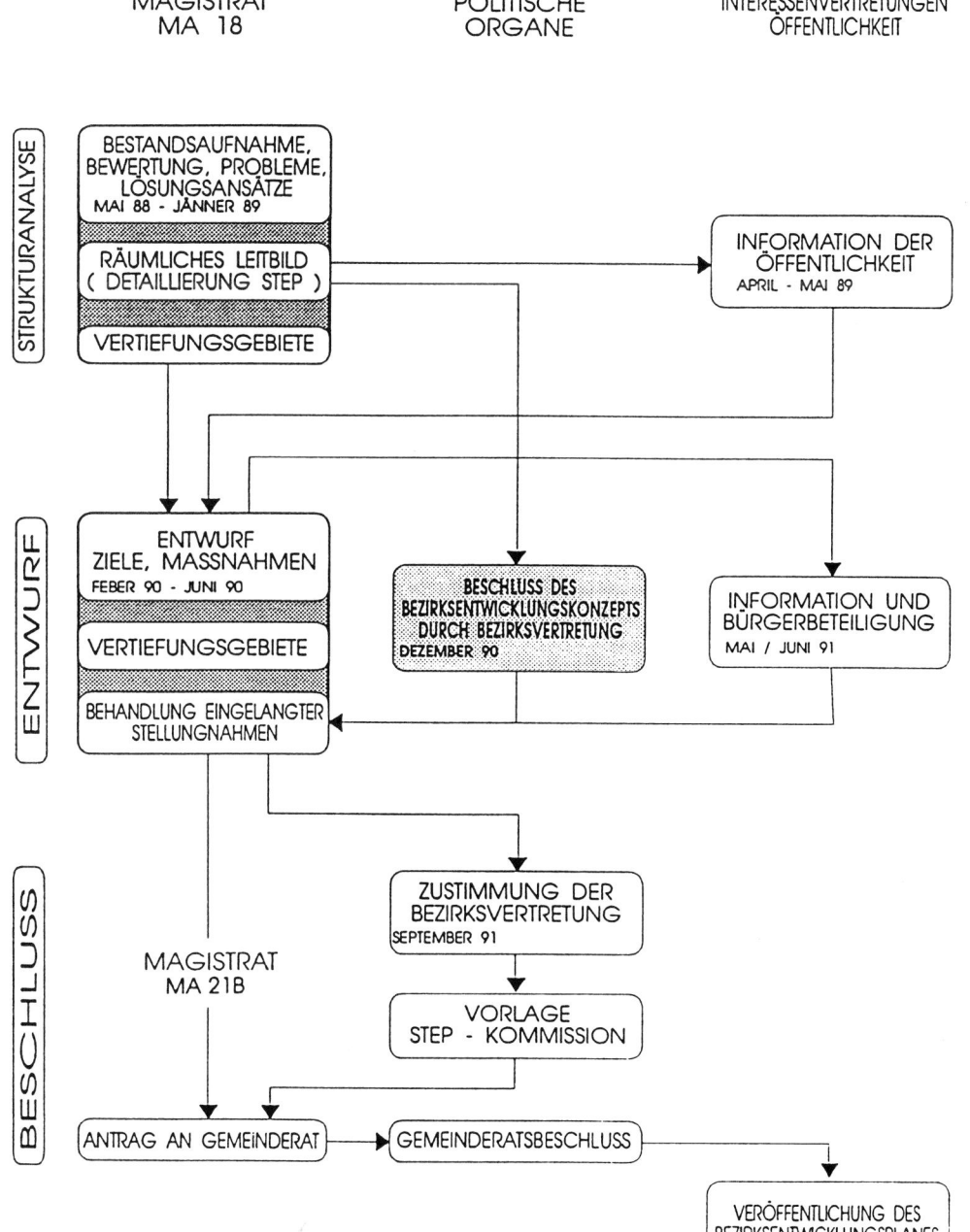

Abbildung 28: Bürgerbeteiligung an der Planung auf Bezirksebene, Ablaufschema.

73

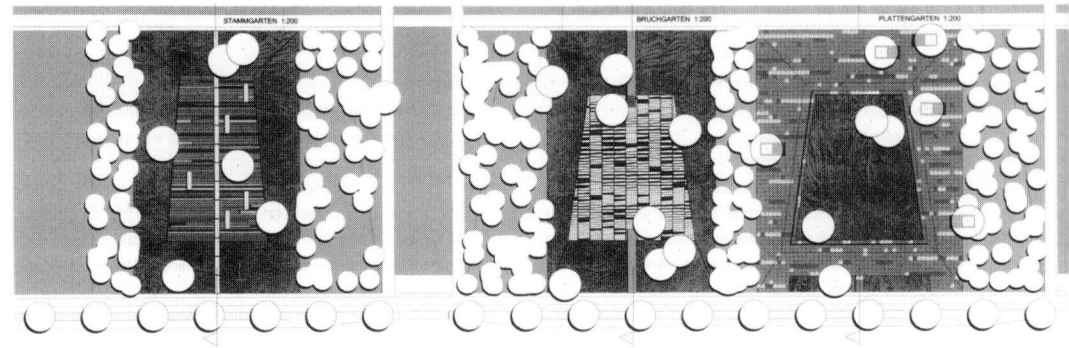

Abbildung 29: Berlin-Adlershof, Beispiel einer flexiblen Leitplanung für den öffentlichen Raum eines neuen Stadtteiles für Wissenschaft und Wirtschaft. Entwurf TRILLITZSCH, JOST & Partner, Berlin.

Zustandes eingesetzt werden; der Planungsvorgang ist flexibel. Auf diese Weise kann auch rasch ein erster Planentwurf erstellt und vorgelegt werden, der auf breiterer Basis diskutiert und dann überarbeitet werden kann. Ein wesentlicher Vorteil der Teamarbeit liegt auch darin, dass bei aktuellen Anlässen, wie sie im Tagesgeschehen immer wieder auftreten, kurzfristig auf Anforderungen an die Planung reagiert werden kann.

Auch bei laufenden Planungsprozessen, etwa innerhalb der üblichen Tätigkeit der planenden Verwaltung, ist für den Freiraumplaner der ständige persönliche, informelle Kontakt über die Grenzen von Referaten, Abteilungen, Ämtern, Dezernaten oder Geschäftsgruppen, aber auch über mehrere Verwaltungsebenen hinweg, zu anderen Fachplanern unerlässlich. Der formelle Kontakt „auf dem Dienstwege" liefert in der Regel nur gefilterte oder unvollständige Informationen. Erarbeitung (= Aufstellung), Beratung und Durchsetzung der Freiraumplanung, vor allem des Landschaftsplanes, erfordern ein straff organisiertes Verfahren bis zur Anhörung der betroffenen Bürger und der Einarbeitung ihrer Bedenken. Das macht die integrative Mitarbeit des freien oder beamteten Landschaftsarchitekten in allen Arbeitsphasen notwendig, auch innerhalb der Stadtplanung. Landschaftsplanung für eine Stadt ist nur möglich, wenn dem Planer alle Unterlagen für beabsichtigte Entwicklungen zur Verfügung stehen und er sich im ständigen Austausch mit allen betroffenen kommunalen Dienststellen befindet.

Für die Vorgangsweise in der integrativen Planung können etwa folgende Arbeitsschritte angegeben werden:
• Problem-Analyse;
• Erarbeiten des Leitbildes, Zielformulierung;
• Lösungsansatz, planerisches Konzept;
• Umsetzung oder Änderung der Zielformulierung durch Rückmeldung (Feedback); dafür werden sogenannte Kupplungs-Besprechungen, auch als Kupplungen bezeichnet, eingerichtet.

Kennzeichnend für die integrative Arbeitsweise ist die „**offene Planung**", das heißt die stetige Rückkopplung und das Einbeziehen neuer Aspekte. Dazu gehören auch spezielle Untersuchungen, deren Notwendigkeit nicht von vornherein bekannt war. Man spricht in diesem Zusammenhang auch von **adaptiver Planung** oder **Prozessplanung** (Process planning).

Eine Möglichkeit der sinnvollen Kooperation ergibt sich dort, wo für eine Stadt, einen Stadtteil oder ein größeres Projekt eine **Umweltverträglichkeits-Studie (UVS)** und, darauf aufbauend, eine **Umweltverträglichkeits-Erklärung (UVE)** und **Umweltverträglichkeits-Prüfung (UVP)** durchgeführt wird. Auch bei Vorhaben, für welche diese Instrumente nicht rechtlich vorgeschrieben sind, besitzen sie – trotz des damit verbundenen Aufwandes – den Vorteil der Rechtssicherheit für Projektwerber und Behörde, weil in einem frühen Stadium Konflikt-, Wirkungs- und Risikoanalysen erarbeitet und mögliche Störfälle aufgedeckt werden. Die Landschafts- und Freiraumplanung ist sinnvoll in diesen Planungsschritt einzubinden. Damit können beispielsweise auch biotische Standortfaktoren zeitgerecht in die Überlegungen einbezogen werden.

In Bayern ist seit etwa 1985 die Freiraumplanung mit dem Landschaftsplan und dem Grünordnungsplan unmittelbar **in die Bauleitplanung**, hier in den Flächennutzungsplan und den Bebauungsplan, **integriert**, das heißt, dass die genannten Pläne gemeinsam erarbeitet und graphisch dargestellt werden. Damit gehen die grünplanerischen Inhalte zwangsläufig in die Verfahren der Bauleitplanung gemäß Baugesetzbuch ein. Die Integration wird auch personell vollzogen, so etwa in München, wo die Grünplanung mit 18 Akademikern unter A. GEBHARDT unmittelbar in die Stadtplanung eingebunden ist. Dieses Verfahren hat sich, im Vergleich zur getrennten, wenn auch parallel geführten, Aufstellung von Bauleit- und Freiraumplänen in anderen Ländern und Städten, durchaus bewährt.

Partizipatorische Planung

Die stärkste Unterstützung für die Anliegen der Landschaftsplanung in der Stadt kann von den Städtern kommen, hier vor allem von denjenigen, die aufgrund ihrer höheren Bildung oder ihrer Selbstorganisation befähigt sind, ihre Sorgen und Wünsche zu artikulieren. Die gewählten Vertreter der Stadtbewohner machen von ihren Möglichkeiten vielfach eher nach parteipolitischen Gesichtspunkten Gebrauch. Die Folge davon ist, dass oft gerade dort, wo der Bedarf an Grünräumen am dringendsten ist, die Menge der nicht durchsetzungsfähigen Bewohner nicht zu Wort kommt. In solchen Bezirken treten dann am stärksten die Grundeigentümer und Bauträger auf, die Interesse an einer Baulandwidmung haben und diese realisieren wollen.

Während die Pläne der Bauleitplanung bzw. örtlichen Raumplanung zur Einsicht offengelegt werden müssen, ist dies bei Planwerken der Freiraumplanung nicht der Fall; sie werden erst als Bestandteile der raumordnenden Pläne beschlossen und in das planungsrechtliche Verfahren gebracht. Umso wichtiger ist die freiwillige Einbindung der betroffenen Grundeigentümer und -besitzer und, soweit möglich, der künftigen Nutzer in die Freiraumplanung. Erfahrungsgemäß ist die partizipatorische Planung dort am erfolgreichsten, wo die Beteiligten auch, am besten durch eigene Leistungen, in die **Verwirklichung** eingebunden sind (vgl. Abschnitt 3.7.4). Ein Garten, der von Bürgern, vor allem von Jugendlichen, selbst gebaut worden ist, wird intensiv genutzt und gepflegt. Die Identifikation ist sehr stark, weil die Betroffenen ihre eigenen Wünsche und Bedürfnisse erfüllt sehen. Dagegen ist bei den von der Planung Betroffenen der Eindruck zu vermeiden, dass sie zwar aus formalen Gründen unterrichtet werden, dass aber in Wahrheit alle Entscheidungen schon längst vorher getroffen worden sind.

Zu unterscheiden sind Bürger-**Information** einerseits und Bürger-**Beteiligung** andererseits in einem offenen, dynamischen Planungsprozess. Vorweg ist deutlich zu sagen, dass in der Raum- und Landschaftsplanung Information und Beteiligung der – in weitestem Sinne – Betroffenen als selbstverständlich betrachtet und ausgeübt werden, unabhängig von gesetzlichen Bestimmungen. Im Schweizer Raumplanungsgesetz sind die Information und die Mitwirkung der Bevölkerung vorgeschrieben.

Bei der **Information** hat sich mehrfach gezeigt, dass amtliche Bekanntmachungen oder Kundmachungen die Adressaten nicht erreichen; es ist notwendig, sich moderner Medien zu bedienen, also Rundfunk, Fernsehen, Internet. Bewährt haben sich graphisch gut gestaltete, informative Schaubilder jeweils an Ort und Stelle, mit knapper Beschriftung. Pläne sind für den durchschnittlichen Nutzer nicht lesbar. Wirkungsvoll sind auch Besuche im Gelände, Ausstellungen, Bewohnerversammlungen. Die Landschafts- und Grünraumkonzepte für die Landeshauptstädte Klagenfurt und Salzburg wurden als Faltblatt (Leporello) in Form einer Postwurfsendung allen Haushalten bekannt gemacht; nachteilig dabei ist, dass diese Information heute in der Papierflut kaum mehr Beachtung findet. Eine erhebliche Schwierigkeit bei der Unterrichtung der Bevölkerung liegt darin, dass Konzepte und Pläne im Allgemeinen kaum Interesse finden oder nicht verstanden werden. Sie müssen als leicht lesbare Graphiken und sehr kurze Texte aufbereitet werden. Informativ sind Fotos und Diapositive von Situationen, die den betroffenen Bürgern bekannt sind, auch Darstellungen in der Art von „Vorher – Nachher".

Neben den Steuerungsmöglichkeiten für die Siedlungsentwicklung wie Steuern, Lenkungsabgaben und dgl. mehr, auch der Planung und Bauordnung, kommt der **Beteiligung** der Betrof-

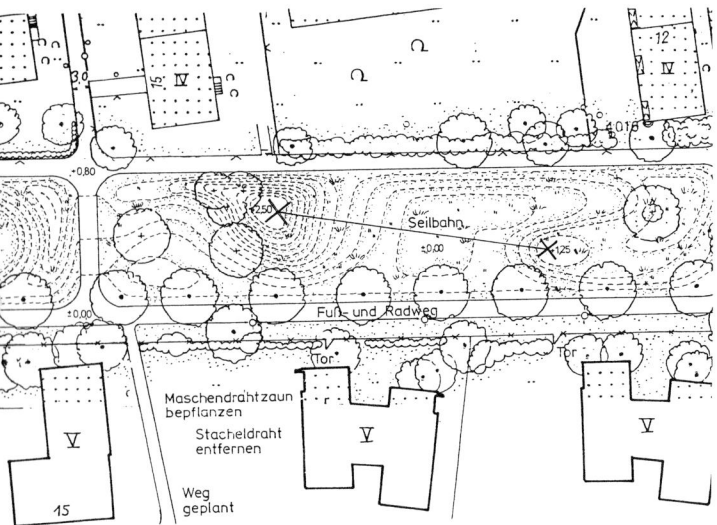

Abbildung 30: Beteiligung der künftigen Nutzer am Beispiel der Planung Niedersachsenring Hannover; Landschaftsarch. Johanna SPALINK-SIEVERS.

fenen besondere Bedeutung zu. Sie erfordert eine zähe, ausdauernde Kleinarbeit, mit der erreicht wird, dass die Stadtbewohner sich selbst Spielraum verschaffen und diesen nutzen. Für die Bürgerbeteiligung sind ausschließlich gesellschaftliche Faktoren maßgebend. Veränderungen in der Stadt gehen von sozialen, nicht von Ökosystemen aus. Wichtig ist die **Akzeptanz** von Planungen, wozu es eine eigene Forschungsdisziplin gibt. Gefährlich sind veröffentlichte, dann aber nicht realisierte Planungen, auch als „Planungsleichen" bezeichnet, weil durch sie Bürger wie auch Politiker frustriert und gegenüber künftigen Projekten negativ beeinflusst werden.

Als Unterstützung für die oft überforderten Planer und als mögliche Lösung der Konflikte im Vorfeld von Projekten wird derzeit die **Mediation**, die sachbezogene Verhandlung und Vermittlung unter Leitung eines unabhängigen, unbeteiligten Fachmannes eingesetzt.

Mit Begriffen wie „**Offener Planungsprozess**", „**Planungswerkstatt**", „**Bürgerwettbewerb**" und dergleichen wird die aktive Einbeziehung und Mitwirkung der Bürger bei der Planung umschrieben. Ein Beispiel dafür wurde in Frankfurt am Main mit einem Entwurfsseminar für das Projekt GrünGürtel gesetzt, unter Einbindung der Bürger, für die ein eigener Wettbewerb durchgeführt wurde. Diese Form der Planung erbringt als Ergebnis zwar keine fertigen Pläne, aber zumindest eine breite Bewusstseinsbildung in der Öffentlichkeit und bei Stadtpolitikern.

Die **generelle** Grünplanung lässt sich noch am ehesten durch eingängige Formeln wie „Das grüne U" (Bundesgartenschau Stuttgart), „Die Stadt als Garten" (Expo 2000 Hannover), „Grün-Gürtel" (Frankfurt am Main) vermitteln.

In allen verwaltungsrechtlichen Genehmigungsverfahren stellt sich zwangsläufig die Frage der **Parteienstellung** der nicht direkt Betroffenen; sie wird gelegentlich auf dem Wege eines Grundankaufs durch Organisationen wie WWF, Alpenverein, Naturfreunde und andere im betreffenden Gebiet erreicht. Wichtig für die partizipatorische Planung ist in jedem Falle das rechtzeitige Einbeziehen von örtlichen Vereinen, Verbänden und anderen, auch informellen Organisationen und Gruppen, die nicht als Träger öffentlicher Interessen zwangsläufig in das Verfahren eingebunden sind, in der Sache aber konstruktive Vorschläge einbringen können.

Ein grundsätzliches Problem jeder Form der Bürgerbeteiligung liegt darin, dass eine „laute Minderheit" als **die** öffentliche Meinung auftritt, während die „schweigende Mehrheit" nicht gehört wird. Eine weitere Schwierigkeit ist die unterschiedliche Fähigkeit von Bevölkerungsgruppen, ihre Meinung in Wort und Schrift zum Ausdruck zu bringen. Eine Gefahr bedeutet auch die „institutionalisierte" Beteiligung einer kleinen Gruppe von Interessenten, die an allen möglichen Orten auftaucht, um Vorhaben zu behindern oder zu Fall zu bringen. Eine spontane Bürgerinitiative verliert leicht ihre Glaubwürdigkeit, wenn sie zur permanenten Organisation wird; hier setzt vielmehr die legitime Aufgabe politischer Parteien ein. Gegen die Bürgerbeteiligung spricht auch, dass meist nicht die wirklich Betroffenen zu Wort kommen, sondern Gruppen, die partikulare Interessen im Sinne einer Lobby vertreten und diese, auch unter Einsatz aller möglichen rechtlichen Mittel durchzusetzen versuchen.

Großes Gewicht besitzen die **Medien**, sie bilden gleichsam eine „kritische Öffentlichkeit", allerdings mit der Gefahr der Manipulation und der Steuerung aus Partikular-Interessen. Die Berichterstattung in Fernsehen, Rundfunk und auflagenstarken Printmedien fragt nicht nach dem Wahrheitsgehalt der Aussage oder der Berechtigung eines Anliegens einer Bürgergruppe, sondern ausschließlich nach dem „News-Wert" und nach dem Interesse bei den Konsumenten, der „Quote". Die Medien widmen sich grundsätzlich nur solchen Fragen, die eine Steigerung der Leser-, Hörer- oder Seherzahlen versprechen. Diese Vorgangsweise wirkt der sachlichen Bürgerinformation und -beteiligung entgegen. Die Auswirkungen beispielsweise einer Kampagne einer Tageszeitung können nachdrücklich sein, wie sich in Wien an mehreren Beispielen der Landschaftsplanung gezeigt hat. In einem der Fälle wurde der Bürgermeister von Wien zum Rücktritt gezwungen, in einem zweiten Falle der Bau eines großen Flusskraftwerks verhindert.

Bei Mittel- und Großstädten ist Voraussetzung für die Mitwirkung der Bürger, dass das Stadtgebiet in **kleine Planungseinheiten** gegliedert wird, mit denen sich Stadtbewohner identifizieren können. Übergeordnete und generelle Fragen, etwa der Generalverkehrsplan oder der Landschaftsrahmenplan einer Großstadt, entziehen sich weitgehend der Urteilskraft der Bürger und rufen ein irrationales Abstimmungsverhalten hervor. In der Freiraumplanung hat sich das Vorgehen bewährt, in einem ersten Durchgang aus allen betroffenen Bewohnern, Anrainern und dergleichen diejenigen herauszufinden, die zu einer konstruktiven Mitarbeit bereit sind. Erfahrungsgemäß ist dies ein vergleichsweise kleiner Personenkreis. Jedenfalls sind die Obleute und Sprecher von formellen oder informellen Gruppen wie Vereine, Bürgerinitiativen, Interessengemeinschaften, Hausgemeinschaften und dergleichen ausdrücklich einzuladen. Erfahrungsgemäß ist auch die Mitwirkung von naturkundlich ausgerichteten Vereinen wie Naturschutzbund, World Wildlife Fund und ähnliche besonders wertvoll.

Bei kleineren Projekten lassen sich drei partizipatorische Schritte erkennen:
- **Vorbereitung:**
  Bei den Beteiligten herrscht vielfach Unsicherheit, Misstrauen und eine abwartende Haltung dem Projekt gegenüber, meist aus mangelnder Information;
- **Planung:**
  Es folgt eine Phase des Optimismus, in der viele Ideen, Vorschläge und die Bereitschaft zur aktiven Mitarbeit eingebracht werden, oft aus Unkenntnis des tatsächlich erforderlichen Arbeitsaufwandes; manchmal werden aber auch falsche Hoffnungen und übergroße Erwartungen geweckt;
- **Umsetzung:**
  Beim dritten Schritt, der Verwirklichung, kann die manuelle Mitarbeit bei einfachen Projekten relativ leicht erreicht werden, am ehesten, wenn einzelne überschaubare Teilbereiche von einer Gruppe bearbeitet werden. In dieser Phase ist die stetige Information wichtig, auch durch Baustellenführungen, Richtfeste und Medienberichte, damit der Eifer der Beteiligten nicht erlahmt.

In jedem Fall sollte die Beteiligung der Betroffenen möglichst einige Monate **vor** dem Beginn eines planungsrechtlichen Verfahrens einsetzen. Wenn es sich, etwa bei der **Wohnumfeldverbesserung**, um ein bestehendes Wohngebiet handelt, ist es auch wichtig, dass spätestens sechs Monate nach Planungsbeginn die ersten Maßnahmen, möglichst unter Mithilfe der Betroffenen, gesetzt werden, etwa eine Pflanzaktion, das Aufbrechen von versiegelten Flächen und dergleichen. Bewährt haben sich auch Begehungen im Gebiet selbst und Besuche in anderen, bereits umgestalteten Gebieten und Gespräche mit dort Wohnenden über deren Erfahrungen.

Die bisherigen Erfahrungen mit der partizipatorischen Planung zeigen, dass sie einen sehr langen, zähflüssigen Planungsprozess erzeugt, ohne dass sich immer für die Beteiligten ein nennenswerter Vorteil oder Erfolg ergibt. In manchen Fällen werden die Instrumente der partizipatorischen Planung von Gruppen von – oft wirtschaftlich interessierten – Bürgern dazu benützt, mit der Hilfe spezialisierter Anwälte den Planungsprozess über mehrere Instanzen so in die Länge zu ziehen und die Umsetzung so weit zu verzögern, dass der Anlaß für die Planung oder für ein Projekt an dieser Stelle nicht mehr gegeben ist.

Die Rolle des Planers

Bei allen Planungsmethoden, vor allem aber bei der partizipatorischen Planung, kommt der Person des Planers eine besondere Bedeutung zu, unabhängig davon, ob es sich um einen freischaffenden Landschaftsarchitekten oder um den Angehörigen einer planenden Verwaltung handelt. Beide sind abhängig, der eine vom Auftraggeber, der andere von seinem Dienstvorgesetzten; beide sind aber auch ihrem Gewissen verantwortlich. Das macht ihre Rolle überaus schwierig; sie kann in diesem Rahmen nicht erschöpfend behandelt werden, es kann auf die einschlägige sozialwissenschaftliche Literatur verwiesen werden. Die folgenden Ausführungen stützen sich daher auf die beruflichen Erfahrungen des Verfassers.

Der Planer sollte jedenfalls nicht Erfüllungsgehilfe einer wirtschaftlichen oder parteipolitischen Lobby sein, er hat vielmehr die Aufgabe, im Sinne der „Advocacy Planning" die Anliegen der „schweigenden Mehrheit" zu vertreten. Das bringt ihn zwangsläufig in Konflikt mit seinem Dienstgeber oder dem Projektwerber. Es bleibt seinem Verhandlungsgeschick vorbehalten, durch Überzeugungskraft in beide Richtungen – Betroffene wie Auftraggeber – eine fachlich und wirtschaftlich vertretbare Lösung durchzusetzen. Dass dabei Kompromisse geschlossen werden müssen, liegt auf der Hand. Das Problem besteht selbstverständlich darin, dass der angestellte Planer seine Karriere und der freischaffende Planer seine wirtschaftliche Existenz auf das Spiel setzen, wenn sie sich zu deutlich in Widerspruch zu den Absichten der Auftraggeber setzen. Dazu kommt, dass es immer Konkurrenten gibt, die diesen Absichten willfähriger entgegenkommen. Planer, auch Landschaftsplaner, engagieren sich allerdings manchmal so intensiv für benachteiligte Gruppen, dass sie Forderungen erheben, die weniger der sozialen Realität als dem Wunschdenken einer intellektuellen Elite entsprechen und leicht als überzogen abgelehnt werden können.

Der Kompromissbereitschaft des Planers sollten dort Grenzen gesetzt sein, wo ihre Fachkenntnis dazu benützt werden soll, Vorhaben gegen bestehende gesetzliche Beschränkungen, etwa des Naturschutzes, oder offensichtlich gefährliche Projekte – wie einen Atomreaktor – durchzusetzen. Gerade die Aufgabe der Eingrünung von Atomkraftwerken hat in Deutschland zu heftigen Diskussionen innerhalb des Berufsstandes der Landschaftsarchitekten geführt, ob es ethisch und moralisch vertretbar sei, einen solchen Auftrag zu übernehmen. In diesem Zusammenhang wird immer wieder die Frage gestellt, ob es eine „unpolitische", also absolut „technische" Planung geben kann. Nach heutigem Stand der Diskussion kann wohl beispielsweise die Konstruktion eines Bauteiles oder einer Bewässerungsanlage als rein technische Aufgabe gesehen werden, nicht aber eine Planung, von der Menschen direkt oder indirekt betroffen sind. Die Rolle des Planers ist immer eine gesellschaftliche.

Die Aufgabe als Sprecher der Betroffenen erfordert einen engen und ständigen Kontakt. In allen Stadtteilen treten im Zusammenhang mit dem Flächenwidmungs- und dem Bebauungsplan, mit der Genehmigung von Bauvorhaben, den öffentlichen Grünflächen und Alleen Fragen auf, die sich an die Landschaftsplanung als Fachgebiet richten. Es ist daher jeder Stadtgemeinde bzw. jedem Stadtbezirk zu empfehlen, einen Landschaftsplaner anzustellen oder mit einem ortskundigen Landschaftsarchitekten bzw. Ingenieurkonsulenten für Landschaftsplanung einen längerfristigen **Beratungsvertrag** zu schließen, der auch Begehungen und Besprechungen an Ort und Stelle einschließt. Dieser Landschaftsarchitekt kann auch als **Anwaltsplaner** für die Betroffenen auftreten, vor allem wenn es sich um zugewanderte und/oder sozial schwache Bewohner handelt. Als günstig hat sich dabei erwiesen, wenn ein Mitarbeiter des Teams aus dem Planungsgebiet stammt bzw. ein Mitarbeiter von dort gefunden werden kann. Der Planer sollte sich auch unbedingt für eine Nachbetreuung – nach Abschluss eines Projekts – zur Verfügung stellen; gerade dann treten oft Fragen auf, die die Betroffenen nicht selbst klären können.

Bei der partizipatorischen Planung **verlagert** sich ein großer Anteil der Arbeit des Landschaftsarchitekten in das Planungsgebiet selbst, dort in ein Gasthaus oder in einen Gemeindesaal und in die Abend- und Nachtstunden. Die Bedeutung der räumlichen Bedingungen und technischen Hilfsmittel dürfen dabei nicht unterschätzt werden, etwa ein heller, ruhiger Raum in der Nähe des Projekts, mit der Möglichkeit der Verdunklung, Geräte wie Dia- und Tageslichtprojektor, Wände oder Stellwände für Pläne, mobile Mikrophone für Bürgerversammlungen. Der Zeitaufwand ist wesentlich höher als bei den anderen genannten Planungsmethoden. Auch die graphische Umsetzung der Planungsschritte besitzt einen ganz anderen Stellenwert: im Vergleich zu Plänen gewinnt das Vorführen von Beispielen anhand von Diapositiven, Filmen oder Videos an Bedeutung. Am wirkungsvollsten ist erfahrungsgemäß eine Exkursion zu schon ausgeführten Projekten.

Ein beträchtliches Hindernis ist allerdings die – auch für Gebildete – unverständliche **Planersprache**, mit dem sich der Berufsstand der Landschaftsarchitekten – wie auch andere Berufe – abgrenzt. Begriffe wie „Land Art", „Trockenrasen", „Wechselfeuchte Wiese", „Wassergebundene Decke" oder „BG-Steine" stoßen in Bürgerversammlungen auf Unverständnis und wecken ablehnende Emotionen. Die Beteiligten wollen nicht von oben her belehrt, sondern in ihrem eigenen Sachverstand gefordert werden. Auch hier wirkt sich ein langdauernder Kontakt, in dem sich ein Vertrauensverhältnis entwickelt, positiv aus.

Literatur

Antalovsky E., I. König: Planung initiativ, Bürgerbeteiligung in Wien. Beiträge zur Stadtforschung, Stadtentwicklung und Stadtgestaltung Band 54. Wien 1994

Apel P., R. Pach: Kinder planen mit. Stadtplanung unter Einbeziehung von Kindern. Unna 1996

Berger H. : Gebietserneuerung 1974–1981 (Das Wiener Modell). Beiträge zur Stadtforschung, Stadtentwicklung und Stadtgestaltung, Magistrat der Stadt Wien Band 15. Wien 1984

Bischoff A., K. Selle, H. Sinning: Informieren, Beteiligen, Kooperieren. 2. Aufl. Dortmund 1996

Buchmüller L., C. Fingerhuth, B. Huber (Hrsg.): Management der postmodernen Stadt. ORL Bericht 85/1993. Zürich 1993

Edlinger R., H. Potyka: Bürgerbeteiligung und Planungsrealität. Erfahrungen, Methoden, Perspektiven. Wien 1989

Grote M., M. Pianka, U. Stibba: Frauen planen, bauen, wohnen. Katalog zur Ausstellung der IBA Emscher Park. Zürich 1991

Heiss E.W.: Grundsätze und Methodik des Grünaufbauplanes für die Neue Stadt Wulfen. in: Das Gartenamt 16 (1967) H.10, 457–467

Helmrich B., S. Rühling: Die Vielzweckrolle der Planer. In: Notizbuch 22 der Kasseler Schule, Arbeitsgemeinschaft Freiraum und Vegetation. Kassel 1990

Kiemstedt H., St. Wirz: Effektivierung der Landschaftsplanung. Gutachten. Texte 11/90 des Umweltbundesamtes. Berlin 1990

Luz F.: Zur Akzeptanz landschaftsplanerischer Projekte. Frankfurt/Bern/Wien 1994

Redl L., H. Wösendorfer: Die Donauinsel. Ein Beispiel politischer Planung in Wien. Wien 1980

Stadt Münster (Hrsg.): Information Landschaftsplan Werse. Bearb. H. Tauchnitz. Münster 1987

Strempel D. (Hrsg.), R. Bastine: Mediation für die Praxis. Recht, Verfahren, Trends. Freiburg/Br. 1998

Zilleßen H. (Hrsg.): Mediation – Kooperatives Konfliktmanagement. Opladen/Wiesbaden 1998

3.2.3 Wettbewerbe

Offensichtlich wirken sich Ideen- und Projekt-Wettbewerbe auf die Qualität der Entwürfe von Freiräumen positiv aus. Entscheidend ist, dass diese bei grünplanerischen Aufgaben für Landschaftsarchitekten ausgeschrieben werden oder dass Landschaftsarchitekten als gleichberechtigte Teilnehmer neben oder als Partner von Architekten auftreten können. Die Teilnahmeberechtigung als Sonderfachmann, Berater oder Experte des Auslobers oder der Jury sollte bei Wettbewerben, die sich auf Freiräume beziehen, die Ausnahme sein. In den EU-Ländern ist zu beachten, dass die Vergaberegeln der Union auch für Leistungen der Architektur, der Stadt- und Landschaftsplanung und der zugehörigen wissenschaftlichen und technischen Beratung gelten, dass also auch Wettbewerbe über die Ländergrenzen hinaus offen sein müssen.

Bundesrepublik Deutschland

Aufgrund der Verpflichtung der Mitgliedstaaten der Europäischen Union, Wettbewerbe grundsätzlich europaweit zugänglich zu machen, wenn der Auftragswert 200 000 Euro übersteigt, ist in Deutschland 1997 die Verdingungsordnung für freiberufliche Leistungen (VOF) verabschiedet worden. Für die Ausschreibung und den Ablauf von Wettbewerben für Architekten- und Ingenieurleistungen waren schon 1995 die **„Grundsätze und Richtlinien für Wettbewerbe"** auf den Gebieten der Raumplanung, des Städtebaues und des Bauwesens (GRW) ausgearbeitet worden, sie wurden inzwischen im Sinne der Öffnung nach außen überarbeitet. Dies führte zu sehr hohen Teilnehmerzahlen, durch die vielfach die Auslober überfordert wurden. Durch Anordnung des Bundesbauministeriums von 1997 wurde der zweiphasige offene Wettbewerb zum Regelverfahren gemacht. Das Wettbewerbswesen wird zur Zeit im Sinne einer Kombination von freier Teilnahme mit geladenen Landschaftsarchitekten diskutiert, wobei insgesamt die Zahl der Teilnehmer, vor allem bei kleineren Bauvorhaben, beschränkt wird.

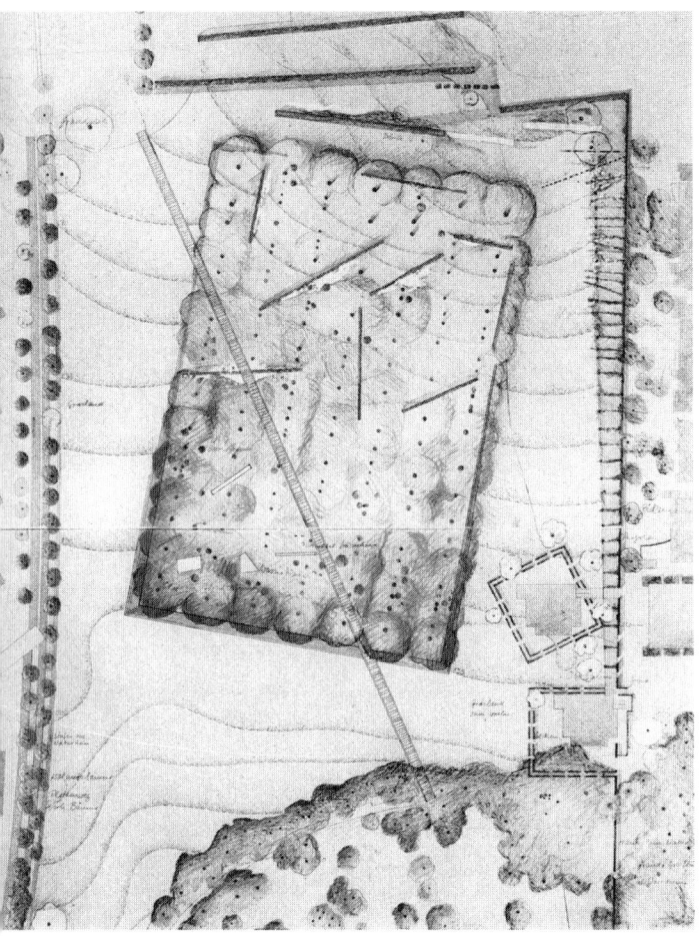

Abbildung 31: Wettbewerb Günthersburgpark Frankfurt/Main. Entwurf Prof. Dieter KIENAST (1. Preis, mit G. VOGT, E. ZWAHLEN, A. TREMP).

Abbildung 32: Wettbewerb Günthersburgpark Frankfurt/Main. Entwurf Gustav LANGE (2. Preis, mit M. BIJAN, P. CARL, K. HÖTKER, D. LICHTENSTEIN).

Schweiz

Die **Wettbewerbsordnung des SIA** (Schweizerischer Ingenieur- und Architektenverein) gilt für Architekten und Ingenieure gleichermaßen und sieht folgende Arten von Wettbewerben vor:

- Ideenwettbewerb: Für konzeptionelle Entscheide oder für die Lösung von Aufgaben, die in allgemeinen Zügen beschrieben werden, beispielsweise städtebauliche Aufgaben; ein Planungsauftrag wird nicht in Aussicht gestellt.
- Projektwettbewerb: Zur Lösung klar umschriebener und abgegrenzter Bauaufgaben; der Maßstab ist in der Regel 1:200; ein Bauauftrag steht für den Erstgereihten in Aussicht. Für größere Aufgaben eignet sich der Wettbewerb in zwei Stufen: zunächst ein Ideenwettbewerb, dann ein Projektwettbewerb.
- Gesamtleistungswettbewerb: Er dient der Erarbeitung von Lösungsvorschlägen zu klar umschriebenen Aufgaben und zur Vergabe der Realisierung einer ausgewählten Lösung aufgrund eines verbindlichen Angebotes über Art, Preis und Qualität.

- Der Studienauftrag an mehrere Architekten, die zu fest vereinbarten, pauschalen Entschädigungen eingeladen werden, Vorprojekte zu liefern; ein Auftrag wird nicht in Aussicht gestellt;
- Testplanung: Hier geht es nicht um die Bewertung der besten Lösung, sondern um die Darstellung von Lösungsmöglichkeiten und Strategien.

Der öffentliche Wettbewerb ist für alle Architekten zugänglich, der Auslober kann zusätzlich weitere Architekten zur Teilnahme einladen. Beim Wettbewerb auf Einladung ist die Teilnahme auf (mindestens drei) ausgewählte Architekten beschränkt. Der Auslober kann bei wichtigen Vorhaben ein Auswahlverfahren (Präqualifikation) durchführen.

Das Preisgericht muss in der Mehrzahl aus Fachpreisrichtern bestehen; dem Auslober wird empfohlen, sich bei der Durchführung des Wettbewerbs von einer erfahrenen Fachperson beraten zu lassen. Die Vorprüfung bereitet die Arbeit des Preisgerichts vor, das die Projekte beurteilt, die Rangfolge für die Vergabe der Preise festlegt und Empfehlungen für den Auslober formuliert.

Österreich

Alle Wettbewerbe für Landschaftsplaner (Ingenieurkonsulenten für Landschaftsplanung und Landschaftspflege) unterliegen grundsätzlich der vom Bundesministerium für wirtschaftliche Angelegenheiten anerkannten **Wettbewerbsordnung für das Ingenieurwesen** (WOI) vom 26.6. 1999, in Ausnahmefällen auch der Wettbewerbsordnung für Architekten (WOA) aus 1988 in der Fassung von 1996 (1999 überarbeitet) der Bundeskammer der Architekten und Ingenieurkonsulenten. In der **WOI** wird zwischen folgenden Wettbewerben unterschieden:

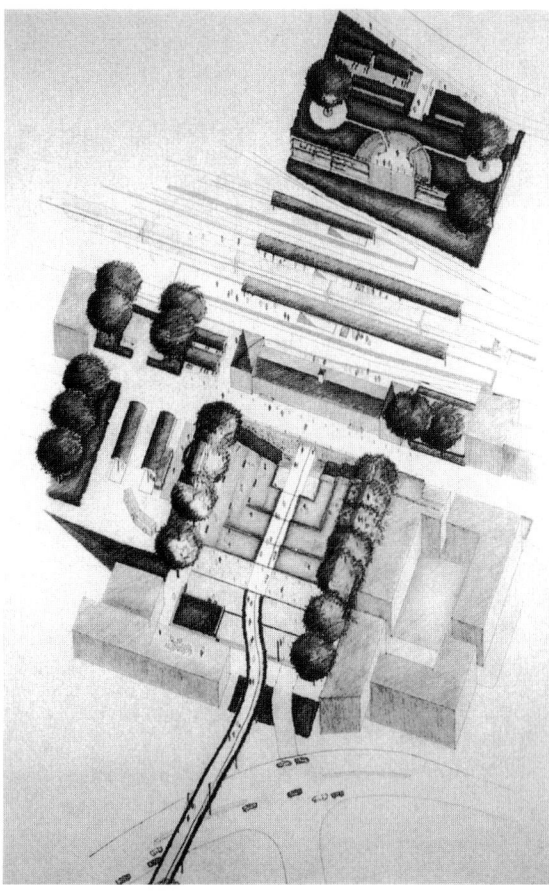

Abbildung 33: Studenten-Wettbewerb Bahnhofsvorplatz Ingolstadt Nord. Entwurf M. Parizek (2. Preis, mit A. Helberg, T. Widmann).

Abbildung 34: Städtebaulich-landschaftsplanerischer Wettbewerb für Landschaftsarchitekten Wien-Hirschstetten. Entwurf R. Ivancsics, H. Langenbach (1. Preis).

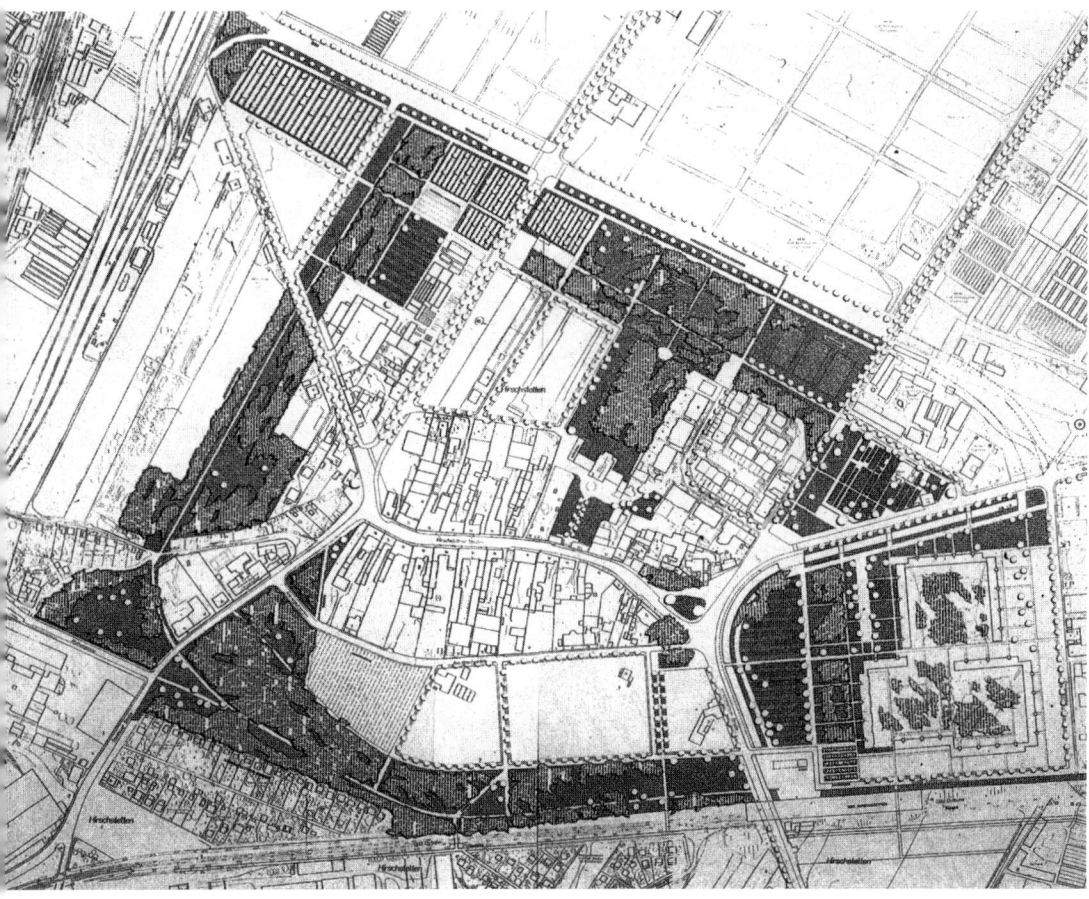

- Offener Wettbewerb: Der Auslober schreibt den Wettbewerb für qualifizierte (= teilnahmeberechtigte) Fachleute öffentlich aus; die WOI empfiehlt wegen des großen Aufwandes die Durchführung dieser Wettbewerbe ab einer voraussichtlichen Bausumme von 2 Mio Euro.
- Nicht offener Wettbewerb (Wettbewerb mit beschränkter Teilnehmerzahl): Grundsatz dieser Wettbewerbsform ist, dass der Auslober aus allen sich bewerbenden Ingenieuren mindestens drei Teilnehmer auswählt, die dann am Wettbewerb teilnehmen können (Praequalifikationsverfahren); die Kriterien für die Auswahl müssen den Bewerbern bekannt sein.
- Einladungsverfahren (geladener Wettbewerb): Der Auslober beschränkt den Teilnehmerkreis auf mindestens drei und höchstens sieben von ihm direkt ausgewählte Landschaftsarchitekten (Ingenieurkonsulenten).

Der Auslober eines offenen Wettbewerbs kann einen oder mehrere Teilnehmer namentlich zuladen. Bei großen Projekten kann nach zwei Stufen, etwa nach Ideen- und Gestaltungswettbewerb, getrennt werden (mehrstufiger Wettbewerb); dies ist vom Auslober in der Ausschreibung ausdrücklich bekanntzugeben.

Wettbewerbe können als regionale, nationale und internationale Wettbewerbe durchgeführt werden. Das Verfahren beim Wettbewerb ist grundsätzlich anonym. Die WOI verpflichtet den Auslober unter anderem, Vertreter der Länder- bzw. Bundeskammer der Architekten und Ingenieurkonsulenten als Preisrichter in die Jury aufzunehmen und in der Ausschreibung eine Erklärung dahin abzugeben, dass einem entsprechenden Vorschlag des Preisgerichts hinsichtlich der Beauftragung von Preisträgern und der Bauausführung gefolgt wird (Absichtserklärung).

In einem **allgemeinen** Teil der Wettbewerbs-Ausschreibung ist zum Verfahren unter anderem bekannt zu geben:
- Kreis der berechtigten Teilnehmer, vor allem berufliche Qualifikation;
- Gebiet, aus dem Teilnehmer einreichen können, beispielsweise Bundesland, Staat, Länder der Europäischen Union, weltweit;
- Termine für die Ausgabe der Unterlagen, für Rückfragen, Hearing/Fragebeantwortung, Begehungen des Wettbewerbsgebietes, Abgabe der Wettbewerbsarbeiten, Sitzung des Preisgerichts;
- Zusammensetzung des Preisgerichts (Jury) nach Fachpreisrichtern und Sachpreisrichtern.

Im **besonderen** Teil sind anzugeben:
- die Aufgabenstellung in möglichst umfassender Form (Ziele des Wettbewerbs);
- die Randbedingungen, die vom Teilnehmer einzuhalten sind, beispielsweise zu erhaltende Gebäude und Bäume, bindende Verkehrslösungen und dergleichen;
- die inhaltlichen Anforderungen an den Wettbewerbsbeitrag, beispielsweise Mindestgrößen an Flächen und Kubaturen, Art und Anzahl bestimmter Einrichtungen, beispielsweise Spiel- und Sportanlagen, Dachbegrünung und dergleichen;
- die vom Teilnehmer zu erbringenden Leistungen, beispielsweise Pläne, Schaubilder, Modelle, Berechnungen;
- die Beurteilungskriterien, die die Jury festgelegt hat.

Für alle Wettbewerbe, unabhängig vom Staat und von der jeweils geltenden Wettbewerbsordnung, ist jedenfalls eine sorgfältige Vorbereitung, insbesondere die Vorgabe der Ergebnisse von Bestandsaufnahme und Analyse sowie der gesteckten Ziele notwendig. Bereits im Vorfeld jedes städtebaulichen Verfahrens müssen die wesentlichen Grundsätze für die Freiraumplanung geklärt werden, etwa die Geschossflächendichte (GFD), Art und Ausmaß der nutzbaren Freiflächen, wichtige öffentliche Wegeverbindungen, Sichtbeziehungen, ökologische Ziele und dergleichen. Sie sind in die Ausschreibung aufzunehmen und in die Vorprüfung einzubeziehen.

Grundsätzlich sollten alle Wettbewerbe **anonym** sein, damit eine unvoreingenommene Beurteilung gesichert ist; **nonyme** Verfahren sind – als Ausnahme – bei Gutachterverfahren mit wenigen Teilnehmern und in der letzten Stufe eines mehrstufigen Wettbewerbs möglich.

Am Beispiel eines geladenen Wettbewerbs für einen innerstädtischen Park in Wien werden im Folgenden als Arbeitshilfe die wichtigsten **Beurteilungskriterien** für Vorprüfung und Preisgericht angeführt (R. GÄLZER):

Kriterien für die Beurteilung durch die **Vorprüfung**:
- Einhaltung der formalen Bedingungen wie Anzahl, Format, Ausführung der Pläne, Modell, Bericht;
- Einhaltung des Abgabetermins, der Anonymität (wenn gefordert);
- Einhaltung der Zwangspunkte, beispielsweise Höhen, Einfahrten, und der technischen Rahmenbedingungen wie Einbauten, Leitungen;
- Einhaltung einschlägiger Normen wie ÖNORM B 2607, B 2241;
- Erfüllung der in der Auslobung geforderten Funktionen des Parks sowie der bekanntgegebenen besonderen Wünsche des Bezirks, beispielsweise nach einem Brunnen;
- Erfüllung der geforderten Funktionen der umgebenden Straßen, beispielsweise als Wohnstraße; Zufahrten und öffentliche Durchgänge;
- Realisierbarkeit des Ausbaues in Abschnitten (wenn gefordert);
- Übereinstimmung mit bau- und planungsrechtlichen sowie sonstigen gesetzlichen Bestimmungen;
- Besonderheiten, vor allem hinsichtlich der Realisierung (Bauführung, Anrainer, Lärmentwicklung);
- Kosten.

Kriterien für die Beurteilung durch das **Preisgericht**:
a) **Funktionen**:
- Angebot an vielfältigen Nutzungen, Nutzbarkeit für Alters-, Bevölkerungsgruppen (Ethnien); Wegeführung, Zufahrten zu Gebäuden, Stellplätze, Rad- und Fußwege, Kreuzung mehrerer Verkehrsarten; Berücksichtigung von Betrieben, Hotels, Garagen;
- Zuordnung von Nutzungen bzw. Außenräumen zu Bauten wie Lokale, Betriebe, Studentenheim, Hotel und dergleichen mehr;
- Berücksichtigung des Kleinklimas wie Sonne-Schatten, Wind;
- Materialwahl für Beläge, Geräte, Ausstattung wie Beleuchtung, Bänke, Abfallkörbe und dergleichen aus funktioneller Sicht; Nutzbarkeit, Handhabung, Haltbarkeit, Pflege;
- Oberflächenwasser, Bewirtschaftung;
- Pflanzenwahl aus funktioneller Sicht;
- Bedingungen für den Betrieb wie Einzäunung, Spielgeräte, Liegen und dergleichen mehr.

b) **Gestaltung einschließlich Stadtgestalt**
- Raumbildung, zum Beispiel durch Bodenmodellierung, Gehölzpflanzungen, bauliche Elemente, Einbeziehung von Straßen- und Platzräumen; Maßstäblichkeit nach innen und außen; Höhendifferenzierung, Anlage in mehreren Ebenen;
- Materialwahl und Pflanzenwahl aus gestalterischer Sicht;
- Eingehen auf den „Ort", auf die lokale Geschichte, auf vorhandene Bebauung und Elemente wie Brunnen, Denkmal, auch in Form von bewusstem Kontrast.

c) **Ökologie und Umwelt**
- Anteil der Bodenversiegelung, Berücksichtigung des Niederschlags, etwa Sickermulden, wasserdurchlässiger Wege- und Platzbelag;
- Pflanzenwahl mit Blick auf den Standort, auf Pflegebedarf;
- Schutz vor Lärm; Schutz vor Immissionen; ruhige und laute Bereiche.

d) **Wirtschaftlichkeit**
- Anlagekosten, Materialwahl im Verhältnis zur Funktion; gegebenenfalls entwurfsbedingte Erschwernisse bei der Bauführung; Zufahrtmöglichkeiten bei Erhaltung der Anlage;
- Betriebs-, Erhaltungs- und Pflegekosten; Lebensdauer der Ausstattung;
- Kosten der Bewachung, Betreuung.

e) **Zu erwartende Akzeptanz** bei

- Bezirksvertretung, Wohnbevölkerung; Betriebs-, Geschäfts- und Lokalinhabern; Beschäftigten;
- Fußgängern, Radfahrern, Autofahrern, sowohl Anrainer als auch Passanten.

Informationen über ausgeschriebene Wettbewerbe für Architekten und Landschaftsarchitekten sind via Internet verfügbar unter

International: www.nextroom.at
EU-weit: http://ted.eur-op.eu.int/index2.htm oder über www.tenders.com
BRD: www.baunetz.de
www.wettbewerbe-aktuell.de (E.U.bau aktuell)
Quelle: Kammer der Architekten und Ingenieurkonsulenten Wien.

Eine vergleichsweise junge Form von Konkurrenzen in Österreich ist der **Bauträger-Wettbewerb**. Die Idee dabei ist, gute Architektur mit Wirtschaftlichkeit in der baulichen Ausführung zu verknüpfen und so Förderungsmittel sinnvoll einzusetzen. Die Wettbewerbsteilnehmer sind gewerbliche und gemeinnützige Bauträger, die gemeinsam mit Architekten ihrer Wahl durchkalkulierte Projekte einreichen. Von der Jury wird unter anderem auf die ökologische Qualität und die frauengerechte Planung geachtet. Bei allen großen geförderten Wohnbauten in Wien ist der Bauträger-Wettbewerb zwingend vorgeschrieben, auch wenn bereits ein städtebaulicher oder Architektur-Wettbewerb vorangegangen war. Für die Bemessung und die Qualität der Grün- und Freiräume hat diese an sich sinnvolle Vorgangsweise zur Folge, dass sie aus Kostengründen sehr stark eingeschränkt werden. Das verständliche Ziel der Bauträger, dem sich die beauftragten Architekten anpassen, ist die Maximierung der Nutzfläche auf einem vorgegebenen Grundstück. Dass nutzbare Grünflächen für die künftigen Bewohner auch Wohn-Nutzflächen sind, wird dabei übersehen, ebenso die von der Stadtplanung vorgegebenen Mindestwerte für wohnungs- und wohngebietsbezogene Grünflächen. Dabei sind ausreichende und gut ausgestattete Grünräume ein wichtiges Argument für den Verkauf und die Vermietung von Wohnungen.

Literatur

Bundeskammer der Architekten und Ingenieurkonsulenten: Wettbewerbsordnung für das Ingenieurwesen (WOI). Wien 1999

Bundeskammer der Architekten und Ingenieurkonsulenten: Wettbewerbsordnung der Architekten (WOA). Wien 1996, Neufassung 1999 (Entwurf)

Metron: Wettbewerb im Wettbewerbswesen, Themenheft 15. Metron AG Brugg, 1998

SIA (Schweizerischer Ingenieur- und Architektenverein): Ordnung für Architektur- und Ingenieurwettbewerbe, Nr. 142, SIA Zürich, 1998

Wettbewerbe, Architekturjournal; 8 Ausgaben jährlich. Verlag WERBA. Wien

3.3 Planungsebenen, Planarten, Planinhalte

3.3.1 Land, Stadtregion, Großstadt, Grünsysteme (Maßstab 1:100 000, 1:50 000, 1:25 000)

Bundesland, Kanton (Maßstab 1:200 000, 1:100 000)

Räumliche Entwicklungskonzepte für ganze Staaten oder Bundesländer besitzen den allgemeinen, unverbindlichen Charakter von Leitlinien und politischen Absichtserklärungen, sie werden meist nur in Textform niedergelegt; in der Regel handelt es sich um einen Zielkatalog, etwa zur Sicherung der naturräumlichen Ressourcen, der Ernährung des Volkes, der Erhaltung der Wirtschaftskraft und der Arbeitsplätze. Ergänzende planliche Darstellungen im Maßstab

1 : 500 000, 1 : 200 000 und 1 : 100 000 können zwangsläufig nur bedingt aussagekräftig sein und die im Text formulierten Ziele graphisch verdeutlichen. Das Problem solcher gesamtstaatlicher Konzepte liegt darin, dass es fast keine realen Möglichkeiten zu ihrer Umsetzung gibt, ausgenommen Förderprogramme; in dieser Hinsicht gewinnen sie allerdings im Rahmen der Europäischen Union an Bedeutung.

Aufgabe der Landschaftsplanung auf dieser Ebene ist das Sichtbarmachen und Begründen ihres Vorranges **vor** der Planung der Bebauung und des Verkehrs, vor allem im Hinblick auf die Erhaltung und Entwicklung der Kulturlandschaft und der Ressourcen wie Boden und Wasser. Das entsprechende Planungsinstrument ist das **Landschafts-Entwicklungsprogramm.**

In Stadtstaaten kann dessen Inhalten ein sogenanntes **Landschaftsprogramm** (in Deutschland im Bundesnaturschutzgesetz vorgesehen) als Grundlage und Beitrag zur Stadtentwicklung entsprechen. Wesentlich ist, dass dieses Landschaftsprogramm ausschließlich nach den fachlichen Grundsätzen der Landschaftsplanung erarbeitet wird; es stimmt dadurch allerdings – fast zwangsläufig – **nicht** mit den Zielen der baulichen Entwicklung, die nach wirtschaftlichen Grundsätzen vor sich geht, überein. Durch das Landschaftsprogramm sollen diese Divergenzen schon möglichst früh im Planungsprozess sichtbar gemacht und diskutiert werden. Freilich wirkt sich eine Erarbeitung in ständigem engen Kontakt mit der Landes- bzw. Stadtplanung positiv aus und ist daher anzustreben.

In die überregionale Landschaftsplanung fließen derzeit noch kaum Standortentscheidungen von global agierenden Investoren ein, die nach übernationalen Maßstäben und Überlegungen des Konzerns vorgehen und auf regionale Beziehungen nur bedingt Rücksicht nehmen, allenfalls im Hinblick auf die Verfügbarkeit von Grundstücken, Arbeitskräften und Subventionen durch die öffentliche Hand. Solche Entscheidungen werden oft überraschend getroffen und entziehen sich auch dadurch einer langfristigen Planung.

Es ist damit zu rechnen, dass mit einer engeren Verflechtung der Staaten und Regionen in der Europäischen Union bewährte Beispiele einer interdisziplinären Planung einschließlich der Landschaftsplanung eine Vorbildwirkung erlangen. Dies mag besonders für Österreich gelten, wo seit jeher ausländische Projekte und Fachleute großes Ansehen genießen. Vor allem die Förderungsgebiete der EU reichen weit über örtliche Planungen hinaus und bewirken tiefgreifende regionale Entwicklungen, etwa im Ziel I-Gebiet Burgenland.

Die Landschaftsplanung und vor allem der Ausbau eines Grünsystems für eine Stadt sind ohne die Einbeziehung der **Gemeinden** in der **umliegenden Region** und ohne ein mehrere Regionen übergreifendes Konzept kaum möglich. In Österreich sind zur Zeit Instrumente regionaler und überregionaler Kooperation nur in Einzelfällen entwickelt. Da die Landschaftsplanung der Stadt nicht über deren politische Grenzen hinaus wirksam werden kann, sind für die Landschaftsrahmenplanung **regionale Verbände** von besonderer Bedeutung, so unter anderen

- Kommunalverband Ruhrgebiet – KVR,
- Kommunalverband Großraum Hannover,
- Landschaftsverband Rheinland
- Oldenburgische Landschaft,
- Raumordnungsverband Rhein – Neckar,
- Regionaler Planungsverband München,
- Umlandverband Frankfurt a.M.,

aber auch der „Verein Niederösterreich – Wien, gemeinsame Erholungsgebiete", sowie in Österreich auch Steuerungsinstrumente aufgrund von Staatsverträgen nach Art. 15a Bundes-Verfassungsgesetz, beispielsweise die Planungsgemeinschaft Ost der Bundesländer Wien, Niederösterreich und Burgenland. Hier wird deutlich, dass die Großstädte Verantwortung, auch in finanzieller Hinsicht, für die Entwicklung in ihrem Umland, das Versorgungs- und Erholungsraum ist, übernehmen.

85

Ein vorbildliches Beispiel liefern die **Niederlande**, wo die Raumordnung auf allen Ebenen des Staates – Reich, Provinz, Stadtgemeinde – verankert und ineinander verschränkt ist. Auf der staatlichen Ebene werden Grundsätze, Strukturschemata und Strukturskizzen verfasst. Dieses Planungsinstrumentarium wird auf den Ebenen Provinz und Gemeinde durch vertiefende Pläne konkretisiert. Dazu kommen die für das ganze Staatsgebiet zuständigen Dienste (Forstwesen, Wasserwirtschaft) und aufgabenbezogene Arbeitsgruppen, die über mehrere Fachressorts und Verwaltungsebenen reichen.

Ein für die übergreifende Landschaftsplanung wichtiges Konzept ist beispielsweise das der „Randstad-Groenstruktur" (RGS), das räumlich wie inhaltlich die Abgrenzung zwischen dem Wachstum mehrerer Großstädte (Randstad mit Amsterdam, Rotterdam, den Haag, Utrecht) und die Ausweisung zusammenhängender Freiraumzonen zum Ziel hat. Der Erfolg dieses Planes ist nicht zuletzt darin begründet, dass er bauliche Erweiterung und Sicherung von Freiräumen in sich vereinigt und dass er bei bindenden grundlegenden Zielen doch Raum für partielle Entwicklungen lässt. Der Plan ist aber auch ein Beispiel dafür, dass sich verändernde Verhältnisse neue Ideen und Konzepte erfordern. Der Wohnbau verlagert sich von staatlich geförderten zu privaten Bauträgern, marktwirtschaftliche Ziele beherrschen die Bodenpolitik, es fehlt eine Verwaltung für die Region „Randstadt – Grünes Herz". Nach langen Diskussionen wurde 1994 ein weltweit offener Wettbewerb für Architekten, Stadtplaner und Landschaftsplaner ausgeschrieben; er erbrachte eine Reihe von Ideen, mit denen die schleichende Reduktion der Freiräume aufgehalten werden soll.

Die Länder **Berlin** und **Brandenburg** haben in einem 1995 in Kraft getretenen Vertrag vereinbart, Raumplanung und Landesplanung gemeinsam zu bearbeiten, wofür eine eigene Planungsabteilung eingerichtet wurde. In Entwicklungsprogrammen verpflichten sich die Länder zur Sicherung und Entwicklung von Regionalparks innerhalb und außerhalb des Stadtgebietes von Berlin. Dies soll unter der Mitarbeit von Gemeinden, Verbänden, verschiedenen öffentlichen und privaten Akteuren geschehen. Die Regionalparks werden nicht als isolierte Erholungsräume, sondern als umfassende Entwicklungsgebiete mit vielfältiger Nutzung betrachtet.

Stadtregion, Agglomeration, Großstadt (Maßstab 1 : 50 000, 1 : 25 000)

Dem Regionalplan oder Stadtentwicklungsplan für eine Stadt(region) entspricht als Fachplan der **Landschaftsrahmenplan** im Maßstab 1 : 50 000 oder 1 : 25 000. Er stellt die Grundlagen- und Fachplanung zu diesen Plänen sowie zu Planungen mit regionaler Wirksamkeit dar, wie zum Beispiel zur Trassierung von Autobahnen und Eisenbahn-Schnellstrecken, zu Projekten für Kraftwerke, zur Baustoffgewinnung in größerem Maßstab. Hier werden in mehreren, nach Sachgebieten differenzierten Plänen, teilweise generalisiert, dargestellt:

- die naturräumlich-ökologischen Zusammenhänge als Grundlage für alle anderen Planungen wie Bebauung, Verkehr, Wirtschaft und andere mehr;
- der Bestand an Freiräumen jeder Art, soweit möglich differenziert nach privat, halböffentlich, öffentlich; naturräumlich-ökologische Schutzgebiete und -zonen; diese werden auch nach übernationalen Grundsätzen abgegrenzt, beispielsweise Schutzgebiete der Europäischen Union;
- die angestrebte Lage bzw. Verteilung der Freiräume, flächig dargestellt, entwickelt aus der ökologischen und der Bestandskarte, die Biotoptypen entsprechend der Kartierung;
- die angestrebte räumliche Entwicklung, hier vor allem die Raumbildung durch den Baumbestand (Alleen, Baumreihen, Schutzpflanzungen, flächige Aufforstungen), soweit darstellbar.

Am Beginn der Bearbeitung eines Landschaftsrahmenplanes steht eine **Leitidee**, ein räumliches Leitkonzept, aus dem dann einzelne Projekte abgeleitet und umgesetzt werden können. Eine weitere wichtige Aufgabe ist das Gegenüberstellen der Landschaftspotentiale, also der Ressourcen und der Leistungsfähigkeit der Landschaft, mit den vorhandenen und möglichen anthropogenen Nutzungen, etwa um abschätzen zu können, in welche Richtung sich die weitere bauliche Entwicklung bewegen könnte.

Bereits während der Bearbeitung des Landschaftsrahmenplanes sollten **Prioritäten** deutlich ausgesprochen und dargestellt werden, zum Beispiel, dass die naturnahe Erholung Vorrang vor dem Arten- und Biotopschutz haben soll, ausgenommen in besonders gekennzeichneten Bereichen, die aufgrund der Stadtbiotop-Kartierung als sehr schützenswert erkannt wurden.

Aus mehreren Gründen empfiehlt es sich für den Bearbeiter, eine Gesamtplanung, also etwa einen Landschaftsrahmenplan, in einzelne **Sachprogramme** aufzulösen wie in: Spielflächenprogramm, Kleingartenprogramm, Programm Wohnumfeldverbesserung, Straßenbaumprogramm, Bodenschutzprogramm, Bäderprogramm und andere. Der Vorteil liegt unter anderem darin, dass sich wichtige Interessenvertretungen mit einem Programm identifizieren und es auf kommunalpolitischer Ebene fördern können, beispielsweise der Verband der Kleingärtner, Sportverbände, Siedlungsgesellschaften und andere Bauträger, vor allem, wenn sie in die Ausarbeitung des Programms eingebunden worden sind. Die Aufteilung in Maßnahmen, für die jeweils eine Fachverwaltung zuständig ist, kann auch die Finanzierung erleichtern.

Wichtig ist, dass die Bearbeitung, die in der Regel zwei bis drei Jahre in Anspruch nimmt, durch eine Lenkungsgruppe aus Mitgliedern aller sachlich zuständigen Verwaltungsstellen begleitet wird und dass von der federführenden Dienststelle ein für diese Aufgabe freigestellter sachkundiger, dafür qualifizierter Mitarbeiter die Koordination übernimmt.

Verbindlichkeit erlangen die Aussagen des Landschaftsrahmenplanes – nach Abwägung der öffentlichen Interessen – durch die Übernahme in die Instrumente der Raumplanung, der Verkehrsplanung und des Naturschutzes. Je früher die intensive Zusammenarbeit mit den entsprechenden Dienststellen einsetzt, desto größer sind die Chancen für eine positive Abstimmung. Es empfiehlt sich auch, dem Planungsverfahren, vor allem einem offiziellen Verfahren, eine interne Anhörung der Bezirksvertretungen und der nicht hauseigenen Fachbehörden vorzuschalten. Die dabei gegebenen Hinweise und Anregungen können eingearbeitet und spätere Einwendungen von vornherein vermieden werden. Der dann vorliegende Planentwurf wird dem zuständigen Ausschuß des Gemeinderates vorgelegt und schließlich je nach Geschäftsordnung vom Hauptausschuß oder vom Gemeinderat beschlossen. Ein besonderes Problem liegt darin, dass sich die Planungshoheit der Stadt nicht auf Vorhaben des Bundes wie Eisenbahnanlagen, Autobahnen, Kasernen u. a. m. erstreckt.

Im Folgenden werden die generellen Planungen in einigen Großstädten kurz skizziert. Für das gesamte Stadtgebiet von **Wien** wurde erstmals von 1978 bis 1980 ein **Landschaftsrahmenplan** als fachliche Vertiefung zum ersten Stadtentwicklungsplan für Wien erarbeitet. Das Planungsteam bestand aus E. W. HEISS, R. GÄLZER und dem Österreichischen Institut für Raumplanung mit H. SCHACHT und H. PURSCHKE. Die Koordination lag bei der Mag. Abt. 18, G. KOTYZA.

Zehn Jahre später wurden im **Landschaftsrahmenplan Wien-Nordost** von R. IVANCSICS und H. HATTINGER 1990 die im Stadtentwicklungsplan allgemein formulierten Ziele der Landschaftsplanung für den Nordosten Wiens räumlich und inhaltlich konkretisiert.

Siehe Farbtafel II, Abbildung 35: Landschaftskonzept Wien-Nordost im Rahmen der Stadtentwicklung und Stadterweiterung – Stadt Wien, MA 18 Stadtplanung. Gruppe Grün- und Freiraum. Landschaftsarchitekt Karl GLOTTER, Planung Landschaftsarchitekt Thomas PROKSCH, 1993.

1994 wurde gemeinsam mit dem zweiten Stadtentwicklungsplan für Wien das „Landschafts- und Freiraumkonzept für den Nordosten Wiens" vom Wiener Gemeinderat beschlossen. Es sieht folgende Kategorien vor:

- **Landschaftsgestalterische Vorrangflächen** als Grundgerüst eines übergeordneten Landschafts- und Freiraumsystems. Um die Kernzonen des Grünraumes sicherzustellen und die großräumige Gliederung des Stadtraumes zu bewirken, soll zumindest ein Teil dieser Flächen durch die Stadt Wien angekauft werden.
- Erhaltenswerte Teile der **Kulturlandschaft**: Zonen mit hoher ökologischer Bedeutung und besonders bemerkenswerte Teile der Kulturlandschaft wie Bisamberg, Lobau.
- **Landschaftspflegerische Maßnahmen** in vorwiegend agrarisch genutzten Bereichen, die ebenfalls zum Grundgerüst des Freiraumkonzeptes gehören, deren Erwerb jedoch nicht unbedingt erforderlich erscheint.
- **Gärtnereien** bzw. intensive landwirtschaftliche Nutzungen.

87

Mit diesem Konzept wurde vom Wiener Gemeinderat auch ein Maßnahmenpaket zu seiner Verwirklichung durch planungsrechtliche Vorkehrungen sowie durch den Ankauf und die Ausgestaltung von Vorrangflächen – nach Maßgabe der budgetären Möglichkeiten – beschlossen.

Weitere aktuelle Beispiele für Wien sind die Planung „Grüngürtel Wien 1995" und das 1000 ha-Programm zur Sicherung der Freiflächen im Nordosten der Stadt, beide von der Gruppe Grün- und Freiraum (K. GLOTTER) im Magistrat. Dazu ist anzumerken, dass der Stadtentwicklungsplan und damit alle auf ihn aufbauenden Planungen den Charakter von Richtlinien für alle Dienststellen des Magistrats haben, für andere Körperschaften und die Grundeigentümer aber nicht verbindlich sind.

Durch die besondere Situation von **Berlin** (West), wo seit 1989 ungeheure Veränderungen – auch in der Freiflächenstruktur – vorgehen, sind dort vielfältige Untersuchungsmethoden und Planungsinstrumente entwickelt und angewandt worden, so eine vertiefte Biotopkartierung und ein **Landschaftsprogramm**, das wiederum mit dem Flächennutzungsplan eng verschränkt wurde. Das Landschaftsprogramm, das in etwa dem Landschaftsrahmenplan im oben beschriebenen Sinne entspricht, wurde in vier Teilplänen erarbeitet:
- Naturhaushalt/Umweltschutz,
- Biotop- und Artenschutz,
- Landschaftsbild,
- Erholung und Freiraumnutzung.

Einen interessanten Schritt von den fachlichen Anliegen der Landschaftsplanung für eine Stadt zur umfassenden, integrativen Sicht aller Freiräume bedeutet ein neues Instrument, das ebenfalls in Berlin entwickelt wurde, der „**Stadtentwicklungsplan Öffentlicher Raum**" (STEP ÖR), der von Stadtplanern, Architekten und Landschaftsarchitekten gemeinsam im Maßstab 1 : 25 000 entworfen wird. Leitgedanke ist die Lesbarkeit des Stadtraumes, die sich aus unterschiedlichen, nicht nur durch das Grün bestimmten Raumtypen ergibt. Grünsysteme, Grünzüge und Grünverbindungen werden dabei nicht mehr als Selbstzweck, sondern als Teile eines Raumgefüges gesehen, das auch die Straßen und Plätze umfasst.

Auch für andere Großstädte ist von Interesse, dass sich in der Berliner Stadtplanung zwischen der umfassenden Flächennutzungsplanung für das ganze Stadtgebiet und der relativ kleinräumigen Bebauungsplanung (nach Bundesbaugesetz bzw. Baugesetzbuch) ohne gesetzlichen Auftrag eine sogenannte **Bereichsentwicklungs**-Planung angesiedelt hat. Sie ermöglicht es, die Aspekte der Freiraumplanung weitergehend als in den gesetzlich vorgeschriebenen Instrumenten der Bauleitplanung aufzunehmen. Auch für die Landschafts- und Freiraumplanung eröffnen sich dadurch wertvolle Möglichkeiten, die gleichsam zweidimensionalen Darstellungen des Landschaftsrahmenplanes und des Landschaftsplanes in räumlicher Hinsicht zu konkretisieren und Vorgaben für den Grünordnungsplan zum Bebauungsplan zu formulieren. Durch Grünverbindungen entlang von Flüssen, Kanälen und Bahnlinien sollen die Parkanlagen miteinander verknüpft und die Innenstadt mit dem Umland verbunden werden. Ein besonderes Instrument ist das „**Freiraumkonzept zum Planwerk Innenstadt**", das sich an der klassischen europäischen Stadtplanung orientiert, mit einer eindeutigen Trennung in öffentliche und private Grünräume und klar definierten Typen von Gärten und Parks. Das Planwerk Innenstadt selbst wird allerdings kontrovers diskutiert, vor allem der absehbare Verlust großer Freiflächen; dem stehen aber einige neue Freiraumprojekte gegenüber.

Die Situation in **Berlin** nach 1989 kann – ebenso wie in gewisser Hinsicht auch die in **Wien** – als Beispiel für sich rasch wandelnde Bedingungen für die Freiraumplanung gelten: ein wesentlich höherer Flächenbedarf für Bauten aller Art, starke Umweltbelastungen, der Verlust von Lebensräumen für Tier- und Pflanzenarten, das Hervorkommen vieler Altlasten. Der Bedarf an Bauland trifft auf die Notwendigkeit, für die neu zu errichtenden Wohngebiete Spiel- und Sportanlagen, Kleingärten und Friedhöfe zu schaffen. Das Beispiel der Stadterweiterung in Wien nördlich der Donau hat deutlich gemacht, dass trotz großer Bemühungen der kommunalen Grün- und Freiraumplanung der Bau dieser Wohnfolge-Einrichtungen mit dem Bau der Wohnungen selbst kaum Schritt halten kann. In Berlin hat sich gezeigt, dass die vorbildliche Biotopkartierung und die generelle Grünplanung für den Westen der Stadt durch die Entwicklung seit 1989 weitgehend wirkungslos geworden sind, weil der Grundstücksmarkt darauf keine Rücksicht nimmt.

Grundgerüst der Freiflächenplanung in **Paris** sind Täler, Flüsse, Kiesteiche sowie vorhandene große Parks und Wälder. Wichtige Kategorien von Grünräumen sind:
- Stadtparks zur Versorgung der Wohnbevölkerung, vor allem zur Erholung am Feierabend;
- Regionalparks, die der Wochenenderholung dienen;
- Zentrale Sportanlagen größeren Ausmaßes (Stadtteilsportanlagen);
- Naturnahe Erholungsgebiete in Kiesabbaugebieten, Wälder.

Ein Beispiel für eine freiraumorientierte Stadtentwicklung und für die Bedeutung des öffentlichen Grüns in einer Großstadt ist **Amsterdam**. Dafür waren zunächst die strategisch günstige Lage, die offene Verbindung zur Zuidersee und eine seit jeher zielstrebige Stadtverwaltung maßgeblich.

In Amsterdam lassen sich drei Entwicklungsstadien des Freiraums unterscheiden:
- Die Gärten in den Innenräumen der Bebauung an den Grachten hatten oft einen großen Baumbestand, waren aber nicht öffentlich zugänglich. Bestimmend waren die Bäume an den Grachten und an markanten Kreuzungen. Im Zuge der Stadterneuerung wurden Baulücken als kleine Stadt- und Spielgärten genutzt.
- In den Stadtvierteln des 19. Jh. entstanden die ersten öffentlichen Parkanlagen, teils durch Öffnung privater Gärten (Vondelpark), teils als Volksparks aufgrund privater Initiativen (Sarphatipark), teils schon geplant (Oosterpark, Westerpark). In Anbetracht der hohen Bevölkerungszahlen und -dichte wurde im Süden der Stadt ein 900 ha großer Wald (Amsterdamse bos) angelegt, dem weitere, ähnliche Erholungsgebiete im Norden und Süden folgen sollten.
- Beim Bau der westlichen Gartenstädte wurden erstmals freiraumbezogene Planungsrichtwerte angewandt, großräumige Spiel- und Sportflächen wurden vorgesehen. Als beispielhaft wurde die Stadterweiterung Bijlmermeer angesehen. Dort wurde allerdings auch deutlich, dass ein hohes Maß an öffentlichen Grünflächen zu Entfremdung und Zerstörung führt, so dass der eigene Garten am Hause wieder als Planungsziel eingeführt wurde.

Ein wichtiges Hilfsmittel und Argument für die Freiraumplanung kann die **Typisierung** des Siedlungsgebietes einer Stadt oder des ganzen Stadtgebietes sein, wie sie unter anderem für Bern und Wien (H. SCHACHT) durchgeführt wurde. Für **Bern** wurde folgende Gliederung gebildet, wobei jeweils zwei bis drei Untertypen unterschieden werden:
- Stadtkernbebauung; städtische Wohnquartiere;
- Außenquartiere/Geschosswohnungsbau; Außenquartiere/niedrige Bebauung;
- Institutionen; Industrie- und Gewerbegebiete;
- Grünflächen mit spezieller Nutzung; Grünflächen ohne spezielle Nutzung.

In jeder Stadt finden sich „**Brüche**" verschiedener Art, Diskontinuitäten, Dissonanzen, ausgeprägte Ränder. Sie sind im geschlossen überbauten Gebiet meist verwischt oder zugedeckt und nur für den Kundigen sicht- und spürbar, etwa die Terrassenkanten und die Bachtäler in Wien. Am Stadtrand, also in den baulichen Erweiterungsgebieten, sind sie noch wirksam und sollten zum Thema der Stadtgestaltung gemacht werden, weil gerade sie geeignet sind, die Einmaligkeit des „Ortes" hervorzuheben. Vor allem Bernard LASSUS weist auf diese Brüche (frz. rupture) hin.

Für eine im Sinne der Landschaftsplanung gestaltete **Stadtrandzone** kommen unterschiedliche Elemente in Frage:

- Baumreihen als geplantes städtebauliches Element am Siedlungsrand, wenn nur geringe Flächen zur Verfügung stehen;
- Alleen als Abschluss der Bebauung oder als verbindendes Element zur Landschaft, in Verbindung mit Straßen oder Fuß- und Radwegen;
- Einzelbäume und Baumgruppen, auch Feldgehölze in Gruppen, als Übergang zu dörflichen Strukturen im Umland der Stadt;
- Streuobstwiesen mit weiten Abständen der Bäume als wertvoller Lebensraum für Tiere und Pflanzen, und erwerbsmäßiger Obstbau in dichten Reihen, beides als Strukturen der stadtnahen Kulturlandschaft;
- Feldgehölzriegel und Feldhecken, von Saumgesellschaften begleitet, als ökologisch wertvolle Strukturen im Übergang zu Grünverbindungen im bebauten Gebiet;
- Fließgewässer, meist Bäche, mit begleitender Ufervegetation und Grünlandstreifen, teils entlang des bebauten Gebietes, teils als Übergang von der Landschaft in die Stadt.

Ein signifikantes Beispiel für eine übergreifende Planung ist der „Regionale Grünflächenplan" für **Frankfurt am Main** von Leberecht MIGGE aus dem Jahre 1928, in dem – in Übereinstimmung mit den städtebaulichen Planungen von Ernst MAY – Zonen wie Siedlungs-, Versorgungs-, Handels-, Industrie-, Park-, Promenaden- sowie Wald- und Villen-Zone ausgewiesen wurden. Wichtiges Element des Planes waren die „Grünen Trabanten", Wohnsiedlungen, eingebettet in große randlich gelegene Freiflächen. Verwirklicht wurde davon nur das Niddatal-Projekt, zu dem Ernst MAY unter anderem schreibt: „Tausenden von Familien wird das Niddatal-Projekt zur ideal gelegenen Wohnung verhelfen, die zum großen Teil für alle Zeiten den Blick auf eine der größten Grünflächen in Frankfurts Weichbild genießen ... Zehntausende aber werden sich auf den Wiesen, an den Wasserarmen und Seen des Tales tummeln und von der Arbeit des Alltags erholen." Die Planungen von E. MAY und L. MIGGE waren stark von sozialen Zielen durchdrungen, demgemäß waren auch Kleingartengebiete besonders wichtig. Die Idee von konzentrierten, in sich geschlossenen Siedlungen am Stadtrand taucht um 1962 in der Grünplanung für **Darmstadt** von Günther GRZIMEK in Form von „Waldsatelliten" wieder auf.

Der **Umlandverband Frankfurt am Main** hat das Konzept eines Regionalparks Rhein – Main entwickelt. Dieser verzichtet auf alle baulichen und wirtschaftlich ertragreichen „Parkelemente" und hat im Wesentlichen die gestaltete oder ungestaltete Natur zum Inhalt. Ziel ist es, die Idee des Regionalparks bei Gemeinden, Bürgermeistern und Bürgern als selbstverständliches Gemeingut zu verankern. Grundlage dafür ist das Konzept der Regionalen Grünzüge, die seit etwa 1970 fester Bestandteil der Regionalplanung im Rhein-Main-Gebiet sind und als Barriere gegen die Zersiedelung eingesetzt werden. Sie werden ergänzt durch weitere spezifische Schutzflächen, etwa für den Biotop- und Artenschutz, zur Sicherung des Grundwassers, zur Freihaltung klimatisch bedeutender Bereiche und dergleichen mehr. Weil diese zusammenhängenden Freiräume vom Besucher nicht als System erkannt werden können, soll eine einheitliche landschafts-architektonische Gestaltung zum bewussten Wahrnehmen beitragen.

Ein weiteres Beispiel stellt die Landeshauptstadt **Stuttgart** mit ihrer polyzentrischen Siedlungsstruktur dar: sie ist umgeben von teilweise sehr alten, eigenständigen Mittelstädten. Sie schlossen sich 1976 mit der Stadt Stuttgart zu einem Nachbarschaftsverband zusammen, dessen einzige Aufgabe es ist, einen gemeinsamen Flächennutzungsplan und Landschaftsplan zu erarbeiten. Der Verband umfasst 900 km² mit 1,3 Mio. Einwohnern. Der Regionalverband Mittlerer Neckar führt als Ziel an:

- die Erhaltung der Freiflächen, gleichzeitig den Ausbau zentraler Funktionen;
- die Errichtung von Fabriken;
- den Bau von Wohnungen;
- Verkehrsanlagen.

Der Vergleich zu Wien liegt nahe. Die Sicherung der landwirtschaftlich genutzten Flächen bringt es mit sich, dass die bauliche Entwicklung auf weniger fruchtbare, das heißt in der Regel ökologisch wertvolle Flächen wie Streuobstwiesen, kleine Waldstücke, feuchte Mulden und Hänge mit naturnaher Vegetation ausweicht. Damit gehen wiederum siedlungsnahe Freiflächen für die rasch wachsenden Wohnsiedlungen verloren. Die vom Nachbarschaftsverband zugestandenen Erweiterungen der Siedlungsflächen wurden voll ausgeschöpft, Aussagen des Landschaftsplanes führten in keinem Falle zum Verzicht auf Baulandausweisung. Seit der Gründung des Regionalverbandes Stuttgart hat die besiedelte Fläche um rund ein Drittel zugenommen. Für Wohngebiete werden bevorzugt Flächen außerhalb der Städte gesucht, während Industrie und Gewerbe Grundstücke in den empfindlichen Zwischenzonen zwischen Stadt und Land aufkaufen, möglichst an Schnittstellen mehrerer Verkehrsträger. Dieser Entwicklung kann auch der Regionale Landschaftspark Mittlerer Neckar – Region Stuttgart, trotz aller Bemühungen der Landschaftsplanung, nicht entgegenwirken.

Nach dem Vorbild von Wien und Berlin entwickelte Robert SCHMIDT bereits 1912 für das **Ruhrgebiet** Vorschläge für größere, von der Bebauung freizuhaltende Flächen in Form von Grünzügen. Diese Vorstellungen wurden vom 1920 gegründeten Siedlungsverband Ruhrkohlenbezirk übernommen. 1923 entstand daraus der Verbandsgrünflächenplan. 1966 wurden die zwischen den Städten des Ruhrgebiets ausgewiesenen Grünzüge mit dem Gebietsentwicklungsplan für den Siedlungsverband Ruhrkohlenbezirk für alle Städte und Kreise verbindlich. Der **Kommunalverband Ruhrgebiet (KVR)** setzt als Rechtsnachfolger des Siedlungsverbandes diese Grünpolitik fort, so dass heute zwei Drittel des Ruhrgebiets Grünflächen sind, davon ein bedeutender Anteil als Schutzgebiete nach dem Naturschutzgesetz. Unterstützt wird die Entwicklung durch eine zielgerichtete Vorgangsweise beim Ankauf und Verkauf von Liegenschaften, weil nicht die Planung, sondern nur der Grunderwerb in den Freihaltezonen die Bebauung verhindern kann. Für die notwendige Entwicklung der Wirtschaft wird es für notwendig erachtet, das Potential von rund 6000 ha großflächiger Brachen im Ruhrgebiet zu erschließen. In diese Richtung geht das Projekt Emscher-Park der Internationalen Bauausstellung (IBA). Das Ziel ist die Erneuerung der Emscher-Region, einer 800 km² großen Städte-Landschaft mit rund 2 Mio. Einwohnern. Die Kosten für die geplanten acht Einzelprojekte werden auf rund 77,0 Mio. Euro geschätzt. Die schwierigste Aufgabe ist die Koordination zwischen dem Kommunalverband Ruhrgebiet, den interkommunalen Arbeitsgemeinschaften, den betroffenen Städten und Kreisen und den übrigen Trägern der einzelnen Maßnahmen.

Grünsysteme

Als Grünsystem wird die räumliche und funktionelle Ordnung **aller** Grünräume einer Stadt zueinander und im Zusammenhang mit dem städtebaulichen Gefüge bezeichnet. Manchmal werden auch nur die größeren Grünräume, ab etwa einem Hektar Größe, dem Grünsystem zugerechnet. Der Begriff „Grünsystem" sagt nichts über dessen Ausdehnung insgesamt oder über die Größe seiner Bestandteile aus. Es kann durchaus der Fall sein, dass größere Flächen nur durch schmale Grünverbindungen miteinander verknüpft sind, wenn diese eine ausreichende ökologische Tragfähigkeit für die Migration von Tieren und Pflanzen besitzen.

Grunderfordernisse der Freiräume in den Städten sind:
- sie müssen ökologisch ausgerichtet und dabei vielseitig nutzbar sein;
- sie sollen ästhetisch vielfältig sein und eine Einheit von Schönheit und Nützlichkeit bilden;
- sie müssen ein in sich verflochtenes Gefüge ergeben.

Diese Forderungen sind am ehesten zu erfüllen, wenn möglichst viele Freiräume Bestandteil eines vielgestaltigen, zusammenhängenden Grünsystems sind. Dieses **Grünsystem** muss aber einer inneren Logik folgen, es darf nicht um seiner selbst willen konstruiert sein. Die Ordnung der Grünflächen in einem System kann zu Mehrfachfunktionen und damit zur Einsparung von

Abbildung 36: Grünzug „Westliches Aatal", Teil des Grünsystems der Stadt Münster, Luftbild. Amt für Grünflächen und Naturschutz Münster.

Wesentlich ist die Frage, wie, vor allem durch welche Nutzung, die betreffenden Grundstücke wirtschaftlich gesichert werden können. Vergleichsweise feste Bestandteile eines Grünsystems sind Wälder und nicht bebaubare Flächen, sei es durch ungeeigneten Baugrund wie Deponien, Steinbrüche und dergleichen, sei es durch Altlasten auf ehemaligen Industriestandorten; für alle anderen Flächen müssen finanziell und/oder politisch gewichtige Gründe für das Freihalten vorhanden sein. In der Argumentation wird die Zuordnung von Grünräumen zu Baugebieten, vor allem Wohngebieten, meist stärker wirksam als die Verknüpfung in einem System.

Grünsysteme des 19. Jh. sind die von Peter Joseph LENNÉ geplanten und nur zum Teil verwirklichten Schmuck- und Grenzzüge für Berlin und München, anfangs des 20. Jh. gefolgt von den Planungen von Robert SCHMIDT (1910) für ein Grünflächensystem für das Ruhrgebiet – mit dem Ziel der Gliederung der rasch wachsenden Bergbau- und Industriestädte. In Wien wurde 1905 der Wald- und Wiesengürtel mit zunächst 4400 ha Fläche beschlossen; er erlitt danach zwar immer wieder Flächenverluste, gewann aber auch neue Flächen hinzu. 1980 umfasste der Wald- und Wiesengürtel rund 6600 ha, 1995 rund 10800 ha, nach Verwirklichung des Planes Grüngürtel Wien 1995 werden es 15800 ha sein.

Um 1960 hat Rudolf HILLEBRECHT die städtebauliche Form einer Stadtregion mit etwa 2 Mio. Einwohnern entwickelt, bei der die Landschaft die Stadt umschließt und sich in vier Keilen bis zum dichtbebauten Kern erstreckt, in der Stadt in Form von Erholungs- und Sportflächen, außerhalb als Landwirtschaft, Wald, Moor und Flussauen. Auch wo ältere Grünsysteme im Laufe der Zeit beeinträchtigt wurden, versucht man, sie wieder freizulegen, so das Parksystem von Boston von F. L. OLMSTED.

Jede Diskussion über Grünsysteme muss auch davon ausgehen, dass niemand ein Grünsystem bewusst erleben kann, weder im Maßstab der Stadt noch in dem der Region. Allenfalls ist ein Fachmann in der Lage, es vom Flugzeug aus zu erkennen. Der Bewohner einer Stadt wird immer nur einzelne Ausschnitte wahrnehmen können, seinen Garten, einen Park, einen Friedhof, ohne sich bewusst zu sein, dass er sich in einem „System" befindet, ebensowenig wie es ihm beim Weg durch die Stadt deutlich wird, dass er ein Straßen-System benutzt. Erlebt wird allenfalls ein ausgedehntes lineares Grünsystem beim Durchfahren; daraufhin sind die Parkways in den USA konzipiert. Die **Begriffe** Grünsystem, Grüngürtel und Grünkeil werden gleichwohl als kommunalpolitische Ziele eingesetzt. Die Stadt Stuttgart hat das „Grüne U"- ein Teil des Grünsystems – erfolgreich zum werbewirksamen Thema für eine Gartenschau gemacht.

In einigen Städten wird durch Beschlüsse des Gemeinderates, meist einstimmig, das gewidmete Grünland, also das gesamte Grünsystem, auf (ewige) Dauer vor jeglicher anderer Nutzung bewahrt, wobei diese Beschlüsse für die gesamte Stadtverwaltung und die städtischen Betriebe bindend sind. Dies sind in Salzburg die „Feierliche Deklaration geschütztes Grünland" vom 28. 6. 1985, in Wien die „Grünlanddeklaration", in Innsbruck das „Tabuflächenkonzept". In der Wiener **Grünlanddeklaration,** am 24. Juni 1986 vom Gemeinderat einstimmig beschlossen, heißt es unter anderem: „Bei Entscheidungen in Interessenkonflikten ist dem Grünland besonderer Vorrang gegenüber anderen Nutzungen einzuräumen.". Die bisherige Erfahrung in mehreren Städten zeigt allerdings, dass diese Instrumente in der Praxis kaum wirksam sind. Sie sind in keiner Weise rechtsverbindlich, das Nichtbeachten ist mit keiner Sanktion bedroht.

Formale Grünsysteme und ihre Problematik

Der **formale Aspekt** von Grünsystemen ist für Architekten und Stadtplaner von besonderem Reiz; das ist oft bei städtebaulichen Wettbewerben zu beobachten, bei denen eine „Grüne Mitte" sowie rasterförmige und lineare Strukturen von Grünflächen auftauchen. Im Folgenden werden einige formale Grünsysteme beschrieben werden, die in verschiedenen Zeitabschnitten von Bedeutung waren und zum Teil noch sind.

- **Stern:**
  Radiale Grünkeile führen aus dem Umland in das Stadtinnere, so dass sich in der Aufsicht ein sternförmiges Bild ergibt. Der Vorteil ist: die Grünflächen sind von überall erreichbar, das Nachwandern von Tier- und Pflanzengesellschaften in die Stadt ist möglich. Das Argument, der Städter könne über die Grünkeile zu Fuß von der Haustür im Grünen bis hinaus „in die Landschaft" wandern, ist bei großen Städten in Anbetracht der Entfernungen unrealistisch. Ein Nachteil ist, dass in den Außenbezirken, die randlich an große Freiflächen angrenzen, die Keile breit, im Innenstadtbereich, in dem der größte Bedarf an Grünflächen besteht, schmal sind.

- **Ring:**
  Ein oder mehrere Ringe von Freiräumen umschließen die bebauten Gebiete. Sie sind meist entstanden aus der Entfestigung im 19. Jh. Grüne Ringe bestehen unter anderem in Wien, Köln, Braunschweig, Bremen, Hamburg. Von Vorteil ist die günstige Erreichbarkeit der Grünräume, vor allem bei zwei Ringen (innerer, äußerer Ring). Ein Nachteil besteht darin, dass die grünen Ringe durch Verkehrstrassen zerschnitten werden und dass oft Grünflächen durch – meist öffentliche – Bauten verloren gehen.

- **Kamm, Doppelkamm:**
  Ausgehend von einem linearen breiten Grünzug zweigen mehrere Grünzüge rechtwinklig ab, beim Kamm nach einer Richtung, beim Doppelkamm nach beiden Richtungen. Dieses Grünsystem entspricht der Situation einer Stadt in einem Haupttal, in das mehrere Seitentäler einmünden. Ein typisches Beispiel ist Saarbrücken. Der Vorteil ist: Die Grünräume sind gut erreichbar; das System entspricht meist der naturräumlichen Situation. Von Nachteil ist, dass die Grünflächen oft durch die Tallage sehr eingeschränkt sind.

- **Band:**
  Ein bandförmiger Freiraum erstreckt sich parallel zur Bebauung. Dieses Grünsystem entspricht dem Modell einer Bandstadt nach den Plänen von N. A. MILJUTIN. Von Vorteil ist die sehr gute Erreichbarkeit der Grünräume von den Baugebieten aus. Nachteilig ist, dass das System in der Praxis nur gleichzeitig mit der Planung der ganzen Stadt konzipiert werden kann.

93

- **Punktförmige Verteilung:**
  Große Grünräume sind gleichmäßig über das Stadtgebiet verteilt, jeweils in Zuordnung zu den Stadtteilen. Vorteile sind: Die stadtklimatische Wirkung ist sehr günstig, die Grünräume sind durchwegs gut erreichbar. Ein Nachteil besteht darin, dass die Grünanlagen voneinander isoliert sind, ein aus ökologischen Erfordernissen erwünschter Austausch ist nicht möglich.

Grünsysteme auf geomorphologischer Grundlage

Ihre konstituierenden Elemente sind:
- begleitende Grünräume an Flüssen und Bächen, in Tälern;
- bewaldete Anhöhen, Höhenrücken, Hügel- und Bergkämme;
- Grünräume entlang des Ufers stehender Gewässer wie Seen und Teiche.

Diese Grünsysteme sind am besten zu begründen, weil sie eine Vielzahl wichtiger Funktionen erfüllen wie Orientierung, Verbessern des Stadtklimas, Freihalten von Ufern für die Allgemeinheit und andere mehr. Sie entsprechen auch meist der Struktur der Stadt, wenn diese sich an geomorphologischen Leitlinien entwickelt hat, das heißt, die Struktur der Stadt bildet sich im Grünsystem ab. Ein aktuelles Beispiel für die Bemühungen um ein solches Grünsystem ist die Integration des Flusses Main und seiner Flusslandschaft in die Stadt Frankfurt, sichtbar etwa am Museumsufer; für dieses Projekt werden auch Baugebiete umstrukturiert.

Ein Problem solcher Grünsysteme besteht darin, dass die Linearität ihrer Hauptelemente, aber auch der Grundbesitz der öffentlichen Hand, zur Anlage von Straßen und Bahntrassen geradezu herausfordert. Auch wenn ein Teil der Grünzüge erhalten bleibt, bilden die Verkehrsanlagen doch sehr wirksame Barrieren zwischen Fluss und Baugebieten. Viele durch hervorragende Leistungen der Grün- und Stadtplanung vorhandene Grünsysteme aus vergangenen Jahrzehnten, beispielsweise radiale Grünsysteme oder Grüngürtel, aber auch die Begleitflächen an Flüssen wurden durch Straßenbauten entwertet, so in Wien (Donaukanal, Wienfluss), Paris (Seine), Frankfurt am Main, Köln und Mainz.

Grünsysteme zur Steuerung der baulichen Entwicklung

Die planerische Absicht, das ungeregelte Wachstum einer Stadt an einer vorgegebenen Linie zu begrenzen, hat mehrmals zum Vorschlag eines Grüngürtels oder Green belts geführt, beispielsweise beim Schutzgebiet Wald- und Wiesengürtel für Wien, beim äußeren Grünen Ring für Moskau und beim Green belt für London, in jüngerer Zeit beim Grüngürtel Sapporo (Japan). Die älteren Beispiele zeigen, dass diese Planungsvorstellung illusorisch ist. Es kommt früher oder später zum Druck auf die freigehaltenen Flächen und in der Folge zur schrittweisen Verbauung, es sei denn, es handelt sich um Grünräume, die in der Bevölkerung – unabhängig vom Grüngürtel – eine besonders hohe Wertschätzung genießen oder die aus technischen Gründen unbebaubar sind. Den Beginn der Bebauung des Grüngürtels bilden oft Einrichtungen, denen von ihrer Art her die Lage im Grünen auch von der breiten Bevölkerung zugebilligt wird, etwa ein Krankenhaus, ein Altenwohnheim, eine Sporthalle. Um sie herum entstehen weitere Bauten, vor allem solche, die in Wohngebieten nicht erwünscht sind; diese ziehen schließlich weitere Gebäude nach sich.

Grünsysteme zur Verbesserung der Umweltbedingungen

Aus klimatologischer Sicht üben eine Vielzahl durch Vegetation bestimmter Flächen, die gleichmäßig über das bebaute Gebiet verteilt sind, günstigere Wirkungen aus als ein grobmaschiges Grünsystem aus linearen Grünzügen. Ein Netz von Grünverbindungen ist wiederum aus ökologischer Sicht von hohem Wert, beispielsweise grüne Korridore entlang linearer Verkehrsbänder, die durch die Stadt führen, die fast nie begangen oder sonst genutzt werden. Diese Aussagen könnten zu dem Schluss führen, dass Systeme aus großen Grünflächen für die Umweltbedingungen in der Stadt keine oder nur eine geringe ökologische Bedeutung besitzen. Der

GrünGürtel Frankfurt am Main mit rund 8000 ha (rund ein Drittel des Stadtgebietes) und 70 km Länge und der Wald- und Wiesengürtel Wien mit rund 10 800 ha besitzen gleichwohl, wie auch andere vergleichbare Grünräume, eine große Bedeutung als Kaltluft-Entstehungsgebiete und als Lebensräume für Tier- und Pflanzengesellschaften. Hier liegt unter anderem auch die Bedeutung regionaler Grünsysteme, zum Beispiel im Umlandverband Frankfurt am Main (UVR) und im Kommunalverband Ruhr (KVR), in denen Grünzüge als Klimaschneisen und zur Wassergewinnung, also aus Gründen des Umweltschutzes, besonders gesichert sind.

Wichtig sind bei diesen Systemen „**Grünkeile**", die von den klimatischen Ausgleichsgebieten, gleichsam als Transportbahnen möglichst weit in das Stadtinnere, das Wirkungsgebiet, hineinreichen. Ein Großteil der Industrie- und Gewerbegebiete in städtischen Ballungsgebieten wirkt belastend durch die monolithische Struktur der baulichen Anlagen und durch die trennende Wirkung, die sie durch ihre Abgeschlossenheit ausüben. Ein wesentliches Ziel muss daher das Aufbrechen dieser Strukturen durch solche Grünkeile sein.

In der Praxis ist eine **Kombination** mehrerer Systeme anzustreben, ausgehend von der geomorphologischen Situation und vom Bestand an erhaltenswerten Grünräumen.

Beispiele für Grünsysteme

Wien – Wald- und Wiesengürtel

Bei manchen Städten hat die bauliche Entwicklung kaum Rücksicht auf naturräumliche Gegebenheiten genommen. Ein Beispiel dafür ist die Ausbreitung der Stadt Wien: sie ist an einem südlichen Seitenarm der Donau entstanden, ohne Verbindung zum nördlichen Ufer. Die Vorstädte legten sich halbkreisförmig um die Stadt, jeweils in einem Fluss- oder Bachtal oder auf einer geomorphologisch geformten Terrasse. Die weiter außen gelegenen Vororte waren alte Dörfer, auch durchwegs in Tallage. Zuerst wuchsen die Vorstädte, dann auch die Vororte auf die Hänge der Täler und der Terrassen, schließlich auf die Kammlagen hinauf. So ist heute die Topographie der Stadt nur stellenweise, vor allem an Stiegenanlagen, deutlich erlebbar. Das Stadtgebiet nördlich der Donau wurde erst nach 1900 städtisch bebaut, in großem Umfang erst seit etwa 1970.

Bis in die erste Hälfte des 19. Jh. war es praktisch nicht notwendig, öffentliche Parkanlagen zu bauen; das Umfeld der Stadt war leicht erreichbar, große kaiserliche Parkanlagen wurden für die Bevölkerung geöffnet: 1766 der Prater, 1775 der Augarten, 1776 der Belvedere-Garten, später die Menagerie und der Schlosspark Schönbrunn. Zwischen den Bastionen der inneren Stadt und den Vorstädten lag das größte Erholungsgebiet, das rund 350 bis 400 m breite Glacis, das als Schußfeld von jeder Bebauung freigehalten wurde. So begann eine kommunale Grünpolitik in Wien erst in den Jahren der Gründerzeit, vorbereitet durch die Schleifung der Bastionen und die Stadterweiterung von 1859. In rascher Folge entstanden nach 1860 eine Reihe – überwiegend kleinerer – allgemein zugänglicher Gartenanlagen.

Der zukunftweisende Schritt war jedoch der Beschluss des Wald- und Wiesengürtels durch den Gemeinderat. Der Zeitablauf bei seiner Entwicklung stellt sich wie folgt dar (nach B. DOMANY):
- 1894 Vorschlag von Eugen FASSBENDER für einen 600 m breiten grünen „Volksring für Wien" in etwa 5 km Entfernung von der Stadtmitte;
- 1905, 24.5. Beschluss des Gemeinderates, Genehmigung des Generalprojekts;
- ab etwa 1968 deutlicher Flächenzuwachs; Stand 1. 1. 1977 6202 ha, ferner Konzept für Erweiterung um 4860 ha, vor allem im Norden und Nordosten;
- 1995 rund 10 800 ha, nach der Verwirklichung des Planes Grüngürtel Wien zukünftig 15 800 ha.

In der Denkschrift „Der Wald- und Wiesengürtel und die Höhenstraße der Stadt Wien", Wien 1905, heißt es (auszugsweise):

Abbildung 37: Landschaftskonzept im Übergang vom südlichen Stadtgebiet Wiens zu den Umlandgemeinden. Landschaftsarch. R. Ivancsics, H. Langenbach; Auftraggeber Planungsgemeinschaft Ost (PGO).

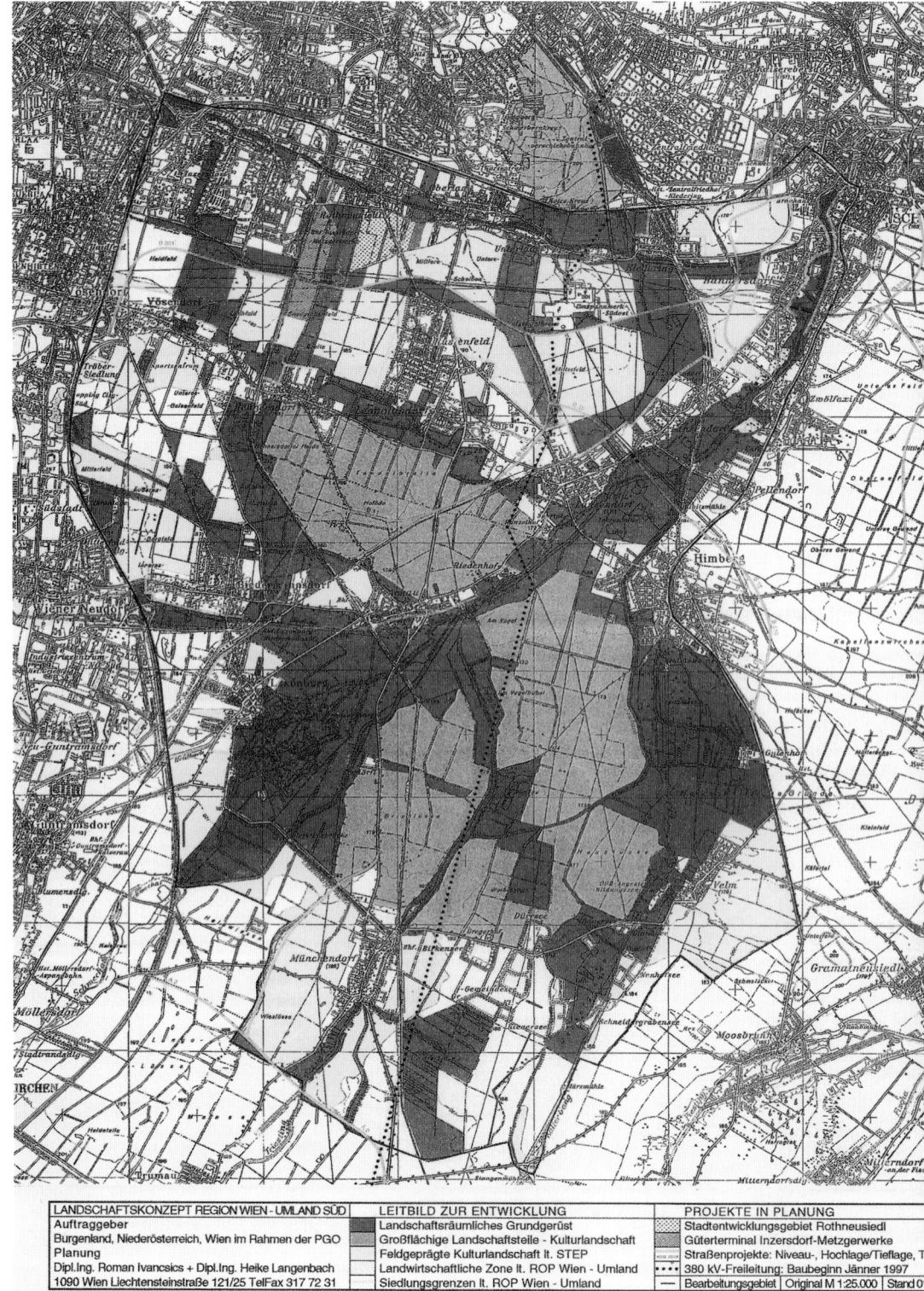

LANDSCHAFTSKONZEPT REGION WIEN - UMLAND SÜD	LEITBILD ZUR ENTWICKLUNG	PROJEKTE IN PLANUNG
Auftraggeber	Landschaftsräumliches Grundgerüst	Stadtentwicklungsgebiet Rothneusiedl
Burgenland, Niederösterreich, Wien im Rahmen der PGO	Großflächige Landschaftsteile - Kulturlandschaft	Güterterminal Inzersdorf-Metzgerwerke
Planung	Feldgeprägte Kulturlandschaft lt. STEP	Straßenprojekte: Niveau-, Hochlage/Tieflage, Tu
Dipl.Ing. Roman Ivancsics + Dipl.Ing. Heike Langenbach	Landwirtschaftliche Zone lt. ROP Wien - Umland	380 kV-Freileitung: Baubeginn Jänner 1997
1090 Wien Liechtensteinstraße 121/25 TelFax 317 72 31	Siedlungsgrenzen lt. ROP Wien - Umland	Bearbeitungsgebiet | Original M 1:25.000 | Stand 01.

- „Der **Wald- und Wiesengürtel** und die Höhenstraße der Stadt Wien verfolgen einen doppelten Zweck: vor allem soll dadurch der Stadt die Zufuhr reiner Luft gesichert, dann aber auch die Möglichkeit eines erfrischenden Aufenthaltes im Freien und ästhetischer Anregung den Bewohnern dauernd gewahrt oder in erhöhtem Masse neu geboten werden."...(S. 3.).
- „Der breite unverbaute Gürtel an der westlichen und nordwestlichen Stadtgrenze kann zugleich als ein Schutzdamm gegen das Übergreifen der Bebauung auf die andere Seite des Waldes jenseits des Stadtgebietes angesehen werden."
- „Der dritte Teil des Wald- und Wiesengürtels, im Süden der Stadt, von der westlichen Abdachung des Wienerberges bis zur Donau, durchzieht ein Stadtgebiet, das zumeist von wenig bemittelter Bevölkerung und dicht bewohnt ist. ...In diesem Stadtteile ist daher die Vorsorge für grüne Flächen besonders nötig."
- „Gleichzeitig mit diesem grossen, im Allgemeinen zusammenhängenden Wald- und Wiesengürtel, der nur jenseit der Donau einstweilen noch nicht geschlossen ist, sollen noch **möglichst viele im Stadtgebiet verstreute Plätze** für Gartenzwecke gesichert werden". (Hervorhebung im Original)

Die Entwicklung seit dem Beschluss des Wiener Gemeinderates von 1984 über den Stadtentwicklungsplan, überarbeitet 1994, zeigt für das Wiener Grünsystem insgesamt durchaus positive Züge, etwa einen bedeutenden Zuwachs der Flächenwidmung Schutzgebiet Wald- und Wiesengürtel, aber auch Verluste bei großflächigen Freiflächen zugunsten der Bebauung, wovon vor allem die Landwirtschaft betroffen ist. Der einstimmige Beschluss der „Grünlanddeklaration" im Wiener Gemeinderat hat an der zwiespältigen Grünpolitik nichts geändert.

Ein Beispiel für ein Grünsystem aus der zweiten Hälfte des 20. Jh. ist das Freiflächensystem von **Milton Keynes**, einer Stadtgründung zwischen London und Birmingham, bei der die Kulturlandschaft mit ihren drei Flusstälern und ihren Hügeln das Grundmuster für eine zusammenhängende Grünstruktur bildet, die rund 1500 ha der Gesamtfläche der Stadt von 9000 ha einnimmt. Wesentlich war der Grundsatz, dass sich möglichst große Teile des Freiflächensystems durch die landwirtschaftliche Nutzung selbst tragen. Perlenartig eingestreut sollten Einrichtungen wie Sportanlagen, Picknickplätze, Autostellflächen, kommerzielle Vergnügungsparks und dergleichen sein, miteinander netzartig verknüpft. Von Interesse ist hier, dass sowohl die Nutzung als auch die Finanzierung auf öffentliche, vereinsartige (Trust) und private Träger verteilt ist.

Frankfurt am Main
Die Ziele und Funktionen eines modernen Grünsystems sind in der **GrünGürtel-Charta** Frankfurt am Main (auch GrünGürtel-Verfassung, Beschluss 1991) beispielhaft beschrieben; einige Absätze werden im Folgenden auszugsweise zitiert:
- „Im Bewußtsein ihrer Verantwortung für die nachkommenden Generationen erklärt die Stadtverordnetenversammlung der Stadt Frankfurt am Main hiermit ihren Entschluß, rings um die Kernstadt freie Flächen als „**GrünGürtel Frankfurt**" langfristig zu sichern und zu entwickeln."...
- „Der GrünGürtel, die innerstädtischen Grünverbindungen und die äußeren Grünzüge sind die Teile eines zusammenhängenden und sich ergänzenden städtischen Grünsystems."...
- „Der GrünGürtel ist durch radiale und zirkuläre Grünverbindungen mit den Quartieren der Kernstadt verbunden."...."Nach außen verbinden Grünzüge den GrünGürtel mit den Freiräumen der Region."...
- „Der GrünGürtel ist wichtiger, vielfältig nutzbarer Raum für die Frankfurter Bevölkerung und die angrenzenden Gemeinden. Er ist Ort der land- und forstwirtschaftlichen sowie gartenbaulichen Nutzung. Als Raum des Alltags, der Freizeit und der Erholung sowie der Bewegung im Freien hat er umfassende Bedeutung."...

Zum sozialen Nutzen des GrünGürtels heißt es unter anderem:

- „Im GrünGürtel werden vielfältige, umweltverträgliche Betätigungsmöglichkeiten mit offenem Raum zur Eigeninitiative für alle Bevölkerungsgruppen nach ihren Lebensgewohnheiten eröffnet. Bewegung, Sport und Spiel im Freien leisten einen Beitrag zur Gesundheitsvorsorge."
- „Grundsätzlich sollen die Flächen des GrünGürtels für alle zu jeder Zeit unentgeltlich zugänglich sein. Eingezäunte Flächen wie Kleingartenanlagen, Sportanlagen und dergleichen lassen sich durch Wege, die tagsüber offen sind, durchgängig machen. Der Anteil der eingezäunten Flächen im GrünGürtel soll langfristig verringert werden."

Als Planungsgrundsätze werden unter anderem genannt:

- „Die Planungen gehen davon aus, dass der GrünGürtel kein starres statisches Gebilde, sondern Gegenstand und Träger einer stetigen Entwicklung ist. Landschaften sind nicht starr, sondern in Bewegung, entwickeln und verändern sich."
- „Entwicklungsziele von relevanten Institutionen und Trägern öffentlicher Belange sowie Fachplanungen werden durch die Zielfortschreibung der GrünGürtelVerfassung geprüft und gegebenenfalls in seine Zielsetzung aufgenommen."

Gerade der letzte zitierte Absatz macht deutlich lesbar, dass die Formulierungen Ergebnis eines Kompromisses zwischen visionären Zielen einerseits und dem Ringen um die Zustimmung der in der Stadtverordnetenversammlung vertretenen Parteien, des Regionalverbandes und des Regierungspräsidenten als Genehmigungsbehörde andererseits sind.

Auch in **Sapporo** (Japan) wurde um 1990 ein „Grüngürtel-Projekt" ausgearbeitet, ein weiteres Beispiel für den Versuch, mit einem grünen Ring, der sich aus Wäldern, Landwirtschaftsflächen und anderen Freiräumen zusammensetzt, das planlose Ausufern der städtischen Bebauung zu verhindern. Der Grüngürtel hat einen Umfang von rund 100 km und eine Fläche von etwa 16 000 ha; die Grundstücke befinden sich überwiegend in Privatbesitz.

Literatur

Baeseler H. (Koord.): Freiflächensystem der Stadt. Grundsätze und Empfehlungen. Bauforschung/Baupraxis 262. Berlin 1990

Bauer J.: Entwicklung städtischer Freiflächensysteme als integraler Bestandteil des Städtebaues 1850 bis 1930. Beiträge zur räumlichen Planung Bd. 45. Inst. für Grünplanung und Gartenarchitektur Univ. Hannover. Hannover 1996

Bundesinstitut für Sportwissenschaften (Hrsg.): Städtebauliche Richtlinien. Köln o.J.

Burkhard H.P. et al.: Freiraumkonzept Stadt Zürich. Schlußbericht. Gartenbauamt der Stadt Zürich. 2. Aufl. Zürich 1986

Domany, B.: Der Wald- und Wiesengürtel-Wohngarten der Wiener. In: Wien aktuell 7/1977 S. I–IV

Delarber, W.: Ökologische Gesichtspunkte in der Ortsplanung – Ebene Großstadt. Institut für Städtebau und Wohnungswesen (ISW) München der Deutschen Akademie für Städtebau und Landesplanung. Manuskriptreihe H. 4.34. München 1991

Ermer K., R. Hoff, R. Mohrmann: Landschaftsplanung in der Stadt. Stuttgart 1996

Gälzer R.: Vergleich der Grünsysteme europäischer Großstädte mit jenem von Wien. Beiträge zur Stadtforschung, Stadtentwicklung und Stadtgestaltung Band 17. Wien 1987

Geyer T.: Regionale Vorrangkonzepte für Freiraumfunktionen – der Beitrag der Regionalplanung für einen besseren Freiraumschutz. Institut für Städtebau und Wohnungswesen (ISW) München der Deutschen Akademie für Städtebau und Landesplanung. Manuskriptreihe H. 4.19. München 1989

IRS (Institut für Regionalentwicklung und Strukturplanung, Hrsg.): Nachhaltige Freiraumentwicklung aus siedlungsstruktureller und regionaler Sicht. Berlin 1996

Kotyza G. et al.: Tendenzen, Ziele und Maßnahmen zur Stadtentwicklung. Beiträge zur Stadtforschung, Stadtentwicklung und Stadtgestaltung. Wien 1981

Magistrat der Stadt Wien, Stadtplanung: Stadtentwicklungsplan Wien 1994. Beiträge zur Stadtforschung, Stadtentwicklung und Stadtgestaltung, Band 53. Wien 1994

Stadtentwicklungsbehörde Hamburg (Hrsg.): Landschaftsbild. Reihe Landschaftsprogramm Hamburg. Hamburg 1995

von Grot R., F. Kunst et al.: Stadtentwicklung ohne Landschaftsverbrauch. Möglichkeiten zur Freiraumsicherung durch Stadtinnenentwicklung. Bielefeld 1988

Beispiele

Becker C. et al. (Hrsg.): Naherholung in der Region Berlin. Sonderheft S 4 der Schriftenreihe des Fachbereichs Landschaftsentwicklung der TU Berlin. Berlin 1990

Detzlhofer A.: Stadt in Latenz (Ballungsraum Linz/Donau). In: Garten und Landschaft H.10/1998

Gälzer R., Hansely H.J.: Grünraum, Freizeit und Erholung, Probleme – Entwicklungstendenzen – Ziele. Stadtentwicklungsplan Wien. Wien 1980

Gemeinsame Landesplanungsabt. Berlin/Brandenburg, K. Ermer: Gemeinsamer Landesentwicklungsplan für den engeren Verflechtungsraum Brandenburg/Berlin (LEPeV). Gemeinsames Landesentwicklungsprogramm Berlin/Brandenburg (LEPro). Entwurf Berlin 1995

Goedecke, O.: Stadt- und Regionalplanung unter ökologischen Gesichtspunkten, Fallbeispiel Großstadtregion – Umland und Stadt München. Institut für Städtebau und Wohnungswesen (ISW) München der Deutschen Akademie für Städtebau und Landesplanung. Manuskriptreihe H. 4.33. München 1991

Hübotter P., F. Spengelin, D. Strube: Grün im Städtebau. Hrsg. Niedersächs. Sozialministerium. Hannover 1983

Koenigs T. (Hrsg.): Vision offener Grünräume – GrünGürtel Frankfurt. Frankfurt am Main 1991

Kommunalverband Ruhrgebiet (Hrsg.): Die Landschaftsplanung beim Kommunalverband Ruhrgebiet – Entwicklung, Ziele, Inhalt, Perspektiven. Essen 1993

Kossak E.: Hamburg, die grüne Metropole. Hamburg 1996

Landeshauptstadt Hannover: Entwicklungskonzept für öffentliche Freiräume. Bearbeiter G. Böttner, G. Baingo. Hannover 1987

Magistrat der Stadt Wien, Stadtplanung: Wettbewerb Donaubereich Wien, 1. Wettbewerbsstufe, Programm. 2. Wettbewerbsstufe, Abschlußbericht; Teil 3: Sammlung der Berichte und Unterlagen, Festlegungen der Jury. Wien 1973/1977

Rainer R.: Planungskonzept Wien. Wien 1962

Schacht H.: Landschaftsrahmenplan Donauauen 1. Altenwörth-Wien, 2. Wien-Hainburg. Hrsg. Planungsgemeinschaft Ost (PGO), Berichte – Veröffentlichungen. Wien 1980/1985

3.3.2 Örtliche Ebene, Stadtteil, Bezirk (Maßstab 1:10000, 1:5000)

Dem Flächennutzungsplan (Flächenwidmungsplan, Richtplan) für diese Ebene (1:25000, 1:10000, 1:5000) entspricht als Fachplan der **Landschaftsplan**. Er ist eine (materiell, nicht rechtlich) obligatorische Vorstufe der verbindlichen Raumplanung bzw. Bauleitplanung, er liefert auch die wichtigen Belange des Naturschutzes und der Landschaftsplanung, die nach deutscher Rechtsauffassung in den Bauleitplänen berücksichtigt werden müssen; sachlich gilt dies ebenso für die Schweiz und für Österreich.

Landschaftspläne werden auch als Grundlagen- und Fachpläne zu Projekten größeren Ausmaßes auf örtlicher Ebene erarbeitet, zum Beispiel zu Schnellstraßen, Industriegebieten, Mülldeponien, Abbauflächen, Erholungsgebieten und dergleichen. Der Landschaftsplan ist ein Werkzeug sowohl für die Verwaltung als auch für die Öffentlichkeit. Er wird bei Bauvorhaben ebenso wie bei Einzelmaßnahmen und Entwicklungsabsichten herangezogen. Naturschutzverbände und Politiker nutzen ihn zur Argumentation, Fachbehörden können ihre Aussagen mit seiner Hilfe abstützen. Träger der Landschaftsplanung sind dabei in der Regel die Gemeinden, die Naturschutzbehörden können lediglich mitwirken.

Aufgrund praktischer Erfahrungen ist zu empfehlen, auf der Grundlage der Bewertung von Natur und Landschaft, unabhängig von weiteren Unterteilungen, drei Arten von Flächen zu unterscheiden und darzustellen:
- Flächen, auf denen jegliche Art von Bebauung ausgeschlossen ist (Tabuflächen, Ausschlussflächen);
- Flächen, auf denen Bauvorhaben bedenklich sind oder erst in weiterer Zukunft (Zeithorizont 15 bis 25 Jahre) möglich sein könnten (Konfliktflächen, Vorbehaltflächen, Reserveflächen);
- Flächen, auf denen Bauvorhaben unter Beachtung landschaftsplanerischer Vorgaben vertretbar sind.

Diese Gliederung setzt voraus, dass ein Landschaftsplan in allen Schritten erarbeitet worden ist.

Siehe Farbtafel II, Abbildung 38: Leitbild zum Landschafts- und Grünraum-Konzept Dornbirn, Vorarlberg. R. ALGE, A. EICHBERGER, Th. LOACKER, S. ZECH, Landschaftsplaner/Raumplaner.

99

Aus **fachlicher** Sicht sollten im Landschaftsplan unter dem Oberbegriff „Grünland" vier **Kategorien von Grünflächen** unterschieden werden:

- **Allgemeine Grünflächen:**
  Begriffe wie „Parkanlagen" oder „Grüngürtel" sind für diese Art von Grünflächen nicht umfassend genug und missverständlich, denn es handelt sich hier neben Parkanlagen auch um Spielflächen, Badeanlagen an Gewässern, Grünverbindungen, Sondergrünflächen, Truppenübungsplätze, Wassergewinnungsanlagen und andere Grünflächen, die nicht den folgenden Kategorien zuzuordnen sind.
- **Sportflächen:**
  das sind Trainings- und Wettkampfanlagen, Vereinssportplätze, nicht vereinsgebundene Sportanlagen, Betriebssportanlagen und Freibäder.
- **Kleingartenflächen** einschließlich Gemeinschaftsflächen.
- **Friedhofsflächen** einschließlich friedhofsbezogener Betriebsflächen (Steinmetz, Friedhofsgärtner, Pflegebetrieb).

In Landschafts- und Grünordnungsplänen (zu Bebauungsplänen) sollten diese Flächenkategorien nach den örtlichen Erfordernissen weiter unterteilt werden. Gesondert darzustellen sind **Wasserflächen**, **Landwirtschaftsflächen** und **Waldflächen** (anstelle von „Flächen für die Land- und Forstwirtschaft"). Waldflächen sind alle nach dem Forstgesetz 1975 als Wald definierten Flächen, also auch Bodenschutzpflanzungen.

Am Beispiel des Raumordnungsgesetzes für Niederösterreich wird gezeigt, welche Widmungen dort im **Flächenwidmungsplan** unter dem Oberbegriff **Grünland** festgesetzt werden

- Gl   Landwirtschaft
- Gf   Forstwirtschaft
- Ggü   Grüngürtel
- Gg   Gärtnerei
- Gkg   Kleingärten, Gasthaus, Schutzhaus
- Geb   erhaltenswertes Bauwerk
- Gsp   Spiel- und Sportanlage
- Gp   Parkanlage
- ++   Friedhof
- Gc   Campingplatz
- Gö   Ödland
- Gmg   Materialgewinnungsstätte: Sg Schottergrube, Lg Lehmgrube, Stb Steinbruch
- Gm   Müllablagerungsplatz
- Glp   Lagerplatz

Im „Gesamtleistungsbild Landschaftsplan" der Honorarordnung für Leistungen der Architekten und Ingenieure (HOAI) ist die schrittweise Erarbeitung dieses Planes etwa wie folgt beschrieben:

1. Klären der Aufgabenstellung und Ermitteln des Leistungsumfangs
   - Zusammenstellen einer Übersicht der vorgegebenen, bestehenden und laufenden örtlichen und überörtlichen Planungen und Untersuchungen, Abgrenzen des Planungsgebiets;
   - Zusammenstellen der verfügbaren Kartenunterlagen und Daten nach Umfang und Qualität;
   - Werten des vorhandenen Grundlagenmaterials;
   - Ermitteln des Leistungsumfangs und der Schwierigkeitsmerkmale;
   - Festlegen ergänzender Fachleistungen, soweit notwendig; Ortsbesichtigungen.

2. Ermitteln der Planungsgrundlagen
   a) Bestandsaufnahme einschließlich voraussehbarer Veränderungen von Natur und Landschaft:
      – Erfassen der größeren naturräumlichen Zusammenhänge und siedlungsgeschichtlichen Entwicklungen
      – des Naturhaushalts und der landschaftsökologischen Einheiten;
      – des Landschaftsbildes, der Schutzgebiete, der Kultur-, Bau- und Bodendenkmäler;
      – der Erholungsgebiete, deren Erschließung, der Bedarfssituation;
      – der Flächennutzung und voraussichtlicher Änderungen;
   b) Landschaftsbewertung nach den Grundsätzen von Naturschutz und Landschaftspflege einschließlich Erholung:
      – Bewerten des Landschaftsbildes sowie der Leistungsfähigkeit des Naturhaushalts, insbesondere hinsichtlich Empfindlichkeit, besonderer Flächen- und Nutzungsfunktionen, nachteiliger Nutzungsauswirkungen, geplanter Eingriffe;
      – Feststellen von Nutzungs- und Zielkonflikten nach den Grundsätzen von Naturschutz und Landschaftspflege;
   c) Darstellung der Bestandsaufnahme und der Landschaftsbewertung in Karten und Erläuterungstext.

3. Vorläufige Planfassung (Vorentwurf)
   Grundsätzliche Lösung der Planungsaufgabe, mit Varianten, in Karten und erläuterndem Text:
   a) Darlegen der Entwicklungsziele hinsichtlich Leistungsfähigkeit des Naturhaushalts, Pflege natürlicher Ressourcen, Landschaftsbild, Erholung, Biotop- und Artenschutz, Boden-, Wasser- und Klimaschutz, Minimierung von Eingriffen und deren Folgen;
   b) Darlegen der angestrebten Flächenfunktionen einschließlich Nutzungsänderungen, insbesondere für landschaftspflegerische Sanierungsgebiete, Flächen für landschaftspflegerische Entwicklungsmaßnahmen, Freiräume für Erholung einschließlich Sport- und Spielflächen, Vorrangflächen und -objekte des Naturschutzes und der Landschaftspflege, für besonders schutzwürdige Ökosysteme und Biotope;
   c) Vorschläge für Inhalte, die für die Übernahme in andere Planungen, vor allem Bauleitplanung und Raumordnung, geeignet sind;
   d) Hinweise auf landschaftliche Folgeplanungen und -maßnahmen sowie kommunale Förderungsprogramme und auf Abstimmungen mit behördlichen Verfahren;
   e) Abstimmen des Vorentwurfs mit dem Auftraggeber.

4. Entwurf
   Darstellen des Landschaftsplanes in der vorgeschriebenen bzw. genehmigungsfähigen Fassung (soweit erforderlich) in Karte und Text (Erläuterungsbericht).

Als **Schritte** bei der Erarbeitung des Landschaftsplanes können vereinfacht genannt werden:
- Bestandsanalyse
- Nutzungskonzept
- Gestaltungskonzept
- Maßnahmenkonzept.

Der Bund Deutscher Landschaftsarchitekten (BDLA) hat in seiner Veröffentlichung „Modellprojekt Sachsen" die Aufgaben der Landschaftsplanung näher umschrieben, beispielsweise die „Beschreibung und Bezifferung der Schäden und Risiken, die mit baulichen Eingriffen verbunden sind, sowie der Maßnahmen, die zum Ausgleich erforderlich werden." Gerade weil der Landschaftsplan keine eigene Rechtskraft erlangt, müssen seine Inhalte geeignet sein, in (behörden)verbindliche Pläne Eingang zu finden und in die vorgeschriebene Abwägung einbezogen zu werden.

Abbildung 39: Grünplanung Bern-West, Entwicklungskonzept. Planer K. Huber, A. Zuber, Stadtgärtnerei
Bern.

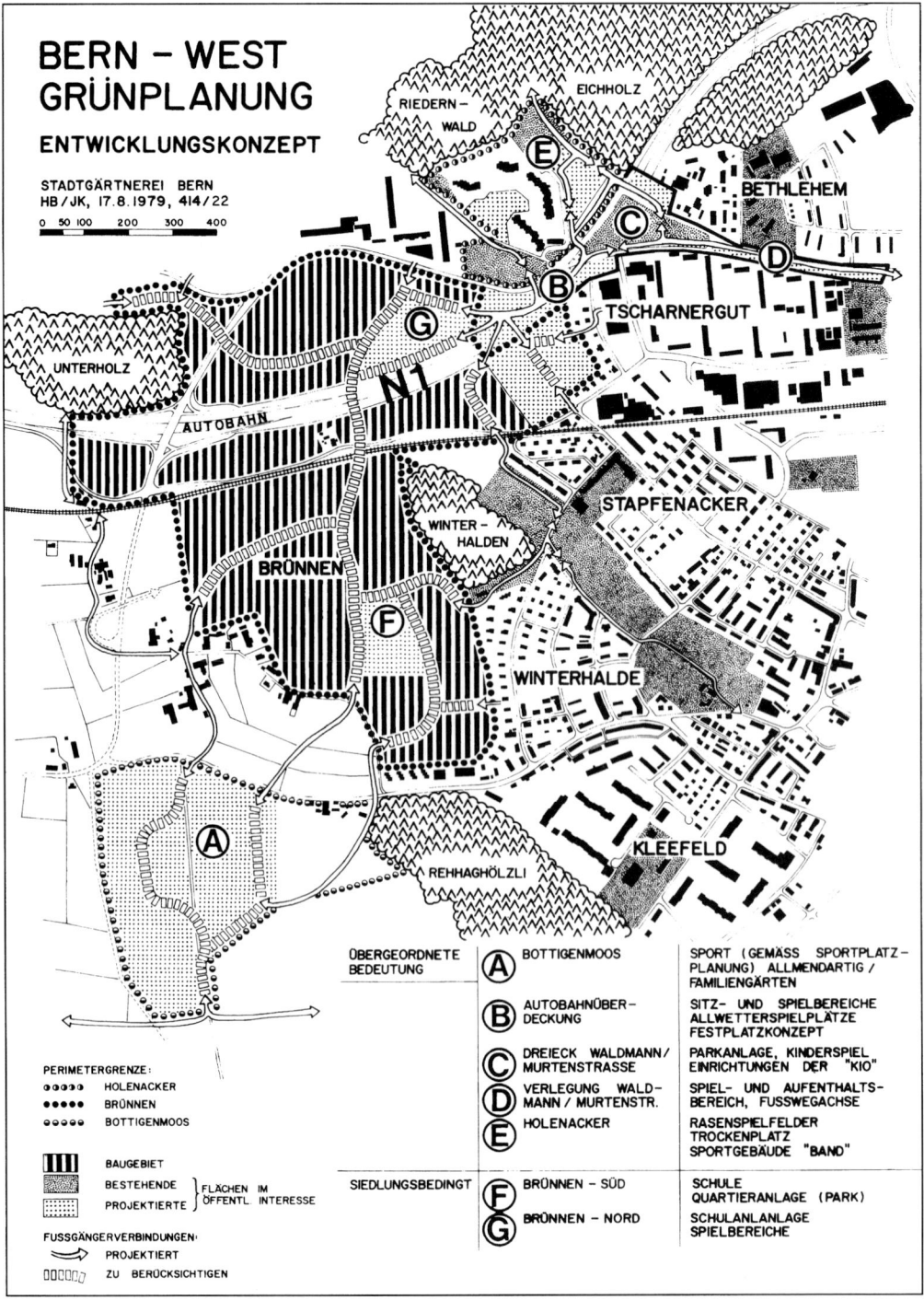

102

Bei der Darstellung sind die im Plangebiet zu erfüllenden öffentlichen Aufgaben und die wirtschaftliche Funktion der Grundstücke, insbesondere für land-, forst-, wasser- und abfallwirtschaftliche Zwecke, zu berücksichtigen. Dies gilt auch für entsprechende rechtliche Festsetzungen, etwa im Rahmen des Natur- und Landschaftsschutzes, für Maßnahmen der Landschaftspflege, für Bergbau und Baustoffgewinnung und andere.

Es empfiehlt sich, wie auch in der HOAI angegeben, ein **Planwerk** aus mehreren Darstellungen in unterschiedlichen Maßstäben, aus Graphiken, Fotos, Schaubildern und Text anzufertigen. Dabei kann der Plan der angestrebten Flächennutzung die Arbeitsgrundlage für den Landschaftsplan sein, während die Darstellung der räumlichen Entwicklung gleichzeitig Maßnahmenplan, beispielsweise für ein Baumpflanzungsprogramm, für ein Fuß- und Radwegenetz oder für die Rekultivierung von Abbauflächen und Deponien sein kann. Hier bietet die EDV-gestützte Bearbeitung, zum Beispiel mit CAD-Programmen, eine große Hilfe.

Wichtig ist die Darstellung und Beschreibung der **Konflikte** der Landschaftsplanung mit der bestehenden bzw. beabsichtigten Flächennutzung; dazu sind auch Vorschläge zu ihrer Bereinigung oder zumindest Minimierung auszuarbeiten. Die Konflikte sollten möglichst früh im Planungsprozess und auf breiter Basis, auch unter Beteiligung der Betroffenen, wie Grundeigentümer, Bewohner, Gewerbetreibende u. a. m., diskutiert werden. Konfliktbeschreibung und Konfliktplan sind offizieller Bestandteil des Landschaftsplanes.

Der Landschaftsplan gibt auch anderen Fachplanungen, die auf naturräumlichen Gegebenheiten aufbauen wie Landwirtschaft, Forstwesen, Wasserwirtschaft eine gute Möglichkeit, ihre Ziele in die verbindliche Raumplanung zu integrieren. Er liefert ferner Hinweise und Vorschläge für die Landschaftspflege im Rahmen von Maßnahmen in der Stadtlandschaft wie zum Straßen- und Leitungsbau. Der Landschaftsplan zeigt Möglichkeiten, aber auch Grenzen für die einzelnen Flächennutzungen auf, die sich aus dem naturräumlichen und historisch gewachsenen Gefüge der Stadt und der Landschaft ergeben.

> Um **rechtswirksam** zu werden, müssen die Ziele und Maßnahmen der Landschafts- und Freiraumplanung in den **Flächennutzungsplan** (Flächenwidmungsplan, Richtplan) **integriert** werden. Da der Landschaftsplan wesentliche Grundlagen für die rechtsverbindlichen Pläne liefert, so etwa für die von Bebauung unbedingt freizuhaltenden Flächen, ist er **vor** oder zumindest gleichzeitig mit diesen in Auftrag zu geben und zu erarbeiten.

Anzustreben ist eine **gleichzeitige und gemeinsame** Erarbeitung von **Flächennutzungsplan** bzw. Flächenwidmungsplan und **Landschaftsplan** mit den gleichen Aufstellungs- bzw. Planungs- und Genehmigungsverfahren einschließlich der Bürgerbeteiligung. Dabei kann es durchaus der Fall sein, dass Konflikte, etwa bei der geplanten Flächennutzung oder der Führung von Verkehrsstrassen, während der internen Beratung bis zum letzten Schritt des Verfahrens nicht ausgeräumt werden können und erst durch den Gemeinderat entschieden werden. Es kann auch der Fall sein, dass Aussagen des Landschaftsplanes zu künftigen Maßnahmen nicht beschlossen werden, weil sie geltenden Bestimmungen widersprechen oder weil sie der Gemeinderat aufgrund der Abwägung mit anderen Zielen zurückstellt. Diese Maßnahmen sollen in einem Sachverhaltsbericht zusammengefasst und zu gegebener Zeit wieder zur Diskussion gestellt werden. Bewährt hat sich das Erstellen eines **Maßnahmenkatalogs**, getrennt nach kurz-, mittel- und langfristigen Maßnahmen.

Für die Erarbeitung eines Landschaftsplanes gelten erfahrungsgemäß folgende **Grundregeln**.
- Es sind überdurchschnittliche **fachliche Qualitäten** des Bearbeiters, hohe Kooperationsbereitschaft bei den beteiligten bzw. projektbegleitenden Fachdienststellen und eine intensive durchgehende Öffentlichkeitsarbeit erforderlich;
- Der Landschaftsplan muss unbedingt auf **Integration** mit der Flächenwidmungsplanung angelegt sein, also auf die Einbindung der Stadtplanung und Verkehrsplanung, um Divergenzen möglichst früh auszuräumen;

- Der Bearbeiter muss völlig **unbefangen** an die Aufgabe herangehen und sie bearbeiten können; daraus folgt, dass er möglichst freier Landschaftsarchitekt und nicht weisungsgebundener Beamter sein sollte; wichtig ist auch die Kapazität seines Büros bzw. der Dienststelle der planenden Verwaltung.

In manchen Fällen ist es zweckmäßig, auf der Grundlage des Flächennutzungs- bzw. -widmungsplanes, der nur zweidimensionale Vorgaben zum Inhalt hat, einen räumlichen, also **dreidimensionalen Strukturplan** als Zwischen- oder Vorstufe zum Bebauungsplan zu erarbeiten. Dieser Plan ist zwar rechtlich unwirksam, gibt aber ein anschauliches Bild der angestrebten baulichen Entwicklung. Dabei können auch die Ziele der Landschaftsplanung als Vorgabe für den Entwurf der Grünräume deutlich gemacht werden, etwa die Standorte der großkronigen Bäume. Entscheidungsträger können ein dreidimensionales Modell, ergänzt durch Skizzen und Schnitte, besser beurteilen als einen möglicherweise recht abstrakten Plan.

Dieser Plan **zwischen** dem Landschaftsplan zum Flächennutzungsplan und dem Grünordnungsplan zum Bebauungsplan wird auch als „**Grünordnungsrahmenplan**" bezeichnet. In einem solchen Plan werden beispielsweise für ein größeres Wohngebiet, das von mehreren Bauträgern und deren Architekten errichtet werden soll, die Grundzüge der Freiraumplanung festgelegt, etwa die Alleen und Baumreihen, die Standorte großkroniger Bäume, die wesentlichen Höhenlagen, die wichtigsten Holzarten, die hauptsächlichen öffentlichen Wegeverbindungen. Dabei bleibt es den einzelnen Bauträgern durchaus möglich, die Grünräume zu ihren Bauabschnitten von Landschaftsarchitekten individuell entwerfen zu lassen. Diese Zwischenstufe der Freiraumplanung ist von Ernst W. Heiss unter der Bezeichnung „**Grünaufbauplan**" (analog zum „Aufbauplan" für die Bebauung) für die Neue Stadt Wulfen entwickelt und mit sichtbarem Erfolg umgesetzt worden. Mit ähnlichen Zielen wurden im Bundesland Baden-Württemberg sogenannte Städtebauliche Strukturpläne zwischen Flächennutzungsplan und Bebauungsplan eingeschoben.

Eine anschauliche Übersicht über die Regelungen zum Landschafts- und Grünordnungsplan in den einzelnen Ländern der Bundesrepublik Deutschland findet sich bei Ermer K., R. Hoff, R. Mohrmann 1996 S. 168 ff.

Da es sich beim Flächen**widmung**splan in **Österreich**, anders als beim Flächen**nutzung**splan in **Deutschland**, um für den Grundeigentümer bindende Festsetzungen handelt, müssen die Darstellungen des Landschaftsplanes zum einen parzellenscharf, zum anderen an die Plankategorien des Flächenwidmungsplanes (Planzeichenverordnung) im jeweiligen Bundesland angepasst sein. Dabei ist zu beachten, dass die Bezeichnungen für die Pläne der Landschaftsplanung in den einzelnen Bundesländern voneinander abweichen. Der Landschaftsplan wird in Österreich von den Gemeinden bzw. Städten, meist in Verbindung mit dem Örtlichen Entwicklungskonzept, in Auftrag gegeben und von Ingenieurkonsulenten für Landschaftsplanung und Landschaftspflege im Rahmen ihrer Befugnis als Ziviltechniker ausgearbeitet. Bisher haben allerdings nur die Bundesländer Niederösterreich (Landschaftskonzept), Salzburg (Freiraumkonzept) sowie Tirol (Ökologisches Entwicklungskonzept) eigene Instrumente der Landschaftsplanung auf örtlicher Ebene verpflichtend eingeführt. Nur in einigen Bundesländern können – außer durch Festlegen der Siedlungsgrenzen – als Vorgabe für den Flächenwidmungsplan nicht zu bebauende Flächen im Stadtgebiet selbst festgelegt werden, so die Freihalteflächen nach dem Tiroler Raumordnungsgesetz, nämlich „Landwirtschaftliche Vorrangflächen" und „Überörtliche Grünzonen". Solche Festsetzungen sind auch in Vorarlberg möglich.

Literatur

Arbeitsgruppe Spielentwicklungsplanung Oldenburg: Gutachten zur Spielentwicklungsplanung für die Stadt Oldenburg (Oldb.). Oldenburg 1992

Bock H.H.: Ökologische Gesichtspunkte in der Ortsplanung – Ebene Mittelstadt. Institut für Städtebau und Wohnungswesen (ISW) München der Deutschen Akademie für Städtebau und Landesplanung. Manuskriptreihe H. 4.35. München 1991

Brandenburg C. et al.: Der Landschaftsplan, Stand und Empfehlungen. Umweltbundesamt (Hrsg.): Monographien Band 69. Wien 1996

Bundesmin. für Raumordnung, Bauwesen und Städtebau (Hrsg.): Freiraumplanung in Innenstädten. Schriftenreihe: Städtebauliche Forschung, Heft Nr. 03.114. Bonn-Bad Godesberg 1985

Ermer K., R. Hoff, R. Mohrmann: Landschaftsplanung in der Stadt. Stuttgart 1996

Grebe R.: Landschaftsplan Mainz 1973 und 1988. in: Landschaftsplanung als Instrument umweltverträglicher Kommunalentwicklung. Bundesforschungsanstalt für Naturschutz und Landschaftsökologie (Hrsg.). Bonn-Bad Godesberg 1988

Lindenblatt-Diehl E., A. Flade: Stadt für Kinder. Planungshilfe für die städtebauliche Planung. Städtebau in Hessen. Hess. Min. für Landesentwicklung. Wiesbaden 1991

Lührs H.: Der Landschaftsplan für die Stadt. Notizbuch Kasseler Schule 24. Gesamthochschule Kassel. Kassel 1992

Ministerium für Ernährung, Landwirtschaft und Umwelt Baden-Württemberg: Richtlinien über die Ausarbeitung von Landschaftsplänen und Grünordnungsplänen. Stuttgart 1979

Wittkau K.: Stadtstrukturplanung. Düsseldorf 1992

Beispiele

Alge R., S. Zech et al.: Stadt Dornbirn – Landschafts- und Grünraumkonzept. Schriftenreihe Stadtplanung Dornbirn. Dornbirn 1995

Auböck M. (Hrsg.): Freiräume. Stadt. Open Spaces. The City. Erkenntnisse zeitgenössischer Landschaftsarchitektur. Wien 1996

Gälzer R., G. Braun, M. Maxian: Allgemeine Grundkonzepte für die Grünplanung der Landeshauptstadt Salzburg. Hrsg. Stadt Salzburg. Schriftenreihe zur Salzburger Stadtplanung Heft 8. Salzburg 1976

Gälzer R., S. Zech et al.: Landschafts- und Grünraumkonzept Landeshauptstadt St. Pölten. Im Auftrage der Landeshauptstadt St. Pölten. Schriftenreihe des Instituts für Landschaftsplanung und Gartenkunst der TU Wien H.13. Wien 1990

Gälzer R., H. Nagl et al.: Gutachten Landschaftsplan Landeshauptstadt Klagenfurt. Schriftenreihe des Instituts für Landschaftsplanung und Gartenkunst der Techn. Univ. Wien Heft 5. Wien 1984. Aktualisierung 1998 (nicht veröff.).

Holland K., J. Spalink-Sievers: Spielumfeldprogramm Göttingen. in: Bochnig St., K. Selle (Hrsg.): Freiräume für die Stadt, Bd. 2. Wiesbaden/Berlin 1993

Lohr S.: Kulturlandschaft Stadt 2000. Hannover 1991

Pflug W. et al.: Landschaftsplanerisches Gutachten Aachen. Aachen 1976

Regioplan, C. Szamatolski + Partner: Berlin – Nordostraum, Stadtplanerisches und landschaftsplanerisches Strukturkonzept. Im Auftrage SenStadtUm. Berlin 1992

Stadt Mainz, Amt für Grünanlagen und Naherholung: Landschaftsplan, Stand August 1992. Mainz 1992

Stöckli, Kienast, Koeppel et al.: Stadtentwicklungskonzept Bern, Grünqualität – Grünsysteme. Zürich/Bern 1992

Tauchnitz H.: Grünordnung Münster. In: Stadt und Grün Heft 7/1998

Wirth P.: Flächenbedarf und ökologische Risiken: Aktuelle Planung im Umland von Dresden und Leipzig. in: Standort, Zeitschrift für Angewandte Geographie, Hamburg. 16 (1991), 3, 5–11. Hamburg 1991

3.3.3 Bebauungsprojekte, Baublock-Ebene (Maßstab 1:1000)

Dem **Bebauungsplan** bzw. Nutzungsplan in der Raumplanung entspricht der **Grünordnungsplan** in 1:1000. Der Grünordnungsplan als Bestandteil des Bebauungsplanes ist das planerische Instrument zur Verwirklichung der Ziele der Landschafts- und Grünraumplanung, des Naturschutzes und der Landschaftspflege im Geltungsbereich des Bebauungsplanes. Dementsprechend werden dort Flächen und Maßnahmen in Text und Plan dargestellt und im Wege des Bebauungsplanes festgesetzt, die

- eine Funktion für die Herstellung und Sicherung eines ausgewogenen Naturhaushaltes haben und ausüben; hier geht es vor allem um die Erhaltung schutzwürdiger Landschaftsbestandteile und Grünbestände, vor allem Bäume und wertvolle Biotope, einschließlich der dazu notwendigen Maßnahmen, ferner um die Ausweisung von Pflanzflächen auf Dächern und in Straßen- und Platzräumen;
- zur Schaffung und Erhaltung eines typischen Stadt- oder Landschaftsbildes beitragen; dazu

zählen vor allem markante Bestandteile der Topographie wie Hangkanten, Böschungen und dergleichen;
- unterschiedliche Freiraumnutzungen durch die Stadtbewohner ermöglichen, also Grünräume aller Art wie Kinder- und Jugendspielbereiche, Kleingärten, Mietergärten, Geh- und Fahrradwege;
- der Sicherung guter Umweltbedingungen und dem Schutz vor ungünstigen Auswirkungen anderer Nutzungen dienen, beispielsweise Lärm- und Sichtschutzpflanzungen, Rückhaltebecken.

Die stadtökologischen Festsetzungen in **Bebauungsplänen** sind:
- Begrünung und Erhaltung des Grünbestandes der nicht bebaubaren und für die Bebauung nicht erforderlichen Flächen von Baugrundstücken;
- Erhaltung vorhandener Bäume, Sträucher und sonstiger Pflanzen sowie von Gewässern auf Baugrundstücken;
- Begrünung von Fassaden und Dächern, vor allem in Bereichen mit verdichteter Bebauung und großflächiger Bodenversiegelung;
- Erhaltung und Neuschaffung von öffentlichen und privaten Grün- und Freiflächen;
- Sicherung und Entwicklung von flächenhaften Biotopen;
- sparsamer Umgang mit Grund und Boden durch Begrenzung der Bodenversiegelung;
- Erhaltung und naturnahe Gestaltung von Gewässern; Rückhaltung von Niederschlagswasser auf den Baugrundstücken.

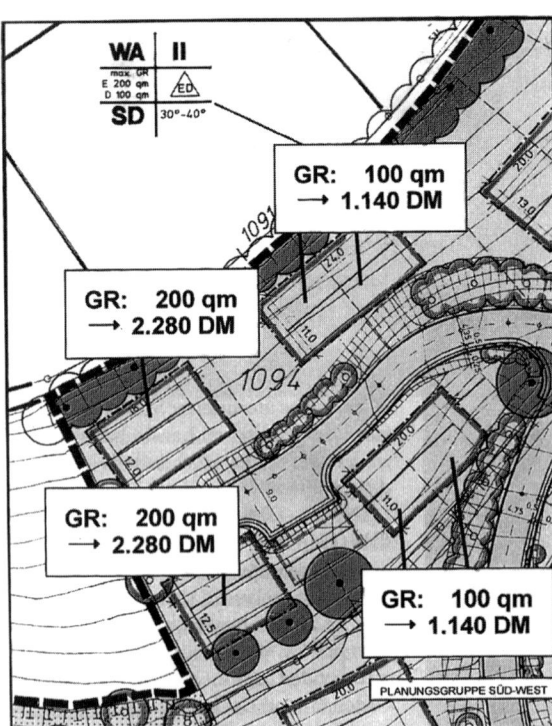

Abbildung 40: Beispiel einer Berechnung der Kostenerstattung für die Ausgleichsmaßnahmen in einem Baugebiet.

Während in der Bundesrepublik Deutschland der Grünordnungsplan zum Bebauungsplan zumindest inhaltlich, vielfach auch planungsrechtlich als Fachplan oder Bestandteil des Bebauungsplanes eingeführt ist, gilt dies für die Schweiz und für Österreich nur eingeschränkt. Sie werden hier in der Regel vorwiegend für besonders sensible Bereiche oder Projekte erstellt.

So wie der Bebauungsplan aus dem Flächennutzungsplan bzw. Flächenwidmungsplan zu entwickeln ist, geht der Grünordnungsplan inhaltlich aus dem Landschaftsplan hervor. In Anbetracht des größeren Maßstabs ist aber eine genauere Bestandsaufnahme, etwa der Geländeform und des Pflanzenbestandes, erforderlich; auch die räumliche Komponente spielt hier eine wesentlich größere Rolle. Insgesamt rückt der Grünordnungsplan in 1 : 1000 deutlich in die Nähe des Entwurfs in 1 : 500, 1 : 200.

Wie beim Landschaftsplan zum Flächennutzungsplan werden nur diejenigen Inhalte des Grünordnungsplanes **rechtswirksam**, die im **Bebauungsplan** festgesetzt sind. Dazu zählen die innerhalb des Baulandes gelegenen Grünflächen, beispielsweise Kinderspielplätze, Ruheplätze, kleine Stadtgärten und dergleichen mehr. Da in aller Regel schon aus arbeitstechnischen und finanziellen Gründen nicht zu allen Bebauungsplänen im gesamten Stadtgebiet auch Grünordnungspläne erarbeitet werden können, sollten diese in erster Linie für wichtige, aktuelle Projekte in Auftrag gegeben werden, etwa bei der Planung neuer bzw. bei der Erneuerung bestehender Wohngebiete, bei der Planung von größeren Freizeit- und Erholungseinrichtungen, Campingplätzen, Sport- und Freibadeanlagen, bei der Entwicklung von Industrie- und Gewerbegebieten, bei Bauvorhaben der Infrastruktur und im Zuge der Planung von Verkehrsanlagen, bei größeren Abgrabungen und Aufschüttungen wie Müllhalden und deren Rekultivierung.

Besonders bedeutsam sind Grünordnungspläne in **Industrie- und Gewerbegebieten** sowie in Gebieten für Dienstleistungen, beispielsweise Handelszentren. Überall dort ist der sparsame Umgang mit Grund und Boden, also eine verdichtete Bauweise notwendig; umso wichtiger ist in diesen Fällen die Vorsorge für ausreichende Grünräume im Straßenraum und auf den Baugrundstücken, nicht zuletzt für die Erholung der Betriebsangehörigen in den Arbeitspausen. Da es sich vielfach um Gebäude mit Flachdächern oder gering geneigten Dächern handelt, kommt dort auch der Dachbegrünung und der Bewirtschaftung des Oberflächenwassers große Bedeutung zu.

Grünordnungspläne haben auch zum Ziel, Unterlagen über **naturräumliche Grundlagen** und den vorhandenen **Grünbestand**, vor allem an Bäumen, in das Planungsverfahren einzubringen. Ihre Inhalte sollten dann natürlich gleichsam rückwirkend in die übergeordneten Pläne wie Landschaftsplan und Flächennutzungsplan einfließen.

Grünordnungspläne können auch als **Gestaltungspläne** für die Frei- und Grünflächen verwendet werden, um auf diesem Wege zu einer durchgängigen, wenn auch nicht einheitlichen Struktur der Außenräume in einem Baugebiet zu gelangen. In Wien wurde dieses Instrument im Stadtentwicklungsgebiet Brünner Straße im 21. Bezirk angewendet: die Grün- und Freiflächenkonzepte der einzelnen Bauträger und ihrer Architekten wurden koordiniert und für alle Freiräume, auch für die Wege- und Straßenräume, ein Katalog von Gestaltungsgrundsätzen bis hin zu Beleuchtungskörpern und Leit-Pflanzenarten ausgearbeitet. Nach der Wiener Bauordnung 1996 sind solche Gestaltungspläne für die Außenanlagen aller größeren Bauvorhaben als Teil des Bewilligungsverfahrens vorgeschrieben.

Wie bei den anderen Planungsebenen sollen im Grünordnungsplan die fachlichen Forderungen und Beiträge der Freiraumplanung auf der Grundlage der stadtökologischen Gegebenheiten und des Bestandes festgelegt und begründet werden. Die Erfahrung zeigt, dass in vielen Fällen durch sachliche Gespräche und eine überzeugende Argumentation beim Projektanten eines Bauvorhabens mehr erreicht werden kann als durch rechtliche Schritte. Da der Grünordnungsplan wesentliche Grundlagen für den Bebauungsplan liefert, wird er beispielsweise im deutschen Bundesland Schleswig-Holstein **vor** dem Bebauungsplan aufgestellt. Aufgabe der Landschaftsplanung auf dieser Planungsebene ist es auch, die fachlichen Grundlagen für **Ausgleichs- und Ersatzmaßnahmen** bei Eingriffen in die Natur- und Freiraumsubstanz durch Bauvorhaben zu erarbeiten. Dies gilt für die Bewertung des Eingriffs, für die räumliche Zuordnung, unter Umständen auch außerhalb des Geltungsbereiches des Bebauungsplanes, der vorzuschreibenden Maßnahmen und für deren Art und Umfang. Auf diese Weise können zum Beispiel Anpflanzungsgebote, eine Dachbegrünung, begrünte Autostellplätze oder die Verwendung und die Mindestgröße standortgerechter und heimischer Pflanzen durchgesetzt werden.

In Österreich können im Allgemeinen nur **Flächen** festgesetzt werden, nicht aber die Erhaltung und Pflanzung von Bäumen an bestimmten Stellen; es kann also beispielsweise der Baumstreifen als Teil der Verkehrsfläche dargestellt werden, das Pflanzen einer Baumreihe ist aber Aufgabe der ausführenden Dienststellen. Planerisches Ziel sind derzeit Bestimmungen in Landes-Bauordnungen, wonach ab einem bestimmten Ausmaß einer gärtnerisch auszugestaltenden Fläche im Bauland das Pflanzen eines Baumes vorgeschrieben werden soll. Festgesetzt werden können hingegen durchwegs die gärtnerische Ausgestaltung einer Fläche im Bauland selbst sowie eine Dachbegrünung, allerdings ohne Angabe der Qualität.

Ein großer Nachteil der Raumordnungsgesetze in den meisten Bundesländern besteht darin, dass – anders als in Deutschland – Bebauungspläne nur innerhalb des Baulandes verordnet werden können, dass also notwendige Folgeeinrichtungen der Bebauung, beispielsweise ein Kinderspielbereich, nicht festgesetzt werden können, wenn sie im Grünland liegen. Die jeweilige Stadt kann allerdings eine örtliche Bausatzung erlassen, die auch Vorschriften für die Gestaltung im Grünland enthalten kann. In Wien können in den Bebauungsplan auch Vorschriften für die Ausgestaltung von Grünflächen (Höhen, Böschungsneigungen) aufgenommen werden.

Einige **Beispiele für Grünordnungspläne** zeigen die Sinnhaftigkeit und Wirtschaftlichkeit dieses Planungsinstruments, das in Österreich – im Vergleich zu Deutschland – erst zögernd eingesetzt wird. Hier werden Grünordnungspläne derzeit unter anderen Bezeichnungen im Zuge größerer Bauvorhaben im Wohnungsbau und bei der Stadterneuerung erstellt. Im Rahmen eines städtebaulichen Leitprojekts des Architekten R. LAINER für den **Bereich „Flugfeld Aspern"** erarbeitete beispielsweise die Landschaftsarchitektin A. DETZLHOFER Gestaltungstypologien für die siedlungsinternen Freiräume. Ein städtebauliches Projekt aus jüngerer Zeit ist auch die **Erzherzog Karl-Stadt** in Wien 22., wo auf einer Fläche von 26 ha 2.200 Wohnungen errichtet werden. Architekten sind Prof. G. PEICHL und M. KOHLBAUER, die Außenanlagen entwarf die Landschaftsarchitektin C. LOIDL-REISCH.

Siehe Farbtafel II, Abbildung 41: Bebauung Wienerberg-Süd, Wien-Favoriten. Gesamtkonzept Architekt Otto HÄUSELMAYER.

Ebenfalls in Wien wurde das Projekt **Leberberg** im 11. Gemeindebezirk – der Bau von rund 5000 Wohnungen auf etwa 50 ha Fläche – mit einem Wettbewerb eingeleitet. Mittelpunkt der Bebauung ist ein kleiner, rund drei ha bedeckender Park; die unterschiedlichen architektonischen Formen der einzelnen Bauabschnitte sollen durch eine einheitliche Gestaltung der Grünräume zusammengehalten werden. Neben 45 Architekten sind zwei Teams von Landschaftsarchitekten am Bauprojekt beteiligt: Prof. M. AUBÖCK / J. KARASZ/ ST. SCHMIDT und T. KNOLL.

Abbildung 42: Wohnbebauung Frauen-Werk-Stadt, Wien-Floridsdorf, Carminweg. Freiraumgestaltung Teilgebiet Koselicka (Landschaftsarchitektinnen U. KOSE, L. LICKA). Hochbau G. MUSCHIK, Architektin.

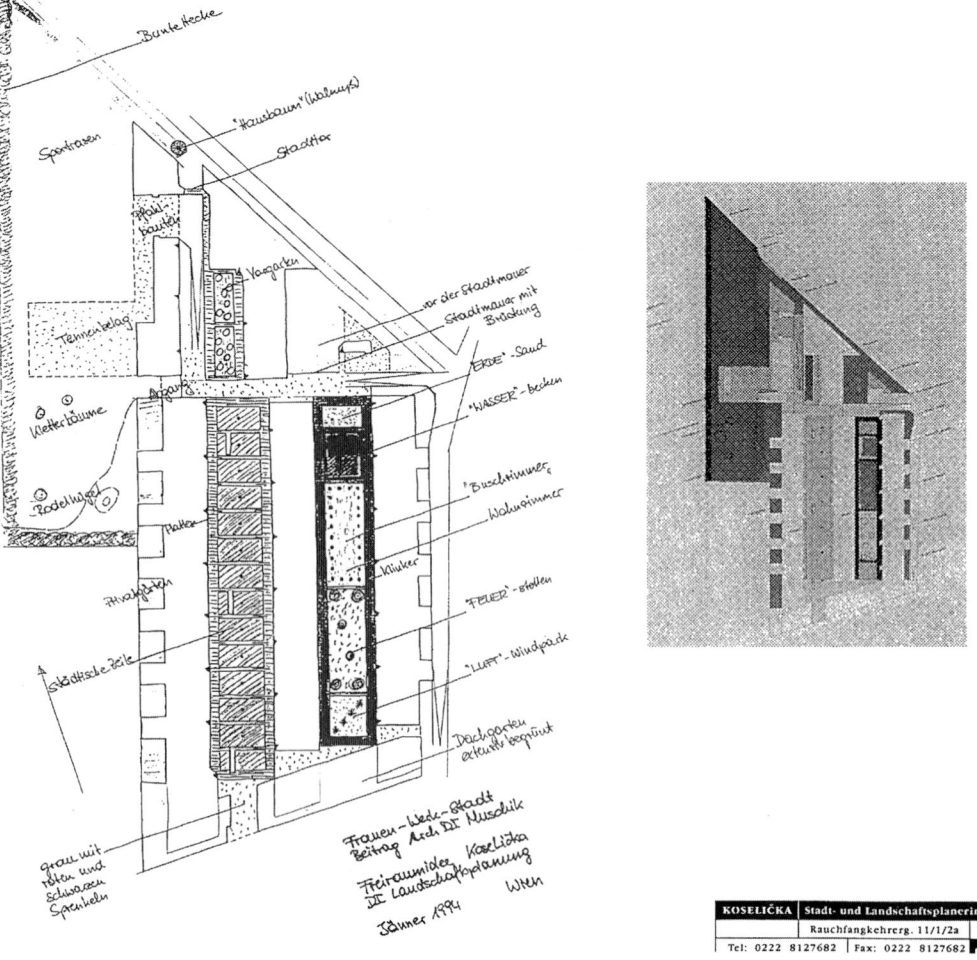

Von grundsätzlichem gesellschaftlichem Interesse ist das Projekt einer Siedlung von und für Frauen: Auf einem etwa 2,3 ha großen Grundstück in Wien wurde auf Initiative der MA 57, des Frauenbüros der Stadt Wien, Leiterin E. KAIL, unter dem Arbeitstitel „**Frauen-Werk-Stadt**" ein mehrgeschossiger Wohnbau mit rund 350 Wohnungen ausschließlich von Fachfrauen unter den Aspekten eines frauengerechten Städte- und Wohnbaues errichtet. Ziel waren gebrauchsfähige Räume, sowohl in den Gebäuden als auch im Freiraum, die den Kontakt der Bewohnerinnen untereinander fördern. Es wurden acht Architektinnen zu einem Gutachterverfahren eingeladen, in der Ausschreibung wurde ausdrücklich empfohlen, Landschaftsplanerinnen beizuziehen. Den Beziehungen zwischen Innen- und Außenraum und der Gestaltung der Grünräume wurde von der Jury ein hoher Stellenwert eingeräumt.

Literatur

Beck G.: Freiraumbedarf als Grundlage zur Planung und Bewertung von Wohnsiedlungen. Hannover/Berlin/Sarstedt, o.J.

Busch K.: Kindgerechte Wohnumwelt. 1995

Forschungsgesellschaft Landschaftsentwicklung Landschaftsbau FLL (Hrsg.): Der Grünordnungsplan als kommunales Planungsinstrument. Troisdorf 1993

Karasz J., E. Prochazka, K. Zwerger: Qualitative Aspekte von Grünflächen im dichtbebauten Stadtgebiet. Eine sozialräumliche Untersuchung im Auftrag des Magistrats der Stadt Wien, MA 18 Stadtstrukturplanung – Generelle Grünplanung. Wien 1991

Kleindienst G.: Bebauungsformen und ihre städtebaulichen Kennwerte anhand von Wiener Beispielen. Beiträge zur Stadtforschung. Stadtentwicklung und Stadtgestaltung Band 16. 2. Aufl. Wien 1991

Landeshauptstadt Hannover: Blockinnenhofkonzept, 2 Bände. Bearbeiter G. Böttner, W. Jöris. Hannover 1985/86

Leist P.M., U. Schweitzer, Schulz-Heising: Wohnumfeld und Wohnquartier aus der Sicht des Stadtbewohners. Schriftenreihe Bundesmin. für Raumordnung, Bauwesen und Städtebau, Bd. 02.030. Bonn 1982

Mitschang S.: Stadtökologische Festsetzungen in Bebauungsplänen sowie ihre Umsetzung und Finanzierung. Informationsdienst Umweltrecht (IDUR). Frankfurt 1994

Pietsch J. (Hrsg.): Stadtlandschaften? Künstlerische, wissenschaftliche und planerische Sichten auf Siedlungen als Landschaften. TU Hamburg-Harburg. Hamburg 1996

Schmidt A., K. Eick (Hrsg.): Grünordnungsplanung. Essen 1991

Stich R. et al.: Stadtökologie in Bebauungsplänen. Fachgrundlagen, Rechtsvorschriften, Festsetzungen. Wiesbaden/Berlin 1992

Beispiele

Bundesmin. für Raumordnung, Bauwesen und Städtebau (Hrsg.): Hamburg Steilshoop. Schriftenreihe Bau- und Wohnungsforschung. Bonn 1986

Großhans H.: Neue Wohnformen: Beispiele in Europa. Institut für Städtebau und Wohnungswesen (ISW) München der Deutschen Akademie für Städtebau und Landesplanung. Manuskriptreihe H.9.16, 1990

Spengelin F., G. Nagel, H. Luz: Wohnen in den Städten. Katalog zur Ausstellung. Akademie der Künste, Berlin 1984/85. Lamspringe 1984

Valentien C., D. Valentien: Grünordnungsplan Zuffenhausen – Stammheim. Stuttgart 1981

3.3.4 Landschaftspflegerische Begleitplanung
(vgl. auch Abschnitt 4.8.4)

Landschaftspflegerische Begleitplanung ist die Fachplanung der Landschaftsplanung zu anderen Fachplanungen, vor allem zum Wasserbau, zum Verkehrswegebau und zu Bergbau und Baustoffgewinnung sowie bei Deponien und Halden.

> Die **Aufgaben** der Landschaftsplanung sind unter anderem:
> - Ausformung des Geländes, Massenberechnungen, Höhenangaben;
> - Hang- und Böschungssicherung, meist in Verbindung mit Entwässerung;
> - Begrünung bzw. Wiederbegrünung nach Baumaßnahmen;
> - Sicherung von Uferlinien an Gewässern;
> - optisches Einfügen von Bauwerken in die Stadtlandschaft;
> - ökologisches Einfügen von Bauwerken in das Umfeld;
> - Angaben zur Anwendung von ingenieurbiologischen Bauweisen (Lebendbaumaßnahmen);
> - Arbeits- und Werkzeichnungen, beispielsweise zur Entwässerung und Hangsicherung, Bepflanzungspläne, Pflanzenlisten.

Für die oben genannten Fachplanungen gelten in Österreich und der Schweiz besondere Rechtsmaterien wie Umweltrecht, Wasserrecht, Verkehrswegerecht, Flurverfassungsrecht und andere, mit eigenen Verfahren, in denen die Mitwirkung der landschaftspflegerischen Begleitplanung nicht durchwegs gesetzlich vorgeschrieben ist. Ihre Fachbeiträge beruhen daher meistens auf Verordnungen, Erlässen oder auf der freiwilligen Einbindung durch die verfahrensleitende Behörde.

Siehe Farbtafel III, Abbildung 43: Landschaftspflegerische Begleitplanung zur Gail bei Villach, verbunden mit Ausbau als Erholungsgebiet. Landschaftsarchitekt Klaus MICHOR.

Abbildung 44: Einbindung des Marchfeldkanals in ein neues Baugebiet in Wien-Stammersdorf. Landschaftspflegerische Begleitplanung Landschaftsarch. R. Ivancsics, Arch. A. Oberhofer, Arch. P. Wohlfahrtstätter u. and., Baubeginn 1984, Flutung 1992.

In der Bundesrepublik Deutschland sieht das BNatSchG vor, dass Ausgleichsmaßnahmen, die nach einem Eingriff in Natur und Landschaft durchzuführen sind (Eingriffsregelung), vom Planungsträger im Fachplan (Landschaftsplan) oder in einem **landschaftspflegerischen Begleitplan** darzustellen sind; diese Regelung ist von den Ländern durchwegs in ihre Naturschutzgesetze übernommen worden. Von manchen Ländern, beispielsweise Schleswig-Holstein, werden die Inhalte dabei weit gefasst, wenn nämlich gefordert wird:

- die Darstellung und Bewertung der ökologischen und landschaftsbildlichen Gegebenheiten vor Beginn des Eingriffs;
- die Prüfung der Vermeidbarkeit des Eingriffs;
- die Darstellung von Art, Umfang und zeitlichem Ablauf des Eingriffs;
- die Darstellung der Beeinträchtigungen durch den Eingriff und die Folgenutzungen unter zeitbezogener Einschätzung der angestrebten Entwicklung;
- die Darstellung von Art, Umfang und zeitlichem Ablauf der erforderlichen Ausgleichs- und Ersatzmaßnahmen sowie der Vorkehrungen gegen vermeidbare Beeinträchtigungen;
- Maßnahmen zur dauerhaften Sicherung des Ausgleichs oder des Ersatzes.

Die Mindestinhalte der Landschaftsplanung bei Ausgleichs- und Ersatzmaßnahmen sind (soweit zutreffend):

- Grünflächen;
- Wasserflächen und Flächen, die im Interesse des Hochwasserschutzes und des Wasserflusses frei zu halten sind;
- Flächen für Aufschüttungen und Abgrabungen;
- Flächen für Landwirtschaft und Wald;
- Flächen für Maßnahmen zum Schutz, zur Pflege und zur Entwicklung von Natur und Landschaft.

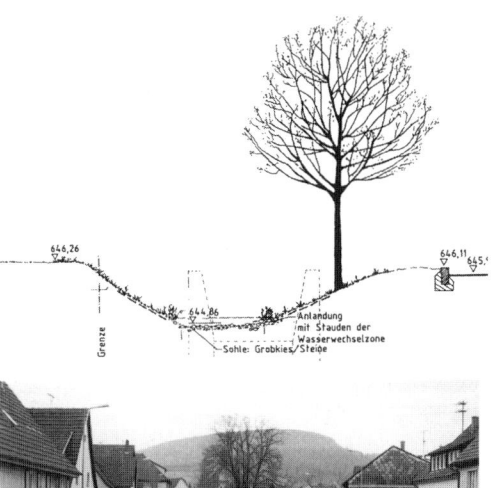

Abbildung 45: Naturnaher Umbau eines begradigten Baches bei Burladingen, Baden-Württemberg. Landschaftsarchitekten STAHLECKER und Partner.

Einige Landes-Naturschutzgesetze sehen darüber hinaus vor, dass Genehmigungsbehörden auch bei schwerwiegenden Maßnahmen, die nicht der Eingriffsregelung unterliegen, dem Projektwerber einen landschaftspflegerischen Begleitplan vorschreiben können. Mit einem solchen Plan soll deutlich gemacht werden, welche Folgen für Natur und Landschaft ein bauliches Projekt hat und ob bzw. wie diese beeinflusst werden können. Dadurch ist der landschaftspflegerische Begleitplan ein wichtiges Instrument bei der Information und Beteiligung der Bevölkerung.

Ähnliche Bestimmungen wie die Eingriffsregelung sind auch in österreichischen Naturschutzgesetzen, zum Beispiel im Burgenländischen Naturschutzgesetz, enthalten. Der Sinn dieser Vorschriften besteht darin, dass **jeder Eingriff**, etwa der Bau einer Hochspannungsleitung oder die Einrichtung eines Steinbruchs, an Ort und Stelle durch geeignete Maßnahmen der Landschaftspflege so weit wie möglich ausgeglichen, gleichsam „geheilt" werden soll. Ist das nicht möglich, etwa weil ein wertvolles Biotop dem Bau zum Opfer fällt, ist ein gleichartiger, zumindest gleichwertiger Ersatz an anderer Stelle zu schaffen. Nur wenn auch das nicht möglich oder sinnvoll ist, kann die Ersatzmaßnahme nach ihren Kosten bewertet und in Geld abgelöst werden. Pflichtig ist in jedem Falle der Verursacher des Eingriffs.

In der BRD ist dann, wenn Beeinträchtigungen von Natur und Landschaft nicht zu vermeiden sind, der **Verursacher** des Eingriffs verpflichtet, diese „durch Maßnahmen des Naturschutzes und der Landschaftspflege auszugleichen," – mit der Einschränkung – „soweit es zur Verwirklichung der Ziele des Naturschutzes und der Landschaftspflege erforderlich ist". Nach den Landes-Naturschutzgesetzen ist ein Eingriff erst dann ausgeglichen, „wenn nach seiner Beendigung keine erhebliche oder nachhaltige Beeinträchtigung des Naturhaushaltes zurückbleibt und das Landschaftsbild landschaftsgerecht wieder hergestellt oder neu gestaltet ist." Das Problem, vor dem auch die Fachplanung steht, dass sich der Begriff „Ausgleich" der Definition entzieht: wie können Eingriff und Ausgleich in einem Ökosystem erfasst, bewertet und quantifiziert werden? Die landschaftspflegerische Begleitplanung wird also von Fall zu Fall mit ihrem Fachverstand, aber auch mit dem Blick auf die wirtschaftliche Zumutbarkeit vorgehen müssen.

Bei allen Vorhaben wird im **Bescheid** über die Genehmigung der Bauwerber (Verursacher) im Wege von Bedingungen und Auflagen verpflichtet, die im landschaftspflegerischen Begleitplan dargestellten und aufgezählten Maßnahmen durchzuführen. Durch eine finanzielle Sicher-

Abbildung 46: Renaturierung des kanalisierten Wienflusses im Westen des Stadtgebietes von Wien; hier: Gestaltung eines Rückhaltebeckens.
Projekt W. NEUKIRCHEN (Wasserbau), A. OBERHOFER (Landschaftsarchitektur).

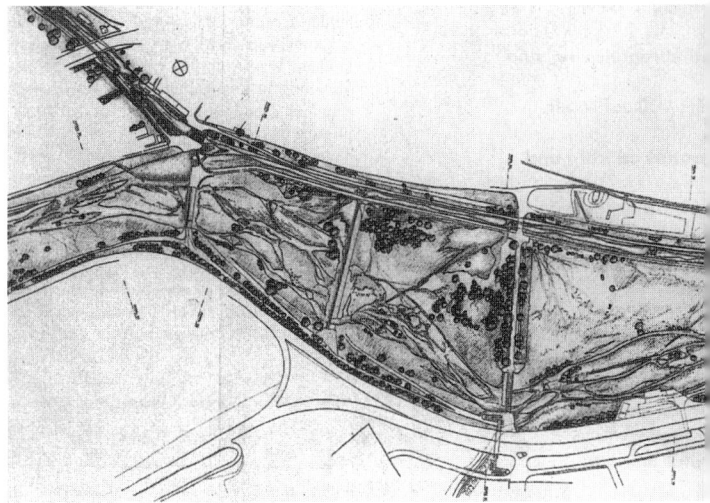

111

heitsleistung in bar oder in Form einer Bankgarantie kann die Ausführung, wenn notwendig als Ersatzvornahme durch die Behörde, gewährleistet werden.

Die Zulässigkeit von Zahlungen zur Entschädigungen (Ausgleichsabgabe, Ausgleichszahlung) anstelle von Ausgleichsmaßnahmen ist in der Bundesrepublik Deutschland grundsätzlich geklärt, in Österreich und der Schweiz unterschiedlich geregelt. Für die monetäre Bewertung von Ausgleichs- und Ersatzmaßnahmen sind in der BRD sehr differenzierte Methoden entwickelt worden. Dass dabei etwa die Beeinträchtigung des Stadt- und Landschaftsbildes nur subjektiv bewertet werden kann, liegt auf der Hand. Anstelle derartiger, komplizierter Rechenmodelle sollten besser von Fall zu Fall rechtlich bindende Vereinbarungen getroffen werden, wobei eine Kostenschätzung der notwendigen Lieferungen und Leistungen für die erforderlichen Maßnahmen als Untergrenze herangezogen werden kann. Das gilt auch für die Festsetzung der Höhe einer Kaution vor Beginn des Baugeschehens. In der Stadt kann dieses Verfahren ebenso wie in der Kulturlandschaft angewendet werden; dabei ist die ökologische Qualität der betroffenen Flächen – vor dem Eingriff – nach folgenden Merkmalen zu beurteilen:

- Artenvielfalt;
- Vorkommen seltener und gefährdeter Tier- und Pflanzenarten;
- Natürlichkeitsgrad der Biotope;
- landschaftstypische Biotope, Seltenheitswert.

Die entsprechenden Geländeaufnahmen, die Erarbeitung der Unterlagen für alle erforderlichen Ausgleichs- und Ersatzmaßnahmen, die Angaben für die Folgemaßnahmen, die fachliche Bewertung und die Kostenschätzung als Grundlage für Kautions- bzw. Ausgleichszahlungen sind Aufgabe der landschaftspflegerischen Begleitplanung. Diese Arbeiten gewinnen mit der Verpflichtung zur Umweltverträglichkeits-Prüfung zunehmend an Bedeutung.

Ersatzzahlungen, etwa zum Ausgleich für gefällte Bäume, die nicht unmittelbar auf dem Grundstück ersetzt werden können, sollten unbedingt die Ausnahme sein; in der Regel ist eine Restitution in Form von Ersatzpflanzungen zu leisten. Es besteht sonst die Gefahr, dass die eingehenden Beträge nicht widmungsgemäß verwendet werden.

Aufgabe der landschaftspflegerischen Begleitplanung ist es auch, die **Vermeidbarkeit** oder zumindest Minimierung eines Eingriffs in Natur und Landschaft zu prüfen. Dies kann geschehen

- durch Maßnahmen am Ort des Projekts, etwa durch die Aufständerung einer Straße anstelle eines Dammes, um die Frischluftzufuhr für einen Stadtteil zu sichern, oder der Rückbau von überbreiten Straßen, um die Bodenversiegelung zu verringern;
- durch geeignete Standortwahl, etwa durch geänderte Trassierung einer Umgehungsstraße, die ökologisch wertvolle Gebiete durchschneiden würde;
- durch Untersagung des Eingriffs an sich, wenn dessen Nachteile die möglichen Vorteile deutlich überwiegen, wozu allerdings auch wirtschaftliche Argumente beitragen müssen.

Grundsatz bei den Planungsvorschlägen ist, die Eingriffe in das Landschaftsgefüge nicht zu verstecken oder Bauwerke zu dekorieren, sondern das menschliche Werk „lesbar" zu machen, allenfalls „einzukleiden". Bei Flüssen und Bächen sollen das Fließen und die wechselnden Wasserstände erlebbar sein, möglichst aus der Nähe, etwa mit Hilfe von Abgängen und Aussichtsplätzen am Wasser.

Bei allen Vorhaben, die Veränderungen im Landschaftshaushalt und Landschafts- bzw. Stadtbild erwarten lassen, kann sich die projektbegleitende landschaftspflegerische Begleitplanung nicht auf den Ort des Eingriffs, etwa die Trasse einer Schnellstraße, beschränken, sondern muss den Stadtraum so weit erfassen, als sich das Vorhaben auswirken kann. Ihre Aufgabe beginnt daher schon bei der Standort- bzw. Trassenwahl. Sinn der Begleitplanung ist es, Beeinträchtigungen des Naturhaushalts zu vermeiden und unvermeidbare Nachteile durch geeignete Maßnahmen auszugleichen, beispielsweise durch den Ersatz verloren gehender Landschaftselemente und durch die Verbesserung des Stadtbildes.

Die folgenden Aufgaben der landschaftspflegerischen Begleitplanung stellen nur einige Beispiele dar und sind bei weitem nicht vollständig.

- In fast allen Städten sind **Ablagerungsflächen** (Deponien, Planien), vor allem für Müll und für Aushubmaterial, von großer Bedeutung für die Freiraumplanung, sowohl für die topographische Gestaltung des Geländes als auch für die Folgenutzung als Freizeitgelände. Ein anschauliches Beispiel dafür ist der Entwurf und die landschaftspflegerische Begleitplanung für das Abbau- und Deponiegebiet Langes Feld in Wien, 21. Bezirk. Dort entsteht auf einem ehemaligen Schotter- und Sandabbau-Gelände nach den Plänen des Landschaftsarchitekten R. Ivancsics eine vorbildliche, geordnete Ablagerung und als Folgenutzung ein stark reliefiertes Erholungsgebiet mit Wasserflächen.

- Nach der **Baustoffgewinnung** in Steinbrüchen, Sand- und Schottergruben verbleiben immer Restflächen, teilweise auch Wasserflächen. Bei einer entsprechend früh einsetzenden Planung können dort sowohl wertvolle Erholungsgebiete als auch wichtige Lebensräume für Tiere und Pflanzen entstehen, oft auch – auf einer größeren Fläche – nebeneinander. In vielen Fällen verbleiben große Mengen Abraum, die sinnvoll zur Modellierung des Geländes eingesetzt werden können.

- Eine besondere Aufgabe ist die Suche nach Standorten für Anlagen zur Gewinnung von **Windenergie**. Die aus energetischer und wirtschaftlicher Sicht günstigsten Standorte, etwa auf exponierten Höhenrücken, sind vor allem visuell besonders problematisch für das Erleben der Landschaft und Stadt. Während kleinere Anlagen durchaus einen gewissen optischen Reiz ausüben, sind große „Windparks" allein durch ihre Dimension – zumindest nach heutiger Auffassung – Fremdkörper, die das Stadt- und Landschaftsbild beeinträchtigen können. Jedenfalls hängt die Beurteilung außer von den Windverhältnissen auch von der Lage im Stadtgefüge, von der Struktur und visuellen Empfindlichkeit der Umgebung, vom Landschaftshaushalt und vom Stadtbild gleichermaßen ab.

113

- Eine weitere Aufgabe ist die landschaftspflegerische Begleitplanung zu **Rückhaltebecken** bei Flüssen und Bächen; sie erfüllen eine Reihe von Funktionen, die dabei zu berücksichtigen sind: der Schutz vor Hochwasser, ein biologisch-ökologisch wirksamer Lebensraum für Tiere und Pflanzen, beispielsweise eine Feuchtzone, ein – möglichst zumindest teilweise hochwasserfreier – Erholungsraum für alle Altersgruppen mit Spiel- und Lagerwiese, Sitzmöglichkeiten, Grillplätzen u. a. m.. Bei Aufgaben im **Flussbau** muss für die Antwort auf die Frage, ob ein Flussufer „landschaftlich" oder „gebaut" ausgeführt werden soll, der gesamte Querschnitt und der Längsschnitt einer größeren Strecke mit den angrenzenden Nutzungen und Bauten, aber auch die Gestaltung der Übergangszone herangezogen werden. In manchen Fällen ist es angebracht, ein Ufer naturnah, das andere architektonisch zu gestalten.
- Der Ablauf der landschaftspflegerischen Begleitplanung kann im Folgenden am Beispiel der Aufgaben beim **Straßenbau** dargestellt werden. Sie erfordert die koordinierte Zusammenarbeit von Landschaftsplanung, Verkehrsplanung und Straßenbau von Anfang an, hier also: die Voruntersuchung zur Verträglichkeit mit Landschaftshaushalt und Landschaftsbild, die landschaftsgerechte Vortrassierung, das Konzept im Rahmen der Raumordnung, die Mitwirkung beim Entwurf des Straßenprojekts und bei den Ausbauplänen bis zum Bau der Straße selbst. Alle Arbeitsschritte sind gegebenfalls mit dem Verfahren zur Umweltverträglichkeits-Erklärung abzustimmen.

Bei den Voruntersuchungen zur **Straßentrassierung** werden vom Landschaftsplaner folgende naturräumliche und bauliche Gegebenheiten dargestellt und bewertet:
- Geländerelief, mit Tälern, Senken, Steilhängen, Terrassenkanten, Kuppen und Ähnliches;
- wertvolle Waldränder und Ortsränder;
- wichtige Elemente der Kulturlandschaft wie Hohlwege, Ackerterrassen, Feldhecken, Grenzbäume, Straßenbäume, Alleen, Kellergassen;
- Gewässer mit ihrem Uferbewuchs, Gewässerränder;
- Feuchtgebiete, Moore und andere wichtige Lebensräume für Pflanzen und Tiere;
- historische Wegeverbindungen, alte Brücken, markante Zeichen wie Bildstöcke, Kapellen, Brunnen;
- wichtige Blickbeziehungen zur bzw. von der Trasse.

Nach der Festlegung der Trasse im Gelände wird im landschaftspflegerischen Begleitplan die Einbindung in die Stadtlandschaft im Einzelnen dargestellt:
- Geländemodellierung und Anschluss an die Umgebung;
- Führung der Wege für Fußgänger und Radfahrer, Rastplätze;
- Gestaltung der Durchlässe und Brücken mit den Anschlüssen an das Gelände, Wildwechsel;
- Lage und grundsätzliche Art der Pflanzungen unter besonderer Berücksichtigung der Verkehrssicherheit.

Literatur

Buchmann B.M., H. Sterk, R. Schickl: Der Donaukanal, Geschichte – Planung – Ausführung. Beiträge zur Stadtforschung, Stadtentwicklung und Stadtgestaltung, Band 14. Wien 1984

Forschungsgesellschaft für Straßen- und Verkehrswesen: Richtlinie für die Anlage von Straßen RAS, Teil Landschaftspflege Abschnitt 1: Landschaftspflegerische Begleitplanung (RAS-LP1). Köln 1996. Abschnitt 2: Landschaftspflegerische Ausführung (RAS-LP 2). Köln 1993

Froelich + Sporbeck, W. Nohl et al.: Entwicklung eines einheitlichen Bewertungsrahmens für straßenbedingte Eingriffe in Natur und Landschaft und deren Kompensation. Im Auftrag der Ministerien für Stadtentwicklung und Verkehr sowie für Umwelt, Raumordnung und Landwirtschaft des Landes Nordrhein-Westfalen. Bonn 1994

Jedicke E.: Praktische Landschaftspflege, Grundlagen und Maßnahmen. 2. Aufl. Stuttgart 1996

Konold W. et al.: Ökologische Probleme beim Bau und beim Betrieb von Hochwasserrückhaltebecken – Berichte des Instituts für Landschafts- und Pflanzenökologie, Universität Hohenheim H.3, 5–23. Stuttgart-Hohenheim 1994

Muth W. et al.: Hochwasserrückhaltebecken. Planung, Bau und Betrieb. 2. Aufl. Renningen 1997
Neumann + Hoffmann: Landschaftspflegerischer Begleitplan für die Verkehrsanlagen im Zentralen Bereich Berlins. Unterlagen zur Planfeststellung, Anlage 9, Bd. 20–24. Senat von Berlin, Senatsverwaltung Bau- und Wohnungswesen 1994

3.3.5 Aufgaben in der Stadterneuerung und Wohnumfeldverbesserung

Besondere Aufgaben stellen sich in der Stadterneuerung und Wohnumfeldverbesserung, nämlich die Erhöhung der Wohn- und Lebensqualität und damit die Aufwertung dicht bebauter, alter Wohngebiete, zum Beispiel in Wiener Gründerzeitvierteln im 15., 16., 17. und 20. Bezirk, und die Verbesserung von Großsiedlungen der 60er- und 70er-Jahre, in Wien etwa Großfeld-Siedlung, die Siedlungen Mitterhofergasse, Rennbahnweg und Am Schöpfwerk. Bei beiden Vorhaben sind begleitende Arbeitsgruppen, in Wien die Teams der von der Stadtverwaltung eingesetzten **Gebietsbetreuung**, wichtig für die Akzeptanz der Maßnahmen durch die **Bewohner**, ohne die sie nicht durchgeführt werden können. Durch deren aktive Mitarbeit bei der Planung und beim Bau ist auch die Erhaltung der Gärten eher gesichert.

Ein Erfolg bei der Verbesserung der Freiräume ist bekanntlich nur in enger Zusammenarbeit mit den betroffenen **Bewohnern** möglich. Beispiele dafür sind ausgeführte Projekte in Hannover – Linden Süd, Landschaftsarchitektin J. Spalink-Sievers; Märkisches Viertel Berlin und Boston, Prof. Ann Spirn. Ein weiteres Beispiel für die Verbesserung des Wohnumfeldes aus jüngerer Zeit ist die Siedlung Waldau in Kassel, wo mit einfachen Mitteln, nämlich mit der Anlage von Erdgeschoss- und Mietergärten und der Pflanzung großkroniger Bäume zur Raumgliederung, eine merkbare soziale Erneuerung erreicht werden konnte.

Kontakte zu den Bewohnern sind – wie in Wien – über kommunale Gebietsbetreuungen möglich, aber auch über vergleichbare soziale und caritative Einrichtungen. Eine zunächst erfolgreiche Wohnumfeldverbesserung bricht erfahrungsgemäß in sich zusammen, wenn sich die Art und Einstellung der Bewohner zum Schlechteren hin ändert, die Bereitschaft zur Mitarbeit und Kommunikation also nicht mehr gegeben ist. Untrügliche Anzeichen für einen solchen gesellschaftlichen Abbau in einem Gebiet sind häufige Wohnungswechsel, Delogierungen, lange Zeit hindurch leerstehende Wohnungen, Arbeitslosigkeit der Mieter, Zerstörungen in den Häusern und in den Außenanlagen, schließlich auch Überfälle.

Abbildung 48: Innenhofpark im Stadterneuerungsgebiet Wien-Ottakring, Wichtelgasse. Entwurf Stadtgartenamt Wien, mit Beteiligung der Gebietsbetreuung und der Bewohner.

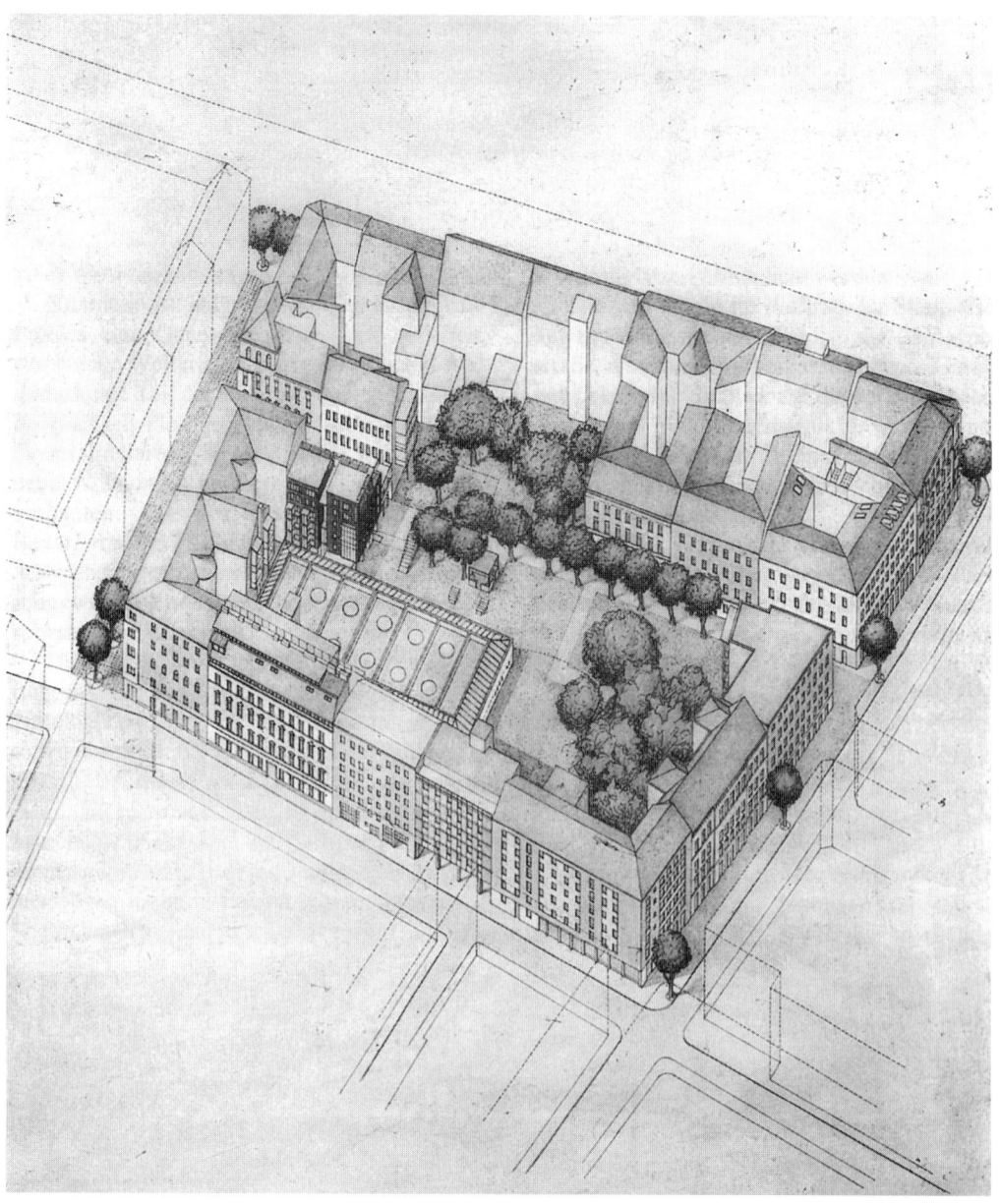

Abbildung 49: Sanierung und Durchgrünung eines gründerzeitlichen Baublocks in Wien-Leopoldstadt, Odeongasse mit begrünter Tiefgarage im Innenhof. Architekt Albert WIMMER.

Eine weitere Möglichkeit, wohnungsnahe Grünräume anzubieten, ist die behutsame Erschließung historischer **Gärten und Parks** für die Freiraumnutzung, wenn andere Möglichkeiten nicht vorhanden sind; das können sowohl ehemalige Schlossgärten, in Wien etwa der Schönbornpark, als auch Parkanlagen aus der Gründerzeit sein, in der Größe eines Baublocks, meist mit ausgeprägtem Schmuckcharakter, ferner die Wiederherstellung historischer Grünanlagen wie am Luisenstädtischen Kanal in Berlin.

Mit Hilfe der Stadtplanung, insbesondere der Flächenwidmungs- und Bebauungsplanung, kann in dicht bebauten Gebieten ein „**Grünes Netz**" aus Fußwegen, unter Einbeziehung von Durchhäusern und Innenhöfen, geschaffen werden. Dieses Netz kann im günstigen Falle unabhängig von Fahrstraßen bzw. quer zu diesen verlaufen.

Kriterien für die Bewertung eines Stadtteiles im Hinblick auf die Wohnumfeldverbesserung sind:

- Überbauungsgrad, GFZ (Geschossflächenzahl), GFD (Geschossflächendichte); Anzahl der Wohnungen (WE), Anzahl der Bewohner je Wohnungseinheit, Altersstruktur;
- Parzellierung, Zuschnitt der Parzellen; Grundeigentum, Grundbesitz; Wohnbauträger; Belastungen;
- Anteil der versiegelten Flächen; Ausmaß und Lage der Einbauten; vorhandene Baulichkeiten (veränderbar/unveränderbar), Bauzustand;
- Art und Ausmaß der Vegetation, Begrünung, insbesondere Baumbestand nach Alter, Zustand;
- Nutzungselemente im Freiraum, zum Beispiel Spielplätze, Ballspielfelder, Miniparks; Autostellflächen.

Die Aufgaben der Landschafts- und Freiraumplanung werden im Folgenden nach den zwei Schwerpunkten Stadterneuerung und Wohnumfeldverbesserung erläutert; dabei ist zu bedenken, dass die beiden Aufgabenfelder einander überschneiden (vgl. Abschnitt 4.3.3).

Stadterneuerung in alten Baugebieten

Die Verbesserung des Wohnumfeldes in Altbaugebieten ist nur mit einem **konzentrierten Verfahren** aller beteiligten Dienststellen möglich. In vielen Fällen sind die Hauseigentümer, außer wenn sie mit dem Abbruch des Hauses spekulieren, leichter ansprechbar als die – oft ausländischen – Hausbewohner, die das Eingreifen der Behörde als Bedrohung empfinden und befürchten gekündigt zu werden, sobald die Verbesserung durchgeführt ist. In Stadterneuerungsgebieten ist in aller Regel der Anteil der ausländischen Bewohner hoch, die ansässigen Inländer sind überdurchschnittlich alt. Der Anteil der Berufstätigen ist relativ gering, ebenso das durchschnittliche Familieneinkommen.

Die wichtigsten **Probleme** in Altbaugebieten sind:
- Hauseigentümer lehnen aus spekulativen Gründen, etwa wenn der Verfall des Hauses einen profitablen Neubau ermöglicht, die Verbesserung ab;
- die Bewohner sind überwiegend Familien von Gastarbeitern und Flüchtlingen aus südlichen und östlichen Ländern, mit sehr spezifischen Nutzungswünschen, entsprechend ihren heimischen Lebensgewohnheiten, sowie schwer integrierbare inländische Familien;
- die Organisation der Erhaltung und Pflege, beispielsweise der Innenhofgärten und Spielbereiche, durch die Hausbewohner ist in manchen Fällen nicht möglich;
- es herrscht ein empfindlicher Mangel an öffentlichen Grün- und Freiräumen sowie Spielflächen in der Umgebung.

Die langjährige Praxis der Sanierung von Baublöcken in Wien hat gezeigt, dass die Verwirklichung der Konzepte von folgenden **Voraussetzungen** abhängig ist:
- der Bereitschaft und Kooperation der Eigentümer von „Schlüssel-Liegenschaften" innerhalb der ausgewählten Blöcke;
- der permanenten Koordination aller Abläufe zwischen Eigentümern, Planern und Verwaltung;
- dass die eingesessene Bevölkerung im Gebiet bleiben kann;
- der intensiven aktiven, teilweise auch manuellen Mitarbeit von Betreuern, während der ganzen Zeit der Planung und Verwirklichung.

Beim Um- oder Neubau von Innenhöfen ist die Mitwirkung aller Hausbewohner beim Entwurf, möglichst auch bei der Ausführung und bei der Pflege unbedingt erforderlich, da der Hof sonst nicht angenommen wird und rasch verfällt. Außerdem trägt die gemeinsame Arbeit zur Bildung einer Hausgemeinschaft bei, die Selbsthilfe senkt auch beträchtlich den Bedarf an Fremdmitteln (Kredit).

Wichtige **Planungsziele** sind:
- das Verbessern der Verkehrssituation, etwa durch Fußwege, Durchhäuser;
- die Trennung von Kraftfahrzeug-, Fuß- und Fahrradverkehr;
- nutzbare Freiräume in den Innenhöfen, teilweise Zusammenlegen mehrerer Innenhöfe (bei gleichem Eigentümer); wenn sinnvoll, Bilden eines Gartenhofvereines (Beispiel Planquadrat Wien);
- das Nutzbarmachen aller vorhandenen Freiräume wie Schulhöfe, Plätze, Freiflächen an Kirchen, Gärten an halböffentlichen Einrichtungen wie Kammern, Versicherungen, Universitäten und dergleichen,
- das Sichern und Verbessern der vorhandenen Substanz an einzelnen Bäumen, Baumgruppen, Alleen;
- die Begrünung von Dächern, die Anlage von Dachgärten und Gartenterrassen; die Begrünung von Fassaden und Balkonen;
- die ökologische Verbesserung, insbesondere die Bewirtschaftung des Oberflächen- und Dachwassers;
- die – auch nur vorübergehende – Nutzung unbebauter Grundstücke als Spielbereiche, anstelle von Autostellplätzen, auf der Basis von Prekarien (Bittleihe);
- die Nutzung vorhandener Bauten in den Höfen, zum Beispiel stillgelegte Waschküchen und Schuppen als Garten- und Spielhäuser;
- der Ausbau kleiner Grünflächen auf gewidmeten Bauparzellen: Stadtgärten, Miniparks, Pocket Parks, vor allem an der Stelle von Abbruchhäusern;
- die Begrünung von Tiefgaragen.

Bei der **Hofbegrünung** bieten sich verschiedene Varianten an:
- Realisierung einer bestehenden Grünlandwidmung oder Erwerb der für Spiel- und allgemeine Grünräume erforderlichen Flächen von den privaten Eigentümern durch die öffentliche Hand, dies wird in der Praxis allerdings nur in Einzelfällen angewandt;
- Abriss- und Begrünungsmaßnahmen auf privaten Grundstücken über Gestattungsverträge zwischen Stadt und Grundeigentümern; die Gemeinde kann auf dem privaten Grundstück tätig werden, der Eigentümer erhält eine finanzielle Entschädigung und verpflichtet sich, 20 Jahre lang keine Veränderungen vorzunehmen und die Pflanzungen zu pflegen;
- nicht rückzahlbare Zuschüsse zu privaten Hofbegrünungen aus öffentlichen Mitteln, gebunden an verschiedene Auflagen.

Wesentlich ist im Rahmen der Stadterneuerung, das vorhandene Potential an **Dachflächen** zu aktivieren, etwa durch Förderung der Begrünung – wie bei Innenhöfen – und durch Beratung; beides wird in Klagenfurt, Linz und Wien bereits gehandhabt. Die Begrünung von Dächern, beispielsweise von Garagen und Betriebsgebäuden, kann im Bebauungsplan vorgeschrieben werden.

Alle diese Maßnahmen sollten durch die öffentliche Hand und durch Sponsoren gefördert werden, sowohl finanziell als auch durch fachliche Beratung. Die **Förderung** aus öffentlichen Mitteln (in Wien bis zu 1440 Euro pro Hof) sollte grundsätzlich an folgende Bedingungen gebunden werden:
- die Gestaltung der Gartenhöfe nach den Bedürfnissen der Hausbewohner, möglichst unter ihrer Mitwirkung;
- die freie, uneingeschränkte Nutzung durch alle Hausbewohner über mindestens 10 Jahre;
- die Inanspruchnahme einer fachlichen Beratung, beispielsweise durch einen Ingenieurkonsulenten für Landschaftplanung, um Schäden oder Fehlinvestitionen zu vermeiden;
- ein Beitrag des/der Subventionswerber/s in Höhe eines Drittels der Kosten; Einhalten einer Obergrenze für die Kosten je m^2 Hoffläche.

Auch in vielen anderen Städten fördert die Verwaltung die Hofbegrünung mit nicht rückzahlbaren Zuschüssen, der kostenlosen Lieferung des Pflanzenmaterials und dergleichen. Voraussetzung ist jedenfalls die Zustimmung des Hauseigentümers und seine verbindliche Zusage, dass alle Hausbewohner den begrünten Innenhof benützen können. In der Regel ist eine gezielte, dezentrale Animation und Beratung notwendig, in Wien beispielsweise durch die Gebietsbetreuungen und die städtische Gartenverwaltung. Wichtig – und schwierig – ist es allerdings, jene Gruppen der Bevölkerung zu erreichen, an denen in der Regel die Fördermittel vorbeigehen, also Zuwanderer und wirtschaftlich Schwache.

Günstig sind ein **gesondertes Budget** (Sonderprogramm), auf das direkt zugegriffen werden kann, und eine eigene **Organisation** wie etwa der Verein „Urbanes Wohnen" in München. Von großer Bedeutung sind auch private Initiativen der Mieter oder Eigentümer, am besten in einem Zusammenschluss als Verein wie beispielsweise im Gartenhofverein Wien/Planquadrat, jedenfalls aber eine handlungsfähige Hausgemeinschaft. Dazu zählt auch die Bereitschaft der Mieter zu Investitionen zur Wertsteigerung des Hauses. In deutschen Städten, etwa in Berlin, werden die rechtlichen und finanziellen Möglichkeiten nach dem Städtebauförderungs-Gesetz und dem Wohnbaumodernisierungs-Gesetz bei der Stadterneuerung bereits verstärkt für Grün- und Freiflächen eingesetzt. Auch verschiedene Förderungsprogramme für den Wohnbau stellen zunehmend Mittel für die Wohnumfeldverbesserung zur Verfügung.

Kontakte zwischen den Hausbewohnern, mehr Verständnis im täglichen Zusammenleben, auch die Nachbarschaftshilfe werden durch gemeinsame Arbeit im Garten gefördert; es sind eine Reihe von Beispielen für eine gelungene neue Hausgemeinschaft bekanntgeworden, zum Beispiel mit Lesungen, „Hofkonzerten" und individueller Betreuung von Pflanzen, Beeten und Gärten.

Baublöcke oder Blockteile lassen sich zu **Blocktypen** zusammenfassen, für die jeweils eigene Maßnahmen erforderlich sind wie
- Schaffen von zugänglichen und nutzbaren Garten- und Hofflächen für alle Bewohner im Haus/Block, auch für nur kurze Aufenthalte und Gespräche;
- Verbesserung der Raumstruktur im Block, zum Beispiel durch Abbruch verzichtbarer Hofgebäude und Mauern;
- Abbau von Nutzungsbeeinträchtigungen, zum Beispiel Absiedeln eines Karosseriespenglers, Einbau von Filtern;
- Entwicklung der ökologisch wirksamen Bereiche, zum Beispiel durch Bodenaustausch, Bau einer Bewässerungsanlage;
- Verbesserung der Straßen- und Platzräume durch räumliche und funktionelle Gliederung, Ausstattung, Baumpflanzungen, auch durch Möglichkeiten zur Kommunikation.

Wohnumfeldverbesserung für mehrgeschossige Siedlungen

Die in den 60er- und 70er-Jahren in beträchtlichem Umfang „auf der grünen Wiese" errichteten **Großsiedlungen**, deren Außenanlagen durchwegs äußerst sparsam und lieblos ausgebaut worden waren, entwickeln sich heute, wie früher schon die Gründerzeitviertel, zum Lebensmittelpunkt alter Menschen und sozial schwacher Familien. Hier ist es notwendig, das inzwischen noch weiter abgewirtschaftete Wohnumfeld zu verbessern. Dass die Gartenanlagen stark beschädigt, ja oft ganz zerstört sind, hängt oft auch mit ihrem geringen Flächenausmaß und der dadurch bedingten Übernutzung zusammen. Der Abriss einzelner Häuser ist in der Regel nicht, Neubauten sind nur beschränkt möglich. Sinnvoll und machbar ist es aber, über die vorhandene Freiraumstruktur eine neue, kleinteilige räumliche Ordnung zu legen und damit die meist starren, eintönigen Formen aufzulösen. Bei vielen Großsiedlungen ist in den Freiräumen kein Gestaltungsprinzip zu erkennen, außer dass die Müllsammelplätze mit Sträuchern eingefasst sind. Die oft weit überdimensionierten Straßen können in Autostellflächen und die dadurch freiwerdenden Parkplätze in kleine Stadtgärten umgewandelt werden.

Neben der Erneuerung der Grünflächen kann auch die Anlage von **Mietergärten** gefördert werden. Allerdings stehen einige Wohnungs- und Siedlungsgenossenschaften den Mietergärten wegen des höheren Verwaltungsaufwandes noch ablehnend gegenüber, während kommunale Wohnbauverwaltungen wie in Wien aufgeschlossen sind. Zu bedenken ist, dass Mietergärten nicht immer und überall angebracht sind, etwa wenn sie auf Kosten gemeinschaftlicher Grünflächen gehen oder im Schattendruck hoher Häuser liegen.

In Deutschland waren es in vielen Städten die Gemeinnützigen Wohnungsunternehmen, die um 1985 damit begonnen haben, die Außenanlagen ihrer Siedlungen im Sinne des „Außenhauses" nach I. M. HÜLBUSCH um- und auszubauen, als nämlich immer deutlicher wurde, dass schwere soziale Probleme nur in den sehr großen neueren Siedlungen, nicht aber in älteren Wohngebieten mit nutzbaren Gärten auftraten. Diese Unternehmen betreuten in der Bundesrepublik Deutschland vor der Wiedervereinigung rund 3,4 Mio. Wohnungen, dazu rund 31 000 größere Spiel- und Sportplätze und etwa 180 km² weitere Grünflächen. Während in den bis etwa 1965 errichteten Siedlungen die Grünräume zweckmäßig gestaltet waren oder mit vergleichsweise einfachen Mitteln in einen guten Zustand versetzt werden konnten, stellten die danach in stark verdichteter Bauweise und mit hohen Geschosszahlen gebauten Stadtrandsiedlungen die Bauträger in mehrfacher Hinsicht vor große Probleme, nicht zuletzt infolge der Konzentration sozial auffälliger Bewohner. Diese machen von einem verbesserten Wohnumfeld nur dann einen sinnvollen Gebrauch, wenn sie ständig betreut werden. Beispiele sind unter anderem in Wien die Siedlungen Rennbahnweg und Am Schöpfwerk, in Berlin das Märkische Viertel. Die nach 1990 mit vergleichsweise hohem Aufwand und fachlich sorgfältig umgestalteten Außenanlagen zu Massensiedlungen („Arbeiter-Schließfächer") im Osten Berlins werden von einem Teil der Bewohner pfleglich behandelt.

Die Verbesserung des Wohnumfeldes gewinnt in vielen Städten für Bauträger auch dadurch an Bedeutung, dass Wohnungen nur mehr dann gewinnbringend oder zumindest kostendeckend zu vermieten sind, wenn die Wohnqualität auch im Umfeld hoch ist. In Wien können derzeit viele neue Wohnungen im sozialen Wohnungsbau wegen der geforderten hohen finanziellen Eigenleistungen und Mieten nicht vergeben werden. Die kapitalkräftigen jungen Familien, die sich diese Wohnungen leisten könnten, stellen auch höhere Ansprüche an die Infrastruktur. Andererseits suchen, wie eine beispielhafte Aktion in einer mehrgeschossigen Wohnsiedlung in Hannover-Hainholz gezeigt hat, Mindestrentner und Arbeitslose eine Möglichkeit zum Anbau von Gemüse und Beeren, weil Kleingärten für sie unerschwinglich sind. Dort haben von 300 Mietern zunächst 50 die Möglichkeit zu einem kleinen Garten in den Abstandsflächen ergriffen, dann sind weitere 130 ihrem Beispiel gefolgt.

Zur Wohnumfeldverbesserung zählt auch die Um- und Neugestaltung, zum Teil – bei gartenhistorischem Wert – die Rekonstruktion von **älteren Außenanlagen**, etwa aus den 20er- und 30er-Jahren, im mehrgeschossigen Wohnbau.

In jüngerer Zeit wurde – als Abhilfe gegen den Mangel an kostengünstigen Wohnungen – mit der **Nachverdichtung** von mehrgeschossigen Wohngebieten und von Einfamilienhaus-Siedlungen begonnen. Darunter wird der Bau zusätzlicher Wohngebäude auf locker bebauten Grundstücken verstanden, um die Wohndichte zu erhöhen und die räumlich-städtebauliche Situation zu verbessern, beispielsweise in den Fertigteil-Siedlungen in Ostberlin. Dabei ist für den Bauträger nur der Aufwand für die Bauten zu leisten, während die Grundstücke und die Infrastruktur vorhanden sind.

Ein unkonventionelles, allerdings nur teilweise gelungenes Beispiel für die Gestaltung von Außenanlagen ist die Siedlung **Bijlmermeer** in Amsterdam: dort wurde eine rasch wachsende dichte Bepflanzung mit Wald, Einzelbäumen und Strauchgruppen durchgeführt, die sich selbst überlassen bleibt, dazwischen liegen freie Flächen, auch Mietergärten; verwendet wurden nur standortgerechte Holzarten, dicht gepflanzt, damit sich rasch eine dichte Vegetation bilden konnte, die keine Pflege erfordert. Die Entwicklung in den folgenden Jahren hat allerdings nicht ganz diesen Intentionen entsprochen.

Literatur

Bayerisches Staatsministerium des Innern, Bayerisches Staatsministerium für Landesentwicklung und Umweltfragen (Hrsg.): Wohnumfeld, Gestaltung und Nutzung wohnungsnaher Freiräume. Arbeitsblätter für die Bauleitplanung Nr. 10, Grünordnung und Landschaftspflege. München 1990

Bochnig S.: Verfahren zur Bewertung der Freiraumqualität städtischer Altbauquartiere als Grundlage für die kommunale Freiraumplanung. Hannover 1985

Buchholz R., G. Gröning, M. Spitthöver: Grün in alten Stadtvierteln – Eine empirische Untersuchung zur Nutzung und Beurteilung innerstädtischer Freiraumqualität. Arbeiten zur sozialwissenschaftlich orientierten Freiraumplanung, Bd. 4. München 1984

Bundesminister für Raumordnung, Bauwesen u. Städtebau (Hrsg.): Wirkungsforschung zur Baulückenplanung. Städtebauliche Lösungen für die Nachbesserung von Großsiedlungen der 50er- bis 70er-Jahre. Teil A: Städtebauliche und bauliche Probleme und Maßnahmen Teil B: Wohnungswirtschaftliche und soziale Probleme und Maßnahmen. Band 486 der Schriftenreihe Forschung. Bonn 1990

Drum M.: Wohnumfeld. Gestaltung und Nutzung wohnungsnaher Freiräume. Bayer. Staatsministerium für Landesentwicklung und Umweltfragen. München 1990

Förster W. et al. (Hrsg.): Unermüdlich, unbequem. August Fröhlich und die sanfte Stadterneuerung heute. Wien 1992

Kainrath W.: Stadterneuerung und Bodenordnung. Beiträge zur Stadtforschung, Stadtentwicklung und Stadtgestaltung. Wien 1979

Läsker-Bauer U.: Analyse von Planungs- und Entscheidungsprozessen der Freiraumplanung in Innenstädten. Bonn 1985

Nohl W.: Kommunales Grün in der ökologisch orientierten Stadterneuerung. IMU – Studien Band 19. München 1993

Pesch F.: Wohnumfeldverbesserung in innerstädtischen Altbaugebieten. Dortmunder Beiträge zur Raumplanung Bd. 30. Univ. Dortmund, Institut für Raumplanung. Dortmund 1983

Rietdorf W. (Hrsg.): Weiter wohnen in der Platte. Berlin 1997

Romeiss-Stracke F.: Freizeit in Wohnquartieren – Planerwünsche und Bewohnerwirklichkeit. In: Gesamtverband gemeinnütziger Wohnungsunternehmen (Hrsg.): Freizeit und Erholungseinrichtungen bei gemeinnützigen Wohnungsunternehmen. Schriftenreihe GGW Bd. 18. Hamburg 1982

Beispiele

Berger H.: Gebietserneuerung 1974 bis 1981, Das Wiener Modell. Wien 1984. Beiträge zur Stadtforschung, Stadtentwicklung und Stadtgestaltung, Band 15

Detzlhofer A., Di Centa: Der Außenraum der Wohnsiedlung ist gleich der Innenraum der Stadt. Wien 1995

Der Senator für Bauwesen (Hrsg.): Nachbesserung von Siedlungen der 60er- bis 70er-Jahre in Bremen. Bremen 1986

Institut für Grünplanung und Gartenarchitektur Universität Hannover (Hrsg.): Pilotstudie. Konzeption zur Verbesserung des Wohnumfeldes einer typischen Siedlung der 70er-Jahre. Heft 21 der Schriftenreihe des Fachbereiches Landespflege. Hannover 1985

Loidl-Reisch C., D. Gstach: Erhaltung und Entwicklung von Grünoasen. Im Auftrage Stadt Wien, MA 18. Wien 1995

Schilling R., O. Scherer: Die Erneuerung von Großsiedlungen, Beispiele und Empfehlungen. Schriftenreihe Wohnungswesen, Band 50. Bern 1991

Senatsverwaltung für Stadtentwicklung und Umweltschutz (Hrsg.): Grüne Höfe für Berlin. Berlin 1994

Wernecke M.: Wohnumfeldverbesserung durch Grün- und Freiräume aus der Sicht einer Großstadt – am Beispiel Hamburg. In: Institut für Städtebau Berlin (Hrsg.): Grün- und Freiräume im Wohnumfeld. Schriftenreihe Band 27. Berlin 1983

3.3.6 Aufgaben beim Umbau von Industrie- und anderen Stadtbrachen

Als neue Aufgabe der Freiraumplanung stellt sich seit einigen Jahren zunehmend die Gestaltung von Flächen, die durch die Verlagerung von Industriebetrieben an neue Standorte, teilweise auch durch die Stillegung von Betrieben, als sogenannte **Industriebrache** freiwerden. Betroffen sind vergleichsweise große Areale, teilweise in zentraler Lage, jedenfalls inmitten einer Bebauung. In strukturschwachen Gebieten werden diese Brachflächen nicht unmittelbar wieder mit anderen Nutzungen gefüllt. Auf den Grundstücken liegen oft Altlasten, die eine neuer-

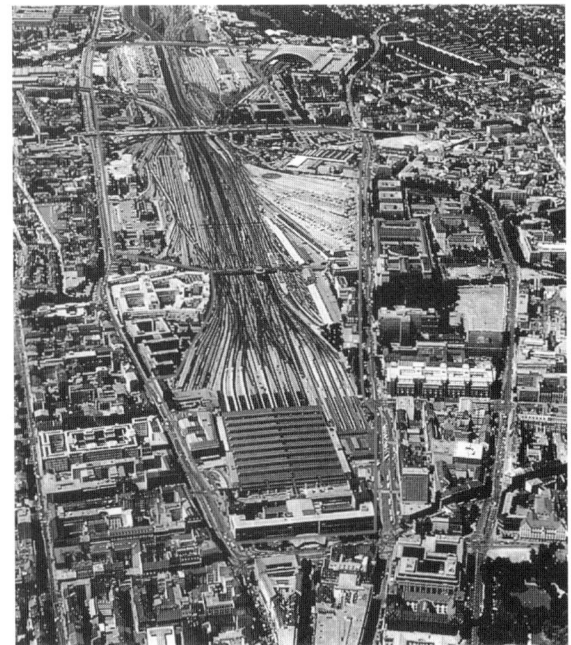

Abbildung 50: Projektstudie einer Bahnhofsüberbauung mit zentralen Grünflächen für München-Hauptbahnhof. Dispositionsfläche insgesamt 120 ha. Architekten Gerkan, Marg + Partner.

liche Bebauung nicht zulassen, teils Bauten, deren Sprengung oder Abtragen unwirtschaftlich wäre, manchmal auch Halden mit unterschiedlichem Material. In einigen Städten können auch Kasernen und militärische Anlagen im Wege der sogenannten Konversion anderen Nutzungen zugeführt werden, in Wien etwa bisher die Rennwegkaserne als Wohngebiet und das Areal an der Stammersdorfer Straße. Weitere Flächen dieser Art sind stillgelegte Verkehrsanlagen, vor allem Rangier- und Frachtenbahnhöfe, zum Teil von beträchtlichem Ausmaß (Berlin-Anhalter Bahnhof, Gleisdreieck, Wien-Breitenlee). Für die Aktivierung solcher Gebiete hat sich der Begriff „Flächen-Recycling" eingebürgert.

In dicht bebauten Städten des Ruhrgebietes, mit Anteilen von mehr als 60 % Siedlungsfläche am Stadtgebiet, sind die Industrie- und Gewerbebrachen die größten **Potentiale an Freiflächen**. Im gesamten Ballungsraum des Ruhrgebietes gibt es, verteilt auf mehr als 500 Teilflächen, insgesamt rund 10 000 ha Industrie-Brachflächen. Industrie- und andere Stadtbrachen stehen im Widerstreit zwischen ihrer Funktion als Flächenreserven für die Bebauung einerseits und als Naturreservate in der Stadt andererseits. In vielen Fällen verhindern nur vorhandene Altlasten die Bebauung. Ob Pflanzen diese Altlasten abbauen können, hängt von deren chemischen Zusammensetzung ab; im Industriegelände Liesing in Wien 23. stocken zwar Birken, Robinien und andere Gehölze auf verseuchten Flächen, diese dürfen aber nicht öffentlich zugänglich gemacht werden.

Es ist also bei allen Planungen zur Umwandlung von Industriebrachen danach zu fragen, ob nicht ein Teil des Geländes der Sukzession überlassen werden sollte. Dies gilt sinngemäß auch für Bauten und Verkehrsanlagen, die unter Umständen als Abenteuer-Spielbereich dienen können. Durchaus ähnliche Probleme und Aufgaben stellen sich bei Abbau- und Deponieflächen, meist am Stadtrand, die mit zunehmenden Müllmengen an Bedeutung für die Stadt- und Landschaftsplanung gewinnen (vgl. Abschnitt 4.8.4).

Ein Beispiel aus jüngerer Zeit für die Ausgestaltung von Stadtbrachen in Deutschland ist die Internationale Bau-Ausstellung **IBA Emscher Park** im Ruhrgebiet mit 7 Leitprojekten, darunter der Landschaftspark Duisburg-Nord (Planung Peter Latz). Bei dieser Bauausstellung wurde der Leit- und Rahmenplanung von Beginn an große Bedeutung beigemessen, beispielsweise durch eine enge Verbindung zur wasserwirtschaftlichen Planung. Ein Leitmotiv der IBA Emscher Park ist, dass eine ökologische Modernisierung Voraussetzung für die ökonomische Entwicklung ist.

Das Projekt IBA Emscher Park ist nicht nur wegen seiner Größe außergewöhnlich, sondern auch wegen seiner Ausgangsbedingungen: Ein weitläufiges Areal, durch die Montanindustrie für ihre Betriebsanlagen vollkommen gegenüber dem ursprünglichen Zustand verändert, ehemals Standort einer Schachtanlage und einer Kokerei, voll problematischer Altlasten, mit verunreinigtem Grundwasser, Standort eines vollständig erhaltenen Hochofenwerks, durchschnitten von einem offenen, schnurgeraden Abwasserkanal, der sogenannten „Alten Emscher". Auf diesen Flächen hatte sich aber auch eine neue ruderale Vegetation mit über 300 Blüten- und Farnpflanzen angesiedelt, belebt von mehr als 60 Vogelarten. Das Gelände ist zusätzlich zerschnitten von Werksbahnen, Autobahnen und Abwasserkanälen.

Hier konnten seit etwa 1985 eine ganze Reihe von Maßnahmen durchgesetzt werden, die ansonsten kaum zu verwirklichen wären, etwa Stadtteilparks und Siedlungsgrün, Kindertageseinrichtungen und soziale Begegnungsstätten, private Dienstleistungseinrichtungen und durchgrünte Gewerbegebiete; es wurden Bachläufe renaturiert, Siedlungen erneuert, öffentliche Räume gestaltet, Straßenräume wurden rückgebaut und Industriedenkmäler gesichert. Die Größe der Flächen und Baustellen eröffnete die Möglichkeit, der Landschafts- und Freiraumqualität eine besondere Bedeutung zuzumessen, etwa indem zukünftig mehr als 50 Prozent aller Flächen Stadtteilparke und gestaltete Landschaften sein werden.

Grundlage für die Planungen zur IBA Emscher Park und zu den Regionalen Grünzügen des Kommunalverbands Ruhrgebiet (KVR) war eine systematische **Erhebung der Industrie- und Stadt-Brachflächen** und ihres ökologischen Potentials durch die Landesanstalt für Ökologie, Bodenordnung und Forsten (LÖBF, früher LÖLF). Gestützt auf Luftbildinterpretation und stichprobenartige Begehungen im Gelände wurden alle Industrie-, Gewerbe-, Zechen- und Bahngelände-Brachen über ein Hektar Größe erfasst. Parameter für die Ermittlung waren Flächengröße, Strukturelemente, Biotopkomplexe, Nutzung und die Beschreibung des Umfelds. Daraus ergab sich das Grundgerüst eines Brachflächen-Katasters, der wiederum ein umfassendes **Brachflächen-Konzept** für das Ruhrgebiet möglich machte. Insgesamt wurden rund 8100 ha Brachflächen auf Katasterbögen beschrieben, bewertet und kartographisch dargestellt.

Ein weiteres deutsches Beispiel ist die **Landesgartenschau Hamm 1984**, bei der nach den Vorschlägen der Planer R. MARTIN und W. PRIDIK die Renaturierung bzw. ökologische Anreicherung einer Industriebrache einschließlich einer flach geschütteten bewachsenen Bergehalde zum Kernthema gemacht wurde. So entstand ein Nebeneinander, örtlich auch Miteinander von Flächen mit Biotopschutz- und Erholungsfunktion.

Als Beispiel kann weiters der Ökopark am Rangierbahnhof Nord in **München** angeführt werden. Hier ist die Vorgangsweise interessant: zunächst wurde ein naturschutzfachlich-ökologisches Konzept erarbeitet, dann wurde dieses in einen gestalterischen Ausdruck „übersetzt", mit dem Ziel, Naturschutz und Erholung gleichwertig Raum zu geben. Ein ähnliches Projekt ist die Umgestaltung des aufgelassenen Hauptgüterbahnhofs **Hannover** in ein Baugebiet mit einem integrierten Quartierpark, dem Stadtteilpark Möhringsberg. Hier ist bemerkenswert, dass dieses Vorhaben durch eine acht Jahre dauernde Planungs- und Diskussionsphase viel von den Ideen des ursprünglichen Entwurfs verloren hat.

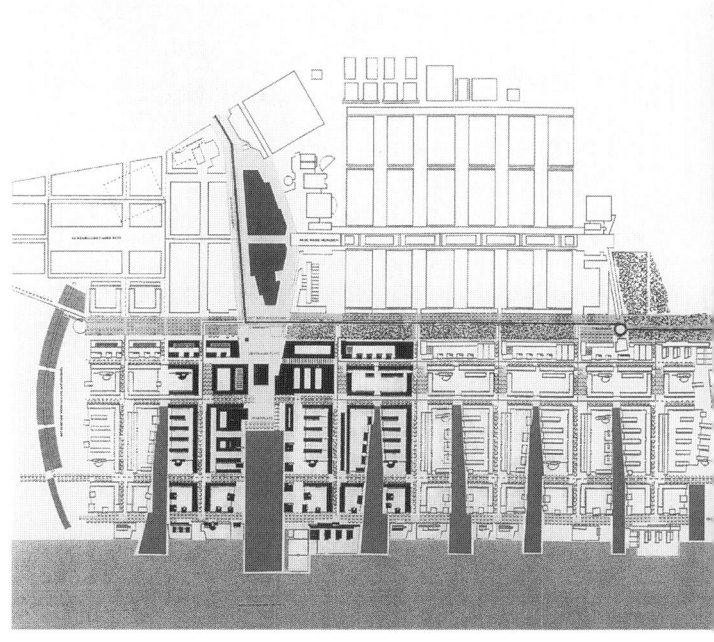

Abbildung 51: Bebauungskonzept für den ehemaligen Flughafen München-Riem. Landschaftsarchitekt und Stadtplaner Prof. C. VALENTIEN, Wessling.

Literatur

Architektur und Wettbewerbe: Neue Nutzungen für Militärstützpunkte und Industrieflächen. Stuttgart 1997

Dettmar J.H., H. Kiemstedt, H. Sukopp: Die Bedeutung von Industrieflächen für den Naturschutz, untersucht anhand der spontanen Vegetation auf Industrieflächen im Ruhrgebiet. Abschlußbericht Forschungsvorhaben der Universität Hannover. Hannover 1991

IBA Emscher Park: Dimensionen der ökologischen Erneuerung. Gelsenkirchen 1993

IBA Emscher Park und Kommunalverband Ruhrgebiet (Hrsg.): Machbarkeitsstudie Emscher Landschaftspark. Bearbeiter Kommunalverband Ruhrgebiet, Abt. Planung. Emscher Park Planungsgrundlagen Band 1. Gelsenkirchen/Essen 1990

Rebele F., J. Dettmar: Industriebrachen. Ökologie und Management. Stuttgart 1996

Reiß-Schmidt St.: Der Emscher – Landschaftspark – neue Ansätze der Freiraumentwicklung im Rahmen der ökologischen und ökonomischen Erneuerung einer alten Industrieregion. Institut für Städtebau und Wohnungswesen (ISW) München der Deutschen Akademie für Städtebau und Landesplanung. Manuskriptreihe H. 4.24. München 1990.

Steinebach G.: Offenes städtebauliches Gutachterverfahren zur Reaktivierung von Industrie- und Militärbrachen. Institut für Städtebau und Wohnungswesen (ISW) München der Deutschen Akademie für Städtebau und Landesplanung. Manuskriptreihe H. 6.32, 1991.

Steinebach G.: Konversion – Stadtplanung auf Militärflächen. BMin. für Raumordnung, Bauwesen und Städtebau. Bonn-Bad Godesberg 1997

Ullmann G.: Industriebrachen. Beispielsammlung. Stuttgart 1999

Beispiele

Bundesminister für Raumordnung, Bauwesen, Städtebau (Hrsg.): Modell Völklingen – Revitalisierung einer Industriebrache. Bonn-Bad Godesberg 1991

Kiefer G.G., Ph. Sattler: Knappheit mitdenken. Umbau Bahnhofsgelände Leipzig/Reudnitz in Park. In: Garten und Landschaft H. 1/1999

Kommunalverband Ruhrgebiet, Abt. Planung (Hrsg.): Leitplan Emscher Landschaftspark – Zwischenbericht 1992. Essen 1992

Latz + Partner: Der Landschaftspark Duisburg-Nord – Ein Geflecht industrieller Infrastrukturen und Resten von Produktionsanlagen wird Landschaft. Planungsgemeinschaft Duisburg-Nord (Hrsg.): Abschlussbericht. Duisburg 1991

3.4 Planungstechniken

3.4.1 Planungsgrundlagen, Datenerfassung und -verwaltung

Landschaftsplanung im städtischen Bereich ist nur mit vollständigen, genauen Kartengrundlagen möglich; dies gilt vor allem für Höhenpläne mit einem Abstand der Schichtenlinien von 10 m und nachgeführten Bestandsplänen der Bauwerke und Verkehrsanlagen. Die Bestandsaufnahme und Datenerfassung muss immer **wertend** sein; das gilt sowohl für die Auswahl der Daten als auch für den erforderlichen Grad der Genauigkeit der Erhebung und Darstellung. Naturwissenschaftliche Bestandsaufnahmen sind für die Landschaftsplanung nur dann effektiv, wenn sie mit einer Wertung verknüpft werden können.

Folgende **Unterlagen** sollten für die Freiraumplanung zur Verfügung stehen bzw. vom Auftraggeber bereitgestellt werden:
- Topographische Karte der Stadt (1:10 000, 1:5000, 1:2000) mit Höhenschichtlinien, Bebauung und Flächennutzungen sowie Grundstücksgrenzen;
- Topographische Karte der Umgebung, Region (1:25 000);
- frühere und geltende Stadtentwicklungspläne, Flächenwidmungs- und Bebauungspläne;
- Sonderkarten, soweit vorhanden, wie Geologische Karte, Karte der Bodenkartierung und Bodenschätzung, Biotopkartierung, Vegetationskartierung; Forstliche Standortkartierung, Waldentwicklungsplan, Waldfachpläne, Gefahrenzonenplan, Baumkataster; gegebenenfalls phänologische Karte;
- Daten zu Grundwasser wie höchste Stände, Grundwasserströme; Lokalklima;
- Pläne zu besonderen Bauvorhaben, insbesondere Verkehrswegebau, Industriebauten, Hochhäuser, Müllverbrennung, Deponien und dergleichen;
- Satellitenaufnahmen und -pläne, Digitalkarten, Luftbilder, alle nach Möglichkeit im Bearbeitungsmaßstab;
- historische Karten, geschichtliche und heimatkundliche Unterlagen, Heimatbücher und dergleichen;
- Karten zur Standorteignung aufgrund des naturräumlichen Potentials, Naturraumpotentialkarten.

Abbildung 52: Graphische und textliche Erfassung der Flächennutzung in einer Grünflächen-Datenbank.

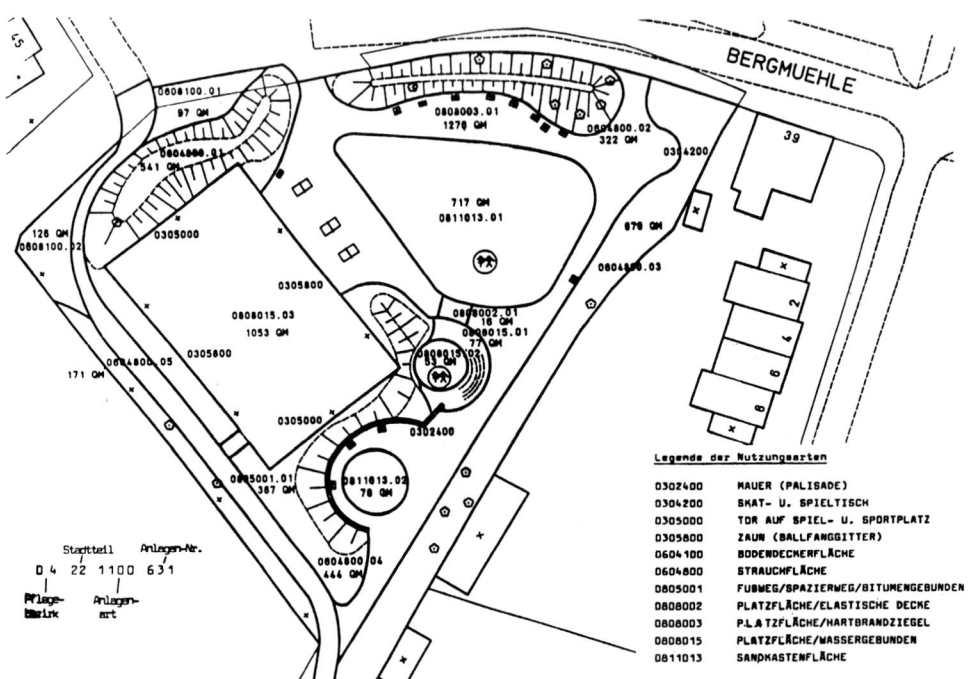

Einen großen Teil der EDV-gestützten Landschafts- und Freiraumplanung nimmt demnach die **Datenaufnahme und Datenverwaltung** ein, wobei unter anderem folgende Sachbereiche wichtig sind:

- Flächenbilanzen nach Nutzung, Widmung und Eigentum der Grundstücke, etwa um die Verfügbarkeit einer Parzelle festzustellen, für die eine Freiraumnutzung vorgesehen wird;
- Grundstückspreise der unbebauten Flächen, und zwar der Verkehrswert, unabhängig von der Flächenwidmung;
- Grünflächenkataster, Statistiken über Zu- und Abgang von Grünflächen, getrennt nach Grünflächensparten;
- Daten aus der Biotopkartierung;
- Baumkataster auf öffentlichen und privaten Flächen mit möglichst genauen Angaben über Art, Stärke, Zustand.

Einen beträchtlichen Aufwand bringt die Datenerfassung in der gewünschten Genauigkeit für alle naturräumlich-ökologischen Daten mit sich, zum Beispiel für Grundwasserlinien, Grundwasserstände (Minima, Maxima), für pflanzensoziologische bzw. vegetationsökologische Einheiten, lokale Klimadaten und dergleichen mehr. Für die Freiraumplanung kommt die Erfassung aus allen verfügbaren Quellen in Frage, zum Beispiel geographische Karten, Luftbilder, Einzeluntersuchungen, jedenfalls aber ergänzt durch den Vergleich in der Natur.

Infrarotaufnahmen sind nur bedingt für die Vegetationskartierung im bebauten Gebiet geeignet, da Verfälschungen, zum Beispiel durch den Straßenverkehr, auftreten können; auch hier ist eine Kontrolle durch Begehungen notwendig. Trotz dieser Einschränkung haben Erfahrungen, beispielsweise in Karlsruhe, deutlich gezeigt, dass mit Infrarot-Falschfarben-Aufnahmen der Vegetation auf Privatgrundstücken wesentlich bessere Ergebnisse erzielt wurden als mit Schwarz-Weiß-Luftbildern. In jüngerer Zeit werden zunehmend Satelliten-Aufnahmen als Planungsgrundlage eingesetzt, so etwa für die sogenannten „**Satelliten-Bebauungspläne**". Bei der Bearbeitung ist darauf zu achten, dass in manchen Städten der Baumbestand in der amtlichen **Stadtkarte** teilweise punktgenau, teilweise aber ungenau, in Gruppen zusammengefasst, eingetragen ist.

Datengruppen für die Anwendung in der Landschaftsplanung sind:

- Naturräumlich-ökologische Daten wie Geomorphologie, Böden, Grund- und Oberflächenwasser, Meso- und Mikroklima, Vegetation; die Sonnenscheindauer ist ein gutes Maß für die Klimaqualität;
- Bebauungsdaten wie Bebauungsart, Baualter, Schutzzonen, Geschossflächenzahl;
- Planungsdaten wie Flächennutzung, Flächenwidmung, Bebauungsbestimmungen;
- Bevölkerungsdaten wie Bevölkerungsdichte, Altersstruktur, Sozialstruktur, Wohnzufriedenheit;
- der Bestand an Grünflächen nach Sparten und spezifischen Einrichtungen, Alleen;
- bestehende rechtliche Bindungen wie Natur- und Landschaftsschutzgebiete, Natur-, Kultur- und Bodendenkmale, Wasserschutzgebiete, Hochwasserbereiche;
- die Zugänglichkeit, insbesondere die Abgrenzung von unbeschränkt, beschränkt und der Öffentlichkeit nicht zugänglichen Flächen.

Die Fülle der für die Freiraumplanung in der Stadt erforderlichen Daten ist praktisch nur mit Hilfe der EDV zu erfassen, zu verwalten und auf aktuellem Stand zu halten, auch je nach Aufgabenstellung miteinander zu verknüpfen. Eine wichtige Grundlage dafür ist in vielen Städten eine **Grünflächendatei**. Ebenso können Karten- und Plandarstellungen zweckmäßig über EDV-Ausdrucke erstellt werden. Voraussetzung dazu ist eine **digitalisierte Grundkarte**, in der Regel auf Baublocksystem, eventuell im Raster 100V100m. Die Aufbereitung der Kartengrundlagen mit Hilfe der Elektronischen Datenverarbeitung, etwa in digitalisierten Karten, erleichtert zwar die Planung, setzt aber auch das stetige arbeitsaufwändige Nachführen voraus.

Die entsprechende Grundlage in Wien ist das **Grünflächen-Informationssystem**. Mit einem Biotop-Monitoring der Mag.Abt. 22 werden der jeweilige Stand und alle Veränderungen der Vegetationsausstattung in Wien mit Hilfe von Farb-Infrarot-Luftbildern und dem Geographischen Informationssytem System ARC-INFO festgehalten. Die Ergebnisse früherer Biotopkartierungen sind auf digitalisierten Stadtkarten verfügbar.

Vorteilhaft für die ökologische Grundlagenerhebung ist der Kontakt und Informationsaustausch mit Universitätsinstituten, Forschungseinrichtungen und Fachbehörden, zum Beispiel Umweltbundesamt (UBA), Landesumweltanwalt, örtliche Umweltabteilung, Zentralanstalt für Meteorologie und Klimatologie. Wichtig ist die Bewertung und Selektion der naturräumlichen Daten im Hinblick auf ihre Bedeutung für die im Planungsraum möglichen oder angestrebten Funktionen, also die **problem- und funktionsbezogene** Datenerfassung. Für viele Faktoren genügt das Kennzeichnen wichtiger Elemente anstelle einer aufwändigen, genauen graphischen Aufbereitung. Bereits dabei können, etwa durch Vergleich mit dem Luftbild, erste Überlegungen zu Zonierungen und zu Schwerpunkten angestellt werden. Von Interesse können allerdings auch naturräumliche Daten zum früheren oder ursprünglichen Zustand des Bearbeitungsgebietes sein, mit denen negative Entwicklungen sichtbar gemacht werden können.

Der Aufwand für die **Aktualisierung** der Daten ist sehr hoch, es ist daher zu prüfen, welche Daten bzw. Datengruppen ständig aktuell gehalten werden müssen bzw. bei welchen Daten die Aktualisierung in größeren Zeitabständen genügt, zum Beispiel bei Grundwasser und Klima. Das Sammeln und Fortschreiben von Daten, die für die Landschafts- und Freiraumplanung nicht relevant sind, bringt einen unnötigen Personal- und Sachaufwand mit sich und führt zum Entstehen von „Datenfriedhöfen". Vorsicht ist bei der Anwendung von statistischen Werten geboten, die nur als Teil einer Zeitreihe aussagekräftig sind oder bei denen die Bezugsgrößen nur bedingt miteinander vergleichbar sind, beispielsweise die Stadtgröße. So sind etwa die Stadtgebiete von Paris oder London nicht mit jenem von Wien vergleichbar, so dass Werte wie m² Grünfläche je Einwohner für sich genommen wenig Aussagewert besitzen.

Ein Beispiel für umfassende Planungsgrundlagen sind die in einer Reihe von Städten geführten **Baumkataster**, in denen die Bäume – ab einer durch Baumschutzsatzungen bestimmten Stammstärke – sowohl auf städtischen Flächen wie Straßen, Plätze und Parks als auch – in einigen Fällen – die Bäume auf privaten Grundstücken erfasst sind. Exemplare sehr seltener Arten wie beispielsweise Schwarze und Weiße Maulbeere (*Morus nigra, Morus alba*), Ginkgo (*Ginkgo biloba*), Mammutbaum (*Metasequoia gigantea*) und andere sollten auch dann erfasst werden, wenn sie die betreffende Stärke noch nicht erreicht haben.

Für den Bau kleiner, temporärer Stadtgärten oder Spielbereiche ist ein **Baulückenkataster** hilfreich, wie er in einer Reihe von Städten, darunter auch in Wien, eingerichtet wurde, um stark untergenutzte Flächen erkennen und die betreffenden Grundstücke nach Möglichkeit der widmungsgemäßen Nutzung zuführen zu können. Da dies in der Regel einige Jahre der Verhandlung und Bauvorbereitung bedarf, bietet sich als sinnvolle Zwischennutzung ein Spielbereich oder Minipark – anstelle eines Autoabstellplatzes – im Wege einer befristeten Anpachtung oder eines Prekariums an. In Wien waren Anfang 1996 rund 1400 Baulücken erfasst, überwiegend in dicht bebauten Gebieten im Westen und Süden der Stadt.

Literatur

Bierhals E., H. Hahn: Modellentwicklung eines kommunalen Umweltinformationssystems im Rahmen des Ökologischen Forschungsprogramms Hannover. Teilprojekt „Stadtbiotope". Abschlussbericht. Universität Hannover, Institut für Landschaftspflege und Naturschutz. Verv. Manuskript 1992

Hessische Landesanstalt für Umwelt: Inventur des städtischen Grüns und Ermittlung seines Vitalitätszustandes mit dem Infrarot-Luftbild – ein Leitfaden. Wiesbaden 1978

Institut für Entwicklungsplanung und Strukturforschung IES: Grunddaten für die Fortschreibung des Sportstättenentwicklungsplans für die Landeshauptstadt München:

Teil I – Sportverhalten und Einstellungen zum Sport in München. IES-Bericht 210.92. Hannover 1990

Teil II – Modellrechnungen zum Sportstättenbedarf. IES-Bericht 229.92. Hannover 1992

Leitfaden zur Sportstättenentwicklungsplanung, Band 3 – Sportverhaltensparameter und Hinweise zur Anwendung. Hannover 1992

Kürsten E.: Luftbild-Folge-Inventuren und Baumkataster als Grundlage für eine nachhaltige Sicherung innerstädtischer Vegetationsbestände, dargestellt am Beispiel der Stadt Düsseldorf. Diss. Universität Göttingen. Göttingen 1983

Langer H., A. Hoppenstedt, B. Stocks: Landschaftsbild – Ermittlung der Empfindlichkeit, Eingriffsbewertung sowie Simulation möglicher künftiger Zustände. Forschung, Straßenbau und Straßenverkehrstechnik H. 610, Bonn/Bad Godesberg 1991

Sukopp H.: Ökologische Grundlagen für die Stadtplanung. Landschaft und Stadt 1979 H.11, 173-181

Zirm K., M. Schamann, F. Fibich et al.: Luftbildgestützte Erfassung von Altablagerungen. UBA Monographie Band 2. Wien 1986

3.4.2 Plandarstellung, Planzeichen

Die Darstellung von Planungs- und Entwurfsideen richtet sich heute nicht mehr nur an ausführende Handwerker, sondern dient auch der Information und Beteiligung der Betroffenen. Sie muss daher einigen Anforderungen genügen: es sollten Bilder verwendet werden, die den Beteiligten vertraut sind; Luftbilder sind anschaulicher als Karten, Modelle anschaulicher als Pläne und Ansichten oder Computer-Simulationen. Wichtig ist, dass schon bei der Planung und beim Entwurf mit der Graphik auf die spätere Darstellung Bedacht genommen wird.

Abbildung 53: Projekt „Wohnen mit Kindern" in Wien. Grundriss (Strukturplan) als Tuschzeichnung. Architekt Prof. Janos KOPPANDY.

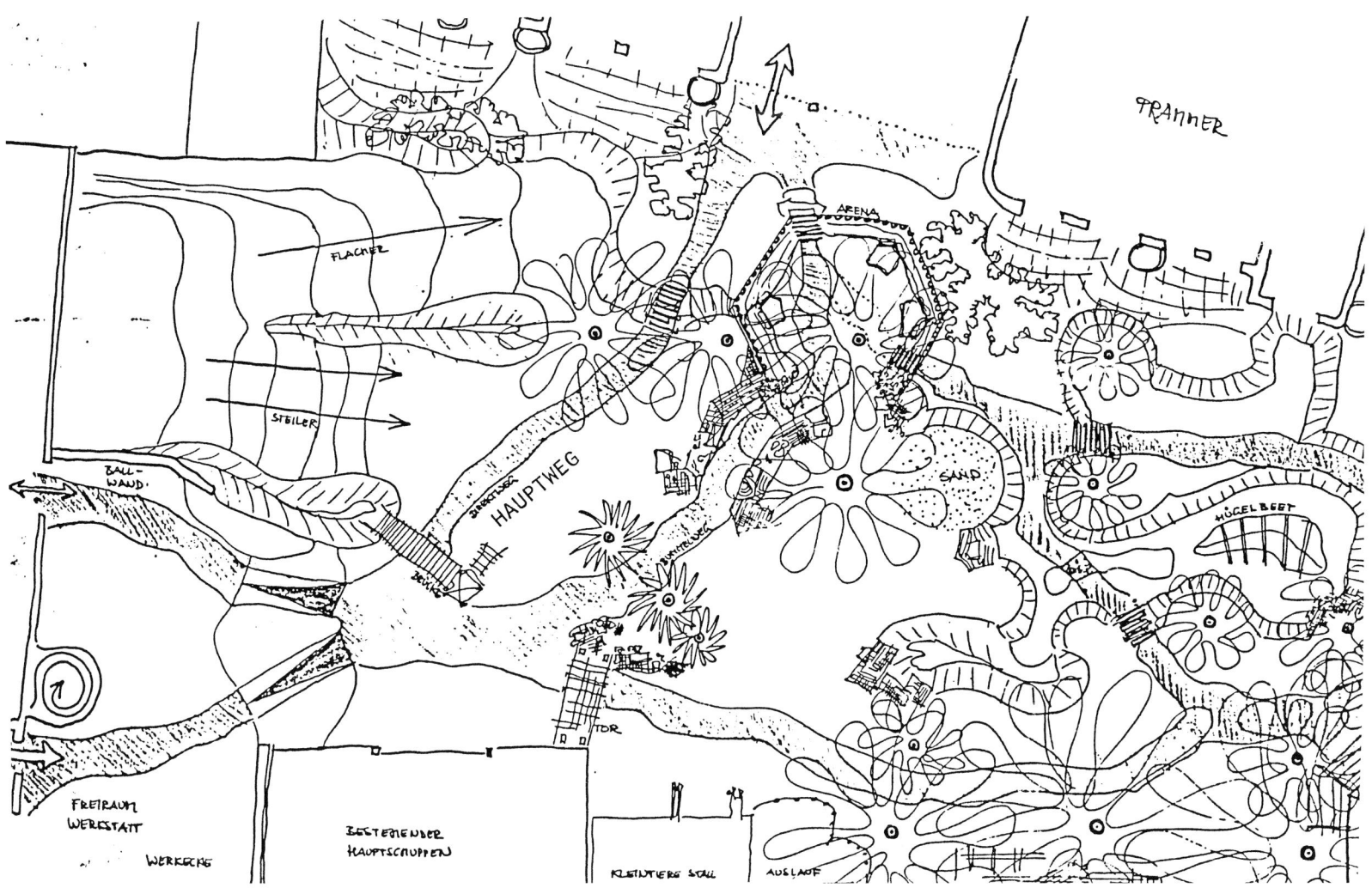

Abbildung 54: Beispiele für die zeichnerische Darstellung landschaftlicher Elemente, vor allem am Stadtrand (händische Zeichnung).

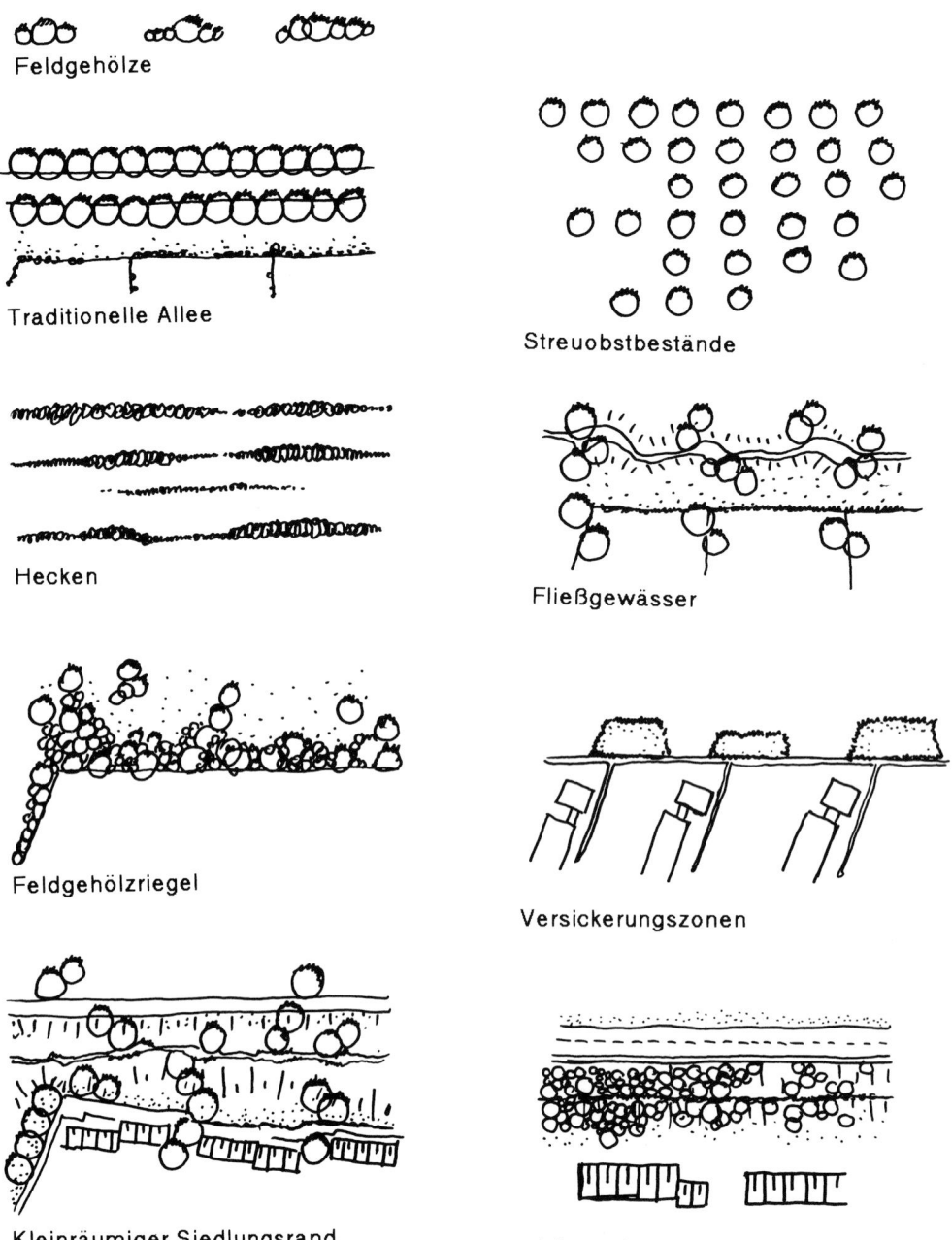

Feldgehölze

Traditionelle Allee

Streuobstbestände

Hecken

Fließgewässer

Feldgehölzriegel

Versickerungszonen

Kleinräumiger Siedlungsrand

Lärmschutzmodellierung

Der ursprünglichen Darstellungstechnik entsprechen manuell gezeichnete Pläne, Freihand oder mit Lineal ausgeführt. Diese von Hand gezeichneten Pläne sind heute durchwegs von Computer-gestützten Darstellungen, sowohl in Schwarz-weiß als auch in – zumindest einer – Farbe abgelöst worden. Diese haben vor allem den Vorteil, rasch mehrere Inhalte darstellen und Änderungen vornehmen zu können. Das händische Zeichnen hat trotzdem noch große Bedeutung für das Skizzieren von Planungslösungen, die einen erheblichen Anteil an Kreativität erfordern, auch zur gemeinsamen Arbeit eines kleinen Teams am Zeichentisch. Die Möglichkeiten einer individuellen „Handschrift" sind bei der manuellen Planung größer als bei Computerplänen. Auch das Entstehen einer Lösung mit vielen Zwischenschritten wird auf einfache Weise deutlicher gemacht. Mit freier Hand gezeichnete Pläne wirken lebendiger, spontaner, etwa für den Vorentwurf; mit Lineal gezeichnete Pläne wirken eher technisch, exakt, beispielsweise Ausführungspläne mit Maßangaben. Trotz der nach heutiger Sicht technisch „veralteten" Graphik von Plänen aus dem 18. und 19. Jh. wirken diese durch ihr anschauliches Bild und die oft künstlerische Darstellung, die die Planungsabsicht erstaunlich lebendig und deutlich vermittelt. In Wettbewerbsbeiträgen aus jüngerer Zeit werden solche Graphiken, auch Freihandzeichnungen mit unterschiedlichen Materialien, wieder angewandt, um eine hohe Anschaulichkeit zu erreichen.

Die digitalen Darstellungstechniken haben sich in den vergangenen Jahren so weit entwickelt, dass sehr realistische Bilder entstehen, die manchmal von manuellen Zeichnungen kaum mehr zu unterscheiden sind. Andererseits können sie dazu verleiten, auch nicht relevante Gegenstände darzustellen. Vordringlich ist jedenfalls, dass die wesentlichen Inhalte, Ziele und Ideen des Projekts im Vordergrund stehen und deutlich sichtbar gemacht werden. Schwierig ist dabei die Darstellung emotional wirkender und intellektueller Qualitäten eines Entwurfs. Nicht zuletzt deshalb haben sich Methoden entwickelt, die einen Übergang von handwerklicher zu technischer Darstellungsweise bilden. Bei städtebaulichen und landschaftsplanerischen Wettbewerben werden sehr oft von Hand gezeichnete oder überarbeitete Darstellungen abgegeben, um den Eindruck des individuellen Entwurfs zu verstärken. Das trifft auch für Schaubilder und Perspektivskizzen zu. In jüngerer Zeit werden auch Collagen, oft aus mehreren Perspektiven und in unterschiedlichen Maßstäben, angefertigt, die allerdings nicht immer zur sachlichen Information beitragen.

Bei unkonventionellen Darstellungsmethoden, wie sie häufig bei Wettbewerben angewendet werden, sollte gleichwohl die Entwurfsabsicht eindeutig erkennbar sein, beispielsweise um welche Art von Flächen (Rasen, Pflanzfläche, befestigte Fläche) es sich handelt oder wie eine das Gelände durchschneidende Diagonale in der Natur beschaffen sein soll. In interessanten städtebaulichen Entwürfen werden manchmal viele einander kreuzende Linien gezeichnet, die beabsichtigte funktionelle oder visuelle Verbindungen andeuten, ohne dass eine Aussage getroffen wird, wie diese realisiert werden könnten (Wettbewerbe Flugfeld Aspern, KDAG in Wien); bei der Umsetzung in einen rechtsgültigen Plan treten dann zwangsläufig erhebliche Schwierigkeiten auf. Jedenfalls kann eine ungewöhnliche Darstellung eine zukunftweisende Entwurfsidee wohl unterstützen, aber nicht ersetzen.

Es gibt für die Darstellungen der Landschaftsplanung keine vorgeschriebenen **Signaturen**, etwa im Sinne der Planzeichenverordnung 1990 der Bundesrepublik Deutschland für Bauleitpläne oder vergleichbarer Planzeichenverordnungen der Schweiz und der österreichischen Bundesländer. Die Planzeichen können sowohl in Schwarz-weiß als auch in Farbe – mit vorgegebenen Farben – verwendet werden. In der BRD besteht die Möglichkeit, die in der Verordnung enthaltenen Planzeichen, die für Flächennutzungsplan und Bebauungsplan einheitlich sind, zu ergänzen oder sogar neu zu entwickeln, soweit dies zur eindeutigen Darstellung des Planinhalts erforderlich ist. Davon hat beispielsweise das Land Sachsen-Anhalt durch den Erlaß eigener Planzeichen für Landschaftspläne Gebrauch gemacht. Diese zusätzlichen Signaturen sind in der Zeichenerklärung des betreffenden Bauleitplanes zu erläutern. Für die in den Vorschriften aufgezählten Parkanlagen, Dauerkleingärten, Sportplätze, Spielplätze, Badeplätze, Zeltplätze und Friedhöfe stellen die Planzeichenverordnungen sieben Planzeichen bzw. Symbole zur Verfügung, die in die jeweilige Fläche einzusetzen sind. Falls es aus Gründen des Maßstabs beim (nicht parzellenscharfen) Flächennutzungsplan erforderlich ist, können solche Zeichen auch ohne Bezug zu einer abgegrenzten Fläche eingetragen werden, beispielsweise um anzudeuten, dass in einem bestimmten Gebiet ein Spielbereich geschaffen werden soll.

Es ist ratsam, sich bei Landschafts- und Grünordnungsplänen den jeweils für Bauleit- und Raumordnungspläne vorgeschriebenen Planzeichen anzupassen. Damit die Inhalte des Landschaftsplanes und des Grünordnungsplanes den entsprechenden Plänen der Raumordnung, also Flächennutzungsplan, Flächenwidmungsplan und Richtplan bzw. Bebauungsplan und Nutzungsplan eingepasst werden können, müssen sowohl die Kartengrundlagen übereinstimmen als auch die Darstellungen unmissverständlich übertragbar sein. Jedenfalls ist zu empfeh-

Siehe Farbtafel III, Abbildung 55: Außenanlagen zum Amthof Feldkirchen in Kärnten. Grundriss mit Buntstift koloriert. Landschaftsarchitekt R. GÄLZER, Zeichnung M. WAGNER.

Siehe Farbtafel III, Abbildung 56: Grundriss und Axonometrie zum Garten T. in Wien, handkoloriert. Entwurf Barbara BACHER, Landschaftsarchitektin.

Siehe Farbtafel IV, Abbildung 57: Entwurf zum Stadtpark Wimpassing, Oberösterreich. Grundriss computergestützt und koloriert, durch Bilder ergänzt. Landschaftsarchitekt Jakob FINA.

len, sich vor der Anfertigung von Landschafts- und Grünordnungsplänen über die jeweils geltenden Vorschriften für Planzeichen der Bauleitplanung bzw. Raumordnung zu informieren.

Die deutsche Bundesanstalt für Naturschutz und Landschaftsökologie hat **Planzeichen für die Landschaftsplanung** entwickelt, deren Verwendung empfohlen werden kann. Ein Teil der gängigen Zeichen ist als Letraset erhältlich, einige sind auch in Bibilotheken von EDV-Programmen enthalten. Diese Zeichen können von Fall zu Fall variiert werden, sollten aber **innerhalb** eines Projekts **einheitlich** sein. Bäume werden mit Stamm (= Standort) und Kronenumfang (in endgültiger Größe) dargestellt. Im Entwurf (Objektplanung) kann die Plangraphik dem verwendeten Material entsprechen, zum Beispiel für Plattenwege: bei Natursteinplatten eine unregelmäßige Aufteilung der Fläche, bei Kunststeinplatten eine rechtwinklige Aufteilung.

Werden **Schaubilder** und Perspektivskizzen nicht in Computerdarstellung ausgeführt, wirken sie in Freihandzeichnung sehr gut; für Axonometrien eignet sich im Allgemeinen die Zeichnung mit dem Lineal. Es können auch Gegenstände dargestellt werden, die in der Natur – etwa durch eine Baumkrone im Vordergrund – verdeckt wären; man lässt in der Darstellung einen Teil der Krone weg, wodurch eine Ansicht gleichsam wie im Winter entsteht. Diese Technik wird auch in Computerprogrammen angewendet. Mit CAD hergestellte Pläne und Schaubilder sind gut geeignet für Präsentationen, auch über Diapositiv, weniger allerdings für das persönliche Gespräch, etwa mit der Bauherrschaft. Von Vorteil bei CAD ist die Möglichkeit, ohne großen Aufwand mehrere Varianten präsentieren zu können. Eine gewisse Gefahr der Computer-Darstellungen liegt allerdings darin, dass zu viele der gespeicherten Daten als Aussagen im Plan wiedergegeben werden, so dass dieser selbst für Fachleute schwer lesbar ist.

Ob die **schwarz-weiße** oder die **farbige** Darstellung günstiger erscheint, ist von Fall zu Fall zu entscheiden. Bepflanzungspläne, Arbeits-, Werk- und Einzelzeichnungen mit Maßangaben sind in Schwarz-Weiß zu zeichnen. Für Ausstellungen eignen sich besser farbige Pläne, für Veröffentlichungen sind oft aus wirtschaftlichen Gründen schwarz-weiße Darstellungen vorzuziehen. Vor der Veröffentlichung farbiger Pläne und Schaubilder ist zu klären, ob die gewählten Farben ganz echt wiedergegeben werden können; wenn nicht, sollte man die schwarz-weiße Darstellung wählen. Grüne Pflanzen, die im Bild violett erscheinen, wirken befremdlich. Für Präsentationen vor nicht fachkundigem Publikum sollten Pläne stark vereinfacht und nach Möglichkeit in einigen wenigen Farben, insgesamt jedenfalls recht plakativ ausgefertigt werden. Leider lassen sich manchmal bei Wettbewerben nicht fachkundige Juroren durch eine ansprechende Darstellung über mangelhafte Inhalte hinwegtäuschen.

Die **Beschriftung** soll sich auf das Notwendige beschränken; die Schriftgröße ist so zu wählen, dass die Schrift auf einer Verkleinerung auf A3 (oder kleiner) noch gut lesbar ist. Ein weiteres Kriterium für Strichstärke und Schriftgröße ist die Art der Präsentation, nämlich ob die Darstellungen als Tischvorlage, also für einen ganz kleinen Kreis, vorgestellt oder in einem größeren Raum an die Wand geheftet und auf die Distanz von mehreren Metern betrachtet werden. Wenn irgend möglich, sollte die Beschriftung im Plan selbst und nicht in Form einer Legende außerhalb des Planes angebracht werden. Das Lesen eines Planes, bei dem der Betrachter zwischen womöglich vielen Ziffern auf dem Plan und in der Legende hin und her suchen muss, ist mühsam und verdrießlich.

Es ist wichtig, in den Plänen Konflikte, etwa zwischen verschiedenen Nutzungen, deutlich sichtbar darzustellen. Dafür bieten sich kontrastierende, auch auffällige Farben an.

Abbildung 58: Schaubild zum Hausgarten Radio de Radiis, Kohlezeichnung auf Transparent. Landschaftsarchitekt Prof. Josef Oskar von WLADAR.

Literatur

Bundesforschungsanstalt für Naturschutz und Landschaftsökologie: Planzeichen für die Landschaftsplanung. Bonn – Bad Godesberg 1979

Cejka J.: Darstellungstechniken in der Architektur. Von der Bleistiftzeichnung zum CAD. 2. Aufl. Stuttgart 1994

Ching F.: Handbuch der Architekturzeichnung. Neuaufl. Stuttgart 1999

DIN EN ISO 11 091 Zeichnungen für das Bauwesen – Zeichnungen für Außenanlagen. Ausgabe 1999. Wiesbaden 1999

Garten + Landschaft, Heft 11/1996, Callwey München

Grebe R.: Landschaftsplan Ludwigshafen am Rhein, Erläuterungsbericht. Nürnberg 1977

Heiss Ch., A. Batik: Darstellungsmethoden in der Landschaftsplanung (Beispielsammlung). Institut für Freiraumgestaltung und Landschaftspflege, Univ. für Bodenkultur Wien. Wien 1995

Keller H., K-D. Bendfeldt: Darstellung in der Freiraumplanung. 2. Auflage, Berlin/Wien 1996

Mainczyk L.: Die neue Planzeichenverordnung. München 1991

Portmann D. u. U.: Symbole und Sinnbilder in Bauzeichnungen. 6. Aufl. Wiesbaden 1995

Prinz D., K. D. Meier-Pauken: Räumliches Architekturzeichnen. Stuttgart 1994

Schatz R., H. Nimmann: Gärtnerisches Zeichnen. 2. Aufl. Berlin/Hannover 1998

Wimmer C. A.: Zeichnen für Freiraumplaner. Freihandzeichnen und Entwurfsdarstellung. Wiesbaden 1988

Zinkahn W.: Baugesetzbuch, mit Planzeichenverordnung. München 1996

3.5 Planungspräsentation

Schriftliche Präsentation

Die Akzeptanz von Planungen und die Kommunikation zwischen den beteiligten Gruppen leiden oftmals unter einigen Schwächen:

- **mangelnde Vermittlung**, Zurückhalten von Fachwissen: das mit großem wissenschaftlichen Aufwand erarbeitete Material wird kaum, wie es erforderlich wäre, aufbereitet und vereinfacht an Entscheidungsträger und Betroffene weitergegeben. Oft bemerken die Planer selbst nicht, dass sie von den Adressaten nicht verstanden wurden;
- **Differenzen in der Wahrnehmung** und Bewertung: Landschaftsplaner, vor allem wenn sie von auswärts kommen, sehen die Stadt mit anderen Augen als die Bewohner, sie bewerten Entwicklungen anders als die Betroffenen;
- **Vernachlässigung der Vorgeschichte** des Ortes und des Projekts: die meisten Planer verhalten sich so, als würde mit ihrer Tätigkeit die Entwicklung einer Stadt oder eines Stadtteiles erst beginnen; sie übersehen die früheren Geschehnisse und die – oft emotional besetzten – Erfahrungen der Bewohner;
- Freiraumplanung ist **nicht Wissenschaft**: die Auftraggeber und die Bewohner erwarten keine komplizierten Analysen, Untersuchungen und Berechnungen, sondern eine knappe Begründung, warum eine Maßnahme notwendig ist und Vorschläge, wie sie nach wirtschaftlichen Grundsätzen verwirklicht werden kann.

Der wichtigste Grundsatz ist: der Planungs- oder Entwurfsbericht soll **kurz und bündig** sein. Politiker und leitende Beamte lesen höchstens eine Seite, das heißt, für jeden längeren Bericht ist eine **Kurzfassung** herzustellen, die gleichzeitig als Pressemitteilung dienen kann. In der Kurzfassung sollten alle Fakten enthalten sein, die weiterführen oder mit denen ein Problem gelöst wird; sie sollte für die Adressaten, vor allem Journalisten, neue Dinge enthalten („News-Wert"). Mitteilungen des Planers an Dritte sind jedenfalls an die ausdrückliche Zustimmung des Auftraggebers gebunden. Mündliche Auskünfte und Erklärungen gegenüber Journalisten sind unbedingt zu vermeiden, da sie falsch, zumindest aber tendenziös wiedergegeben werden; falsche schriftliche Medienberichte können anhand der Presseaussendung leichter widerlegt werden.

Die Langfassung sollte je nach Projekt 10 bis 20 Seiten umfassen, die Pläne möglichst fest eingebunden. Viele Pläne gehen im Aktenlauf verloren, wenn sie lose beigegeben werden, auch wenn sie sich in einer Plantasche im Einband befinden. Der Textteil sollte enthalten:

- Ziele des Projekts, Begründung der Notwendigkeit;
- Rahmenbedingungen, Vorgaben, Restriktionen;
- Arbeitsschritte der Planung bzw. des Entwurfs, Begründung von Änderungen;
- Ergebnisse, wenn möglich auch Darstellung unterschiedlicher möglicher Entwicklungen anhand von Szenarien.

Audio-visuelle Präsentation

Grundsätzlich ist zwischen der Präsentation vor Fachleuten, etwa bei einem Kongress, und der vor Laien zu unterscheiden, wobei wiederum der Wissens- und Bildungsstand der Zuhörer sehr unterschiedlich sein kann; es ist daher unbedingt notwendig, sich vor dem Vortrag über die Zusammensetzung der Zuhörer zu informieren. Am ehesten fühlen sich Bürger und Mandatsträger angesprochen, wenn ihre nähere Wohnumgebung oder ein sie besonders interessierendes Thema behandelt wird. Zu bedenken ist, dass Pläne schwerer verständlich sind als dreidimensionale Darstellungen und Computer-Simulationen (vgl. auch Abschnitt 3.2.2).

Der mündliche **Vortrag** soll möglichst nicht länger als fünf bis acht Minuten dauern, das entspricht etwa der Kurzfassung, ausgenommen, es wird vom Auftraggeber ein längerer Bericht gewünscht. Es empfiehlt sich, in den Plänen deutlich dargestellte Dinge nicht nochmals mündlich vorzutragen; es genügt ein kurzer Hinweis mit dem Leucht- oder Zeigestab. Weitere Erläuterungen sind nur auf Nachfrage der Adressaten zu geben. Am besten wirkt die freie Rede, allenfalls nach notierten Stichworten. Nur die ersten Sätze sollten genau formuliert werden. Es sollte, auch wenn die Pläne an die Wand geheftet sind, immer zu den Zuhörern gesprochen und Augenkontakt gehalten werden. Vor dem Vortrag ist zu überprüfen, ob und wie die Pläne von dem am weitesten entfernten Zuhörer zu lesen sind, gegebenenfalls ist die Sitzordnung zu ändern.

Für Präsentationen und Diskussionen von Planungen gewinnen über EDV vorbereitete bzw. gesteuerte **Multimedia-Darbietungen** an Bedeutung. Der Vorteil liegt in der Möglichkeit, in rascher Abfolge mehrere Varianten und Bilder aus unterschiedlichen Blickwinkeln vorzuführen, aber auch Panorama-Ansichten, Vogelschau-Ansichten und dgl. mehr. Es können geplante Bauwerke, auch vorhandener und künftiger Verkehrslärm, simuliert werden, indem Video- und Tonaufnahmen kombiniert werden. Die Entwicklung eines Freiraumes kann beispielsweise durch das künftige Wachstum der Gehölze in mehreren Zeitabschnitten simuliert werden.

Welche Hilfsmittel für die mündliche Präsentation verwendet werden, hängt von den verfügbaren Möglichkeiten und von dem Verhältnis zwischen technischem Aufwand und angestrebtem Erfolg ab. So erfordert das in jüngerer Zeit bevorzugte und durchaus beeindruckende **Beamen** umfangreiche Vorbereitungen und technische Einrichtungen, während die herkömmlichen und einfach zu beherrschenden Techniken wie Overhead-Projektion, Dia-Projektion, Flip-chart oder Pin-Wand in den meisten Fällen durchaus vergleichbare Wirkungen erzielen. Beamer haben allerdings mehrere Vorteile: sie sind in großen Räumen einsetzbar, sie liefern sehr gute Bilder, und diese sind während des Vortrags ständig veränderbar, so können etwa Ausschnitte aus einem Plan vergrößert werden. Gelegentlich werden Vorträge dadurch beeinträchtigt, dass Bild- und Tonmaterial unmittelbar vor Beginn von Dritten in Unordnung gebracht wird; es empfiehlt sich daher dringend, kein Material aus der Hand zu geben und die Bildfolge sowie die Funktion der Vorführgeräte vor Beginn des Referats zu überprüfen. Auch nach dem Vortrag sind alle Unterlagen sofort einzubehalten.

Bildliche Darstellungen sollten jedenfalls einfach und leicht lesbar sein. Es sollten – außer schwarz – nicht mehr als drei Farben verwendet werden, wobei jede Farbe für einen bestimmten Inhalt steht. In den visuellen Vorlagen ist möglichst wenig Text zu verwenden; dieser muss auch aus der letzten Reihe der Zuhörer leicht lesbar sein (Schriftgröße, Handschrift!).

Einige Zeit vor dem Vortrag sollte man, soweit das möglich ist, Informationen über die Einstellung der Zuhörer, ob neutral, für oder gegen das Projekt, einholen. Fast immer ist mit, oft durchaus konstruktiven, Einwänden zu rechnen; man kann sie vermeiden, indem man offene Fragen selbst anschneidet. Auf mögliche Einwände von Projektgegnern sollten sachliche Antworten vorbereitet werden. Falschen Informationen aus dem Kreis der Zuhörer ist sofort mit Statistiken, Zitaten und Zeugen zu begegnen. Organisierte Zwischenrufe während des Vortrags sollten überhört werden, im äußersten Fall ist das Referat abzubrechen. Sich während der Präsentation auf Diskussionen mit offensichtlich bestellten Zwischenrufern einzulassen, ist sinnlos; einzelne Zwischenfragen sind sachlich zu beantworten.

Ein Vorteil der beschriebenen Art von Präsentation liegt darin, dass sie zum großen Teil auf Tonträgern gespeichert und beteiligten Dienststellen, Bürgergruppen und anderen Interessierten zur Verfügung gestellt werden kann. Bewährt hat sich dabei die Einrichtung von „Informations-Terminals", etwa im Rathaus, die dem Politiker oder Bürger alle planungsrelevanten Aussagen vermitteln.

Bei allen Referaten, Tonbildschauen und anderen Präsentationen ist jedenfalls auf eine kurze, prägnante Darstellung zu achten, Vorführungen im verdunkelten Raum sollten insgesamt nicht länger als 15 Minuten dauern. Dagegen ist für die **Diskussion** genügend Zeit vorzusehen, damit kein Betroffener den Eindruck gewinnen kann, er sei mit seinem Anliegen nicht zu Wort gekommen. Aufgabe des Moderators ist es, die Diskussion zeitlich und inhaltlich im vorgegebenen Rahmen zu halten. Erfahrungsgemäß rückt oft die Debatte vom Thema der Präsentation ab, etwa vom geplanten Kinderspielbereich zum Drogenproblem, von der Innenhof-Begrünung zur Hundehaltung. Dies kann ein Zeichen sein, dass diese Fragen den Betroffenen besonders wichtig sind, auch wenn sie von der Landschaftsplanung im vorgegebenen Rahmen nicht beantwortet werden können; darauf sind die Zuhörer in höflicher, erklärender Form hinzuweisen.

Literatur

Bousquet M., J. Hester: 3D-Konstruktion und Präsentation mit AutoCAD. Vatterstetten bei München 1993

Ebel H. F., C. Bliefert: Vortragen in Naturwissenschaft, Technik und Medizin. Weinheim 1992

Fey H., G. Fey: Sicher und überzeugend präsentieren. Regensburg 1998

Fietkan H. J.: Leitfaden Umweltmediation. Wissenschaftszentrum Berlin. Berlin 1994

Handke J.: Multimedia-Anwendungen mit Macromedia Director. München/Wien 1999

von Harpe M.: Verhandlungs- und Gesprächsführung für Architekten und Ingenieure. Köln 1996

Klimsa P.: Multimedia. Anwendungen, Tools und Techniken, Reinbek b.Hamburg 1997

Maro F.: Sicher präsentieren. Düsseldorf/ Wien/NewYork/Moskau 1994

Pelikan Ch. (Hrsg.): Mediationsverfahren. Baden-Baden 1999

Seifert J. W.: Visualisieren – Präsentieren – Moderieren. 12. Auflage. Offenbach 1998

Selle K. (Hrsg.), B. Rösener: Planung und Kommunikation. Wiesbaden 1996

Siemoneit M.: Multimedia. Präsentationen planen, gestalten, durchführen. Bonn/München/Paris 1995

3.6 Planungsorganisation

Planende Verwaltung, Planung in freien Büros

Die oft gestellte Frage, ob Freiraumplanung innerhalb der Verwaltung oder in Büros von freien Landschaftsarchitekten betrieben werden soll, kann nicht schlüssig beantwortet werden.

Grundsätzlich ist die **generelle Planung**, etwa auf der Ebene Landschaftsentwicklungskonzept und **Landschaftsrahmenplan**, aus pragmatischen Gründen in der **planenden Verwaltung** besser aufgehoben, weil dort folgende Bedingungen gegeben sind:

- Zugang zu allen Unterlagen und Datenbanken;
- unmittelbare, auch informelle Kontakte zu allen Dienststellen der Stadt und anderer Gebietskörperschaften;
- Informationen über Eigentumsverhältnisse an Grundstücken, Grundstückspreise;
- Kenntnis aller Planungs- und Bauvorhaben;
- planende und vollziehende Verwaltung in einer Hand.

Für **Landschaftsplan**, **Grünordnungsplan** und **Objektplanung** für einzelne Bauprojekte ist eine **Vergabe an freie Büros** sehr gut möglich und wird auch in der Planungspraxis gehandhabt. Sie hat folgende Vorteile:

- Die Kosten der Planung sind vorhersehbar und können im Budget eingesetzt werden.

- Bei mehreren Büros kommt es zu einem fachlichen Wettbewerb mit positivem Effekt für die Qualität der Planung.
- Es kann eine Vielfalt von Entwurfsideen genutzt werden.

Im Zuge der Bürgerbeteiligung können Ziviltechniker bzw. freie Planer zweckmäßig als „Anwaltsplaner","Puffer" und fachlich ausgewiesene Vermittler – im Sinne der Mediation – zwischen Bürgerinitiativen und Verwaltung fungieren.

Die Vergabe von Planungsaufgaben erfordert allerdings einen hohen Betreuungsaufwand beim Auftraggeber, ist also kaum mit einer Einsparung an Fachpersonal verbunden. Die Bearbeitung von Landschaftsrahmenplänen und Landschaftsplänen sollte durch eine ständige Arbeitsgruppe aus der Verwaltung begleitet werden, der leitende Beamte mit Entscheidungsbefugnis angehören, die die Meinung der zuständigen politischen Mandatsträger unmittelbar einbringen können.

In München wird die generelle Grünplanung in einer eigenen Abteilung im Stadtplanungsamt bearbeitet, einige Planungen auf den Ebenen Landschaftsplan und Grünordnungsplan in den Außenbezirken werden an freie Büros vergeben. Dort wird eine Kombination gehandhabt: die Erarbeitung des Landschaftsplanes ist, nach Teilflächen, an fünf Büros vergeben, nur der zentrale Bereich der Stadt wird von der Planungsabteilung des Gartenamtes bearbeitet.

Die Landschaftsplanung muss sich mit den Zielen der Stadtentwicklung auseinandersetzen, wie sie in der Regel in der Stadtplanung oder in einem eigenen Planungsstab unmittelbar bei der Stadtregierung formuliert werden. Das bedeutet, dass sie an deren Beratungen beteiligt werden muss, aber auch, dass sie schon in einem frühen Stadium grundsätzliche Konflikte aufzeigen kann. Landschaftsplanung hat **gestaltende**, nicht vollziehende Aufgaben, sie muss in den Stabsämtern, nicht erst in den Linienämtern vertreten sein. Ihre Ziele müssen in den politischen Gremien, also im Bereich der Legislative deutlich gemacht werden. Dies geschieht in der Praxis vielfach durch Vorträge der zuständigen Beamten oder auch beauftragter freier Büros in den Klubs der im Stadt- bzw. Gemeinderat vertretenen Parteien.

Bei der Vergabe von Planungsaufträgen an Landschaftsplanungsbüros ist deren Struktur, ihre personelle und technische Ausstattung, zu berücksichtigen. Die Struktur der österreichischen Büros unterscheidet sich derzeit deutlich von der in Deutschland und den USA: es sind überwiegend kleine Ateliers mit höchstens fünf Mitarbeitern, während in Deutschland der Schwerpunkt bei Büros mit etwa zehn Mitarbeitern liegt. In den USA sind vergleichsweise große Büros mit mehr als 25 Angestellten üblich, die größten Büros beschäftigen über 200 Mitarbeiter. Dem entspricht im Allgemeinen auch der Radius des Geschäftsbereichs, er ist in Österreich lokal begrenzt, während die großen Büros der USA und Großbritanniens international tätig sind. Ob und inwieweit sich die Bürostruktur innerhalb der Europäischen Union ändern wird, ist derzeit noch nicht abzusehen.

Planungsvorbereitung, Teambildung, Projektmanagement

Die Freiraumplanung für Städte ist mit allen unmittelbar und mittelbar betroffenen Fachdienststellen, und zwar sowohl räumlich als auch möglichst auf allen Planungs- und Entscheidungsebenen zu koordinieren. Dies setzt eine breite fachliche Kompetenz voraus. In Anbetracht der komplexen Aufgabenstellung empfiehlt es sich daher in vielen Fällen, für die Bearbeitung ein **Team** zu bilden, dem – neben dem Landschaftsplaner – unter anderem folgende Fachleute angehören können:

- Vegetationsökologe, Pflanzensoziologe, Dendrologe;
- Stadtklimatologe, Meteorologe;
- Kulturtechniker, Wasserbauer;
- Soziologe;
- Gartendenkmalpfleger, Gartenhistoriker, Archäologe.

Die Bildung interdisziplinärer Projektgruppen ermöglicht auch eine hohe Flexibilität, weil für besondere Aufgaben die bestgeeigneten Fachleute zusammengeführt werden können. Auf diese Weise können auch auftretende Arbeitsspitzen ohne die Aufnahme zusätzlicher Angestellter bewältigt werden. Wichtig ist jedenfalls die Bestellung eines geeigneten **Teamleiters** (Projektleiters) für jedes Projekt, wobei weniger dessen Fachgebiet als seine organisatorische und menschliche Qualifikation von Bedeutung ist. Wer Projektleiter ist, muss bei Arbeitsbeginn eindeutig festgelegt werden, ebenso seine Befugnisse, zum Beispiel Weisungsrecht, Überprüfen der Leistungen der anderen Teammitglieder, Vollmacht für das Abschließen von Subaufträgen und von Vereinbarungen mit dem Auftraggeber und dergleichen mehr.

Die Aufgabenbereiche innerhalb des Teams sind genau abzugrenzen, Leistungen und Bedingungen klar zu formulieren und **schriftlich** festzulegen, ebenso die Bearbeitungzeit und die auf jedes Teammitglied entfallende Entlohnung unter Berücksichtigung der Sozialabgaben und der Mehrwertsteuer. Es sollte auch schriftlich vereinbart werden, wie allenfalls sich ergebende Mehr- oder Minderleistungen verrechnet werden. Wichtig ist auch eine Vereinbarung darüber, wie vorgegangen werden soll, falls das Projekt, aus welchem Grunde auch immer, vorzeitig abgebrochen werden sollte. Erfahrungsgemäß ist es bei der Teambildung besser, etwas zu viel als zu wenig in den schriftlichen Vertrag aufzunehmen.

Für das gesamte Projekt ist, möglichst in Abstimmung mit dem Auftraggeber und anderen an der Planung Beteiligten, ein **Terminplan** (Netzplan) auszuarbeiten, der von jedem Teammitglied schriftlich anerkannt wird. Für den Fall, dass ein Bearbeiter ausfallen sollte, werden Vorkehrungen, etwa die Vertretung durch ein anderes Mitglied, getroffen. Je komplexer das Projekt ist, desto mehr Koordinierungs-Besprechungen im Team sind erforderlich. Der Zeitaufwand für diese internen Abstimmungsgespräche wird oft unterschätzt; dies gilt übrigens auch für Besprechungen mit dem Auftraggeber, wenn sich dieser stark in die Bearbeitung einschalten will. Auch der Arbeitsaufwand für Nachbesserungen und Ergänzungen der Pläne, die vom Auftraggeber gewünscht werden, kann unerwartet hoch sein. Der Teamleiter hat nicht nur auf die Einhaltung des Zeitplanes, sondern auch auf die der vereinbarten Arbeitskapazität der Mitarbeiter zu achten.

Eine wesentliche Vorarbeit ist die Beschaffung der notwendigen **Unterlagen**, soweit sie nicht der Auftraggeber zur Verfügung stellt; der Zeitaufwand dafür, auch für die notwendige Suche nach Quellen, wird oft unterschätzt. Das gilt auch für die Aufbereitung der Unterlagen, beispielsweise für die Übertragung von alten Karten und Plänen – in heute ungebräuchlichen Maßstäben –, in den für die Bearbeitung vorgesehenen Maßstab.

Unter **Projektmanagement** wird die Steuerung eines Planungs- und/oder Bauprojekts von den ersten Vorgesprächen bis zur Rechnungslegung verstanden. Es wird in der Regel an einen speziell dafür geeigneten Fachmann bzw. eine Firma vergeben, die alle an einem Projekt beteiligten Architekten und Ingenieure wie Geologen, Statiker, Haustechniker, Landschaftsplaner und andere, weitere Sonderfachleute und gegebenenfalls Firmen zu koordinieren hat, immer in Abstimmung mit der Bauherrschaft bzw. dem Bauträger. Ein eigenes Projektmanagement für das Team der Landschaftsplanung ist nur bei größeren, schwierigen Projekten sinnvoll, in allen anderen Fällen sind dies Aufgaben der Projektleitung bzw. des Teamleiters. Die Österreichische Bundes-Ingenieurkammer hat 1988 – als Empfehlung für alle Ziviltechniker – ein Leistungsbild Projektmanagement (GOPM) herausgegeben, das Stichworte zu dieser Aufgabe enthält.

Bei komplexen Planungen, bei denen viele Büros und Gutachter koordiniert werden und der Bauablauf in allen Details – auch im Hinblick auf die Kosten – überwacht werden muss, liegt die Abwicklung mit Hilfe des Computers, hier vor allem des CAD, nahe. Versuche in dieser Richtung, beispielsweise bei der Vorbereitung und Abwicklung der Bundesgartenschau 1997 in Gelsenkirchen, haben gezeigt, dass dieses Instrument nur dann sinnvoll ist, wenn alle, auch die geringsten, Abweichungen und Verzögerungen über Rückkopplung in das System eingegeben werden. Ein Nachteil ist auch darin zu sehen, dass dem Landschaftsarchitekten spontane gestalterische Änderungen, die sich oft auf der Baustelle ergeben, erschwert werden. Eine Voraussetzung für die EDV-gesteuerte Planung ist ferner, dass alle Beteiligten über die entsprechende Hard- und Software verfügen.

135

Projektkalkulation, Anbot, Vertrag, Abrechnung

Dem **Anbot** sind vom Landschaftsplaner die in der jeweils geltenden Honorarordnung festgesetzten Gebühren bzw. Stundensätze zugrundezulegen. Wenn der Auftraggeber, zum Beispiel eine Gebietskörperschaft, mit der Architektenkammer eine besondere Vereinbarung über das Honorar getroffen hat, ist diese bei der Berechnungsgrundlage zu berücksichtigen.

Das Anbot gliedert sich in
- **Personalkosten**, Stundensätze je nach Qualifikation der zu erbringenden Leistung;
- **Sachaufwand**, soweit dieser die üblichen laufenden Bürokosten übersteigt;
- **Nebenkosten** laut Gebührenordnung, zum Beispiel Reisekosten, Tagegelder, Vervielfältigungen und dergleichen zuzüglich eines Zuschlages zur Deckung der anteiligen allgemeinen Unkosten;
- **Finanzierungskosten**, vor allem bei langen Zahlungsfristen;
- Mehrwertsteuer (Durchlaufposten).

Die **Kalkulation** sollte auf jeden Fall dieser Gliederung folgen, auch wenn das Honorar auf Basis der Herstellungskosten oder der Fläche des Bearbeitungsgebietes berechnet wird. Nur auf diese Weise wird eine Nachkalkulation nach dem tatsächlichen Aufwand möglich. Im Text des Anbots kann zwar auf die Aufgliederung verzichtet werden, wenn ein Pauschalhonorar vereinbart werden soll, sie empfiehlt sich aber gleichwohl, um die Anbotsumme für den Besteller nachvollziehbar zu machen. Für die Kontrolle der Planungskosten, vor allem für die Gegenüberstellung der veranschlagten und der tatsächlich entstandenen Kosten während des Planungsprozesses, werden eigene EDV-Programme angeboten, die auch eine Zeiterfassung und eine Auftrags- und Liquiditätsübersicht enthalten.

Es empfiehlt sich dringend, auch dem **Vertrag** mit dem Auftraggeber in jedem Falle den Allgemeinen Teil der Gebührenordnungen für Ziviltechniker bzw. die Honorarordnung zugrundezulegen. Von mündlichen Verträgen ist unbedingt abzuraten. Einige Auftraggeber, vor allem große Unternehmen, haben besondere Vertragsbedingungen, denen man im Allgemeinen folgen kann. Sollten Widersprüche zur Gebührenordnung auftreten, sind diese vor der Anbotabgabe in schriftlicher Form, mit Brief und Gegenbrief, zu bereinigen.

Bei manchen Auftraggebern, vorwiegend aus dem Bereich der öffentlichen Hand, müssen lange Zahlungsfristen bei der Kalkulation berücksichtigt werden; bei einer angenommenen Honorarsumme von 100 000 Euro machen die Kosten für die Vorfinanzierung durch den Landschaftsplaner pro Jahr je nach Kreditmöglichkeit 8000 bis 10 000 Euro aus.

Die **Honorarnote** wird, wenn nicht Teilrechnungen vereinbart waren, in der Regel nach Abschluss der Planungs- und Entwurfsleistungen gelegt. Dabei ist zu beachten, dass manche Auftraggeber, beispielsweise die Stadt Wien, genaue Aufstellungen nach geleisteten Stunden, getrennt nach den einzelnen Stundensätzen laut Gebührenordnung, sowie die Vorlage aller Originalbelege der Nebenkosten verlangen. Bei der Abrechnung nach den Herstellungskosten müssen diese (= Summe der Schlussrechnungen aller Firmen) zum Zeitpunkt der Rechnungslegung bekannt sein.

Oft treten Schwierigkeiten bei der **Abgrenzung der Planungsleistungen** zwischen Architekt und Ingenieurkonsulent für Landschaftsplanung auf, zum Beispiel bei der Zuordnung der befestigten Wege und Plätze, Stützmauern, Pergolen, Feuerwehr-Umfahrten, des Traufenpflasters und dergleichen mehr; es handelt sich dabei um Leistungen mit einem vergleichsweise hohen Quadratmeter- bzw. Kubikmeter-Preis. Es empfiehlt sich, diese Fragen schon vor der Anbotlegung mit dem Architekten zu klären und die getroffene Vereinbarung dem Auftraggeber schriftlich mitzuteilen. Nicht zuletzt aus diesem Grunde bewegen sich die Honorare für Leistungen auf dem Gebiet der Landschaftsarchitektur in Österreich weit unter jenen in anderen Ländern wie Schweiz, Frankreich oder Deutschland, wiewohl dort die Herstellungskosten je Einheit mit denen in Österreich vergleichbar sind.

136

Übernationale Planungsvereinigungen

Mit der Organisationsform „Europäische Wirtschaftliche Interessenvereinigung" EWIV können sich Büros verschiedener Länder mit ausländischen Partnern zusammenschließen, um grenzüberschreitend tätig zu werden. Seit dem Zusammenschluss von Ländern in der Europäischen Union gründen unabhängig voneinander Landschaftsarchitekten Büros in anderen, oft in benachbarten Ländern; die EWIV soll nun die Kooperation erleichtern und effektiver gestalten. Von Bedeutung ist, dass auch öffentliche und halböffentliche Einrichtungen wie Stiftungen, Universitäts- und Forschungs-Institute Mitglieder der Vereinigung werden können. EWIV-Büros sind Einrichtungen des Gemeinschaftsrechts, sie werden in ein Register eingetragen und sind selbstständig voll handlungsfähig. Informationen gibt die Broschüre „Die Europäische Wirtschaftliche Interessenvereinigung ISSN 0379-3141 der Kommission der Europäischen Gemeinschaft, Rue de la Loi 200, B-1049 Brüssel".

Qualitätsmanagement

Nach den Regeln der Europäischen Union können Dienststellen der Gebietskörperschaften, die ein Projekt, eine Lieferung oder Leistung mit mehr als rund 203 500 Euro ausschreiben und vergeben, vom Anbieter bzw. Auftragnehmer den Nachweis der Leistungsfähigkeit seines Unternehmens verlangen. Nach der Norm ISO 8402 lässt sich Qualität vereinfacht definieren als die Gesamtheit von Merkmalen einer Leistung bezüglich ihrer Eignung, die vorgegebenen Erfordernisse zu erfüllen. Die EU-Behörden in Brüssel erkennen ein sogenanntes Qualitätsmanagement-System (QM-System) nach **Norm ISO 9000** (und folgende) als Auswahlkriterium bei Vergaben an. Spezielle Beratungsfirmen bieten nun an, dieses System in einem Planungs- und Entwurfsbüro bis zur Erteilung des EU-Zertifikats bzw. auf Wunsch bis zur Überprüfung (Re-Audit) einzurichten. Die Kosten bewegen sich für ein Büro mit sechs Mitarbeitern zwischen rund 5460 Euro und 13 430 Euro. Diese Beträge verringern sich bei einigen Firmen, wenn das zu prüfende Büro die Grund-Daten und -erhebungen selbst beisteuert und die Bedingungen für die Vorprüfung (Vor-Audit) erfüllt. Eine Schwierigkeit liegt darin, dass sich die ISO-Normen der Sprache der industriellen Serienfertigung bedienen und auf die individuelle Leistung eines Freischaffenden nur schwer übertragbar sind. Von der Möglichkeit der Zertifizierung werden daher verständlicherweise nur einige große Büros für Landschaftsarchitektur Gebrauch machen, wie erste Erfahrungen seit 1995 in Deutschland zeigen.

Literatur

Architektenkammer Hessen (Hrsg.): Organisation im Architekturbüro – Qualitätsmanagementsysteme. Informationsreihe für Architekten 13, 2. Aufl..Wiesbaden 1994

Bundes-Ingenieurkammer: Leistungsbild Projektmanagement (GO PM). Wien 1988

Bundes-Ingenieurkammer: Die Vergabe von immateriellen Leistungen (Ziviltechnikerleistungen) auf Basis der neuen ÖNORM A 2050 1993. Wien 1993

Engel R.: Organisationshandbuch für Architekten. Steuerung des Architektenbüros und der Projektabwicklung. 2. Aufl. Düsseldorf 2000

Honorarordnung für Architekten und Ingenieure (HOAI) (Verordnung über die Honorare der Architekten und Ingenieure) in der Fassung von 1995, BGBl. I S. 1174 BRD

Klocke W.: Planungsbüros erfolgreich führen – das wirtschaftliche Architektur- und Ingenieurbüro. Köln 1994

Kromik W.: Das Architekturbüro (Rechtsgrundlagen, Vertragswesen, Organisation). Düsseldorf 1999

Marquart Ch.: Marketing und Öffentlichkeitsarbeit für Architekten und Planer. Stuttgart 1997

3.7 Verwirklichung

3.7.1 Rechtliche Möglichkeiten

Allgemeine Grundsätze

Die Landschaftsplanung im städtischen Raum kann sich in den drei hier betrachteten Staaten – Bundesrepublik Deutschland, Schweiz und Österreich – nur in Deutschland auf eine gesetzliche Grundlage stützen; aber auch hier wird sie nur wirksam, wenn sie, wie in der Schweiz und in Österreich, von einem starken kommunalpolitischen Willensprozess getragen wird. So gesehen, sind die rechtlichen Möglichkeiten der Verwirklichung von Landschaftsplanung äußerst gering.

Abbildung 59: Koordination von Raumplanung und Landschaftsplanung am Beispiel eines Bundeslandes.

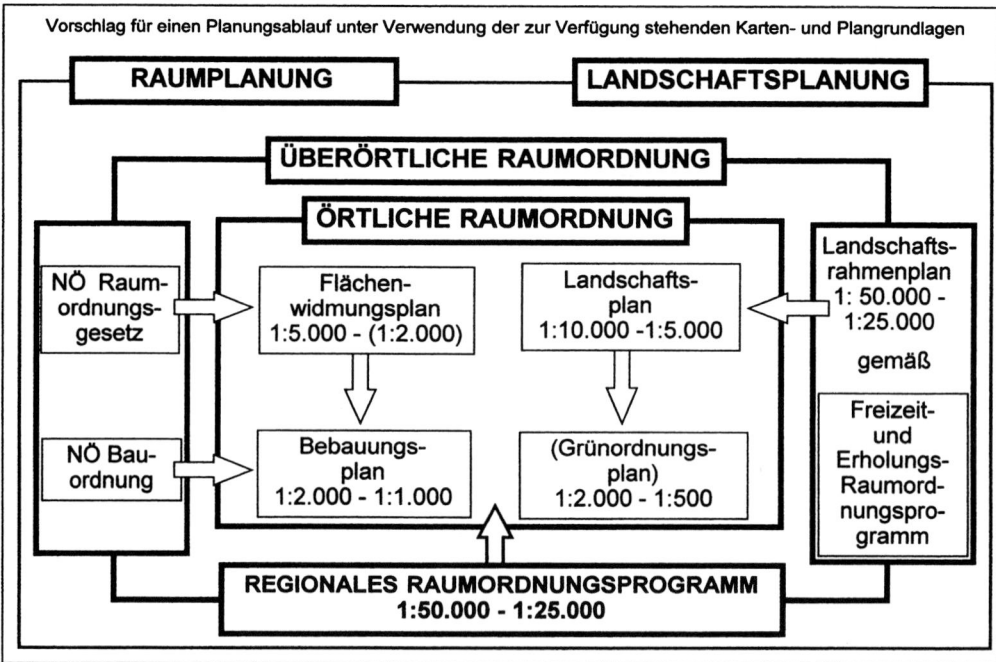

Die Feststellung von Martin WAGNER (1915): „Es fehlt den Gemeinden zwar nicht an gesetzlichen Grundlagen zur Durchführung einer systematischen Freiflächenpolitik, die festgesetzten Rechte sind aber mehr ideeller als materieller Art" gilt heute ebenso wie die zur mangelnden Finanzierung: „Eine Ergänzung der Freiflächengesetzgebung wird sich daher vorwiegend auf die Stärkung derjenigen Gemeinderechte beziehen müssen, die geeignet sind, größere Mittel für die Verfolgung einer Freiflächenpolitik freizumachen." So werden durchaus vorhandene Möglichkeiten der Ausweisung von Freiflächen in verbindlichen Plänen nicht ausgeschöpft, weil die Mittel für den Grunderwerb oder die Ablöse durch die öffentliche Hand fehlen. Dies gilt auch für die Durchsetzung bereits bestehender Flächenwidmungen. Das vorhandene rechtliche Instrumentarium reicht also in vielen Fällen aus, wird aber von der Verwaltung nicht angewendet. Mehrfach wird auch im Flächennutzungs- bzw. -widmungsplan kurzfristig zugunsten konkreter Bauvorhaben Grünland in Bauland geändert. Die Instrumente der Stadtplanung, Flächenwidmungs- und Bebauungsplanung in Verbindung mit Natur- und Landschaftsschutz können eine Bebauung von Freiflächen nicht verhindern, wenn von vornherein ein politischer Konsens über die wirtschaftliche Verwertung dieser Flächen besteht. Die „Verrechtlichung" der Landschaftsplanung für Städte sollte daher nicht überschätzt werden. Es ist bei den folgenden Ausführungen auch darauf hinzuweisen, dass sich die Rechtsmaterie stetig weiterentwickelt und vermehrt.

An erster Stelle der rechtlichen Bemühungen steht hier die **Sicherung** der Freiflächen in der Stadt vor der Umwandlung in Bauland oder Verkehrsanlagen. Dabei ist grundsätzlich danach zu fragen, ob eine starre Abgrenzung dem Gefüge einer sich stetig entwickelnden Stadt entspricht oder ob eine flexible Abgrenzung vorzuziehen ist. Den Zielen der Landschaftsplanung entspricht am besten eine Abstufung in dem Sinne, dass es ein Grundgerüst unverzichtbarer, besonders geschützter Flächen gibt, daneben eine zweite Kategorie mittel- bis langfristig gesicherter Flächen, die aber grundsätzlich für die Entwicklung der Stadt disponibel bleiben, und schließlich Freiflächen einer dritten Stufe als stille Baulandreserve.

In der Praxis wird die Entwicklung des Stadtgrüns von der Verfügung über den Boden, also vor allem vom **Grundeigentum** bestimmt. Alle Handhaben, der Öffentlichkeit aus Gründen des Gemeinwohls Zugriff auf und Zugang zu Grundstücken auch gegen den Willen des Eigentümers zu ermöglichen, setzen ein gerichtliches Verfahren voraus. Eine Enteignung von Liegenschaften ist wohl grundsätzlich möglich, wenn sie zum Wohle der Allgemeinheit unbedingt notwendig ist und der mit der Enteignung angestrebte Zweck nachweislich nicht anders oder an anderer Stelle erreicht werden kann. Eine rechtliche Grundlage dafür kann die Festsetzung beispielsweise eines öffentlichen Kinderspielplatzes oder einer Grünanlage sein. Für das städtische Grünwesen, auch für dringende Erfordernisse wie Spiel- und Friedhofsflächen, kann man jedoch erfahrungsgemäß Enteignungen praktisch ausschließen. In diesem Zusammenhang ist das Grundeigentum der Stadt von Bedeutung, die durch eine geschickte Grundstückspolitik die geplante Stadtentwicklung unterstützen kann, beispielsweise durch den Ankauf von „Schlüsselparzellen"; viele Städte errichten zu diesem Zweck Fonds oder Gesellschaften zur Förderung der Ansiedlung von Betrieben, auch in Verbindung mit dem Flächenrecycling, der Wiederverwertung von Industrie- und Gewerbebrachen.

Für die Verwirklichung der Landschafts- und Freiraumplanung sind Instrumente mehrerer **Rechtsmaterien** einzusetzen, im Wesentlichen:
- Planungsrecht, Raumordnungsrecht, insbesondere Richtplan (Schweiz), Flächennutzungsplan (Deutschland), Flächenwidmungsplan (Österreich); Bebauungsplan (D, A); in Einzelfällen das Recht der Enteignung, beispielsweise in Wien für das Schutzgebiet Wald- und Wiesengürtel; Bauordnungsrecht, Baurecht;
- Naturschutzrecht, in Österreich Landesrecht, in der Bundesrepublik Deutschland Bundesrecht, in der Schweiz uneinheitlich geregelt;
- Bodenrecht, insbesondere Zusammenlegung, Flurbereinigung, Baulandumlegung, Vorkaufsrecht der Gemeinde;
- Finanzrecht wie Besteuerung unbebauter Grundstücke im Bauland, Abschöpfen von Planungsgewinnen;
- Vertragsrecht wie Vertrags-Raumordnung, Städtebaulicher Vertrag, Vertrags-Naturschutz (D, A);
- Verfahren der Umweltverträglichkeitsprüfung.

Zwar nicht als rechtliche Vorschrift, aber als dringende, weltweit gültige Empfehlung wird die **Agenda 21** der Vereinten Nationen bereits von einer Reihe von Städten in unterschiedlicher Form umgesetzt. Grundprinzip der Agenda 21 auf lokaler Ebene ist die Nachhaltigkeit im Rahmen aller Prozesse in Planung, Bau und Erhaltung.

Im Folgenden werden einige dieser Rechtsvorschriften kursorisch abgehandelt. Die gesamte Rechtsmaterie ist äußerst umfangreich und vielschichtig, sie ändert und entwickelt sich stetig. Es ist auch zu beachten, dass neben den Gesetzen und Verordnungen vor allem aktuelle gerichtliche Entscheidungen maßgeblich sind; wichtige einschlägige Urteile werden in der Zeitschrift Stadt und Grün abgedruckt. Aus Gründen der leichteren Handhabung wurden spezielle Rechtsvorschriften zu den jeweiligen Sachkapiteln gestellt.

Bauleitplanung, örtliche Raumplanung

Bundesrepublik Deutschland

Grundlage der Landschaftsplanung im städtischen Bereich sind das Baugesetzbuch (BauGB) und das Bundesnaturschutzgesetz (BNatSchG) bzw. die daraus abgeleiteten Landesgesetze. Das BauGB unterscheidet die Vorbereitende Bauleitplanung mit dem **Flächennutzungsplan** und die Verbindliche Bauleitplanung mit dem **Bebauungsplan**. Im Flächennutzungsplan, der für den Grundeigentümer nicht verbindlich ist, werden die einzelnen Flächenkategorien **dargestellt**, im für jedermann verbindlichen Bebauungsplan **festgesetzt**. Der Flächennutzungsplan wird für das gesamte Gemeindegebiet erstellt, der Bebauungsplan jeweils für ein abgegrenztes Teilgebiet, meist aus einem aktuellen Anlaß. Eine Grünfläche kann praktisch nur durch einen Bebauungsplan festgesetzt werden; dies ist auch in einem unbebauten Gebiet möglich.

Das BNatSchG schreibt für den städtischen Bereich den **Landschaftsplan** vor, der dem Flächennutzungsplan, und den **Grünordnungsplan**, der dem Bebauungsplan entspricht. Damit soll gewährleistet werden, dass die Forderung des § 1 Abs. 5 Nr. 7 BauGB erfüllt wird, „die Belange des Umweltschutzes, des Naturschutzes und der Landschaftspflege, insbesondere des Naturhaushaltes, des Wassers, der Luft und des Bodens ... sowie das Klima" besonders zu berücksichtigen.

Auch andere Regelungen des BNatSchG beziehen sich auf die Bauleitplanung nach BauGB. So die **Eingriffsregelung** nach § 8 BNatSchG: werden durch den Eingriff eines Vorhabens oder einer Planung (beispielsweise Straßenbau, Baustoffgewinnung und dergleichen) in Natur und Landschaft negative Folgen verursacht, ist dieser Eingriff zu untersagen oder die Folgen sind auszugleichen bzw. Schäden zu ersetzen.

Nach § 27 BNatSchG wird die Gemeinde verpflichtet, Grundstücke zur Erholung der Bevölkerung zur Verfügung zu stellen, beispielsweise Seeufer, Zugänge zu Erholungswäldern und dergleichen; diese Vorschrift betrifft, neben dem Grundwerwerb, vor allem die Bauleitplanung. Die Städtebauförderung durch Bund und Länder sieht für den Grundwerb für diese Zwecke einen finanziellen Zuschuß von 60 bis 90 % der Kosten vor.

Auch das BauGB selbst bietet Möglichkeiten zur Sicherung von Grünflächen. Eine wesentliche Bestimmung ist unter anderen die Bodenschutzklausel in § 1 Abs. 5 BauGB: „Mit Grund und Boden soll sparsam und schonend umgegangen werden." Im Flächennutzungsplan und im Bebauungsplan können dargestellt bzw. festgesetzt werden: die Ausweisung von Schutzgebieten (Naturschutzgebiete, Landschaftsschutzgebiete, Naturdenkmale, geschützte Landschaftsbestandteile), von Biotopen, von Grünflächen für Naturhaushalt und Naturerleben, für Stadtklima und Ortsbild; die Ausweisung ist zwingend vorgeschrieben, wenn sie nach Abwägung öffentlicher Belange von der Sachlage her erforderlich ist. Durch das Pflanzgebot im Bebauungsplan kann der Eigentümer verhalten werden, im Zuge der Ausgleichs- und Ersatzmaßnahmen auf den unbebaubaren Flächen seines Grundstücks Bäume und Sträucher zu pflanzen.

Es kann auch ein Bebauungsplan ausschließlich mit Inhalten für Maßnahmen zum Schutz, zur Pflege und zur Entwicklung der natürlichen Lebensgrundlagen einschließlich der Erhaltung der Pflanzen- und Tierwelt sowie zur Gestaltung des Orts- und Landschaftsbildes aufgestellt werden, beispielsweise die Pflanzung von Gehölzen.

Weitere Instrumente sind Satzungen:
a) Satzungen nach Bauordnungsrecht der Länder, beispielsweise für die Gestaltung unbebauter und bebauter Grundstücke, Erhaltung von Bäumen, Dachbegrünung; diese Vorschriften können in Bebauungspläne übernommen werden.
b) Satzungen nach Kommunal-Verfassungsrecht (Gemeindeordnungen), beispielsweise eine Baumschutzsatzung.
Öffentlich-rechtliche Verträge (Städtebaulicher Vertrag) werden mit Grundeigentümern geschlossen, etwa zur rechtlichen Sicherung von Ausgleichsflächen bei der Eingriffsregelung.

140

Österreich

Für die Freiraumplanung für Städte gibt es derzeit (1999) in Österreich keine speziellen rechtlichen Grundlagen, Vorschriften oder Richtlinien. Eine Reihe von Vorgaben finden sich in den Raumordnungsgesetzen der Bundesländer bzw. in Wien in der Bauordnung, ferner in den Natur- und Landschaftsschutzgesetzen der Bundesländer, allenfalls auch in bundesrechtlichen Vorschriften, beispielsweise im Bundesforstgesetz. Nutzungsverträge und Vereinbarungen über Freiraumkonzepte und deren Verwirklichung, möglichst noch vor Entscheidungen über andere Nutzungen einer Liegenschaft, können auf privatrechtlicher oder öffentlich-rechtlicher Grundlage mit dem Grundeigentümer geschlossen werden (Vertrags-Raumordnung).

Die wichtigsten planerischen Vorgaben zum Sachgebiet Landschafts- und Freiraumplanung wurden von der Österreichischen Raumordnungskonferenz (ÖROK) im Österreichischen Raumordnungskonzept 1991 veröffentlicht. Darin werden die Aufgaben der Raumordnung zur Sicherung und Nutzung der Grün- und Freiräume behandelt, insbesondere die Instrumente der überörtlichen und örtlichen Raumplanung. Dort werden ausdrücklich der Landschaftsrahmenplan als wesentlicher Bestandteil der Regionalplanung und der **Landschafts- und Grünraumplan** als Bestandteil der örtlichen Planung vorgeschlagen. Diese Pläne werden als spezielle Aufgabe der Raumplanung gesehen und – mangels einer Bundeskompetenz – den Ländern empfohlen.

Materiell ist die Landschaftsplanung zur Zeit am ehesten dem **Raumordnungsrecht** zuzuordnen, in dem auch einige ihrer Aufgaben in allgemeinen Formulierungen angeführt sind. Die Raumordnung ist Landessache. Die Landesregierungen haben aufgrund der Raumordnungsgesetze je nach Bundesland Raumordnungsprogramme, Entwicklungsprogramme, Regionalprogramme oder Landesraumpläne zu erstellen, die auch Festlegungen für überörtliche Grünzonen, Siedlungsgrenzen und Widmungsvorbehalte treffen. Wenn ein Raumordnungsprogramm durch Verordnung erlassen wird, ist es für die Gemeinden der Region rechtlich verbindlich. Auf örtlicher Ebene werden in allen Bundesländern Grünflächen verbindlich im **Flächenwidmungsplan** und im **Bebauungsplan** festgesetzt, allerdings mit länderweise unterschiedlichen Unterteilungen nach Nutzungen. In Wien sind Flächenwidmungs- und Bebauungsplan in einem Plandokument zusammengefasst. Gemeinsam ist den übergeordneten Festlegungen das Gebot der Sicherung der land- und forstwirtschaftlichen Flächen; ferner werden die Gemeinden zur Ausweisung von Erholungsgebieten gehalten. Sie sind aber nicht zur Abstimmung mit Nachbargemeinden verpflichtet, so dass beispielsweise Grünzüge an der Stadtgrenze an ein undurchlässiges Industriegebiet stoßen.

In den **Flächenwidmungsplänen** der Städte und Gemeinden sind die Freiflächen unter verschiedenen Bezeichnungen verordnet:

Freiflächen: Vorarlberg; Grünflächen: Burgenland; Freiland: Steiermark, Tirol; Grünland: Kärnten, Oberösterreich, Niederösterreich, Salzburg, Wien.

Generell gilt, dass als Freiflächen alle Flächen gelten, die nicht mit einer anderen Widmung belegt sind (Generalklausel zu Gunsten der Freiflächen). Anders formuliert, sind es die Restflächen, die nach der Widmung für die anderen Nutzungen übrigbleiben. Unabhängig von der Flächenwidmung sind alle Waldflächen durch das Forstgesetz 1975 in ihrem Bestand gesichert.

Flächen, deren Nutzung bzw. Nutzungsbeschränkung **nicht** in der Kompetenz der Gemeinde liegt, werden in den Raumordnungs-Plänen kenntlich oder **ersichtlich gemacht;** dies sind unter anderem Materien, die dem Bundesrecht unterliegen: Wald, Gefahrenzonen (Forstwesen, forstliche Raumplanung); Brunnenschutzgebiete, Quellschutzgebiete, Grundwasser-Schongebiete (Wasserrecht); Bahnstrecken, Bahnhöfe (Eisenbahnwesen); Autobahnen, Bundesstraßen (Bundesstraßenwesen), Kasernen, Truppenübungsplätze (Landesverteidigung). Der Zuständigkeit des Landes unterliegen Naturschutz- und Landschaftsschutzgebiete, Naturparke, Nationalparke. Einschränkende Festsetzungen, beispielsweise nach dem Naturschutzrecht, können mehrere Flächenwidmungen überlagern.

Die Freiflächen werden in allen Bundesländern außer Niederösterreich in einer beispielhaften, demonstrativen Aufzählung genauer unterteilt, zusätzliche Widmungen können also auf dem Verordnungswege festgelegt werden. Anzustreben ist dies beispielsweise für Flächen, auf denen Schutzpflanzungen anzulegen sind, und für Verkehrsgrünflächen. Eine Besonderheit ist die Widmung als **Vorbehaltsfläche**; sie stellt sicher, dass bestimmte Flächen für Zwecke des Gemeinbedarfs, hier als Flächen für die Erholung, ausgewiesen werden können.

Ein Problem besteht darin, dass die Widmung als eine bestimmte Kategorie des Grünlandes, anders als beim Bauland, an sich nur bedingt etwas darüber aussagt, wie sich die betreffende Fläche tatsächlich darstellt. Die Zuordnung etwa von Kleingartengebieten und Campingplätzen zum Grünland täuscht darüber hinweg, dass es sich in vielen Fällen praktisch um Bauland handelt, nämlich um dauernd bewohnte Siedlungen und um Wochenendhausgebiete. Ähnliches gilt für die Zuweisung von gärtnerischen Betriebsbaugebieten zur Landwirtschaft. Definitorisch offen sind auch mögliche Kombinationen mehrerer Nutzungen auf ein und derselben Flächenwidmung, beispielsweise Erholung auf der Widmung Landwirtschaft.

Für das Bauland und/oder Teile desselben ist ein **Bebauungsplan** zu erlassen; dieser darf dem Flächenwidmungsplan nicht widersprechen. Daraus wird allgemein abgeleitet, dass es für Flächen außerhalb des gewidmeten Baulandes, also für alle Freiflächen, keinen eigenständigen rechtsverbindlichen Bebauungsplan – wie etwa in der Bundesrepublik Deutschland – geben kann. Nur in Wien sind verbindliche Inhalte des Bebauungsplanes auch für Freiflächen vorgesehen, wobei etwa Höhen, Böschungsneigungen und dergleichen festgelegt werden können. Im Bebauungsplan werden gärtnerisch zu gestaltende Flächen im Bauland, die Begrünung von Verkehrsanlagen, Tiefgaragen und Flachdächern vorgeschrieben.

Dem Flächenwidmungsplan ist der **Landschaftsplan** als Fachplan zuzuordnen, dem Bebauungsplan der **Grünordnungsplan**. Landschaftsplan und Grünordnungsplan sind **nicht rechtsverbindlich**, sie werden es nur insoweit, als ihre Inhalte in den Flächenwidmungsplan und den Bebauungsplan, also in für den Grundeigentümer **verbindliches**, Planungsrecht integriert werden. Hier ist auch die Genehmigung durch das Land von Bedeutung. Die Formulierung, der Landschaftsplan bzw. der Grünordnungsplan sei „als Grundlage" für den Flächenwidmungsplan bzw. Bebauungsplan zu erstellen, bedeutet, dass dies **vor** diesen Plänen geschehen sollte, was allerdings nur selten tatsächlich der Fall ist.

Eine Reihe von Maßnahmen können im Bebauungsplan, der Verordnungscharakter besitzt, festgesetzt und dem Bauwerber im Zuge des Verfahrens zur Baubewilligung mit Bescheid aufgetragen werden. Im Bebauungsplan können auch – teilweise mit Vorschriften über ihre Ausgestaltung – innerhalb eines Grundstücks Flächen festgesetzt werden, die vor allem zur Erhaltung des äußeren Erscheinungsbildes **nicht überbaut** werden dürfen (in Niederösterreich: Freiflächen). In Wien wird der Grünbestand in Villenvierteln mit großen Gärten durch die Widmung Schutzgebiet-Park (Spk) im Flächenwidmungs- und Bebauungsplan vor einer Überbauung geschützt. In Oberösterreich können Gebiete, die für die Erhaltung von Naturdenkmalen erforderlich sind, auch auf dem Wege des Bebauungsplanes festgesetzt werden; damit wird dem Umstand Rechnung getragen, dass ein punktuelles Naturdenkmal, etwa eine Baumgruppe, zu seiner Sicherung einer größeren unbebauten Fläche bedarf.

Schweiz

In der Schweiz ist die Landschaftsplanung als spezielles Rechtsinstrument im Bundesrecht nicht vorgesehen, ebensowenig in den meisten Kantonen. Landschaftsplanerische Arbeiten stützen sich im Wesentlichen auf drei Bundesgesetze und die zugehörigen Verordnungen: das Bundesgesetz über die Raumplanung (RPG) in der Fassung von 1995, das Bundesgesetz über den Natur- und Heimatschutz (NHG) aus 1966 und das Bundesgesetz über den Umweltschutz (USG) aus 1983. Subsidiär werden andere Bundesgesetze wirksam, nämlich die zum Gewässerschutz (GSchG), Wasserbau (WBauG), Wald (WaG) und zur Landwirtschaft (LWG). Ein Problem ist nach M. LENDI darin zu sehen, dass die Raumordnung in der Schweiz von den Städten kaum Notiz nimmt: sie spricht vor allem die Kantone und die ländlichen Gemeinden an; dadurch werde die Stadtentwicklung auf die umbaute Umwelt reduziert, andere Interessen – wie die Freiraumplanung – werden vernachlässigt.

Je nach Bundesgesetz sind die Kompetenzen für die Landschaftsplanung jeweils anderen Behörden zugeordnet. Die Schwierigkeit liegt darin, dass die inhaltliche und verfahrensmäßige Abstimmung zwischen diesen Behörden kaum entwickelt ist. Die Schwächen der bisher erarbeiteten Landschaftsplanungen sind:

- Kommunale Landschaftsplanungen sind nur selten offensive, zukunftsorientierte Gesamtkonzepte zur Entwicklung der Freiräume.
- Sie sind oft inhaltlich beschränkt auf den Arten- und Biotopschutz. Boden, Wasser, Luft/Klima, das Landschaftsbild sowie die Erholungsnutzung werden meist vernachlässigt.
- Sie sind oft räumlich beschränkt auf die Landschaft außerhalb der Siedlungsgebiete, die Freiräume innerhalb des bebauten Gebietes der Stadt bleiben ausgespart (nach B. SCHUBERT 1993).

Entsprechend dem föderalen Staatsaufbau wird die Raumplanung auf drei Ebenen – Bund, Kantone, Gemeinden – umgesetzt. Der Bund leitet seine Aufgaben über Konzepte und Sachpläne in die Wege. Wirksame Instrumente nach dem RPG sind vor allem die programmatischen, behördenverbindlichen **Richtpläne** der Kantone sowie die **Nutzungspläne** und **Zonenpläne** der Gemeinden, die die zulässige Nutzung aller Gemeindeflächen festsetzen und – anders als die Richtpläne – für den Grundeigentümer verbindlich sind; sie unterscheiden Bau-, Landwirtschafts- und Schutzzonen, beispielsweise Gewässer und ihre Ufer, Erholungszonen, wertvolle Landschaften, Natur- und Kulturdenkmäler und dergleichen mehr. Für die Landschaftsplanung in den Städten besonders wichtig sind die unbebaubaren „**Grünzonen**" (Zonage espace verts, in einigen Kantonen „Nichtbauzonen"). Alle Wälder sind durch die Forstgesetze geschützt.

Vorhaben, die größere Flächen in Anspruch nehmen, wie Kiesabbauprojekte, Deponien, umfangreiche Sportanlagen, Golfplätze und dergleichen werden einer besonderen Planungspflicht, beispielsweise der **Sondernutzungsplanpflicht**, unterstellt. In diesem Verfahren werden alle erforderlichen Bewilligungen einschließlich der Pflichten nach dem Raumplanungsgesetz, in einem Vorgang verhandelt (Verfahrenskonzentration).

Ein wesentlicher Grundsatz ist die Verpflichtung zur horizontalen (Kanton – Kanton, Gemeinde – Gemeinde) und vertikalen (Kanton – Gemeinde, Gemeinde – Kanton) inhaltlichen Abstimmung der jeweiligen Pläne. Eine erhebliche Schwierigkeit wird in der Schweiz selbst darin gesehen, dass es nebeneinander 26 verschiedene kantonale Bau- und Planungsgesetze und noch mehr von Gemeinde zu Gemeinde unterschiedliche Bauordnungen gibt; eine Harmonisierung wird für dringend notwendig erachtet. Ein weiteres Instrument sind **Sachpläne**, das sind rechtlich unverbindliche Konzepte für bestimmte übergeordnete Aufgaben, etwa ein Verkehrskonzept oder Energiekonzept für die Schweiz; auch hier ist eine Abstimmung zwischen kantonaler Richtplanung und Sachplanung des Bundes geboten.

Das Kantonsrecht kann den Erlaß eines kommunalen Richtplanes vorschreiben. Eine positive Entwicklung stellen kommunale **Landschaftsrichtpläne** dar, vergleichbar den Landschaftsplänen in Österreich und der Bundesrepublik Deutschland; sie sind zwar nur nach wenigen kantonalen Gesetzen vorgesehen, sind aber auch nicht ausgeschlossen, können also von allen Städten in Auftrag gegeben werden. Im Jahre 1972 wurde ein Bundesbeschluss über „dringliche Maßnahmen auf dem Gebiet der Raumplanung" herbeigeführt. Darin werden die Kantone verpflichtet, Pläne jener Gebiete aufzulegen, „deren Besiedelung und Überbauung aus Gründen des Landschaftsschutzes, zur Erhaltung ausreichender Erholungsräume oder zum Schutz vor Naturgewalten vorläufig einzuschränken oder zu verhindern ist."

Für den Vollzug der Bundesgesetze im Bereich des Natur- und Landschaftsschutzes sind, soweit es die Landschaftsplanung betrifft, weitgehend die kantonalen und lokalen Behörden zuständig. Die Kantone regeln den Natur- und Heimatschutz meist im Zusammenhang mit dem Bau- und Planungsrecht. Jeder der 26 Kantone sieht dabei eigene, zum Teil sehr unterschiedliche Vorgehensweisen vor.

Bauordnungsrecht, Baurecht, Grünflächen auf privaten Grundstücken

Eine Möglichkeit, die Grünraumsituation in den Städten zu verbessern, ist die Einflussnahme der Kommune auf die Freiflächen der **privaten Grundstücke** in quantitativer und qualitativer Hinsicht. Hier tritt deutlich der Konflikt zwischen dem verfassungsrechtlich gesicherten Gestaltungsrecht des Grundeigentümers auf seinem Boden und dem Anspruch gesellschaftlicher, also öffentlicher Interessen zutage. Immer wieder geäußerte Vorschläge, das Eigentumsrecht im Sinne einer Bodenreform zu ändern, unter anderem von GANSER (1986), sind zwar durchaus zielführend, haben aber in der Bundesrepublik Deutschland, in Österreich und der Schweiz keine Aussicht auf Verwirklichung.

Für die Freiraumplanung auf Baugrundstücken stehen den Städten das Planungsrecht – in Form des Bebauungsplanes – und das Bauordnungsrecht bzw. Baurecht – im Zuge des Verfahrens zum Bauantrag – zur Verfügung. In der Schweiz ist das Baurecht in das kantonale Raumordnungsrecht eingeschlossen; auf die Gestaltung der privaten Grünflächen kann auf diesem Wege nicht eingewirkt werden. In Österreich eröffnen einige Landesbauordnungen die Möglichkeit, für die nicht überbaubaren Grundstücksflächen eine Begrünung vorzuschreiben, und im Wege von örtlichen Bauvorschriften deren Gestaltung zu regeln. Von der Möglichkeit, auf dem Wege von Gestaltungssatzungen eine stärkere Durchgrünung auf privaten Grundstücken zu erwirken, machen aber die Gemeinden so gut wie keinen Gebrauch.

Die Bayerische Bauordnung gibt die rechtliche Grundlage, im Zuge der Baugenehmigung Bestimmungen über die „nicht überbauten Flächen der bebauten Grundstücke" zu erlassen. Unterstützt wird dies durch weitere landes- und stadtrechtliche Vorschriften zu Kinderspielplätzen, zum Baumschutz und zu Vorgärten. Zentrale Instrumente im Bauverfahren (Bauantrag) sind dort der **Baumbestandsplan** (1:100, 1:200) und der **Freiflächengestaltungsplan** (1:100, 1:200). Die Inhalte des Freiflächengestaltungsplanes sind in einem Merkblatt normiert; sie werden von Fachgutachtern des Gartenamtes überprüft, ebenso die Baumbestandspläne. Problematisch ist die Durchsetzung sowohl des Baumschutzes als auch des Freiflächengestaltungsplanes, nicht zuletzt durch den hohen Personalbedarf für die Begutachtung und für die Überwachung, gerade in Zeiten finanzieller Restriktionen.

Die Bauvorlagenverordnung für **Hessen** verlangt, dass jedem Bauantrag eine sogenannte „Freiflächenplanung" beizufügen ist, die einen Bestandsplan, einen Ausgleichsplan mit Ausgleichsberechnung (Ausgleich nach Eingriffsregelung) und einen Freiflächenplan enthält.

In Österreich sind in einigen Städten, beispielsweise in **Linz a.D.**, für die nicht bebauten Flächen des Grundstücks im Zuge des Baugenehmigungsverfahrens vom Bauwerber Gestaltungspläne mit Angaben über den vorhandenen und künftigen Baumbestand und andere wesentliche Merkmale der gärtnerisch auszugestaltenden Flächen beizubringen. In **Wien** ist diese Verpflichtung auf Neubauten von Bauklasse III (Gebäudehöhe mindestens 9 m, höchstens 16 m) aufwärts beschränkt; gefordert wird ein Gestaltungskonzept für die gärtnerisch auszugestaltenden Flächen des Bauplatzes mit einem Plan, aus dem der vorhandene und künftige Baum- und andere Vegetationsbestand, die Bereiche unterirdischer Einbauten, die Höhe der Erdüberdeckung und andere wesentliche Merkmale der Grünbereiche hervorgehen. Das Raumordnungsgesetz für das Bundesland **Salzburg** kennt die Begriffe Pflanzbindungen, Pflanzgebote, Geländegestaltung.

Naturschutzrecht

Instrumente des Naturschutzrechts können durchaus als Grundlage für Grünflächen in der Stadt herangezogen werden; vor allem in der Bundesrepublik Deutschland greifen Bau- und Planungsrecht einerseits und Naturschutzrecht eng ineinander. In Österreich und der Schweiz ergänzt das Naturschutzrecht die Verfahren des Planungsrechts.

Der Naturschutz ist in der Bundesrepublik Deutschland und in Österreich **Landessache**, in Deutschland allerdings aufgrund eines Bundesgesetzes (Bundes-Naturschutzgesetz). Es gibt daher landesweise Naturschutzgesetze mit teilweise unterschiedlichen Bezeichnungen und Bestimmungen im Einzelnen, wobei sich aber die Schutzkategorien im Wesentlichen decken. In der Schweiz überträgt das Bundesgesetz über den Natur- und Heimatschutz aus 1966 die Vollziehung den **Kantonen**, die sie durchwegs mit Maßnahmen des Raumplanungsrechts verbinden.

In der Bundesrepublik **Deutschland** ist Grundlage für die Landschaftsplanung das **Bundesnaturschutzgesetz** als Rahmengesetz, wobei die Bundesländer von ihren rechtlichen Gestaltungsmöglichkeiten in Landesgesetzen in unterschiedlicher Weise Gebrauch gemacht haben. Nach §§ 5–7 Bundesnaturschutzgesetz sind aufzustellen:
- Landschaftsprogramme auf Landesebene;
- Landschaftsrahmenpläne für Teile des Landes;
- **Landschaftspläne** auf Ortsebene.

Diese Abstufung ist darauf abgestellt, die Landschaftsplanung mit der Landes- und Bauleitplanung materiell und formell zu verknüpfen. Soweit es die Gründe des Naturschutzes und der Landschaftspflege erfordern, besteht die Verpflichtung zur Planung, wobei die zuständigen Stellen nach Ermessen entscheiden können. Dabei sind aber jedenfalls die „Grundsätze des Naturschutzes und der Landschaftspflege" nach BNatSchG zu beachten, nämlich „Schutz und Entwicklung der natürlichen Lebensgrundlagen" sowie „die Belange ... des **Naturhaushalts**, des Wassers, der Luft und des Bodens einschließlich seiner Rohstoffvorkommen sowie das Klima".

Ein weiteres Instrument ist der Landschaftspflegerische Begleitplan nach § 8 Abs. 4 BNatSchG; er ist aufzustellen, wenn Eingriffe aufgrund eines nach öffentlichem Recht vorgesehenen Fachplanes vorgenommen werden sollen. In diesem Plan sind die zum Ausgleich des Eingriffs erforderlichen Maßnahmen des Naturschutzes und der Landschaftspflege darzustellen; der Unterschied zum Landschaftsplan besteht darin, dass der Landschaftspflegerische Begleitplan ausschließlich den Projektwerber verpflichtet (vgl. Abbildung 40).

Die 16 Bundesländer haben die Vorgaben des BNatSchG unterschiedlich ausgeformt. So können beispielsweise in Baden-Württemberg die Naturschutzbehörden mit einer entsprechenden Begründung praktisch zu jedem Bebauungsplan einen Grünordnungsplan fordern. Als beispielhaft kann die gesetzliche Regelung in Bayern gelten, wo die Integration der Landschaftsplanung in die Bauleitplanung bindend vorgeschrieben ist. Im Landesplanungsgesetz ist als Teil des Landesentwicklungsprogrammes ein Landschaftsprogramm vorgesehen, als Teil der Regionalplanung oder als fachliche Pläne Landschaftsrahmenpläne. Auf örtlicher Ebene sind Landschaftspläne und Grünordnungspläne vorgeschrieben, die Bestandteile der Flächennutzungspläne und Bebauungspläne sind und deren Inhalte mit diesen dargestellt bzw. festgesetzt werden. Ähnliche Regelungen sind in den Ländern Rheinland-Pfalz, Hamburg und Berlin getroffen. In einigen Ländern heißt das Ergebnis der Landschaftsplanung zum Flächennutzungsplan „Landschaftsplan", dasjenige zum Bebauungsplan „Grünordnungsplan".

In **Österreich** gelten neun Landes-Naturschutzgesetze; sie stehen, anders als in Deutschland, mit den Landes-Raumordnungsgesetzen in keinem inhaltlichen oder verfahrensrechtlichen Zusammenhang. Auf die Grünplanung für Städte können sie sich nur durch die Erklärung schutzwürdiger Bäume zu Naturdenkmalen oder ökologisch wertvoller Flächen zu Schutzgebieten unterschiedlicher Kategorie auswirken. Die Gefahr bei allen Schutzgebieten besteht darin, dass alle übrigen Flächen gleichsam als disponibel für jegliche Nutzungen und Belastungen betrachtet werden. Das Ziel der Landschaftsplanung ist dagegen die nachhaltige Sicherung der natürlichen Ressourcen im gesamten Stadtgebiet, nicht nur in abgegrenzten Bereichen.

In jüngerer Zeit hat sich als wirksames Instrument der **Vertragsnaturschutz** bewährt, bei dem sich ein Grundeigentümer zur aktiven Sicherung eines für den Naturschutz bedeutsamen Zustandes verpflichtet, wobei ihm allfällige wirtschaftliche Nachteile und Aufwendungen abgegolten werden. Ebenso bedeutend ist die naturschützende Tätigkeit nicht öffentlicher Organisationen (NGO) wie BUND, Naturschutzbund, alpine Vereine, World Wildlife Fund und andere.

Das Unter-Schutz-Stellen nach einer der im Folgenden aufgezählten Kategorien (nach dem österreichischen Naturschutzrecht) kann wesentlich zur Verwirklichung der Landschaftsplanung in der Stadt beitragen.

- Naturdenkmal

Ein Naturdenkmal ist ein Naturgebilde, z. B. Bäume, Quelle, das wegen seiner wissenschaftlichen oder kulturellen Bedeutung oder wegen seiner Eigenart, Schönheit oder Seltenheit oder wegen des besonderen Gepräges für das Orts- oder Landschaftsbild im öffentlichen Interesse erhaltungswürdig ist. Für das Erscheinungsbild und die Erhaltung des Naturdenkmales ist seine nächste **Umgebung** mitbestimmend und gegebenenfalls auch zu schützen.

- Naturschutzgebiet

Das Ziel ist der Schutz eines vergleichsweise kleinen Gebietes von besonderem Wert. Kriterien sind die vollkommene oder zumindest weitgehende Ursprünglichkeit oder die besondere Vielfalt der Tier- und Pflanzenwelt, ferner das Vorkommen seltener oder gefährdeter Tier- oder Pflanzenarten oder Biozönosen, wissenschaftlich interessanter Vorkommen oder Erscheinungen. Beispiele sind Berg-, See- oder Flusslandschaften, Reliktwälder, Moore, Tümpel, Teiche.

- Geschützter Landschaftsteil (auch Geschützter Landschaftsbestandteil, Geschützter Grünbestand und dergleichen)

Ein geschützter Landschaftsteil ist ein kleinräumiger Ausschnitt aus einer Landschaft mit erhaltungs- oder naturdenkmalwürdigen Bestandteilen der Landschaft, die das Landschafts- oder Ortsbild beleben oder mit einem Bauwerk eine untrennbare Einheit bilden oder von kultureller oder ökologischer Bedeutung sind wie zum Beispiel Hecken, Baumgruppen, Flur- oder Windschutzgehölze, Gewässer, **Alleen**, **Parkanlagen**, **Freizeitflächen**; charakteristische Anpflanzungen bei Kulturstätten.

- Landschaftsschutzgebiet

Dies sind große zusammenhängende Gebiete von besonderer landschaftlicher Schönheit oder Eigenart, die für die Erholung der Bevölkerung oder für den Tourismus besondere Bedeutung haben oder die historisch bedeutsame Landschaftsteile umfassen.

- Nationalpark

Dabei handelt es sich um ein Gebiet von besonderer Schönheit und Eigenart, Formenreichtum und Charakteristik, Ursprünglichkeit, ausgestattet mit Ökosystemen von besonderer wissenschaftlicher oder ästhetischer Bedeutung, ferner von entsprechendem Flächenausmaß, dessen Erhaltung von **nationalem Interesse** ist. Das Gebiet kann auch Landesgrenzen und die Bundesgrenze überschreiten. Bei Erfüllung bestimmter Bedingungen ist eine internationale Anerkennung durch die IUCN (International Union for Conservation of Nature), eine Teilorganisation der UNESCO, möglich.

Die praktischen Auswirkungen des Naturschutzrechts als fachliche Grundlage der Landschaftsplanung auf die Sicherung und Entwicklung der Grünräume in der Stadt werden von einigen Seiten als unzureichend angesehen, vor allem weil der Landschaftsplanung kein Instrument für die Umsetzung ihrer begründeten Vorschläge zur Verfügung steht. So hat etwa die Eingriffsregelung in deutschen Städten schwerwiegende Schäden im Naturhaushalt nicht verhindern können. Die allgemein anerkannte rechtliche Wirksamkeit erstreckt sich auf Naturdenkmale, Naturschutzgebiete und geschützte Landschaftsbestandteile, nicht aber auf andere öffentliche und private Grünflächen in der Stadt. Sie können nur dann gesichert werden, wenn ein starker politischer Wille vorhanden ist, der den Landschaftsplan gleichsam zur fachlichen Unterstützung benützt, vor allem weil die Gemeinde wohl Träger der Bauleitplanung ist, nicht aber der aus der Landschaftsplanung resultierenden Maßnahmen. Dass diese Schwächen überwindbar sind, zeigen positive Beispiele der Landschaftsplanung wie die für die Städte Erlangen (Obgm. D. Hahlweg, LArch. R. Grebe) und Berlin-West (Landschaftsprogramm).

UVP/Umweltverträglichkeitsprüfung

In der **Bundesrepublik Deutschland** liefert die Umweltverträglichkeitsprüfung keine Entscheidungs-, sondern nur eine Beurteilungsgrundlage für die Bauleitplanung und damit für die Landschaftsplanung; das Ergebnis der UVP ist ein Abwägungsbelang. Maßgeblich für die Pflichtigkeit ist ein Katalog von Großvorhaben nach § 3 UVPGesetz. Bauleitpläne sind UVP-pflichtig, wenn sie umweltrelevant sind, wenn beispielsweise ein Bebauungsplan ein Vorhaben begründet, von dem Gefahren für die Umwelt ausgehen können, etwa ein Industriegebiet. Die UVP wird jedenfalls in das Verfahren der Bauleitplanung integriert.

Das Kernstück der UVP ist die **Umweltverträglichkeits-Untersuchung** (UVU) oder die Umweltverträglichkeits-Studie (UVS) als eigentliches ökologisches Fachgutachten. Sie enthält die Beschreibung der möglichen ökologischen Folgen, die Bewertung dieser Auswirkungen, die Darstellung von Alternativen und die Angabe der erforderlichen Umweltauflagen.

Die Verfahrensschritte sind:
- die Umwelterheblichkeits-Prüfung (UEP) als Filter, ob ein UVP-Verfahren erforderlich ist;
- die Umweltverträglichkeits-Untersuchung (UVU),
- Checklisten, sie dienen als Hilfsmittel bei der Einstufung der Umweltverträglichkeit (oder -unverträglichkeit) des Vorhabens;
- die Ergebnisse stellen einen Belang bei der Abwägung im Verfahren der Bauleitplanung dar.

In der kommunalen Praxis in der BRD liegt die Durchführung der UVU entweder bei dem Amt, das ein UVP-pflichtiges Vorhaben in Angriff nehmen möchte und das Verfahren beantragt, wobei das Umweltamt die prüfende Behörde ist, oder beim Umweltamt selbst, wobei das beantragende Fachamt die erforderlichen Unterlagen zur Verfügung stellt.

1993 wurde in **Österreich** die Umweltverträglichkeitsprüfung (UVP) erstmals gesetzlich geregelt, nach 1996 novelliert, zum einen zur Anpassung an die Richtlinien der EU, zum anderen zur Vereinfachung und Beschleunigung der Verfahren (Vereinfachtes Verfahren).

Aufgabe der UVP ist die Feststellung, Beschreibung und Bewertung der Auswirkungen eines Vorhabens auf die Umwelt, nämlich auf die Schutzgüter
- Mensch,
- Tiere und **Pflanzen**,
- Boden, Wasser,
- Luft und Klima,
- **Biotope und Ökosysteme**,
- **Landschaft**,
- Sach- und Kulturgüter

je nach Bundesrecht in wechselnder Kombination unter Einbeziehung von Wechselwirkungen zwischen diesen Schutzgütern, ferner die Prüfung von Maßnahmen zur Verhinderung oder Verminderung schädlicher, belästigender oder belastender Umweltauswirkungen sowie die Darlegung der Vor- und Nachteile geprüfter Alternativen und des Unterbleibens des Vorhabens (Null-Variante). Aufgabengebiet der Landschaftsplanung ist hier vor allem das Schutzgut „Landschaft", in weiterer Folge auch andere oben hervorgehobene Schutzgüter. In der Praxis bearbeitet das landschaftsplanerische Büro alle Schutzgüter, wobei je nach Aufgabenstellung detaillierte Fachgutachten anderer Spezialisten (etwa Avifauna, Schall und Erschütterung, Hydrogeologie) eingehen.

Für die Landschaftsplanung ist von Bedeutung, dass im Zuge des UVP-Verfahrens dem Projektwerber als **Auflagen** Maßnahmen vorgeschrieben werden können, mit denen nachteilige Auswirkungen gemindert oder ausgeglichen werden, bzw. durch die ein Ersatz, beispielsweise für einen verloren gehenden Lebensraum bestimmter Tiere oder Pflanzen, hergestellt wird. Damit können umfangreiche landschaftsplanerische Maßnahmen durchgesetzt werden, etwa die Einbindung einer Schnellstraße in das Grünsystem durch entsprechende Trassierung, Höhen- bzw. Tieflage, die Ausformung des Geländes und eine standortgerechte Bepflanzung.

Ergänzend zur UVP tritt die **Strategische Umweltprüfung** (SUP). Sie prüft keine fertig ausgearbeiteten Pläne, Programme oder Konzepte hinsichtlich ihrer möglichen Auswirkungen, sondern bringt sich in den laufenden Planungsprozess ein, mit dem Ziel, diesen in Richtung Umweltverträglichkeit zu steuern. Für die SUP gibt es in den Niederlanden, in Großbritanniern, in Dänemark und Deutschland bereits gesetzliche Grundlagen, in der Europäischen Union wird ein Richtlinien-Vorschlag erarbeitet.

In der **Schweiz** trat 1985 das Umweltschutzgesetz in Kraft, das einen Artikel zur Umweltverträglichkeitsprüfung enthielt; die **Verordnung** über die UVP selbst wurde erst 1989 rechtskräftig. 1997 wurde das Prüfungsverfahren erheblich vereinfacht und beschleunigt. Dazu ist zu erläutern, dass es gegen die Umweltverträglichkeitsprüfung erhebliche Bedenken gegeben hat, weil befürchtet wurde, dass sie wirtschaftliche und öffentliche Projekte verhindert, zumindest verzögert.

Die schweizerische UVP ist ihrem Wesen nach eine Projekt-UVP, die Einbeziehung von Planungen im Sinne einer Prozess-UVP wird erwogen. Grundlage des Verfahrens ist ein Bericht mit folgendem Inhalt:
a) der Ausgangszustand;
b) das Vorhaben, einschließlich der vorgesehenen Maßnahmen zum Schutze der Umwelt; bei öffentlichen und besonderen privaten Vorhaben auch die Begründung;
c) die voraussichtlich verbleibende Belastung der Umwelt;
d) die Maßnahmen, die eine weitere Verminderung der Umweltbelastung ermöglichen, sowie die Kosten dafür.
Den Bericht hat der Projektwerber zu erstellen, sei es ein Privater oder eine Dienststelle; er trägt auch alle Kosten für allenfalls notwendige Änderungen des Projekts und für die Maßnahmen zur Verringerung der Auswirkungen auf die Umwelt.

Eine wesentliche Stelle in dem mehrstufigen Prüfverfahren nimmt die **Umweltschutzfachstelle** als unabhängiger Gutachter ein; sie kann gleichwohl externe Fachleute zu Sonderfragen beiziehen. Die Umweltschutzfachstelle ist in der Regel eine kantonale Einrichtung; bei den Projekten, über die der Bund entscheidet, wird das Bundesamt für Umwelt, Wald und Landschaft (**BUWAL**) als Fachstelle beschäftigt. Es hat 1990 im Auftrage des Bundes ein „Handbuch UVP" als Anleitung für die Erarbeitung des vorgeschriebenen Berichts herausgegeben. Die Umweltschutzfachstelle berät den Gesuchsteller und die entscheidende Behörde, bei privaten Ansuchen in der Regel die Baubehörde der Gemeinde. Die Öffentlichkeit ist am Verfahren nicht direkt beteiligt, hat aber das Recht auf Einsicht. Das Recht der Beschwerde steht unter anderem bestimmten, vom Bundesrat anerkannten Umweltschutz-Organisationen zu.

Beispiele für die Sicherung von Grünflächen
Nachdem die Bayerische Landes-Bauordnung den Zugriff der Gemeinden auf die Gestaltung der unbebauten privaten Flächen unterbunden hatte, hat die Landeshauptstadt **München** 1996 eine Satzung über die Gestaltung und Ausstattung dieser Flächen, die **Freiflächengestaltungs-Satzung**, erlassen. Sie erstreckt sich unter anderem auf die nicht überbauten Flächen einschließlich der unverbauten Flächen der bebauten Grundstücke, auf die Gestaltung von Flachdächern und Außenwänden.

Ein Beispiel für die Sicherung eines Grünsystems ist der Abschnitt II der **GrünGürtelVerfassung** der Stadt **Frankfurt am Main** mit dem Titel „Öffentlich-rechtliche Sicherung des Frankfurter GrünGürtels", aus dem im Folgenden einige Grundsätze angeführt werden:

- Die räumliche Abgrenzung folgt einem sogenannten „Flächenplan" im Maßstab 1 : 10 000, die Herausnahme eines oder mehrerer Grundstücke bedarf der besonderen Beschlussfassung der Stadtverordnetenversammlung. Voraussetzung dafür ist, dass Grundstücke in mindestens gleicher Größe und Qualität an anderer Stelle in den GrünGürtel einbezogen werden.
- Den Maßnahmen im GrünGürtel ist der „GrünGürtelPlan" zugrundezulegen.
- Beide Pläne sowie Satzungsentwürfe für Teilgebiete sind Bestandteil der GrünGürtelVerfassung. Auf ihrer Grundlage sind von der Stadtverwaltung eine Reihe von Verfahrensschritten zu veranlassen bzw. bei den zuständigen Oberbehörden zu beantragen, darunter unter anderem Änderungen des geltenden Flächennutzungsplanes in (beschränkten) sachlichen und räumlichen Teilbereichen; Unterschutzstellung des Frankfurter GrünGürtels als Landschaftsschutzgebiet.
- Waldflächen sind als Erholungs-, Schutz- oder Bannwald besonders zu sichern.
- Der für Frankfurt am Main bestehende Freiflächenentwicklungsplan ist den Planungen zum GrünGürtel anzupassen.
- Bei Nutzungskonflikten zwischen GrünGürtelPlan und geltenden Bebauungsplänen ist zu prüfen, ob ein Änderungsverfahren für letztere einzuleiten ist, bei Bebauungsplänen im Verfahren sind die Aussagen der GrünGürtelVerfassung zu Grunde zu legen.
- Genehmigungen und Erlaubnisse von Vorhaben im GrünGürtel, die der GrünGürtelVerfassung widersprechen, dürfen nur erteilt werden, wenn dies rechtlich zwingend geboten ist, beispielsweise bei einem bereits bestehenden Baurecht; Ausnahmen und Befreiungen bedürfen der Zustimmung der Stadtverordnetenversammlung.

Literatur

Adam K., W. Nohl, W. Valentin: Bewertungsgrundlagen für Kompensationsmaßnahmen bei Eingriffen in die Landschaft. Ministerium für Umwelt, Raumordnung und Landwirtschaft des Landes Nordrhein-Westfalen. Düsseldorf 1986

Bahr M.: Die Chancen der Freiraumplanung auf Baugrundstücken. In: Bochnig St., K. Selle (Hrsg.): Freiräume für die Stadt, Band 2. Wiesbaden/ Berlin 1992

Bartholomäi E.: Baumschutzsatzungen und Baumschutzverordnungen – eine Zwischenbilanz. In: Bochnig St., K. Selle (Hrsg.): Freiräume für die Stadt, Band 2. Wiesbaden und Berlin 1992

Breloer H.: Zur Diskussion gestellt – eine zeitgemäße Baumschutzsatzung. In: Stadt und Grün, Heft 2/1999

Dallhammer E.: Das Spannungsfeld zwischen Raumordnung und Landschaftsplanung in Österreich. Möglichkeiten und Grenzen institutionalisierter Zusammenarbeit. Diss. Universität für Bodenkultur Wien. 1996

Der Bundesminister für Raumordnung, Bauwesen und Städtebau: Umweltverträglichkeitsprüfung (UVP) in der Stadt- und Dorfplanung. Forschungsvorhaben 1988–1991. Kaiserslautern 1991

Gareis-Grahmann F.-J.: Landschaftsbild und Umweltverträglichkeitsprüfung. Analyse, Prognose und Bewertung des Schutzgutes Landschaft. Beiträge zur Umweltgestaltung Bd. A 132.XII. Berlin/München 1993

Gassner E., A. Winkelbrandt: UVP – Umweltverträglichkeitsprüfung in der Praxis – Methodischer Leitfaden. 2. Auflage. München 1992

IUCN, Commission on National Parks and Protected Areas: Guidelines for Protected Area Management Categories. Cambridge 1994

Kiemstedt H., S. Ott et al.: Methodik der Eingriffsregelung. Teil 1: Synopse. Im Auftrag der Länder-Arbeitsgemeinschaft Naturschutz, Landschaftspflege und Erholung (LANA). Umweltministerium Baden-Württemberg (Hrsg.). LANA-Schriftenreihe 4. Stuttgart 1994

Landschaftsverband Rheinland e.V. (Hrsg.): Umweltverträglichkeitsstudien für kommunale Planungen. Beiträge zur Landesentwicklung Nr. 49. Köln 1992

Lendi M., H. Elsasser: Raumplanung in der Schweiz. Eine Einführung. 3.Auflage. Zürich 1991

Mitschang St.: Die Belange von Natur und Landschaft in der kommunalen Bauleitplanung. Berlin 1996

Müller C.F. Verlag (Hrsg.): Bundesnaturschutzrecht. Kommentar. Heidelberg 1998

Neumann K.: Leitfaden Umweltverträglichkeitsprüfung und Eingriffsregelung. Im Auftrag Senatsverwaltung Stadtentwicklung und Umweltschutz. Berlin 1995

Nohl W.: Städtebau und naturschutzrechtliche Eingriffsregelungen. Bewertungsverfahren zur Erfassung der Beeinträchtigungen des Naturhaushaltes und des Landschaftsbildes. Institut für Medienforschung und Urbanistik, IMU-Informationsdienst Nr. 3/1993. München 1993

Beispiele
Grebner GmbH.: UVS für die Ringverbindung BAB A 100, im Auftrage der Senatsverwaltung für Verkehr und Betriebe Berlin. Berlin 1994
Landeshauptstadt Hannover (Hrsg.): Die Kommunale UVP in Hannover. Schriftenreihe Kommunaler Umweltschutz Heft 2. Hannover 1992

3.7.2 Organisatorische Maßnahmen, Verwaltungsgliederung

Die Instrumente zur Sicherung der Freiflächen einer Stadt vor einer Bebauung sind von unterschiedlicher Wirksamkeit, wobei die oben angeführten rechtlichen Möglichkeiten nicht immer die effektivsten sind. Mindestens ebenso wichtig sind **organisatorische Maßnahmen** und ein effektives Verwaltungs- und Betriebsmanagement für die Sicherung und Erhaltung der Grünräume.

Das Eigentum der Stadt selbst an Grünflächen muss sich nicht unbedingt positiv auf ihre Sicherung auswirken. Dies zeigen die vielen Beispiele, bei denen Straßentrassen, meist Stadtautobahnen und Schnellstraßen, in – oft seit Jahrzehnten bestehende und durch besondere rechtliche Maßnahmen gesicherte – Grünzüge gelegt werden, weil diese weiträumige Verbindungen darstellen und die Grundstücke nicht freihändig oder im Wege langwieriger Enteignungsver-

Abbildung 60: Elemente eines Steuerungskonzept für ein Grünflächenamt aus Sicht eines Verwaltungsfachmannes.

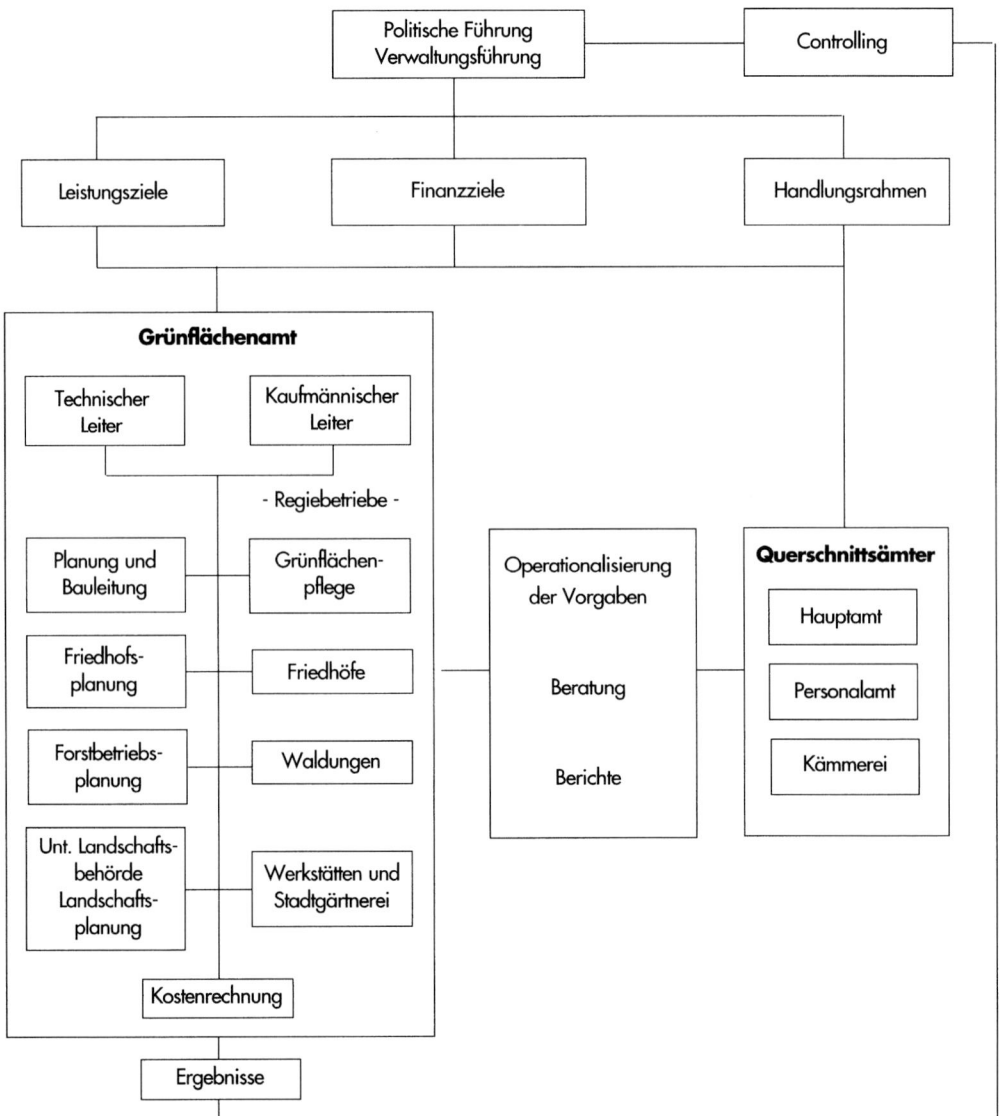

150

fahren erworben werden müssen. Auch große bauliche Projekte, beispielsweise das Regierungs-viertel in der niederösterreichischen Landeshauptstadt St. Pölten, werden aus ähnlichen Erwä-gungen in großflächige, zusammenhängende Grünzonen situiert, deren Grundeigentümer die öffentliche Hand (Bund, Land, Stadt) ist.

Im Zuge der an sich erstrebenswerten Dezentralisierung des Gartenwesens in großen Städten wurden in Wien Entscheidungen über den Bau neuer und die Unterhaltung bestehender kom-munaler Gartenflächen an die (politischen) **Bezirksverwaltungen** delegiert. Diese – an sich sinnvolle – Lösung geht nach den bisherigen Erfahrungen zu Lasten neuer Parkanlagen, Grün-verbindungen und Spielplätze, weil die begrenzten – nicht zweckgebundenen – Mittel für an-dere dringende Aufgaben wie Verkehrsanlagen, Schulen und ähnliches eingesetzt werden, oder weil der Bau von Grünflächen vermieden wird, um die Kosten für ihre Instandhaltung in den Folgejahren im Bezirksbudget einzusparen.

Eine grundsätzliche Frage ist, ob die Gartenverwaltung einer großen Stadt zentralistisch or-ganisiert, wie etwa in Wien, oder auf einzelne Bezirke, wie in Berlin und Hamburg, aufgeteilt werden soll. In manchen großen Städten bringt es eine ungeordnete **Verwaltungsgliederung** mit ihrer Zersplitterung der Zuständigkeiten zwischen Zentralverwaltung und Bezirken mit sich, dass die vielen für die Umsetzung grünpolitischer Programme zuständigen Ämter und Ab-teilungen, die oft auch mehreren Dezernaten bzw. Geschäftsgruppen mit unterschiedlicher parteipolitischer Führung zugeordnet sind, nicht im Sinne einer einheitlichen Grünpolitik ko-ordiniert werden können.

Planung, Bau und Unterhaltung von Grünflächen sind jedenfalls nicht losgelöst von der ge-samten Verwaltungsstruktur einer Stadt zu sehen. Am Grünwesen beteiligt sind bis zu rund 25 Ämter bzw. Abteilungen: Liegenschaftsschätzung und -erwerb, Liegenschaftsverwaltung, Rechtsfragen, Haushalt und Finanzen, Wirtschafts- und Siedlungsfonds, Amt für Stadtentwick-lung, Planungsstab, generelle Stadtplanung, Stadtteilplanung, Grünflächenabteilung, Forstamt, Sport- und Bäderverwaltung; Verwaltung der Wohnhausanlagen, Schulen, Kindergärten, Kran-kenhäuser und anderer öffentlicher Bauten; Kleingartenwesen, Friedhöfe, Wasserbau, Straßen-bau, Stadtreinigung (Deponien) und andere mehr.

Eine Lösung ist nur dadurch möglich, dass **Arbeitsgruppen** oder Projektgruppen gebildet werden, die mehrere Ressorts und Verwaltungsebenen umfassen und die sowohl für die Pla-nung als auch für die Verwirklichung von Grün- und Freiräumen zuständig sind. Vorausset-zung dazu ist allerdings, dass die von den Dienststellen entsandten Mitglieder fachlich hoch qualifiziert sind, eigenständig verhandeln und verantwortlich entscheiden können.

Die Frage, ob die **generelle Grünplanung** mit Landschaftsrahmenplan und Landschafts-plan, gegebenenfalls auch Grünordnungsplan, im Stadtplanungs- oder im Grünflächenamt oder im Zusammenwirken beider Stellen bearbeitet werden soll, kann nur von Stadt zu Stadt beantwortet werden. Für die Zuordnung zum **Grünflächenamt** spricht die fachliche Zustän-digkeit und das Prinzip, dass Planung, Entwurf, Bau und Erhaltung in einer Hand liegen sollten. Für die Zuordnung zum **Stadtplanungsamt** spricht die unmittelbare Verknüpfung mit anderen Planungen im Sinne der integrativen Planung.

Ein **Grünflächenamt** (Gartenamt, Gartenbauamt) kann wie folgt gegliedert sein:
- Amtsleiter, Abteilungsleiter, Zentralinspektor;
- Verwaltung, ADV, Personal, Budget, Statistik, Planarchiv, Aktenarchiv, Bibliothek;
- Bürgerdienst, fachliche Beratung, Förderungen, Aktionen wie Innenhofbegrünung, Baumpflanzungen, Bürgerwettbewerbe;
- Natur- und Landschaftsschutz, Biotopkartierung, Untere Naturschutzbehörde (Hoheits-verwaltung); Grünflächen- und Baumdatei;
- generelle Grünplanung: Landschaftsrahmenplan, Landschaftsplan, Grünordnungsplan; Mitwirkung bei anderen Fachplanungen; Wettbewerbe, Gutachterverfahren; Verbin-dungsstelle zur Stadtplanung;

- Entwurf aller kommunalen Grünanlagen, teilweise im Hause, zum Teil Betreuung beauftragter freier Landschaftsarchitekten; Kostenermittlung, Ausschreibung, Vergabe der Ausführung;
- Neubau der Grünanlagen, teilweise in Eigenregie, meist durch Fachfirmen, Bauaufsicht; Werkhof;
- Erhaltung, Pflege, mit Baumpflegetrupp, Gewässerpflege; Stützpunkte in den Stadtteilen;
- Stadtgärtnerei, Reservegarten, Orangerie, Baumschule; Kompostanlage; Pflanzenschutz ;
- Historische Gärten und Parkanlagen, Botanischer Garten;
- Friedhöfe, Krematorium;
- fachliche Angelegenheiten des Kleingartenwesens.

Dass die Gartenverwaltungen der Städte Aufgaben von Planung, Entwurf, Bau, Betrieb, Verwaltung und Unterhaltung der städtischen Grünflächen wahrnehmen, geht weit in das 19. Jh. zurück und hat sich, ungeachtet der Entwicklung der Städte, durchwegs bis heute bewährt. Seit einigen Jahren wird nun im Zuge von **Verwaltungsreformen** der Aufgabenbereich der Gartenämter, mehrfach sogar die Notwendigkeit dieser Ämter überhaupt, in Frage gestellt. Dies wird damit begründet, dass die Hoheitsaufgaben von anderen Dienststellen, zum Beispiel im Naturschutz von den neu eingerichteten **Umweltämtern**, wahrgenommen und dass die betrieblichen und die Dienstleistungs-Aufgaben von Privatfirmen besorgt werden können.

So wurde etwa in Oberhausen (240 000 Ew.) das Grünflächenamt 1992 aufgelöst, in Worms (75 000 Ew.) im Jahre 1998. In Detmold (80 000 Ew.) wurden alle 28 Ämter der Stadtverwaltung in eine Konzernstruktur übergeleitet, das Gartenamt wird dort seither als „optimierter Regiebetrieb" geführt, beispielsweise werden Leistungen für andere Dienststellen so wie von einem Privatbetrieb angeboten und verrechnet. In anderen deutschen Städten wird die Gartenverwaltung als Abteilung in andere Ämter, bezeichnenderweise auch für Stadtreinigung und Müllabfuhr, eingegliedert. Dabei wird – wissentlich oder unwissentlich – übersehen, dass die Aufgaben der Gartenverwaltungen weit in die Regionalplanung, in die Stadtplanung und in den Natur- und Landschaftsschutz hineinreichen, ebenso in den Entwurf kommunaler Grünflächen einschließlich der Außenanlagen zu vielen öffentlichen Einrichtungen.

Die **Kommunale Gemeinschaftsstelle für Verwaltungsvereinfachung (KGSt)**, die in enger Zusammenarbeit mit der Ständigen Konferenz der Gartenbauamtsleiter beim Deutschen Städtetag (GALK) seit Jahrzehnten Empfehlungen für die Organisation und Führung von Gartenverwaltungen herausgibt, hat 1992 ein „**Neues Steuerungsmodell**" für die Kommunalverwaltung herausgegeben, das auch für die Gartenämter Änderungen mit sich bringt. Ein wesentliches Anliegen ist dabei unter anderem, die aufwändige Doppelgleisigkeit von Umwelt- und Gartenämtern, die sich in vielen Städten eingebürgert hat, aufzuheben.

Die Reformvorschläge des **Steuerungsmodells** haben zum Ziel:
- Sicherung der Bürgernähe in den Dienstleistungsbereichen der kommunalen Verwaltung;
- Kostenminimierung durch ein Höchstmaß an Wirtschaftlichkeit;
- Organisationsentwicklung bei Akzeptanz durch die Mitarbeiter.
Dies soll erreicht werden durch:
- dezentrale fachliche und finanzielle Verantwortung in den einzelnen Verwaltungs- und Betriebsbereichen;
- Zielvorgaben und -vereinbarungen;
- Steuerung über Controlling-Verfahren;
- zweckgerichtete Informations- und Kommunikationssysteme, beispielsweise Grünflächen-Informationssysteme;
- reformbegleitende, ständige Fortbildung der Mitarbeiter.
Als eines der größten Probleme gilt die kameralistische Finanzverwaltung, die eine wirtschaftliche Betriebsführung fast unmöglich macht. Sie ist mit ein Grund dafür, dass immer mehr Gartenämter außerhalb der allgemeinen Verwaltung als Betriebe geführt werden.

Die Argumentation, dass kommunale Gartenverwaltungen unwirtschaftlich arbeiten, übersieht, dass sie gegenüber der Privatwirtschaft einige **Wettbewerbsnachteile** haben:

- Sie können nicht leistungsorientiert geführt werden, es gibt keine leistungsadäquate Entlohnung.
- Aus sozialen Gründen wird ein hoher Anteil an Behinderten beschäftigt.
- Freie Personalentscheidungen bei der Besetzung von Stellen und bei mangelnder Leistung (Kündigung, Entlassung) sind nicht möglich.
- Die Arbeitszeiten sind unflexibel, die Kostenbelastung durch Überstunden und Zulagen ist hoch.
- Die Kameralistik verhindert wirtschaftlich zweckmäßiges Vorgehen, beispielsweise das Bilden von Rücklagen, Gewinn- oder Verlustvortrag.
- Aufgrund gesetzlicher Vorgaben müssen auch unrentable Aufgaben übernommen werden.
- Von der Öffentlichkeit werden hohe Qualitätsstandards, vor allem im inneren Stadtbereich, vorgegeben.
- Mit Rücksicht auf die öffentliche Meinung muss aus ökologischen Gründen auf chemische Mittel, beispielsweise beim Freihalten von Wegen, verzichtet werden.

Diesen Nachteilen stehen auch **Wettbewerbsvorteile** gegenüber, etwa dass keine Grundstückskosten anfallen, dass keine Steuern zu entrichten sind und dass die kommunalen Betriebe in der Regel nicht dem freien Wettbewerb ausgesetzt sind.

In diesem Zusammenhang muss betont werden, dass die Gartenverwaltungen seit jeher eine bedeutende **soziale Funktion** gehabt haben: es wurden und werden dort Menschen beschäftigt, die auf dem Arbeitsmarkt nur wenig Chancen haben. In der Bundesrepublik Deutschland ist ein beträchtlicher Teil der im Rahmen des ABM-Programms (Arbeits-Beschaffungs-Maßnahmen) Eingesetzten im öffentlichen Gartenwesen beschäftigt, von Akademikern in der Planung bis zu Hilfskräften in der Parkpflege. In Essen (650 000 Ew.) ist dieses Programm mit einer sozialen Betreuung gekoppelt, die eine Beratung bei aktuellen Lebensproblemen und Hilfe bei der Beschaffung einer Wohnung und bei der beruflichen Integration umfasst.

Bei allen Gartenverwaltungen ist es jedenfalls, soweit es nicht schon geschehen ist, sinnvoll, unternehmerische Strukturen einzuführen, mit dem Ziel einer weitgehenden Selbstständigkeit; das Gartenamt sollte also selbst für seine Organisation, für alle personal- und finanzwirtschaftlichen Entscheidungen – allerdings im Rahmen zentraler Vorgaben – verantwortlich sein.

So hat die deutsche Stadt Wuppertal (400 000 Ew.) im Zuge eines „Business Reengineering", also einer völligen Neuordnung der Stadtverwaltung, einen großen Teil der Aufgaben des Gartenamtes in einen selbstständigen „Betrieb Grün- und Freiflächen" überführt.

In diesem Zusammenhang ist interessant, dass nunmehr in den westlichen Ländern der Bundesrepublik Deutschland im kommunalen Grünwesen die gleichen betrieblichen Strukturen als wirtschaftlich sinnvoll eingeführt werden, die in der Deutschen Demokratischen Republik und den anderen Ländern des Ostblocks bis etwa 1990 üblich waren, dann aber als unwirtschaftlich zerschlagen wurden.

In einer Reihe von Großstädten sind besondere Organisationsformen für den Bau und die Unterhaltung von Erholungsgebieten im Umland, außerhalb des Stadtgebietes, geschaffen worden, so etwa der Verein Gemeinsame Erholungsgebiete Niederösterreich – Wien, der Verein zur Sicherstellung überörtlicher Erholungsgebiete in den Landkreisen um München e.V. (Kurzbezeichnung Verein Erholungsgebiete e.V.) und andere. Der Münchener Verein hat beispielsweise mehr als 20 Erholungsgebiete ausgebaut und verfügt dort über einen eigenen Grundbesitz von rund 3600 ha. Er wird von der Stadt München und sechs angrenzenden Landkreisen durch regelmäßige Mitgliedsbeiträge getragen, für den Ankauf und den Ausbau von Flächen werden staatliche Mittel zugeschossen. Träger des Vereins Niederösterreich–Wien sind die beiden Bundesländer, auch er hat eine Reihe von Erholungsgebieten im Umland von Wien ausgebaut. Kennzeichnend für derartige Organisationen ist, dass sie mit einem sehr geringen Verwaltungsaufwand auskommen.

Einen interessanten Weg hat die Stadt Frankfurt am Main für die Planung und Entwicklung ihres GrünGürtels gewählt: zunächst wurde für eine befristete Tätigkeit ein „GrünGürtel-Projektbüro" eingerichtet, eine Arbeitsgemeinschaft aus drei externen Büros (Landschaftsplanung und Landschaftsökologie, Raum und Gesellschaft, Organisation und Steuerung). Nach Abschluss der Planung wurde zur Vorbereitung der Verwirklichung eine Arbeitsgruppe aus Mitarbeitern der zuständigen Ämter des Umweltdezernats (damals T. KOENIGS) gebildet. Die Umsetzung selbst sollte wieder eine eigene Trägerorganisation übernehmen. Die Internationale Bauausstellung (IBA) Emscher Park wird von so unterschiedlichen Institutionen wie der Landesregierung Nordrhein-Westfalen, 17 Städten der Emscherzone und dem Kommunalverband Ruhrgebiet (KVR) gemeinsam getragen. Ihr Ziel ist es, mit Hilfe einer straffen Organisation in den kommenden Jahren über die bereits geschaffenen Grünflächen hinaus ein 300 km² umfassendes Grünsystem zu schaffen.

Mehrfach bewährt ist die Zusammenarbeit mit privaten freien und gemeinnützigen Vereinigungen und Clubs, zum Beispiel Jugendclubs, die die Betreuung einschließlich Bewirtung der Besucher und die Wartung der Spielgeräte und anderen Einrichtungen, etwa in einem Freizeitpark, übernehmen, zum Teil mit Hilfe von Versicherungs- und Wartungsverträgen wie in Berlin. Auf der gleichen Basis kann eine Jugendfarm betrieben werden, die Jugendlichen durch ihre Mitarbeit eine sinnvolle Betätigung und Familien ein Ausflugsziel bietet.

In einigen Städten wachen unabhängige Komitees über den Schutz und die Pflege städtischer Freiräume, so in Hannover der Eilenriede-Beirat, in Schwetzingen der Schlossgarten-Beirat. In einigen österreichischen Städten wie Wien, Salzburg, Linz und Krems können Gestaltungsbeiräte einen wichtigen Einfluss auf die Erhaltung und Entwicklung der Stadtgestalt und damit auch der wichtigen Gartenanlagen ausüben.

In jüngerer Zeit wird das Grünwesen zunehmend **kommerzialisiert**, zum Beispiel durch große Vergnügungs- und Freizeitparks am Rande und außerhalb der Städte, mit einem breiten Angebot an Betätigungen und Unterhaltung; Unternehmen dieser Art entlasten zwar die innerstädtischen Parkanlagen, verschlechtern aber die ökologische Situation durch Versiegelung, Lärm- und Staubentwicklung im Freizeitpark selbst und durch den erheblichen An- und Abreiseverkehr. Wesentlich günstiger ist eine gezielte Zusammenarbeit zwischen öffentlicher Hand und Projektwerber im Sinne von Development Corporations und Public-Private-Partnership (PPP), die aber eindeutige Verträge voraussetzt.

Literatur

Bundesverband Garten-, Landschafts- und Sportplatzbau (BGL) (Hrsg.): Privatisierung der Grünflächenpflege – Status quo – Definitionen – Analysen – Forderungen des BGL. Bad Honnef 1995

Gröning G., J. Wolschke-Bulmahn: Von der Stadtgärtnerei zum Grünflächenamt. 100 Jahre kommunale Freiflächenverwaltung und Gartenkultur in Hannover. Berlin/Hannover 1990

Hammett M., J. Champy: Business-Reengineering. Frankfurt a.M./New York 1994

Hülbusch K.H.: „7000 Eichen" und ein Tag in: Groener, Kandler (Hrsg.), „7000 Eichen" – Joseph Beuys, S. 83-102. Kassel 1987

Kanton Bern: Organisation des Bau- und Planungswesens in der Gemeinde, Arbeitshilfen für die Ortsplanung. Baudirektion Bern. Bern 1990

Klaffke K.: Grundsätze zur Notwendigkeit und zur Organisation kommunaler Grünflächenämter. Das Gartenamt 1994, H.12, 803-807

Landeshauptstadt Hannover (Hrsg.): Aktionsprogramm kinderfreundliche Stadt. Hannover 1990

Milchert J.: Tendenzen der städtischen Freiraumentwicklung in Politik und Verwaltung. Band 5 der Schriftenreihe Arbeiten zur sozialwissenschaftlich orientierten Freiraumplanung. München 1984

Organisation kommunaler Grünflächenämter. Das Gartenamt 1994 H.12, S 803–807

Schmidt K.R.: GALK/DST (Gartenamtsleiter-Konferenz Deutscher Städtetag): Organisation des Umweltschutzes in Städten und Gemeinden. Aktuelle Entwicklung – Aufgabengruppe 67. in: Das Gartenamt 42.Jg. 1993 H.5 286-289

Schmidt K.R.: Organisation und Verwaltung städtischer Grünflächen in Deutschland. Stadt und Grün, 44.Jg. 1995, H.10, 700–717

Stadt Essen (Hrsg.): Das Grünflächenamt im Umbruch – Die neue Verwaltungssteuerung. Essen 1994

Strittmatter P.: Planungswegweiser für Gemeinden, Schriftenfolge Nr. 62 VLP Bern. Bern 1994

3.7.3 Finanzierung

Der begrenzende Faktor jeder Freiraumplanung ist die – meist sehr eingeschränkte – Möglichkeit der **Finanzierung** von Planung und Verwirklichung. Grundsätzlich lehrt die Erfahrung, dass die anfängliche Euphorie der Fachleute und der Bevölkerung, verstärkt durch positive, ermunternde Äußerungen maßgeblicher Kommunalpolitiker, sehr bald der Skepsis und schließlich der bitteren Enttäuschung weicht, wenn sichtbar wird, dass das Erträumte und Versprochene nicht finanziert werden kann. Dabei sind große Unterschiede in der Bereitschaft der öffentlichen Hand festzustellen, Mittel für Grünanlagen zur Verfügung zu stellen, sowohl zwischen Städten als auch zwischen Ländern bzw. Staaten. Die folgende Aufzählung von Arten der Finanzierung ist nicht vollständig, sie soll als Anregung dienen – in vielen Kommunen werden sich noch weitere Möglichkeiten ergeben.

Ein Problem in den meisten Städten ist die wachsende Diskrepanz zwischen der Armut der öffentlichen Hand und dem privaten Reichtum. Steuermittel werden daher für Grünflächen nur bereitgestellt, wenn deren Notwendigkeit mit triftigen, möglichst wirtschaftlichen oder politischen Gründen belegt werden kann. Dies ist beispielsweise bei ökologisch bedeutenden Flächen kaum möglich. Das am häufigsten gebrauchte Argument gegen eine Finanzierung ist, dass ein Bestand an Tieren und Pflanzen oder eine Nutzung durch die Stadtbewohner, die der Planer für wichtig hält, auch an anderer Stelle in oder außerhalb der Stadt ihren Platz finden könnten. Die Neue Stadt Wulfen ist eines der ganz wenigen Beispiele dafür, dass es einem Grünplaner, Professor Ernst W. Heiss, gelungen ist, gemeinsam mit Biologen und im Zusammenwirken mit verständigen Stadtplanern, ein nach ökologischen Grundsätzen aufgebautes, auch wirtschaftlich überzeugendes Grünsystem zu schaffen, das noch dazu einen prägenden gestalterischen Wert besitzt.

Eine wichtige Art der Finanzierung von Grünflächen ist – neben dem eigenen Budget der Stadt – die Inanspruchnahme von **Förderungen** durch **Bund** und **Länder bzw. Kantone** im Rahmen von Programmen wie der Städtebauförderung (BRD), die den Gemeinden 60 bis 90 % der Kosten für Grunderwerb zuschießt, oder durch Zuwendungen für die Erschließung von Standorten. Mit Geldern aus dem Wasserwirtschaftsfonds können in Österreich Erholungsbereiche bei Rückhaltebecken finanziert werden. In Wien sind auf diesem Wege bereits mehrere wertvolle Anlagen nach den Plänen des Landschaftsarchitekten W. Kirchner entstanden; derzeit wird der kanalisierte Wienfluß renaturalisiert (Architekt A. Oberhofer). Schützenswerte Gebiete und Naturgebilde können mit Hilfe von Mitteln für Naturschutz und Landschaftspflege, in Österreich beispielsweise aus den Landschaftspflege-Fonds der Bundesländer, gesichert werden. In der Schweiz übernimmt der Bund bis zu 35 % (bei Biotopen 50 %) der Kosten für Erwerb, Erhaltung und Pflege, wenn sich der Kanton angemessen beteiligt.

Für die Bundesrepublik und für Österreich eröffnen sich durch Förderprogramme der **EU** große finanzielle Möglichkeiten, so beispielsweise durch das Programm URBAN zur Behebung städtebaulicher Missstände, etwa der fehlenden Versorgung mit Grünflächen in Altbaugebieten. Bei URBAN wird großer Wert auf die Einbeziehung der betroffenen Bewohner im Sinne der Bürgerbeteiligung gelegt. In Österreich werden zahlreiche Maßnahmen der Landschaftspflege aus dem Österreichischen Umweltprogramm (ÖPUL) finanziert. Mittel aus internationalen Förderprogrammen sind allerdings meist an Eigenleistungen des begünstigten Staates gebunden.

Bei allen Bauvorhaben wird auf eine möglichst wirtschaftliche Ausnutzung der Grundstücke geachtet und die Ausweisung von Grünflächen minimiert. Dabei wäre die Belastung für die Bauträger nicht sehr hoch: wie E. Gassner an einem realen Modellfall gezeigt hat, entfallen nur rund 8 % des städtebaulichen Aufwandes für die Erschließung einer Wohnsiedlung auf die Grünflächen (ohne Kleingärten und Friedhöfe), auf die laufenden Kosten für die Erhaltung dieser Grünanlagen nur 6 % des entsprechenden Aufwandes für die kommunalen Folgeeinrichtungen der Siedlung.

Eine Möglichkeit zur Finanzierung besteht darin, dass **Bauträger**, für deren Projekte Grünland in Bauland **umgewidmet** wird, verpflichtet werden, sich an den von der Stadt zu errichtenden **Gemeinschaftseinrichtungen**, also auch Spiel- und Sportflächen, Parks, Friedhof und dergleichen mit einem Betrag bis zu drei Viertel des durch die Umwidmung erzielten Planungsgewinns zu beteiligen; dies wird zum Beispiel in München gehandhabt. Das gesetzliche Abschöpfen von Teilen des Planungsgewinns ist nach derzeitiger Rechtslage (noch) nicht möglich, es muss also eine Vereinbarung in Form eines öffentlich-rechtlichen Vertrages getroffen werden. Der **Verkauf** von städtischen Grundstücken zur Betriebsansiedlung kann mit der Auflage der Begrünung und Pflege der Außenanlagen verbunden werden, wodurch das Budget der Stadt entlastet wird.

Beim Neubau größerer Wohnsiedlungen und Industrieanlagen erbringen die Bauträger und Investoren in jedem Falle erhebliche Vor- und Eigenleistungen. Es ist möglich, durch geschickte Verhandlungen im Zuge der Erarbeitung des Bebauungsplanes einen Teil dieser Mittel für die Grünräume einzusetzen. Ein Beispiel dafür ist die Ausgestaltung der „Neuen Wiesen" im Nordosten Berlins zu einem siedlungsnahen Park für die Vorstadt Karow-Nord.

Auch die Landschaftsplanung im Rahmen der Bauleitplanung bzw. Richtplanung kann durch Zuschüsse gefördert werden. So erhalten die Schweizer Kantone Bundesmittel für besondere Aufwendungen bei der Erstellung von Richtplänen in Höhe von 15 bis 30 % der Planungskosten; österreichische Bundesländer wie Niederösterreich subventionieren die als Vorarbeit für die Flächenwidmungspläne vorgeschriebenen Landschaftserhebungen.

Zu jeder Planung gehört eine sorgfältige **Kostenermittlung** mit einem Investitionsprogramm und einem Finanzierungsplan für Bau, Betrieb und Unterhaltung einschließlich der Kosten der Finanzierung durch Drittmittel (Kreditzinsen für Baudarlehen). Bestandteil der Kosten ist auch die Verzinsung des eingesetzten Eigenkapitals einschließlich der Kosten des für das Projekt erforderlichen Grundstücks. Vor allem die Grundstückskosten werden oft fälschlich vernachlässigt, wenn die entsprechenden Flächen schon im Eigentum der öffentlichen Hand sind. Der Wert dieser Grundstücke, vor allem der Grünflächen, sollte mit den geschätzten Anschaffungs- bzw. Wiederherstellungskosten bestehender Grünanlagen zum Zeitpunkt der Bewertung in die Kostenrechnung eingesetzt werden. Ebenso zählt zu den Kosten der Wert der personellen Eigenleistung des öffentlichen Trägers bei Planung, Bau und Unterhaltung einer Grünfläche. Durch die Regeln der Kameralistik wird die Höhe dieser Kosten verdeckt und damit der Eindruck erweckt, öffentliche Grünflächen besäßen nur einen geringen Wert.

Für die Berechnung der **Kosten eines Freiraumes** sind heranzuziehen:
- Investitionskosten einschließlich Grunderwerb;
- kapitalisierte Instandhaltungskosten;
- Renovierungs- und Neubaukosten;
- Tageswert der zusätzlichen Zeitaufwendung im Stadtverkehr für das Durchfahren zum Beispiel des Grüngürtels auf den Wegen zwischen Wohn- und Arbeitsplatz-Gebieten;
- zusätzliche Investitionen in die Verkehrsinfrastruktur zum Erreichen von großen Freiräumen.

Die beiden letztgenannten Kostenarten werden in der Regel vernachlässigt.

Zu beachten ist, dass bei Grünanlagen die Kosten der **Instandhaltung** die Investitionskosten bereits nach 7 bis 10 Jahren übersteigen; die Folgekosten sind also bereits beim Neubau in die mittel- und langfristige Finanzplanung einzustellen. In vielen Fällen ist zu prüfen, ob nicht durch eine höhere Aufwendung bei den Baukosten allfällige höhere Kosten für Pflege oder Erneuerung vermieden werden können; dies kann zum Beispiel besonders bei Sportanlagen, bei der Dachbegrünung und bei Baumpflanzungen in Straßen der Fall sein. Bau- und Erhaltungskosten für Grünflächen sind nach einzelnen Positionen zu berechnen, nicht als Prozentsatz der Baukosten oder als geschätzter Quadratmeter-Preis. Eine deutliche Kostensenkung kann durch Serienfertigung anstelle von Einzelfertigung und bei Gehölzen durch Abschluss von mittelfristigen Lieferverträgen erreicht werden, die der Stadt eine Liefergarantie, den Baumschulen eine Abnahmegarantie sichern.

Berechnet man die Kosten der Verwirklichung aller Vorschläge beispielsweise eines Landschaftsrahmenplanes, ergibt sich ein so hoher Betrag, dass die Zustimmung zu diesem Plan unwahrscheinlich ist. Dagegen zeigt eine **Aufsplittung** dieses Betrages auf die Budgets aller betroffenen und beteiligten Dienststellen und die Aufteilung auf etwa zehn Jahre als Zeithorizont für die Umsetzung ein ganz anderes, durchaus realistisches Bild. Vielfach lassen sich die Kosten durch eine interne Übereinkunft auch auf die Ebenen Bund, Land und Stadt aufteilen.

Ein bemerkenswertes Beispiel ist das Programm der Stadt **München** zur Realisierung von Grünflächen: 1992 hat der Stadtrat beschlossen, 14 großräumige Grünverbindungen zu sichern und auszubauen. Mit einem Aufwand von über 311,8 Mio. Euro soll innerhalb von 25 Jahren ein fast 600 ha großes innerstädtisches Grünsystem entstehen.

In Großbritannien stellte der Staat aus Anlaß der Jahrtausendwende die Einnahmen der National Lottery in einem sogenannten „Millennium fund" für ausgewählte Projekte, vor allem solche, die ökologisch ausgerichtet sind, zur Verfügung. Dazu gehört unter anderem der Bau eines „Garten Eden" auf einer stillgelegten Porzellanerde-Grube in Cornwall.

Ein wichtiger Beitrag zur Verwirklichung der Freiraumplanung ist die Förderung von **Privatinitiativen**, zum Beispiel bei der Hofbegrünung, durch Zuschüsse. Die Beteiligung von Bürgern an der Errichtung oder dem Ausbau und der Pflege gemeinschaftlicher Grünräume kann durch gezielte **Aktionen** wie Hofbegrünungs-Wettbewerb, Balkon-Wettbewerb, Kleingarten-Wettbewerb und dergleichen geweckt werden. Wird zum Bau von Grünanlagen ein Kostenbeitrag aus öffentlichen Mitteln geleistet, ist diese **Förderung** daran gebunden, dass der Projektwerber einen wesentlichen Teil der Kosten übernimmt. Auf diesem Wege können beträchtliche private Mittel flüssig gemacht werden. Durch die Vergabe von Fördermitteln kann auch gesteuert werden, wofür der Begriff „Goldener Zügel" geprägt wurde, beispielsweise durch eine höhere Subvention als üblich für die Innenhofsanierung, wenn der Hof für Nachbarn oder zeitlich beschränkt auch für Außenstehende geöffnet wird. Als Beispiel kann Berlin gelten: das Landesprogramm zur Modernisierung von Wohngebäuden stellt Zuschüsse für die Verbesserung in Blockinnenhöfen zur Verfügung und übernimmt Kosten für die Freiraumplanung, die Neuanlage und den Ausbau von Grünräumen und Kinderspielbereichen. Die Förderung ist daran gebunden, dass bestimmte Mindeststandards bei der Größe und Ausstattung der Objekte eingehalten werden. In München konnte gezeigt werden, dass mit einem Aufwand von rund 2,57 Mio Euro aus Fördermitteln der Ausbau von Grünräumen in Innenhöfen im Wert von etwa 43,7 Mio Euro ausgelöst werden konnte.

Beträchtliche Auswirkungen haben in allen Städten die oft drastischen **Sparmaßnahmen**. Erfahrungsgemäß wird bei knappen Mitteln zuerst bei den Freiräumen und Gärten gekürzt, mit dem Argument dass es sich um freiwillige Aufgaben der öffentlichen Hand handle, hier vorwiegend bei der Pflege. Die Folgen sind unter anderem:
- eine rasch zunehmende Verschmutzung und Müllablagerung;
- die mutwillige Zerstörung von Grünräumen und deren Einrichtung wie Bänke, Beleuchtung, Spielgeräte, Zäune;
- Schäden an der Substanz, etwa Bodenverdichtung, Kümmern der Vegetation, schadhafte Wege mit Sturzgefahr für Passanten.

Zugleich werden die Stellenpläne zu Lasten der Gärtner und Gartenfacharbeiter in Richtung von vorübergehend beschäftigten Hilfskräften verändert, was in der Folge auf die fachliche Qualität der Gartenpflege drückt. Auf diese Weise werden Parks binnen weniger Jahre in einen Zustand versetzt, der nur mit einer völligen Erneuerung – mit wesentlich höheren Kosten als die der kontinuierlichen Pflege – wieder ausgeglichen werden kann. Das ist vor allem bei Anlagen zu bedenken, die für den Tourismus von Bedeutung sind. Bei landschaftlich geprägten Grünflächen, etwa am Stadtrand, kann das **fachlich begleitete** Einschränken der gärtnerischen Pflege auch zu einer durchaus erwünschten Sukzession führen.

Um Mittel einzusparen, werden – trotz Folgeschäden – bauliche und technische Investitionen hinausgezögert oder ganz gestrichen, etwa für Be- und Entwässerung, Wege- und Mauerbau und dgl. In dieser Situation zeigt sich, dass repräsentative und (heute) historische Gärten Produkte einer Überfluss-Gesellschaft sind, die – wie andere Kulturgüter auch – in Notzeiten in Frage gestellt und vernachlässigt werden. Die Frage ist dann, ob sich die Gesellschaft, hier die Stadt oder der Staat, diese Einrichtungen leisten kann und will. Insgesamt machen Sparmaßnahmen deutlich, dass das öffentliche, hier insbesondere das kommunale, Grünwesen noch stärker als bisher nach marktwirtschaftlichen Grundsätzen zu betrachten und zu führen sein wird.

Sollte sich die öffentliche Hand im gesamten Bereich des städtischen Grünwesens weitgehend auf Hoheitsaufgaben zurückziehen, müsste gewährleistet bleiben, dass die Kosten für die Leistungen, die dann von der Privatwirtschaft zu erbringen sind, nicht durch überhöhte Gewinnspannen ein für den Bürger nach sozialen Grundsätzen zumutbares Maß übersteigen. Es müsste also eine Preisbindung eingeführt, Monopol-Betriebe müssten verboten werden, was allerdings der erstrebten freien Marktwirtschaft widerspräche. Unbestrittenes Ziel ist es jedenfalls, möglichst viele Gartenanlagen in eine verantwortliche **private Betreuung** zu überführen, etwa als Mietergärten in Wohnhausanlagen, als vereinseigene Fischteiche in Erholungsgebieten oder durch Verpachten an Landwirtschaftsbetriebe. Auch Modelle für eine nicht kommunale **Trägerschaft** von Sportanlagen, beispielsweise Tennis-Clubs, von Kleingartenanlagen und Naturparken haben sich bewährt. Die finanzielle Förderung des Ausbaues und Betriebes privater Flächen, verbunden mit entsprechenden Bestandes- und Nutzungsverträgen, ist für den Haushalt der öffentlichen Hand in der Regel günstiger als der Ankauf und die Ausgestaltung durch die Verwaltung.

Sponsoren aus Handel, Bankwesen, Gewerbe und Industrie sind, abgesehen von steuerlichen Vorteilen, leichter dadurch zu gewinnen, dass ihre Firmenbezeichnung werbewirksam in der Öffentlichkeit aufscheint, zum Beispiel im Namen eines Spielparks, einer Allee oder eines Schulsportplatzes. Beliebte Objekte für Stiftungen von Bürgern sind Brunnen auf Stadtgrünplätzen. Zunehmend gewinnen langfristige Sponsoren-Verträge Bedeutung für die Finanzierung kommunaler Maßnahmen. Ein Beispiel dafür ist das Wiener Radwegenetz, zu dem große, bekannte Firmen namhafte Beträge beisteuern. In jüngerer Zeit ist der Begriff „Ökosponsoring" aufgekommen; gemeint ist damit, dass die Fördermittel und Dienstleistungen von Sponsoren zur Erfüllung von Aufgaben im ökologischen, aber auch im gartenhistorischen Bereich verwendet werden. Als Gegenleistung wird auch hier die Möglichkeit zur dezenten Werbung geboten.

Die Städte sind verpflichtet alle Möglichkeiten auszuschöpfen, durch die ihre Leistungen von den Leistungsempfängern bezahlt werden. Das können zum einen **Entgelte** für freiwillige oder privatwirtschaftliche Leistungen sein, etwa für die Anlage und Pflege eines Kinderspielplatzes oder für Grabbepflanzung und Grabpflege, zum anderen **Gebühren** für Leistungen im Rahmen der Hoheitsverwaltung, also für die Anlage und Unterhaltung eines Friedhofes. Grundsätzlich sind Entgelte und Gebühren kostendeckend – wenn auch sozial gestaffelt – einzuheben.

Die Frage von **Eintrittsgeldern** bei Parks wird meist verdrängt, obwohl diese Form einer teilweisen Finanzierung bei Sportanlagen, Freibädern, Zoologischen und Botanischen Gärten durchaus üblich ist. Viele Beispiele in mehreren Ländern zeigen, dass bei einem entsprechenden Nutzungsangebot in einem Park die Bevölkerung gerne zu einem zumutbaren finanziellen Beitrag bereit ist, so etwa bei Parkanlagen in Deutschland, die als Ergebnis von Gartenschauen entstanden sind und bei großen privaten Gärten in Österreich, England, Schottland, Neuseeland und in anderen Ländern. Durch die Ausgabe von Jahreskarten und von ermäßigten Karten für bedürftige Personen ist eine soziale Staffelung möglich. Touristen könnten mit der Karte für die Besichtigung eines Schlosses gleichzeitig einen Abschnitt für den Besuch des Gartens erwerben. Die Höhe des Eintrittsgeldes kann nach dem Marktwert der jeweiligen Gartenanlage gestaffelt werden. Das Entrichten eines Eintrittsgeldes veranlasst erfahrungsgemäß die Besucher zu einem pfleglichen Umgang mit dem Garten.

Literatur

Bach L., M. Roderburg, D. Zerweck: Kommerzielle Sportanlagen in Nürnberg. Beiträge zur Stadt- und Regionalplanung H.2. Univ. Bayreuth, Abt. Raumplanung. 1994

Draxler H. P.: ABC der EU-Förderung. Leitfaden für die Praxis. Wien 1996

Haubenberger G.: Finanzierung von Grünflächen. In: Beiträge zur Stadtforschung, Stadtentwicklung und Stadtgestaltung, H. 32, Wien 1993

Senator für Bau- und Wohnungswesen Berlin (Hrsg.): Richtlinien für den öffentlich geförderten sozialen Wohnungsbau in Berlin WFB 1990

Thalhammer-Koch C. (Hrsg.): Handbuch der EU-Förderungen in Österreich (Lose Blatt-Sammlung ab 1996). Wien 1996

Zillessen R., D. Rahmel (Hrsg.): Umweltsponsoring. Erfahrungsberichte von Unternehmen und Verbänden. Wiesbaden 1991

3.7.4 Mitarbeit der Bürger

Der beste Schutz naturnaher Flächen und Bestände, aber auch historischer Gartenanlagen, in Städten und Agglomerationen ist die aktive Mitarbeit der Bevölkerung und eine sinnvolle, schonende Nutzung. Ein unverbindliches und wirkungsloses Recht zur Äußerung genügt nicht. Von **Mitarbeit** der Bürger kann erst gesprochen werden, wenn der Bevölkerung offen zugängliche Möglichkeiten geboten werden, den Entwurf, die Ausführung, die Nutzung und die Unterhaltung von Grünräumen zu beeinflussen. Die Erfahrung zeigt allerdings, dass die Bereitschaft zur aktiven Mitarbeit, verbunden mit dem Einsatz von Zeit und Arbeitskraft, in unserer Konsumgesellschaft im Allgemeinen nur wenig ausgeprägt ist. Dies ist nicht zuletzt auf die verbreitete Meinung zurückzuführen, dass zuletzt doch das gemacht wird, was „die da oben" wollen.

Die Mitarbeit kann aber durch eine Reihe von Maßnahmen initiiert und gefördert werden, so unter anderem durch folgende Formen der **Information:**
- Pressemeldungen, Fernsehsendungen, vor allem im Lokalprogramm;
- Vorträge, Vortragsreihen, beispielsweise in Schulen und Volkshochschulen;
- permanente oder temporäre Ausstellungen, auch in Verbindung mit Gartenfesten;
- Information „vor Ort": Ausstellen von leicht lesbaren Plänen und Modellen, unter Umständen als permanente Ausstellung;
- Präsentation in unmittelbarer Nähe des Parks, vor Bürgergruppen, beispielsweise mit Diapositiven vergleichbarer Anlagen oder Maßnahmen; Diskussion;
- geführte Begehungen vor Baubeginn und während der Bauzeit, mit Erläuterung der erforderlichen gärtnerischen und denkmalpflegerischen Maßnahmen;
- Führungen, Exkursionen zu anderen, beispielhaften Anlagen;
- Veröffentlichung in lokalen Medien, zum Beispiel in Bezirkszeitungen, die an alle Haushalte verteilt werden. Wichtig sind regelmäßig erscheinende Informationsschriften auf Quartiersebene; sie können auch, außerhalb von Bürgerversammlungen, als Diskussionsforum dienen;
- optimal ist eine Achse Stadtplanung/Freiraumplanung – Bürger/Betroffene durch persönliche Kontakte; für die Bürger ist es wichtig, eine Ansprechperson zu haben, die ihr Vertrauen besitzt.

(Vgl. dazu auch Abschnitt 3.2.2)

Die städtischen Behörden können
- vor Beginn der Planungsarbeiten zu Vorschlägen auffordern und sich verpflichten, diese in der Sache zu behandeln;
- Beratungskommissionen aus der Bevölkerung anregen oder wählen lassen und sie die Planung und Ausführung begleiten lassen; dabei ist dafür zu sorgen, dass Gruppen wie Frauen, Kinder und ältere Personen vertreten sind;
- Planungsalternativen ausarbeiten und der öffentlichen Diskussion stellen.

159

Von den Städtern besonders geschätzt wurde – und wird teilweise noch – eine ästhetisch wertvolle Landschaft, ob als Parklandschaft gestaltet oder auch natürlich belassen, sie wurde generell tabuisiert und geschützt. In jüngerer Zeit wurde dagegen der Begriff „Gebrauchswert" von Grünflächen geprägt, wonach die Möglichkeit der „Aneignung", also die Benützbarkeit, im Vordergrund der Wertschätzung steht.

Eine Möglichkeit der Einbeziehung **privater Bauherren**, vor allem gewerblicher Unternehmer, in kommunale Programme, etwa zur Begrünung von Straßen, wird auf der Grundlage der Vertrags-Raumordnung in der Form erfolgreich erprobt, dass die Grundeigentümer Bäume oder Baumreihen auf ihren Grundstücken pflanzen bzw. die Pflanzung dulden. Auf ähnliche Weise wird versucht, im Zuge von Wohnbauvorhaben vernetzende Grünverbindungen zu schaffen oder zu erhalten. Da beispielsweise die Stadt Innsbruck kaum mehr über eigenen Grundbesitz verfügt, wird mit Hilfe von Verträgen mit Bauträgern die öffentliche Nutzung privater Grundstücke durchgesetzt, bei Bedarf ergänzt durch den Ankauf einzelner Flächen.

Der aktiven Mitarbeit der Bürger bei Planung und Ausführung sind dort Grenzen gesetzt, wo sie über längere Zeit erforderlich ist; in der Regel erlahmt das Interesse der Bürger nach einigen Monaten, vor allem dann, wenn ein starker persönlicher Einsatz in Form von manueller Arbeit verlangt wird. Erfahrungen in Wien zeigen, dass praktische Leistungen in Form von Handarbeit der Betroffenen – über die Bildung von Bürgerinitiativen hinaus – erst entwickelt und gefördert werden müssen (Beispiele Planquadrat Wien, 4. Bezirk; Wichtelgasse Wien, 16. Bezirk; Grünwald-Park Wien, 5. Bezirk). Jedenfalls muss die öffentliche Hand bereitstehen, um steckengebliebene Initiativen zu Ende zu bringen. Viele im Grunde begrüßenswerte Bestrebungen, über sogenannte Patenschaften wie Baumpatenschaften oder Spielplatz-Patenschaften die unmittelbar Betroffenen und Begünstigten in die Erhaltung des städtischen Grüns einzubinden, scheitern oft schon bald nach anfänglichen Erfolgen am erlahmenden Interesse der „Paten".

Diesen Erfahrungen stehen auch durchaus positive Beispiele wie der aus privater Initiative entstandene Verein Arbeitskreis Spielpark im 6. Wiener Gemeindebezirk gegenüber, der als seine Ziele die pädagogische Betreuung von Kindern und das vermittelnde Gespräch in kleinen innerstädtischen Parkanlagen und Stadtgärten nennt. Sein Motto ist: „Miteinander spielen und gestalten".

In einer Reihe von Städten konnten mit Hilfe von gezielten **Förderaktionen** private Initiativen mit aktiver Mitarbeit geweckt werden, so mit Fassadenbegrünung, der Bepflanzung und Pflege von Pflanzkübeln im Straßenraum und mit Baumpatenschaften für das Lockern, Bepflanzen und Gießen der Baumscheiben. Notwendig ist auch hier eine begleitende Beratung und Betreuung durch Fachleute der Gartenverwaltung. Erfahrungsgemäß sind kleinere Vorhaben, so die Hofbegrünung in dicht bebauten Stadtteilen, leichter anzuregen und durchzusetzen als größere Projekte wie die Anlage eines Parks. Wichtig ist die Zustimmung der Mieter und des Hauseigentümers zu einem Vorentwurf, der von der Gartenverwaltung oder von einem Landschaftsplaner gezeichnet werden sollte. Auch wenn dort noch nicht alle Details dargestellt sind, sollten der Nutzung und der Bepflanzung alle Beteiligten zugestimmt haben, bevor die Fördermittel zugeteilt werden. Die Mitarbeit eines Landschaftsarchitekten erleichtert das Vorgehen dadurch, dass er nicht als Vertreter einer Behörde auftritt. Es liegen Berichte darüber vor, dass ein gepflegtes Umfeld um die Wohnhäuser, das von den Bewohnern selbst angelegt und gepflegt wird, die Kriminalität senkt, wohl auch, weil dort fast immer jemand anwesend ist. Grundsätzlich ist die Mitarbeit der Bewohner in den Gartenanlagen leichter zu erreichen, wenn diese in eigener Verantwortung tätig sein können.

Im Bewusstsein der Stadtbewohner selbst besitzen Gärten und Parkanlagen im übrigen einen sehr unterschiedlich hohen Wert, verglichen etwa mit Straßen; die Sperre einer Straße ruft jedenfalls heftigen Widerstand hervor, die Sperre eines innerstädtischen Parks, auch über mehrere Jahre, bleibt ohne öffentliches Echo (Wien, 17. Bezirk, Lorenz Bayer-Park). Das Interesse erwacht erst, wenn die Anliegen einzelner Personen oder Gruppen betroffen sind, wobei diesen das Gemeinwohl herzlich gleichgültig ist. Vergleichsweise banale Anliegen wie Parkbänke, Sandkisten und dergleichen werden wesentlich höher bewertet als grundsätzliche Fragen, etwa

Siehe Farbtafel IV, Abbildung 61: Beispiel für die Begrünung eines Innenhofes durch Eigenleistung der Hausbewohner in Wien.

die Zerschneidung eines Parks durch eine Straße. Allerdings gibt es auch Städte, in denen sich die Bürger mit einem Garten identifizieren und bereit sind, zu seiner Erhaltung beizutragen, so etwa in Hannover im Verein „Rettet Herrenhausen", der in den letzten Jahren erhebliche Geldmittel gesammelt und für die Gartendenkmalpflege zur Verfügung gestellt hat. Ein vergleichbarer Verein wurde von H. DE LA CHEVALLERIE in Wiesbaden ins Leben gerufen.

Das immer wieder vorgebrachte Argument, durchgreifende Erneuerungen, etwa bei alten Alleen oder in historischen Gärten, würden am Widerstand der Bevölkerung scheitern, trifft **nicht** zu. Bei einer zeitgerechten, sachlichen Information und fachlichen Begründung werden Maßnahmen dieser Art sehr wohl verstanden und nicht nur hingenommen, sondern begrüßt. Beispiele dafür sind unter anderem die Erneuerung der Herrenhäuser Allee in Hannover (1972/73) und die Umgestaltungen in den bundeseigenen Wiener Schlossgärten Schönbrunn und Belvedere (seit 1992).

Ein besonderes Instrument, Bürger und Betriebe für die aktive Mitwirkung im öffentlichen Grün zu gewinnen, sind **Wettbewerbe** mit Bürgern und Firmen als Teilnehmer, wie die Landeswettbewerbe in Hessen: „Gärten im Städtebau" und in Nordrhein-Westfalen: „Stadtökologie, Industrie- und Gewerbeflächen".

Die Möglichkeiten und Grenzen der Selbstbestimmung zeigt das „Lewenborgprojekt" in **Groningen** unter Anleitung von Louis le ROY: 5,85 ha öffentlicher Grünfläche wurden bauseits grob modelliert und einige Teiche angelegt. Dann wurde seit 1973 der Park von den Anwohnern selbst gestaltet, und zwar als ständiger Prozess der Veränderung; die Anlage war von Beginn an spontan benutzbar und veränderbar. Der Einsatz von Maschinen war verpönt, nur Handarbeit war zugelassen. Als Bindeglied zwischen dem allein verantwortlichen Künstler Louis le ROY und den Anwohnern fungierte ein Koordinator, der auch für die Verwendung der öffentlichen Mittel und für die Information der beteiligten Bürger zuständig war. Das Projekt blieb während der Ausführung stecken. Gute Erfahrungen sind in den Niederlanden mit einer Mischform aus Freizeitcenter und Park gemacht worden, wobei die Grünanlagen von den Mitgliedern eines Vereins aus Bewohnern des Viertels genutzt und gepflegt werden, beispielsweise beim Haagse Wijktuin, einem Quartierpark in Den Haag.

Ein weiteres Beispiel für die Mitarbeit der Bürger ist das Projekt „Natur ums Schulhaus" des Gartenbauamts **Zürich**, mit dem bestehende Außenanlagen von Schulen umgestaltet werden sollen. Es besteht aus drei Teilbereichen:
- Information in Form einer halbjährlich erscheinenden Schrift und von Exkursionen;
- pflegerische Maßnahmen: durch Änderung der Pflege und der Nutzung werden bessere Bedingungen für die Schulkinder geschaffen; beteiligt sind Gärtner, Schulwart und die Schüler selbst;
- die Umgebung des Schulhauses wird umgestaltet, vor allem werden versiegelte Flächen aufgebrochen.

Die bisherigen Erfahrungen dort haben gezeigt, dass ein möglichst großer Kreis beteiligter Personen und Dienststellen in das Projekt einbezogen werden muss.

In Wien war das Mitbestimmungsmodell B.R.O.T. in den Jahren 1990 bis 1992 gleichsam ein Testfall für die Mitbestimmung. Nach Plänen des Architekten O. UHL sollte eine Wohnhausanlage für 20 Familien, für Alleinstehende, Behinderte, Pensionisten und andere errichtet werden. Die Aufgabe der Landschaftsarchitektin M. AUBÖCK war es, die Freiflächen zu einem gemeinschaftlichen Erholungsraum mit hohem Gebrauchswert zu gestalten, der den sehr unterschiedlichen Ansprüchen der heterogenen Bewohner der Wohnhausanlage gerecht werden sollte.

Das eindrucksvollste Beispiel für die Selbstorganisation und Selbsthilfe von Menschen ist zweifellos die Siedlerbewegung in Wien nach dem Kriegsende und dem Zusammenbruch der Habsburger-Monarchie 1918. In einer unbeschreiblichen Situation der Armut und Not haben Arbeiter ihr Schicksal selbst in die Hand genommen und, unterstützt von einer wahrhaft sozialen Kommunalpolitik mit dem Architekten Adolf Loos, Wohnhäuser für sich und ihre Familien

Abbildung 62: Das Projekt „Natur ums Schulhaus" des Gartenbauamts Zürich – Kinder bauen selbst ihren Schulgarten.

161

gebaut. Ihre Siedlungen sind heute noch beispielhafter Ausdruck des humanen, autonomen Wohnbaus mit Krampen und Schaufel.

Literatur

Antalovsky E. et al.: Kommunikation und Konflikte bei städtischen Planungen. Beiträge zur Stadtforschung, Stadtentwicklung und Stadtplanung Bd. 48. Wien 1993

Bammann A.: Partizipation von Kindern an Planungsprozessen. Spielraum und Freizeitwert Heft 3 1993

Drum M.: Selbsthilfe und Demokratie im Wohnumfeld. München 1988

Karhoff B., R. Ring, H. Steinmaier: Frauen verändern ihre Stadt. Zürich 1993

Kommunalwissenschaftliches Dokumentationszentrum (KDZ): Planung initiativ. Bürgerbeteiligung in Wien. Beiträge zur Stadtforschung, Stadtentwicklung und Stadtgestaltung, Band 54. Wien 1994

Kummer L., A. Vatter: Der Vollzug von Überbauungsplänen: Vom Umgang mit Interessengegensätzen. Forschungszentrum für schweizerische Politik der Universität Bern. Unveröffentlichtes Manuskript 1990

Linder W. et al.: Mitwirkungsverfahren und -modelle. Materialien BRP, EJPD/BRP (Eidgenössisches Justiz- und Polizeidepartement, Bundesamt für Raumplanung) Bern. Bern 1992

Ministerium für Stadtentwicklung und Verkehr des Landes Nordrhein-Westfalen (Hrsg.): Mehr Natur in die Stadt. Dokumentation und Auswertung des Landeswettbewerbes 1991/92. Düsseldorf 1993

Novy K., W. Förster: einfach bauen. Zur Rekonstruktion der Wiener Siedlerbewegung. Katalog zur Ausstellung. Hrsg. Verein für moderne Kommunalpolitik. Wien 1985

Seeger Ch., R. Seeger: Kostengünstige Natur-Spiel-Räume – und die Umsetzung durch Bürgeraktionen. Eigenverlag Forschungsstelle für Spielraumplanung (FFS). Hohenaar-Altenkirchen 1996

Stanbach R., G. Kerchner: Mieterselbsthilfe bei der Hoferneuerung. Dortmund 1986

Urbanes Wohnen e.V. (Hrsg.): Selbsthilfe und Demokratie im Wohnumfeld. München 1980

Beispiele

De Jong G.: Aktiviteiten Centrum Kerkrade. Tuinprojekt. Zolbedrijven. Heerlen 1988

Spalink J.: Chronologie einer Hofgestaltung in Selbsthilfe in: Garten + Landschaft, 1983 H.7, S. 536–540

Spalink J.: Umgestaltung von Block 17 in: Garten + Landschaft, 1982 H.2, S. 106–110

4.0 Vorbemerkung

Entwerfen ist eine stark künstlerisch bestimmte Aufgabe und über Geschmack lässt sich bekanntlich nicht streiten. Deswegen werden Fragen des Stils, der Form und der Mode hier bewusst ausgeklammert. Die folgenden Hinweise wollen keine „Entwurfslehre" sein, sie sollen nur Hilfe und Anregung bieten. Die Begriffe „Gestaltung" und „Entwerfen" sind nur bedingt für Freiräume zu verwenden, denn diese gewinnen ihre Gestalt und verändern sich durch das **Wachstum** der Pflanzen. Es wird im Folgenden deshalb auch bewusst darauf verzichtet, wichtige Einzelelemente des Freiraumentwurfs zu behandeln, etwa den Weg, das Tor, das Innen und Außen, Licht und Schatten, die Farbe und andere mehr.

Die Qualitäten eines Freiraumes sind nicht quantifizierbar. Ein Merkmal ist jedenfalls das „Sich-Wohlfühlen" im Garten (M. Mócsényi). Jeder Entwurf ist nur „aus dem Lebensort" und seinem Umfeld möglich. Bedeutend sowohl für den Entwerfer als auch für den Betrachter ist die Erinnerung, die Assoziation zu früheren Erlebnissen. Erfahrung im Alltagsleben, im täglichen Gebrauch von Freiräumen ist für das Entwerfen unerlässlich. Seine Einmaligkeit erfährt der Freiraum im Laufe der Zeit durch die **Nutzung**. Die Planung kann und sollte aber Vorkehrungen dafür treffen, dass sich vorhandene Qualitäten weiterentwickeln können.

Die Gestaltung von Gärten zerstört nicht, wie gelegentlich behauptet wird, zwangsläufig Natur, sie bezieht sie vielmehr in die nähere Umwelt des Menschen ein, in einer überhöhenden, manchmal – wie im ostasiatischen Garten – abstrahierenden, verfeinernden, ja sogar verfremdenden Form. Auch der Barockgarten, dieser starke Ausdruck menschlichen Eingriffs in die Natur auf dem Gebiet der Gartenkunst, beherbergt ebenso viele Tiere und Pflanzen wie ein Naturwald, wenn auch ein anderes Artenspektrum. Das „Naturschöne" findet sich in einer alten Allee ebenso wie im Naturwaldreservat. Es wäre müßig darüber zu streiten, was „schöner" sei, die Blüte einer gezüchteten Rose oder die eines in einer Felswand gewachsenen Edelweiß. Beide zählen zum „Naturschönen", jedes an seinem Platz.

Ein wichtiges Prinzip in der Landschaftsarchitektur ist die Spannung zwischen der Natur, dem Lebendigen, sich Verändernden einerseits und dem Gebauten, dem Artefakt andererseits. Der Garten ist gleichzeitig Natur und Kultur. Ein wesentlicher Grundsatz ist der der „Sparsamkeit" in den Mitteln, also „Weniger ist mehr". So ist beispielsweise die überladene „Möblierung" eines Platzes oder Gartens falsch, denn sie erschwert die spontane, vielfältige Nutzung.

Ziel der Landschaftsarchitektur ist das Prinzip des offenen, sich entwickelnden Systems anstelle des Konservierens eines Zustands. Pläne sind wichtige Hilfsmittel für die Entwicklung eines Freiraumes, sie stellen nur ein angestrebtes Ziel, aber nicht einen Endzustand dar. Es ist in der Landschaftsarchitektur kaum möglich, etwas **grundlegend** Neues zu erfinden. Es wäre andererseits nicht erstrebenswert, gute Lösungen nachzuahmen, wohl aber ist es sinnvoll, sie zu interpretieren und weiter zu entwickeln. Problematisch sind Entwürfe im öffentlichen Raum, deren Sinn dem unkundigen Betrachter nur durch Erklärungen verständlich gemacht werden kann; ein Beispiel dafür ist der Garten zum Berlin-Museum in Berlin von Hans Kollhoff.

Es wird immer wieder der Versuch unternommen, eine „Typologie", eine Typenbildung von Freiräumen, aufzustellen, gleichsam als „Baukastensystem". Das Problem dabei ist die fast unbegrenzte Vielfalt an Freiräumen in der Stadt, von denen jeder seine eigene unverwechselbare Identität besitzt. Wohin die Typisierung in letzter Konsequenz führt, war (und ist teilweise noch) an den Freiräumen in der ehemaligen DDR zu besichtigen. Man kann allenfalls von grob definierbaren, allgemeinen Typen von Freiräumen sprechen, die in sich durch die räumliche Ausprägung stark differenziert, deren Grenzen untereinander aber fließend sind. Die im Folgenden besprochenen „Sorten" (G. Gröning) bzw. „Sparten" (W. Lendholt) von Freiräumen lassen sich nicht immer klar voneinander trennen, die Übergänge können also fließend sein.

Von vielen bedeutenden Architekten, Städtebauern und Landschaftsplanern ist die Frage nach dem „**Leitbild**" für den Freiraum gestellt worden, etwa von Camillo Sitte, Otto Wagner, Leberecht Migge, Martin Wagner, Fritz Schumacher, Alwin Seifert und Roberto Burle Marx, ohne dass es eine allgemein gültige Antwort gegeben hat. Beim Vergleich ihrer Aussagen wird

4. Formen von Grünräumen, Hinweise zum Entwurf

deutlich, dass dieses Leitbild für den Freiraum nicht von dem des Hauses und der Stadt zu trennen ist, wie sie die Genannten gesehen haben.

Es wäre ein sinnloses Unterfangen, die Leistungen lebender oder toter Landschaftsarchitekten zu beschreiben, ja gar zu bewerten. Trotzdem soll eine Persönlichkeit hervorgehoben werden, die alle positiven Eigenschaften dieses Berufs in sich vereinigt hat: der Zürcher Dieter KIENAST (1945 bis 1998). Er war Gärtner, Naturwissenschaftler, Planer und begnadeter Gartenkünstler, dazu hoch gebildet und ein hervorragender Lehrer. Sein Lebenswerk kann als exemplarisch für den gesamten Berufsstand gelten.

Literatur

Alexander Chr. et al.: A Pattern Language. New York 1977
Clark R.: Gärten 1999/2000. München 1999
Gälzer R.: Gedanken zur Gestaltqualität städtischer Grünräume. In: Gestalteter Lebensraum. Festschrift für F. Moser. Wien 1987
Hamesse J.-E.: Gartengestaltung mit Altmaterial. Stuttgart 1997
Keller H., E. Gerke-Puck: Grundlagen der Garten- und Freiraumplanung. Berlin 1993
Kienast D.: Kienast – Gärten. Basel 1997
Landschaftsarchitektur in Japan: Garten + Landschaft Heft 8/1996. München 1996
Lassus B.: The Landscape Approach. Penn Studies in Landscape Architecture. Philadelphia 1998
Loidl-Reisch C.: Typen öffentlicher Freiräume in Wien. Ansätze zu einer Kategorisierung. Beiträge zur Stadtforschung, Stadtentwicklung und Stadtgestaltung Band 55. Wien 1995
Mader G., L. Neubert-Mader: Der architektonische Garten in England. Stuttgart 1992
PlanBox (Hrsg.): Freiräume. Stadt – Open Spaces. The City. Wien 1996
Rainer R.: Gärten. Lebensräume – Sinnbilder – Kunstwerke. Graz 1982
Rotterdam-Maaskant-Foundation: Adriaan Geuze/West 8. Landschapsarchitectuur/Landscape Architecture. Rotterdam o.J.
Valentien O.: Gärten, Beispiele und Anleitung zur Gestaltung. 3. Auflage. Tübingen 1961
Weilacher U.: Zwischen Landschaftsarchitektur und Land Art. Basel 1999

4.1 Allgemein nutzbare Grünräume (Allgemeine Grünflächen)

4.1.1 Erholungsgebiete, landschaftliche Grünräume, Stadtwälder

a) Begriffe

Es sind in der Regel nicht eingefriedete Grünräume größerer Ausdehnung und vielfältiger Ausprägung wie Stadtwälder, Waldstücke, Wiesen, Gehölzgruppen, Gewässer, durch Fuß- und Radwege erschlossen, frei von motorisiertem Verkehr. Sie werden wegen ihres naturnahen Charakters auch als „**inoffizielles Stadtgrün**" bezeichnet. Der Übergang zu großen Parkanlagen, beispielsweise Berlin – Tiergarten, München – Englischer Garten, Wien – Schwarzenbergpark Neuwaldegg, ist fließend.

Beispiele für besondere Bezeichnungen für Erholungsgebiete sind: Freizeitzentrum, Freizeitpark und Freizeitstätte, alle im Kommunalverband Ruhrgebiet KVR, früher SVR, mit folgender Unterscheidung:

– Freizeit**zentrum**, regional bedeutsam, größer als 300 ha, kombiniert mit Wasserfläche; Wassersportbereiche, Sportzonen, Spielbereiche, Ruhebereiche, teilweise mit gewerblichen Freizeiteinrichtungen.

– Freizeit**park** (Revierpark), regionaler Spiel- und Sportpark, 15 bis 35 ha, für Tages- und Wochenendfreizeit; Kombination vielfältiger Sportanlagen; Freizeithaus; Lage in dicht besiedelten Gebieten, in 15 Minuten Fußweg von 25 000 bis 50 000 Einwohnern erreichbar.

– Freizeit**stätte**, kommunale Anlage mit mehreren Freizeiteinrichtungen, von Bedeutung für mehrere Gemeinden bzw. Städte, mindestens 10 ha, in der Nähe dicht bebauter Wohngebiete gelegen.

Abbildung 63: Erholungsgebiet Wienerberg in Wien-Favoriten. Planung Landschaftsarchitekten Wilfried und Marija KIRCHNER, Bauherr Stadtforstamt, Landschaftsarchitekt Gottfried HAUBENBERGER.

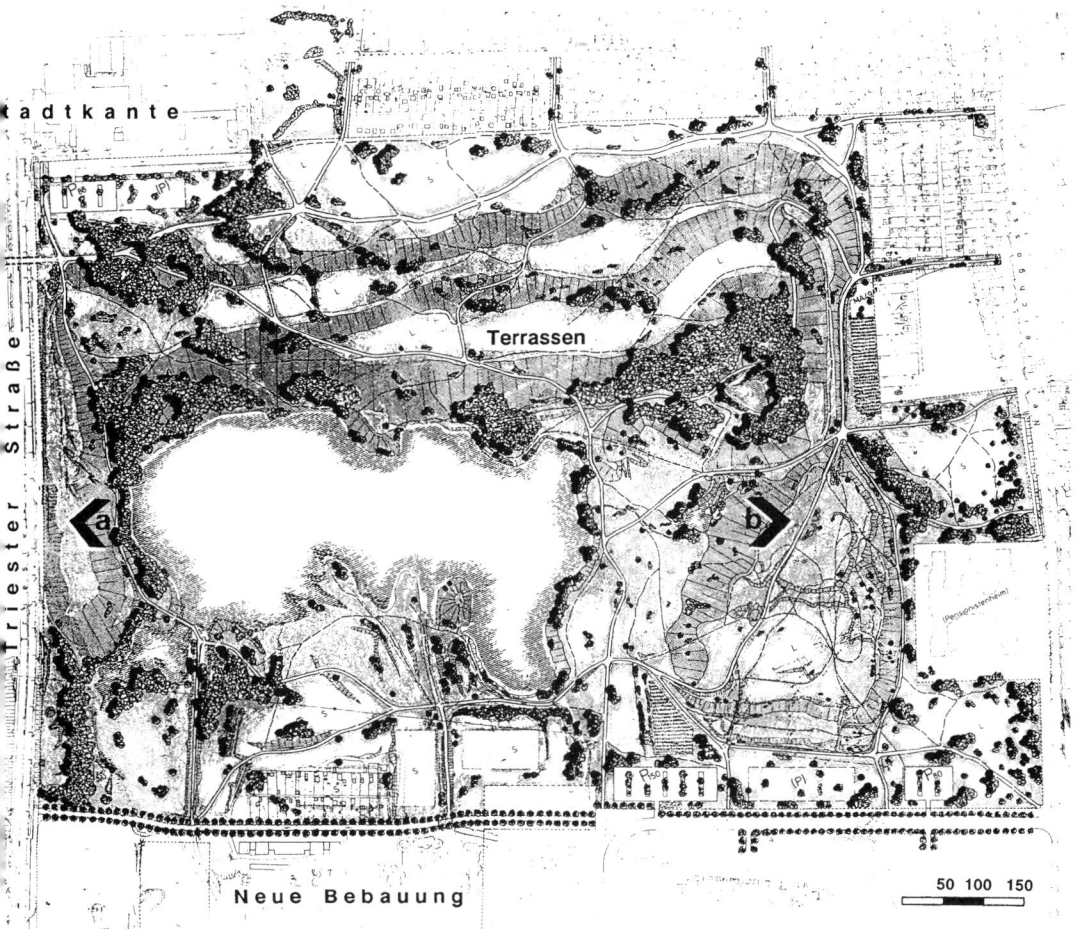

Abbildung 64: Erholungsgebiet Wienerberg in Wien-Favoriten, generelles Projekt. Planung Landschaftsarchitekten Wilfried und Marija KIRCHNER, Bauherr Stadtforstamt, Landschaftsarchitekt Gottfried HAUBENBERGER.

Eine besondere Form von innerstädtischen und stadtnahen Erholungsgebieten stellen **Stadt-wälder** dar. Ihre Bewirtschaftung dient nicht mehr oder nur untergeordnet der Holzproduktion, sondern sie werden als Erholungswald bewirtschaftet. Sie gehen manchmal in Wälder des Umlandes über, beispielsweise Wienerwald und Lobau in Wien.

b) Rechtliche Grundlagen

Es gibt für Erholungsgebiete keine speziellen rechtlichen Grundlagen, die wichtigsten Bestimmungen finden sich im Forstrecht und im Naturschutzrecht, zum Beispiel durch die Erklärung zum Landschaftsschutzgebiet oder Naturpark. Die **Flächenwidmung** bzw. Darstellung im Flächennutzungsplan bzw. Richtplan ist Grünland/Wald, Grünland/Erholungsgebiet, Grünland/Grüngürtel, Grünland/Schutzgebiet (Wien: Schutzgebiet Wald- und Wiesengürtel) oder Ähnliche; in der Regel sind in dieser Widmung die zur Nutzung und zur Pflege erforderlichen Bauwerke eingeschlossen, beispielsweise Ausflugsgasthäuser, Betriebshöfe und Stützpunkte der Garten- oder Forstverwaltung. Erholungsgebiete stehen in der Regel im Eigentum oder Besitz der öffentlichen Hand und in kommunaler Verwaltung (Forst-, Grünflächenverwaltung, Landwirtschaftsbetrieb) oder in öffentlicher forstlicher Verwaltung. Bei größeren Erholungsgebieten können sich auch Flächen in Privateigentum oder -besitz befinden. Vielfach errichten überkommunale Vereine Erholungsgebiete im Umfeld von Großstädten (Niederösterreich – Wien, München).

Für Vereine und Verbände, die Erholungsgebiete planen, errichten und betreuen, werden bei ihrer Gründung Satzungen erlassen, die die Aufgaben dieser Organisationen und die generelle Nutzung der Gebiete regeln; die Finanzierung durch die öffentliche Hand ist an die Einhaltung der Bestimmungen dieser Satzung gebunden. Für einige Stadtwälder und Parkanlagen in deutschen Städten (Frankfurt am Main, Hannover) wurden Servitute geschaffen, mit denen ihre immerwährende Erhaltung gesichert und die Überwachung, etwa durch einen unabhängigen Beirat, geregelt wird.

c) Nutzung, Nutzergruppen

Die Besucher, die ja, wenn sie nicht unmittelbar in der Nähe des Erholungsgebietes wohnen, eine weitere Anfahrt und die damit verbundenen Kosten in Kauf nehmen müssen, sind dementsprechend mobil. Die Nutzung selbst ist informell, eher freizügig, geschätzt wird die Vielfalt der Tätigkeiten. Es sind meist Nutzungen mit großem Flächenbedarf, aber geringem Anspruch an Ausstattung.

Durch den Zeitaufwand für An- und Abfahrt ist die Nutzungsdauer verhältnismäßig lang, mindestens einen Halbtag, vielfach einen ganzen Tag, bei entsprechenden Möglichkeiten zur Übernachtung allenfalls auch mehrere Tage. Bei sehr guter Verkehrsanbindung sind auch kürzere Nutzungszeiten möglich, etwa nach Feierabend, wofür Donauinsel und Neue Donau in Wien, mit eigener U-Bahn-Haltestelle, beispielhaft sind.

Art und Dichte der Nutzung hängen stark vom Angebot an Möglichkeiten zur Betätigung ab; besonders anziehend wirken Wasserflächen. Anzustreben sind **vielfältige Möglichkeiten** für Betätigungen während des **ganzen Jahres**. Üblich sind Wandern, Joggen, Lagern, Zelten, Rad fahren, auch Mountainbike, Inline-Skating, Reiten, Ballspiele, Picknick, Grillen, im Winter auch Eislaufen, Skilanglauf, Rodeln und andere mehr. In jüngerer Zeit hat das Geländereiten, auch als Freizeitreiten bezeichnet, stark zugenommen, was örtlich zu Konflikten mit anderen Freizeitnutzungen, vor allem dem Wandern und Radfahren, führt. Von den Besuchern von Stadtwäldern und stadtnahen Wäldern wird ein artenreicher, mehrstufiger Laub- oder Mischwald besonders geschätzt. Der Blick auf Lichtungen und der Aufenthalt an Waldrändern werden gesucht.

Die Besucherdichten in **stadtnahen Erholungsgebieten** sollen nach Angaben zu mehreren Planungen, je nach Grad der Erschließung, zwischen einem und 40 Besuchern je ha liegen, Zählungen haben jedoch Werte zwischen 50 und 150 Besuchern je ha ergeben. Bei **stadtnahen Wäldern** mit attraktiven Einrichtungen, Uferbereichen und Bademöglichkeiten, die am Feierabend aufgesucht werden, ist mit 8 bis 25 Besuchern je ha zu rechnen, bei Waldgebieten ohne Einrichtungen im Feierabendbereich mit 5 bis 8 Besuchern, bei Waldgebieten ohne Attraktionen, die überwiegend am Wochenende aufgesucht werden, mit 2 bis 5 Besuchern. Bei allen diesen Zahlen handelt es sich um Durchschnittswerte, die sowohl zeitlich als auch räumlich, etwa in der Nähe von Autostellplätzen, überschritten werden können und sich dann kaum von den oben genannten Werten für stadtnahe Erholungsgebiete mit freien Flächen unterscheiden.

Landwirtschaftliche Nutzungen können durchaus in Erholungsgebiete integriert werden, wie schon im Landschaftsgarten des 18. Jh. üblich; so wurde auf der Donauinsel Wien die Heuwerbung an Bauern vergeben. Vielfach tritt eine Regulierung der Nutzung durch die Besucher selbst ein, beispielsweise an der Neuen Donau in Wien, wo sich die Grenzen der Nacktbade-Bereiche vor vielen Jahren ohne jeden Eingriff von außen konstituiert haben und seither strikt eingehalten werden. Erholungsgebiete bieten auch einer Reihe von Ethnien und anderen Gruppen die Möglichkeit, Betätigungen nachzugehen, die ihnen in den Wohngebieten und städtischen Parks verwehrt sind.

Bei Flüssen, Bächen, Altarmen und Teichen in Erholungsgebieten treten nicht selten Konflikte zwischen Naturschützern, Sport- und Freizeitanglern, Wanderern und Badegästen auf. Erfahrungsgemäß sind die Angler, wenn ihr Hobby geregelt ist, etwa in einem Verein, am besten in der Lage, für eine ruhige Nutzung zu sorgen. Wo es möglich ist, sollten für jede Gruppe eigene Gewässer oder Uferzonen vorgesehen werden. Deutlich wird der Konflikt zwischen Naturschützern und Fischern an den wachsenden Reiher-Populationen.

d) Räumliche Zuordnung, Standort

Erholungsgebiete können je nach Größe und Ausstattung der Stadtregion, der Stadt oder einem Stadtteil zugeordnet sein. Der Standort ist wesentlich von den naturräumlichen Gegebenheiten, der vorhandenen Flächennutzung und dem Grundeigentum abhängig. Es können aber auch Erholungsgebiete als Folgenutzung geplant und gebaut werden; Beispiele dafür sind Hannover – Altwarmbüchener Moor, Wien – Langes Feld und Donauinsel. Besonders hinzuweisen ist auf die Wohlfahrtswirkung von Stadtwäldern als Teil des Grünsystems, insbesondere auf ihre Wirkung auf das Stadtklima und auf das Wasserpotential.

Kuppig bewegtes Gelände und unterschiedliche Vegetationsbedeckung sind, ebenso wie Wasserflächen, attraktiv für Besucher. Für einige Freizeitaktivitäten ist die Zuordnung zu bestimmten Standorten notwendig, zum Beispiel Reitwege zu Reitställen und Reiterhöfen. Andere Betätigungen sind direkt an natürliche Gegebenheiten gebunden, etwa Felsklettern, Kajak- und Faltbootfahren und andere mehr.

e) Flächengrößen

Die Flächengröße von Erholungsgebieten hängt unmittelbar mit ihrer Kapazität in Bezug zu den möglichen Nutzungen zusammen; in der Regel ist die verfügbare Fläche vorgegeben und die Nutzungen sind darauf abzustellen. Ein gängiger Richtwert sind 125 m^2 je Einwohner bei einer Besucherfrequenz von 10 % der Stadtbewohner zur gleichen Zeit. Wandergebiete am Stadtrand für eine ruhige, naturnahe Erholung sollen etwa 5 bis 30 km^2 groß sein, in der Nähe der Bebauung können aber auch schon 2 km^2 große Gebiete für Halbtagswanderungen wichtig sein. Um für die Planung Anhaltspunkte zu geben, wird im Folgenden die **Kapazität von Freiflächen** in Personen je ha bzw. die notwendige **Mindestflächen** für verschiedene Nutzungen angegeben. Es handelt sich dabei um Näherungswerte (vgl. dazu auch Abschnitt 4.1.1.c).

Kapazität von Freiflächen

- Wald (allgemein): 10 bis 20 Personen/ha, Stadtwald: 30 bis 50 Personen/ha;
- Waldrand mit 50 m Tiefe: in der freien Landschaft 10 Personen/ha, in Stadtbereichen 40 bis 100 Personen/ha;
- Wandergebiet: 5 bis höchstens 20 Personen/ha;
- Lagerwiese: 100 Personen/ha, bei Lagerplätzen an Seen bis 800 Personen/ha:
- Spielwiese: 50 bis 100 Personen/ha;
- Picknickplatz: bis 200 Personen/ha;
- Spiel, Sport, Unterhaltung, Besichtigung: 250 Personen/ha;
- Reitwege: 10 m je regelmäßigem Reiter; Reitwege für Ausritte 10 bis 20 km, möglichst als Reitwegenetz.

Wasserflächen

- für Baden, Schwimmen: Mindestgröße der Wasserfläche 1000 bis 2000 m^2, Landfläche 10 000 bis 25 000 m^2, abhängig von Besucherzahlen;
- Rudern, Paddeln: 5 bis 10 Boote je ha, Mindestgröße der Wasserfläche 30 ha;
- Segeln: 1 bis 3 Boote je ha, Mindestgröße der Wasserfläche 30 bis 50 ha, abhängig von der Zahl der Boote;
- Surfen: 5 Surfer je ha, Mindestgröße der Wasserfläche 5 ha;
- Wasserski: 5 ha je Motorboot;
- Fischen, Angeln: 1 bis 3 Angler je 1000 m Bach- oder Flusslänge.

Vergleichsgrößen
USA: Playground rund 20 000 bis 28 000 m^2, Playfield rund 48 000 bis 80 000 m^2.
Nationalpark Donau-Auen: Gesamtfläche rund 9300 ha, davon Stadt Wien: 2800 ha (Lobau), Bundesforste: 4450 ha, Republik Österreich: 1650 ha (Donau), World Wildlife Found: 400 ha.
Nördliche Isarauen zwischen München und Freising: rund 25 km lang, im Mittel 1,5 km breit, insgesamt etwa 39 km^2.

Manche große Erholungsräume werden dadurch stark abgewertet, dass sie durch Verkehrsbänder zerschnitten werden; ein Beispiel dafür ist die projektierte Trassierung einer Straßenbahnlinie durch den Englischen Garten in München. Auch wenn dafür keine großen Flächen in Anspruch genommen werden, tritt doch ein bedeutender qualitativer Verlust ein.

f) Entwurf

Die Vegetation im Erholungsgebiet sollte vielfältig sein: viele Pflanzenarten bringen viele Tierarten mit sich; viele Tierarten benötigen wiederum bestimmte Pflanzen. Sind Pflanzungen notwendig, ist auf standortgerechtes Pflanzenmaterial zu achten. Dort, wo eine typische Vegetation vorhanden ist, etwa Auwälder, sollte sie nach Möglichkeit unverändert erhalten bleiben, wo sie aber bereits durch den Menschen stark gestört ist, bieten sich diese Bereiche für eine intensivere Nutzung an. Anzustreben sind möglichst viele Ränder wie **Wald- und Gewässerränder**. Im Gehölzbestand selbst können **Sichtverbindungen** durch vorsichtiges Freischlagen von Schneisen hergestellt werden, die wiederum der Orientierung und als Wegeverbindungen dienen. Die meisten Besucher benützen diese Wege, wodurch die geschlossenen Bestände geschont werden.

Stadtwälder werden – neben den notwendigen Forststraßen und Rückewegen – durch weitere Fuß- und Radwege erschlossen. Soweit dies waldbaulich vertretbar ist, können Lichtungen als Lager- und Spielwiesen freigehalten werden; wichtig sind einfache Unterstellmöglichkeiten. Spielbereiche lassen sich, mit entsprechender Rücksicht auf die Entwicklung des Bestandes, in den Randzonen von Stadtwäldern gegen die Wohnbebauung unterbringen. Allerdings sollte der Wald immer als solcher erlebbar bleiben, eine „parkartige" Gestaltung (Waldpark, Parkwald) ist meist unbefriedigend und führt zu großen Schwierigkeiten bei der Bewirtschaftung. In vielen Städten stellt sich für die Forstleute die Aufgabe, gleichaltrige Monokulturen in mehrstufige, artenreiche Wälder umzubauen.

Die zwanglose **Lenkung der Besucher** in Erholungsgebieten und Stadtwäldern und damit die Verteilung der Nutzungsdichte kann grundsätzlich durch die **Lage der Parkplätze**, durch die Wegeführung und die Situierung der Gastbetriebe erreicht werden. Auf diese Weise können auch ruhige und lärmerfüllte Zonen voneinander getrennt werden. Eine gewisse Ordnung der unterschiedlichen Nutzungen wird durch die Gestaltung, insbesondere durch die Bodenmodellierung, beispielsweise ebene Flächen für Ballspiele, erreicht. Durch unterschiedlich große Räume sollten Möglichkeiten für kleinere und größere Gruppen geschaffen werden, die unter sich bleiben wollen. Zu berücksichtigen ist die **Bewirtschaftung** des Erholungsgebietes, etwa die landwirtschaftliche Nutzung der Wiesen, die Plenterung und Naturverjüngung der Waldbestände, aber auch die Möglichkeit der Aufsicht, zum Beispiel durch berittene Polizei.

An **Einrichtungen** sollten, je nach Größe und Lage des Erholungsgebietes, vorgesehen werden:
- Rundwanderwege, von Parkplätzen aus für zwei Gehstunden, von Orten aus bis zu vier Gehstunden (Halbtagswanderung);
- Kioske, Gastbetriebe, Schutzhütten, Unterstände, Fahrradverleih;
- Sanitäre Einrichtungen;
- Stützpunkte für Erste Hilfe, Rotes Kreuz und dergleichen, Aufsicht, Pflegebetrieb;
- Liege- und Spielwiesen, unterteilt in Spiel- und Ruhebereiche; Kinderspielbereiche; Sportfelder (Rasen, befestigte Flächen);
- Fahrwege, Radwege, Reitwege; Gehwege; Autostellplätze;
- Zeltplätze, Lagerwiesen;
- Picknickplätze, Grillplätze, Feuerstellen;
- Bootsanlegestellen, Angelplätze;
- Aussichtsplätze, Aussichtswarten;
- einheitliches Informationssystem, vor allem an Zugängen und Wegkreuzungen, gut sichtbar und lesbar;
- Wasserstellen, vor allem bei Zelt- und Grillplätzen (Feuergefahr).

Gegebenenfalls können auch, abhängig von den örtlichen Gegebenheiten, eingerichtet werden:
- Spielpark mit Betreuung;
- Badegelegenheiten, auch für Kinder;
- Eislauf- und Rollschuhplatz;
- Rodelhang;
- Skateboard-Anlage; Bowlingbahn;
- Minigolfanlage;
- Tiergehege;
- Freiluftkino.

Ein Teil der angeführten Einrichtungen, beispielsweise Sportanlagen, Bootsverleih, Disco und andere, können auch im Abend- und Nachtbetrieb geführt werden. Von Erholungsgebieten mit Betrieben dieser Art ist der Übergang zu multifunktionellen Freizeitanlagen fließend.

Bei verhältnismäßig großen Erholungsgebieten, die vorwiegend an Wochenenden aufgesucht werden, kann sich der Ausbau auch auf die Errichtung von Parkplätzen, von Wander-, Rad- und Reitwegen, von einigen Spiel- und Lagerwiesen und Grillplätzen beschränken. Auch hier ist zur Information der Besucher eine einheitliche, leicht verständliche Beschilderung erforderlich. Die vielerorts angelegten Sport- und Trimmpfade, mit besonderen Bezeichnungen in Österreich (Forstmeile) und der Schweiz, werden erfahrungsgemäß kaum bzw. nur von organisierten Gruppen angenommen; die Geräte werden nur selten gepflegt und verfallen nach wenigen Jahren.

Bei der Planung von **Wanderwegen** ist darauf zu achten, dass Wege mit unterschiedlichem Schwierigkeitsgrad angeboten werden, nach Möglichkeit Rundwege verschiedener Länge von jeweils einem Ausgangspunkt, etwa einem Parkplatz oder einer Haltestelle des öffentlichen Verkehrsmittels aus. Wichtig ist jedenfalls die sorgfältige Markierung und deren Erneuerung; beim Beginn der Wege sollte die durchschnittliche Gehdauer angegeben werden. Die **Erschließung** mit Wanderwegen reicht von etwa 10 lfm je ha in agrarisch genutzten Gebieten bis rund 200 lfm je ha in größeren Ausflugsgebieten in Siedlungsnähe. In Stadtwäldern sind etwa 100 lfm Wanderwege je ha vorzusehen. An markanten Rast- und Aussichtspunkten sind Sitzgruppen anzuordnen.

Reitwege sind gesondert von Wanderwegen zu führen; die Abstimmung mit den Grundeigentümern ist hier besonders wichtig; das Lichtraumprofil soll bei Reitwegen mindestens 2,50 bis 3,00 m Breite und 3,00 m Höhe betragen. Durch das Reiten entstehen erhebliche Schäden an den Wegen. Die Nutzung ein und desselben Weges für unterschiedliche Freizeit-Betätigungen führt in aller Regel zu Konflikten, daher ist eine **Trennung** zwischen Wander-, Rad- und Reitwegen vorzusehen, sie wird allerdings von den Nutzern oft nicht eingehalten. Notwendig ist, dass alle wichtigen Wege fachgerecht, also mit Quergefälle und Entwässerungsgräben, gebaut und instand gehalten werden, so dass sie auch bei nassem Wetter gut begehbar sind. In Erholungsgebieten sollten möglichst Wege mit wasserdurchlässiger Decke angelegt werden, die seitlich in die Grünflächen entwässern und nach Regenfällen rasch abtrocknen. Bei vorhandenem Baumbestand empfiehlt es sich, den Wegeverlauf an Ort und Stelle festzulegen, wie es schon F. L. von SCKELL gehandhabt hat. Für die Planung des Wegenetzes wird ein stufenweises Vorgehen vorgeschlagen:
- Erheben der derzeitigen Wegenutzung und der Wegebeschaffenheit;
- Erkundung potentieller Konflikte aufgrund der Nutzung der Flächen in der Umgebung, wie Lagerwiesen, Angelteiche, Reiterhof;
- Planungsentscheidung.

Eine mögliche Ergänzung in Erholungsgebieten und Stadtwäldern sind **Lehrpfade**, bei denen nach EBERS 1996 unter anderen folgende Typen unterschieden werden können:
- klassische Schilderpfade: Bild- und/oder Texttafeln entlang des Weges; möglich auch mit Nummerierung der einzelnen Stationen und Erklärungen in einem Informationsheft oder über Leih-Walkman;
- Sinnespfade: mehrere Stationen, die zur sinnlichen Wahrnehmung anregen, beispielsweise Duftgarten, Barfußpfad, und/oder die Bewegung in der Natur fördern, etwa Schaukel, Balanciergerät; möglich ist die Kombination mit Informations-Schildern oder -Broschüren;
- mobile Pfade, interaktive Pfade: der Besucher wird zu eigener, gleichsam naturwissenschaftlicher Tätigkeit angeregt, seine Neugierde wird geweckt;
- Wanderpunkte: flexible Systeme, meist Schilder, weisen zeitlich begrenzt auf aktuelle Besonderheiten oder jahreszeitliche Unterschiede hin;
- Kunstpfade: am Wanderweg sind Kunstwerke aufgereiht, die einen Bezug zur Landschaft herstellen und zur kritischen Auseinandersetzung herausfordern; ein Beispiel dafür ist Gut Gasteil, Prigglitz, Niederösterreich.

Ein häufiger Fehler bei Lehrpfaden und Schautafeln ist der komplizierte, mit Fachausdrücken durchsetzte, belehrende Text, der den durchschnittlichen Besucher nicht anspricht.

Konflikte zwischen den Zielen des Naturschutzes einerseits und den Interessen der Besucher des Erholungsgebietes andererseits sind praktisch nur durch die räumliche Trennung der schützenswerten, ökologisch wertvollen Biotope von den Bereichen intensiver Nutzung aufzulösen. Schilder und Einzäunungen sind erfahrungsgemäß wirkungslos; bewährt hat sich die Anordnung der Fahrwege und Parkplätze in mehr als 1,5 km Entfernung vom zu schützenden Bereich, ferner auch das Anlegen von Wassergräben entlang der Fahrwege (Amsterdamse bos). Erfolgreich ist auch das Einhägen der zu schützenden Flächen mit undurchdringlichen Hecken.

Bereits bei der Planung eines Erholungsgebiets sollte feststehen, wer für die Instandhaltung sorgt, insbesondere wer die Autostellplätze, Kinderspielbereiche, Wander-, Rad- und Reitwege betreut, für die Beschilderung und Markierung sorgt und die Aussichten freischneidet; ist dies nicht gesichert, ist nur eine Mindestausstattung vorzusehen.

Ein modellhaftes **Beispiel** für ein Erholungsgebiet ist der **Wienerberg in Wien 10**. Dort haben die Landschaftsarchitekten Wilfried und Marija KIRCHNER als Planer und G. HAUBENBERGER als Vertreter des Bauherrn Stadt Wien auf einem ehemaligen Abbaugebiet von Ton für die Ziegelerzeugung mit 84 ha Fläche eine neue Landschaft geschaffen, die für 150 000 Einwohner im Umfeld ein ideales Naherholungsgebiet ist. Entwurf und Ausführung haben größte Rücksicht auf die vielen und vielfältigen kleinräumigen Standorte und Pflanzengesellschaften genommen, die sich im Laufe des Abbaues (etwa von 1760 bis 1950) und danach entwickelt hatten. Besonders wertvolle Trockenrasen wurden zum Naturdenkmal erklärt. Im tiefer gelegenen Teil des Abbaugebietes hatten sich drei kleine Teiche gebildet, die schließlich durch Wasseraustritte am Hang zu einem kleinen See mit 16,1 ha Oberfläche wurden, dessen Wasserstand durch ein steuerbares Abflusssystem konstant gehalten werden kann. Die vorhandene Vegetation wurde weitgehend erhalten, Bodenbewegungen nur im notwendigen Ausmaß, vor allem zur Modellierung des Geländes, durchgeführt. Größere zusammenhängende Aufforstungen mit 14,1 ha wechseln mit kleinräumigen Pflanzungen ab, so dass sich ein vielfältiges Raumgefüge mit zahlreichen Durchblicken ergibt. Das gesamte Erholungsgebiet ist nur für Fußgänger zugänglich, Radwege verlaufen entlang seiner Grenzen (vgl. Abbildungen 63, 64).

Ein weiteres Beispiel ist die sogenannte **Donauinsel**, in Verbindung mit den Uferbereichen der **Neuen Donau** (Entlastungsgerinne), eines der meistbesuchten Erholungsgebiete in Wien. Für Planung und Entwurf verantwortlich zeichneten die Landschaftsarchitekten G. und T. HANSJAKOB und W. KIRCHNER, B. DOMANY (organisatorische Koordination), E.W. HEISS (fachliche Koordination, Projektleitung). Donauinsel und Neue Donau sind Ergebnis eines Projekts zum Schutz vor Überflutungen, das darauf beruht, dass Hochwasser über ein 21 km langes, parallel zum Strom verlaufendes, von diesem durch eine hochwasserfreie, 250 m breite Insel getrenntes Gerinne abgeführt werden kann. So ist ein langgestrecktes Erholungsgebiet mit Lager- und Spielwiesen, Waldstücken, Teichen, Rad- und Wanderwegen, Einrichtungen für den Wassersport und mit rund 40 km Strand mit Badebuchten entstanden. Das entscheidende Verdienst der Landschaftsplanung war es, ein zunächst ausschließlich nach wasserbautechnischen Gesichtspunkten geplantes Projekt in eine vielfältige, naturnahe Landschaft zu überführen.

Der nördliche und der südliche Abschnitt der Insel im Übergang zum Umland der Stadt wurden landschaftlich gestaltet und sind extensiven Tätigkeiten gewidmet, der zentrale Bereich dagegen ist der intensiven sportlichen und Freizeitbetätigung vorbehalten. Die Insel und die Uferbereiche der Neuen Donau sind nur für Fußgänger und Radfahrer zugänglich; Schwierigkeiten treten durch Kollisionen zwischen Radfahrern, Rollerblade- und Skateboard-Sportlern, Joggern und Fußgängern auf. Im Laufe der Zeit haben sich Bereiche für bestimmte Gruppen, etwa Anhänger der Freikörperkultur und Angehörige verschiedener Volksstämme herausgebildet. Die mit einem Erholungsgebiet dieser Bedeutung verbundenen baulichen Einrichtungen wurden überwiegend in der Nähe einer Donaubrücke (Reichsbrücke, mit U-Bahn-Station) konzentriert; ökologisch bedenklich – gemessen am Konzept der naturnahen Erholung – erscheinen einige mit technischen bzw. baulichen Hilfen betriebene Freizeiteinrichtungen, wiewohl diese bei den Besuchern sehr beliebt sind (vgl. Abbildung 65).

Weitere Beispiele für Erholungsgebiete sind in München der Englische Garten (1804, Friedrich Ludwig von SCKELL), die anschließenden nördlichen Isarauen und die Isarinsel Oberföhring (Planung G. HANSJAKOB 1976), in Wien der Prater (1766 für die Bevölkerung geöffnet), der Lainzer Tiergarten und die Lobau; in Hamburg der Stadtpark in Winterhude (Fritz SCHUMACHER), in Hannover der Stadtwald Eilenriede und das Altwarmbüchener Moor; in Frankfurt am Main der Stadtwald; in Amsterdam der Stadtwald Amsterdamse bos; in Budapest Varosliget und Népliget.

Abbildung 65: Erholungsgebiet Neue Donau und Donauinsel in Wien, Teilansicht (Luftbild). Landschaftsarchitekten Ernst W. HEISS, Wilfried KIRCHNER, Karl GLOTTER.

Literatur

AID: Freizeitreiten naturnah und landschaftsverträglich. AID-Merkblatt Nr. 2509/1993. Bonn 1993

Betriebsgesellschaft Marchfeldkanal: Konzept für den Nationalpark Donau-Auen. Endbericht. Wien 1994

Bundesminister für Ernährung, Landwirtschaft und Forsten: Umweltverträgliche Reitwegeplanung. Modell Rheinisch-Bergischer Kreis. Bonn 1984

Dieckert J., G. Schottmayer, A. Wocelka: Spielen im städtischen Naherholungsgebiet. Schriftenreihe des Kinderhilfswerkes e.V. Band 2. 1979

Domany B., O. Schwetz, G. Seidel: Planung und Gestaltung des Donaubereiches. Beiträge zur Stadtforschung, Stadtentwicklung und Stadtgestaltung, Band 7. Wien 1982

Institut für Orts-, Regional- und Landesplanung, ETH Zürich: Zur Planung von stadtnahen Erholungswäldern. ORL – Schriftenreihe Heft 8. Zürich 1971

Krauss M., H. Loidl et al.: Vom Kulturwald zum Naturwald, Landschaftspflegekonzept Grunewald. Veröffentlichungsreihe der Senatsverwaltung Stadtentwicklung und Umweltschutz (SenStadtUm), Berliner Forste Band 1. Berlin 1991

Meierjürgen U.: Freiraumerholung in Berlin. Senatsverwaltung Stadtentwicklung, Umweltschutz und Technologie (SenStadtUmTech) Berlin, Abt. Forsten. Berlin 1996

Neumann K.: Entwicklung sicherer und winterfester Rodelbahnen als Beitrag zur Aktivierung von öffentlichen Grünanlagen im Winter. Hannover 1987

Wawrzyn A.: Umweltverträgliches Reitwegekonzept für die Stadt Langenhagen. Diplomarbeit Institut für Landschaftspflege und Naturschutz der Universität Hannover. Hannover 1995

4.1.2 Parkanlagen, Stadtgrünplätze, Stadtgärten

a) Begriffe

Es handelt sich um allgemein zugängliche und nutzbare Grünräume, auch als „Allgemeine Grünflächen" bezeichnet; sie können bei entsprechender Größe auch andere Grünsparten wie Spielanlagen oder Sportanlagen enthalten. Besondere Formen sind der Kurpark in Verbindung mit einem Heilbad und der Schlosspark, oft ein historischer Garten in Privatbesitz. Kurparke sind seit der Antike Bestandteil von Heilbädern, allerdings mit Unterbrechungen. Seit dem 18./19. Jh. werden sie wieder häufiger angelegt (Kurpark Marienbad 1818, Bad Ischl ab 1822 Kurort, Kaiserpark).

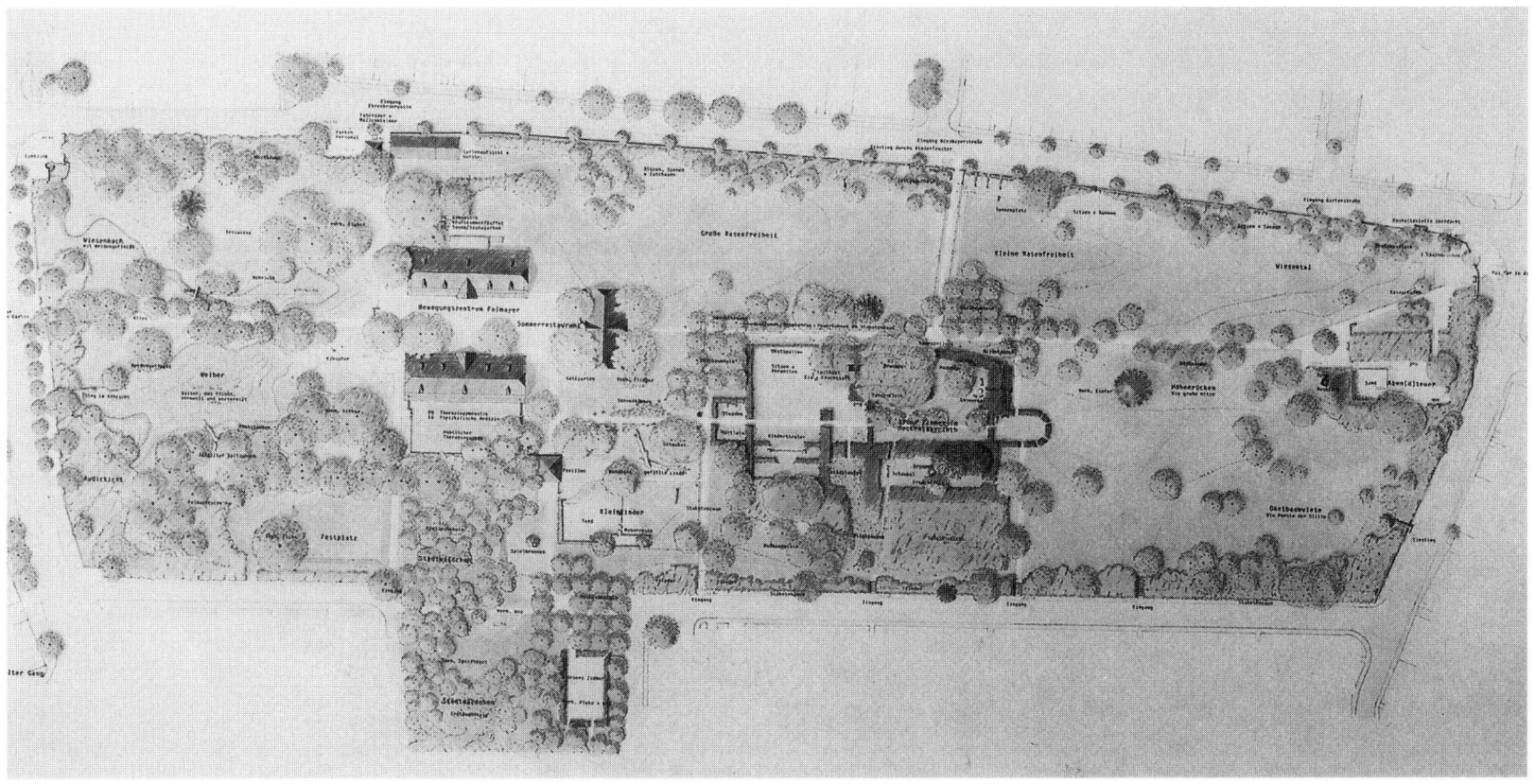

Als Vorläufer des Parks im Mittelalter und zu Beginn der Neuzeit können die Glacis und Festwiesen vor der Stadt gelten. Im 16./17. Jh. bestanden kaum öffentliche Parks; dann wurden **Adelsgärten** für ein bürgerliches Publikum geöffnet: London, Vauxhall Gardens 1661, Versailles 1704, Hannover-Herrenhausen 1714, Wiener Prater 1766 und Augarten 1775. Im 19. Jh. entstanden die ersten Volksparks in England, USA und Europa, einige als **Bürgerparks** (Bremen: Bürgerpark, Wien: Volksgarten 1819, Türkenschanzpark 1885). Frühe **Volksparks** waren der Battersea Park in London und der Central Park (Frederic Law OLMSTED) in New York. Bei allen diesen Parks wurden neue Funktionen – gegenüber den höfischen Gärten – eingeführt, etwa Lärm- und Ruhezonen, Spielbereiche für Kinder und Erwachsene und dergleichen mehr. Die Formen des Landschaftsgartens und des Volksparks haben sich – kaum verändert – bis in das 20. Jh. erhalten, so beim Schillerpark in Berlin (1910, Friedrich BAUER), Kongreßpark in Wien (1928, E. LEISCHNER), beim Hermann-Löns-Park in Hannover (um 1935, Wilhelm HÜBOTTER).

Abbildung 66: Städtische Parkanlage Felmayergärten in Schwechat, NÖ, auf einem ehemaligen Gutsgelände. Eintwurf Landschaftsarchitekten Cordula LOIDL-REISCH, Roman IVANCSICS; Architekten Büro LAUTNER, SCHEIFINGER, SZEDENIK.

173

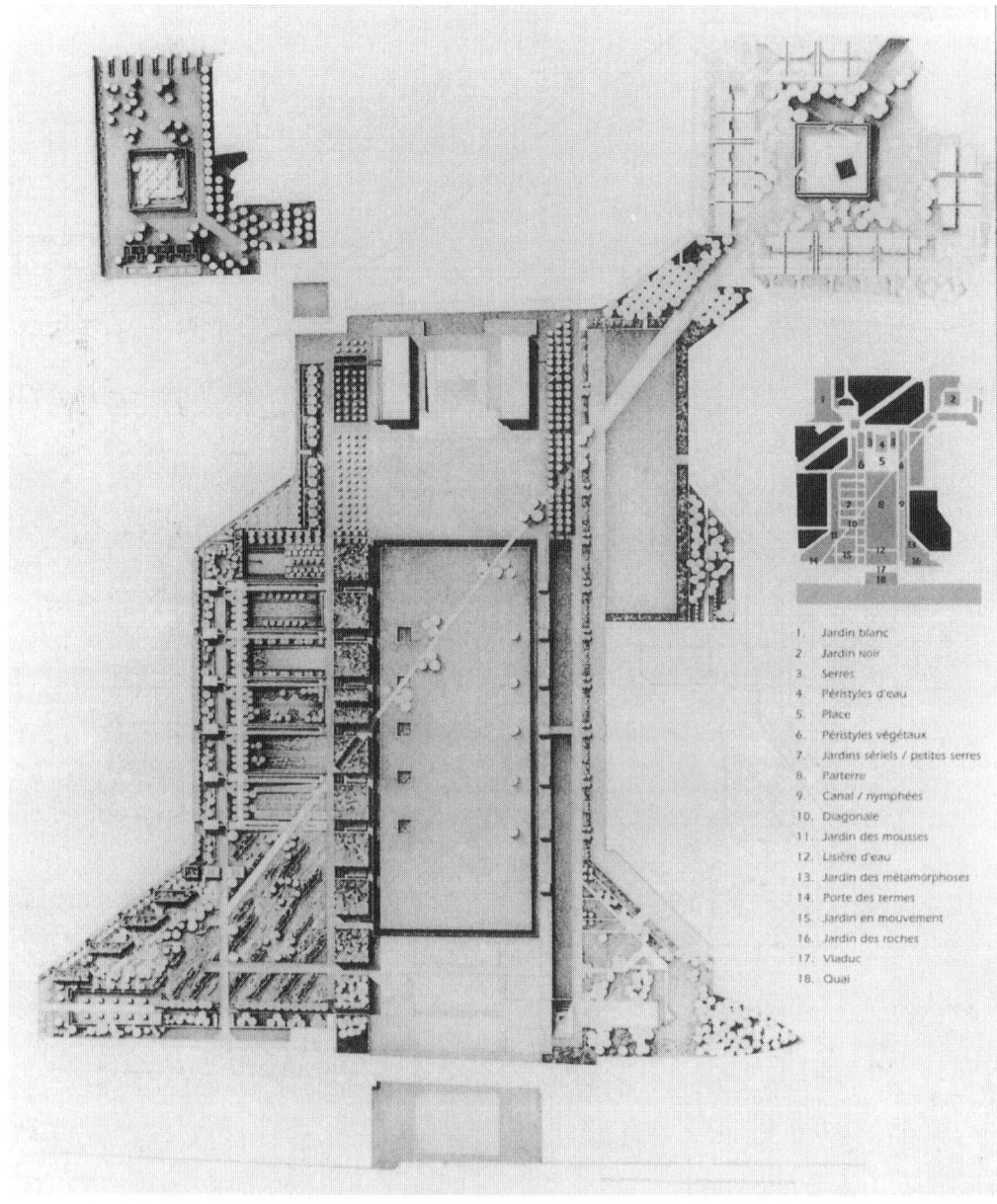

1. Jardin blanc
2. Jardin noir
3. Serres
4. Péristyles d'eau
5. Place
6. Péristyles végétaux
7. Jardins sériels / petites serres
8. Parterre
9. Canal / nymphées
10. Diagonale
11. Jardin des mousses
12. Lisière d'eau
13. Jardin des métamorphoses
14. Porte des termes
15. Jardin en mouvement
16. Jardin des roches
17. Viaduc
18. Quai

Eine Einordnung der allgemeinen Grünflächen ist unter anderem möglich nach:
- Eigentum, Besitz: öffentlich, privat;
- Zugänglichkeit: allgemein; beschränkt in der Zeit, beispielsweise nur tagsüber, gegen Entgelt für den Eintritt, im Personenkreis, etwa nur für Vereinsangehörige;
- Lage: innerstädtisch, auf dem Land, zum Beispiel Schlossparke;
- vorherrschende Funktion, etwa Spielpark, Kurpark, Skulpturenpark.

Begrifflich werden Parkanlagen vom Erholungsgebiet abgegrenzt durch die geringere Flächengröße und durch die Intensität der Gestaltung, Ausstattung und Nutzung. Mit dem „Park" sind Spazierengehen und Promenieren verbunden, mit „Erholungsgebiet" das Wandern. Der Park ist, zum Unterschied vom Erholungsgebiet, in der Regel eingezäunt. Parks sind oft Teile von Grünzügen wie beispielsweise Wallanlagen.

Als **„Stadtgrünplatz"** oder „Square" werden kleine Parkanlagen, etwa in der Größe eines

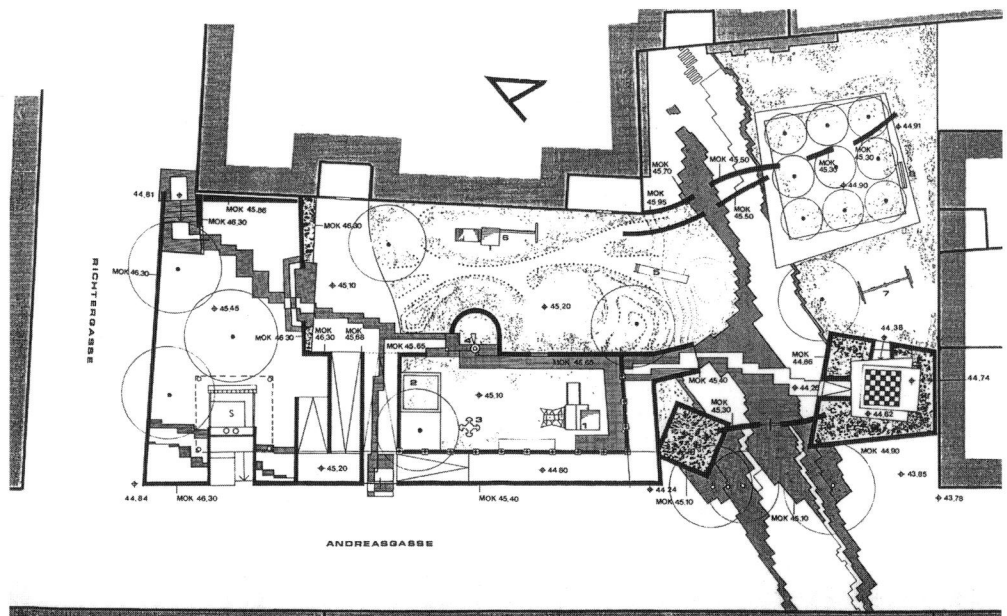

Abbildung 68: Andreaspark, kleiner innerstädtischer Park auf einer Tiefgarage in Wien-Neubau. Landschaftsarchitektin Cordula LOIDL-REISCH. Grundriss.

Abbildung 69: Andreaspark, kleiner innerstädtischer Park auf einer Tiefgarage in Wien-Neubau. Landschaftsarchitektin Cordula LOIDL-REISCH.

Baublocks, bezeichnet, die in Anbetracht der intensiven Nutzung einen vergleichsweise hohen Anteil an befestigten Flächen aufweisen. Der „**Stadtgarten**" hat etwa die Größe eines Baugrundstücks; er wird in Baulücken angelegt und hat den Charakter eines Hausgartens mit der entsprechenden Ausstattung; er wird auch als Pocket-Park oder Mini-Park bezeichnet.

Besondere Begriffe wie Spielpark oder Sportpark weisen auf die Hauptfunktion eines Parks hin. Die Bezeichnung „Öko-Park" soll, wie in Linz a. d. D. gezeigt wird, die Synthese von Ökologie und Gestaltung zum Ausdruck bringen. Der Begriff „Stadtpark" wird in den letzten Jahren mit einem vorwiegend repräsentativen Garten gleichgesetzt, dessen Nutzung sich auf das Spazierengehen beschränkt.

Abbildung 70: Wilhelmsdorfer Park in Wien-Meidling, Höhendifferenzierung in hängigem Gelände. Landschaftsarchitekten Wilfried und Marija KIRCHNER.

Abbildung 71: Tigerpark, innerstädtischer Park in Baublockgröße auf Tiefgarage in Wien-Josefstadt. Landschaftsarchitektin Prof. Maria AUBÖCK.

176

b) Rechtliche Grundlagen

Die rechtliche Grundlage für die Parkanlagen bilden die Raumordnungsgesetze der Bundesländer, in Wien die Bauordnung. Die Flächenwidmung für Parkanlagen ist in Wien Grünland/Erholungsgebiet/Park (Epk) bzw. Schutzgbiet/Park (Spk), in den anderen Bundesländern damit vergleichbare Grünland-Widmungen, ebenso in Deutschland und der Schweiz. Eine zusätzliche Sicherung ist durch das jeweilige Naturschutzgesetz (als Naturdenkmal, Geschützter Landschaftsteil, Naturschutzgebiet) möglich; dies betrifft vor allem historische Parkanlagen in privatem Besitz die nicht als Denkmal im Sinne des Bundes-Denkmalschutzgesetzes geschützt sind (vgl. Abschnitt 4.6).

Die Gemeinde kann für öffentliche Grünflächen eine Parkschutzverordnung (Parkordnung, Grünanlagenverordnung und dergleichen) erlassen. Sie regelt die Benutzung öffentlicher Gärten und Parks, insbesondere die Einhaltung von Ruhe und Ordnung sowie den pfleglichen Umgang mit allen Einrichtungen. Sie kann jedoch nur mit einer ständigen Kontrolle rund um die Uhr durch entsprechend geschulte und ausgerüstete Personen wie Parkwächter oder berittene Polizei durchgesetzt werden.

Die Kosten für die Errichtung und Pflege werden im Allgemeinen von den Städten bzw. Gemeinden getragen, Ausnahmen sind staatliche Gartenverwaltungen und private Eigentümer. Eintrittsgelder werden in Österreich, außer bei besonderen Veranstaltungen, derzeit normalerweise nicht eingehoben.

c) Nutzung, Nutzergruppen (vgl. auch Abschnitt 2.4.2)

Der Park ist ein multikultureller Ort, erleichtert dadurch, dass alle sesshaften Völker auch eine Gartenkultur besitzen. Auch in konventionellen Parkanlagen bilden sich, unabhängig von deren Größe, Bereiche unterschiedlicher Nutzergruppen heraus, die fallweise miteinander in Kontakt treten. Ein Beispiel dafür ist der A. Grünwald-Park in Wien-Wieden.

Viele Probleme bei der Nutzung von Parks sind nicht durch die Besucher, sondern durch Fehler beim Entwurf oder bei der Pflege bedingt. So führt eine zu dichte, undurchsichtige Bepflanzung dazu, dass „Angsträume" entstehen, die von vielen Menschen gemieden werden. Zur Abhilfe werden Einzäunung und Beleuchtung, vor allem der Durchgangswege, eingesetzt. In vielen Städten werden innerstädtische Parks in der Nacht geschlossen, um die Lärmbelästigung für die Anrainer und den Vandalismus zu verringern. Oft wird die vorbestimmte Nutzung durch Wegeführung, Sitzplätze und dergleichen von den Besuchern als Einengung und Zwangsbeglückung empfunden. Dieses Gefühl wird verstärkt durch viele Schilder mit Geboten und vor allem Verboten, die in Parks verordnet werden.

Die Art der Besucher und ihrer Betätigungen wechseln je nach Tageszeit, etwa Mütter mit kleinen Kindern und Pensionisten am Vormittag, Angestellte von umliegenden Betrieben und Büros in der Mittagspause, Schüler in Gruppen und größere Kinder am Nachmittag, Jugendliche am Abend. Die Dauer der Nutzung ist sehr unterschiedlich von kurzzeitig, etwa beim Durchqueren des Parks, bis mehrere Stunden, zum Beispiel beim Kartenspiel. In Kurparks beschränkt sich die Nutzung meist auf Spaziergänge, den Besuch von Kurkonzerten und Lokalen, auf Karten- und Schachspiel, auf das Ausüben spielerischer Tätigkeiten wie Miniaturgolf, Boule und dergleichen. In manchen historischen Parks stellen Touristen einen großen Teil der Besucher.

In jüngerer Zeit hat sich eine Park- und Spielbereichs-Betreuung bewährt, die informelle Kontakte herstellt und auf die Parkbesucher positiv einwirkt; in Wien wurden in rund 60 Parkanlagen Teams von mehreren **Parkbetreuern** eingesetzt, von denen mindestens einer die Sprache der nicht einheimischen Parkbesucher beherrschen muss, also Serbo-Kroatisch oder Türkisch. Aufgabe der Betreuer – Sozialpädagogen, Sozialarbeiter, qualifizierte Studenten – ist es, mit den Parkbesuchern ins Gespräch zu kommen, junge Parkbesucher zu gemeinsamen Aktivitäten zu motivieren, auch zu solchen außerhalb des Parks, aber auch Konflikte – etwa zwi-

177

schen älteren und jüngeren Besuchern – zu erkunden und Lösungen vorzubereiten. In Wohngegenden mit einem hohen Anteil an Zuwanderern wird die Arbeit der Parkbetreuer dadurch erleichtert, dass einige von ihnen selbst aus einem der Herkunftsländer stammen. Zunächst war die Parkbetreuung auf die Monate Mai bis September beschränkt, derzeit werden einige Parkanlagen auch im Winter betreut. Ein Effekt dieser Betreuung ist, dass deutlich mehr Mädchen die Parkanlage besuchen.

Bei größeren Parkanlagen ist in aller Regel eine **ständige** Aufsicht erforderlich, vor allem wegen des zunehmenden Problems des Vandalismus. Aus allen größeren Städten werden zunehmende Beschädigungen berichtet; die meisten schweren Schäden werden in den Nachtstunden und im Spätherbst angerichtet.

Die geringe Nutzung eines Parks ist oft auf die schlechte Erreichbarkeit zurückzuführen, etwa weil Barrieren kaum überwindbar sind, manchmal aber auch auf die Lage in einem Gebiet, in dem kein Bedarf an einer öffentlichen Grünanlage besteht. Der Versuch, leere Parks durch medial begleitete **künstlerische** Aktionen zu beleben, bleibt meist nur von kurzer Wirkung. Bewährt haben sich dagegen in größeren Parks von Animateuren und Trainern geleitete Programme im **Breitensport**, beispielsweise Basket- und Volleyball, Gymnastik, Tai-ji, Laufspiele und dergleichen, ohne Vereinszwang, mit einem geringen Beitrag zur Unfallversicherung.

d) Räumliche Zuordnung, Standort

Eine Parkanlage wird in der Regel jeweils einem Stadtteil zugeordnet, kleine Parks auch einem Wohngebiet. Der Einzugsbereich erstreckt sich etwa bis 15 Minuten Fuß- oder Radwegentfernung, bei besonders attraktiven Parks wird auch die Anfahrt mit dem Auto oder mit öffentlichen Verkehrsmitteln in Kauf genommen. Zum ersten Mal wurden im 19. Jh. in Chicago Spiel- und Sportplätze für Kinder und Erwachsene in „Kinderwagenentfernung" angelegt.

Der Stadtgrünplatz ist jeweils einem Wohngebiet (= Quartier) zugeordnet, auch Teilen von solchen. Der Einzugsbereich reicht bis etwa 5 bis 10 Minuten Fußweg; einige Besucher kommen mit dem Fahrrad. Dem Stadtgrünplatz entspricht in England der Square: eine Gartenanlage auf meist regelmäßigen Plätzen, die ursprünglich – und teilweise auch heute – nur für die Anrainer zugänglich war.

Der Stadtgarten ist einem Teil eines Wohngebiets, manchmal auch eines Arbeitsplatzgebietes zugeordnet. Der Einzugsbereich ist klein und reicht bis etwa 5 Minuten Fußweg.

Alle diese Grünräume sind auch in Mischgebieten und Gewerbegebieten als Freiraum für Arbeitspausen wichtig. Eine besondere Form stellen öffentliche Grünräume dar, die als Bestandteil großer Plätze, oft am Schnittpunkt mehrerer Straßen, entstehen und nur bedingt die Funktion einer nutzbaren Grünfläche erfüllen können, beispielsweise der Prager Platz in Berlin, der Praterstern in Wien.

Parkanlagen sind teilweise inselartig verstreut, einige auch Teil eines Grünzuges; Stadtgrünplätze und Stadtgärten liegen vereinzelt, vor allem in dicht bebauten Gebieten. Eine Reihe von Parks sind aus aufgelassenen Friedhöfen entstanden. Für Parkanlagen gilt das Prinzip der abgestuften Zentralität, das heißt, dass ein großer Park Elemente eines Stadtgrünplatzes oder eines Stadtgartens enthalten kann. Zu den Parkanlagen im weiteren Sinne zählen die Uferzonen von Flüssen und Seen als Entwurfsaufgabe. Hier ist eine „architektonische" Gestaltung ebenso möglich wie eine „landschaftliche". Möglich ist die Gegenüberstellung beider Formen an einem Fluss wie an der Leine zwischen Altstadt und Neustadt in Hannover. Eine andere Variante der Gestaltung ist die Abfolge unterschiedlicher Ufer: vom Stadtrand zur Stadtmitte hin zunehmend „verbaute", vom Zentrum zum Stadtrand hin wieder zunehmend „landschaftliche" Ufer.

e) Entwurf

Der Park bietet sich dem Städter in sehr unterschiedlichen Erscheinungsformen dar, etwa als brachliegendes Gelände, als Tierpark, Flussufer, Barockgarten, als Boulevard oder Sportpark. Für die Gestaltung neuer Anlagen sollten als Ziele gelten: Öffentlichkeit, Möglichkeiten zur vielfältigen Selbstdarstellung und Betätigung, Ausdruck des aktuellen, nicht des modischen, künstlerischen Bewusstseins. Dabei wird vielfach der Park als von tausenden Menschen belebter, mit Attraktionen angefüllter Mittelpunkt der Stadt gesehen, bei dem das Grün, vor allem der Baum – als herkömmliche Konstituierende des Parks – zwangsläufig nur mehr eine untergeordnete Rolle spielen kann. Exemplarisches Beispiel für diese Auffassung ist der Park von La Villette von B. Tschumi.

Grundsätzlich richtet sich der Entwurf – abgesehen von besonderen künstlerischen und gestalterischen Aussagen – nach funktionellen und räumlichen Gesichtspunkten, unter Ausnutzung vorhandener Geländeformen, Bauten und Anlagen, beispielsweise auf einem ehemaligen Industriegelände. Le Nôtre vergleicht treffend den Entwurf für einen Park, wohl wegen dessen Vielschichtigkeit, mit dem für eine Stadt. Der Entwurf folgt hier dem Prinzip der Überlagerung differenter Prinzipien.

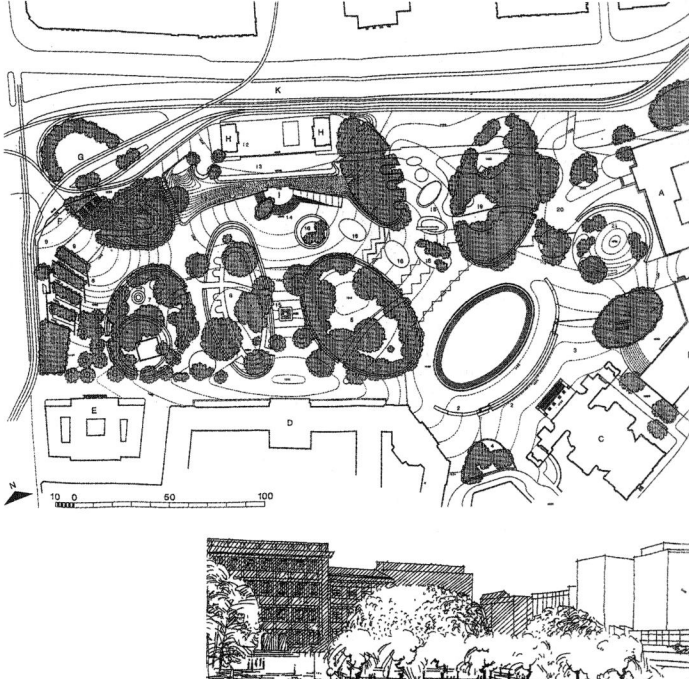

Abbildung 72: Karlsplatz in Wien, Neugestaltung des historischen Resselparks im Zuge von Verkehrsbauten, Gesamtplan. Landschaftsarchitekt Prof. Sven-Ingvar Andersson; sein Entwurf wurde während der Ausführung völlig verändert.

> In einer multifunktionell nutzbaren Parkanlage mit der für ein Quartier optimalen Größe von **rund 10 ha** können etwa folgende Einrichtungen vorgesehen werden:
> - Liege- und Spielwiesen, auch für Familien;
> - Spielbereiche für kleine und größere Kinder, bei Bedarf ein betreuter Spielbereich (Spielpark);
> - Sitz- und Ruhebereiche, Spielbereiche für ältere Besucher, für Karten- und Brettspiele, Boule, Curling;
> - gegebenenfalls ein Lesegarten in Verbindung mit einer Bücherei;
> - ein Wasserspielbereich, nach Möglichkeit auch ein Kinderfreibad;
> - naturnahe Bereiche wie Blumenwiesen, Bachlauf mit Ufervegetation, Wasserflächen, mit ungestörter Entwicklung der Pflanzendecke, möglichst mit anderen Biotopen vernetzt;
> - Gastbetrieb oder Kiosk, dort allgemein zugängliche sanitäre Einrichtungen, Unterstellmöglichkeiten; möglichst auch Liegestuhlverleih;
> - Arena, gedecktes Konzert- bzw. Theaterpodium, Tanzfläche;
> - Tennisplatz, Eislaufplatz, Ballspielfelder 20 × 40 m;
> - befestigte Spielfelder für Handball, Basketball, Volleyball und dergleichen zur freien Nutzung durch Gruppen;
> - Werkhof für Pflegebetrieb (Gartenamt oder Privatbetrieb);
> - ein zügig geführtes Wegenetz mit etwa 2,50 m breiten Hauptwegen, die auch für LKW zur Pflege der Anlage befahrbar sind; Nebenwege, nicht unter 1,50 m Breite, mit Sitzplätzen an Wegkreuzungen als Treffpunkte. Stufen sind nach Möglichkeit zu vermeiden, stattdessen sind Rampen vorzusehen. Bei der Planung der Wege sind auch den Park querende Verbindungen zu berücksichtigen.

Bei Parkanlagen ist auf Durchgangswegen und in viel benutzten, intensiv gestalteten Teilbereichen, bei Stadtgrünplätzen und Stadtgärten auf der ganzen Fläche eine helle **Beleuchtung** vorzusehen. Aus Gründen der Sicherheit ist beim Entwurf darauf zu achten, dass keine von Wegen nicht einsehbaren Bereiche entstehen.

In **Kurparks** sollten Spazier- und Wanderwege unterschiedlichen Schwierigkeitsgrades (Steigung, Wegebelag, für Terrainkuren) und leichte Spiele wie zum Beispiel Minigolf, Boule, Croquet und dergleichen angeboten werden. Wichtig sind Schilder, die Auskunft über Weglängen und Steigung geben.

Für **Stadtgrünplätze** und **Stadtgärten** ist durch die Flächengröße nur ein beschränktes Raum- und Funktionsprogramm möglich; erforderlich sind Einrichtungen vor allem für Eltern mit kleinen Kindern, für größere Kinder und ältere Besucher. Gegen begrenzende Straßen ist eine Abschirmung durch Mauern, Rankgerüste oder Gehölzpflanzungen vorzusehen. Innerhalb eines Stadtgrünplatzes ist ein befestigter Ballspielplatz mit hohem Ballfanggitter möglich. Bei

Abbildung 73: Showa-kinen-Park, Tokyo, ein 180 ha großer, viel besuchter Park im Westen der Stadt, von großer funktioneller, ökologischer und stadthygienischer Bedeutung. Entwurf: Landschaftsarchitektin Mariko Handa.

beiden Anlagentypen ist mit einer intensiven Nutzung zu rechnen; dadurch ergibt sich ein vergleichsweise hoher Anteil befestigter Flächen von etwa 2/3 bis 3/4 der Gesamtfläche. Rasenflächen sollten wegen des Pflegeaufwands vermieden und durch Bodendecker ersetzt werden; dagegen ist eine gute Ausstattung, zum Beispiel mit Pergolen, Sitzgruppen und eine vielfältige Bepflanzung wünschenswert, die bei der einen oder anderen Anlage auch Gartencharakter annehmen kann. Damit der Besuch auch in den Abend- und Nachtstunden möglich ist, sollten Stadtgrünplätze und Stadtgärten beleuchtet werden; wenn dies nicht möglich ist, sind diese Anlagen in den Nachtstunden versperrt zu halten.

Das Beispiel vieler guter Parke der Vergangenheit, vor allem der Zeit des Landschaftsgartens, verleiten zur unkritischen Nachahmung bis in die jüngere Zeit. Dabei wird übersehen, dass sich die Lebensbedingungen, die Ansprüche an einen Park, aber auch die grundsätzliche Einstellung zum Stadtgrün, etwa zu biologisch-ökologischen Zusammenhängen, seither sehr gewandelt haben. Von einigen Landschaftsarchitekten, etwa von Adriaan Geuze („Fuck the park"), wird die Auffassung vertreten, dass sich der Park überlebt habe; das trifft sicher für eine überholte Form des Parks zu, nicht aber für den Park schlechthin. So schätzen Stadtbewohner, wie die Ergebnisse von Befragungen, beispielsweise in Münster/Westfalen, zeigen, den Wert von Parks höher ein als den von Gärten, Spielplätzen und Wohnstraßen. Ob sich der Entwurf eines Parks auch von der Pflanze als konstituierendem Element lösen kann, wie es beispielsweise bei neueren Stadtgärten in Barcelona geschieht, wird kontrovers beurteilt. Dass ein Park nicht notwendigerweise von Pflanzen dominiert sein muss, zeigen der Parc La Villette (B. Tschumi, 1991) oder die Gärten von Martha Schwartz.

Problematisch ist der Entwurf von „**Themengärten**" nach erfundenen, zum Teil auch abstrakten Begriffen wie „Gebrochene heile Welt", „Zeitgarten", „Verwinkelter Spiegelwald", „Zeit zum Atmen", „Glitzernde Lichthaut", „Garten der kindlichen Schauer" wie sie auf Gartenschauen und in modernen Parks wie La Villette – dort als „Jardins a theme" – immer wieder auftauchen, obwohl sie von vielen Besuchern nicht begriffen werden. Eher verständlich sind Entwürfe von Wegen wie beispielsweise „Kreuzweg", „Lebensweg", „Holzweg", „Irrweg". Auch assoziativ verständliche dominierende Themen wie Farben, Wasser, Sand und dgl. sind durchaus beliebt, deutlich zu sehen an der Oberösterreichischen Landesgartenschau 1999 in Gmunden (Entwurf Prof. M. Auböck).

Eine neuzeitliche, von manchen Landschaftsarchitekten als „modisch" bezeichnete Gestaltungsrichtung in öffentlichen Gartenanlagen sind **Installationen**; so werden temporäre oder dauernde Einrichtungen bezeichnet, die in Form und Inhalt über die herkömmlichen Denkmale hinausgehen und durch ihr Erscheinungsbild die Aufmerksamkeit der Besucher und Passanten hervorrufen wollen. Mit dem Denkmal hat die Installation gemeinsam, dass sie einen hohen künstlerischen Anspruch erhebt.

Eine besondere Aufgabe ist die Umgestaltung alter, insbesondere historisch wertvoller Parkanlagen und Stadtgrünplätze (vgl. dazu Abschnitt 4.6). In manchen Städten, beispielsweise in Berlin, werden baublockgroße Parkanlagen aus der Zeit der Jahrhundertwende, die später verändert oder zerstört wurden, wieder in die ursprüngliche Form gebracht. Fallweise kann die „Überlagerung" historischer Strukturen, manchmal sogar in mehreren Schichten, sichtbar gemacht werden. Manchmal müssen Grün- oder Freiflächen, beispielsweise in der Folge des Baues einer Verkehrsanlage, in einer anderen Konfiguration und mit neuen Funktionen gestaltet werden. Gefragt sind dabei ein neues räumliches Konzept und eine neue gestalterische Aussage. Ein Beispiel dafür ist das Gutachterverfahren für die „räumlich relevante Neuinterpretation" des Bruno Pittermann-Platzes in Wien, der durch einen U-Bahn-Bau gleichsam neu entstanden ist.

In landschaftlich gestaltete Parkanlagen können auch nachträglich kurze Sandlaufbahnen, befestigte Wege für verschiedene Betätigungen wie Inline-Skating und Kleinspielfelder für den Freizeitsport eingebaut werden. Auch Bodenmodellierungen geringeren Umfanges sind durchaus möglich, wenn sie im Rahmen des ursprünglichen Entwurfs bleiben. Werden Sportflächen in einen Park integriert, sollten sie nicht mehr als die Hälfte der Gesamtfläche einnehmen, da sonst der Eindruck einer Sportanlage mit Nebenflächen entsteht, die nicht als Park angenommen wird.

Seit einigen Jahren zeichnet sich ein Trend zum „**Erlebnispark**" ab, der kommerziell betrieben wird; dort werden Einrichtungen zur vielfältigen Sport- und Freizeitbetätigung angeboten, verschiedene Möglichkeiten zur Unterhaltung, ein Hallen- und Freibad u. a. m. Die Flächengröße entspricht etwa der eines Freizeitparks oder -zentrums (KVR, 30 bis 300 ha). Der Besucher kann wahlweise einen oder mehrere Teile des Parks (gegen Entgelt) besuchen. (vgl. Abschnitt 4.2.2 Multifunktionelle Freizeitanlagen).

Versuche, ständig oder temporär **Tiere** in Parkanlagen zu integrieren, sind mit großer Zurückhaltung zu betrachten. Abgesehen vom Aufwand für eine artgerechte Tierhaltung und -pflege durch entsprechend geschultes Personal muss, wie mehrere Fälle gezeigt haben, damit gerechnet werden, dass die Tiere gefangen und getötet werden.

Besondere Schwierigkeiten bereitet das in vielen Städten auftretende Bedürfnis, Plätze, Stadtgärten und Parks durch **Denkmale**, Plastiken und Skulpturen zu verschönern. Oft besteht auch die Notwendigkeit, für das fertige Werk eines staatlich geförderten Bildhauers einen Standort zu finden. Damit ist das Problem schon benannt: zwischen Gartenarchitekt oder Gartendenkmalpfleger, Struktur und Form des Freiraums, Bildhauer und Skulptur besteht oft keine Beziehung. Als abschreckendes Beispiel sei der Stadtpark in Wien genannt, der – gewiß nicht im Sinne seiner Schöpfer SELLENYI und SIEBECK – zu einem Freiluftmagazin für Denkmale gemacht wurde. Optimal wäre es, dass für einen ausgewählten Standort, etwa in einem neuen Park, der Architekt oder Gartenarchitekt einen ihm gleichgesinnten Bildhauer wählt, der im Dialog mit ihm die Plastik entwickelt. Beispiele für eine solche Zusammenarbeit sind etwa S. I. ANDERSSON – H. MOORE, E. HIESMAYR – K. PRANTL.

Beispiele

1986 wurde der 44 ha große **Uni-Park Zürich** eröffnet. Er war damals beispielgebend für ein neues Verständnis von Parkanlagen, sowohl in seiner doppelten Funktion als öffentlicher Freiraum und Außenraum einer Universität als auch in seiner naturnahen Gestaltung, die auf eine Sukzession der Vegetation und eine sich selbst regulierende Nutzung ausgerichtet war. Die Konflikte waren damit programmiert: wer würde sich durchsetzen – die Gestaltung, die Natur oder die Nutzer. Heute sind die gestalterischen Absichten, vor allem die beabsichtigte Raumbildung in allen Parkteilen erkennbar: überblickbare Wiesenflächen, nischenbildende Gehölzränder, vertieft gelegene, in sich abgeschlossene Bachräume, auch Böschungen und Erdrinnen, die das Gelände modellieren.

Ein weiteres exemplarisches Beispiel der jüngeren Zeit ist der 1992 eröffnete **Parc André Citroën** in Paris. Er wurde als Ergebnis eines Wettbewerbs von den Landschaftsarchitekten G. CLEMENT und A. PROVOST mit deren Entwurfspartnern, den Architekten P. BERGER und VIGUIER/JODRY geplant und gebaut. Der Parc André Citroën ist ein konzeptueller Park und steht in strengem Gegensatz zum pittoresken, bildhaften Garten. Eine präzise Flächen- und Höhendifferenzierung unterteilt den Park in verschiedene Abschnitte, so auch in ein Zentrum und eine Peripherie. Durch viele Übergänge und Überschneidungen entstehen komplexe Bezüge und Verbindungen und damit unzählige differenzierte Erlebnismöglichkeiten in mehreren Größenordnungen und Ebenen, die sich allerdings nicht aufdrängen, sondern vom Besucher und Nutzer erschlossen werden müssen. Ein Hauptmotiv ist das **Wasser** in unterschiedlicher Form, von der Seine über einen großen Kanal bis zu Wasserrampen, Fontänen, Kaskaden und Grotten. Die Formensprache ist überwiegend streng gehalten, neben intensiv zu betreuenden Pflanzungen, auch mit seltenen Pflanzen, gibt es solche mit gesteuerter Sukzession. Für die intensive Pflege, die ein hohes Maß an Fachkenntnis voraussetzt, sind eigens dafür geschulte Gärtner eingesetzt.

Der **Parc La Villette in Paris,** von B. TSCHUMI als Gewinner eines internationalen Wettbewerbs entworfen, ist ein weiteres Beispiel für einen neuzeitlichen Park, mit dekonstruktivistischen Mitteln gestaltet. Das Hervorstechende und als Erneuerung der Gartenarchitektur Bezeichnete ist in La Villette der absolute Vorrang der **gebauten Kunst** vor der Natur. Auf Bedürfnisse der Besucher aus der näheren und weiteren Umgebung nach Bewegung, Spiel, Abgeschiedenheit, wie sie in herkömmlichen Parks befriedigt werden, wird bewusst keine Rücksicht genommen. Der Park soll als Kunstwerk erlebt und empfunden werden.

Er ist damit ein deutlicher Gegenpol zum **Gorki-Park** in Moskau: er ist ein klassisches Beispiel eines zentral gelegenen Parks mit sehr vielfältigen Angeboten, darunter solche mit Volksfest-Charakter. Die Gestaltung und die Natur treten ganz hinter die intensive Nutzung durch viele tausend Besucher zurück, die den Park zu allen Tages- und Jahreszeiten bevölkern. Sie kommen nicht nur aus der dicht bewohnten näheren Umgebung, sondern aus dem ganzen Stadtgebiet, ja auch aus anderen Landesteilen. Es gibt kaum eine Betätigungs- und Unterhaltungsmöglichkeit im Freien für Jung und Alt, der man im Gorki-Park nicht nachgehen könnte.

Die rasch fortschreitende Verbreitung von Informationen über die ganze Erde („Global Village") führt – bei ähnlichen Funktionen – zu einer weitgehenden Standardisierung von Parkentwürfen, zum „**Global Park**", ähnlich wie bei Flughäfen und Einkaufszentren, die in allen Großstädten einander gleichen. Die Standardisierung geht wieder Hand in Hand mit der Möglichkeit einer gleichsam seriellen Fertigung bis hin zur Verwendung geklonter oder gentechnisch beeinflusster Pflanzen. Gerade bei Parks besteht aber noch die große Chance der Individualität, auch die eines „spielerischen" Umgangs mit der Entwurfsaufgabe, sozusagen als Gegenbewegung zur Standardlösung. Der Park kann als besonderer „Ort", als Ausdruck der Identifizierung mit einer gewachsenen Stadt, mit einer regionalen Kultur gesehen werden.

f) Flächengrößen

Beispiel für die Flächengliederung eines großen Parks im Stile des Landschaftsgartens (Englischer Garten München, Stand 1988):

130 ha	–	Gehölzflächen einschließlich Haine
116 ha	–	Wiesen, ständig kurz gehalten (Rasenflächen)
25 ha	–	Landwirtschaftliche Wiesenflächen
44 ha	–	Extensivwiesen
4 ha	–	Baumschule
16 ha	–	Wasserflächen
31 ha	–	Fahrstraßen, Fußwege, Reitwege
7 ha	–	Gebäude, Plätze
373 ha		**gesamt**

Die folgenden Flächenangaben dienen als Hinweise auf die Größenordnung (siehe Abschnitt 4.1.2 a):

Parkanlage:	rund	2 bis 25 ha,
	Regelfläche für einen Wohngebietspark etwa	10 ha,
	Regelfläche für einen Stadtteilpark	25 ha;
Stadtgrünplatz:	rund	0,5 bis 1,0 ha;
Stadtgarten:	rund	0,1 bis 0,2 ha.

Die Flächengröße für eine Parkanlage ist nach oben nicht begrenzt, bei sehr großen Anlagen ist der Übergang zum Erholungsgebiet oder Wald oft fließend.

Literatur

Aminde H.-J. (Hrsg.), B. Benk: Plätze in der Stadt. Stuttgart 1994
Boisset C.: Gärten in der Stadt. Ravensburg 1991
Coubier H.: Europäische StadtPlätze. Genius und Geschichte. 2. Aufl. Köln 1988
Duttli P., J. Esefeld, P. Kreis: Neue Stadträume in Barcelona. Stadterneuerung durch Plätze, Parkanlagen,

Straßenräume und Skulpturen. Band 43 der Schriftenreihe zur Orts-, Regional- und Landesplanung. Stuttgart 1991

Favole P.: Plätze der Gegenwart. Der öffentliche Raum in der Architektur. Frankfurt/Main 1995

Langenbach H.: Der Park als städtischer Freiraum. Vergleichende Untersuchung zu Parkkonzepten in europäischen Großstädten. Hrsg. Magistrat der Stadt Wien Mag.Abt. 18. Wien/Berlin 1991

Magistrat Wien, Stadtplanung: Stadt – Raum – Erleben, Gestaltung öffentlicher Räume in Wien. Beiträge zur Stadtforschung, Stadtentwicklung und Stadtgestaltung, Band 50. Wien 1993

Milchert J.: Lebendiges Grün – Landschaftsarchitektur heute. Berlin 1988

Schweizer Baudokumentation: Freianlagen. Schweizer Baudokumentation. Blauen 1993

Wagenfeld H. (Hrsg.): Stadtgrünplätze – wiedergewonnener Freiraum. Planung – Anlage – Nutzung. Wiesbaden/ Berlin 1985

Webb B.: Die Mitte der Stadt. Städtische Plätze von der Antike bis heute. Frankfurt 1990

Beispiele

Atelier Parisien d Urbanisme: Paris Projet No. 30/31: Espaces Publics (Parc André-Citroen, Parc Bercy). Paris 1993

Davids P.: Stadtteilpark Friedrich-Wilhelms-Hütte (Stahlwerksbrache), Troisdorf bei Bonn. In: Garten und Landschaft Heft 7/1998

Jirku A., H. Schwarting: Gestaltung und Gebrauch von Parks – dargestellt am Beispiel des Bethmannparks und des Günthersburgparks in Frankfurt am Main. Diplomarbeit Universität Hannover. Hannover 1983

Koenigs T. (Hrsg.): Stadt-Parks. Urbane Natur in Frankfurt am Main. Frankfurt a.M./New York 1993

Latz P.: Die Hafeninsel in Saarbrücken in: Garten und Landschaft Heft 11/1987

Magistrat der Stadt Wien, Stadtplanung (Hrsg.): Der Karlsplatz in Wien. Beiträge zur Stadtforschung, Stadtentwicklung und Stadtgestaltung Band 8. Wien 1981

Rose-Herzmann H. und Partner: Burgplatz Essen – Die Entwicklungsgeschichte und Neugestaltung eines innerstädtischen Freiraums. Essen 1983

Topos 19: Parks. München 1997

4.1.3 Grünverbindungen, Geh- und Radwegverbindungen

a) Begriffe

Es sind vom motorisierten Verkehr getrennte Wegeverbindungen, teilweise mit Sitz- oder Spielbereichen, überwiegend in Grünräumen, die sich linear erstrecken und von verhältnismäßig geringer Breite sind. Die wichtigste Aufgabe ist die Verbindung von Quell- mit Zielpunkten. Grünverbindungen, Geh- und Radwegverbindungen sind in der Regel jederzeit allgemein nutzbar, teilweise gelten zeitliche Einschränkungen je nach Jahres- oder Tageszeit, etwa bei Kleingartenanlagen und Hauspassagen (Durchhäusern). Im weiteren Sinne können auch Fußgängerzonen und Wohnstraßen zu den Gehwegen gerechnet werden.

b) Rechtliche Grundlagen

Grünverbindungen können in öffentlichem oder privatem Grundeigentum bzw. -besitz stehen; bei privatem Grundeigentum werden privatrechtliche Vereinbarungen (Servitut, Benützungsvertrag, Prekarium) geschlossen, etwa bei Durchhäusern oder Arkaden. Grünverbindungen im öffentlichen Eigentum werden im Kataster als Öffentliches Gut geführt. Die entsprechende Flächenwidmung ist Grundfläche für öffentliche Zwecke (ÖZ), im Bebauungsplan sind Grünverbindungen ebenso verordnet. Nur beschränkt von der Allgemeinheit benutzbare Wege, zum Beispiel Durchgangswege durch Kleingartenanlagen, können auch noch von der umgebenden Widmung erfasst sein (in Wien Ekl). Spielstraßen zählen zur Verkehrsfläche und sind als solche gewidmet.

In der Schweiz gilt das Bundesgesetz über Fuß- und Wanderwege (FWG) von 1985, mit dem „die Planung, die Anlage und die Erhaltung zusammenhängender Fuß- und Wanderwegenetze" geregelt wird.

Abbildung 74: Grünverbindung in einem Neubaugebiet in Wien-Stammersdorf.

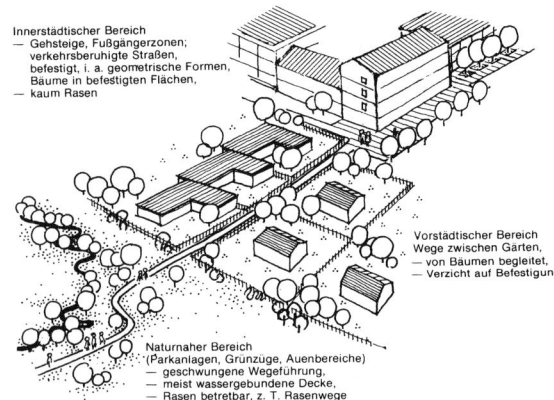

Abbildung 75: Schema einer Grünverbindung zwischen Stadt und Umgebung.

Abbildung 76: Uferpromenade am Tegeler Hafen in Berlin, Neugestaltung durch Landschaftsarchitekten E. Knippschild, C. Müller, J. Wehberg.

184

c) Nutzung, Nutzergruppen

Es überwiegt die zweckgebundene Nutzung zum Erreichen eines Zieles, zum Beispiel des öffentlichen Verkehrsmittels, der Schule, der Einkaufsmöglichkeit. Beim Heimweg von der Schule wird die Grünverbindung gerne auch als „Spielweg" genutzt. Daneben dienen die Wegeverbindungen auch dem Spazierengehen und -fahren, dem Ausführen von Hunden, dem Beobachten der Passanten, gegebenenfalls auch Bewegungsspielen.

Nutzergruppen sind hauptsächlich Personen ohne motorisiertes Verkehrsmittel wie Eltern mit kleinen Kindern, Kinder und Jugendliche, ältere Menschen, Behinderte; auch Benutzer öffentlicher Verkehrsmittel für den Weg von und zur Wohnung und Jogger. Die Dichte der Nutzung hängt von der Attraktivität der Grünverbindung ab, nicht zuletzt vom Gefühl der Sicherheit für die Passanten, hier insbesondere für Frauen.

Die Nutzung von **Radwegen** hängt stark von der Sicherheit gegenüber dem motorisierten Verkehr und vom möglichst hindernisfreien Fahren ab, auch von der Dichte des Radwegnetzes. In Städten mit einem weitgehend vollständigen Netz, das das Erreichen jedes Zieles mit dem Rad ermöglicht, werden 35 bis 40 % der Wege mit dem Fahrrad zurückgelegt; so in Tilburg/Niederlande, Stockholm und Lund/Schweden. In vorbildlichen deutschen Städten wie Münster und Erlangen sind es rund 25 bis 30 %. In Wien werden Radwege dort, wo sie getrennt vom **motorisierten** Verkehr geführt werden, stark angenommen, sowohl für Berufs- als auch für Freizeitfahrten, beispielsweise auf der Donauinsel, entlang des Donaukanals und in der Lobau.

d) Räumliche Zuordnung, Standort

Die Linienführung der Fuß- und Radwegverbindungen ist bedingt durch vorgegebene Quell- und Zielpunkte bzw. -bereiche; etwa von der Haustür zum Parkplatz, zur Haltestelle des öffentlichen Verkehrsmittels, zum Kindergarten und zur Schule, zu Einkaufsmöglichkeiten für den täglichen Bedarf, zur Post. Besonders wichtig ist die Grünverbindung zwischen Punkten bzw. Bereichen mit vielen Passanten, wie zwischen Bahnhof und Arbeitsstätten in der City, zwischen einem dichten Wohngebiet und einem Schulzentrum und dergleichen mehr.

Anzustreben ist ein Netz mit etwa 250 bis 400 m Kantenlänge (Seitenlänge), wenn notwendig, auch unter Einbeziehung schwach befahrener Straßen mit Baumstreifen und Vorgärten. Für die Planung bietet sich die Anordnung entlang anderer linearer Strukturen wie Fluss- und Bachläufen, Verkehrsanlagen, Kanälen, Mühlbächen an. Fuß- und Radwege entlang von Bahntrassen sind zwar möglich, schwierig zu bewältigen sind aber die Übergänge des Weges bei Unter- und Überführungen. Wichtig ist die Ergänzung durch ausreichende Fahrrad-Abstellplätze an Stationen von Eisenbahn, Schnell- und U-Bahn und anderen viel besuchten Zielpunkten wie Schulen, Sportanlagen, Bädern und Ämtern. Geh- und Fahrrechte durch Baublöcke, beispielsweise die in Wien als „Durchhaus" bezeichnete innere Erschließung, bieten die Möglichkeit einer gefahrlosen Passage für Fußgänger, oft verbunden mit Einkaufs- und Einkehrmöglichkeiten, beeinträchtigen aber tagsüber die Wohnqualität in den betroffenen Höfen.

Ein besonderer Anlaß für eine Grünverbindung kann die Auflassung einer Straße sein, wie sie zum Beispiel in Zürich dazu genutzt wurde, das Ufer des Zürichsees den Bewohnern der angrenzenden Innenstadt wieder zugänglich zu machen. Der unmittelbare Kontakt des Fußgängers zum Wasser wurde geschickt mit unterschiedlich ausgestalteten Aufenthaltsbereichen verknüpft (Landschaftsarchitekt W. Neukom). Ein Beispiel besonderer Art ist ein öffentlicher Durchgang auf dem Dach eines privaten Hauses in der Cité Vieux-Bourg in Lausanne, etwa 140 m lang und 25 m breit. Er wurde 1960 gebaut und im Zuge der Gartenschau Lausanne Jardins 97 vor allem im Pflanzenbestand erneuert.

e) Entwurf

Es ist zu unterscheiden zwischen Hauptwegen und Verbindungs- und Naherholungswegen, wonach sich die Breite und der Belag richten. Hauptwege sollten möglichst auch für schwere Fahrzeuge, zur Pflege der Grünflächen, befahrbar sein. Anzustreben ist eine zumindest in Abschnitten geschwungene Wegeführung, also keine „Kegelbahn", stellenweise auch die Erweiterung zu kleinen Plätzen mit Sitz- und Spielbereichen, auch mit Möglichkeiten, sich bei Regen unterzustellen. Verbindungswege sollten für leichtere Pflegefahrzeuge befahrbar sein. Fuß- und Radwege sind in der Regel befestigt und staubfrei, nur bei wenig frequentierten Grünverbindungen, also keinesfalls bei Zwangswegen, mit wassergebundener Decke oder dergleichen. Für einen Radweg sind mindestens 2,40 Meter Breite einschließlich 2 × 0,30 m Schutzstreifen als Sollprofil vorzusehen.

In Erholungsgebieten, aber auch in der Stadt selbst, beispielsweise entlang der Ringstraße in Wien, verlaufen manche Rad- und Fußwege unmittelbar parallel nebeneinander, nur durch eine Bodenmarkierung voneinander getrennt, was viele Berührungspunkte und gegenseitige Störungen, manchmal auch Unfälle mit sich bringt. Die an sich sinnvolle Parallelführung mit einer Trennung durch einen Rasen- oder Gehölzstreifen hat sich ebensowenig bewährt wie die optische Kennzeichnung mit einer Farbmarkierung, weil sich weder Radfahrer noch Fußgänger daran halten. Als praktikable Lösung hat sich die Führung der Radfahrer auf derselben Wegfläche wie jene der Fußgänger erwiesen, eine entsprechende Breite dieses kombinierten Rad-Fuß-Weges von **mindestens 4,20 Meter** vorausgesetzt.

Wichtige Grünverbindungen sollten grundsätzlich hell **beleuchtet** sein; alle Wegabschnitte müssen einsehbar sein. An viel begangenen Abschnitten sollten zahlreiche Sitzmöglichkeiten angeboten werden. Die Wegbreiten sind nach der Frequenz auszurichten, sollten aber bei Gehwegen mindestens 3,0 m betragen; die Wegränder sind durch entsprechende Abstände der Pflanzung von Gehölzen freizuhalten, es dürfen keine Engstellen durch die Strauchpflanzung entstehen. Günstig ist für die Passanten ein Wechsel von schattigen und sonnigen Abschnitten. Fußwege können, soweit es möglich und sinnvoll erscheint, zum Beispiel bei Schulwegen, als **„Spielweg"** gestaltet werden. Bei der Pflanzenwahl ist zu bedenken, dass Grünverbindungen auch eine wichtige ökologische Aufgabe erfüllen, es sollten standortgerechte Pflanzen verwendet werden.

Im Stadtkern können, wie beispielsweise in Hannover und Klagenfurt, markierte Besichtigungswege zu den wichtigsten Bauten und Denkmälern eingerichtet werden; bei der Festlegung der Route ist zu bedenken, dass an den einzelnen Haltepunkten auch Zeit für die Besichtigung, beim Filmen und dergleichen verbracht wird, insgesamt etwa ebenso viel wie für die reine Gehzeit.

Ein gutes Beispiel sind die „grünen Wege", die Mitarbeiter von Gebietsbetreuungen als attraktive Fußweg-Verbindungen durch dichtbebaute Bezirke wie Mariahilf und Neubau in Wien projektiert haben. Sie führen fast durchwegs durch wenig befahrene Straßen und erschließen Stadtgärten, Kaffee- und Gasthäuser, manche mit Schanigarten, Spiel- und Sitzplätze.

Wanderwege am Stadtrand können als Zielwege, etwa zu einem Aussichtspunkt, oder als **Rundwege**, am besten von Endstationen öffentlicher Verkehrsmittel, angelegt werden. Die Gehzeit sollte mit zwei bis vier Stunden veranschlagt werden. Wichtig ist eine gute Beschaffenheit der Wege, Steilstücke sind zu vermeiden. Die Wanderwege sind deutlich, in kürzeren Abständen als bei alpinen Wegen, zu kennzeichnen.

In der Schweiz sind die Kantone durch Bundesgesetz zur Planung, zum Bau, zur Unterhaltung von Gehwegnetzen in den Siedlungsgebieten verpflichtet. Dazu werden einschlägige private Organisationen beigezogen, die vom Bund finanzielle Zuschüsse erhalten können.

f) Flächengrößen

Die Regelbreite für **Grünverbindungen** beträgt 10 bis 25 m. In Abständen sind Aufweitungen bis zur doppelten Breite anzustreben, jeweils abhängig von der örtlichen Situation. Engstellen sollten zumindest die halbe Breite der Grünverbindung aufweisen und nur auf kurze Strecken, ungefähr gleich der Breite, beschränkt bleiben. Das Entwurfsziel ist nicht ein einförmiger „grüner Streifen", sondern ein visuell abwechslungsreicher Weg mit vielen Betätigungsmöglichkeiten, der auch durch die Bebauung führen kann, etwa durch Fußgängerbereiche und Durchhäuser.

Wichtige Verbindungswege sollen zu jeder Jahreszeit und bei jedem Wetter sicher begehbar, also auch für die Räumung entsprechend befestigt sein. Wege können längs und quer entwässert werden. Für die Entwässerung von Platzflächen ist ein Gefälle von 1,5 bis 2,0 % ausreichend. Steigungen bis 10 % können ohne Treppen überwunden werden, bei größeren Steigungen sollten Umgehungsmöglichkeiten über Rampen eingerichtet werden.

Gängige **Wegbreiten** in Außenanlagen sind:	
	Breite
Fußweg für zwei Personen	1,50 bis 2,00 m
für jede weitere Person zuzüglich	0,75 m
größere Erschließungswege	2,50 bis 4,00 m
Radwege	rund 2,50 m
Fahrwege	rund 3,00 m

Literatur

Boeminghaus D.: Fußgängerbereiche und Gestaltungselemente. Stuttgart 1982

Boesch H., B. Huber (Hrsg.): Der Fußgänger in der Siedlung. Fußweg-Planung unter besonderer Berücksichtigung der Haltestellen-Zugänge. Berichte zur Orts-, Regional- und Landesplanung des Instituts für ORL der ETH Zürich Nr. 72. 1989

Drexel A.: Die „Fußböden" der Stadt. Diss. Univ. für Bodenkultur Wien. Wien 1998

Garbrecht D.: Gehen – Ein Plädoyer für das Leben in der Stadt. Weinheim/Basel 1981

Kanton Zürich: Radverkehrs-Anlagen, Richtlinien. Tiefbauamt des Kantons Zürich und Kantonspolizei Zürich. Zürich 1990

Richard H. et al.: Handbuch für Radverkehrsanlagen. 2. Aufl. Darmstadt 1986

Spalink-Sievers J.: Sichere Wege für Kinder in Herzberg – Bestandsaufnahme der Verkehrssituation an Schulen und Kindergärten. Unveröffentlichtes Manuskript. Hannover 1995

Uhlig K.: Die fußgängerfreundliche Stadt; von der Fußgängerzone zum gesamtstädtischen Fußwegnetz. Stuttgart 1979

4.1.4 Spielbereiche

a) Begriffe

Unter Spielbereichen sind Freiräume für eine nicht zielgerichtete spielerische Betätigung zu verstehen; sie sind nicht streng abgegrenzt, also keine Spiel-"Plätze", sondern im Optimalfall ein frei **bespielbares Umfeld**, auch in der Arbeitswelt, im Straßenraum, in nicht bewirtschaftetem Gelände. Ein Spielbereich kann Bestandteil anderer Grünräume wie eines Erholungsgebiets, einer Parkanlage, eines Freibades und anderer Grünräume sein. Die kleinste Spieleinheit im Stadtraum wird als „Spielort" bezeichnet.

Örtlich sind Bezeichnungen mit unterschiedlicher, nicht generell übertragbarer Begrifflichkeit eingeführt, etwa Abenteuerspielplatz, Aktivspielplatz, Naturspielplatz, Robinsonspielplatz, Kleinkinderspielplatz u.a.m. Die Wiener Spielplatzverordnung unterscheidet beispielsweise zwischen:

- Kleinkinderspielplatz, für Kinder bis zu 6 Jahren, mit mindestens 30 m² Fläche;
- Kinderspielplatz, für Kinder von 6 bis 12 Jahren, Mindestausmaß 500 m²;
- Gemeinschaftsspielplatz für zwei oder mehr Bauplätze, Mindestfläche 500 m², mit Zugang über einen öffentlichen Weg.

Entsprechend der Norm DIN 18034 werden drei Typen von Spielbereichen unterschieden:
- Spielbereich A: Stadtteil-Spielbereich mit größeren Einrichtungen für Bauspiele, Ballspiele, Abenteuerspiele, mit Spielgeräten; nach Möglichkeit Tierhaltung und Pflanzenbau;
- Spielbereich B: Spielbereich innerhalb des Wohnquartiers (Quartier-Spielbereich) für Kinder und Jugendliche im schulpflichtigen Alter, beispielsweise Bolzplätze, Geräteplätze, Tischtennis;
- Spielbereich C: Spielbereich für kleinere Kinder und Familien, dem Wohnbereich zugeordnet; Ausstattung mit Bänken, Nischen, Sandkisten, Flächen für Bodenspiele.

Der Begriff **Spielpark** ist allgemein gebräuchlich für einen pädagogisch betreuten, abgeschlossenen Spielbereich; in einigen Städten ist aber auch in anderen Spielbereichen eine Betreuung eingeführt worden, so gab es in Wien 1994 rund 50 tage- oder stundenweise betreute Spielplätze. Der Begriff „**Spielwert**" kennzeichnet die Eignung eines Freiraums für das Spiel. Der Begriff **Streifraum** wird für den veränderlichen Spielraum verwendet, den das Kind im Laufe des Heranwachsens aufsucht, er wird größer mit dem Alter des Kindes. Das Wort **Spielstraße** deckt unterschiedliche Formen ab, in aller Regel handelt es sich um eine vorwiegend dem Kinderspiel gewidmete Verkehrsfläche, die von Fahrzeugen im Schritttempo benutzt werden darf.

b) Rechtliche Grundlagen

Auf Baugrundstücken wird die Anlage von Spielbereichen bei **Neubauten** durch **Landesrecht** (Landesgesetze, Bauordnung, Spielplatzgesetz, in Wien durch Spielplatzverordnung) dem Grundeigentümer vorgeschrieben, in der Regel in Abhängigkeit von der Anzahl der Wohnungen. Sie wird im Zuge des Baugenehmigungs-Verfahrens festgestellt und bei der Fertigstellung überprüft. Die Verpflichtung zur Anlage von Spielbereichen in **bestehenden Bauten** ist länderweise unterschiedlich geregelt. Problematisch ist bei diesen Spielanlagen die Überwachung ihrer Unterhaltung. Im **öffentlichen Raum** sind die Gemeinden zur Vorsorge für Spielbereiche verpflichtet, beispielsweise in Oberösterreich durch das Kinder- und Jugendspielplatz-Gesetz, in Bayern durch Landesverfassung und Gemeindeordnung, in Berlin ist ein Spielplatz-Entwicklungsplan vorgeschrieben. Die gesetzlichen Bestimmungen erstrecken sich zum Teil auch auf die Art, Lage und die Ausmaße, die Ausstattung, den Schutz und die Erhaltung der Spielanlagen. In den Gesetzen wird vielfach auf Bau- und Planungsnormen hingewiesen (B 2607 Kinderspielplätze – Planungsnormen, DIN 18034 Spielplätze für Wohnanlagen). Daneben gibt es einige unverbindliche Planungshinweise wie die Richtlinien über Kinderspielplätze der Deutschen Olympischen Gesellschaft (DOG). Planungsnormen sind insofern problematisch, als sie einen Mindeststandard angeben und Bauträger dazu veranlassen, bessere – sprich teurere – Lösungen zu vermeiden.

In der Bauleitplanung bzw. Flächenwidmung liegen Spielbereiche innerhalb des Baulandes (Spielbereiche auf Baugrundstücken) oder auf Grünflächen bzw. im Grünland, beispielsweise Grünland/Spiel- und Liegewiesen, Grünland/Sport- und Spielflächen, Erholungsgebiet Parkanlage Epk. Die Verordnung eines Spielbereiches im Bebauungsplan ist möglich, oft auch empfehlenswert; dabei besteht kein Zusammenhang mit dem Grundeigentum bzw. -besitz, also öffentlich oder privat. Ballspielplätze (Bolzplätze) sollen als solche bezeichnet werden.

Eine vollkommene Sicherheit ist auf einem Spielgelände selbstverständlich nicht zu gewährleisten; die Haftung des Spielplatz-Betreibers bei Unfällen kann aber durch eine Versicherung abgedeckt werden. Zur Sicherheit und Haftung auf Kinderspielplätzen liegt eine umfangreiche Judikatur vor, vor allem über die Verpflichtung der Kontrolle der Spielgeräte im Rahmen der

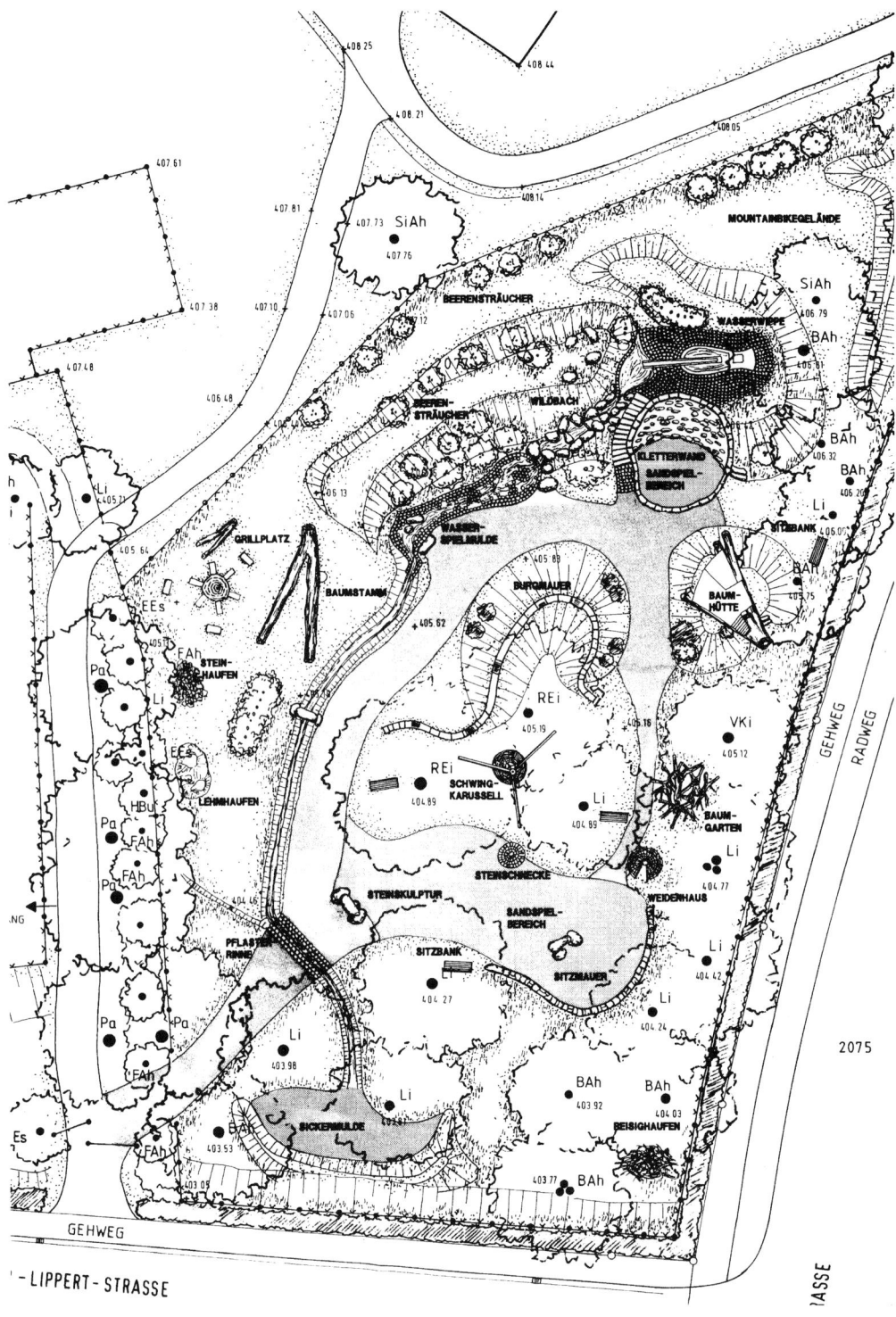

Abbildung 77: Kinderspielbereich Peter-Lippert-Straße, Amberg; Grundriss des Entwurfs, verfasst vom Stadtplanungsamt Amberg mit E. BRANDAU.

188

Verkehrssicherungspflicht. Der Vorteil von abgegrenzten, eingefriedeten Kinderspielplätzen liegt darin, dass sie für die Kinder gleichsam eine Schutzzone darstellen, innerhalb derer die strenge Aufsichtspflicht der Eltern, wie sie in den übrigen Freiräumen gegeben ist, nicht im gleichen Ausmaße gilt.

c) Nutzung, Nutzergruppen

Kinderspielplätze sind heute die einzigen Bereiche, in denen Kinder ungestört und sicher spielen können, frei vom Autoverkehr. Dem steht entgegen, dass Spielen **spontan** geschieht, unabhängig von Ort und Zeit: Kinder spielen immer und überall, wenn sich eine Gelegenheit dazu bietet. Die selbst gewählten Spielorte bieten ihnen Anregung, Abwechslung, Abenteuer, aber auch Ruhe. Bei der Benutzbarkeit von Freiräumen aller Art sind in vielen Städten Hunde gegenüber Kindern deutlich bevorzugt; so dürfen Hunde Rasenflächen in Parks betreten (und verschmutzen), Kinder, auch kleine Kinder, jedoch nicht.

Vielfach treten Probleme mit der Hygiene auf; soweit möglich, sollten einfache, für Kinder geeignete Toilette-Anlagen, auch Container, eingerichtet werden. Angaben über die bakterielle Verseuchung von Spielsand sind oft übertrieben; der Sand muss aber jedenfalls mindestens einmal, besser zweimal im Jahr erneuert werden. Besonders wichtig ist die regelmäßige Reinigung von Spielbereichen, die von Drogenabhängigen und Hundebesitzern besucht werden.

Nutzer von Spielbereichen sollen **alle Altersgruppen** sein, nicht nur Kinder. Das Spiel ist, wie Johan HUIZINGA (1872–1945) gezeigt hat, Notwendigkeit für jedes Alter; Kinder erlernen im Spiel soziales Verhalten. Die Nutzung sollte sich durch das Angebot an Einrichtungen von selbst regulieren, was allerdings eine zweckfremde Nutzung, beispielsweise von Spielgeräten oder Sandspielbereichen, nicht ausschließt. Konflikte treten in aller Regel bei zu hohem Nutzerdruck, also zu vielen Personen auf der Fläche, auf. Die Folge ist das Verdrängen von Nutzergruppen durch andere, zum Beispiel von kleinen Kindern durch Jugendliche. Als besonders problematisch hat sich die Altersgruppe etwa zwischen 12 und 26 Jahren erwiesen, mit einem „Kern" zwischen 14 und 18 Jahren. Diese Gruppe ist auch für die meisten Zerstörungen verantwortlich. Anzustreben ist jedoch das Miteinander, das gemeinsame Spielen; man spricht von „konvivialen" Spielräumen, in denen Kinder in die jeweils ältere Gruppe hineinwachsen können.

In Wien wurden als wichtige Spielzeiten beobachtet:
- der Heimweg von der Schule;
- der spätere Nachmittag und frühe Abend, im Sommer bis zum Einbruch der Dunkelheit;
- das Wochenende, etwa auf Baustellen außerhalb der Arbeitszeit der Handwerker.

Abbildung 78: Kinder spielen überall – ein Beispiel aus Karlsruhe.

Altersbedingte Bedürfnisse und daraus resultierende Betätigungs- und Spielarten: Übersicht nach G. RICHTER 1981 (geändert):

Bedürfnisse	Betätigungen	Spiele
Kleine Kinder bis 4 Jahre Erfahrungen sammeln mit Material, individuelle Experimente	schaufeln, kneten, werfen, planschen, rutschen	Gleichgewichtsübungen, Funktionsspiele
Kinder 4 bis 6 Jahre Erfahrungen mit Personen, Tieren, Pflanzen, verstecken, Nachbarschaft	laufen, klettern, schaukeln, baden, bauen	Bewegungs-, Ball- und Laufspiele, Rollen-, Wasserspiele
Kinder 6 bis 12 Jahre Erfahrungen mit Gemeinschaften und Wohnumwelt, Bewegungsdrang	springen, rodeln, basteln, raufen, malen, hüpfen	Konstruktions-, Regelspiele, bildnerische Spiele
Jugendliche über 12 Jahre konstruieren und gestalten, Kräfte messen, Bewegungsdrang	wie vor, dazu ringen, fahren, schwimmen, verformen	wie vor, dazu sportliche Spiele bis zum Sport, Bandenspiele

Alle diese Angaben, auch die Altersgruppen, sind Anhaltspunkte und ersetzen nicht die individuelle Beobachtung von Kindern in Freiräumen. Die Übergänge zwischen den vier genannten Gruppen sind fließend.

Die **Ausstattung** der Spielbereiche für verschiedene **Altersgruppen** sollte unter anderem umfassen (nach DIN 18034, Auswahl):

- Kleinkinder bis 6 Jahre:
  Sand, Kleinspielgeräte, Flächen für Lauf- und Gruppenspiele, Flächen für Hüpf- und Straßenspiele, Ball- und Malwand, Sitzgelegenheiten;
- Kinder von 6 bis 12 Jahren:
  Sand, Wasser, Spielgeräte, Flächen für Lauf- und Gruppenspiele, Flächen für Hüpf- und Straßenspiele, Ball- und Malwand, Sitzgelegenheiten;
- Jugendliche von 12 bis 18 Jahren:
  Ballspielplätze als Tennen- oder Hartplätze, kombinierte Spiel- und Sportgeräte, Bewegungsflächen als Tennen- oder Rasenflächen, Ballwand, einfache Lauf- und Sprunganlagen;
- Erwachsene, Familien:
  Spielwiesen, Ballspielflächen, Tischtennisplatten, Flächen für Boccia, Boule und andere Kugelspiele, Liegewiesen, Sitzgelegenheiten, Tische für Brett- und Kartenspiele.

Im Allgemeinen bleibt den Kindern, vor allem den Schulkindern, in der Stadt immer weniger Zeit und Gelegenheit zum selbstständigen Spiel. Das gemeinsame Spiel mit den Eltern oder Großeltern geht zurück, Erwachsenen- und Kinderwelt entwickeln sich auseinander. Andererseits erobern Kinder zunehmend nicht als solche definierte Spielräume in der Stadt zurück: Fußgängerzonen, Durchhäuser, Innenhöfe, Parkplätze, Haltestellen, Märkte, Baustellen, Müllsammelplätze, Ruderalflächen. Die Kinder nehmen alle beweglichen und unbeweglichen Spielangebote an, weit über die nach pädagogischen Grundsätzen entwickelten Spielgeräte hinaus.

Viele Pädagogen vertreten die Meinung, dass ein gewisses Wagnis Teil der kindlichen Entwicklung sei; dafür wird der Begriff „Spielrisiko" verwendet. Dieses ist praktisch überall im Alltag vorhanden, also auch in einem Spielbereich.

Betreute Spielbereiche, vor allem solche mit besonders ausgebildeten Betreuern, haben sich vielfach bewährt; bei Bauspielbereichen ist die Betreuung Bedingung. Hinter dieser Form der Betreuung stehen sozialpädagogische Intentionen. Aber auch eine temporäre Betreuung, etwa durch Eltern oder durch von der Stadt im Werkvertrag angestellte, ausgewählte Personen, meist Studenten oder Hausfrauen, kann durchaus erfolgreich sein. Das gilt auch für Vereine wie der „Wiener Familienbund", dessen Mitarbeiter auf Spielplätzen in Parks, jeweils nachmittags, tätig sind. Die Betreuung soll zu Aktivitäten, zu Kreativität und Kommunikation anregen, Konflikte mindern, Hilfestellung, etwa im Umgang mit Spiel- und Baumaterial, bieten; ein wichtiger Effekt ist die Entlastung für die Eltern dadurch, dass die Kinder nicht allein sind. Bei betreuten Spielbereichen ist die Besuchsdauer vergleichsweise lang, nämlich mehrere Stunden; das Alter der Besucher reicht von 3 bis zu 20 Jahren, der Hauptanteil liegt bei 8 bis 14 Jahren. Ein nicht ständig, also auch am Wochenende, betreuter Spielbereich ist nur bedingt funktionsfähig; er sollte zumindest in der übrigen Zeit geöffnet sein.

In den USA werden viele Spielbereiche (Playground, Playfield) betreut, auch verbunden mit einer zwanglosen Unterweisung in Spiel- und Sportarten. Bei betreuten Anlagen ist die Besucherzahl beträchtlich höher (bis zu 60 %) gegenüber nicht betreuten Spielbereichen. Als Beispiel für betreute Spielbereiche kann London gelten: die Organisation „One o'club for under fives" unterhält Spielbereiche mit 1000 bis 3000 m², einem Spielhaus 6 × 6 m bis 9 × 12 m, mit Teeküche, Toilette, Waschgelegenheit und Spielzeug. Der Club ist geöffnet täglich 13.00 bis 16.30 Uhr; es ist ein mäßiges Entgelt zu entrichten.

Das Ziel der Freiraumplanung ist ein **Netzwerk**, sind Ketten aus Spielbereichen, die über Fußwege miteinander verbunden sind. Auch der verbreiterte Gehsteig kann als Spielbereich dienen. Bei der Suche nach besseren Spielgelegenheiten in dicht verbauten Gebieten sind zunächst die Straßen- und Platzräume auf ihre Eignung zu untersuchen; oft bieten sich auch kleine, nur mühsam als Grünflächen zu erhaltende Reststücke an, die befestigt und als Spielflächen genutzt werden können.

Abbildung 79: Spiellandschaft im Freizeitgelände zum Neubaugebiet Welzenegg in Klagenfurt. Entwurf Abt. Grün- und Parkanlagen der Stadt Klagenfurt, Landschaftsarchitekten G. SEYDEL, E. JOLIET.

d) Räumliche Zuordnung, Standort

Das Ziel ist das **bespielbare Umfeld** der Wohnhäuser, möglichst auch ein „Streifraum", der mit wechselnden Anforderungen veränderbar ist, auch durch die Nutzer selbst. Er sollte möglichst viele Lebens- und Arbeitsbereiche umfassen. Dies gilt auch für die Räume der Erwachsenen. Vor allem in den Wohngebieten müsste es den Kindern erlaubt sein, auf Rasenflächen, Parkplätzen, in Wohnstraßen, auf Wohnwegen, in den Höfen, an den Müllsammelstellen und an anderen Orten zu spielen. Im weiteren Stadtgebiet sollten Schulhöfe, Sportanlagen, Teile von Kleingartenanlagen, Gewerbegebiete, Fluss- und Kanalufer, Brachflächen, aufgelassene Baustoffgewinnungs-Betriebe als Streifräume zugänglich sein. Kinder im Alter von 10 bis 14 Jahren streifen an einem Nachmittag bis zu 10 km in die – ihnen teilweise unbekannte – Umgebung. Das Wege- und Aktionsnetz wird mit zunehmender Entfernung von der Wohnung zwangsläufig weitmaschiger, schließlich erstreckt sich der Streifraum auf lineare Bänder entlang oft benutzter Wege. Wichtig sind Verbindungswege zwischen einzelnen Spielräumen und „ungeordnete", nicht reglementierte Flächen.

Spielbereiche für Kinder und Familien sollten der **Wohnung** zugeordnet sein; mit höherer Mobilität der Nutzer, also auch mit steigendem Alter von Kindern, sind größere Entfernungen möglich. Für kleine Kinder und gehbehinderte Personen ist die Nähe zum Hause besonders wichtig. Auch auf die Lage zur Himmelsrichtung ist Bedacht zu nehmen. Spielbereiche, die mit Lärmentwicklung verbunden sind, sollten nicht in unmittelbarer Wohnungsnähe angeordnet werden. Sehr wesentlich ist die Erreichbarkeit ohne Gefährdung durch den Verkehr. Für Jugendliche sollten die Aufenthaltsbereiche so liegen, dass sie eine ungestörte Tätigkeit zulassen, dabei aber nicht zu weit von belebten öffentlichen Straßen oder Plätzen entfernt sein. Für die Planung sind vorhandene räumliche und soziale Strukturen wie bestehende Treffpunkte, Wegebeziehungen und dergleichen wichtige Hinweise auf Nutzungsansprüche.

Tabelle 7. Räumliche Zuordnung von Spielflächen

Räumliche Zuordnung von Spielflächen (nach DIN 18034)			
Altersgruppe	Lage	Entfernung von Wohnung Fußweg	Radius
Kleinkinder bis 6 Jahre	in Sicht- u. Rufweite der Wohnung, gut einsehbar	100 m	75 m
Kinder 6–12 Jahre	innerhalb oder in unmittelbarer Nähe der Wohnbebauung, einsehbar	400 m	300 m
Jugendliche 12–18 Jahre	am Rande der Wohnbebauung	1000 m	750 m
Erwachsene u. Familien	innerhalb oder in unmittelbarer Nähe der Wohnbebauung	1000 m	750 m

Besondere Bedeutung besitzt die unmittelbare Umgebung des **Hauseinganges**; sie bietet kleinen Kindern die Möglichkeit, sich in das Haus zurückzuziehen, alten und behinderten Menschen – in Verbindung mit Sitzgelegenheiten – Raum zum Verweilen, zum Beobachten und zum Gespräch. Zunehmend werden im mehrgeschossigen Wohnbau Spielräume im Hause, oft im Erdgeschoss, eingerichtet; sie sollten eine unmittelbare räumliche Verbindung mit Spielbereichen im Freien haben.

Die räumliche Kombination von öffentlichen Spielbereichen mit Kindergärten oder Schulen kann von Fall zu Fall sinnvoll sein, beispielsweise durch die Mitbenutzung sanitärer Einrichtungen, auch durch eine lockere Aufsicht. Vor der Situierung eines Spielbereichs im Flächennutzungs- bzw. Bebauungsplan ist unbedingt zu klären, ob von diesem nicht unzumutbare Störungen ausgehen, die sehr oft zu gerichtlichen Auseinandersetzungen mit den Anrainern führen.

In einigen Großstädten wie Hannover, Berlin, Kassel, Stuttgart und Bern, aber auch in kleineren Städten wie Bad Nauheim (27 000 Ew.) ist mit Erfolg das Instrument der **Spielflächen-Leitplanung** oder Spielentwicklungsplanung im Rahmen der Stadtplanung eingesetzt worden, um eine gleichmäßige Versorgung des Stadtgebietes, zum Beispiel nach einer Gliederung in „Spielbezirke" oder Einzugsbereiche, zu erreichen.

e) Entwurf

Eine gute Gestaltung von Spielbereichen zeichnet sich dadurch aus, dass vorhandene Möglichkeiten und Gegebenheiten genutzt werden. Wichtig ist die Abwechslung zwischen mehreren Spielplätzen, also unterschiedliche Materialien, Geräte und Spielangebote. Größere Spielbereiche sollten räumlich und funktionell nach den Bedürfnissen unterschiedlicher Nutzergruppen **gegliedert** werden, zum Beispiel nach Altersgruppen von Kindern, jedoch mit Übergangsmöglichkeiten und einer visuellen Verbindung. Gruppen mit besonderen, unterschiedlichen Bedürfnissen an die Spielräume sind Mädchen und Jugendliche. Letztere benötigen vor allem Treffpunkte und möglichst ungestaltete, naturhafte Räume, die auch Kraftakte und Zerstörungen zulassen.

Nach Möglichkeit sollten Kinder und Jugendliche in den Entwurf, den Bau und die Erhaltung der Spielbereiche einbezogen werden. J. Spalink-Sievers hat an praktischen Beispielen gezeigt, dass dies bei entsprechender, engagierter Betreuung durchaus möglich ist; ein gutes Beispiel einer analytischen und praktischen Planung mit Beteiligung der betroffenen Bürger ist das Spielumfeld-Programm Göttingen (K.-J. HOLLAND, J. SPALINK-SIEVERS).

Nach Möglichkeit sollten vorhandene Geländeformen, Bauten, die Vegetation, insbesondere Bäume, genutzt werden; bei ebenem Gelände empfiehlt es sich, den Boden als Spielmulden und Rodelhügel zu modellieren. Für einen Rodelhang eignet sich eine Böschung mit 1:2 bis 1:3, bei einer längeren Strecke mit Kurven 1:3 bis 1:5; für einen Skihang für Kinder ist eine Neigung von 1:3 bis 1:5 günstig, bei längeren Abfahrten 1:8 bis 1:10. Bei der Pflanzenauswahl sind gesundheitsgefährdende Arten zu vermeiden; die entsprechenden Richtlinien sind örtlich unterschiedlich; Informationen geben Garten- oder Gesundheitsverwaltung.

Alles, was die Kommunikation fördert, sollte in einen Spielbereich einbezogen oder eingerichtet werden, etwa Tischtennisplatten, überdachte Bereiche, Kombinationen von Spielgeräten. Es sind möglichst wenig artifizielle Spielgeräte aufzustellen, sondern naturgegebene Spielmöglichkeiten auszunutzen oder zu schaffen, beispielsweise Kletterbäume, große Steine, ein Wasserlauf, eine Rutschbahn im Gelände. Für die Spielgeräte sollten möglichst natürliche, nicht behandelte Materialien verwendet werden, etwa Wurzeln oder oberirdische Teile von Bäumen. Bei allen Geräten ist strikt auf die Betriebssicherheit zu achten, ebenso auf einen ausreichenden Abstand zu anderen Geräten. Wasserrinnen dürfen höchstens 10 cm, Planschbecken höchstens 40 cm tief sein. Sand und Wasser sollten immer in Kombination vorgesehen werden. Bei größeren – auch nicht ständig betreuten – Spielbereichen sind gewartete sanitäre Einrichtungen erforderlich. So beliebt Wasser bei den Kindern ist, so unbeliebt ist es bei den Müttern.

Es ist sehr wichtig, ausreichende **befestigte Flächen** anzulegen, wodurch die Nutzung, vor allem Bewegungs- und Fahrspiele, auch bei Schlechtwetter möglich wird. Wenn es sich einrichten lässt, sollten die Nutzer selbst die Spielräume verändern können, zum Beispiel mit Hilfe mobiler Elemente; dieser Vorschlag ist allerdings nur in Stadtteilen zu verwirklichen, in denen kein Missbrauch zu befürchten ist.

Wesentlich für die Gesundheit und Sicherheit der Kinder und Jugendlichen ist die richtige Wahl der **Bodenbeläge**, vor allem unter Spielgeräten, bei denen es zum Sturz kommen kann. Die Art des Bodenbelages richtet sich unter anderem nach der Fallhöhe.

Abbildung 80: Vielfältig bespielbarer Freiraum in der „Regenbogensiedlung" Hannover. Landschaftsarchitektin J. SPALINK-SIEVERS.

Tabelle 8. Mögliche Fallhöhen bei verschiedenen Bodenbelägen

Mögliche Fallhöhen bei verschiedenen Bodenbelägen		
Belag	Fallhöhe [m]	Anmerkungen
Sand	1,5	als Unterlage bei Geräten kaum geeignet; oft Quarzsand verwendet
Rundkies 10/12 mm	1,5	nur für Wege; hohe Haltbarkeit; Gefahr: Gelenksverletzungen
Rindenschnitzel	2,5	als Unterlage bei Geräten gut geeignet; regelmäßig nachzufüllen
Fallschutzplatten	1,0 bis 2,0	Fallhöhe abhängig von Stärke, hohe Kosten, einfach verlegbar
Rasen	1,0	hohe Abnützung, bei Nässe rutschig
Naturbelag (Erde)	1,0	für Spielflächen, bei Nässe eingeschränkt benutzbar
Hartbelag (Asphalt)	0,5	für befahrbare Flächen, einfacher Unterhalt; Gelenke gefährdet

193

Bei Spielbereichen in Baugebieten ist in der Regel eine Einzäunung erforderlich; ganz wesentlich ist jedenfalls eine dichte Abgrenzung gegen Verkehrsanlagen (Straßen, Eisenbahnen); der mindestens 1,0 m hohe Zaun sollte aber immer, soweit möglich, in eine dichte Gehölzpflanzung gelegt werden. Für Ballfangzäune ist eine Höhe von 4 m erforderlich. Die Ein- und Ausgänge dürfen nicht unmittelbar auf eine stark befahrene Straße münden, gegebenenfalls ist eine Schikane einzubauen. Beim Entwurf ist immer zu berücksichtigen, dass der Betrieb und die **Erhaltung** des Spielbereichs rationell möglich sind, zum Beispiel dass LKW zum Sandspielbereich und zu den Spielgeräten zufahren können.

Bei **ständig betreuten** Spielbereichen ist ein Haus für den bzw. die Betreuer erforderlich, mit sanitären Einrichtungen, einem Aufenthalts-, nach Möglichkeit auch Spielraum für Schlechtwetter, einem Lagerraum für Spielbehelfe und einer Teeküche. Unter Umständen kann auch ein Kiosk – zur Verpachtung – vorgesehen werden, allerdings ohne Verkauf alkoholischer Getränke. Die ständige Betreuung ermöglicht es auch, einen Bauspielbereich zur konstruktiven Betätigung für Kinder einzurichten, ebenso Einrichtungen für Tanz, Puppentheater und dergleichen, ferner einen Wasserspielbereich mit Planschbecken und Wasserspielgeräten. Bei **zeitweise betreuten** Spielbereichen genügen einfache Räume für die Betreuer mit Umkleide- und Waschmöglichkeit, möglichst auch mit sanitären Einrichtungen, jedenfalls mit einem Raum für Spielbehelfe.

Jedes Spielgelände kann bei ausreichender Flächengröße abwechslungsreich gestaltet werden, wenn beim Entwurf den Erfordernissen für unterschiedliche **Spielformen** Rechnung getragen wird wie:
- Karten- und Brettspiele wie Schach, Mühle, Backgammon und ähnliche;
- Kugel- und Ballspiele wie Boccia, Boule, Petanque, Croquet, Federball, Tennis (Ballwand), Streetball, Tischtennis;
- gestaltende Spiele wie Bauen, Basteln, Formen, Malen;
- Gärtnern auf kleinen Beeten, nur mit Anleitung möglich;
- Spiele mit Sand und Wasser;
- Laufspiele, Spiele mit kleinen Fahrgeräten wie Roller, Dreiradler, Kinderfahrrad, auch Skateboard oder Snakeboard, Rollschuhlaufen und andere mehr.
- für kleine Kinder sind auch kleine geschützte Spielwinkel, zum Beispiel für das Spiel mit Puppen, Matchboxautos und dergleichen, vorzusehen.

Neben den üblichen gibt es auch besondere Formen von Spielbereichen wie Verkehrsspielplatz, Skateboard-Bahn, Spielbereich für Behinderte. Zwischen Schnellbahn und Winarskyhof in Wien, 20. Bezirk, wurde von der MA 42 Stadtgartenamt ein neuer Prototyp eines Spielbereichs angelegt, unter anderem mit einer verfallenen Burg. In jüngerer Zeit gewinnt **Inline-Skating**, das rechtlich als besondere Form des Rollschuhlaufens und damit als Spiel gilt, an Bedeutung. Es wird aber praktisch nicht auf Spiel-, sondern auf öffentlichen Verkehrsflächen ausgeübt.

Skateboard liegt an der Grenze zwischen Spiel und Sport, der auch als Wettkampf ausgetragen wird. Der Errichter und Betreiber einer Skateboard-Bahn haftet für die technische Sicherheit, soweit die Bahn den Regeln gerecht benutzt wird. Eine fachbehördliche technische Überprüfung ist zweckmäßig. Als Anlagen im öffentlichen Bereich kommen in Frage Pools, das sind in das Gelände eingebaute Betontröge, Half-Pipes und Quarter-Pipes, die über Niveau errichtet werden. Skateboard-Bahnen müssen standsicher sein, die Fahrbahn muss eine glatte Oberfläche haben, Ecken und Kanten sind – als Gefahrenquellen – zu vermeiden. Der Aufstieg zu Podesten soll nur über die Bahn selbst und nicht von außen, etwa über Treppen, möglich sein. Der Raum seitlich der Fahrflächen ist auf eine Breite von 5 m als Sicherheitsabstand frei zu halten.

Tabelle 9. Entwurfshinweise für Spielbereiche

Entwurfshinweise für Spielbereiche (nach DIN 18034, vgl. auch Abschnitte c,d):		
Spielbereiche	Mindestgröße [m²]	Anlagen, Ausstattung
Spiele im Sand	20 bis 35	Sandkiste, Sandmulde, Spieltisch
Spiele an Geräten	150 bis 500	Rutschen, Wippen, Schaukeln, Kletter- u. Hangelgeräte, Balken
Ball-, Lauf- und Bewegungsspiele	rund 1300	Spielwand; Hügel, Grube, Kletteranlage; Rollerbahn; kleine Spielfelder
Spiele im und am Wasser	200 bis 500	Planschbecken, Watrinne, Sprühgeräte
Erholung und musische Beschäftigung	rund 500	Bänke, Tische, Malwand Pritschen
Skateboard	250 bis 400	Pools, Half-Pipes, Quarter-Pipes u. dgl.
Weitere Richtlinien: DOG Deutsche Olympische Gesellschaft: Richtlinien für Kinderspiel im Wohnbereich; ÖNorm B 2605. Die sicherheitstechnischen Erfordernisse einschließlich der Materialien sind in eigenen Normen (DIN EN 1176 Spielplatzgeräte) geregelt.		

Die Vorstellungen der Planer von Spielräumen reichen weiter als die **Wünsche der Stadtbewohner**, wie sie bei Befragungen, beispielsweise 1993 in einer deutschen Großstadt erhoben wurden. Dort wurden, nach Dringlichkeit gereiht, folgende Ansprüche genannt: Sauberkeit, Sandkiste, Klettergerüst, Turngerät, Wiese, bewegliche Geräte. Kaum gewünscht wurden: Hügel, Wasser und Matsch, Felsen. Vielen kleinen Spielplätzen in Wohnungsnähe wird von den Bürgern der Vorzug gegenüber größeren Spielbereichen in weiterer Entfernung gegeben.

f) Flächengrößen

Zur Bemessung der erforderlichen Flächen und Einrichtungen wird unter anderem der (problematische) Begriff „Kinderdichte" verwendet, nämlich die Anzahl der Einwohner bis zu 12 Jahren je ha, jeweils bezogen auf den Baublock. Je Kind sollen 11 m² nutzbare Spielfläche zur Verfügung stehen. Hilfreich kann auch eine eigene **Spielplatzdatei** mit quantitativen und qualitativen Angaben zu allen Spielbereichen sein, die über die ADV mit anderen Daten, etwa Einwohnerzahlen, soziale Schichtung u. a. m. verknüpft werden kann.

Beim Entwurf ist die Unterscheidung zwischen nutzbaren Spielflächen und Nebenflächen (Wege, Pflanzungen) zu beachten. Für einen betreuten Spielpark mit Spielhaus und Bauspielbereich ist eine Mindestfläche von 1,0 ha erforderlich, je gleichzeitig anwesendem Kind mindestens 4,0 m². In jedem Fall ist es wichtig, ausreichend Raum für motorische Aktivitäten zu bieten. Die Mindestfläche für ein Rasenspielfeld beträgt rund 3000 m², besser sind 5000 m² vorzusehen. Sehr gut angenommen wird der „Bolzplatz" (Ballspielplatz mit wetterfestem Belag) mit 4000 bis 5000 m², bei dem im bebauten Gebiet in der Regel ein Ballfanggitter notwendig ist. Insgesamt sind bei einem durchschnittlichen Spielbereich je spielendem Kind rund 10,0 bis 20,0 m² nutzbare Fläche (Nettofläche) anzunehmen.

In Anbetracht der geringen verfügbaren Flächen, vor allem in dicht bebauten Stadtteilen, gewinnen Spielarten wie beispielsweise Streetball immer mehr an Bedeutung; in rascher Folge werden neue Spiele entwickelt, die im Straßen- und Platzraum ausgeübt werden können.

Es gibt eine Reihe von – sehr unterschiedlichen – **Richtwerten**, abgestuft nach Altersgruppen bzw. nach Bebauungsdichte, auch für die Mindestgrößen der einzelnen Spielbereiche. In einigen Bauordnungen finden sich Vorschriften über Mindestflächen, meist nach der Anzahl der Wohnungen innerhalb eines Bauvorhabens.

Insgesamt muss betont werden, dass gerade bei Spielbereichen die Anwendung von Richtwerten in die Irre führen kann, nämlich zu abgegrenzten, womöglich eingezäunten „Spielkäfigen", mit denen der Bedarf nur dem Anschein nach gedeckt ist. Ziel muss es sein, **alle Freiräume „bespielbar"** zu machen, so wie die Stadtbewohner auch für die Autos alle freien Flächen zum Fahren und Stehen in Anspruch nehmen.

Folgende Flächengrößen können als Planungs- bzw. Entwurfs-Grundlage herangezogen werden.

Tabelle 10. Mindestbedarf an Spielflächen

Mindestbedarf an Spielflächen (nach DIN 18034)			
Altersgruppe	Bruttoflächenbedarf [m²/Ew.]	Größe der Spielfläche [m²]	
		Nutzbare Fläche	Bruttofläche
Kleinkinder bis 6 J.	0,75	40 bis 150	60 bis 225
Kinder 6–12 Jahre	0,75	450 bis 800	675 bis 1200
Jugendliche 12–18 Jahre	0,75	600 bis 1000	1500 bis 2000
Erwachsene und Familie	1,5	1500 bis 2000	2250 bis 3000

In der Stadtplanung wird oft übersehen, dass ein beträchtlicher Bedarf an Spielräumen, vor allem für größere Kinder und Jugendliche, auch in Einfamilienhausgebieten auftritt, in den Hausgärten aber nicht befriedigt werden kann.

Literatur

Agde G. et al.: Freiflächen zum Spielen. Kommentar zu DIN 18034. Berlin/Köln 1991

Agde G., A. Nagel und J. Richter.: Sicherheit auf Kinderspielplätzen. 4.Auflage. Wiesbaden und Berlin 1996

Agde G.: Sicherheit und Haftung bei naturnahen Spielräumen. Stadt und Grün 1996 H.3 210–212. Hannover/Berlin 1996

Beltzig G.: Kinderspielplätze mit hohem Spielwert – planen, bauen, erhalten. Augsburg 1990

DIN Deutsches Institut für Normung (Hrsg.): Kinderspielgeräte. Normen, Gerätesicherheitsgesetz. 5. Aufl. Berlin/Wien/Zürich 1998

Feldmann von, P.: Rechtsfragen der Planung, Herstellung und Unterhaltung von Spielplätzen. In: Bochnig S., K. Selle: Freiräume für die Stadt, Band 2. Wiesbaden/Berlin 1993

Frohne D., H.J. Pfänder: Giftpflanzen. 4. Auflage. Stuttgart 1997

Grosse-Bächle L., G. Haßelbusch, G. Nagel: Spielen in der Stadt. Bewertung der Bespielbarkeit städtischer Freiräume in Mainz. Schriftenreihe des Fachbereichs Landschaftsarchitektur und Umweltentwicklung der Universität Hannover Heft 39. Hannover 1993

Hohenauer P.: Spielplatzgestaltung – naturnah und kindgerecht. Wiesbaden 1995

Kanton Bern: Aufenthaltsbereiche und Spielplätze. Baudirektion Bern. Bern 1992

Kleeberg J.: Spielräume für Kinder. Planen und realisieren. Stuttgart 1998

Kose U., Licka L.: Bespielbare Stadt. "Alles geht spielend", „Der Weg ist das Ziel". Beiträge zur Stadtforschung, Stadtentwicklung und Stadtgestaltung, Band 56. Wien 1995

Loidl-Reisch C.: Orte des Spiels. Beiträge zur Stadtforschung, Stadtentwicklung und Stadtgestaltung, Magistrat Wien, Band 33. Wien 1992

Ruske W.: Handbuch Spiel- und Freizeit im öffentlichen Raum. Leitfaden für Planung, Ausschreibung, Gestaltung, Einrichtung und Betrieb von Spielplätzen und Freizeitanlagen. Düsseldorf 1990

Wettstein F.: Gestaltung von Spielbereichen im Freien. Infoblatt Spiel, Pro Juventute. Zürich 1989

4.1.5 Brachen

a) Begriffe

In vielen Städten liegen kleine, manchmal auch große Flächen brach, weil die bisherige Nutzung aufgegeben worden ist. Auf ihnen entwickelt sich eine vielfältige Vegetation, die diese Flächen zu ökologisch sehr wertvollen Grünräumen in der Stadt macht, oft inmitten einer dichten Bebauung. Weil der Bestand der Brache in der Regel vorübergehend ist, spricht man auch von „transitorischen" Grünflächen. Diese Flächen bieten die Möglichkeit und Offenheit für verschiedene Formen legaler und illegaler Aneignung; sie befriedigen Bedürfnisse, die die festgelegten Strukturen der Stadt nicht erfüllen können.

Abbildung 81: Stadtbrache von hohem ökologischen Wert im bebauten Gebiet in Wien-Meidling, für Wohnbebauung vorgesehen.

b) Rechtliche Grundlagen

Das Eigentum an den Stadtbrachen ist in der Regel durchaus geklärt, wobei die Grundbesitzer meist den Zugang durch eine Einfriedung verwehren, um ihren Rechtsanspruch im Hinblick auf eine spätere wirtschaftliche Verwertung zu wahren und Ansprüche im Sinne der Verkehrssicherungspflicht, etwa bei Unfällen von Benutzern, von vornherein abzuwehren. Gleichwohl verschaffen sich Stadtbewohner Zugang zu den Brachflächen. Planungsrechtlich sind Brachflächen allgemein als Schutzflächen – unter verschiedenen Bezeichnungen wie Ökofläche, Biotopfläche und dergleichen – zu sichern; die Regelungen sind länderweise unterschiedlich. Sehr oft wird allerdings die ursprüngliche Widmung als Bauland – Industrie oder Verkehrsfläche aus wirtschaftlichen Erwägungen bestehen bleiben. Dies entspricht auch dem meist temporären Bestand von Stadtbrachen.

c) Nutzung, Nutzergruppen

Die Brachflächen, unabhängig von ihrer Größe und ihrem Zuschnitt, manchmal nur Zwickel oder Streifen, sind gleichsam Lücken im dichten System der Flächennutzungen einer Stadt, Experimentierfeld einer neuen Form von Öffentlichkeit. Diese Flächen bedeuten vielfach neue Freiräume, sowohl wohngebiets- als auch stadtteilbezogen, manche auch darüber hinaus. Brachflächen werden demnach alternativ zu Parks oder anderen, gestalteten Freiräumen für vielfältige Nutzungen aufgesucht, teils kurzfristig für Spaziergänge, Spiele, zum Joggen, Lagern oder für Picknicks, teils längerfristig für das Aufstellen provisorischer, einfacher Wohngelegenheiten. Die Nutzer sind überwiegend jüngere Stadtbewohner sowie Obdachlose. An Nutzungsspuren wird sichtbar, dass sich auch Kinder in den Brachflächen eigene Spielräume schaffen und gestalten. Eine besondere Form ist das Wohnen in mobilen oder provisorischen Behausungen. Brachen bieten ein wichtiges **zusätzliches** Angebot an Betätigungen, sie ersetzen jedoch

197

keinesfalls andere Freiräume der Stadt, sondern befriedigen Bedürfnisse, die dort nicht erfüllt werden können.

Durch die Nutzung als Spielbereich, als Motocross-Gelände, als Fläche für Mountainbike-Wettbewerbe oder als Übungsgelände für Panzer und andere Kettenfahrzeuge des Heeres („Pflegepanzer") entwickeln sich Standorte für seltene, schützenswerte Pflanzengemeinschaften. Diese nur scheinbar schädlichen Nutzungen verhindern oft eine unerwünschte Sukzession in Richtung Wald.

d) Räumliche Zuordnung, Standort

Ursprünglich bedeutet „Brache" das Liegenlassen von Ackerflächen im Dreijahres-Rhythmus; als Sozialbrache wird das Aufgeben der Bewirtschaftung agrarischer Flächen aus wirtschaftlichen Gründen bezeichnet. In unseren Städten tritt die Industriebrache als Folge der Absiedlung von Betrieben und Bahnanlagen auf. Stadtbrachen sind demnach nicht planbar, sie entstehen mehr oder minder zufällig im Stadtgefüge, sind aber für die Stadtplanung durch die Beobachtung der wirtschaftlichen Lage von Industrie- und Gewerbebetrieben sowie durch die Dispositionen der Bahnen bis zu einem gewissen Grade vorhersehbar.

e) Entwurf

Von einem Entwurf im herkömmlichen Sinne kann bei Stadtbrachen nicht gesprochen werden: im Gegenteil, sie stellen ein Musterbeispiel für die Selbstorganisation einer öffentlichen Grünfläche dar. In Brachflächen sind die unterschiedlichsten Einrichtungen zu finden, die von den Nutzern selbst nach ihren eigenen Bedürfnissen geschaffen worden sind, beispielsweise Trampelpfade, Feuerstellen für Grillplätze, Skateboard-Strecken, gebaute Spielecken von Kindern und Wagendörfer. Es wäre sicher verfehlt, in diese positiv zu bewertende Selbstorganisation in irgend einer Weise von außen einzugreifen.

Es handelt es sich durchwegs um Flächen, auf denen sich je nach Standort eine mehr oder minder dichte **Sukzession** von Pflanzengesellschaften eingestellt hat, bei denen aber eine behutsame Erneuerung angestrebt wird, die sich in das gesamte Gefüge der Stadt einbindet. In Hannover wurden 1989 öffentlich zugängliche Brachflächen auf ihre Nutzung hin untersucht. Dabei wurde deutlich, dass es sich hier – gegenüber den gängigen Formen, etwa Parkanlagen – um einen zusätzlichen Grünflächentyp handelt, der sich durch eine intensive und spezifische Nutzung durch die Stadtbewohner auszeichnet.

Die Sukzessionsflächen der Brachen symbolisieren vielfach heute die Natur in der Stadt, anstelle der Landschaftsgärten und Parkanlagen. Sie sind vielgestaltig und haben sich oft zu wertvollen Biotopen entwickelt; so dient die Erhaltung und Entwicklung von Brachflächen auch dem Artenschutz.

Vegetationsbedeckte Brachflächen besitzen an sich eine vielfältige Bedeutung: in biologischer Hinsicht, als „Stadtnatur", für das Stadtbild, für verschiedene Nutzungen. Besonders hoch ist ihr ökologischer Wert. In Wien sind eine Reihe dieser Flächen als „Ökologische Entwicklungsflächen" nach dem Naturschutzgesetz vor anderen Nutzungen gesichert.

f) Flächengrößen

Die Größe von Brachflächen ist durch ihre Entstehung vorgegeben. Es finden sich Brachen von einigen tausend Quadratmetern bis zu solchen mit mehreren Hektar. Allerdings ist zu bedenken, dass diese Flächen in der Regel nicht auf Dauer in dieser Form gesichert sind, sondern früher oder später einer anderen Nutzung weichen müssen.

Literatur

Geißelbrecht-Taferner L., L. Mucina: Vegetation der Brachen am Beispiel der Stadt Linz. Linz/Donau 1995

Genske D. D., H. P. Noll: Brachflächen und Flächenrecycling. Berlin 1995

Hard G.: Ruderalvegetation. Gesamthochschule Kassel, AG Freiraum und Vegetation. Notizbuch Kasseler Schule 49. Kassel 1998

Heinemann G., K. Pommerening: Struktur und Nutzung dysfunktionaler Freiräume. Notizbuch 12 der Kasseler Schule. 3. Aufl. Kassel 1994

Hülbusch K. H. : Das wilde Grün der Städte. In: Grün in der Stadt (Hrsg. K. Spitzer). Reinbek bei Hamburg 1981

Knittel J.: Funktion und Leistung der Stadtvegetation in: AG Freiraum und Vegetation (Hrsg.), Notizbuch der Kasseler Schule Heft 7. Kassel 1986

Wagner R.: Naturspielräume gestalten und erleben. Münster 1995

Wittig R. (Hrsg.): Städtische Brachflächen und ihre Bedeutung aus der Sicht der Ökologie und Planung. Geobotan. Kolloquium Heft 9. Solingen 1993

4.2 Sport- und Freizeitanlagen

4.2.1 Sportanlagen

a) Begriffe

Es werden hier einige **Typen von Freiluftanlagen** für mehrere gängige Sportarten besprochen. Solche Sportanlagen wurden in der Neuzeit seit dem Ende des 19. Jh. planmäßig angelegt, zunächst für einzelne Sportarten wie Fußball, ausgehend von Amerika und England. Turnplätze für Männer gab es in Deutschland schon früher, im Zuge der nationalen Bewegung des „Turnvaters" Friedrich Ludwig JAHN (1778–1852); der erste Turnplatz entstand 1811 auf der Hasenheide bei Berlin. Markante Bauten waren 1913 das Grunewald-Stadion in Berlin (Architekt Otto MARCH), 1931 das Wiener Praterstadion (Architekt O. E. SCHWEIZER). Der Begriff „Sportarten" ist durchaus fließend, es bilden sich immer wieder neue Sportarten – etwa Skateboard und Rollerblade – heraus, während andere kaum oder nicht mehr ausgeübt werden. In jüngerer Zeit werden Aktivitäten wie „Streetball","Streetplay", „Streethockey" und andere gefördert.

Sportanlagen lassen sich unterscheiden je nach Zugänglichkeit bzw. Funktion nach
- Anlagen zur allgemeinen, freien Sportausübung ohne Bindung an einen Verein, Betrieb und dergleichen, auch als „Sportplatz der offenen Tür" bezeichnet;
- Vereinssportanlagen für eine oder mehrere Sportarten, nur für Vereinsmitglieder und deren Gäste zugänglich; mehrere Anlagen werden zu einer Stadtteilsportanlage zusammengefasst;
- Betriebssportanlagen für eine oder mehrere Sportarten, nur für Betriebsangehörige zugänglich;
- Schulsportanlagen, auf dem Schulgelände oder in dessen Nähe;
- Sportanlagen für Hochleistungssport, meist in Verbindung mit Trainingszentren;
- Anlagen für einzelne Sportarten wie Tennis, Golf, Pferdesport (Reiten, Fahren).

Innerhalb der Sportanlagen wird begrifflich getrennt nach
- Sportflächen = Flächen für die Sportausübung wie Spielfeld, Laufbahn, Leichtathletikanlage;
- Nebenflächen = Wegeflächen, Autostellplätze, Gebäudeflächen, Pflanzungen;
- Zuschauerbereiche, Tribünen, Betriebsgebäude und -flächen.

In Städten werden, vor allem von Jugendlichen, auch Straßen seit jeher als Sportflächen genutzt.

b) Rechtliche Grundlagen

Sportanlagen stehen überwiegend im Grundeigentum der **öffentlichen Hand** (Stadt, Land, Bund) und von **Betrieben.** In Wien werden Sporthallen, Großsportanlagen und Jugendsportanlagen sowie Skilanglauf-Loipen von der Stadtverwaltung in Eigenregie betrieben. Vereinssportanlagen werden oft als Pachtfläche und durch einen Nutzungsvertrag zu günstigen Bedingungen an einen Sportverein vergeben, was praktisch einer stillen Subvention gleichkommt. Daneben gibt es eine große Zahl privater, gewerblicher Sportanlagen, vor allem Tennis- und Squash-Anlagen, die nach wirtschaftlichen Gesichtspunkten betrieben werden. Der Bau von Sportanlagen kann von der öffentlichen Hand gefördert werden, dabei kann die Einhaltung von Standards zur Bedingung gemacht werden. Schulsportanlagen können vom Träger der Schule während der unterrichtsfreien Zeit Vereinen für deren Sportausübung zur Verfügung gestellt werden, wenn der zuständige Schulwart zustimmt.

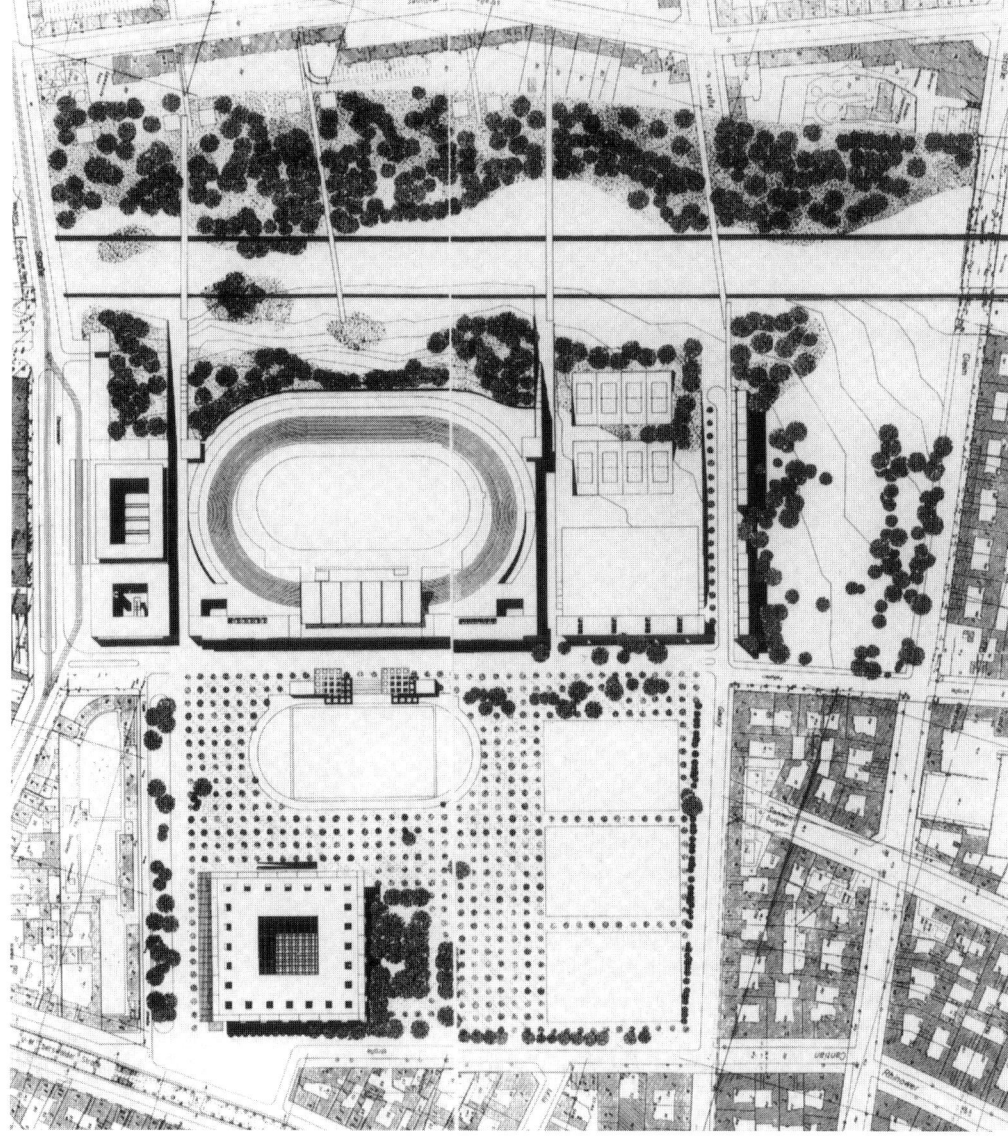

Abbildung 83: Sportpark in Berlin, Wettbewerbsentwurf Landschaftsarchitekt Gustav LANGE, Architekten SCHWEGER und Partner, 1. Preis.

In Österreich liegt die rechtliche Zuständigkeit für Sportangelegenheiten bei den **Bundesländern**; eine ständige Beratung für Gemeinden und Vereine, das Erstellen von Richtlinien, die Lenkung der Förderung aus Sport-Totomitteln ist Sache des **Bundes**, der dafür und für die Entwicklung des Sports insgesamt das Österreichische Institut für Schul- und Sportstättenbau (ÖISS) als Stiftung eingerichtet hat.

Die Flächenwidmung ist eine eigene Kategorie im Grünland bzw. Erholungsgebiet (Wien: Esp), eingeschlossen sind auch die zum Betrieb notwendigen Gebäude; unter Umständen, etwa für Sporthallen, kann die Widmung auch Bauland/Sondergebiet sein. Die Regelungen in Deutschland und der Schweiz sind vergleichbar, dem ÖISS entsprechen dort das Bundesinstitut für Sportwissenschaft Köln-Müngersdorf und die Eidgenössische Sportschule Magglingen.

c) Nutzung, Nutzergruppen

Sport und Spiel lassen sich, abgesehen vom Leistungssport, begrifflich nicht vollständig voneinander abgrenzen: Arbeitskollegen oder Freunde, die im Park gemeinsam Ball spielen, Ju-

201

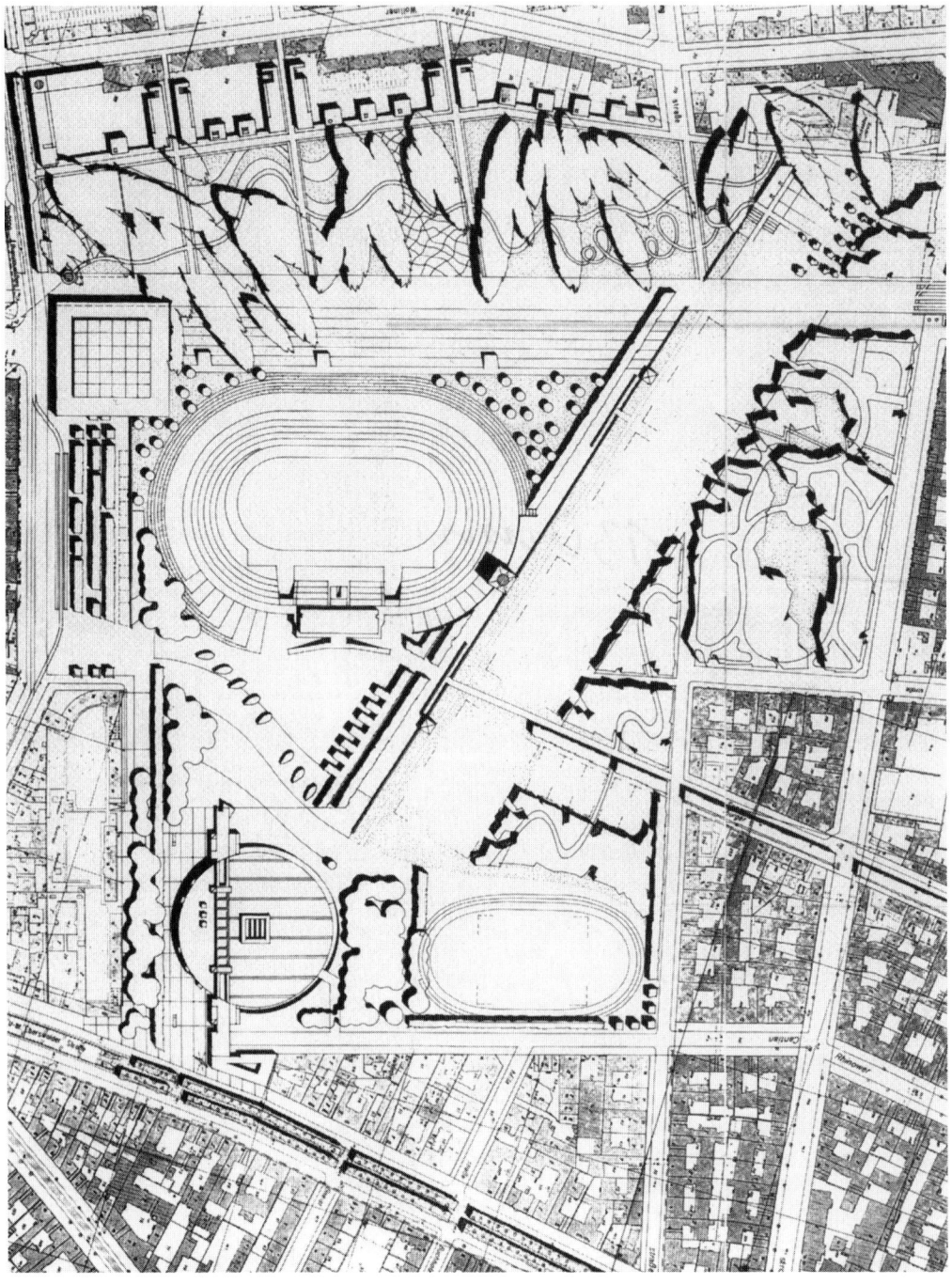

gendliche, die um die Wette laufen, tun dies eher spielerisch als aus sportlichem Ehrgeiz. In öffentlichen Grünanlagen werden deshalb zunehmend Möglichkeiten zum ungebundenen Sport angeboten. Der Begriff „Sport" ist lange **idealisiert** worden, nicht zuletzt aus politisch-ideologischen Gründen, unterstützt durch den olympischen Gedanken. In jüngerer Zeit ist der Sport hingegen weitgehend **kommerzialisiert**, er wird von der Sportart bis zur Ausstattung von der Sportartikel-Industrie und von den Medien gesteuert.

Es lassen sich **aktive** und **passive** Sportausübende („Zuschauersport") unterscheiden. Der Anteil der Mitglieder von Sportvereinen einschließlich der alpinen Vereine an der Gesamtbevölkerung liegt in Städten überwiegend zwischen 18 und 25 %. Von diesen Personen sind die meisten aktiv Sportausübende. Andererseits gibt es viele Sporttreibende, vor allem Wintersportler, die keinem Verein angehören.

Parameter für die Beurteilung des **Bedarfs** an Sportanlagen sind:
- Veränderungen im Anteil der aktiv Sport betreibenden Einwohner, aufgrund von Zählungen in Sportanlagen;
- Veränderungen in der Beliebtheit von Sportarten, Auftreten von „Modesportarten" wie Reiten, Golf;
- Veränderungen in der Häufigkeit (je Woche) und der Dauer der einzelnen Ausübung, aufgrund von Beobachtungen.

Sie sind alle verknüpfbar mit der Bevölkerungs-, vor allem mit der Altersstruktur. Einige der genannten Parameter sind kosten- bzw. einkommensabhängig und damit an die Wirtschaftslage gebunden. In jüngerer Zeit wird die Sportausübung auch stark durch konkurrierende Tätigkeiten wie den Besuch von Fitness-Centers und Solarien beeinflusst. Die Bereitschaft, hohe Beträge für den Sport auszugeben, zeigt sich beispielsweise bei den Liftkarten, bei der Anschaffung eines Sport-Fahrrades, bei den Kosten für das Halten eines Reitpferdes.

Abbildung 85: Modell zu einer öffentlichen Skate-Anlage in Wien-Brigittenau, Forsthauspark.

d) Räumliche Zuordnung, Standort

Als Grundsatz für den Standort von Einzel- oder **Vereinssportanlagen** gilt allgemein, dass sie einem Stadtteil zugeordnet sind und einen so großen Einzugsbereich haben, dass eine kombinierte Anlage für Feldspiele und Leichtathletik sinnvoll ist. Je größer und vielfältiger das Angebot ist, umso mehr Sportler kommen zum Training und Wettkampf, die Wirtschaftlichkeit der Anlage ist größer, es kann in eine bessere Ausstattung investiert werden. **Spezialanlagen** einschließlich Stadien sind der **Gesamtstadt** bzw. der Stadtregion zugeordnet. Sportanlagen können wichtige Bestandteile von Grünzügen bzw. des Grünsystems sein, sie können auch zweckmäßig mit einem Schulzentrum kombiniert werden. Das setzt voraus, dass in der Stadtplanung die Schulleitplanung mit der Sportstättenplanung abgestimmt wird. Ferner kann das Prinzip der „abgestuften Zentralität" gelten, das heißt, der Einzugsbereich vieler kleiner, jeweils einem Wohngebiet zugeordneter und einfach ausgestatteter Anlagen wird überlagert vom Einzugsbereich einer **Stadtteilsportanlage**, die auch spezielle Möglichkeiten für seltener ausgeübte Sportarten bietet und für den Zuschauersport eingerichtet ist. Nach dem Österreichischen Sportstätten-Leitplan ist ein **abgestuftes System** von Sportanlagen, in Größe und Art der einzelnen Anlagen abhängig von den Einwohnerzahlen im Einzugsgebiet, vorgesehen. Bei allen Sportanlagen, besonders bei Anlagen mit Zuschauertribünen, ist die Anbindung an das **öffentliche Verkehrsnetz**, möglichst an U- oder S-Bahn, sehr wichtig.

Frei, ohne Vereinszugehörigkeit zugängliche Sportanlagen können in größeren Parkanlagen, auch auf Restflächen von Verkehrsanlagen situiert sein. Solche Sportanlagen sollten möglichst so nahe zu Wohn- und Arbeitsplatzgebieten, Universitäten und dergleichen liegen, dass sie leicht zu Fuß oder mit dem Fahrrad zu erreichen sind.

Schulsportanlagen sind bei Neubauten auf dem Schulgrundstück selbst, sonst in maximal 10 Minuten Fußwegentfernung vorzusehen. **Betriebssportanlagen** liegen in der Regel auf dem Betriebsgelände bzw. in unmittelbarar Nähe. Bei großen Betrieben, die auf viele Standorte verteilt sind wie Post und Bahn werden die Sportanlagen an einem möglichst zentralen Standort zusammengefasst. Anlagen für den Hochleistungssport (Trainingszentren) werden nach organisatorischen und naturräumlichen Voraussetzungen situiert, spezielle Sportanlagen wie Golfplatz, Regattastrecke und dergleichen nach räumlichen Gegebenheiten und Möglichkeiten.

In jüngerer Zeit sind mit dem wachsenden Umweltbewusstsein die **störenden Wirkungen**, die von Sportanlagen, vor allem von Stadien und von Tennisplätzen, ausgehen, sehr dringlich geworden. Besonders viele Konflikte entstehen durch die Lärmentwicklung, sei es durch das Spiel selbst, sei es durch Zuschauer. Weitere Störungen verursachen Autos bei der Zu- und Ab-

203

fahrt sowie beim Parken, zurückbleibende Abfälle im Umfeld der Sportanlagen und schließlich die Flutlichtanlagen. Es ist daher schon bei der Standortwahl darauf Bedacht zu nehmen, dass Wohngebiete, Krankenhäuser und dergleichen vor unzumutbarem Lärm und anderen Störungen geschützt bleiben.

Die **naturräumlichen** Standortbedingungen sind bei Neubauten unbedingt zu berücksichtigen, vor allem die Geländeform und die Wasserverhältnisse. Zu bevorzugen ist ein möglichst ebenes Gelände; Hanglagen erfordern einen hohen Aufwand für Erdbewegungen und Stützmauern, oft wird auch dabei ein Grundwasserhorizont angeschnitten, was zusätzliche, kostspielige Maßnahmen zur Wasserhaltung und -ableitung erfordert. Feuchte Niederungen sind aus dem gleichen Grunde kaum geeignet oder erfordern eine besondere Entwässerung. Der **Boden** sollte leicht und durchlässig sein, also kein schwerer Lehm oder Ton. Der höchste **Grundwasserstand** muss tiefer als mindestens 0,7 m unter dem Niveau der Spiel- und Leichtathletik-Anlagen liegen. Talsenken ohne Abflussmöglichkeit für die Kaltluft sollten wegen Nebel und hoher Feuchtigkeit möglichst gemieden werden, der Standort sollte auch vor starker Windeinwirkung und schädlichen Immissionen geschützt sein. Die **Entwässerung** in den Vorfluter, möglichst ein Bach oder Fluss, soll im freien Gefälle und auf einer kurzen Strecke möglich sein. Wichtig ist auch die Möglichkeit zur **Bewässerung** ohne hohen Aufwand. Der Bedarf an Gießwasser beträgt für Sportplätze, je nach Bodenart, in niederschlagsreichen Lagen 0 bis 50 Liter je m^2 und Jahr, in mittleren Lagen 75 bis 150 Liter, in trockenen Lagen 150 bis 250 Liter. Der Wasserbedarf für einen 18 Loch-Golfplatz liegt in niederschlagsreichen Lagen bei 12 000 m^3 im Jahr, in mittleren Lagen bei 22 600 m^3, in trockenen Lagen bei 43 500 m^3.

An Klimafaktoren sind besonders zu berücksichtigen: die Sonneneinstrahlung, die Windeinwirkung, das Auftreten von Kaltluftseen und Nebel, Menge und Verteilung von Niederschlägen im Jahresablauf.

Für Wintersportanlagen gelten besondere Standortbedingungen, die hier nicht näher ausgeführt werden, da sie in der Regel für die Stadtplanung nur in besonderen Fällen, etwa in Städten im Alpenraum, eine Rolle spielen. Die Kombinationsmöglichkeit von Sommer- und Wintersport-Anlagen, zum Beispiel Eislauf auf einer Tennisanlage, sollten jedenfalls genutzt werden.

Konflikte zwischen den Bedürfnissen des Sports und den Anliegen von **Natur- und Landschaftsschutz** entstehen bei falscher Standortwahl und nicht fachgerechter Planung von Sportanlagen. Bei großen Anlagen, etwa bei 18 Loch-Golfplätzen, lässt sich durch eine zeitgerechte Planung, etwa zwei Jahre vor Baubeginn, oft ein sinnvoller räumlicher Ausgleich erreichen. Besonders kritisch zu beurteilen ist die Standortwahl auf Marginalflächen, die vergleichsweise billig zu erwerben sind, jedoch einen sehr hohen ökologischen Wert besitzen, etwa feuchte Wiesen oder Trockenrasen.

Für viele Städte werden **Sportstättenkonzepte** erarbeitet, regional werden Sportstätten-Leitpläne und Freizeit- und Erholungs-Raumordnungskonzepte wirksam. Alle diese Pläne sind im Abstand von fünf Jahren kritisch auf ihre Aktualität zu überprüfen, vor allem wenn sie zur Grundlage von Förderungen gemacht werden.

e) Entwurf

Der Sportanlagenbau hat sich in den vergangenen Jahrzehnten durch viele Forschungsergebnisse zur Materialverwendung und durch immer bessere Erfahrungen in der Sportmedizin, auch durch steigende Anforderungen seitens des Spitzensports, zu einer Spezialdisziplin entwickelt. Das gilt besonders für Wettkampfanlagen in großen Städten. Es ist daher unbedingt notwendig, für die Planung und den Bau von Sportanlagen Sonderfachleute und Fachfirmen heranzuziehen. Jedenfalls gelten die Normen für Sportplätze als „Regeln der Technik" (= „anerkannte Regeln des Handwerks"), insbesondere die ÖNORM B 2605 und die DIN 18035, die aus mehreren Teilen besteht. Weitere Hinweise sind enthalten in: Empfehlung 104, Freianlagen – Ausführung, Schriftenreihe der ESSM (Eidgenössische Sportschule Magglingen).

Als generelle Grundlage für die Planung und den Bau von Sportanlagen gelten die ÖNorm B 2605 Anlagen für Spiele und Leichtathletik im Freien sowie DIN 18035. Allgemein werden Typen von Sportanlagen je nach Einwohnerzahl der Gemeinde bzw. des Einzugsbereiches mit den jeweils erforderlichen Anlagen angeführt.

Für Orte bzw. Städte mit etwa 3000 bis 25 000 Einwohnern im Einzugsbereich kommen, je nach Stadtgröße, folgende Typen von Sportanlagen in Frage:
- **Gesamtgröße 12 000 m²** mit folgender Ausstattung:
  Rasenspielfeld 68 × 105 m; Leichtathletik-Anlagen: 400 m-Bahn 4-bahnig; Kurzstreckenlaufbahn 6-bahnig, 1 Weitsprunganlage, 1 Hochsprunganlage, 1 Doppel-Kugelstoßanlage, 1 Dreisprunganlage, 1 Stabhochsprunganlage, 1 kombinierter Diskus- und Hammerwurfkreis, 1 Speerwurfanlauf (Spielfeld = Wurffeld); Kleinspielfeld 22 × 44 m, möglichst mit Allwetterdecke.
- **Gesamtgröße 30 000 m²** mit folgender Ausstattung:
  2 bis 3 Rasenspielfelder 68 × 105 m; Leichtathletikanlagen: 400 m-Bahn 6- oder 8-bahnig, Kurzstreckenlaufbahn 8-bahnig, 2 Hochsprunganlagen, 2 Weitsprunganlagen, 2 Kugelstoßanlagen, 2 Dreisprunganlagen, 2 Stabhochsprung-Anlagen und Wassergraben sowie 2 Diskus- bzw. Hammerwurfkreise (kombiniert) und 2 Speerwurfanläufe (Wurfrichtung gegeneinander), 4 bis 6 Kleinspielfelder; Spiel- und Gymnastikwiese.

Für einen Einzugsbereich mit mehr als etwa 25 000 Einwohnern ist der Bau einer **Bezirks- bzw. Stadtteil-Sportanlage** zu empfehlen, die auch eine Tennisanlage umfasst und möglichst auch von einer oder mehreren Schulen mitbenützt werden kann.
Die Stadtteilanlage umfasst folgende Bestandteile:
- ein Wettkampf-Rasenfeld (68 × 105 m) mit einfacher Tribüne;
- Übungsfelder (rund 60 × 90 m) für Vereine als Rasen- oder Allwetterfelder;
- Übungsfelder für Vereine und für freie Sportausübung (nicht eingezäunter Bereich), meist Rasenfelder;
- Kleinspielfelder als Allwetterplätze, Grundmaß 20 × 40 m, für Basketball, Faustball, Volleyball und dergleichen;
- Leichtathletikanlagen, Laufbahn (in Verbindung mit dem Hauptspielfeld);
- Tennisanlage, evtl. mit eigenem Klubhaus;
- Gebäude, gegebenenfalls in Verbindung mit Tribüne, mit Vereinsbüros, Saal, sanitären Anlagen, Umkleiden, Arztraum, Personal- und Platzwarträumen, gegebenenfalls Platzwartwohnung, Gastbetrieb (Buffet, Restaurant), evtl. Schießsportanlage, Kegelbahn und anderes, gegebenenfalls getrennte Sporthalle;
- Parkplatz, schattig; Reservestellflächen, gleichzeitig Übungsfeld.

Funktionelle und räumliche Gliederung
- Ordnung der Spielfelder, möglichst Nord-Süd bzw. NNW-SSO, NNO-SSW, Leichtathletikanlagen und anderes zueinander und in Verbindung mit den Bauten, zum Beispiel der Tribüne;
- Anordnung der Gebäude; Umkleide- und Sanitärräume, Räume für Betreuung der Sportler: Arzt, Masseur, Sportlehrer, Trainer, Schiedsrichter, Funktionäre; Räume für Platzwart, Sportgeräte, Pflegegeräte; die Räume können mit der Tribüne, wenn vorhanden, kombiniert werden;
- Zuschaueranlagen (soweit erforderlich): Tribünen an der Westseite des Spielfeldes, sanitäre Anlagen, Kassen, Buffet;
- Einzäunung: Trennung jederzeit zugänglicher von eingezäunten Bereichen in Verbindung mit Wegeführung nach dem Betriebsablauf, für Sportler, Zuschauer, Versorgung, Pflege; Spielfelder müssen mit Pflegegeräten (Mäher, Walzen, Markiergerät) und Fahrzeugen (Abtransport des Mähgutes) stufenlos erreichbar sein. Äußerst wichtig ist die Situierung und Breite der Ausgänge für den Notfall;

205

Abbildung 86: Sportanlage in Wien-Favoriten, Grenz-ackerstraße, im Süden des Stadtgebietes, mit rund 100 000 Einwohnern im näheren Einzugsbereich.

- Anbindung an den öffentlichen und Individualverkehr, äußere Erschließung, Autostellplätze mit Reservestellflächen für besondere Fälle, letztere auch als Spielflächen nutzbar;
- räumliche Gliederung wie Bodenmodellierung, Bepflanzung mit besonderer Beachtung kleinklimatischer Verhältnisse (Kaltluft, Wind).

Bei Sportanlagen mit Zuschauer-Tribünen ist ein ausreichend großer Vorplatz mit Kassen vorzusehen. Besonders wichtig ist die Organisation der Zu- und Abgänge mit mindestens folgenden Durchgangsbreiten: für 400 Personen 2,80 m, für 800 Personen 3,50 m, für 1200 Personen 6,60 m. Die Zuschauerränge müssen auch im Falle einer Panik ohne Stauungen geräumt werden können. Wichtig sind auch die Sichtverhältnisse von den Steh- und Sitzplätzen aus.

Soweit nicht Ballfanggitter mit 4,0 bis 5,0 m Höhe notwendig sind, reichen Zäune mit 1,80 bis 2,50 m Höhe aus. Da Maschendrahtzäune bei Anlagen mit Zuschauern oft beschädigt werden, ist die Verwendung stabilerer Konstruktionen zu empfehlen. Wichtig sind beim Ausbruch von Panik automatisch zu öffnende Tore. Besonderer Sorgfalt bedarf die Montage und ständige Kontrolle und Unterhaltung aller **Geräte**; dies gilt besonders für mobile Bestandteile wie umsteckbare Tore, Netze (Diskus, Hammerwerfen), Turngeräte und dergleichen mehr.

Bereits zu Beginn des Entwurfs ist zu klären, wie der Wasserbedarf für die Beregnung oder Unterflur-Bewässerung gedeckt werden soll, beispielsweise durch Entnahme aus Oberflächengewässern, aus dem Grundwasser, beides gegebenenfalls in Verbindung mit Sammelbecken, aus der Rückführung von gereinigten Abwässern oder aus dem öffentlichen Versorgungsnetz, zweckmäßig mit Brauchwasser.

f) Flächengrößen

Für alle Sportarten sind international gültige **Normgrößen** vorgegeben, die beim Entwurf einzuhalten sind. Wie bei allen Freianlagen muss der Entwurf auf eine möglichst leichte, weitgehend **maschinelle Pflege** ausgerichtet sein. Auch bei Geräteeinsatz erfordert die Instandhaltung ein gut geschultes Pflegepersonal. So benötigt beispielsweise die Pflege eines 18 Loch-Golfplatzes zusätzlich zum Greenkeeper 5 bis 6 ständig beschäftigte, erfahrene Platzarbeiter.

Als Richtwert für die in einer Stadt erforderlichen Spielflächen (ohne Nebenflächen wie Parkplatz oder Zuschauerbereiche) bei einem Einzugsbereich mit mehr als 10 000 Einwohnern sind **mindestens** 2,5 m² je Einwohner anzunehmen, davon 20 % für Leichtathletikanlagen, diese eventuell kombiniert mit Kleinspielfeldern. Nach den Richtlinien der Deutschen Olympischen Gesellschaft DOG sind für Allgemeine Sportanlagen, Spiel- und Sportanlagen sowie Spiel- und Sportplätze insgesamt 4 m² reine Spielfläche je Einwohner vorzusehen. Die österreichischen Sportstätten-Leitpläne für die Bundesländer schreiben **3,5 m² je Einwohner** Nettofläche vor, ausgenommen Wien, wo angesichts der guten Erreichbarkeit der Sportanlagen ein geringerer Wert als ausreichend erachtet wird. Für spezielle Anlagen für einzelne Sportarten kann kein allgemein gültiger Richtwert angegeben werden, da die Nachfrage von Stadt zu Stadt unterschiedlich ist.

Als Richtgröße für den Flächenbedarf einer Bezirks- bzw. **Stadtteil-Sportanlage** sind rund 4 bis 6 ha anzunehmen. Die Gesamtfläche (Bruttofläche) einer Sportanlage ist, je nach Grundstückszuschnitt und Geländeform, um 50 bis 80 % höher als die reine sportlich nutzbare Fläche (Nettofläche).

Für **Tennisplätze** ist ein Bedarf von einem Platz je 1500 bis 1750 Einwohnern anzunehmen, mit einer Flächengröße von rund 20 × 40 m; das Spielfeld selbst misst 18,27 × 36,57 m, ein Zuschlag für Nebenflächen (Pflanzungen, Clubhaus mit Terrasse) von rund 60 bis 80 % sollte eingeplant werden. Es können bei üblicher, sorgfältiger Pflege rund 30 bis 45 Spieler je Platz und Woche angenommen werden.

Golfplätze erfordern bei 18 Loch mindestens 50 ha, günstiger sind 60 bis 70 ha, bei 9 Loch mindestens 30 ha. Größere Flächen wirken sich – bei guter Planung – positiv auf die landschaftliche Gestaltung aus, etwa auf die Bodenmodellierung und Bepflanzung. In Anbetracht der Schwierigkeiten, in einer Stadt oder auch nur in Stadtnähe Flächen dieser Größenordnung zu tragbaren Preisen in die Hand zu bekommen, zumal der Grundbesitz in der Regel auf mehrere Personen verteilt ist, werden zunehmend kleinere Übungsplätze mit kurzen Bahnen (Par 3, Par 4) errichtet, die gerne angenommen werden, auch wenn hier selbstverständlich keine Meisterschaften durchgeführt werden können. Der Flächenbedarf verringert sich hier auf 7 bis 10 ha. Eine weitere Möglichkeit ist ein sogenannter Pitch-and Putt-Course mit einer Driving-Range und einem Übungs-Green, wofür 3 bis 4 ha Fläche ausreichen.

Bei allen Sportanlagen ist der Bedarf für Nebenflächen wie Clubhäuser, Geräteräume, allenfalls Tribünen und anderes hinzuzurechnen, ferner sollten jedenfalls nach Möglichkeit Erweiterungsflächen durch Flächenwidmung und Grunderwerb gesichert werden.

Siehe Farbtafel V, Abbildung 87: Golfplatz KOSAIDO, International Golf Club Düsseldorf. Entwurf Landschaftsarchitekten Rainer PREISSMANN, Hirochika TOMIZAWA.

Literatur

Billion F.: Entwicklung von Golfplatz-Projekten. Ein Leitfaden von der ersten Idee bis zur Baugenehmigung. 2. Aufl. Bonn 1996

Buchser M.: Freianlagen für den Schul- und Vereinssport. Sicherheitsempfehlungen für Planung, Bau und Betrieb. Schweizerische Beratungsstelle für Unfallverhütung, bfu/bpa/upi. Bern 1995

Bundesforschungsanstalt für Naturschutz und Landschaftsökologie (BFANL) (Hrsg.): Sport und Naturschutz. Köln 1992

Bundesinstitut für Sportwissenschaft (BISp) (Hrsg.): Planung, Bau und Unterhaltung von Golfplätzen. Schriftenreihe Sport- und Freizeitanlagen, P 1/87. Köln 1987

Eidgenössische Sportschule Magglingen (ESSM):
– Freianlagen – Grundlagen. Empfehlung 101. Schriftenreihe der ESSM. Magglingen 1993
– Freianlagen Beach Volleyball. 1997
– Planung und Realisierung von Tennisanlagen. Schweizer Baudokumentation. Blauen 1994
– Sportböden, Pflegehinweise für Sportrasenfelder. Magglingen 1994

Elmann H.: Funsport. Neue Sportarten. München 1999

Flückinger E., F. Firmin: Handbuch Rasenplätze. Zumikon 1992

Fockenberg K.: Planungsgrundlagen für gewerblich betriebene Sport- und Freizeitanlagen. Hamburg 1995

Hurdzan M. J.: Golfplatz-Architektur. Deutsche Bearb. G. Boehm. München 1999

Internationaler Arbeitskreis Sport- und Freizeiteinrichtungen IAKS (Hrsg.):
– Handbuch Tennisanlagen. Planung – Bau – Pflege – Erhaltung – Modernisierung. Sindelfingen 1992
– Perspektiven und Prognosen im Sportstättenbau. Köln 1991
– Sportplätze, Planungsgrundlagen. Schriftenreihe Sport- und Freizeitanlagen sb. Köln 1993

Kanton Graubünden: Sportstättenplanung. Sportamt Chur. Chur 1995

Koch J.: Naturnahe Gestaltung von Spiel- und Sportanlagen. 3 Bände. Planungsbeispiele. Berlin 1997

Österr. Institut für Schul- und Sportstättenbau (ÖISS): Richtlinien und Empfehlungen

Preißmann R., H. Hain: Golf-Planer, Golfplatz-Planung, Golfplatz-Bau, Golfplatz-Pflege, Übungs- und Hallen-Anlagen. Bad Kissingen 1995

Roskam F. et al.: Sportplatzbau und -erhaltung. Hrsg. Deutscher Fußball-Bund (DFB). 3. Aufl. Frankfurt a.M. 1995

Schemel H.-J., W. Erbgut: Handbuch Sport und Umwelt: Ziele, Analysen, Bewertungen, Lösungsansätze, Rechtsfragen. Aachen 1992

Schemel H.-J., W. Strasdas: Bewegungsraum Stadt. Bausteine zur Schaffung umweltfreundlicher Sport- und Spielgelegenheiten. Aachen 1998

Schweizer Baudokumentation: Richtplanung Sportanlagen. Blauen 1990

Schweizerischer Leichtathletik-Verband (SLV): Handbuch Leichtathletik-Anlagen. ESSM. Magglingen 1990

Skirde W.: Planung, Bau und Unterhaltung von Golfplätzen. Bundesinstitut für Sportwissenschaft, Schriftenreihe Sport- und Freizeitanlagen P1/87. Köln 1987

Skirde W. et al.: Erhaltung von Sportplätzen. Schriftenreihe Landschafts- und Sportplatzbau Band 2 Hannover/Berlin 1980

4.2.2 Multifunktionelle Freizeitanlagen

a) Begriffe

Zu unterscheiden sind
- Anlagen für die überwiegend aktive Betätigung der Besucher wie Sport, Spiel, handwerkliche und künstlerische Betätigung und dergleichen mehr (vergleichsweise selten);
- Anlagen für überwiegend passives Erleben (Beispiel Disneyland), meist verbunden mit vielfältigen Fahrerlebnissen;
- Anlagen, die aus beiden Typen kombiniert sind.

Manche, auch kleinere Anlagen werden unter der Bezeichnung „Themenpark" unter ein bestimmtes Motto gestellt (zum Beispiel Saurierpark, Archäologiepark, Märchenpark). Relativ neu ist der „Markenpark", mit dem ein Industriebetrieb sein Erzeugnis vermarktet (Swarovski, VW). Im Allgemeinen sind die Anlagen ziemlich groß dimensioniert, sie werden kommerziell betrieben und bieten ein vielfältiges Angebot für einen vergleichsweise längeren Aufenthalt, etwa von einem Tag, in der Kombination mit einem eigenen Hotelbetrieb auch länger. Teil der Freizeitanlage ist in der Regel auch ein themen- oder länderbezogenes gastronomisches Angebot.

b) Rechtliche Grundlagen

Die Flächenwidmung ist, je nach Art der Freizeitanlage und ihrer überwiegenden Nutzung und Gestaltung, Bauland/Sondergebiet, Grünland/Erholungsgebiet und andere. Eine finanzielle Förderung, vor allem durch die Bereitstellung von Grundstücken, für Erschließung und weitere Investitionen, wird bei öffentlichem Interesse, beispielsweise in strukturschwachen Regionen und/oder zur Entwicklung des Tourismus, gegeben. Die Anlage selbst unterliegt dem Baugenehmigungsverfahren nach Landesrecht, bei großen Anlagen unter Umständen auch der Umweltverträglichkeitsprüfung.

c) Nutzung, Nutzergruppen

Die meisten großen Freizeitparks wollen künstliche Erlebniswelten, gleichsam neue Dimensionen des Lebens, vermitteln und wenden sich damit vorwiegend an Besucher, die an Attraktionen interessiert sind, dabei aber überwiegend passiv bleiben wollen. In jüngerer Zeit werden auch Anlagen mit Hallensport, beispielsweise Hallen-Schilaufen, Klettern und dergleichen gut angenommen. Die Nutzer sind demnach je nach Lage und Angebot recht unterschiedlich. Zu Anlagen, die auf Besichtigung und passives Erleben ausgerichtet sind, kommen als Besucher auch Reisegruppen aus großer Entfernung. Bei sehr großen Anlagen wird mit einem Einzugsbereich bis zu 500 km Radius mit etwa 80 bis 100 Mio. Einwohnern gerechnet. Die Besucherzahlen hängen nicht von der Größe des Freizeitparks ab, wohl aber wesentlich von der Art der Attraktionen und von der Werbung; so wird das mit 30 ha verhältnismäßig kleine Phantasialand in Brühl bei Köln jährlich von mehr als 2 Mio. Nutzern aufgesucht. Manchmal wirkt sich in den ersten Monaten nach der Eröffnung der Effekt der Neuigkeit aus. Durch ein besonderes Angebot werden vielfach Familien als Nutzer angesprochen, insgesamt vorwiegend mobile und wohlhabende Nutzergruppen zwischen 20 und 45 Jahren. die den Zeit- und Geldaufwand für die Anreise in Kauf nehmen. Eine Hemmschwelle ist die Höhe des Eintrittsgeldes, vor allem das Verhältnis von Aufwand zu Nutzen für den Besucher.

Insgesamt treten in vielen Ländern zunehmend Betreiber solcher multifunktioneller Freizeitanlagen auf: allein in der Region Wien sind derzeit drei Projekte in Planung: der Vienna Globe Resort Park Ebreichsdorf, die Erlebniswelt SCS und das Wiener Prater-Projekt mit Messegelände und Pferderennbahn Krieau. Weitere Themen- und Freizeitparks werden in Kärnten, Salzburg, Oberösterreich und der Steiermark vorbereitet. In Japan bestehen bereits 70 Themenparks, in London–Greenwich wurde ein überdimensionaler Zeltbau (Millennium Dom) zu diesem Zweck errichtet, der zur Jahreswende 2000 eröffnet wurde. Es ist allerdings zu bedenken, dass der Besuch eines Freizeitparks nicht notwendig ist und bei einer schlechteren Wirtschaftslage unterlassen wird.

d) Räumliche Zuordnung, Standort

Standortvoraussetzungen sind:
- bevorzugt die Lage am Rande von großen, bevölkerungsreichen Agglomerationen wie Paris, Rheinschiene, Ruhrgebiet, Randstad Amsterdam und dergleichen;
- eine verkehrsgünstige Lage zu diesen Ballungsgebieten und zu Flughäfen, insbesondere im öffentlichen Verkehrsnetz (Eisenbahn-Schnellstrecke, S- und U-Bahn); (möglichst mehrere) Autobahnen mit mindestens einem direkten Anschluss;
- eine entsprechend große verfügbare Fläche zu günstigen Grundstückspreisen, eine einfache Möglichkeit des Grunderwerbs, etwa bei Großgrundbesitz, wenn nicht der Investor von vornherein mit dem Grundeigentümer ident ist;
- günstige naturräumliche Gegebenheiten für die Ausgestaltung zu einem attraktiven Park wie abwechslungsreiches Relief; Wasserflächen für Bootsbetrieb, Wassersport; alter Baumbestand;
- gute meso- und mikroklimatische Verhältnisse für Attraktionen im Freiland;
- eine vorhandene technische und möglichst auch kulturelle Infrastruktur im Umfeld; zum Beispiel Burg, Schloss, Mühle und dergleichen; eine einfache, wirtschaftlich tragbare technische Erschließung.

Die europäischen Großanlagen sind überwiegend Eintagsziele, die durchschnittliche Besuchsdauer beträgt fünf bis neun Stunden. Die Spitzen liegen an den Wochenenden und in den Ferienmonaten im Sommer. Mit Ausnahme des ganzjährig geöffneten Disneylands Paris sind die Freizeitanlagen von April bis Ende Oktober geöffnet. Die Erlebnis-, Freizeit- und Themenparks entwickeln sich allmählich durch ihre multifunktionelle Ausstattung, ähnlich wie große Flughäfen, zu eigenen Städten. Jedenfalls ist die Verkehrserschließung ein entscheidendes Kriterium für die Standortwahl.

Die lebhaften Diskussionen um mehrere Projekte für große multifunktionelle Freizeitanlagen in der Stadt und im Umland von Wien zeigen, dass sich die **Bedenken** gegen die Standortwahl vor allem auf folgende mögliche Nachteile beziehen:
- die An- und Abreise der Besucher mit individuellen Verkehrsmitteln könnte den Verkehr auf bereits jetzt überlasteten Straßen zum Erliegen bringen;
- es könnten, trotz entsprechender Zusicherungen der Projektwerber, Lebensräume seltener Tier- und Pflanzengemeinschaften verloren gehen;
- beliebte, jetzt frei zugängliche Freizeit- und Erholungsgebiete könnten durch eine eingezäunte, nur gegen Entgelt betretbare Anlage wesentlich eingeschränkt werden;
- bauliche Anlagen der projektierten Freizeitanlagen, beispielsweise eine Kugel mit rund 100 m Durchmesser, könnten das Stadt- bzw. Landschaftsbild beeinträchtigen.

Daraus ist abzuleiten, dass diese Probleme möglichst bereits im Vorfeld der Projektierung zu klären und zu lösen sind, etwa in einer Umweltverträglichkeitsprüfung; jedenfalls muss der Entwurf auf sie Rücksicht nehmen. Einige dieser Argumente sind leichter zu entkräften, wenn die Freizeitanlage eine bereits seit langem vorhandene, attraktive Einrichtung mit einer vollen Infrastruktur, beispielsweise den Wiener Volksprater, einbezieht.

Von Bedeutung für die Standortplanung aus regionalplanerischer Sicht ist die Entschließung der deutschen Ministerkonferenz für Raumordnung: „Großflächige Freizeiteinrichtungen in der Raumordnung und Landesplanung" von 1992, in der vor allem die nicht in Betracht kommenden Gebiete aufgezählt werden. Das sind Bereiche für den Natur- und Landschaftsschutz, Wasserschutzgebiete, Wälder, ökologisch wertvolle Bereiche, Erholungsgebiete sowie kulturhistorisch oder geologisch besonders bedeutsame Gebiete.

e) Entwurf

Die Entwurfskonzepte der großen Freizeitanlagen nehmen keinen Bezug zum spezifischen landschaftlichen und gesellschaftlichen Charakter der Umgebung, sie suchen keine regionale Eigenart, sondern bilden gleichsam eine Stadt für sich, die überall auf der Erde stehen könnte. Der Entwurf hängt stark vom **Funktions- und Raumprogramm** sowie von den finanziellen Bedingungen ab. Die Möglichkeiten für den Landschaftsplaner sind eingeschränkt durch die kommerzielle Ausrichtung des gesamten Projekts, die auch auf eine optimale wirtschaftliche Ausnützung des Grundstücks abzielt. Der Anteil der begrünten Flächen am gesamten Gelände ist bei den derzeit bestehenden Anlagen sehr unterschiedlich: einige Freizeitanlagen beschränken sie auf die unbedingt notwendigen Flächen, während andere Anlagen die Attraktivität eines großen Parks in ihr Angebot einbeziehen. Eine angemessene Begrünung ist dadurch zu erreichen, dass das ganze Gelände oder ein großer Teil davon möglichst dicht mit großkronigen Laubbäumen überstellt wird. Im Eingangsbereich und an einigen Kreuzungen viel begangener Wege können Einjahresblumen in vielen Farben eine einladende und freundliche Stimmung erzeugen. Der Vorplatz, die Kassen und Eingänge müssen auf hohe Besucherzahlen ausgerichtet werden; besonderes Augenmerk ist darauf zu richten, dass das Gelände bei Katastrophen und Panik über verteilte Ausgänge rasch geräumt werden kann.

Mögliche **Einrichtungen** im parkartigen Freigelände sind:
- Wassersport- und Bademöglichkeiten, Erlebnisbad; Wildwasserstrecken;
- einfache Motorsportmöglichkeiten wie Gokart;
- Fahrattraktionen mit Hochgeschwindigkeit;
- spezielle Sportmöglichkeiten, auch für selten ausgeübte Sportarten; Sportwettkämpfe;
- Fitness-Einrichtungen;
- spezielle Attraktionen wie Saurierpark, Tierschau, Ministädte und -bauwerke und dergleichen;
- Gastronomie unterschiedlicher Art; evtl. Hotel;
- Mega-Veranstaltungen verschiedener Art wie Konzerte, Clubbings, Sport-Theater.

Notwendig sind jedenfalls ausreichende schattige Parkplätze und Reservestellflächen für Spitzentage.

f) Flächengrößen

Die Flächengröße ist im Wesentlichen abhängig vom Raum- und Funktionsprogramm des Betreibers. Die Grundfläche der 14 größten europäischen Freizeitanlagen bewegt sich in einer Bandbreite von rund 10 bis knapp unter 2000 ha, im Mittel (ohne Disneyland Paris) beträgt sie 44 ha (Stand etwa 1995). Die Freizeitparks in Nordrhein-Westfalen umfassen Flächen von 11 ha (Freizeitpark Ketteler Hof, Haltern) über rund 40 ha („Fort Fun" Sauerland) bis 80 ha (Panorama-Park Sauerland, Kirchhundem). Die Flächen der meisten anderen Freizeitparks in Deutschland bewegen sich in einer ähnlichen Größenordnung. Generell wird eine kontinuierliche Vergrößerung angestrebt, bei einer Ausgangsfläche von etwa 30 ha um je 2 ha jährlich. Die Aufteilung der Fläche innerhalb der Freizeitparks ist sehr unterschiedlich, abhängig von den landschaftlichen Gegebenheiten und dem Typus der angebotenen Attraktionen.

Beispiele
Disneyland Paris, Gesamtareal 1943 ha, davon 56 ha als eigentlicher Themenpark. Erhebliche öffentliche Investitionen, Anschlüsse an TGV, RER (regionale Schnellbahn), METRO Paris. 1995 rund 7,1 Mio. Besucher, je Besucher durchschnittlich 1,58 Besuche.
Walibi Schtroumpf, Maiziere-Les-Metz, Gelände der stillgelegten Stahlwerke Lothringen. 40 ha, rund 1,0 Mio Besucher jährlich.
Port Aventura, Salou, Spanien. Gesamtprojekt 825 ha, davon bisher verwirklicht ein Themen-

park mit 115 ha. Anschlüsse an drei Flughäfen, Bahn und Straßen (eine Autostunde von Barcelona). 1995 2,7 Mio. Besucher; große regionale wirtschaftliche Bedeutung.

Europa-Park, Rust bei Baden, Nähe Freiburg/Breisgau. Fläche 62 ha, in einem alten Schlosspark gelegen. Erreichbar über eigenen Autobahnanschluß. 1997 2,7 Mio. Besucher.

Phantasialand, bei Brühl, zwischen Köln und Bonn. Fläche 30 ha; über Straße und Eisenbahn erreichbar; rund 2,5 Mio. Besucher.

Warner Bros. Movie World, bei Bottrop-Kirchhellen, nördlich der Städteagglomeration Oberhausen – Gelsenkirchen – Essen – Bochum, auf dem Gelände der ehemaligen Bavaria-Filmstudios. Fläche 45 ha. Erhebliche öffentliche Investitionen wie eigene neue Anbindung an Autobahn und Eisenbahn. Rund 2 Mio. Besucher.

De Efteling, bei Kaatsheuvel, Niederlande. Fläche 73 ha. Mehrere Themenbereiche, Golfplatz, Hotel. 1997 rund 3 Mio. Besucher.

Literatur

Ebert R., U. Hatzfeld, B. Temmen: Märchenwelt und Achterbahn. Freizeitparks im Land Nordrhein-Westfalen. Dortmund 1991

Institut für Landes- und Stadtentwicklungsforschung des Landes Nordrhein-Westfalen (ILS): Kommerzielle Freizeitgroßeinrichtungen. Dortmund 1994

Kommunalverband Ruhrgebiet KVR (Hrsg.): Freizeitparks. Teil A bis C. Essen 1984

Mielke B. et al. : Großflächige Freizeiteinrichtungen im Freiraum. Freizeitparks und Ferienzentren. ILS-Schriften 75, hsg. vom Institut für Landes- und Stadtentwicklungsforschung des Landes Nordrhein-Westfalen. Dortmund 1993

Nohl W., U. Richter: Umweltwirkungen durch vermehrte Freizeiteinrichtungen in der Stadtentwicklung. Forschungsbericht. Band 6/92 der Schriftenreihe des Umweltbundesamtes. Berlin 1992

Richter B.: Erlebnis-, Freizeit- und Themenparks – eine Recherche. In: Raumordnung aktuell, Hrsg. NÖ. Landesregierung, Heft 1/1998

Rietdorf W., H. Baeseler: Freizeitanlagen. Berlin 1979

Verband Deutscher Freizeitunternehmen (VDFU), Allg. Deutscher Automobil-Club (ADAC): 45 ausgewählte Freizeit- und Erlebnisparks in Deutschland und in angrenzenden Nachbarländern. Osterfildern 1990

Voßebürger P., A. Weber: Planerischer Umgang mit Freizeit-Großprojekten. Dortmund 1998

Wylson A. u. P.: Theme parks, leisure Centres, Zoos and Aquaria. Longman Building Studies. Harlow 1994

4.2.3 Wassersport- und Badeanlagen

a) Begriffe

Bade- und Wassersportanlagen können an Gewässern liegen, man spricht hier auch von einem **Naturbadeplatz** oder Naturbad. Das Gewässer kann natürlich oder vom Menschen geschaffen sein, beispielsweise ein Kiesteich oder Stausee (Bäder an Oberflächengewässern). Künstlich geschaffene Freibäder oder **Freibadanlagen** (Künstliche Freibeckenbäder) verfügen über gebaute Becken. Häufig ist auch das **Kombinationsbad**, nämlich die Kombination von Frei- und Hallenbadanlage wie

- das Gartenhallenbad, das ist ein Hallenbad mit Liegeterrasse und -wiese in den Außenanlagen;
- das Hallenbad mit Außenbecken für Nichtschwimmer und Kinder sowie einer Liegewiese;
- das Hallenbad mit besonderem Außenbereich für den Sommerbetrieb, dieser umfasst ein Becken, Umkleiden, sanitäre Einrichtungen und Buffet; schließlich
- das Hallenbad in Kombination mit einem vollständigen Freibad, mit einem gemeinsamen Trakt für die Nebenräume.

In Wien wurden – wie auch in anderen Städten – die ersten Badeanlagen seit der 1. Hälfte des 19. Jh. errichet, 1804 wurde das Dianabad in Wien eröffnet; seit 1907 findet am Gänsehäufel, einer Insel in der Alten Donau in Wien, ein geordneter Badebetrieb statt. An einigen Bächen im

Wiener Stadtgebiet, beispielsweise dem Lainzer Bach, gab es private Flussbäder. Zur Zeit geht der allgemeine Trend vom „Sportbad", bei dem Baden, Schwimmen und Springen im Vordergrund stehen, zum **„Erlebnisbad"** mit einem vielfältigen Freizeitangebot, das weit darüber hinausreicht, beispielsweise mit Wasserrutschen, Wasserfällen, Wellenbad, mit Musik und Lichtspielen, Whirlpool, Sauna und anderem mehr. Bäder dieser Art bilden mit ihrer Ausstattung einen Übergang zum Heil- und Thermalbad; sie erinnern an die Thermen im alten Rom.

Eine Typologie der Freibäder ist wie folgt möglich:
- das öffentliche Bad, allgemein gegen Entgelt zugänglich, betrieben von Stadtgemeinden oder (eher selten) von Privatpersonen;
- das Vereinsbad und Kurbad, nur für Vereinsmitglieder bzw. Kurgäste und deren Angehörige zugänglich, teilweise mit temporärer öffentlicher Nutzung;
- das Betriebsbad, nur für Betriebsangehörige und deren Gäste, zum Beispiel Eisenbahnerbad.

Durch vertragliche Vereinbarungen ist eine kombinierte Nutzung eines Bades durch Gruppen, beispielsweise Senioren oder Behinderte, jeweils zu unterschiedlichen Zeiten, möglich. Schulklassen besuchen im Allgemeinen die öffentlichen Bäder.

Eine für Wien spezifische Form stellen die von der Stadt Wien errichteten kostenlos zugänglichen **Kinderfreibäder** dar; sie umfassen meist ein großes Planschbecken, Umkleiden und sanitäre Anlagen; ein Teil der ursprünglich 32 Bäder dieser Art wurden in den vergangenen Jahren aus wirtschaftlichen Gründen geschlossen, ihre Funktion übernehmen Bezirksbäder.

Wassersportanlagen stehen für die organisierte (Vereine, Clubs) oder für die nicht organisierte Ausübung aller Sportarten im und auf dem Wasser zur Verfügung, wie Wettschwimmen, Tauchen, Wasserball; Kunst- und Turmspringen; Segeln, Surfen, Wasserski; Rudern, Paddeln, Kajak- und Kanusport. Einige dieser Sportarten werden auf natürlichen oder vom Menschen geschaffenen Wasserflächen, wie beispielsweise auf der Neuen Donau in Wien, ausgeübt, wobei die vereinsgebundene und die freie Betätigung im Allgemeinen konfliktfrei nebeneinander bestehen. Andere wassergebundene Tätigkeiten wie Motorbootfahren, Rafting u. a. m. bleiben hier außer Betracht.

b) Rechtliche Grundlagen

Das österreichische Bäderhygiene-Gesetz gilt als Bundesgesetz unter anderem für künstliche Freibeckenbäder und für Bäder an Oberflächengewässern, wobei auch Regelungen für Liegeflächen, Umkleide-Gelegenheiten, Duschanlagen und Aborte getroffen werden. Das Gesetz gilt auch für Vereinsbäder, Gemeindebäder, Bäder in Schulen und anderen öffentlichen Anstalten, für Privatbäder in Wohnhausanlagen, nicht aber für Heil- und Kurbäder sowie Bäder in Krankenanstalten, die durch andere Rechtsnormen geregelt werden. In der Bäderhygiene-Verordnung zum genannten Bundesgesetz werden die Anforderungen an die Wasserqualität geregelt und Vorschriften für die Ausstattung der Badeanlagen erlassen.

Die Errichtung und der Betrieb von Bädern bedürfen der Bewilligung der zuständigen Bezirksverwaltungsbehörde; vorzulegen sind die Pläne, Unterlagen über die hygienischen Einrichtungen und ein Nachweis der Besucherkapazität. Für Bäder an Gewässern gelten daneben noch wasserrechtliche Regelungen. Bei allen Badeanlagen, auch solchen an Gewässern, ist die strikte Einhaltung von Normen, insbesondere zu Wasserqualität und sanitären Einrichtungen, vorgeschrieben, unter anderem die ÖNORM M 6320 für Naturbäder. In einzelnen Bundesländern wird die Sportausübung in Badeanlagen durch umwelt- und naturschutzrechtliche Bestimmungen eingeschränkt. In Deutschland und der Schweiz gelten analoge Regelungen mit vergleichbaren Normen.

Die Flächenwidmung ist Grünland-Erholungsgebiet–Bad (in Wien Ebd) und schließt auch die für den Betrieb erforderlichen Gebäudeflächen ein; überwiegen die baulichen Anlagen, trifft die Widmung Bauland (Sondergebiet, Kurgebiet, öffentliche Zwecke et al.) zu.

Die planungsrechtlichen Grundlagen für Wassersportanlagen wie Bootshäfen oder Ruder-Regattastrecken sind nicht generell festgesetzt; maßgeblich ist das jeweilige Bau- und Betriebs-Bewilligungsverfahren nach der Landesbauordnung. Die Flächenwidmung ist in der Regel Bauland/Sondergebiet mit Zusatzangabe wie Sondersportstätte, Bootshafen und dergleichen. Da Wassersportanlagen meist im Außenbereich der Städte errichtet werden, gelten in der Bundesrepublik Deutschland für ihre Zulässigkeit die Bestimmungen des § 35 Baugesetzbuch. Betreiber von Anlagen dieser Art sind Vereine (Clubs), Private (Bootsvermieter, Segel- und Surfschule) und, in geringerer Anzahl, Städte.

c) Nutzung, Nutzer

Die Besucher von Freibädern kommen aus allen Altersgruppen, mit höherem Alter nimmt die Besuchshäufigkeit etwas ab. Die Nutzerzahlen hängen sehr von der Vielfalt des Angebots und der Attraktivität der Badeanlagen ab. Eine große Nutzergruppe sind Familien mit Kindern in unterschiedlichem Alter. Freibäder sind erfahrungsgemäß nicht zuletzt deshalb beliebt, vor allem bei jüngeren Besuchern, weil sie die Möglichkeit bieten, zwanglos Kontakte zu knüpfen; ein Beispiel dafür ist das Krapfenwaldlbad in Wien.

Die **Besuchshäufigkeit** ist abhängig von der leichten Erreichbarkeit des Bades. Freibadanlagen werden am Wochenende stärker genutzt als wochentags, bei günstiger Lage aber auch häufig nach Feierabend. Die Besucherzahlen schwanken sehr stark, abhängig vor allem vom Wetter und von den Schulferien. Pro Jahr ist mit etwa 120 Betriebstagen zu rechnen, davon 50 Badetage und 10 Spitzentage, an denen das Bad ausverkauft ist. Freibäder haben also eine sehr ungünstige Auslastung bei gleichbleibend hohen Betriebskosten, die zu einem guten Teil auch außerhalb der Badesaison weiterlaufen.

Die Nutzungszeit kann durch Erwärmung des Wassers in Becken mit Hilfe der Sonnenenergie oder durch Erdwärme **verlängert** werden; die Heizung mit Fremdenergie hat sich bisher als unwirtschaftlich erwiesen. In jedem Falle müssen die Kosten der Installation und der Unterhaltung der Heizanlagen dem Nutzen gegenübergestellt werden.

Bei Wassersportarten ist der Beliebtheitsgrad unterschiedlich, wobei Segeln und Surfen an erster Stelle liegen; diese Sportarten sind teilweise auch „Moden" unterworfen. Bootshäfen von Clubs in oder bei Städten werden vor allem am Wochenende genutzt, oft in Verbindung mit gesellschaftlichen Veranstaltungen.

d) Räumliche Zuordnung, Standort

Kleine Badeanlagen sollten in direkter Zuordnung zu einem Wohngebiet liegen, etwa ein Dachterrassenbad. Im Allgemeinen sind Freibäder **stadtteilbezogen**, große Badeanlagen auch der Gesamtstadt bzw. **Region** zugeordnet, zum Beispiel in Wien die Alte und Neue Donau. Wichtig sind jedenfalls die Erschließung mit einem leistungsfähigen **öffentlichen** Verkehrsmittel und die gute Erreichbarkeit mit dem Fahrrad und zu Fuß. Bei sehr großen Badeanlagen kommen die meisten Gäste mit dem Auto, es sind ausreichende Stellplätze erforderlich. Bei Anlagen für den Ruder- und Segelsport, Surfen und dergleichen, meist mit Bootshäfen verbunden, ist die Anbindung an die Infrastruktur der ganzen Stadt oder der **Region** wichtig.

Wie bei Sportanlagen ist darauf zu achten, dass Wohngebiete, Krankenhäuser und dergleichen nicht durch den starken Lärm eines Freibades oder eines Kombinationsbades beeinträchtigt werden; umgekehrt sollten keine störenden Einflüsse aus der Umgebung wie Rauch, Ruß, Geruch vorhanden sein. Ferner ist die kleinklimatische Situation zu beachten, also keine abflusslose Beckenlage (Kaltluft), dagegen Schutz vor Wind und eine möglichst ganztägige Besonnung. Von Vorteil sind ein älterer Baumbestand in Gruppen und ein Relief mit leichten Bodenwellen; günstig ist auch eine Lage mit Aussicht auf die Stadt oder in die Landschaft, wofür das Schafbergbad in Wien beispielhaft ist. Die technische Erschließung mit Energie, Wasser und Kanal sollte ohne unwirtschaftlichen Aufwand möglich sein. Die Lage unter einer Hochspan-

Abbildung 88: Regatta- und Trainingsanlage für Ruderer und Kanuten an der Neuen Donau in Wien. Planung Landschaftsarchitekten Wilfried KIRCHNER, Marija KIRCHNER.

Abbildung 89: Höpflerbad, städtisches Sommerbad in Wien-Atzgersdorf, Architekt Hubert STEINHAUER. Das alte Privatbad von etwa 1920 wurde 1978/79 von der Stadt Wien neu errichtet.

nungsleitung ist zwar ungünstig, jedoch grundsätzlich möglich, allerdings dürfen sich keine Wasserflächen unter der Leitung befinden.

Die Anlage neuer Wasserflächen für Sportzwecke, etwa für eine Ruder-Regattastrecke, ist die Ausnahme. In Wien wurde die Neue Donau 1991 zum Bau eines Ruderzentrums genutzt, bei dem durch die Mitwirkung des Landschaftsarchitekten W. KIRCHNER eine harmonische Einbindung in die Umgebung erreicht wurde.

In vielen Fällen, vor allem an natürlichen Gewässern, entstehen Konflikte zwischen Wassersport und Naturschutz. Es ist daher bei der Planung auf die Sicherung wichtiger Biotope und Uferabschnitte Bedacht zu nehmen; vor allem muss auf die Situierung der Bootsanlagen und Clubhäuser geachtet werden, weil dort die Eingriffe und die Folgewirkungen am stärksten sind.

e) Entwurf

Bei allen Freibädern und Wassersportanlagen ist entscheidend, dass Hochbauten und Außenanlagen funktionell und gestalterisch optimal miteinander verknüpft und landschaftlich eingebunden werden.

> **Freibäder, Aufteilung**
> Räumliche und funktionelle Gliederung der Gesamtfläche, ohne Autostellflächen:
> - 6 bis 8 % Wasserfläche, bei Badeanlagen an Seen, Teichen und dergleichen auch mehr;
> - 6 bis 10 % bebaute Fläche für Eingangsgebäude, Umkleiden, Gastronomie, technische Bauten;
> - 7 bis 10 % Verkehrsflächen, Wege-, Platzflächen (ohne Autostellplätze);
> - rund 40 % Liegeflächen (Rasen), von den Spielflächen abgeschirmt;
> - rund 20 % Spielflächen: Rasen, Allwetterplätze mit einem Grundmaß von jeweils etwa 20 × 40 m, Tischtennis; gegebenenfalls Miniaturgolf, Croquet;
> - 3 % Kinderspielflächen mit Nass- und Trockenbereich (Sand, Rasen, einfache Geräte);
> - 10 bis 15 % Bepflanzung, in der Regel ausschließlich Gehölzpflanzung;
> dazu: Autostellflächen, Fahrradstellplätze, beide mit Schattenbäumen überstellt, Reservestellflächen für Spitzentage, auch als Spielwiesen nutzbar, Ausführung in Schotterrasen.

Das Verhältnis der Liege- zu den Spielflächen sollte etwa 2 : 1 sein; diese Bereiche sind räumlich durch Pflanzungen voneinander zu trennen, da sonst immer wieder Konflikte auftreten. Bei den Liegeflächen sollten möglichst viele Gehölzränder, gleichsam zur Anlehnung, angeordnet werden. Wo nicht von Natur aus vorhanden, sollten Bodenmodellierung und Baumpflanzungen eingeplant werden. Insgesamt muss aus Gründen der Sicherheit eine ausreichende Übersicht über das ganze Freigelände gewährleistet sein. Wichtig sind bei Freibädern ausreichende Landflächen, das Verhältnis von Wasser- zu Landflächen sollte 1 : 13 bis 1 : 10 betragen; nach amerikanischen Standards 1 : 2 bis 1 : 3,5, nach deutschen Richtwerten 1 : 10. Der Bedarf an Liege- und Spielwiesen ist besonders bei Badeanlagen an Gewässern zu beachten.

Die **Badebecken** sind räumlich in einer sogenannten „Badepalette" oder „Badeplatte" zusammenzufassen, vor allem aus wirtschaftlichen Gründen (Umwälzanlage, gegebenenfalls Heizung), aber auch, um die Aufsicht durch den Bademeister zu erleichtern. Durch eine geschickte räumliche Gliederung ist es in vielen Fällen möglich, die Liege- und Spielwiesen außerhalb der Badesaison als öffentliche Grünflächen zu nutzen, beispielsweise im Letzigraben-Bad Zürich und im Strandbad Baden bei Wien. An die Stelle der Becken können selbstverständlich auch entsprechende Bereiche, etwa in einem Badesee oder -teich treten. In jüngerer Zeit werden in manchen Städten defekte Freibäder oder Schwimmbecken in Naturbäder umgebaut. Das Verhältnis der Wasserflächen von Schwimmer- zu Nichtschwimmer- Bereich soll etwa 2 : 3 betragen. Der Zugang zum Beckenbereich darf nur über ein Durchschreitebecken (Watbecken) möglich sein.

Die Badeplatte ist vom Liege- und Spielbereich durch eine niedrige Gehölzpflanzung, üblicherweise eine Hecke, zu trennen. Bei den Besuchern sehr beliebt sind Einrichtungen wie Wasserrutsche, Wasserglocke, Fontäne, Wellenbecken und Wasserfall. Der Entwurf für den Gastbetrieb (Restaurant, Cafe) sollte darauf abgestellt werden, dass ihn sowohl Gäste von innerhalb des Bades als auch von außen frequentieren können; auf diese Weise wird auch ein ganzjähriger Restaurantbetrieb möglich.

Bei größeren Badeanlagen an Gewässern ist ein Stützpunkt für die Lebensrettung vorzusehen. Bei Badeanlagen, die auch für Wettkämpfe und Meisterschaften geeignet sind, also die entsprechenden Normmaße für Beckenlänge und -breite aufweisen, sollten auch einfache Zuschauertribünen eingebaut werden.

Entwurfsgrundlagen für Freibäder (= Freibeckenbäder):

Eingangsvorplatz:	200 m² je 1000 m² Wasserfläche;
Beckenbereich:	Größe nach Art des Bades, mit Durchschreitebecken, Pflanzstreifen;
Badeplatte:	Beckenumgänge mind. 2,5 m, besser 3,0 m, bei Sprungturm 5,0 m;
Planschbecken:	Wasserfläche 100 bis 300 m², Wassertiefe 0,0 bis 0,50 m, freie Form;
Nichtschwimmerbecken:	Wasserfläche 500 bis 1550 m², Wassertiefe 0,50 bis 1,35 m, freie Form;
Schwimmerbecken:	Wasserfläche 417 bis 1250 m², Wassertiefe 1,80 m; Beckengrößen: 16,66 × 25 m, 16,66 × 50 m, 21 × 50 m, 25 × 50 m;
Springerbecken:	Wassertiefe 3,80 bis 4,50 m, Beckengrößen: 12,45 × 11,75 m bei einem 5-m-Turm, 18,35 × 15,0 oder 22,40 × 15,0 m bei einem 10-m-Turm;
Freiflächen:	rund 60 % der Grundstücksfläche; Liege-, Spiel- und Kinderspielflächen;
Kinderspielflächen:	Sandkiste 100 bis 300 m², Spielplatz 300 bis 700 m²;
Zuschaueranlagen:	mindestens 500 Plätze. Toiletten nach örtlicher Vorschrift;
Gastwirtschaft:	Sitzbereich auf Terrassen und Freiflächen: 10 % der Wasserfläche; Sitzbereich in Gasträumen: 1,5 % der Wasserfläche; Versorgung, Nebenräume: 3 % der Wasserfläche;
Stellplätze:	1 Autostellplatz je 2-3 Badegäste, 1 Fahrradständer je 2 Badegäste.

Entwurfsgrundlagen für Naturbadeanlagen:

Nutzbare Bade-Wasserfläche	
eines Sees:	unter 20 % der Gesamtwasserfläche;
Abgegrenzte Landfläche, Bad:	unter 35 % der Gesamtwasserfläche;
Stellflächen:	je 2 Badegäste 1 PKW-Stellplatz, 1 Radstellplatz;
Umkleiden:	je 1000 m² abgegrenzte Landfläche 1 Umkleide-Kabine;
Sanitärbereich:	je 5000 m² abgegrenzte Landfläche 1 Dusche, insgesamt mindestens 2 Duschen, ferner 5 Toiletten, vgl. auch örtliche Vorschriften;
Badezone:	Kleinkinder: Wassertiefe bis max. 0,40 m, Gefälle max. 5 %; Nichtschwimmer: Wassertiefe bis 1,35 m, Gefälle max. 10 %; Schwimmer: keine Einschränkungen;
Uferzone:	Strandlänge bis 20 % der Gesamt-Uferlänge, bei Baggerseen bis 80 %; 1 Badesteg je 1000 m² Landfläche; Grundstückstiefe von mind. 5,0 m bis 50,0 m.

Für die Anzahl der Umkleidegelegenheiten, Duschen und WC gilt laut Bäderhygieneverordnung:

- Freibeckenbäder: höchstens 200 Umkleidegelegenheiten für je 100 m² Wasserfläche, mindestens eine Dusche für je 150 Umkleidegelegenheiten, mindestens ein WC für je 100 Umkleidegelegenheiten;
- Bäder an Gewässern: mindestens eine Dusche für je 150 Umkleidegelegenheiten, mindestens ein WC für je 100 Umkleidegelegenheiten.

Die **Regelkapazität** je Besucher beträgt 0,1 m² Wasserfläche.

An sehr warmen Sommertagen ist mit **rund 10 % der Einwohner** als Badegäste zu rechnen, je 1000 Besucher sind 300 bis 500 Autostellplätze vorzusehen.

Auf die jeweils aktuellen Richtlinien des Österreichischen Instituts für Schul- und Sportstättenbau für den Bäderbau wird besonders hingewiesen, ebenso auf die Richtlinien für den Bäderbau des Koordinierungskreises Bäder, Essen 1996.

Für **Wassersportanlagen** sollten nach Möglichkeit vorhandene Gegebenheiten wie Seen und Teiche genutzt werden. Bei allen stehenden Gewässern sind aber Beschränkungen bei der zum Baden nutzbaren Wasserfläche und beim Höchstanteil an der Strandlänge aus ökologischen und hygienischen Gründen erforderlich, um die Regeneration des Wassers und die Lebensmöglichkeiten für Fauna und Flora sicherzustellen. Alle baulichen Anlagen sind an einem aus Sicht des Naturschutzes unbedenklichen Uferabschnitt zu konzentrieren. Schützenswerte Vegetation im Uferbereich kann durch geeignete Vorrichtungen, zum Beispiel eine schwimmende Barriere aus verankerten Baumstämmen, gesichert werden. Der von der Uferlinie einzuhaltende Abstand richtet sich nach der Fluchtdistanz der dort lebenden Brutvögel. Die Uferlinie selbst sollte im Zuge der Errichtung von Wassersportanlagen durch Maßnahmen des Landschaftsbaues gesichert werden. Wichtig sind ausreichende Vorkehrungen für die Abfall- und Abwasser-Entsorgung. Alle diese Maßnahmen können dem Betreiber als Auflage vorgeschrieben werden.

Die Anlegestellen sind mit Rücksicht auf die Hauptwindrichtungen anzuordnen, für Segler und Surfer sind eindeutige Leesituationen zu sichern. Auch die Lage von Stegen, Molen und Hafenbecken ist von der Hauptwindrichtung abhängig. So sind im Luvsektor des Uferabschnittes Bereiche für Schwimmer und für den Badebetrieb vorzusehen, daran anschließend Anlagen für Boote, und in der Leezone Start- und Landeplätze für Surfer. Steht genügend Uferlänge zur Verfügung, sollten die Funktionen Baden, Segeln und Surfen voneinander getrennt werden, vor allem die beiden letztgenannten. Bei Bootshäusern und Liegeplätzen ist je 2 bis 3 Boote ein Autostellplatz vorzusehen, sind auch andere Einrichtungen wie Clubhaus, Läden, Restaurant vorhanden, erhöht sich diese Anzahl entsprechend. An technischen und baulichen Vorkehrungen sind besonders erforderlich:

- Wasser- und Stromanschluss, Telefonanschluss, Kanal; Slip-/Krananlage;
- Parkplätze, Boots- und Segel-Service, Winter/Landliegeplätze; Kinderspielbereich;
- Einkaufsmöglichkeit, Gastronomie, WC, Wasch/Duschgelegenheit.

f) Flächengrößen

Freibäder

Das Mindestausmaß der Gesamtfläche soll 6000 m² nicht unterschreiten, Regelflächen je nach Einzugsbereich sind 1,0 bis 5,0 ha Bruttofläche. Die Wasserflächen und die Umkleiden sind für den durchschnittlichen Bedarf zu dimensionieren, für Spitzentage sind, wenn möglich, zusätzliche Liege- und Spielflächen vorzusehen. Für Auto- und Fahrradstellflächen sind zusätzlich je nach Lage und Erreichbarkeit mit öffentlichen Verkehrsmitteln 10 % bis 30 % der Gesamtfläche des Bades vorzusehen; dieser Bereich sollte von außen zugänglich, also nicht eingezäunt, und als Spielwiese nutzbar sein. Die Flächengröße ist auch mit der potentiellen Besucherzahl abzustimmen (vgl. Abschnitt e).

Tabelle 11. Planungseinheiten für Freibäder.

Planungseinheiten für Freibäder in Abhängigkeit von der Einwohnerzahl im Einzugsbereich (nach: Richtlinien für den Bäderbau, Essen 1996)		
Abkürzungen		
SB = Schwimmerbecken	NSB = Nichtschwimmerbecken	
SP = Springerbecken	PB = Planschbecken	
Einwohnerzahl im Einzugsgebiet	Beckenabmessungen	Gesamtgrundstücks-fläche (ohne Auto-stellflächen) [m²]
5000 bis 10 000	SB 16,66 × 25 m, SP 12,50 × 11,75 m NSB 500 m2, PB 100 m²	8000 bis 12 000
10 000 bis 20 000	SB 16,66 × 50 m, SP 18,35 × 15 m, NSB 1050 m², PB 150 m²	20 000 bis 25 000
20 000 bis 30 000	SB 21 × 50 m, SP 22,15 × 15 m, NSB 1350 m², PB 200 m²	30 000 bis 35 000
30 000 bis 40 000	SB 21 × 50 m, SP 22,15 × 15 m, NSB 1550 m², PB 300 m²	40 000 bis 45 000
40 000 bis 50 000	SB 21 × 50 m, SP 22,15 × 15 m, NSB 1.200 m², Wellenbecken od. 2. NSB 800 m², PB 400 m²	50 000 bis 55 000
über 50 000	Weitere Freibäder der oben genannten Planungseinheiten	
DOG-Richtlinien III. Fassung 1976, für alle Gemeinden: Freibäder: nach Siedlungsstruktur 0,05–0,15 m²/Einwohner		

Für die **Erholung an Gewässern** ist mit folgenden **Kapazitäten**, bezogen auf gleichzeitig anwesende Besucher, zu rechnen:

Liegewiese am Wasser		330 bis 1000/ha
Badestrand	10 bis 15 m²/Besucher	1000 bis 1250/ha
Liegewiese mit gleichzeitigem Badebetrieb in Seeuferzonen		1000/ha
Ufer an Fischgewässern, unter der Annahme von 30 m Uferstreifen		40 bis 60/ha

Mindestwassermenge bei rund 2 m tief durchmischter Wasserschicht in Restwasserflächen 13,5 m³ je Person = 1480 Personen/ha Wasserfläche.

Fahrkapazität von Gewässern

Wird ein Gewässer von Fahrzeugen benutzt, so sollten nicht mehr als 1,5 Segelboote je Hektar Wasserfläche gleichzeitig auf dem Wasser sein. Bei Tret-, Ruder-, Elektro- und Paddelbooten geht man von 3 bis 10 Booten gleichzeitig aus. Wesentlich ist der Zuschnitt des Gewässers. Randzonen und Seitenarme sind von der Gesamtfläche abzuziehen.

Für den **Ruder- und Paddelsport** sollte die Wasserfläche rund 100 bis 200 ha groß sein, für den **Segelsport** mindestens 100 ha, besser 400 bis 500 ha, wobei die Mindestbreite des Sees nicht unter 300 m betragen sollte. Für Wasserski sind rund 5 ha Wasserfläche je Boot erforderlich.

Bei **Bootsanlagen** geht der Trend zu weniger, dafür aber größeren Anlagen anstelle von vielen kleinen Anlagen. Ein Bootshafen sollte mindestens 200 Liegeplätze und 200 Trockenplätze haben. Die Netto-Liegefläche je Boot hängt von der Bootsgröße und der Art der Anlage ab. Der Bedarf an Wassersportanlagen ist abhängig von der Zahl der Wassersportler und der Boote. Zu den ständigen Benutzern der Boots-Anlegeplätze kommen Liegeplätze für Gäste (+ 10 bis 30 %). Die Liegekapazität sollte um 70 bis 100 % höher liegen als die Fahrkapazität.

Allgemein steigt das Interesse am Segeln und Surfen; es ist daher ratsam, Erweiterungsmöglichkeiten, zum Beispiel bei den Anlegeplätzen, vorzusehen. Anzustreben ist die Integration der baulichen Anlagen in andere Freizeit- und Sportanlagen mit Einkaufs- und Kommunikationsmöglichkeiten. Dies entspricht allerdings nicht dem Wunsch der (meist einflussreichen) Mitglieder exklusiver Clubs, unter sich zu bleiben.

Die hier nach den Autoren L. Czinzki, Deutsche Olympische Gesellschaft, J. Greiner, R. Krysmanski, Nick und Pilon als **Hinweise** angeführten Werte weichen je nach Quelle teilweise stark voneinander ab; es empfiehlt sich daher, im Planungsgebiet selbst Vergleichswerte empirisch zu ermitteln.

Literatur

Fabian D.,: Freizeitbäder – Bedarf, Programm, Betriebsabläufe, Beispiele. Internat. Akademie für Bäder-, Sport- und Freizeitbauten. Würzburg 1992

Haass H.: Grundlagen zur Planung von Wassersportanlagen – Umwelt-, Objekt- und Detailplanung. In: Das Gartenamt Hefte 6/1989, 8/1989, 10/1989. Berlin/Hannover 1989

Koordinierungskreis Bäder: Richtlinien für den Bäderbau. 3. Ausgabe, Essen 1996

Opaschowski H.W.: Freizeit in öffentlichen Schwimmbädern. BAT-Freizeit-Forschungsinstitut. Hamburg 1986

Saunus Ch.: Planung von Schwimmbädern. Düsseldorf 1998

4.2.4 Camping- und Zeltplätze

a) Begriffe

Typen von Campingplätzen sind:

- **Durchgangs**-Campingplatz: für touristische Nutzung, vielfach Tagescamping, teilweise auch mehrere Tage, etwa beim Städtetourismus; auch als Übernachtungs- oder Transit-Campingplatz bezeichnet;
- **Ferien**-Campingplatz: für die Dauer eines Urlaubs, etwa 2 bis 4 Wochen; auch als Touristen-Campingplatz bezeichnet;
- **Winter**-Campingplatz: in Wintersportgebieten, Nutzung auf Urlaubsdauer, teilweise auch am Wochenende;
- **Dauer**campingplatz: der Stellplatz wird für eine Saison oder ganzjährig, meist aber über mehrere Jahre vermietet; oft in Kombination mit einem Durchgangs-Campingplatz;
- **Gelegenheits**-Campingplatz: für einmalige oder seltene Anlässe und für eine große Anzahl von Besuchern eingerichtet; die Ausstattung wird auf das Notwendigste (Wasser, mobile Toiletten) beschränkt.

Der Begriff Campingplatz wird umgangssprachlich auch für einen Wohnwagen-Stellplatz verwendet. Zeltplätze können analog den Campingplätzen (ohne Dauercamping) eingeteilt werden.

b) Rechtliche Grundlagen

Das Campingwesen ist Sache der **Bundesländer** und dementsprechend durch eigene Ländergesetze geregelt. Die Flächenwidmung ist in der Regel Grünland bzw. Erholungsgebiet/Camping. Für alle baulichen Anlagen gilt die jeweilige Landesbauordnung; bei gewerblichem Betrieb eines Campingplatzes gilt auch die Gewerbeordnung. Die Bewilligung wird von der Bezirksverwaltungsbehörde (Kreisbehörde) nach der Einreichung durch den Grundeigentümer mit Bescheid erteilt. Betreiber sind Private, Gesellschaften oder die Gemeinde.

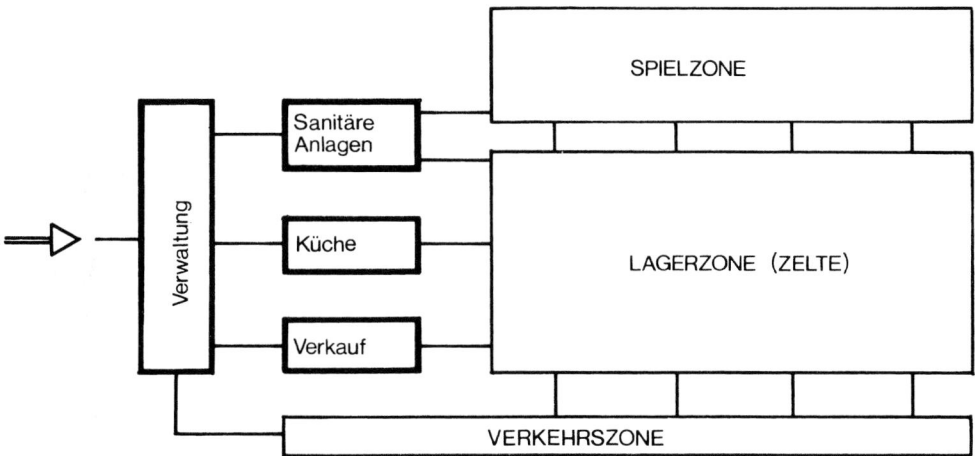

Strukturschema eines Campingplatzes (Ebert, 1962)

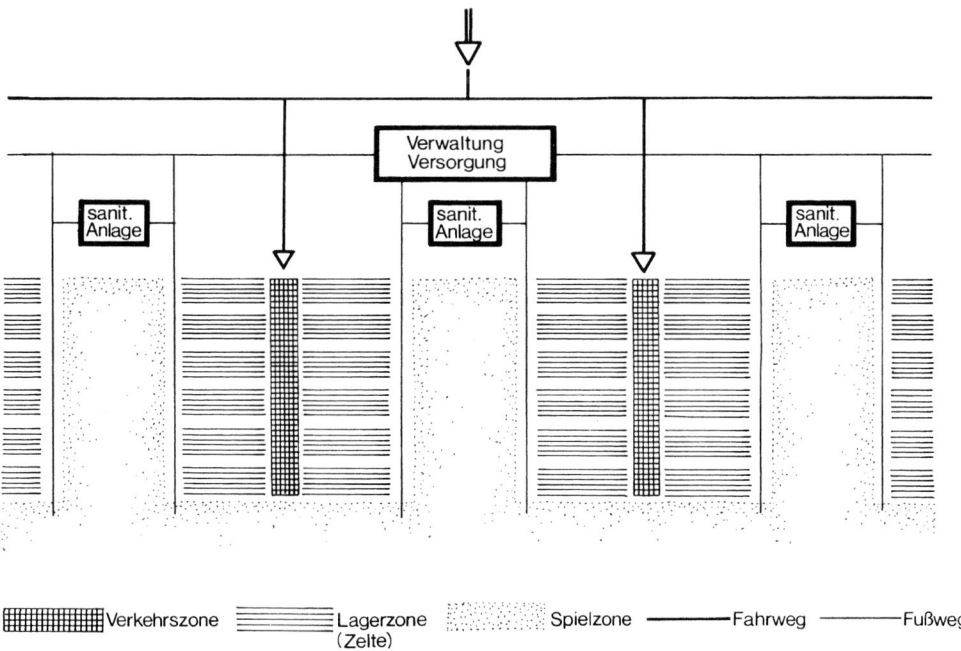

Grundrißschema von Nachbarschaften (Ebert, 1962)

c) Nutzung, Nutzergruppen

Der Nutzerkreis ist unterschiedlich, je nach Art des Campingplatzes: bei Ferien- und Dauercamping findet sich ein hoher Anteil von Familien mit Kindern; Zeltplätze werden überwiegend von jüngeren Personen genutzt. Eine besondere Gruppe sind Familien mit sehr großen Wohnwagen, die in Kolonnen mit mehreren 100 Fahrzeugen gemeinsame Besichtigungsreisen unternehmen. Camping und Zelten werden anstelle von Hotel bzw. Jugendherberge gewählt, teilweise aus finanziellen, vielfach aber aus grundsätzlichen Erwägungen wie dem Gefühl der Unabhängigkeit und einer gewissen Lagerromantik. Viele Campinggäste kommen aus ebenen Ländern wie Niederlande, Norddeutschland und Skandinavien; vor allem Niederländer sind begeisterte Wohnwagen-Touristen.

219

Dauercamper benutzen ihren Wohnwagen praktisch wie ein Wochenend- oder Sommerhaus. Sie sind von den Betreibern gerne gesehen, weil sie einen hohen Ertrag bei vergleichsweise geringem Aufwand bringen; aus diesem Grunde werden bei vielen Durchgangsplätzen Teilbereiche für Dauercamper eingerichtet.

d) Räumliche Zuordnung, Standort

Die Standortwahl hängt von der Art des Camping- bzw. Zeltplatzes ab:
- Durchgangscamping: in der Nähe von Zielpunkten für Besichtigungen, an Durchgangsstraßen, in der Nähe eines Autobahn-Anschlusses, genutzt für den Zwischenaufenthalt bei Fernreisen zum Feriencamping;
- Feriencamping: in landschaftlich begünstigter, attraktiver Lage, etwa an einem See, am Rande eines Kurgebietes;
- Wintercamping: in Skisportgebieten, möglichst in der Nähe von Aufstiegshilfen, besonders gesucht sind attraktive Wintersportorte; dabei werden teilweise auch Durchgangscampingplätze aufgesucht, etwa im Städtetourismus;
- Dauercamping: die Lage kann sowohl im Einzugsbereich von Ballungsgebieten sein, als auch an Stellen hoher landschaftlicher Attraktivität, insbesondere an Badegewässern.

Die **Kombination** des Standortes mit anderen Erholungseinrichtungen ist günstig, etwa Badeanlagen, Gastbetriebe, Parkanlagen, Erholungsgebiete, Sportanlagen (Tennis, Reiten).

Allgemeine **Standortvoraussetzungen** sind:
- eine ebene bis leicht hängige Lage, Südost- bis Südwest-Exposition, windgeschützt, nebelfrei, kein Kaltluftstau;
- eine hohe Sonneneinstrahlung, wenig Regentage;
- trockener, wasserdurchlässiger Boden, kein Lehmboden, keine Staunässe;
- absolute Sicherheit vor Hochwasser, Oberflächenwasser (bei Hanglage), Muren und Lawinen;
- günstige Erreichbarkeit, Ortsnähe mit Einkaufsmöglichkeiten, Arzt, Post, Sparkasse und dergleichen;
- eine Entfernung zu Hauptverkehrsstraßen von mindestens 200 m Luftlinie, andernfalls sind Lärmschutzmaßnahmen notwendig;
- die Erschließung mit Energie, Trinkwasser, Brauchwasser muss ohne hohen Aufwand möglich sein; die Entsorgung muss sichergestellt sein, gegebenenfalls ist eine eigene Kläranlage erforderlich.

Ausschließende bzw. beschränkende Standortfaktoren sind: Natur- und Landschaftsschutzgebiete, Quell- und Wasserschutzgebiete, Feuchtbereiche. Zu Wald- und Gewässerrändern sind aus ökologischen Gründen mindestens 100 m Abstand zu halten.

e) Entwurf

Der Campingplatz ist funktionell zu gliedern in einen **Lärmbereich**, in dem Einfahrt, Servicezentrum und Spielflächen liegen, und einen **Ruhebereich** mit den Standplätzen; dazu treten die verbindenden Verkehrsflächen. Die Standplätze sind möglichst in Gruppen zu 10 bis 20 Plätzen räumlich zusammenfassen, besondere Plätze sind für größere Fahrzeuge wie Caravans, Hotelbusse und dergleichen vorzusehen. Die Strom- und Wasseranschlüsse bzw. Entnahmestellen sind dezentral, jeweils einer Gruppe von ungefähr 15 Stellplätzen, bei Dauercamping den einzelnen Stellplätzen zuzuordnen. Wichtig ist eine klare, leicht überschaubare Verkehrsorganisation; Zu- und Abfahrten der Gespanne sollten ohne Wenden möglich sein. Die Fahrwege sollten etwas tiefer liegen als die Stellflächen, die Hauptwege sind zu beleuchten.

Folgende Funktionsgruppen sind vorzusehen:

- Äußere Erschließung wie Zufahrt, Energie- und Wasserversorgung, Entsorgung, Kläranlage; Einfriedung; wenn erforderlich, Schutzanlagen vor Lärm; Rahmenpflanzung aus standortgerechten Bäumen und Sträuchern;
- Innere Erschließung wie befestigte Fahr- und Gehwege, Stromanschlüsse, Hydranten; räumliche Gliederung durch Gehölze;
- Eingangsbereich mit Parkplatz, Wartezone, Rezeption, Verwaltung; Werkstatt für Platzpflege und kleine Reparaturen, Materiallager;
- Servicebereich mit Kiosk, evtl. Kantine, Geschäfte für Lebensmittel, Campingbedarf;
- Campingzone: Stellplätze verschiedener Größe, teilweise mit Strom- und Wasserversorgung, Gliederung in Gruppen durch Begrünung und Bepflanzung; nach Möglichkeit Reserveflächen für Spitzenbelastung;
- Freizeitbereich mit Kinderspielbereich, Sportflächen, vor allem ein Allwetterspielfeld mit etwa 20 × 40 m Außenmaß; Minigolf, evtl. Freibad; überdacht: Fernseh- und Leseraum, Spielraum, Aufenthaltsraum;
- Sanitärbereich entsprechend der Campingplatzverordnung des jeweiligen Bundeslandes, mit Waschräumen, Duschräumen, WC-Anlagen, Wickelraum, Raum für Waschmaschinen und Trockner, Kochgelegenheit; die Entfernung zu den Stellplätzen sollte möglichst nicht mehr als 100 m, höchstens aber 150 m betragen;
- Betriebswohnung, evtl. auch Mitarbeiter-Wohnungen.

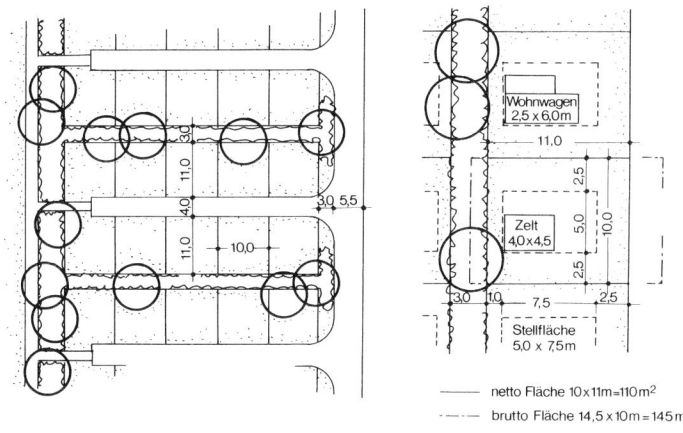

Abbildung 91: Campingplatz-Stellplatzgruppe und Zeltplatz, Schema.

An Kosten für die Errichtung (einschließlich Baunebenkosten und Mehrwertsteuer) ist je Stellplatz mit durchschnittlich 12 200 Euro (ohne Grunderwerb) zu rechnen, für einen Campingplatz mit 300 Standplätzen demnach rund 3 660 000 Euro.

f) Flächengrößen

Nach **Größen** lassen sich Campingplätze wie folgt einteilen:
- **Große** Campingplätze: über 30 000 m² Fläche, über 300 Einheiten, 900 Besucher zur gleichen Zeit;
- **mittlere** Campingplätze: 10 000 bis 30 000 m² Fläche, 100 bis 300 Einheiten, 300 bis 900 Besucher; oft aus wirtschaftlichen Gründen neben anderen Betrieben wie Freibad, Sportanlage, Schilift in Erholungsgebieten geführt;
- **kleine** Campingplätze: unter 10 000 m², unter 100 Einheiten, 300 Besucher, oft neben einem Gasthof oder Bauernhof betrieben, sonst wirtschaftlich nicht möglich.

Die Gesamtfläche des Campingplatzes umfasst
- **Standplätze** und
- **Nebenflächen** für Fahrwege, Pflanzungen, die Gebäude und die Spielfläche, zusammen rund 50 bis 100 % der Flächen für Standplätze. Der Bedarf für die Nebenflächen wird bei der Planung oft unterschätzt.

Die Mindestgröße eines Platzes für einen wirtschaftlich ausgerichteten Betrieb beträgt rund 300 Standplätze, optimal sind 350 bis 450 Standplätze. Campingplätze mit mehr als 500 Standplätzen sind organisatorisch nicht zu bewältigen.

Je Standplatz ist eine Nettofläche von rund 80 bis 120 m², je nach Art des Campingplatzes, vorzusehen. Die Mindestfläche bei Durchgangscamping mit Sammelparkplatz für die Zugfahrzeuge beträgt 80 m², ohne Sammelparkplatz 100 m²; die Mindestbreite für den Standplatz jedenfalls 4,5 m. Bei diesen Größen wird also davon ausgegangen, dass der PKW neben dem Wohnwagen-Anhänger aufgestellt wird. Von der Regelung, dass die Personenkraftwagen auf einem eigenen Sammelparkplatz abgestellt werden, ist man heute durchwegs abgekommen. Der Mindestbedarf je Standplatz auf einem Ferien- oder Dauercampingplatz beträgt 100 m², die

Abbildung 92: Campingplatz Laxenburg bei Wien, am Rande des historischen Landschaftsgartens, räumlich kombiniert mit Freibad, Minigolfplatz und Restaurant; hier der Bereich für Dauercamping.

221

Mindestbreite des Stellplatzes 6,0 m. Für übergroße Wohnwagen und Mobilheime erhöhen sich diese Werte. Eine etwa quadratische Form des Stellplatzes wird allgemein bevorzugt. Auf einem **Zeltplatz** sind 100 m² je Hauszelt erforderlich, für kleinere Zelte mindestens 40 m².

Bei den Fahrwegen sind für die Zufahrt und die Hauptwege mindestens 5,50 m (zwei Fahrspuren), für die anderen Fahrwege mindestens 3,0 m Fahrbahnbreite anzunehmen.

Als Grenzwerte für die **Belastung** der Fläche gelten bei Zeltplätzen unter der Annahme von durchschnittlich 2,5 Personen je Einzelplatz 80 bis 100 Personen je ha, bei Wohnwagen 60 bis 70 Personen je ha.

Literatur

Allg. Deutscher Automobil-Club (ADAC): Der Campingplatz – Leitfaden für Standortfindung, Errichtung, Erweiterung, Modernisierung und Betrieb von Campingplätzen. München 1992

BDLA Bund deutscher Landschaftsarchitekten (Hrsg.): Camping in der Landschaft – Anlage – Einrichtung – Nutzung. Schriftenreihe des BDLA Heft 21. München 1978

Deutscher Camping-Club (Hrsg.): Campingplatzplanung leichtgemacht. Anleitungen für die Einrichtung von Campingplätzen. München 1979

Gröning G.: Dauercamping – Analyse und planerische Einschätzung einer modernen Freizeitwohnform. Arbeiten zur sozialwissenschaftlich orientierten Freiraumplanung, Bd. 2. 2. Aufl. München 1984

Schemel H.-J.: Geeignete Standorte für Campingplätze. Ein Leitfaden für die Kommunalplanung zur umweltverträglichen Standortfindung. München 1984

Wagenfeld H.: Zur Gestaltung von Campingplätzen. In: Garten und Landschaft Jg. 1977 Heft 6

Wagenfeld H.: Campingplätze in Nordrhein-Westfalen. Dortmund 1979

4.3 Grünräume zu Wohnhäusern, Ersatzformen des Hausgartens

4.3.1 Hausgärten

Abbildung 93: Haus und Garten G. Kühn, Köln-Hahnwald (1959/60), Architekt und Landschaftsarchitekt Prof. Hermann MATTERN, gemeinsam mit dem Bauherrn Gottfried KÜHN.

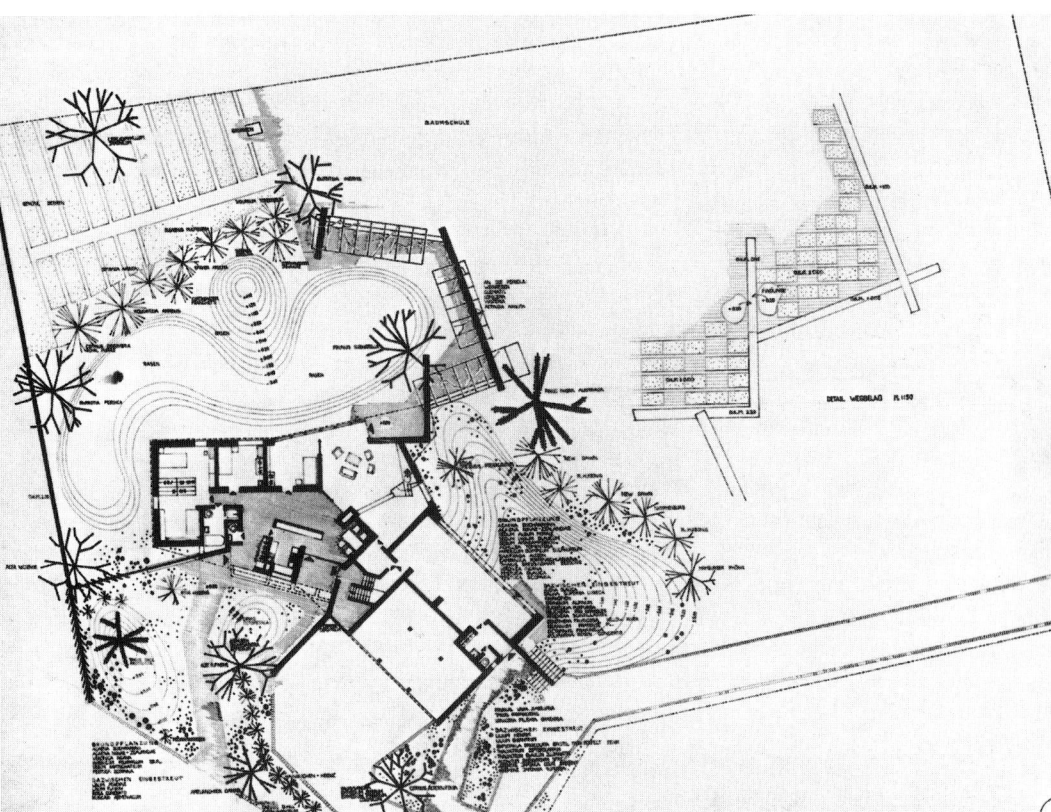

a) Begriffe

Hausgärten stehen in direkter räumlicher Verbindung, mit einem Ausgang aus dem Haus in den Garten, mit **Einfamilienhäusern** aller Art wie freistehende Einfamilienhäuser, Einfamilienhäuser in gekuppelter oder geschlossener Bauweise, Einfamilienhäuser in verdichteter Bebauung (Reihenhäuser, Winkelhäuser, Atriumhäuser und dergleichen). Der Begriff ist auch auf Gärten zu Zweifamilienhäusern anwendbar; dort sind es entweder zwei getrennte Hausgärten oder nur ein Garten, der von zwei Familien genutzt wird. Hausgärten sind grundsätzlich **eingefriedet.**

Entstanden ist der Hausgarten von heute aus dem bäuerlichen Nutzgarten und dem herrschaftlichen, adeligen und dem großbürgerlichen Park; letztere dienten weniger der Nutzung, etwa als Gemüse- und Obstgarten, als vielmehr der Repräsentation in Verbindung mit dem Schloss oder Palais. Der Nutzgarten war meist seitlich als „Küchengarten" und „Baumgarten" angeordnet. So wie das Schloss oder Palais in der 2. Hälfte des 19. Jh. vom Bürgertum in verkleinerter Form als „Villa" übernommen wurde, blieb der Schlosspark als „Villengarten" erhalten, durch den ganz anderen Maßstab allerdings stark verzerrt.

Etwa seit 1900 beginnt die eigenständige Auseinandersetzung der Gartenarchitektur mit dem Hausgarten, der Stil löst sich von der „landschaftlichen" Auffassung und nimmt „strenge" Formen an, bei denen das Rechteck dominiert. Das kommt der Forderung, etwa bei L. Migge, entgegen, dass der Hausgarten wieder Nutzgarten und Zelle einer „Gartenkultur" sein möge. So werden seit etwa 1920 Hausgärten – indirekt, nämlich gemeinsam mit dem Wohnbau – aus staatlichen und kommunalen Mitteln gefördert, etwa die Gartensiedlungen, die Heimstätten-Bewegung und die Einfamilienhäuser in den Bundesländern. Gelegentlich wird der Begriff „Hausen", auch „Vollständiges Wohnen", nämlich Wohnen mit einem zugeordneten Freiraum, dem „einfachen Wohnen" ohne eigenen, privaten Freiraum gegenübergestellt. Die Siedlerbewegung jener Zeit prägt zweifellos den Hausgarten.

In den Dreißigerjahren beginnt die Wandlung zum Wohngarten, der aber auch eine repräsentative Note besitzen sollte. Der streng „architektonische" Garten wandelt sich langsam wieder zum „landschaftlichen", von geschwungenen Formen und einer Vielfalt von Pflanzen geprägten Garten. Dazu hat auch die Einführung der Stauden auf dem Kontinent durch K. Foerster wesentlich beigetragen. Gestaltungsformen wie „Steingarten", „Gräsergarten", „Blauer Garten" und andere wurden teilweise bestimmend. Vertreter dieser Richtung war in Österreich Albert Esch, in der Folge Josef O. Wladar und V. Mödlhammer.

b) Rechtliche Grundlagen

Die Hausgärten auf dem Baugrundstück stehen **in privatem Besitz**, unabhängig vom Grundeigentum, etwa als ideeller Eigentumsanteil bei Siedlungen mit mehreren Einfamilienhäusern oder als Garten zu einem Haus auf Baurechtsgrund (Erbpacht). Die Flächenwidmung ist Bauland/Wohnen. Die Bauordnungen regeln unter anderem Einfriedung, Gartenbauwerke und Wasserbecken; örtlich werden in Verbindung mit dem Bebauungsplan besondere Vorschriften erlassen. Außerdem sind nachbarrechtliche Bestimmungen einzuhalten, vor allem die Einhaltung von Abständen beim Pflanzen großkroniger Bäume zur Grundstücksgrenze; diese Vorschriften sind länderweise unterschiedlich, es empfiehlt sich eine Erkundigung bei der Gemeinde. Nach einigen Raumordnungsgesetzen, beispielsweise in Niederösterreich, können Teile der Gärten als Freiflächen von der Bebauung ausgeschlossen und mit Geboten und/oder Verboten belegt werden.

Größtes Augenmerk ist im Hausgarten auf die **Unfallgefahr**, vor allem für Kinder, zu richten, besonders bei Wasserbecken und bei voll verglasten Fenstern und Türen zum Garten; der Gartenbesitzer haftet bei allen Unfällen.

LAGEPLAN

224

Auftraggeber: Dr. Guido Schmidt- Chiari
Projektinhalt: Gartengestaltung für ein Haus von Josef Hoffmann
Mitarbeit: Christine Haas
Wien 1990

Der Garten wurde als Erweiterung des Wohnraumes konzipiert: Die Glyzinienpergola (Stahlkonstruktion) verbindet das neue Salettl mit den Hecken und Rhododendrenpflanzungen des Gartens. So entsteht ein Rahmen für das horizontale Bild der Staudenbeete. Die Raumbezüge werden durch den Wintergarten am Haus, die großen Pappeln und die Taxushecken definiert.

c) Nutzung, Nutzergruppen

Die Art der Nutzung hängt sehr von der Lage, Größe und Gestaltung des Hausgartens ab; sie wird vielfach durch Rechtsvorschriften der Gemeinde eingeschränkt, beispielsweise durch eine zeitliche Beschränkung lärmender Tätigkeiten, im übrigen ist sie frei, soferne nicht Dritte gestört werden. Kennzeichnend für den Hausgarten sind der **private, intime Charakter** der Nutzung und eine enge persönliche Bindung; traditionell sind es vorwiegend die **Frauen**, die sich – von der Anlage an bis zur Pflege – um den Garten kümmern. Umfragen zeigen, dass Gärtnern bei all denjenigen, die die Möglichkeit dazu besitzen, das beliebteste Hobby ist. Die wichtigste Bedeutung des Gartens ist die als individueller Freiraum, als Raum für Kreativität, für nicht zweckgerichtete Tätigkeiten, ohne ökonomischen und sozialen Zwang, als „Welt im Kleinen", in der Arbeit eine spielerische Tätigkeit ist, jederzeit unmittelbar vom Innenraum erreichbar („Innenhaus – Außenhaus"). Die für viele Gartenbesitzer – auch wirtschaftlich – optimale Form ist der von außen nicht einsehbare Gartenhof beim Atriumhaus. Bei Reihenhausgärten bleibt der private, nicht einsehbare Raum auf die Terrasse unmittelbar am Haus beschränkt; sie kann durch eine Mauer zum Nachbargrundstück hin abgeschirmt werden.

d) Räumliche Zuordnung, Standort

Die Nutzungs- und Gestaltungsmöglichkeiten des Hausgartens sind wesentlich von dessen Standortbedingungen abhängig und bei der Grundstückswahl ebenso zu bedenken wie die Lage des Hauses.

Zu beachten sind:
- Der Garten sollte nach Süden oder Südwesten ausgerichtet sein;
- ungünstige kleinklimatische Lagen wie Senken (Kaltluftsee) oder dem Wind ausgesetzte Höhenlagen sind unbedingt zu vermeiden;
- bei kleineren Grundstücken ist eine möglichst ebene Lage günstig; Hanglagen erfordern einen hohen Aufwand für Böschungen, Mauern und Treppenanlagen;
- bei der Neuanlage ist ein vorhandener Baumbestand, wenn er die Bebauung nicht zu sehr behindert, von Vorteil; er trägt zur Raumbildung bei und bietet Schatten;
- ungünstige Bodenverhältnisse, auch unfruchtbare Marginalflächen sind kein Hindernis, sie können – mit entsprechendem Arbeits- und Materialaufwand – durch Bearbeitung, Düngung und Zusatzstoffe gärtnerisch verbessert werden;
- der Garten sollte nach Möglichkeit **uneinsehbar** sein, zumindest sollte der Einblick durch Pflanzungen verhindert werden können. Vor allem bei kleinen Grundstücken ist darauf zu achten, dass zumindest ein Teil des Gartens nicht eingesehen werden kann;
- ein (annähernd) rechteckiger Zuschnitt des Hausgartens ist zwar aus gestalterischen Gründen günstig, aber durchaus nicht Bedingung;
- von großem Vorteil ist die Aussicht in eine landschaftliche Umgebung;
- bei der Bearbeitung des Bebauungsplanes ist darauf zu achten, dass durch den Zuschnitt der Grundstücke keine kaum nutzbaren Zwickel- oder Restflächen entstehen;
- nach Möglichkeit sollte eine Verbindung vom Garten zur Straße oder zu einem Wirtschaftsweg möglich sein, dies ist vor allem bei Reihenhausgärten wichtig.

e) Entwurf (vgl. auch Abschnitte 5.1, 5.2)

Für den Entwurf gilt das Prinzip der Einheit von Haus und Garten, funktionell wie gestalterisch, beispielsweise in Material und Linienführung. Ein wesentlicher Grundsatz ist, dass der Garten „wohnlich" ist, dass man sich darin **wohlfühlt**. In diesem Sinne ist die „grüne Wohnstube" des Biedermeier mit der Laube, in Wien „Salettl" genannt, eine Vorstufe des heutigen Hausgartens. Im Grunde bedeutet auch die derzeit vielfach empfohlene Gestaltung nach den Grundsätzen

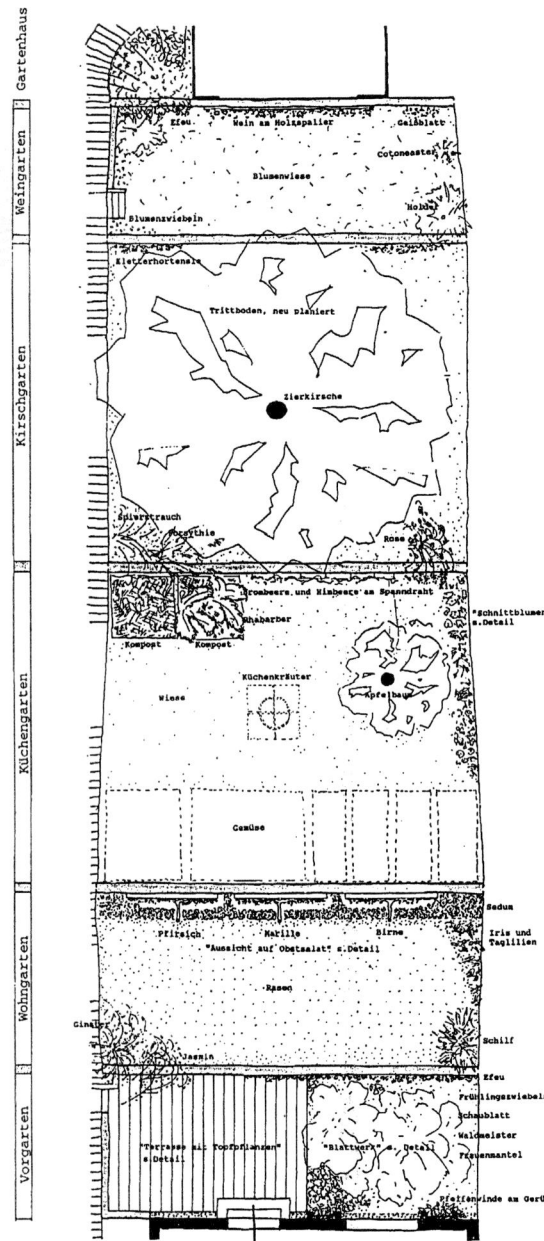

On the left margin (vertical labels, top to bottom): Gartenhaus, Weingarten, Kirschgarten, Küchengarten, Wohngarten, Vorgarten

Abbildung 95: Hausgarten am Hang auf sechs Ebenen mit verschiedenen Funktionen. Entwurf Koselicka: Ursula Kose, Lilli Licka, Landschaftsarchitektinnen.

des Feng-Shui nichts anderes, als die nur zum Teil messbaren Einflüsse zu beachten, die zum Wohlfühlen im Garten beitragen. In der Regel unterliegt die Gestaltung keinen Einschränkungen, ausgenommen die rechtlichen Vorgaben. Die räumliche und funktionelle Gliederung des Gartens richtet sich nach den Bedürfnissen und Möglichkeiten der **Nutzer**, die in der Regel mit den Auftraggebern des Landschaftsarchitekten identisch sind.

Zweckmäßig sind:
- Es sollten möglichst alle Teilbereiche des Gartens nutzbar sein;
- der Vorgarten sollte nicht nur Abstandsfläche zur Straße, sondern möglichst auch nutzbar sein, beispielsweise als Spielbereich;
- besonnte und beschattete Plätze je nach Tages- und Jahreszeit;
- Einbeziehen der Landschaft in den Garten durch Ausblick („Geborgte Landschaft“);
- Bewässerungsanlage;
- Beleuchtung (vgl. Abschnitt 7.2).

Zu **vermeiden** sind:
- Wasserbecken und Teiche in Gärten, in denen sich kleine Kinder aufhalten (**Lebensgefahr**);
- besonders giftige Pflanzen, vor allem in Gärten für Familien mit Kindern;
- schmale beschattete Grenzstreifen;
- breite gepflasterte Fahrbahnen zwischen Straße und Garage;
- Stufenanlagen mit hohen Steigungen;
- kleine, schwer zu pflegende Zwickel und Restflächen.

Folgende **Arbeitsschritte** und Bauvorgänge sollten beachtet werden:
- Gartenplan oder Gartenskizze mit Lage des Hauses und geplanter Raumbildung (Ausformung des Geländes, Bäume);
- Bepflanzungsplan unter Berücksichtigung der endgültigen Größe, vor allem der Gehölze;
- Arbeitsplan (Zeitplan) mit der Reihenfolge der vorgesehenen Arbeiten;
- Bodenvorbereitung, Bodenverbesserung; Abstecken; Erdarbeiten (Wegekoffer, Fundamente und dergleichen);
- Wasserleitung, Entwässerung; Beleuchtung;
- Wegebau, Stufenanlagen, Mauern; evtl. Kamin; Terrassen, Wirtschaftsflächen;
- Pergola, Rankgerüst; Einfriedung;
- Wasserbecken, Teich, Kneippbecken, Brunnen und dergleichen;
- Wirtschaftsgarten (Gemüsegarten), Beetbreite 1,20 m, Wegbreite 0,30 m, Kompostplatz;
- gegebenenfalls Kinderspielbereich mit Sandkiste, Geräten.

Wichtig ist, den **Pflegeaufwand** für den Garten zu bedenken; er wird von unerfahrenen Bauherren meist unterschätzt. Als Faustregel gilt: 1 m² Gartenfläche = 1 Arbeitsstunde im Jahr, bei einem 500 m² großen Garten also rund 60 volle Arbeitstage oder der adäquate Geldbetrag, mindestens rund 17 250 Euro jährlich bzw. 1450 Euro monatlich. Dieser Erfahrungswert gilt für alle Arten der Ausführung des Gartens, der „pflegeleichte“ Garten entspringt einem Wunschdenken. Beim Entwurf ist auch darauf zu achten, dass der Zu- und Abtransport von Mähgut, Schnittgut, Bodenverbesserungsmittel und dergleichen für den Garten nicht durch das Haus führt, vor allem bei Reihen- und Gartenhof-Häusern; dort ist gartenseitig ein Wirtschaftsweg anzulegen.

Die **Herstellungskosten** für den Hausgarten betragen erfahrungsgemäß, je nach Gelände und Ausstattung, rund 6,5 bis 10 % der Baukosten des Hauses; mit steigender Grundstücksgröße fallen die anteiligen Kosten, weil ein höherer Flächenanteil einfach, etwa als Wiese, gestaltet werden kann (vgl. auch Abschnitt 5.3.3). Die Baustoff-Industrie hat in jüngerer Zeit eine ganze Reihe von preiswerten Bauteilen und Formsteinen speziell für die Verwendung im Garten entwickelt, bei deren Verwendung die Kosten gesenkt werden können.

Für den Wohnwert des Gartens haben **Terrassen** und **überdachte Sitzplätze** eine große Bedeutung; sie haben ihren Ursprung in der bäuerlichen „Hausbank". Sie dürfen als wichtiger Wohnraum im Freien nicht einsehbar sein, wofür Sichtschutzwände aus unterschiedlichen Materialien eingesetzt werden können. Ein zu Unrecht vernachlässigtes Thema ist das Gartenhaus, bekannt nicht zuletzt durch Goethes Gartenhaus in Weimar, in Landgärten und großen Gärten, wo es als Atelier oder Gästehaus dienen kann.

Wasser als wichtiges Element, das im öffentlichen Grün heute nur selten zu verwirklichen ist, kann in den Hausgarten auf vielfältige Art einbezogen werden: durch kleine Pflanzbecken, als Teiche, als Schwimmbecken und sogenannte Schwimmteiche, das sind künstliche Teiche mit Bepflanzung, in einer Tiefe, die auch das Baden erlaubt. Es gibt da auch künstliche Quellen, Rinnen und Bachläufe, schließlich Springbrunnen, Quellsteine und Wandbrunnen. Die Art der Wasseranlage hängt nicht zuletzt von der Größe des Gartens ab; für ein Schwimmbecken, das als solches genutzt werden soll, ist mindestens ein Ausmaß von etwa $3,0 \times 5,0$ m vorzusehen, für einen Schwimmteich sind rund 30 m² und mehr erforderlich; da ja auch entsprechendes Umfeld notwendig ist, sind beide Formen nur in größeren Gärten, etwa ab 1000 m², sinnvoll. Als Behelf werden für kleinere Gärten fertige Kunststoffbecken angeboten, die auf ein betoniertes Fundament montiert werden und als Planschbecken dienen. Die Tiefe des Schwimmbeckens sollte zwischen 0,80 m und höchstens 1,50 m betragen.

f) Flächengrößen

Die **Qualität eines Gartens** ist grundsätzlich **unabhängig** von seiner **Flächengröße**. Die Mindestgröße des **Gartenhofes** bei Winkel- und Atriumhäusern sollte aber $8,0 \times 8,0$ m möglichst nicht unterschreiten. Im übrigen gibt es beim Hausgarten – außer der Finanzkraft des Besitzers – keine Beschränkung nach oben. Die Flächengröße der Hausgärten ist allerdings vielfach durch die Mindestgröße der Baugrundstücke bzw. Bauplätze laut Bauordnung und durch den Grad der Bebaubarkeit nach Bebauungsplan vorgegeben; so errechnen sich zum Beispiel bei einer Bauparzelle von mindestens 600 m² abzüglich 25 % bebauter Fläche 450 m² für den Hausgarten.

Wertvolle nutzbare Flächen gehen durch die in den Bauordnungen der Länder vorgeschriebene Vorgartentiefe, oft 5 m, und durch den Bauwich, meist je 3 m Abstand zur seitlichen Grundgrenze, beim freistehenden Einfamilienhaus verloren; auf diese Weise tritt bei einem Grundstück mit 20 m Straßenfront $\times$ 30 m Tiefe (= 600 m²) und einem Haus mit 14×12 m (= 168 m²) ein Verlust von 20×5 m = 100 m² durch den Vorgarten und $2 \times 12 \times 3$ m = 72 m² durch den Bauwich, zusammen 172 m², ein, also fast **ein Drittel** der Grundstücksfläche; diese Rechnung zeigt deutlich den Nachteil des freistehenden Einfamilienhauses gegenüber etwa dem Atriumhaus, bei dem – bei einer wesentlich kleineren Grundstücksgröße – ein nicht einsehbarer, intimer und nutzbarer Wohngarten möglich ist.

Die allgemein üblichen Flächengrößen von Hausgärten für Familien bewegen sich zwischen 400 m² und 1500 m². Größere Gärten sind nur mit geschultem eigenen Personal oder durch Gartenbaufirmen zweckmäßig zu bewirtschaften.

Literatur
Bund Deutscher Landschaftsarchitekten Nordrhein-Westfalen (Hrsg.): Viele Ideen für kleine Gärten. Iserlohn/Essen 1987
Grawert M.: Gärten nach der Natur. München 1998
Haag D.: Gärten naturnah gestalten. Ideen, Planung, Beispiele. München 1995
Howcroft H.: Der individuelle Garten. Ideen für eine ganz persönliche Gestaltung. München 1995
Kratochwill S.: Schritt für Schritt zum Traumgarten. Wien 1986
Kunze S.: Ideen für den neuen Wohn- und Naturgarten. 3. überarb. Auflage. Bad Camberg 1995
Küster B., H. Teufel: Monets Garten. Neuaufl. Hamburg 1997
Luz H.: Stuttgarter Gärten. Stuttgart 1980

Abbildung 96: Beispiel für einen Reihenhausgarten in der Wiener Werkbundsiedlung 1932 (Haus 46), Architekt J. GROAG, gegenüber dem ursprünglichen Zustand etwas verändert.

Meyer H.: Vom Grundstück zum Wohngarten. Stuttgart 1966
Nickig M., F. Wagner: Gartenkultur. Eine Auswahl schöner Gärten. Hamburg 1997
Spitthöver M.: Gartenkonzepte für den zukünftigen Eigenheim- und Mietwohnungsbau. Europäische Hochschulschriften, Reihe 42 Ökologie, Umwelt und Landespflege Bd. 15. Frankfurt a.M. 1994
Schümmelfeder H. (Bearb.): Terrassen, Gestaltung, Anlage. Ausstellung München 1990
Wirth P.: Gartensitzplätze. Konzeption und Planung. Stuttgart 1993

4.3.2 Grünräume zu Siedlungen im Flachbau

a) Begriffe

Zu unterscheiden sind die meist kleinen Hausgärten, individuell gestaltet und genutzt, und die **gemeinschaftlichen** Grünräume, deren Gestaltung in der Regel aus der Hand des Landschaftsarchitekten stammt, die aber gemeinschaftlich von allen Bewohnern der Siedlung genutzt werden. Daneben kann es bei Bedarf zusätzliche öffentliche Grünräume geben, die von der städtischen Gartenverwaltung geplant und gebaut werden; sie sind für jedermann, also auch für Personen aus der Umgebung, nutzbar. Für eine Kombination von nicht einsehbaren Einzel-Sitzplätzen am Haus mit 25 bis 80 m² mit angrenzenden gemeinschaftlichen Grünräumen hat Hermann MATTERN den Begriff „Gemeinschaftshausgarten" geprägt. Der Grundgedanke dabei ist, wohl die Privatheit des Hausgartens zu sichern, aber die Isolation und Abkapselung, die in Einfamilienhausgebieten zu beobachten ist, zu durchbrechen.

b) Rechtliche Grundlagen

Die Hausgärten und die gemeinschaftlichen Grünräume stehen meist in gemeinsamem Grundeigentum, grundbücherlich in ideellem Miteigentum der Hausbesitzer, im Verhältnis der Flächengröße der Hausgrundstücke. Diese Regelung ist deshalb notwendig, weil die Einzelflächen von Haus und Gartenhof mit rund 160 bis 200 m² weit unter den in den Bauordnungen für einen Bauplatz vorgeschriebenen Mindestgrößen liegen. Falls jedoch die Hausgrundstücke als einzelne Bauparzellen privates Eigentum sind, ist für die gemeinschaftlichen Grünräume eine besondere vertragliche Regelung für die Nutzung und Erhaltung erforderlich. Die Anlage, Pflege und Unterhaltung der gemeinschaftlichen Grünräume geschieht auf Kosten **aller** Hausbesitzer. In manchen Fällen übernehmen einzelne Hausbesitzer freiwillig die regelmäßige Pflege bestimmter Teilflächen.

c) Nutzung, Nutzergruppen

Die Hausgärten werden individuell genutzt, die gemeinschaftlichen Grünräume durch alle Hausbewohner und deren Gäste, eine allgemeine öffentliche Nutzung ist dort ausgeschlossen. Nutzergruppen sind hier überwiegend Kinder und ältere Personen. Die Art der Nutzung ist bedingt durch die Flächengröße und das Angebot an Einrichtungen. Bestehen zwischen den Hausbesitzern enge persönliche Beziehungen, zum Beispiel durch den gemeinsamen Beruf, gestalten und bauen sie die gemeinschaftlichen Freiräume in ihrer Siedlung selbst, so zum Beispiel Bergleute im Ruhrgebiet.

Bei den Hausgärten und Gartenhöfen wechselt die Nutzung stark je nach wirtschaftlichen Verhältnissen und der grundsätzlichen Einstellung zum Garten. Die Gärten der Wiener Siedlungsbewegung waren zunächst durchwegs Nutzgärten, dann abwechselnd mehr Zier- und wieder Nutzgärten. Heute ist beispielsweise der Bestand an Obstbäumen in großen Siedlungen wie Wien, 12. Bezirk, Hoffingergasse und Rosenhügel fast ganz verschiedenen Nadelgehölzen gewichen. Erst in jüngerer Zeit gewinnt nach biologischen Grundsätzen gezogenes Gemüse und Obst wieder an Bedeutung.

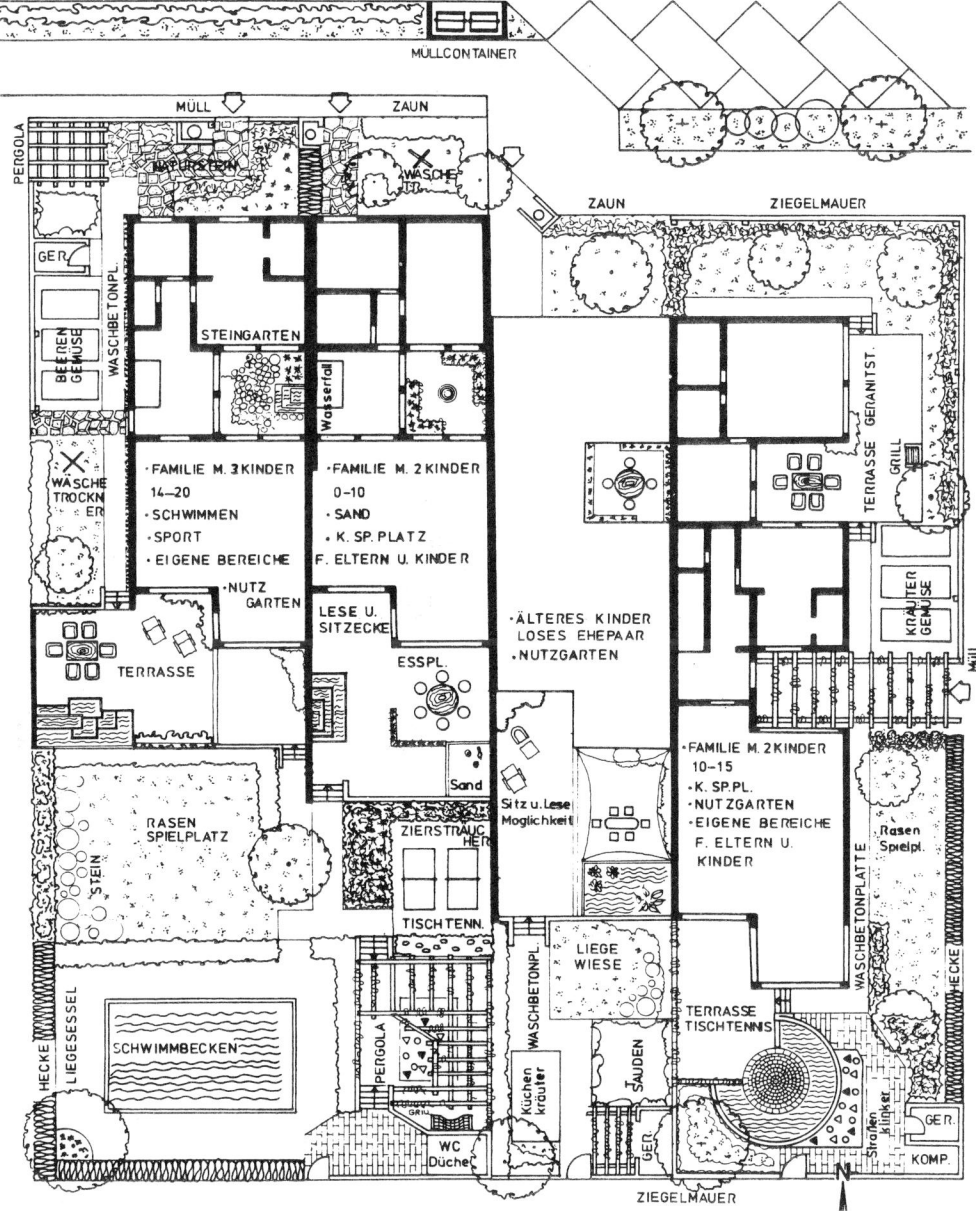

Abbildung 97: Gärten im verdichteten Flachbau. Entwurfsübung zu Gartengestaltung am Institut für Landschaftsplanung und Gartenkunst der TU Wien, Entwurf K. MOHARRERKHANSARI.

d) Räumliche Zuordnung, Standort

Die gemeinschaftlichen Grünflächen liegen in enger räumlicher Zuordnung zur Bebauung, in der Regel in Form von Zwischenwegen mit platzartigen Erweiterungen und von randlichen Zwickelflächen. Wichtig ist der Anschluss an öffentliche Wegeverbindungen, vor allem zum öffentlichen Verkehrsmittel und zu den Parkplätzen. Gegebenenfalls ergibt sich auch die Zuordnung zu baulichen Gemeinschaftseinrichtungen, etwa zum Kindergarten oder zu Läden für den täglichen Bedarf.

e) Entwurf

Der Entwurf der gemeinschaftlichen Grünräume ist ausgerichtet auf Nutzungen, die im Hausgarten nicht möglich sind, vor allem für Kinder, für gemeinsames Spiel und Bewegung, und für

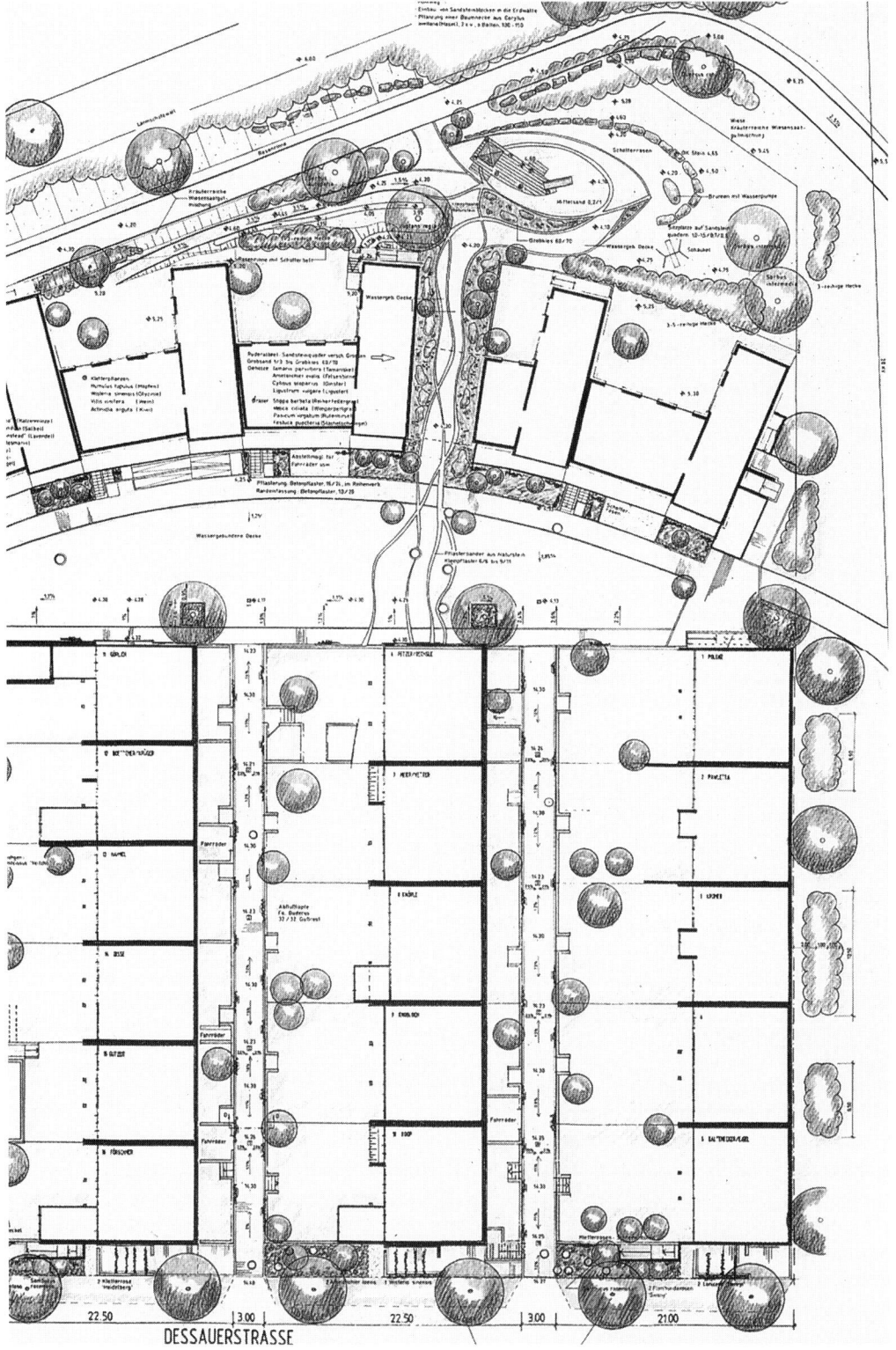

Abbildung 98: Ökologische Siedlung Geroldsäcker
in Karlsruhe; mit 40 Häusern. Landschaftsarchitekt
Hubert HALLER.

ältere Personen zur Kommunikation. Beliebt sind Treffpunkte bei Pflichtwegen, beispielsweise beim Einkaufen oder beim Weg der Eltern zum und vom Kindergarten. An Einrichtungen sind vorzusehen: befestigte Flächen für Spiele, gegebenenfalls kleine Spielgeräte, Sitzmöglichkeiten, Brettspiele, Tischtennis. Rasenflächen sollten wegen des Pflegeaufwandes vermieden werden, dagegen ist eine vergleichsweise reiche pflanzliche Ausstattung möglich, ebenso Wasser in einfacher Form, etwa als Brunnen oder Wasserglocke.

Beim Wohnhof und Atriumgarten sind wegen des Kleinklimas, vor allem der Hitze und Trockenheit, sorgfältige Überlegungen, besonders bei der Pflanzenwahl, erforderlich; hier sind mediterrane Pflanzen, auch Kübelpflanzen gut geeignet. Günstig ist auch Wasser in jeder geeigneten Form.

f) Flächengrößen

Hausgärten bei Gartenhofhäusern, Atriumhäusern und dergleichen sind in der Regel zwischen 64 und 90 m² groß, Gärten zu Reihenhäusern zwischen 80 bis 120 m². Die Flächengröße der gemeinschaftlichen Grünflächen ist zum einen durch die angestrebten Nutzungen gegeben, zum anderen durch wirtschaftliche Bedingungen beschränkt, so durch die Kosten für den Grunderwerb, die Anlage-, Pflege- und Erhaltungskosten, beides von allen Hausbesitzern zu tragen. In der Regel nehmen sie zwischen 15 und 25 % der gesamten Baugrundfläche ein. Wohnwege sollten nicht länger als 80 m sein. Als **Richtgrößen** im verdichteten Flachbau werden angenommen: Gärten mit 90 m² je Wohnungseinheit, dazu 40 m² je WE für gemeinschaftliche Grünflächen, außerdem 80 m² je WE für Straße, Stellplätze und innere Erschließung.

Literatur

Bird R.: Kleine Gärten – Planung und Gestaltung. Köln 1999
Hafner T. et al.: Wohnsiedlungen. Entwürfe, Typen, Erfahrungen aus Deutschland, Österreich und der Schweiz. Basel 1998
Hose G.: Verschiedene Reihenhaustypen – ihre Vorteile und Nachteile. Schriftenreihe Fachbereich Architektur Nr. 12. F. o7. Gesamthochschule Kassel 1983
Hülbusch K. H.: Bremer Reihen. Gesamthochschule Kassel. AG Freiraum und Vegetation, Notizbuch 44. Kassel 1997
Landesinstitut für Bauwesen des Landes Nordrhein-Westfalen (Hrsg.): Ökologische Konzepte für den verdichteten Wohnungsbau. Schriftenreihe 2 des LB, Heft 2.26, Aachen 1996
Potyka H.: Verdichteter Flachbau. Stuttgart/Bern 1970
Rainer R.: Kriterien der wohnlichen Stadt – Trendwende im Wohnungswesen und Städtebau. Graz 1978
Strong R.: Kleine Gärten. Entwürfe, Anregungen und Pläne. Stuttgart 1996

4.3.3 Grünräume im mehrgeschossigen Wohnbau, Innenhöfe

a) Begriffe

Es sind die Grünräume auf dem Baugrundstück einer mehrgeschossigen Wohnhausanlage; sie gehören zum „Wohnumfeld" und sind als Außenraum Bestandteil der Wohnungen. Zu unterscheiden sind:
- **private** Grünräume, teilweise in direkter räumlicher Verbindung zur Wohnung, beispielsweise Gartenterrassen bei Terrassenhäusern und Erdgeschossgärten; teilweise in unmittelbarer Nähe der Wohnung, etwa Dachgärten, diese teilweise auch direkt von der Wohnung erreichbar, und Mietergärten;
- **gemeinschaftliche** Grünräume wie Spielbereiche, Sitzbereiche, kleine Sportflächen, Wege und Plätze. Für sie werden auch die Bezeichnungen „kollektiv nutzbare Freiräume" und „Vermittlungsräume", nämlich zwischen privaten und öffentlichen Bereichen, gebraucht. Sie sind funktional wie auch räumlich allen Wohnungen zugeordnet.

Abbildung 99: Neuer Stadtteil an der Brünner Straße in Wien-Stammersdorf, etwa 1992-1995; mehrere Architekten wie J. G. GSTEU, O. HÄUSELMAYER, G. KROJ, G. PEICHL und andere; gemeinschaftliche Freiflächen nach dem Entwurf von Landschaftsarchitektin C. LOIDL-REISCH.

Erdgeschossgärten sind kleine Gartenflächen, manchmal beschränkt auf eine Terrasse, die unmittelbar vom Wohnzimmer aus, möglichst ohne Stufen, erreichbar sind. In manchen Siedlungen werden sie nachträglich eingerichtet, indem Stiegen vom Balkon oder von der Loggia eingebaut werden. Nach G. GRÖNING sind Erdgeschossgärten Bestandteil des vollständigen Wohnens und gehören nicht zum Wohnumfeld, sie sind also durch Kinderspielbereiche, Sitzplätze und dergleichen in den gemeinschaftlichen Grünräumen zu ergänzen.

Abbildung 100: Erdgeschossgarten in einer neuen Wohnhausanlage im neuen Stadtteil Wien-Stammersdorf, Brünner Straße.

232

Abbildung 101: Wohnhausanlage in Wien-Atzgersdorf, Brunner Straße mit Erdgeschossgärten und gemeinschaftlichen Freiflächen (um 1990); Architekt Prof. Helmut RICHTER

Mietergärten sind kleine, etwa 60 bis 100 m² große Gartenflächen, die, in Gruppen zusammengefasst, in den Abstandsflächen liegen. Sie sind voneinander durch niedrige Hecken, von den gemeinschaftlichen Grünflächen durch höhere Hecken oder Strauchpflanzungen getrennt. Es gibt auch Beispiele, bei denen die einzelnen Flächen kleiner und nicht sichtbar voneinander getrennt sind.

b) Rechtliche Grundlagen

Die Grünflächen im mehrgeschossigen Wohnbau stehen in Eigentum und Verwaltung des Bauträgers, also der öffentlichen Hand wie Bund, Land oder Stadtgemeinde, einer Wohnbaugenossenschaft oder eines privaten Wohnbauträgers bzw. – bei Eigentumswohnungen – der Eigentümergemeinschaft, hier mit ideellem Anteil der Wohnungseigentümer. Die Flächenwidmung ist Bauland Wohnen, teilweise mit einer Zusatzbestimmung, beispielsweise G: Gärtnerisch auszugestalten.

Privat genutzte Grünräume wie Erdgeschossgarten und Mietergarten sind Bestandteil des Mietgegenstandes und sind bei Beendigung des Mietverhältnisses vom jeweiligen Besitzer zu räumen. Bei Anlagen im Wohnungseigentum stehen die Erdgeschoss- und Mietergärten im ideellen Miteigentum der jeweiligen Wohnungseigentümer, wobei für die Mietergärten genaue Festlegungen, vergleichbar den Garagenplätzen, zu treffen sind. Mietergärten werden in der Regel nach sozialen Grundsätzen vergeben, etwa nach dem Familien-Einkommen und der Zahl der Kinder. Die Miete je m² kann höher sein als der ortsübliche Pachtschilling bei Kleingärten, weil eine Reihe von Vorteilen bestehen: die Nähe zur Wohnung, damit die Möglichkeit der spontanen Nutzung, das Wegfallen einer Baulichkeit, weniger Ausgaben für Gemeinschaftsanlagen wie Autostellplatz, Vereinsheim, Kanalisation und dergleichen mehr.

c) Nutzung, Nutzergruppen

Die Bedeutung der Grünräume in Gebieten mit mehrgeschossigen Wohnhäusern wird daran deutlich, dass die Städter 70 bis 80 % ihrer frei verfügbaren Zeit in oder in der Nähe der Woh-

Abbildung 102: Hofsanierung in einem älteren mehrgeschossigen Wohnbau in Hannover-Linden, Grundriß.
Landschaftsarchitekt Ruprecht Dröge.

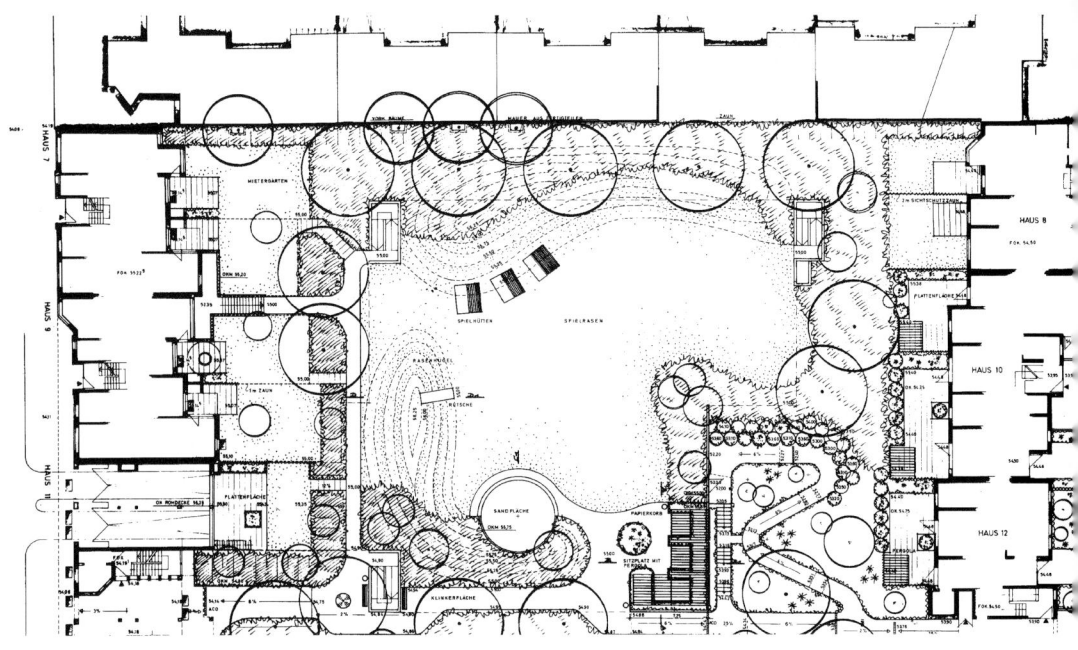

nung verbringen. Die privaten Gärten werden von den Wohnungsbesitzern und deren Gästen genutzt. Die gemeinschaftlichen Grünflächen stehen allen Bewohnern der Wohnhausanlage zur Verfügung; sind sie von der Straße her zugänglich, können sie auch von jedermann aufgesucht werden; daher rührt auch die Bezeichnung als „**halb- oder teilöffentliche Grünflächen**"; dieser Zutritt ist jedoch von den meisten Hausbewohnern nicht erwünscht und wird durch Hinweise, manchmal auch durch eine Einfriedung, verhindert.

Die Nutzer entsprechen der sozialen Zusammensetzung der Bewohner, es sind alle Altersgruppen vertreten, mit der Tageszeit wechselnd, aber auch abhängig vom Angebot an Einrichtungen. Als Nutzer besonders wichtig sind **Kinder** sowie **ältere und behinderte Menschen**. Spezielle Nutzungen stehen in Verbindung mit Gemeinschaftseinrichtungen im Erdgeschoss, wie Pensionistenklub oder Kindergarten. Die Nutzung ist auch abhängig von der sozialen Einstellung und Kontaktfreudigkeit der Bewohner, wobei das Problem der ständigen sozialen Kontrolle – als Vorteil ebenso wie als Nachteil – auftritt. Ein deutlicher Einfluss kann auch von der Aufsicht und Betreuung durch den Hausbesorger ausgehen.

Bei Bauten bis zu höchstens vier Geschossen ist ein Kontakt der Eltern mit den Kindern von der Wohnung aus möglich, abhängig auch von der Überschaubarkeit des Hofes. Kleine Kinder aus höher gelegenen Stockwerken können den Garten nur in Begleitung älterer Personen und dementsprechend selten aufsuchen.

Erfolg oder Misserfolg der Gestaltung der Freiräume im mehrgeschossigen Wohnbau hängen zum Teil von der Bereitschaft zur manuellen, aber auch zur ideellen **Mitarbeit** und Unterstützung durch die Bewohner ab. Werden die gemeinschaftlichen Grünflächen von den Bewohnern aus eigenen Mitteln, nach eigenen Plänen und mit eigenen Händen, wohl mit Unterstützung eines Fachmannes, selbst gebaut, entsteht eine starke Identifikation; solche Anlagen werden auch intensiv genutzt und gepflegt, wie die von J. KOPPANDY betreuten Gärten zeigen. Dies gilt sinngemäß auch für Mietergärten. Notwendig ist in jedem Fall eine intensive Betreuungsarbeit und Animation der Mieter durch Fachleute, die praktisch immer – auch nach Feierabend – präsent sind und selbst mitarbeiten. Als hilfreich hat sich die unentgeltliche Ausgabe von Pflanzen, gebrauchten Wegplatten und Bauholz durch die Gartenverwaltung erwiesen, ebenso die Erledigung aller Behördenwege durch den Betreuer (vgl. auch Abschnitte 3.3.5 und 3.7.4).

Die Beispiele für eine aktive Mitwirkung der Bewohner sind allerdings nicht die Regel: in den meisten Fällen, vor allem bei großen Wohnhausanlagen, ist eine partizipatorische Planung nicht möglich, weil die Bewohner erst einziehen, wenn die Gartenanlage fertig oder zumindest in Bau ist.

Wie die Beispiele bestehender Mietergärten zeigen, werden sie überwiegend als Blumen-, Gemüse- und Kräutergärten, weniger als Wohngärten genutzt, während die Erdgeschossgärten durchwegs ein erweitertes Wohnzimmer sind. Bei der Anlage neuer Mietergärten empfiehlt sich in den ersten Jahren eine lockere begleitende Betreuung.

d) Räumliche Zuordnung, Standort

Der Standort der Außenanlagen ist vorgegeben durch die räumliche Gliederung der Bebauung; bei neuen Wohnhausanlagen sind die Entwürfe der Gebäude und der Freiräume zu koordinieren, auch wegen der Beziehungen zwischen Innen- und Außenräumen. Zu unterscheiden sind hofartige Grünräume, Grünräume in den Abstandsflächen von Hauszeilen und Vorgärten an Straßen. Mit dem Begriff der „Innenhof-Orientierung" der Häuser ist die wünschenswerte Ausrichtung der Wohnräume einschließlich der Küche zum Gartenhof hin gemeint. Manchmal können öffentliche Grünräume, die der Wohnbebauung unmittelbar zugeordnet sind, zum Teil Funktionen der Grünräume auf dem Baugrundstück übernehmen; dies enthebt allerdings nicht die Bauträger von ihrer Verpflichtung, für ausreichende Grünräume auf dem Baugrundstück vorzusorgen.

e) Entwurf

Das Leitbild für qualitätvollen Wohnungs- und Siedlungsbau kann unter anderem an die Vorbilder guter großer gartenstädtischer Arbeitersiedlungen anknüpfen. Nach wie vor ist ein Maßstab im Wohnbau die soziale Qualität des preiswerten Wohnens zur Miete oder im genossenschaftlichen Eigentum im eigenen Haus mit Garten, eine Siedlungsform, in der Freiräume für ein soziales Leben, Spielräume für Aneignung und Selbstgestaltung jederzeit verfügbar sind.

Für den Entwurf der Freiräume im mehrgeschossigen Wohnbau wurden von J. GREINER, Bauakademie Berlin-Ost, folgende Grundsätze entwickelt, die sinngemäß durchwegs anzuwenden sind:
- bei Bodenbewegungen, auch im Zuge des Kelleraushubs, ist ein Massenausgleich innerhalb der Baustelle durchzuführen;
- befestigte, wasserundurchlässige Wege und Plätze, soweit sie in dieser Ausführung notwendig sind, sollen in die Vegetationsflächen entwässert, möglichst aber mit einer wasserdurchlässigen Decke versehen werden;
- in jeweils 80 m Entfernung voneinander sind Wasserentnahmestellen vorzusehen;
- für Sandkästen, Spiel- und Sportgeräte sind genormte Produkte nach ÖNORM, DIN zu verwenden; heute ist die Normierung praktisch durch das überprüfte Angebot der bekannten Hersteller gegeben;
- die Anzahl der Sitzmöglichkeiten ist auf die Anzahl der potentiellen Nutzer, auch solcher von außerhalb der Wohnhausanlage, abzustellen; Sitzgelegenheiten sollten nach Möglichkeit nicht festgeschraubt werden;
- Rasenflächen sollten nicht kleiner als 200 m² sein, in den Rasenflächen sind keine Strauch- und Staudengruppen zu pflanzen oder andere Hindernisse für die Pflege, beispielsweise Plastiken, aufzustellen;
- je ha Freifläche sind rund 50 Laubbäume vorzusehen, ihr Abstand zu Wohngebäuden muss mindestens 6 m, zu fensterlosen Giebeln mindestens 4 m betragen.

Abbildung 103: Städtische Wohnhausanlage George Washington-Hof in Wien (1927-1930) mit weiträumigen Innenhöfen, jeweils von einer Gehölzart geprägt, beispielsweise Fliederhof. Architekten Robert OERLEY, Karl KRIST.

Für die Benutzbarkeit der Freiräume im mehrgeschossigen Wohnbau ist die Stellung und Gliederung der **Gebäude** mindestens ebenso wichtig wie der Entwurf der Gärten. Höfe, Vor- und Rücksprünge der Fassaden, Ausbildung der Ein- und Ausfahrten von Tiefgaragen und der Hauseingänge, Sonnen- und Schattenbereiche, die Anordnung kleiner Zweckbauten sind maßgeblich für viele Nutzungsmöglichkeiten der Freiräume.

Besonders zu berücksichtigen sind die **kleinklimatischen** Verhältnisse wie die Sonneneinstrahlung, der Schattenwurf durch die Gebäude, die lokalen Windströmungen. Durch die Stellung der Gebäude und an Toren werden Winddüsen gebildet, bei denen Windgeschwindigkeiten bis 100 km/h auftreten; sie können durch Schutzpflanzungen herabgemindert werden. Es empfiehlt sich, die Windeinwirkung am Massen- oder Computer-Modell zu simulieren.

Die „Schwellen" zwischen privaten, gemeinschaftlichen und öffentlichen Flächen sollten eindeutig erkennbar und erlebbar sein. Die räumliche und funktionelle **Gliederung** folgt den Nutzergruppen bzw. Nutzungsarten. Bereiche für kleine Kinder sind in der Nähe der Hauseingänge anzuordnen, mit der Rückzugsmöglichkeit sowie Sicht- und Rufkontakt zur Wohnung. Eigene Gruppen bilden größere Kinder, ebenso alte und behinderte Menschen, denen besondere Bereiche zur Verfügung stehen sollten. Für Jugendliche können Spiele ohne großen Flächenbedarf, beispielsweise Tischtennis oder Streetball, angeboten werden. Eigene abgegrenzte Räume sollten auch für größere Gruppen, etwa mehrere Familien, Jugendgruppen und kleine Clubs für gemeinsame Aktivitäten vorgesehen werden.

Bei großen Wohnhausanlagen werden gemeinschaftliche Einrichtungen geschaffen, die eigene, zugeordnete Freiräume erfordern oder zumindest sinnvoll erscheinen lassen, beispielsweise ein Jugendclub, Seniorenclub, eine Bücherei, eine ärztliche Gemeinschaftspraxis, das Pfarrheim, Gasthäuser und Cafés. Der Entwurf richtet sich nach der Art und Kapazität der jeweiligen Einrichtung, die Erhaltung bietet den einzelnen Gruppen eine wertvolle Betätigungsmöglichkeit und Eigenverantwortung. Kindertagesstätten im Erdgeschoss benötigen auf jeden Fall eigene, eingezäunte Gärten.

Sehr sorgfältig zu entwerfen ist das **Wegesystem** nach Quell- und Zielpunkten; dabei ist zu differenzieren nach Fahrwegen für Einsatzfahrzeuge und Schwertransporte einerseits und Gehwegen andererseits; bei hohen Häusern ist eine Feuerwehr-Umfahrt erforderlich, wobei es sich empfiehlt, Lage und Ausführung zeitgerecht mit der Feuerwehr abzustimmen. Die Fußwege sind in unterschiedlicher Breite, als Haupt-, und Nebenwege, zur Orientierung möglichst auch in unterschiedlichem Material, vorzusehen, ergänzend auch Spielwege mit besonderen Angeboten für Kinder, etwa Kinderfahrzeuge. Erfahrungsgemäß werden diese allerdings auch von anderen Bewohnern für Skateboard, Rollerblade und dergleichen genutzt. Wenn die Wegekreuzungen platzartig erweitert, möglichst auch mit Sitzgelegenheiten ausgestattet werden, dienen sie als beliebter Kommunikationsbereich. Grundsätzlich sollten eher zu viel als zuwenig befestigte Flächen angelegt werden; die Wege sollten so breit sein, dass sie außer zum Gehen auch für Bewegungsspiele genutzt werden können. Für ruhige Spiele, die wenig Fläche beanspruchen, sind kleinere befestigte Plätze notwendig.

Wichtig ist die **Führung** der Wege: sie müssen von allen Hauseingängen möglichst ohne Umwege zu den wichtigen Zielpunkten wie Kindertagesstätte, Schule, Einkaufsmöglichkeiten, Haltestellen der öffentlichen Verkehrsmittel und Autostellplätzen führen. Dabei sind die im Bebauungsplan vorgegebenen öffentlichen Wege zu berücksichtigen oder es ist, wenn notwendig, eine Planänderung zu erwirken. Die Wege sind bei Bedarf nach Nutzungsspuren in Form von „Trampelpfaden" zu ergänzen, nicht genutzte Wege sollten aufgelassen, aufgebrochen und begrünt werden. Alle wichtigen Wegeverbindungen von und zu den Hauseingängen müssen auch für Rollstuhlfahrer benützbar sein. Die Durchgangswege (Hauptwege) und die Zugänge zu den Haustüren sind zu beleuchten. Alle Wegebeläge müssen für die Reinigung und Schneeräumung geeignet sein.

Die **Funktionsbereiche** und ihre Ausstattung hängen stark von der verfügbaren Fläche ab. Zur Grundausstattung gehören befestigte Sitzplätze, nach Möglichkeit mit einer Pergola, Rankgerüste, Sandkisten, kleine Blumen- und Kräuterbeete. Bei größeren Innen- und Wohnhöfen sind außerdem ein Spielbereich mit kleinen Spielgeräten, Flächen für Tischtennis, Federball, Boccia und dergleichen möglich. Von den Wünschen der Hausbewohner hängt ab, ob ein Wäschetrockenplatz vorzusehen ist. Je nach den räumlichen Möglichkeiten gehören auch eine Bastelecke, beispielsweise für die Reparatur von Fahrrädern, überdachte Fahrradständer, Pergolen, Blumen- und Gemüsebeete oder Mietergärten, mehrere Bäume, Sträucher und ein Kompostplatz zur Ausstattung. Von besonderer Bedeutung, vor allem für kleine Kinder und alte Menschen, ist der Platz unmittelbar **vor dem Haustor**; er sollte zum Verweilen, Spielen und zum Gespräch einladen und von den übrigen Freiräumen leicht abgeschirmt sein, zum Beispiel durch eine halbhohe Pflanzung.

Eine der schwierigsten Aufgaben für den Landschaftsplaner ist die Abstimmung mit den technischen und den Leitungs-Verwaltungen, weil diese ausschließlich nach wirtschaftlichen Gesichtspunkten vorgehen.

Zu berücksichtigen sind in dieser Hinsicht beim Entwurf:
- Müllplätze mit vorgeschriebener maximaler Entfernung zur öffentlichen (im Winter geräumten) Straße;
- Technische Einrichtungen für die Anlagenpflege, Einstellräume;
- Öltank für zentrale Heizanlage, wenn vorhanden, in unmittelbarer Nähe zur Straße;
- Leitungen für Kanal, Wasser, Strom, Fernwärme, Telefon, Kabelfernsehen, alle jederzeit für Reparaturen zugänglich;
- Ein- und Ausfahrten zu Tiefgaragen, Parkhäusern, Parkdecks und Parkplätzen; Abluftschächte von Tiefgaragen;
- Fahrzeug-Wasch- und Reparaturplatz mit Ölabscheider (bei großen Wohnhausanlagen);
- Transformatoren; Signalkästen, Beleuchtung mit Leitungen;
- Feuerwehr-Zufahrt oder -Umfahrt;
- Grundwasserwerk mit Brauchwasserleitungen, soweit vorgesehen.

Beim Entwurf ist besonders Bedacht zu nehmen auf die **Pflege** der Gartenanlagen mit Geräten; bei großen Flächen empfiehlt sich auch eine Nutzwasserleitung mit Grundwasser-Brunnen. Niederschlagswässer außerhalb der Verkehrsflächen sollen nicht in den Kanal gelangen. Dieses Wasser ist, ebenso wie das **Dachwasser**, zu nutzen, etwa als Gebrauchswasser für Toilettenspülung und zur Gartenbewässerung, es ist in den Grünflächen zu versickern oder gestalterisch, etwa in Mulden oder Wasserbecken, einzubinden. Geräte wie Motormäher, Bodenfräsen, Traktoren, Aerifizier- und Verticutier-Geräte sollten ohne Hindernisse, vor allem ohne Überwinden von Stufen eingesetzt werden können.

Erdgeschossgärten sind voneinander und von den gemeinschaftlichen Grünflächen durch Strauchpflanzungen getrennt; in manchen Fällen bietet sich die Möglichkeit, einen Höhenunterschied zur Begrenzung einzusetzen, beispielsweise in Form einer Stützmauer. Der Nachteil, dass Erdgeschossgärten von oben her einsehbar sind, lässt sich durch Lösungen mit einer berankten Pergola ausgleichen, auch dadurch, dass die Terrasse hinter die Fassade zurückgesetzt wird.

Auch die **Mietergärten** sollten von den gemeinschaftlichen Grünräumen, beispielsweise durch Hecken, getrennt sein. Sie werden in Gruppen von 20 bis 40 Gärten zusammengefasst, es ist eine gemeinschaftliche Wasserentnahme aus der Sommerleitung vorzusehen; in den Gärten dürfen keine Bauten errichtet werden, Werkzeug und Geräte sind grundsätzlich im Keller aufzubewahren, nur wenn dies nicht möglich ist, in zerlegbaren Werkzeughütten mit höchstens 2 × 2 m Grundfläche. Die Nutzung der Gärten ist nur insoweit eingeschränkt, als keine Bäume gepflanzt werden dürfen. Die Einsicht von den Wohnungen aus sollte, soweit dies möglich ist, durch die Anordnung einzelner Bäume in den gemeinschaftlichen Flächen abgeschirmt werden. Zu Mietergärten können – bei größeren Anlagen – kleine Gemeinschafts-Einrichtungen zugeordnet werden, beispielsweise ein Sitzplatz mit Pergola, ein Wäschetrockenplatz oder ein Spielplatz für kleine Kinder. Die Anlagekosten für Mietergärten sind, je nach Bauträger und

237

Ausstattung, unterschiedlich und bewegen sich nach Angaben in deutschen Städten zwischen 520 und 2600 Euro je Garten.

Seit etwa 1975 laufen eine Reihe von Programmen zur **Nachbesserung** und Nachverdichtung von Siedlungen im mehrgeschossigen Wohnbau der 60er- und 70er-Jahre, wobei auch die Außenanlagen umgebaut werden, verbunden mit der Anlage von Erdgeschoss- und Mietergärten sowie von Grabeland. Eine solche Nachbesserung ist in der Regel schon nach 20 bis 30 Jahren nach dem Bau erforderlich. Durch eine gut geplante Nachverdichtung mit einigen zusätzlichen Bauten können vielfach bessere räumliche Bedingungen geschaffen werden. Wesentlich ist dabei, die anonyme Menge der Mieter dadurch aufzulösen, dass diese in die Umgestaltung, möglichst auch durch eigene Mitarbeit, eingebunden sind. Wo dies nicht gelingt, werden auch teure Ausstattungen mit Spielgeräten, Bänken, Pergolen und dergleichen vielfach nicht angenommen. Wo es technisch durchführbar ist, werden Erdgeschossgärten durch den nachträglichen Einbau von Stiegen zwischen Balkon und Garten geschaffen (vgl. auch Abschnitt 3.3.5 Wohnumfeldverbesserung). Bei der Verbesserung des Wohnumfeldes älterer mehrgeschossiger Siedlungen werden mit Erfolg besondere Erdgeschoss- und Mietergärten-Projekte durchgeführt, bei denen die Bewohner aktiv mitarbeiten und sich selbst in Vereinen organisieren.

Eines der ersten Beispiele für eine gelungene Hofgestaltung in Selbsthilfe hat die Landschaftsarchitektin J. SPALINK-SIEVERS als Anwaltsplanerin in Hannover-Linden betreut. Das Besondere an diesem „Modell Seifriedstraße" ist das Zusammenwirken einer Bürgerinitiative mit Gemeinwesenarbeitern, einer Evangelischen Fachhochschule, einer Gemeinnützigen Baugesellschaft und der Stadtverwaltung. Gemeinsam ist es dort gelungen, alte Häuser vor dem Abbruch zu retten, instandzusetzen und zu modernisieren. Der Innenhof wurde innerhalb eines Jahres unter der stetigen Betreuung des Landschaftsarchitektur-Büros von den Mietern in Eigenleistung, vorwiegend an den Wochenenden, gebaut und bepflanzt. Verbunden war dies mit einer völligen Identifikation der Bewohner mit „ihrem" Hof, der auch lange nach der Errichtung gehegt und gepflegt wurde. Das Beispiel zeigt, dass es sehr wohl möglich ist, Städter, Ansässige wie Zugewanderte, zu gemeinsamen Aktionen zu gewinnen, wenn sie von Anfang an mitbestimmen und gestalten können.

f) Flächengrößen

Als Richtwert für die Gesamtfläche der Außenanlagen im mehrgeschossigen Wohnbau können 25 m² nutzbare Freifläche, also ohne Wege, Plätze, Abstellflächen und dergleichen, je Wohnung angenommen werden. Die gemeinschaftlichen Grünräume sind entsprechend der vorgesehenen Nutzung und der zu erwartenden Nutzerzahlen zu bemessen, mindestens jedoch 3,5 m² nutzbare Fläche je Bewohner bzw. 12 bis 15 m² je Wohnung.

Die Größe von Erdgeschossgärten richtet sich nach dem Wohnungsgrundriss: die Breite entspricht der Wohnung, die Tiefe beträgt nach der örtlichen Möglichkeit etwa 4 bis 6 m. Mietergärten sind etwa 60 bis 100 m² groß, evtl. auch kleiner. Die Flächengrößen der Grünanlagen für besondere Zwecke wie Kindertagesstätte, Pensionistenklub, Jugendklub und andere richten sich nach der Anzahl der Gruppen bzw. Nutzer.

Literatur

Blab A. et al.: Mietergärten an Geschoßbauten. Beiträge zur nutzerorientierten Freiraumplanung 6/1982. Technische Universität München, Lehrstuhl Landschaftsarchitektur. Weihenstephan 1982

Boesch H. et al.: Siedlungsstruktur und Außenraum. Eine Untersuchung über Nutzung und Gestaltung von Wohnraumquartieren. Berichte zur Orts-, Regional- und Landesplanung des Instituts für ORL der ETH Zürich Nr. 75. Zürich 1990

Bundesminister für Raumordnung, Bauwesen und Städtebau (Hrsg.):
– Bauliche Maßnahmen zur Begrünung städtischer Wohnbauten. Schriftenreihe Bau- und Wohnforschung des BMBau, Heft 04.071. Bonn 1982
– Wohnumfeld am Haus. Schriftenreihe Bau- und Wohnforschung, Heft 04.108. Bonn 1985

Drum M., K. Ludwig: Stadtoasen – Grüne Höfe hinterm Haus. Köln 1985

Grosshans H.: Ökonomische Möglichkeiten und Grenzen bei der Anlage und beim Betrieb des „Außenhauses". In: Das Außenhaus. Wohnumfeldgestaltung, Freizeit- und Erholungseinrichtungen – soziale, organisatorische und ökonomische Aspekte – Beispiele. Köln 1982

Hentrich, Petschnigg & Partner (Hrsg.): Außenräume und Innenhöfe. München 1991

Lacina B.: Freiflächen im Wohnbau, Dokumentation Wohnbauprojekte 1993–1997. Beiträge zur Stadtforschung, Stadtentwicklung und Stadtgestaltung Band 62. Wien 1998

Ludwig K.: Wohnhöfe – Hofräume. Gestaltung, Nutzung, Bepflanzung. München 1987

Ranft F.: Ökologische Modernisierung von Wohnsiedlungen. Grundlagen – Konzepte – Beispiele. Wiesbaden und Berlin 1994

Selle K. : Freiräume für Gemeinschaften in der Stadt. Gemeinschaftlich nutzbare Freiräume in alten und neuen Wohnsiedlungen. Beobachtungen und Fragen. Hannover/Dortmund 1993

4.3.4 Jahresgärten, Gärten in Slums, zeitlich begrenzte Grünanlagen

a) Begriffe

Jahresgärten und Grabeland sind praktisch identisch, auch wenn rechtlich geringe Unterschiede bestehen können. Es sind für jeweils ein Jahr zur (nicht beruflichen) gärtnerischen Nutzung vergebene Flächen, gegebenenfalls mit der Möglichkeit der Verlängerung; sie sind meist in kleine Lose aufgeteilt. In der Regel ist in Städten Grabeland eine Zwischennutzung bis zur Verwirklichung von Bauabsichten, nur in ländlichen Gemeinden eine dauernde Einrichtung am Ortsrand, entstanden aus alten Allmendeflächen.

Gärten in Slums entstehen meist in Eigeninitiative der Bewohner, teilweise mit Unterstützung der öffentlichen Hand, auf unbebauten und ungenutzten Flächen jeder Art, meist ohne Rechtsgrundlage, also durch faktische Aneignung. Es werden dort Gemüse, Obst und Blumen kultiviert und einfache Spielgeräte für Kinder errichtet. Verhältnismäßig häufig ist diese Art der Selbsthilfe in den USA, als provisorische „Neighbourhood-Gardens" oder „Community Gardens", in Frankreich und in der Türkei, regional auch in Deutschland. In einigen Fällen werden für die Selbstorganisation Gartenvereine gebildet, so in New York „Green Thumb".

Mit dem Begriff „Freizeitgärten" werden in jüngerer Zeit wohnungsferne Gärten oder Grundstücke, oft außerhalb der Stadt, ohne Baulichkeiten, für den Aufenthalt nach Feierabend oder am Wochenende, bezeichnet. Diese Flächen sind nicht oder nur provisorisch eingefriedet und werden, ausgenommen die Mahd, nicht oder kaum bewirtschaftet.

Auf zeitweilig freien Grundstücken, zum Beispiel nach dem Abriss eines Hauses bis zum Baubeginn des neuen Gebäudes, können **zeitlich begrenzte Gärten** oder Spielbereiche angelegt werden. Manchmal handelt es sich auch um einen Zeitraum von vielen Jahren.

Abbildung 104: Beispiel für eine Baulücke im dichtbebauten, mit Grünflächen unterversorgten Gebiet, ein potentieller zeitlich begrenzter öffentlicher Freiraum.

b) Rechtliche Grundlagen

Das Grundeigentum für die Jahresgärten kann öffentlich oder privat sein. Allgemein wird für Jahresgärten und Grabeland vom Grundeigentümer mit dem Nutzer bzw. den Nutzern ein sogenanntes Prekarium, ein Bittleihe-Vertrag, mit oder ohne Entgelt, für jeweils ein Jahr geschlossen. Diese Art von Vertrag räumt dem Bestandnehmer keinerlei Rechte ein, wohl aber verpflichtet er sich zur ordnungsgemäßen Bewirtschaftung der geliehenen Fläche.

Auch für zeitlich beschränkte Gärten und Spielbereiche ist ein befristeter Pachtvertrag oder ein Prekarium (Bittleihe) zugunsten der Stadt bzw. eines anderen Trägers erforderlich, der den Grünraum errichtet und betreibt. Der Grundeigentümer geht in aller Regel nur dann darauf ein, wenn ihm ein finanzielles Äquivalent zur Vermietung der Fläche als Autostellplatz geboten werden kann. Es kommt vor, dass nicht bewirtschaftete Flächen – ohne Rücksicht auf das Verfügungsrecht – durch notleidende Menschen zum Anbau von Obst und Gemüse in Anspruch genommen werden, beispielsweise in Slums und am Stadtrand, auch in aufgegebenen Einfamilienhausgebieten, meist mit Duldung der Behörden. Gartenflächen bei Obdachlosenheimen werden den Bewohnern ohne besondere vertragliche Grundlage zur Verfügung gestellt.

239

Grabeland ist auf allen Kategorien der Flächenwidmung möglich. Öffentliche Grundflächen, vor allem in Erholungsgebieten und Parkanlagen, werden in Zeiten der wirtschaftlichen Not (Arbeitslosigkeit, Flüchtlingselend) und des Mangels an Lebensmitteln (Krieg) zur Selbstversorgung der Bevölkerung zur Verfügung gestellt. In jüngerer Zeit werden auch auf bisher landwirtschaftlich genutzten Flächen Grabeland-Parzellen vergeben.

c) Nutzung, Nutzergruppen

Jahresgärten und Grabeland werden in der Regel zum Anbau von Obst, Gemüse und Blumen zur eigenen Verwendung genutzt; eine berufsmäßige Nutzung wird durch Vertrag ausgeschlossen, ebenso das Pflanzen von Gehölzen aller Art, also auch von Beerensträuchern und das Errichten von festen Bauten, ausgenommen kleine transportable Werkzeughütten (maximal 2 × 2 m).

Die Nutzergruppen sind sehr unterschiedlich, je nach der rechtlichen Situation, beispielsweise Betriebsangehörige bei Vergabe von betriebseigenen Grundflächen oder sozial Schwache, auch an biologischem Anbau Interessierte. In Kriegs- und Notzeiten kommen die Nutzer aus allen gesellschaftlichen Schichten. Die Beobachtung zeigt, dass durch Gartenarbeit auf verhältnismäßig engem Raum Kontakte und in der Folge Gemeinschaften entstehen.

Zuwanderer und Flüchtlinge stammen überwiegend aus ländlichen Gegenden mit engem Kontakt zum Boden, zum Garten. Durch das Bewirtschaften von Grabeland können sie den Übergang von ländlicher zu städtischer Lebensweise leichter bewältigen und ihre schwierige Lage in mehrfacher Hinsicht verbessern: durch das Erfolgserlebnis, durch die gewohnte Arbeit, durch einen Beitrag zur Ernährung der Familie. Die Stadt gewinnt finanziell durch die kostenlose Bewirtschaftung marginaler Flächen. In Frankfurt am Main heißt es: „Mit den Türken kommen die Gärten". Dasselbe gilt sinngemäß auch für Rentner und Arbeitslose. In Frankreich wurden in Kleingartenkolonien, Vorgärten und Grabeländern und auf brachliegenden Grundstücken sogenannte **Migrantengärten** eingerichtet; Zuwanderer pflegen Gärten alter Leute, die dazu nicht mehr in der Lage sind, wodurch wiederum wünschenswerte soziale Kontakte entstehen und Animositäten abgebaut werden. Das Anlegen und Betreuen von Gärten in eigener Verantwortung ist also eine hervorragende Möglichkeit, in Not geratenen Familien und Einzelpersonen, aber auch Flüchtlingen und Asylanten zu helfen, wieder Fuß zu fassen und sich in die Umgebung einzuleben. Obst- und Gemüsegärten sind dabei gleichzeitig ein Beitrag zur Ernährung.

In New York sind **Slumgärten** aus Eigeninitiative und in Selbsthilfe der in Armenvierteln ansässigen Bevölkerung entstanden; allein in dieser Stadt gibt es mehr als tausend (1997: rund 1900) solcher Gärten, derzeit vor allem im Stadtteil South Bronx. Sie werden von rund 25 000 „Gardeners" bewirtschaftet. Grundeigentümer ist die Stadt, pro Jahr wird ein symbolischer Pachtschilling von einem Dollar je Garten eingehoben. Weitere Projekte für Gärten in Slums, sowohl zur Eingliederung und Zusammenarbeit als auch zur Verbesserung der Ernährung der Slumbewohner gibt es in Philadelphia, Chicago, Houston, Los Angeles, Detroit sowie in allen fünf Stadtteilen von New York. Slumbewohner bewirtschaften die zu ihren Häusern gehörigen Gärten oder auch Flächen in unmittelbarer Nachbarschaft; meist sind es Angehörige einer ethnischen Gruppe, beispielsweise Puertoricaner, Algerier, Kurden. Nach den bisherigen Erfahrungen in Städten der USA kommt es in den Slumgärten durch das gemeinsame Interesse auch zu einer guten Zusammenarbeit unterschiedlicher Volksgruppen.

In vielen Fällen entwickelt sich ein hoher Grad an Selbstorganisation, der in einigen Städten von der Verwaltung und von sozialen Organisationen lose unterstützt wird. Viele Vereinigungen in Städten der USA sind in der Community Gardening Association (ACGA) zusammengefasst. Es kommt, im Gegensatz zum sonst verbreiteten Vandalismus in Slums, kaum zu Zerstörungen: die Arbeitsgruppen selbst stellen Wachen auf, die Außenstehenden respektieren die sichtbaren Leistungen. Allerdings sind alle New Yorker Communitiy Gardens von einem mannshohen Zaun mit verschließbarem Tor umgeben. Nachgewiesen ist der deutliche Rück-

Abbildung 105: Community Gardens in New York, nach starkem Aufschwung mit mehr als 1 000 Gärten durch Grundverkauf in ihrem Bestand bedroht.

gang der Kriminalität überall dort, wo solche Gärten entstanden sind und bewirtschaftet werden.

Notwendig ist eine intensive Betreuung und finanzielle Unterstützung, die Ausgabe des nötigen einfachen Werkzeugs und die Beratung durch Fachleute, bis eine Gruppe ganz selbstständig ist. Diese Aufgaben kann die Stadtverwaltung oder eine karitative Organisation übernehmen. Für die Personalkosten und die Unterstützung der Gärtner mit Baumaterial, Erde, Pflanzen und Geräten erhält Green Thumb jährlich einen Betrag von rund 500 000 Dollar aus Bundesmitteln. Bei den Betroffenen selbst besteht meist großes Interesse, nach dem Prinzip der Selbstverwaltung, Selbstständigkeit und Eigenverantwortung zu arbeiten. Stellenweise kommt es so auch zum Bau von Lauben, von einfachen Freizeiteinrichtungen und Spielbereichen. Wichtig ist, dass auch Kinder und Jugendliche zu eigenen Aktivitäten animiert werden.

d) Räumliche Zuordnung, Standort

Optimal ist ein Standort in unmittelbarer Nähe der Wohnungen; dies ist bei vielen Community gardens in USA der Fall. Im Allgemeinen ist aber der Standort abhängig von der Verfügbarkeit von Flächen bzw. der Bereitschaft des Grundeigentümers, das Land zu vergeben. Beispiele sind Brachflächen nach der Stillegung von Industriebetrieben, Lagerplätzen oder Kasernen, vorübergehend unbebaute Grundstücke, Dachflächen. In Wien werden in jüngerer Zeit Flächen in der Widmung Schutzgebiet Wald- und Wiesengürtel sowie Grünland/Landwirtschaft von den privaten Eigentümern als Grabeland vergeben, da auf diese Weise ein weit höherer Gewinn erzielt werden kann als bei einer agrarischen Bewirtschaftung.

Es ist das Wesen dieser Art von Gärten, dass sie überall und jederzeit entstehen und verschwinden können; dementsprechend sind sie auch an keine bestimmte Flächenwidmung gebunden. Flächen für zeitlich begrenzte Gärten und Spielbereiche treten vor allem in **Großstädten** auf, die sich in einer dynamischen wirtschaftlichen und gesellschaftlichen Entwicklung befinden, in denen es auch viele Grundstücke gibt, deren Eigentum ungeklärt ist oder die von den Eigentümern nicht mehr bewirtschaftet werden. Ein Beispiel dafür war Berlin West vor und in den ersten Jahren nach dem Zusammenschluss mit Berlin Ost. In New York droht der Bewegung der Community Gardens, die seit etwa 1970 einen großen Aufschwung genommen hatte, beträchtliche Gefahr dadurch, dass die Stadtverwaltung die vergebenen Grundstücke aus finanziellen Gründen wieder baulich nutzen möchte.

Die Slums in europäischen Großstädten sind, gemessen an jenen in sogenannten Entwicklungsländern, noch klein und überschaubar; in Anbetracht der erzwungenen Wanderungsbewegungen, etwa in jüngerer Zeit in Bosnien, Kosovo, Kroatien, und der Notwendigkeit der Behausung von Völkern wie Roma und Sinti (Ungarn, Slowakei, Rumänien) ist die Vorsorge für einfache Siedlungen dringend notwendig.

e) Entwurf

Von einem Entwurf im herkömmlichen Sinne kann bei Grabeland, Jahresgärten und Slumgärten nicht gesprochen werden; allenfalls ist eine Hilfe zur Selbsthilfe und eine fachliche Beratung, soweit erforderlich, angebracht. Es ist keine oder eine nur temporäre Infrastruktur erforderlich, beispielsweise eine behelfsmäßige Sommerwasserleitung. Die Gärten in Slums entsprechen dem Grabeland bzw. den Jahresgärten, es gibt also keine festen Bauten, nur einfache Werkzeughütten. Erforderlich sind lediglich nicht bewirtschaftete oder freizumachende Flächen, eine Oberbodenschicht, ein Wasseranschluss oder Brunnen. In manchen Fällen können für das Werkzeug auch vorhandene leerstehende Nebengebäude genutzt werden. Einige Anlagen von Community gardens haben eine Gemeinschaftshütte, einen Sitzplatz mit Tischen und Bänken und eine Pergola.

Die Ausstattung von zeitlich beschränkten Gärten, auch von solchen, die ausdrücklich mit dieser Vorgabe entworfen werden, beispielsweise in Baulücken, muss sich auf wenige, mög-

241

lichst wiederverwendbare Elemente beschränken wie Platten in Sandbett, Sandkiste, einfache Spielgeräte, Tisch-Bank-Kombinationen, Gehölze in Containern, Rollrasen. Zur angrenzenden Straße, vor allem zur Fahrbahn, ist eine Abgrenzung notwendig, die verhindert, dass Kinder durch den Verkehr gefährdet werden. Der Gehsteig kann durchaus in die Gestaltung einbezogen werden, so dass der kleine Park als Erweiterung wirkt und Passanten zum Verweilen einlädt. Die Investitionen für diese Stadtgärten sind im Vergleich zum Nutzen sehr gering.

Einige Städte betreiben ein Baulücken-Programm zur Aktivierung brachliegender Grundstücke; wo ein Bauzwang rechtlich nicht möglich ist, können für unbebaute Grundstücke im gewidmeten Bauland Erschließungsbeiträge und erhöhte Grundsteuern eingehoben werden. Hilfreich ist dabei ein Baulücken-Kataster, wie ihn die Stadt Wien führt. Die Einrichtung zeitlich begrenzter Grünanlagen erfordert jedenfalls eine ständige enge Zusammenarbeit von Stadtplanung, Liegenschaftsverwaltung und Gartenamt, unter Einbeziehung der Bezirksverwaltungen und der Gebietsbetreuungen, soweit vorhanden. Seit einigen Jahren werden temporäre Freiräume auch zur Entwurfsaufgabe und als Beispielgärten zum Gegenstand von Gartenausstellungen.

Ein sehr interessantes Beispiel für eine temporäre Gartenanlage ist das Projekt Carte blanche auf der Terrasse de Villamont in Lausanne von Landschaftsarchitekt Paolo Bürgi, Camorino. Es wurde für die Gartenschau Lausanne Jardins 97 entworfen und gebaut; es beruht auf unterschiedlichen, überraschenden visuellen Eindrücken auf dem Weg von unten zur Terrasse hinauf und auf dieser selbst, Eindrücke zwischen real und surreal, im Sinne von René Magritte. Die dafür notwendigen Einrichtungen wurden nach der Gartenschau wieder entfernt, die Zeichnung des Projekts im Maßstab 1:1 sollte auch danach auf der Terrasse sichtbar bleiben.

f) Flächengrößen

Es sind keine Vorgaben zu beachten; in der Regel wird die gesamte Fläche einfach in jeweils mehrere Beete für eine Familie, mit je 60 bis 120 m², teilweise bis 250 m² eingeteilt; es gibt in der Regel keine Einfriedungen, ausgenommen Slumgärten. Ob die Fläche auf einzelne Familien aufgeteilt oder gemeinschaftlich angelegt, gepflegt und genutzt wird, hängt von der jeweiligen Situation ab. Die Community gardens in USA sind durchwegs klein, manchmal unter 30 m²; in einigen Fällen, so beim Grabeland auf dem Roten Berg in Wien, 13. Bezirk, werden auch einzelne Beete bewirtschaftet. Vorübergehend angelegte Stadtgärten nehmen meist eine Bauparzelle ein, also rund 600 bis 1000 m².

Die Größe jeweils einer Gruppe von Gärten oder Beeten ist, je nach verfügbarer Fläche, örtlich sehr unterschiedlich; in den USA umfasst oft eine Anlage unter 30 Gärten, in Wien gibt es Flächen mit rund ein Hektar Größe.

Literatur

Grünsteidel I.: Bedrohte Oasen. In: Garten und Landschaft H.1/1999

Herrle P., H. Lübbe, J. Rösel: Slums und Squatter-Siedlungen. Thesen zur Stadtentwicklung und Stadtplanung in der Dritten Welt. Städtebauliches Institut der Universität Stuttgart Arbeitsbericht 37. Stuttgart 1981

Koch J.: Möglichkeiten und Grenzen der (Interims-) Nutzung und Umwidmung brachliegender innerstädtischer Flächen für sportliche Zwecke. In: Heft 18 der Schriftenreihe des Kultusministers Nordrhein-Westfalen "Die sportgerechte Stadt". Köln 1988

Mellauner M.: Temporäre Freiräume. Zwischennutzung und Mehrfachnutzung. Dissertation Universität für Bodenkultur Wien. Wien 1998

Oesterreich J.: Elendsquartiere und Wachstumspole. Band 9 der Reihe Politik und Planung der Lehrstühle Städtebau und Planungstheorie der RWTH Aachen. Stuttgart 1980

Schmidt-Relenberg N., H. Kärner, V. Köhler: Selbstorganisation der Armen. Frankfurt a.M. 1980

Sprenger D. (Hrsg.): Temporäre Gärten '98. Von der Suche nach einem Standort. BDLA Landesgruppe Berlin-Brandenburg. Potsdam 1998

4.3.5 Kleingärten, Kleingartenanlagen

a) Begriffe

Das **Kleingartenwesen** unterscheidet sich grundsätzlich von allen anderen Formen des städtischen Grüns: es ist ausschließlich sozialpolitisch bedingt. Es entstammt nicht nur einer bürgerlich sozialreformerischen Bestrebung, sondern es hat auch eine lange Tradition in der Arbeiterbewegung. Seine Wurzel ist die wirtschaftliche Not, sowohl einer Gesellschaftsschicht als auch des gesamten Staates, mit Arbeitslosigkeit und Knappheit an Nahrungsmitteln. Ein wichtiges Argument für Kleingärten liegt darin, dass große, für das Stadtklima und die Stadtökologie wesentliche Grünräume mit einem hohen Anteil an Vegetation von privater Hand gepflegt werden.

Nach den geltenden Kleingartengesetzen handelt es sich um Grundstücke (Grundstücksteile) mit höchstens 400 m² (BRD) bzw. mehr als 120 m² und höchstens 650 m² (A), die der nicht erwerbsmäßigen gärtnerischen Nutzung oder der individuellen Erholung dienen, in Wien auch dem Wohnen. Sie sind in der Regel zu örtlich zusammenhängenden **Kleingartenanlagen** (Kolonien, Gruppen) zusammengefasst, die von einer gemeinschaftlichen Haupteinfriedung umgeben sind. Einzelkleingärten außerhalb von Anlagen sind die Ausnahme. **Gemeinschaftsflächen** sind alle innerhalb einer Kleingartenanlage für gemeinschaftliche Zwecke vorgesehenen Einrichtungen, die wirtschaftlichen, sozialen, kulturellen, gesundheitlichen oder sportlichen Bedürfnissen dienen und allenfalls auch der Öffentlichkeit zugänglich sind. **Aufschließungswege** sind die zur Erschließung der Kleingärten und Gemeinschaftsflächen mit einer öffentlichen Verkehrsfläche notwendigen Wege. Die Kleingärtner sind meist in Vereinen, diese zum Großteil in einem Verband organisiert.

Neben den üblichen Kleingärten gibt es Sonderformen wie Badeparzellen an Gewässern. Örtlich sind auch Bezeichnungen wie: Schrebergarten, Freizeitgarten, Hobbygarten, Familiengarten, Pflanzlandgarten gebräuchlich.

Seit etwa 1830 bestehen in Europa planmäßige Anlagen; in Österreich seit 1903 (Alte Donau, Rosental, beide in Wien); seit dem Ersten Weltkrieg hat die Kleingarten-Bewegung rasch zugenommen: in Wien gab es 1914: 15 ha, 1921: 900 ha, 1994 rund 1400 ha Kleingartenflächen. Im Laufe dieser Zeit hat sich der ideologische Überbau mehrmals geändert: Versorgung mit Lebensmitteln, Wohnung, Bindung an den Boden, Erholung, Ökologie. Das Kleingartenwesen ist auch quantitativ von großer Bedeutung: in Europa – ohne Italien, Spanien, Griechenland, Tschechien und Slowakei, wo das Kleingartenwesen kaum Bedeutung besitzt – gibt es 2,3 Millionen Mitglieder von Kleingartenvereinen.

Wochenendgärten dienen der Nutzung am Wochenende und in den Ferien, mit einem dafür ausgestatteten Haus, das vielfach für ganzjähriges Bewohnen geeignet ist; die Parzellen sind mit rund 600 m² und mehr deutlich größer als Kleingärten; sie sind meist in Gruppen mit mehreren Gärten zu einer Wochenendhaus-Siedlung zusammengefasst, manchmal auch in einem Verein organisiert.

b) Rechtliche Grundlagen

Bundesrepublik Deutschland

Mit dem **Bundeskleingartengesetz** 1983 wurden eine Reihe älterer Vorschriften abgelöst. Dort wird der Kleingarten definiert als Fläche zur nicht erwerbsmäßigen gärtnerischen Nutzung, die in einer Anlage mit gemeinschaftlichen Einrichtungen wie Wege, Vereinshäuser und Spielflächen liegt; Eigentümergärten (mit Wohngelegenheit), Wohnungsgärten (= Mietergärten), Arbeitnehmergärten und Grundstücke im Grabeland sind ausdrücklich ausgenommen. **Dauerkleingärten** müssen durch einen Bebauungsplan gesichert, der Pachtvertrag muss auf unbestimmte Zeit abgeschlossen sein. Pachtverträge können bei dringendem Bedarf gekündigt werden, der Pächter hat Anspruch auf Entschädigung, von der Gemeinde muss Ersatzland zur Verfügung gestellt werden.

Österreich

Grundlage des Kleingartenwesens ist das österreichische **Bundes-Kleingartengesetz** (Rahmengesetz) aus 1958 mit sehr allgemein gehaltenen Bestimmungen wie der Definition der Kleingärten als Flächen von 120 bis 650 m² zur nicht erwerbsmäßigen gärtnerischen Nutzung, die in Anlagen zusammengefasst sind. Auf dieser Grundlage haben die Bundesländer Wien, Niederösterreich und Oberösterreich eigene Kleingartengesetze erlassen. Unterschieden werden Flächen zur vorübergehenden (nicht als Kleingärten gewidmet) und zur dauernden kleingärtnerischen Nutzung (als Kleingärten gewidmet). Bei Kleingärten im Grundeigentum der öffentlichen Hand ist die Höhe der **Pacht** nach oben begrenzt und liegt weit unter dem Betrag, der bei einer baulichen Nutzung der entsprechenden Flächen zu erzielen wäre; das bedeutet, dass die kleingärtnerische Nutzung aus Steuermitteln **subventioniert** wird, unabhängig davon, ob die Kleingärtner sozial bedürftig sind oder nicht.

Allgemeine Regelungen

Viele Vereine sind in Verbänden, in Österreich beispielsweise im Zentralverband der Kleingärtner, Siedler und Kleintierzüchter Österreichs zusammengefasst. Innerhalb der Kleingartenanlagen gelten **Gartenordnungen** der Vereine, an deren Einhaltung die Mitgliedschaft im Verein gebunden ist. Die Vereine selbst unterliegen dem Vereinsrecht. Das Verfügungsrecht über den Garten kann unterschiedlich sein: als Vereinsmitglied erwirbt der Kleingärtner das Recht, einen Garten zu nutzen; dieses Recht erlischt mit der Mitgliedschaft, zum Beispiel bei Ausschluss. Der Kleingärtner kann auch selbst Pächter oder Eigentümer sein (Privatgärten, Eigentümergärten). Das Weitergaberecht ist unterschiedlich geregelt, zumindest innerhalb der Familie aber üblich.

Abbildung 106: Entwurf einer räumlichen Einbindung mehrerer Kleingartenanlagen in ein städtisches Erholungsgebiet in Wien-Favoriten, auf einem ehemaligen Lehmabbau (Löwy-Grube). Landschaftsarchitekt Prof. Ralph Gälzer.

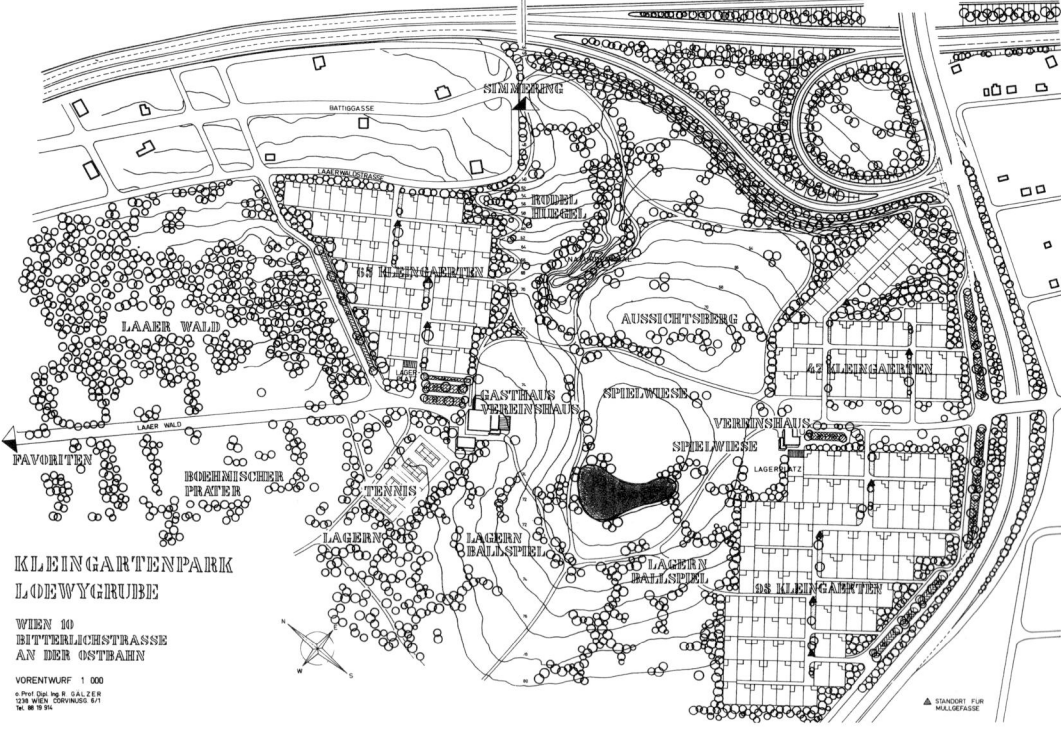

Das **Grundeigentum** für eine Kleingartenanlage liegt in der Regel in einer Hand (Öffentliche Hand, Betrieb, privat), das Land wird meist an einen (Zentral-)Verband (Generalpächter) zur Weiterverpachtung oder direkt an einen Verein, jedenfalls aber unter besonderen Bedingungen, nämlich der Höhe des Pachtschillings und der Dauer der Pachtverträge, vergeben. Pachtverträge auf bestimmte Zeit müssen auf mindestens 10 Jahre abgeschlossen werden.

In den Kleingärten ist das Errichten kleiner Gebäude, mit einer Beschränkung nach Grundfläche und Firsthöhe, ohne Kamin, erlaubt; in der Bundesrepublik Deutschland liegt die Grenze für **Gartenlauben** bei 24 m² Grundfläche inkl. überdachtem Freisitz. In Wien werden unterschieden „**Lauben**" (16 m², auf vorübergehend kleingärtnerisch genutzten Flächen), „Kleingarten**häuser**" (35 m², auf Flächen mit der Widmung Grünland-Erholungsgebiet/Kleingartengebiet) und „Kleingarten**wohnhäuser**" (50 m², auf Flächen mit Widmung Kleingartengebiet für ganzjähriges Wohnen), alle Flächen ohne überdeckten Sitzplatz.

Die Flächenwidmung für Kleingärten ist **Grünfläche** oder **Grünland**, in Wien beispielsweise Erholungsgebiet/Kleingärten (Ekl) für Anlagen mit längerfristiger Nutzung, in der Regel mindestens 20 bis 25 Jahre oder EklW = Kleingärten für dauerndes Wohnen. Hier gelten besondere Regelungen für die technische Infrastruktur und für die Anlage von Autostellflächen.

Die Flächenwidmung für **Wochenendgärten** ist **Bauland**/Wochenendhausgebiet, teilweise Bauland/Sondergebiet. Für die Errichtung der Wochenendhäuser gilt die Bauordnung des jeweiligen Landes, zu beachten sind Beschränkungen bei der bebaubaren Fläche, auch Vorschriften für die Entsorgung, insbesondere bei Anlagen an Gewässern (Badehausanlagen). Oft liegt das Grundeigentum für die gesamte Anlage in einer Hand, die Gärten werden in Pacht vergeben; teilweise befinden sich die Einzelparzellen in Privateigentum. Bei der Organisation in einem Verein wird die Nutzung einheitlich geregelt.

c) Nutzung, Nutzergruppen

Die Nachfrage nach Kleingärten in den Städten hält – entgegen manchen Vorhersagen – an, in manchen Städten steigt sie sogar leicht an. Allerdings ist zu beobachten, dass die Neigung zum Vereinswesen und zu gemeinschaftlichen manuellen Leistungen, vor allem bei den jüngeren Kleingärtnern, sinkt.

Überwiegend ist eine enge persönliche Bindung an den Garten zu beobachten, oft verbunden mit einer hohen Eigenleistung an Arbeitskraft und finanziellen Mitteln. So wird bei einem Wohnungswechsel, etwa in Folge des sozialen Aufstiegs, der Garten behalten, auch wenn die Entfernung dorthin sehr groß geworden ist. Der Garten hat eine große soziale Bedeutung für **alte Menschen**, für die er eine Lebensaufgabe sein kann, für Arbeitslose, als Weg zur gesellschaftlichen Anerkennung, und für Familien mit kleinen Kindern, die hier den Kontakt zur Natur finden. Ein Problem besonderer Art ist in vielen Anlagen, dass der Wunsch nach Privatheit und individueller Nutzung im eigenen Garten mit der sozialen Kontrolle durch die Nachbarn und den Vereinsvorstand kollidiert.

Die **Nutzung** der Kleingärten ist unterschiedlich und vor allem von der jeweiligen wirtschaftlichen Situation abhängig. Üblich ist der Anbau von Obst, Gemüse und Blumen zum Eigenbedarf; Teile des Gartens werden auch zur Erholung genutzt, in einigen Anlagen wird aber der Flächenanteil dafür durch die Vereinsordnung beschränkt. Dazu ist aber zu bedenken, dass die Nutzung vergleichsweise leicht veränderbar ist. In vielen Anlagen geht der Anteil von Obstbäumen zugunsten von Nadelbäumen zurück.

Heute sind Kleingärten, im Gegensatz zur ursprünglichen sozialen Zielsetzung, Gegenstand der **Marktwirtschaft**, die Ablösen für einen Pachtvertrag richten sich nach Angebot und Nachfrage. In vielen Städten ist die Verfügbarkeit von Kleingärten durch eine hohe Nachfrage bei einem geringen Angebot eingeschränkt; die Folge sind hohe Ablösen und damit eine Selektion der Kleingärtner von wirtschaftlich schwachen in Richtung gutsituierter Gruppen, ganz entgegen der ursprünglichen sozialen Aufgabe der Kleingärten, nämlich unteren Einkommensschichten den Weg zum eigenen Garten zu öffnen, etwa im Sinne von Leberecht MIGGE.

Angaben, dass Arbeiter in Kleingartenanlagen in der Minderheit sind, sagen nichts über die wirtschaftliche Lage und die Wohnbedingungen der Mehrheit der Kleingärtner aus. Ähnlich verhält es sich mit der angeblichen Überalterung von Anlagen: im Mitgliederverzeichnis sind vielfach noch die Großeltern angeführt, während ihr Garten längst von den Kindern und Enkeln genutzt wird. Die Vereine unterscheiden sich voneinander durch die unterschiedliche ge-

Abbildung 107: Traditionelles kleines Schrebergartenhaus mit rund 24 m² Grundfläche (um 1930) in Wien-Meidling.

Abbildung 108: Neuzeitliches zweigeschossiges Fertigteil-Kleingartenhaus mit 35 m² Grundfläche, mit Balkon, voll unterkellert (1995) in Wien-Meidling.

sellschaftliche Zusammensetzung ihrer Mitglieder. Die Kleingärtner insgesamt kommen aus allen sozialen Schichten.

Die vielfach vorgeschriebene oder freiwillig von den Vereinen gewährte zeitweise Öffnung von **Durchgängen** durch Kleingartenanlagen bringt für Bewohner der Umgebung zusätzliche Erholungsmöglichkeiten, wird von vielen Kleingärtnern aber aus Angst vor Einbrüchen, die in Kleingartenanlagen verhältnismäßig häufig sind, und vor der Störung der Privatsphäre abgelehnt. Ständiges Wohnen im Kleingartenhaus ist in der Regel ausgeschlossen, örtlich jedoch unter bestimmten Bedingungen gestattet (Wien: Widmung Eklw), während zeitweises Wohnen, am Wochenende und in der warmen Jahreszeit, erlaubt oder zumindest geduldet ist. Bei vielen Kleingärtnern besteht der Wunsch nach ganzjähriger Bewohnbarkeit, auch wenn dies einen hohen finanziellen Aufwand erfordert.

Wochenendhaus-Besitzer haben in der Regel ein mittleres oder höheres Einkommen, es sind oft Familien mit Kindern. Der Besitz eines Autos ist Voraussetzung für eine häufige Nutzung des Gartens. Der Übergang vom Wochenendhaus zum Zweitwohnsitz, der in der warmen Jahreszeit ständig bewohnt wird, ist fließend. Die Gärten dienen durchwegs der Erholung, eine gartenbauliche Nutzung ist eher selten. Probleme treten – häufiger als in Kleingartenanlagen – durch die enge Benachbarung auf, zum Beispiel eine gegenseitige Störung durch Lärm, vor allem in Badesiedlungen durch die Schallausbreitung über die Wasserfläche.

d) Räumliche Zuordnung, Standort

Kleingartenanlagen sind jeweils **Stadtteilen** zuzuordnen. Die Erreichbarkeit zu Fuß oder mit dem Fahrrad beeinflusst stark die Häufigkeit der Besuche im Garten; die Grenze liegt bei etwa 30 Minuten Geh- bzw. Fahrzeit mit dem Fahrrad oder Auto. Wer längere Zeit im Garten wohnt, nimmt auch eine weitere Anfahrt in Kauf.

Ungünstige Boden- und Lageverhältnisse, beispielsweise in Flugschneisen, stellen kein Standorthindernis dar, auch die Lage unter Hochspannungsleitungen ist möglich. Vielfach werden Marginal- und unbebaubare Flächen, etwa Gelände mit hohem Grundwasserstand, ehemalige Mülldeponien und Industriebrachen, für Kleingärten kultiviert. Die Lage neben stark befahrenen Straßen ist zwar möglich, die Nutzung ist aber eingeschränkt, die Widmung für ganzjähriges Wohnen sollte dort ausgeschlossen bleiben. Vorteilhaft ist eine ebene Lage, aber auch eine Hanglage ist – mit höherem Aufwand für die Terrassierung – möglich.

Für **Wochenendgärten** werden besonders attraktive Lagen gesucht, zum Beispiel an einem Badegewässer, auch an Restwasserflächen nach der Materialgewinnung; beliebt sind auch, trotz des höheren Aufwandes, Hanglagen mit guter Aussicht. Die Erreichbarkeit mit öffentlichen Verkehrsmitteln ist sekundär. Wochenendgärten sind sinnvoll der Gesamtstadt bzw. Stadtregion zuzuordnen; sie können Bestandteil des Grünsystems sein. Standort-Voraussetzung ist die Möglichkeit für die erforderliche technische Infrastruktur wie Straße, Kanal, Wasser, Strom, eventuell Gas, die örtlich nur mit hohen Kosten hergestellt werden kann. Anzustreben ist die gute Erreichbarkeit vorhandener örtlicher Einrichtungen wie Gastbetrieb, Einkaufsmöglichkeit für den täglichen Bedarf, Arztbesuche.

e) Entwurf

Die Bestandteile einer **Kleingartenanlage** sind:
- die **Gärten**, meist in der Größe von 250 bis 400 m², günstig in Rechteckform, andere Formen sind möglich. In einer Anlage sollten möglichst mehrere Gartengrößen vorhanden sein. Das Gartenhaus soll in der Nordostecke bzw. bei stark geneigtem Gelände an der höchsten Stelle des Gartens liegen, mit einer Grundfläche von 15 bis 25 m², örtlich mehr, beispielsweise in Wien bis 50 m² bebauter Fläche; zusätzlich ist ein überdachter Sitzplatz; etwa 3,0 × 5,0 m möglich. Die Häuser stehen einzeln oder gekuppelt, bis zu vier Gartenhäusern; ein Bauwich ist grundsätzlich entbehrlich, wird örtlich aber vorgeschrieben;

- **Aufschließungswege:** Fahrwege mit mindestens 3,0 m Breite, mit einer Durchfahrt- oder Wende-Möglichkeit; Radius bei Kurven und Wendeplätzen mindestens 10 m; die Gärten, die nicht an einem Fahrweg liegen, werden durch 1,50 m breite Stichwege erschlossen; die Zufahrt mit dem PKW zum Garten ist nicht erlaubt, ausgenommen bei ganzjährig bewohnten Gärten;
- **Vereinshaus** mit Büro- und Versammlungsraum; möglich ist die Kombination mit einem Ausschank oder einfachen Gasthaus, in Wien traditionell „Schutzhaus" genannt, mit eigener Freifläche (Gastgarten, Festwiese);
- **Lagerhütte** für Material, eventuell Werkstätte, möglichst in räumlicher Verbindung mit dem Vereinshaus und dem
- **Lager- und Abfallplatz**, Müllsammelplatz nach Trennsystem, Kompostplatz, an der Fahrstraße gelegen;
- **fakultativ** Mustergarten, Lehrgarten, Bienengarten und dergleichen;
- **Spielbereich** für Kinder, auch in Verbindung mit der Festwiese;
- mehrreihige **Rahmenpflanzung** an der äußeren Einfriedung, in der Kleingartenanlage selbst einige wenige Baumstandorte;
- **Autostellflächen**, Stellplätze, wenn nicht anders vorgeschrieben, im Verhältnis Gärten zu Stellplätzen von 1:1 bis 3:1 je nach Erreichbarkeit der Anlage mit öffentlichen Verkehrsmitteln, mit Bäumen überstellt. In ständig bewohnten Anlagen sollten die Stellplätze, soweit dies von der Erschließung her (Fahrweg) möglich ist, in den Gärten selbst angeordnet werden.

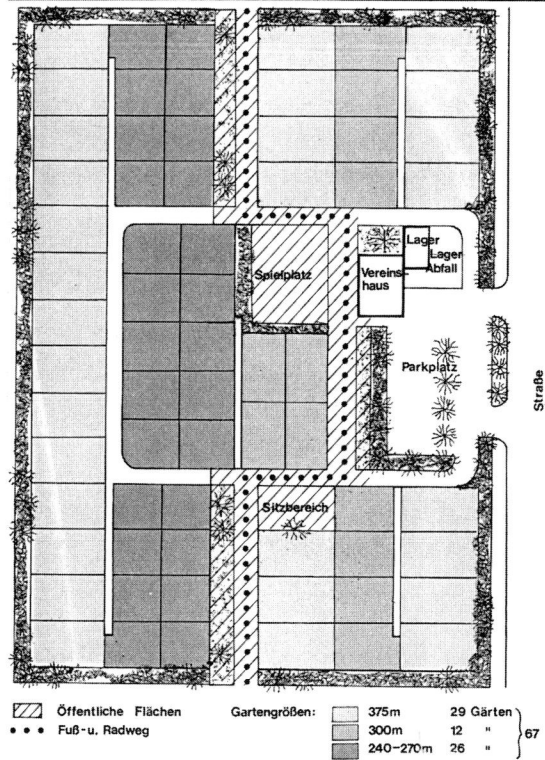

Abbildung 109: Schema einer Kleingartenanlage.

In **Wien** ist bei Kleingartenanlagen für ganzjähriges Wohnen je Kleingarten ein Stellplatz vorzusehen, bei den übrigen Kleingärten je fünf Gärten; die Stellplätze werden meist in einem Parkplatz auf dem Gelände der Anlage zusammengefasst. Alle genannten Bauten, Plätze, Wege und Pflanzungen außer den Gärten und Gartenhäusern sind **Gemeinschafts**-Einrichtungen des jeweiligen **Vereins** bzw. der Kleingartenanlage (Kolonie) und werden von der Gemeinschaft der Schrebergärtner finanziert und erhalten. In dem Maße, in dem sich in Wien Kleingartenanlagen in Einzelgrundstücke in Privatbesitz auflösen, wird dies zunehmend schwieriger werden; es ist vorauszusehen, dass die Gemeinschafts-Einrichtungen entweder von der öffentlichen Hand erhalten oder aufgelassen werden müssen.

Die Kleingartenanlage muss unmittelbar oder mittelbar über eine rechtlich gesicherte **Zufahrt** mit einer öffentlichen Verkehrsfläche in Verbindung stehen. Das Vereinshaus, der Ausschank und der Spielbereich sollten an einem öffentlichen **Durchgang** in Form eines Rad- und Gehweges oder einer Grünverbindung liegen. Die äußere Einfriedung ist meist ein Maschendrahtzaun, möglichst durch eine Strauchpflanzung abgeschirmt; die Gärten sind voneinander nur durch niedrige Hecken getrennt. Im Bereich der Gemeinschafts-Einrichtungen, vor allem beim Vereinshaus, bei den Autostellplätzen und Müllsammelstellen, sollten, soweit es räumlich möglich ist, mittel- bis großkronige **Laubbäume** vorgesehen werden. In manchen Kleingartenanlagen wird randlich ein Feuchtbiotop, Vogelschutzgehölz oder dergleichen angelegt und betreut.

In jüngerer Zeit werden Versuche unternommen, Kleingartenanlagen nach ökologischen Grundsätzen zu bewirtschaften, beispielsweise durch die Verwendung eines Trockenklosetts (= Humusklosett) anstelle der Senkgrube oder des Kanals; durch den Verzicht auf chemische Mittel jeder Art; durch das Fördern von Nützlingen und durch biologische Schädlingsbekämpfung und dergleichen mehr; Modellanlagen dieser Art bestehen in Regensburg und Schweinfurt. Die **technische Infrastruktur** wird teilweise von der Stadtgemeinde vorgeschrieben, in Wien zum Beispiel bei dauernder Bewohnbarkeit ein Kanalanschluss für Schmutzwasser und eine frostsichere Wasserleitung; üblich sind im Allgemeinen eine Sommer-Wasserleitung und ein Stromanschluss auf jedem Gartengrundstück. In älteren Kleingartenanlagen sind vielfach noch Senkgruben vorhanden; die Verwendung von Trockenklosetts ist verhältnismäßig selten, sie wird von den Vereinen im Allgemeinen auch nicht befürwortet.

247

Der Entwurf von **Wochenendsiedlungen** sollte von der optimalen Nutzbarkeit der einzelnen Gärten ausgehen, wie Zugang zum Ufer, Aussicht, Grundstückszuschnitt, Zufahrt. In der Regel werden außer der Erschließung mit Fahrwegen keine Gemeinschaftseinrichtungen zur Verfügung gestellt, fallweise, vor allem bei Badesiedlungen, ist eine eigene Kläranlage vorzusehen. Für die anderen Einrichtungen wie Wasser, Strom, Telefon und dergleichen müssen die einzelnen Gartenbesitzer Sorge tragen. Je nach örtlicher Situation ist eine mehrreihige äußere Schutzpflanzung zum Schutz vor Wind oder Lärm als Gemeinschaftsanlage von Vorteil. Nach Möglichkeit sollten Baumstandorte in den gemeinschaftlichen Flächen, auch an den Fahrwegen, vorgesehen werden. Die Autostellflächen befinden sich in den Gärten, für Gäste in der Erschließungsstraße oder auf einem gemeinsamen Stellplatz.

f) Flächengrößen

Eine Kleingartenanlage mit 40 bis maximal 100 Gärten ist – in Hinsicht auf die erforderlichen Gemeinschaftsanlagen – wirtschaftlich zu betreiben und gut zu verwalten; bei größeren Anlagen wie zum Beispiel „Zukunft Schmelz" in Wien ist eine Unterteilung in mehrere Gruppen notwendig. Bei kleineren Anlagen stehen die Kosten für die Erschließung in keinem sinnvollen Verhältnis zur Anzahl der Gärten. Für die Gemeinschafts- und Nebenflächen einschließlich der Stellplätze sind den reinen Gartenflächen je nach Gelände und Entwurf 30 bis 50 % an Fläche zuzuschlagen. Als Gesamtfläche ergeben sich bei einer angenommenen Durchschnittsgröße der Gärten von 320 m² demnach rund 1,8 ha bis 4,5 ha für eine Kleingartenanlage. Bei älteren Anlagen mit großen Einzelgärten, etwa ab 600 m², besteht die Möglichkeit der Umlegung innerhalb der Kleingartenanlage, wodurch zusätzliche Gärten gewonnen werden können.

Wochenendgärten sind etwa 600 bis 1000 m² groß, eine Anlage umfasst je nach örtlicher Lage 40 bis 80 Gärten, selten mehr. Zu den reinen Grundstücksflächen sind für Erschließung und Gemeinschaftsflächen rund 10 % hinzuzurechnen. Bei einer durchschnittlichen Parzellengröße von 800 m² ergibt sich eine Gesamtfläche von rund 3,5 ha bis 7,0 ha. Für die Erschließung ist die Zahl der Nutzer maßgebend: bei dicht gruppierten Wochenendhäusern sind das rund 75 bis 100 Nutzer je ha, bei freistehenden Wochenendhäusern mit großen Gärten etwa 20 bis 30; hier ist allerdings der Aufwand für die Erschließung unverhältnismäßig hoch.

Für Selbstversorger-Siedlungen sind Parzellen mit rund 750 m² vorzusehen, wovon rund 100 m² bebaut werden können, einschließlich des Stalles für Kaninchen und für eine Ziege.

Literatur

Albrecht J., K. Bühler: Schrebergärten. Braunschweig 1989

Farny H., M. Kleinlosen (Hrsg.): Kleingärten in Berlin (West) – Die Bedeutung einer privaten Freiraumnutzung in einer Großstadt. Freie Universität Berlin. Berlin 1986

Gassner E.: Geschichtliche Entwicklung und Bedeutung des Kleingartenwesens im Städtebau. Beiträge zu Städtebau und Bodenordnung H.7 Universität Bonn. Bonn 1987

Gerhards N., K. Heider, H. Strack: Städtebauliche, ökologische und soziale Bedeutung des Kleingartenwesens. Im Auftrag BMin. für Raumordnung, Bauwesen und Städtebau. Bonn-Bad Godesberg 1998

Kleinlosen M., J. Milchert: Berliner Kleingärten. Berlin 1989

Matthäi I.: Grüne Inseln in der Großstadt – eine kultursoziologische Studie über das organisierte Kleingartenwesen in Westberlin. Marburg 1989

Stadt Wuppertal (Hrsg.): Entwicklungsplan Kleingarten. Bestandsanalyse – Zielsetzungen – Planungsvorschläge. Wuppertal 1985

4.4 Grünräume zu Betriebs- und Gemeinschaftsbauten

4.4.1 Grünräume zu Bürobauten, Industrie- und Gewerbebetrieben

Abbildung 110: Grünanlagen zur Textilfabrik Mac Jeans GmbH in Wald/Rossbach. Architekt Eugen D. MERKLE, Landschaftsarchitekten Eugen D. und Ingeborg MERKLE.

a) Begriffe

Es handelt sich hier um die Außenanlagen zu Büro- und Verwaltungsgebäuden aller Art, ebenso zu Industrie-, Gewerbe- und Handelsbetrieben, Entsorgungsanlagen und dergleichen mehr. Für Veranstaltungs-Komplexe und Ausstellungs-Anlagen (Messen) gelten besondere Bedingungen, sie bleiben hier ausgeklammert.

Durch die räumliche Zusammenfassung mehrerer Betriebe kann auch ein „Industriepark" oder „Gewerbepark" mit dem Ziel der gemeinschaftlichen Nutzung von Ressourcen und der intensiven Durchgrünung geschaffen werden; dies gilt sinngemäß auch für die Konzentration von Büros und Verwaltungen in einem Business-Park. Besondere Formen sind, meist von der öffentlichen Hand geförderte, Technologie- und Innovations-Parks, Gründerzentren, auch Wissenschafts- und Forschungs-Parks. Bedauerlicherweise wird der Begriff „Park" in diesem Zusammenhang nur zu Werbezwecken verwendet, ohne Entsprechung im Gelände selbst. Als Industriegrün werden Grünräume und Gehölzpflanzungen bezeichnet, die der Eingliederung, Erschließung und Gestaltung von Industrieanlagen, dem Schutz vor Immissionen und der Erholung in den Arbeitspausen dienen.

Die Anlagen sind in der Regel eingefriedet und nur für Betriebsangehörige und -besucher wie Kunden, Lieferanten und Exkursionen zugänglich. In vielen Fällen werden auch die Dächer begrünt, entweder als begehbare Pausengärten oder in Form der extensiven Begrünung.

249

Beispiele sind der Dienstleistungspark Duisburg-Innenhafen, der Wissenschaftspark Rhein-Elbe in Gelsenkirchen, der Technologiepark in Dortmund, der Schleusenpark Waltrop, alle im Rahmen der Internationalen Bauausstellung IBA Emscher Park; ferner der Business-Park Wien-Süd auf 21 ha Fläche, laut Werbung mit einem „optimalen Mix von Büro-, Service-, Lager- und Sonderflächen sowie Parkplätzen..mit großzügigem Parkambiente".

Anregungen für Betriebe, ihr Image durch Gartenanlagen zu verbessern, werden durch Wettbewerbe, beispielsweise „Grün statt Grau" in München seit 1985 und „Industrie im Städtebau", einem Bundeswettbewerb in Deutschland, vermittelt. In mehreren Städten, darunter Köln, wird ein Konzept „Gewerbe im Park" verwirklicht.

b) Rechtliche Grundlagen

Das Grundeigentum bzw. der Grundbesitz liegt in der Hand des Unternehmens, einer Ansiedlungs- und Trägergesellschaft oder der öffentlichen Hand. Die Flächenwidmung ist Bauland/Industriegebiet oder Gewerbegebiet, gegebenenfalls mit Zusatzbestimmungen für die Begrünung von Teilen des Grundstücks und von Flachdächern. Ein Teil der Baugebiete ist als Verkehrsfläche oder Verkehrsband gewidmet; oft ist nur dort die planmäßige Anlage einer Grünstruktur mit Baum- und Strauchpflanzungen möglich. Durch privatrechtliche Vereinbarungen, eventuell auch durch Auflagen im Bewilligungs-Verfahren, kann der Bauwerber verhalten werden, Baumstandorte und Gehölzstreifen im öffentlichen Gut, also Pflanzstreifen zwischen Gehweg und Fahrbahn, unter Umständen auch auf dem Betriebsgrundstück selbst, herzustellen.

Abbildung 111: Dienstleistungspark Orschel, Reutlingen, Modellfoto zum Entwurf. Projekt Stadtplanungsamt Reutlingen, Landschaftsarchitekt Hannes Schreiner.

250

c) Nutzung, Nutzergruppen

Das äußere Erscheinungsbild eines Betriebes oder eines gesamten Gewerbegebietes wirkt sich auf den Wert des Grundstücks und des ganzen Standortes aus. Es liegt im Interesse der Stadt, diesen Wert zu steigern, nicht zuletzt im Hinblick auf das Halten bestehender und die Ansiedlung weiterer Betriebe im Stadtgebiet. Eine im Auftrage des Verbandes Garten-, Landschafts- und Sportplatzbau Bayern e.V. 1997 in München durchgeführte Passantenbefragung hat ergeben:

- Firmen mit begrünten Außenanlagen haben bei 76 % der Befragten ein höheres Ansehen;
- Bäume und Wasser heben die Arbeitsmotivation nach Meinung von 82 % der Befragten;
- 87 % der 35– bis 46jährigen Personen stimmen zu, dass sich mit Pflanzen und natürlichen Elementen im Umfeld des Arbeitsplatzes oder des Unternehmens das Firmenimage und die Arbeitsmotivation der Mitarbeiter steigern lassen.

An Nutzungen, für die Vorsorge getroffen werden soll, sind zu erwarten:
- Freiflächen für Betriebs- bzw. Verwaltungsangehörige, vor allem in Arbeitspausen (Pausengärten, einfache Spielgelegenheiten, etwa ein Ballspielfeld 20 × 40 m) und in der Freizeit (Betriebssportanlagen);
- Freiräume zu Sozial-Einrichtungen wie Betriebskindergarten, Kantine;
- Gärten für Besucher und Kunden, beispielsweise während Wartezeiten;
- befestigte Flächen für die betriebliche Nutzung wie Zu- und Auslieferung, Manipulation, Verkehrs- und Lagerflächen; Ladearbeiten;
- Auto- und Fahrradstellflächen;
- bei Besucherverkehr, Führungen und dergleichen auch repräsentative Bereiche.

d) Räumliche Zuordnung, Standort

Die Freiflächen liegen auf dem Betriebsgelände, unmittelbar an und auf den Gebäuden; sie sind auch der inneren Erschließung zugeordnet wie dem Besuchereingang, der Liefereinfahrt, den Garagen und den Sozialräumen. Manchmal sind es kleine Gärten in Innenhöfen, die zwar nur für den betreuenden Gärtner zugänglich sind, aber eine wichtige optische Wirkung auf den Blick aus den Innenräumen nach außen haben.

Innerhalb der Freiräume folgt die Zuordnung den Betriebsabläufen, der inneren Erschließung und den Funktionen in den Gebäuden. Freiraumfunktionen können auch auf einer Tiefgarage oder einem Flachdach angeordnet werden, wie beispielsweise bei den Fiatwerken Turin an der Stelle der historischen Probestrecke. Als günstig erweist sich die Verknüpfung mit öffentlichen Grünräumen, etwa einer Parkanlage, wofür es in der chinesischen Freihandelszone Shensen ein Beispiel gibt. Manchmal können auch von der Bauordnung vorgeschriebene Abstandsflächen genutzt werden. Reserveflächen für eine künftige Betriebserweiterung können sinnvoll als Jahresgärten (Grabeland) an Betriebsangehörige vergeben werden.

Bei nicht störendem Gewerbe sollte – aus Sicht der Freiraumplanung – die Durchmischung mit Büros und Wohnungen möglich sein, wofür eine Anlage in Wien, 16. Bezirk, Sandleiten beispielhaft ist; dabei können in Wien allerdings – sachlich durchaus zu bewältigende – Probleme mit der Flächenwidmung auftreten, weil hier Wohnungen in Gewerbegebieten nicht erlaubt sind. Eine Lösung wäre durch eine Änderung der Bauordnung denkbar.

Industrie- und Gewerbeanlagen bilden meist aus betrieblichen Gründen undurchlässige, gegen die Umgebung hermetisch abgeschlossene Blöcke mit einem geringen oder fehlenden Baumbestand. Ziel muss daher die Durchgängigkeit mit Geh- und Radwegen an den Grundstücksgrenzen zwischen den Betriebsgrundstücken sein, die in Form von Grünverbindungen mit Baumpflanzungen ausgeführt werden können. Dies wird in aller Regel weniger bei älteren Anlagen als bei der Planung neuer Industrie- und Gewerbegebiete möglich sein, wenn auch nicht bei allen Betriebszweigen.

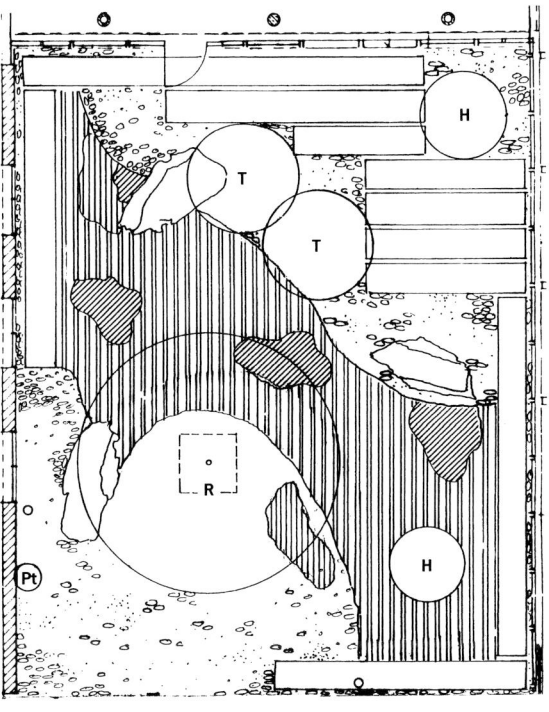

Pflanzkonzept:

H	Hamamelis mollis		Polygonum affine 'Superbum'
Pt	Parthenocissus tricuspidata 'Veitchii'		Astilbe arendsii 'Brautschleier'
R	Robinia pseudoacacia		
	Lechkiesel		Findling
Tulipa 'Diana' (weiß) in Gruppen		T	Thamnocalamus spathaceus

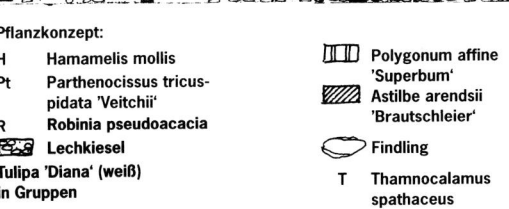

Abbildung 112: Innenhof zum Landratsamt Landsberg am Lech, Landschaftsarchitekt Wolfgang H. NIEMEYER, Grundriss.

251

e) Entwurf

Grundsätzlich sind zu unterscheiden:

- die Sanierung vorhandener Industrie- und Gewerbegebiete, zum Beispiel die Docklands in London und die IBA Emscher-Park im Ruhrgebiet; alte, geräumte Industrie-Standorte sind oft durch Altlasten verseucht und werden deshalb nicht als Bau-, sondern als Grünflächen ausgewiesen;
- die Planung neuer Industrie- und Gewerbegebiete, vor allem in Stadterweiterungsgebieten. Hier sind Landschaftsplanung und Freiraumentwurf eng an die Flächenwidmungs- und Bebauungsplanung sowie an den Hochbauentwurf zu binden und umgekehrt. Ziel ist grundsätzlich die Durchgrünung einer Industrieanlage gleichzeitig mit ihrer Planung und Errichtung, nicht jedoch die nachträgliche dekorative Bepflanzung.

Der Entwurf geht von den angestrebten Nutzungen und weiteren **Funktionen** wie Schutz vor Wind, Lärm, Emissionen, von Staubbindung und Verbesserung des Kleinklimas aus. Besonders wichtig ist die Bewirtschaftung des Oberflächenwassers von den Dachflächen und den oft ausgedehnten befestigten Verkehrs-, Lager- und Arbeitsflächen. In vielen Fällen kann mit einfachen Mitteln eine extensive Dachbepflanzung angelegt werden.

Möglichst alle Freiflächen sollten von den Betriebsangehörigen sinnvoll genutzt werden können, die repräsentative Gestaltung sollte auf das für das Firmen-Image notwendige Maß beschränkt werden. Nach Möglichkeit sollte der Entwurf mit dem öffentlichen Grün, zum Beispiel im Straßenraum, abgestimmt werden, auch was die Pflanzenwahl anbelangt. Schutz- und Trenngrünflächen müssen dicht und mehrstufig, also mit Strauch- und Baumschicht, bestockt sein. Ökologische Systeme, etwa wechselfeuchte und trockene Standorte, Wasserläufe, sind auch in Gewerbegebieten möglich, wie am Beispiel des Technologieparks und Universitätsgeländes Dortmund gezeigt werden konnte.

Günstig ist eine räumliche Differenzierung der Nutzungsarten durch Pflanzungen. Geh- und Fahrverkehr sind strikt voneinander zu trennen. Wichtig ist ein übersichtliches **Leit- und Informationssystem** für Besucher und Lieferanten, auch eine entsprechende Beleuchtung. Im Interesse des Betriebes bzw. der Verwaltung ist auf repräsentative bzw. firmenspezifische Aspekte (Image, Corporate identity) besonders Bedacht zu nehmen.

Wesentlich für den Entwurf sind die innere Organisation des Betriebes, die äußere und innere **Erschließung**, der Werkverkehr, die Lade- und Rangierbereiche und die Lagerflächen; die so genutzten Flächen sollten dort, wo es möglich ist, mit Beton-Rasen-Steinen oder Pflaster mit Rasenfugen, in Sandbett verlegt, hergestellt werden; in der Regel wird Asphalt zu verwenden sein, vor allem bei Flächen für die Manipulation mit gefährlichen Flüssigkeiten. Die Möglichkeit der, zumindest zeitweisen, Doppelnutzung von Flächen, etwa eines Abstellplatzes als Ballspielfeld, ist zu prüfen. Bei der Planung und bei der Bauführung ist besonders auf die dichten Leitungsnetze zu achten.

Baumpflanzungen können vorteilhaft als ordnendes räumliches Element eingesetzt werden, als Baumreihe, Allee oder Baumkarree. In Anbetracht des Pflegeaufwandes sollte die Vielfalt der pflanzlichen Elemente auf einige robuste, für Industriegebiete geeignete Arten eingeschränkt werden; dies gilt vor allem für die Holzartenwahl (vgl. Gehölzlisten). Grundsätzlich sollte der Boden weitestgehend offen, das heißt luft- und wasserdurchlässig, gehalten werden, auch bei Lagerflächen, soweit nicht die Gefahr von Verseuchung besteht. Großer Wert ist auf eine gute handwerklich-gärtnerische Bearbeitung und Pflege, auch in der Betreuung der naturnahen Teilflächen, zu legen.

Tabelle 12. Gehölzarten für Gewerbe- und Industriegebiete

Gehölzarten für Gewerbe- und Industriegebiete	
Für den stark industrialisierten Raum Linz/Donau – Enns wurden von F. WOESS unter anderen folgende Gehölzarten empfohlen:	
Acer campestre	Mahonia aquifolium
Acer negundo	Platanus acerifolia
Acer platanoides	Populus canadensis
Acer pseudoplatanus	Populus tremula
Ailanthus altissima	Prunus avium
Alnus incana	Prunus mahaleb
Alnus glutinosa	Quercus borealis
Caragana arborescens	Quercus petraea
Cornus alba	Ribes alpinum
Cornus sanguinea	Robinia pseudacacia
Crataegus monogyna	Rosa canina
Elaeagnus angustifolia	Rosa rugosa
Gleditsia triacanthos	Sambucus nigra
Ligustrum vulgare	Sambucus racemosa
Lonicera xylosteum	Syringa vulgaris
Ilex aquifolium	Viburnum lantana
Bei G. OLSCHOWY (1969) werden unter Hinweis auf mehrere Autoren folgende Holzarten als „rauchverträglich" genannt (Auswahl):	
Robinia pseudoacacia	Quercus rubra
Alnus glutinosa	Quercus robur
Sambucus nigra	Pinus nigra (austriaca)
Betula-Arten	Salix caprea
Prunus avium	Platanus-Arten
Prunus serotina	Ailanthus peregrina

Bei großen Industrieanlagen ist ein **landschaftspflegerischer Begleitplan** erforderlich, in dem Boden, Wasser, Klima/Luft, Arten und Lebensgemeinschaften (Fauna und Flora) sowie Landschaftsbild und Erholung berücksichtigt werden. Bei einem neuen Industrie- und Gewerbepark ist eine Vorplanung mit einem Grünordnungsplan notwendig, in dem die Grünraumstruktur einschließlich der öffentlichen Grünräume und des Verkehrsgrüns festgelegt wird.

Bei Industriebetrieben und Industriegebieten besteht die Aufgabe darin, Freiräume für arbeitende Menschen zu schaffen, Pausenräume mit der Möglichkeit freier Bewegung, für Ballspiele und alle anderen Tätigkeiten zum Ausgleich zu sitzender oder stehender Arbeit. Dies ist im dichtbebauten Gebiet in der Regel auf dem Betriebsgrundstück nur eingeschränkt oder gar nicht möglich, sondern nur in einem nahegelegenen Freiraum, etwa einem Park oder einer verkehrsberuhigten Straße.

Ein mustergültiges Beispiel ist der „Masterplan Grün" für das Betriebsgelände der Firma Roche in **Kaiseraugst** von W. HUNZIKER, Basel. Mit diesem Plan wurde der Rahmen für eine ökologisch ausgewogene Vernetzung und für die Gestaltung aller Bauten und Grünflächen des Areals untereinander und mit der Hochrheinebene geschaffen. Die Begrünung von Dachflächen und die Versickerung des Dachwassers wurden dabei integriert. Das Ergebnis ist ein einheitliches, identifizierbares Erscheinungsbild der ganzen Industrieanlage.

Ein weiteres Beispiel bildet der neue Stadtteil für Wissenschaft und Wirtschaft in **Berlin-Adlershof** auf der 460 ha großen Fläche eines ehemaligen Flugplatzes und militärischen Forschungsgeländes. In einem Gutachterverfahren für Landschaftsarchitekten wurde sowohl ein

Siehe Farbtafel V, Abbildung 113: Kaiseraugst „Masterplan Grün" (Roche AG Basel). Planung Landschaftsarchitekten W. HUNZIKER, S. EIGENHEER, H.-U. WEBER, Architekt G. WAGNER.

253

grünplanerisches Gesamtkonzept für den Stadtteil als auch ein Entwurf für den rund 70 ha großen zentralen Grünraum mit einem unter Naturschutz stehenden Kernbereich entwickelt.

Spezielle Entwurfsaufgaben stellen sich bei der Sicherung und Begrünung von Halden bei Industriebetrieben (vgl. Abschnitt 4.8.4).

f) Flächengrößen

Hier gibt es im Allgemeinen keine Vorgaben, maßgeblich ist die Verfügbarkeit der Grundstücke; oft können Reserveflächen, die für die Betriebserweiterung angekauft wurden, in Anspruch genommen und in die Gestaltung einbezogen werden. In Großbritannien, das die Ansiedlung von Betrieben in Gewerbe- und Industrieparks besonders fördert, gelten 40 ha als Mindestgröße für ein Gewerbegebiet, wovon etwa 40 % für (möglichst begrünte) Außenanlagen freigehalten werden; die Bebauungsdichte sollte 2300 m² je ha möglichst nicht übersteigen.

Für Trenn- und Schutzpflanzungen, die die Aufgaben einer optischen Abschirmung und eines Schutzes der angrenzenden Bebauung vor Rauch und Staub übernehmen, ist eine Breite von 10 bis 30 m Breite vorzusehen; in ihrem Kern sind hochwachsende Hauptholzarten anzuordnen, am Rande Nebenholzarten und Sträucher als Waldmantel.

Literatur

Bayerisches Landesamt für Umweltschutz (Hrsg.): Freiflächen an öffentlichen Gebäuden. Schriftenreihe Heft 119. Bearbeitung: Lehrstuhl für Landschaftsarchitektur und Entwerfen der TU München-Weihenstephan. München o.J.

Deutscher Rat für Landespflege: Industrie und Umwelt. Schriftenreihe Heft 29. Bonn-Bad Godesberg 1978

Dettmar J., K. Ganser: IndustrieNatur. Ökologie und Gartenkunst im Emscher Park. Stuttgart 1999

Grub H.: Unternehmen Grün – Ideen, Konzepte, Beispiele für mehr Natur in der Arbeitswelt. München 1990

Kokenge H., G. Nagel: Grünfunktionen im Hamburger Hafen. Band 1: Ordnung der Freiraumfunktionen, Konzepte zur Freiraumplanung. Band 2: Analyse und Eignungsbewertung der Freiraumfunktionen. Hannover 1982

Lorenz P.: Gewerbebau Industriebau. Architektur, Planen, Gestalten. 2. Aufl. Stuttgart 1993

Moster-Schug H.: Ökologische Belange bei der Gewerbegebietsplanung. Beispiel Bebauungsplan Gewerbegebiet Halle-Tornau. Arbeitsbericht des Instituts für Städtebau und Landesplanung Univ. Karlsruhe. o.J. (1993)

Olschowy G.: Industrieanlagen. In: Buchwald/Engelhardt, Handbuch für Naturschutz und Landschaftspflege, Band 3. München/Basel/Wien 1969

Olschowy G.: Landschaft und Technik. Hannover/Berlin/Sarstedt 1970

Pfadt A.: Ansätze einer ökologisch orientierten Gewerbeflächenplanung in Hamburg. In: Bochnig S., K. Selle (Hrsg.): Freiräume für die Stadt, Band 1 S. 227–240. Frankfurt a.M./New York 1992/93

Ruland G.: Freiraumplanung in Industriegebieten. Magistrat Wien, Mag.Abt. 18. Wien 1991

Städtebauliches Institut der Universität Stuttgart: Regierungsviertel Bonn. Arbeitsbericht 35. Stuttgart 1980

Steinebach G., D. Schaadt: Stadtökologie in neuen Gewerbegebieten. Wiesbaden 1996

4.4.2 Grünräume zu Bildungs- und Kulturbauten

a) Begriffe

Thematisch zählen dazu die Außenanlagen zu Bildungs- und Kulturbauten, hier insbesondere zu Schulen aller Stufen (einschließlich Internaten) und Universitäten, zu Forschungszentren und zu Museen. Örtlich, vor allem in der Schweiz, werden Schulen zu Freizeitanlagen erweitert; die Schule kann auch kulturelles, gesellschaftliches und sportliches Zentrum eines Quartiers – mit den entsprechenden Anforderungen an den Freiraum – sein. Auf Schulgelände oder in Parkanlagen können Sondergärten mit der Aufgabe der allgemeinen Bildung angelegt werden, beispielsweise Apothekergarten, Kräutergarten, Steingarten und dergleichen.

b) Rechtliche Grundlagen

Die Flächenwidmung ist Bauland Öffentliche Zwecke, mit einer Zusatzbestimung, zum Beispiel Schule. Sondergärten können auch auf der Widmung Grünland/Erholungsgebiet Park (Epk) liegen.

c) Nutzung, Nutzergruppen

Nutzer und Besucher der Freiräume sind:
● Schüler, extern bzw. im Internat, Studenten, Kursbesucher;
● externe Gruppen, beispielsweise zum Abendturnen, Werken, Theaterspiel, Musizieren;
● Kinder außerhalb der Schulzeit, wenn die Anlagen dazu freigegeben sind;
● bei Museen, Ausstellungen, Sondergärten und dergleichen die Besucher;
● Beschäftigte und Betreuer.

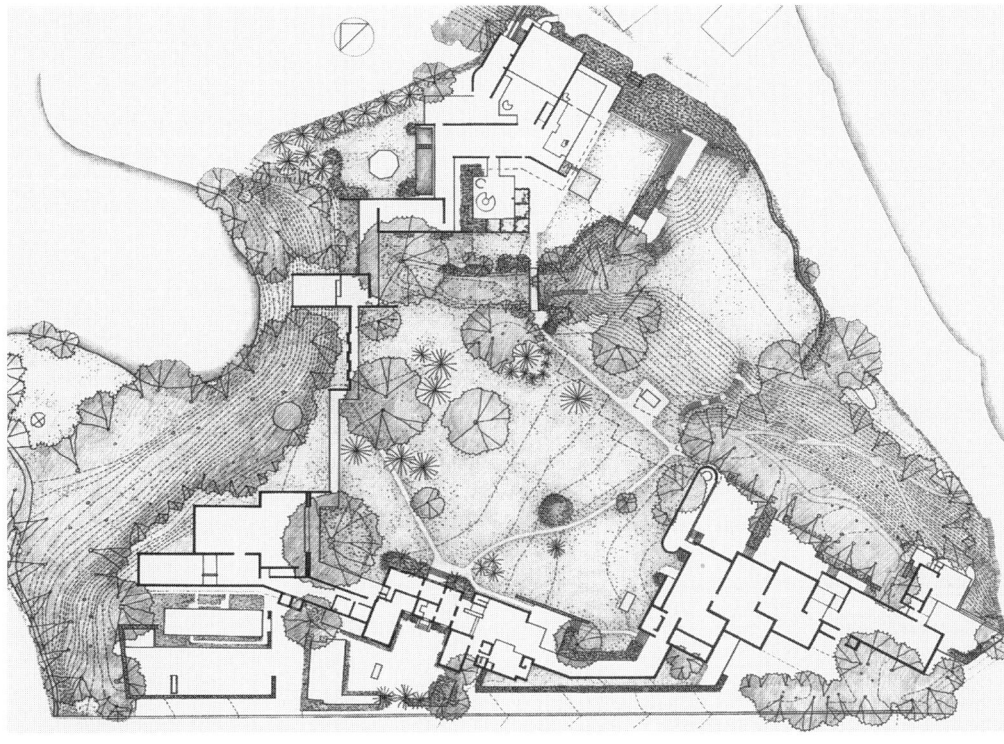

Abbildung 114: Kunstmuseum Lousiana am Oeresund, Aussenanlagen (1991). Landschaftsarchitektinnen Lea Norgaard, Vibeke Holscher.

Bei **Schulen** sind spezifische Nutzungen: Erholung in den Pausen zwischen den Schulstunden, Bewegungsspiele, Schulturnen bzw. -sport, Lernen, auch klassenweise (Freiluftunterricht), Gärtnern. Ein wichtiges Ziel ist, die Aktivität und Bewegung der Schüler in den Pausen zu fördern, wozu Anreize, etwa Spielgeräte, Streetball und dergleichen nötig sind.

Anzustreben ist die möglichst **vielfältige Nutzung** der Schulfreiräume durch alle Bevölkerungsgruppen, das Verflechten der Nutzung von Innen- und Außenräumen wie zum Beispiel Freiluftklassen, eine Arena, die beispielsweise für Bürgerversammlungen genutzt werden kann, das Spielen auf dem Schulhof außerhalb der Schulzeit. Die Problematik liegt in der Aufsicht und Haftung, ist aber – im Einvernehmen mit dem Schulwart – grundsätzlich lösbar. Schulhöfe, die üblicherweise nur einige Stunden während der Schulzeit genutzt werden, können zu vielfältigen Bewegungsräumen in der schulfreien Zeit und zu Treffpunkten, etwa im Sinne eines Stadtgartens, umgebaut werden, oft in gemeinsamer Arbeit von Schülern und Nachbarn.

255

Abbildung 115: Jüdisches Museum Berlin, Außenanlagen; Wettbewerbsentwurf (1. Preis), Landschaftsarchitekten Cornelia Müller, Elmar Knippschild, Jan Wehberg; Architekt Daniel Libeskind.

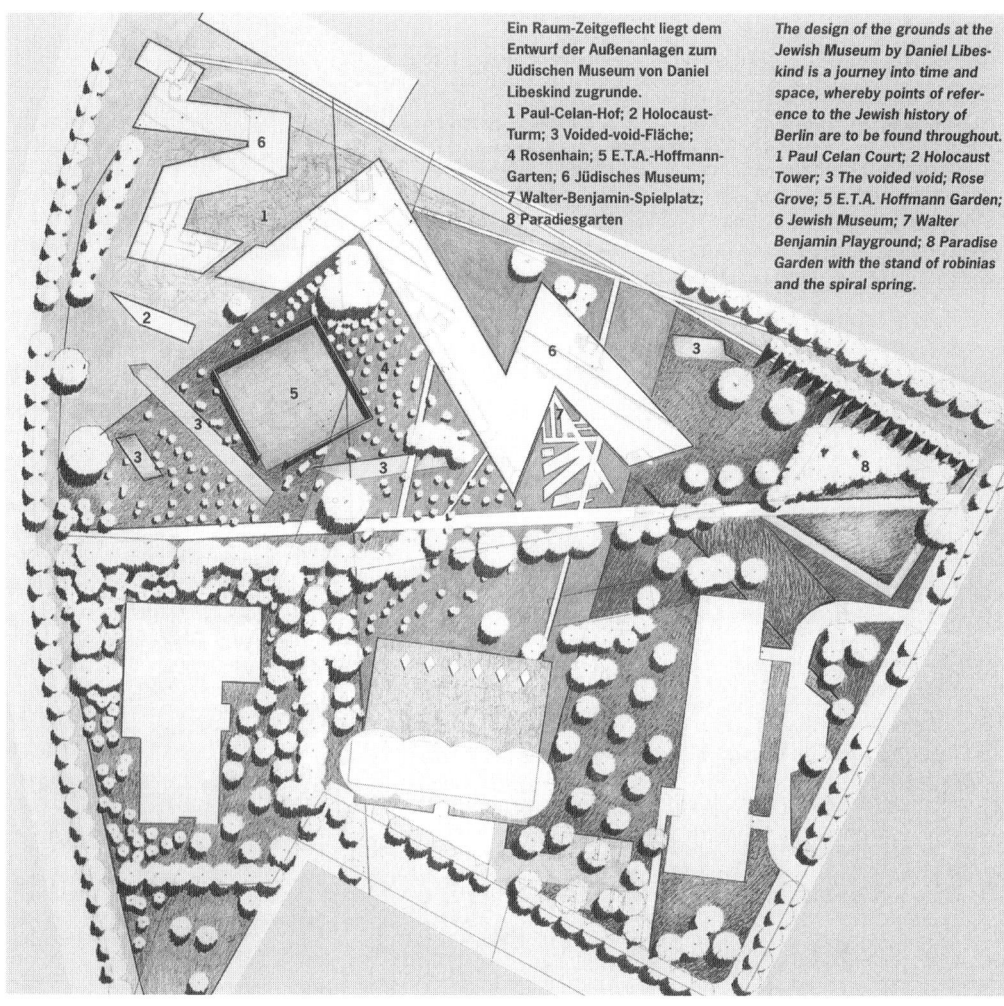

Ein Raum-Zeitgeflecht liegt dem Entwurf der Außenanlagen zum Jüdischen Museum von Daniel Libeskind zugrunde.
1 Paul-Celan-Hof; 2 Holocaust-Turm; 3 Voided-void-Fläche; 4 Rosenhain; 5 E.T.A.-Hoffmann-Garten; 6 Jüdisches Museum; 7 Walter-Benjamin-Spielplatz; 8 Paradiesgarten

The design of the grounds at the Jewish Museum by Daniel Libeskind is a journey into time and space, whereby points of reference to the Jewish history of Berlin are to be found throughout.
1 Paul Celan Court; 2 Holocaust Tower; 3 The voided void; Rose Grove; 5 E.T.A. Hoffmann Garden; 6 Jewish Museum; 7 Walter Benjamin Playground; 8 Paradise Garden with the stand of robinias and the spiral spring.

d) Räumliche Zuordnung, Standort

Schulfreiräume sind je nach Stufe einem Wohngebiet (Volksschuleinheit) oder einem Stadtteil zuzuordnen, die Freiflächen einer Universität der Gesamtstadt bzw. Stadtregion, ebenso der Garten zu einem Museum. Die Freiräume liegen auf dem Baugrundstück, in Ausnahmefällen muss eine Schul- bzw. Universitätssportanlage getrennt vom Gebäude angeordnet werden, beispielsweise die Universitäts-Turnanstalt Wien; bei der Schulsportanlage darf die Entfernung aber höchstens 500 m bzw. 5 Minuten Fußweg betragen.

Die Freiräume zu Kulturbauten sind an deren Standort und an das verfügbare Grundstück gebunden, die Lage ist meist im zentralen Bereich der Stadt.

Siehe Farbtafel V, Abbildung 116: Außenanlagen der Universität Konstanz. Gesamtplanung Architekt Prof. von Wolff. Ansicht um 1990.

e) Entwurf

Die **Schul- und Universitäts-Freiräume** umfassen folgende **Teilbereiche:**

• Zugangsbereich, auszulegen auf die höchste Belastung; dies ist morgens bei Schulbeginn bzw. Vorlesungsbeginn, wenn dieser nicht versetzt ist;

• Pausen-, Aufenthaltsräume im Freien, wenn möglich mit Mehrfachnutzung, zum Beispiel für Versammlungen, öffentliche Diskussionen, Lernen, Spiel; räumlich differenziert, mit vielen Sitzmöglichkeiten; teilweise schattig;

- gegebenenfalls Unterrichtsbereiche im Freien, den Klassenräumen zugeordnet;
- Gymnastik- und Sportanlage, Größe und Ausstattung je nach Schultyp; bei Internatsbetrieb besonders wichtig;
- Schul-, Universitätsgarten für Demonstration und für praktische Übungen, fallweise Botanischer Garten für wissenschaftliche Forschung;
- Freiräume für fachspezifische Übungen bei berufsbildenden Schulen aller Stufen, soweit erforderlich, zum Beispiel Maurer, Zimmerer, Gärtner;
- Garten zur Schulwart- bzw. Pedellwohnung;
- Stellplätze für Fahrräder, Mopeds, Motorräder, PKW;
- Terrasse zu Kantine, Mensa oder Buffet, soweit vorhanden;
- Erschließung mit Fahrwegen für Lieferungen und für die Pflege der Außenanlagen, getrennt von den Gehbereichen.

Abbildung 117: Universitäts-Park Zürich Irchel, 44 ha, 1986 eröffnet. Kombination von Hochschulgelände und öffentlichem Freiraum. Entwurf Landschaftsarchitekten Atelier STERN und Partner.

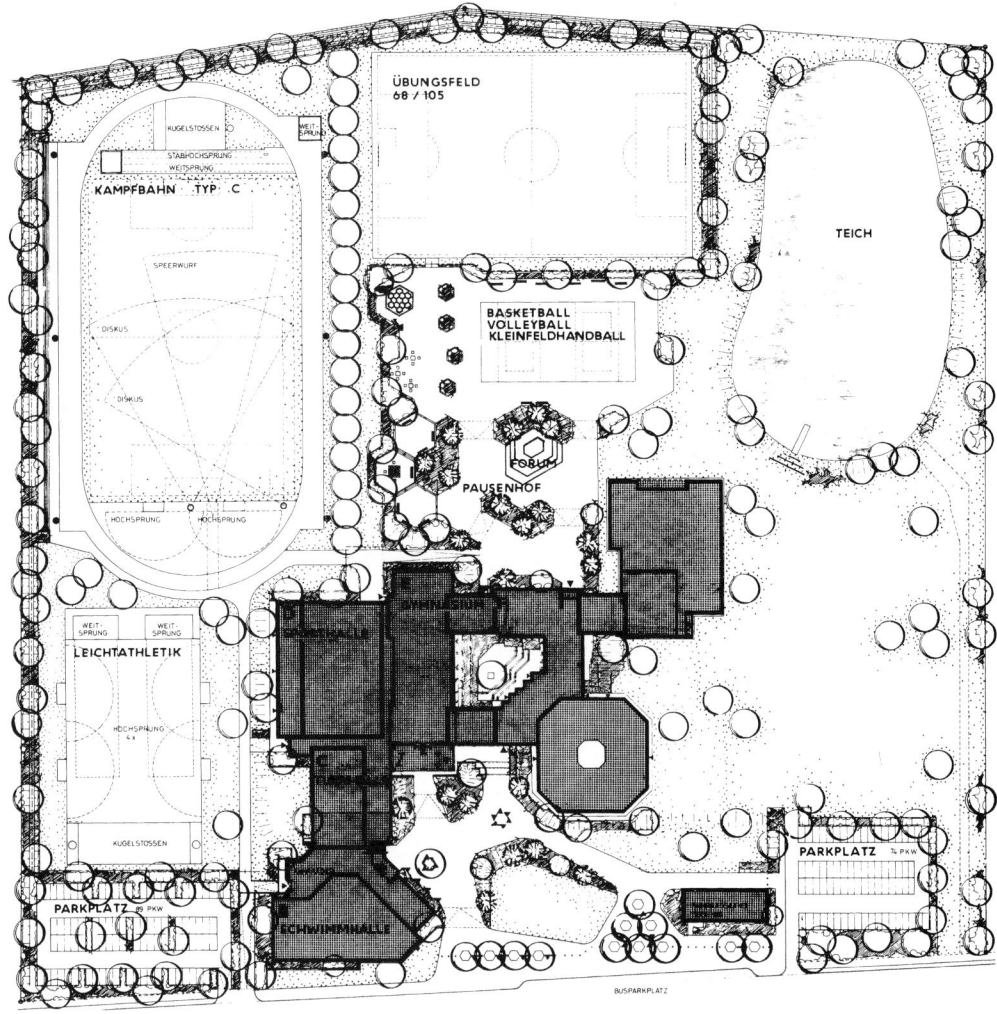

Am Beginn des Entwurfs für eine Schule steht die Situierung der Laufbahn, insbesondere der Geraden von 120 m Länge für die 100 m-Bahn als „sperrigstem" Element, auf dem Grundstück. Bei allen Freiräumen ist schon beim Entwurf auf eine möglichst einfache Pflege Bedacht zu nehmen. Nach Möglichkeit sollte die übliche Trennung zwischen Schulhof, Grünanlagen und Schulgarten zugunsten zusammenhängender und von allen Schülern zu nutzender Freiräume aufgehoben werden. Die Schüler sollten, wenn immer möglich, ihre Gärten – unter Anleitung von Fachleuten – selbst planen und ausführen, in der Folge auch selbst betreuen. Einwände gegen **Schulgärten**, die über die übliche einfachste Ausführung hinausgehen, sind: die regelmäßige Pflege sei in den Ferien nicht gewährleistet, die Betreuung des Schulgartens sei an eine bestimmte Lehrkraft gebunden, die Folgekosten durch nicht fachgerechte Ausführung und Pflege seien nicht absehbar. In einigen Städten werden daher die Schulgärten vom Grünflächenamt betreut oder dieses richtet einen **zentralen Schulgarten** ein; dieses Modell hat sich beispielsweise in Hannover bewährt. Die Klassen kommen jeweils halbtags dorthin und werden von Gärtnern betreut; dieser Schulgarten ist gleichzeitig **Lehrgarten** für Gruppen aus Volkshochschulen, Gartenbauvereinen und dergleichen.

Bei der **Umgestaltung von Schulhöfen** für die Nutzung auch außerhalb der Unterrichtszeiten sollten diese nicht in monotone Kinderspielplätze, sondern durch Bodenmodellierung, Felsen, Pflanzen und Wasser in vielfältig gestaltete und nutzbare Räume umgestaltet werden, am besten auch gemeinsam mit und von den Schülern.

Schulsportanlagen sollten mindestens umfassen:

Volksschule

1 Weitsprunganlage, Sprunggrube 7 m, Anlauf 30 m;
1 Hochsprunganlage, Anlaufradius 12 m;
1 Kurzstreckenlaufbahn 75 m (für 60-m-Lauf), 3 Bahnen;
1 Ballspielfeld etwa 15 × 27 m bis 22 × 44 m;
1 Gymnastikrasen, rund 1000 m²;
1 Bereich für Schlagball, Anlauf 15 m, Wurfweite 50 m.

Hauptschule, Höhere Schule

wie Volksschule, aber etwas größere Dimensionierungen:
Anlauf 12 bis 15 m, Kurzstreckenlaufbahn 120 m (für 100 m-Lauf), 4 Bahnen; zusätzlich:
Spielfeld 40 × 80 m, Kugelstoßanlage; bei Schulen mit Internat auch mehr.
Die Anzahl dieser Elemente ist abhängig von der Klassenzahl, genauer von der Anzahl der **gleichzeitig** Sport treibenden Gruppen.

Die Schulsportanlage ist räumlich der Turnhalle zuzuordnen, damit Umkleiden, Duschen und Geräte auf kurzem Wege genutzt werden können. Die gesamte Anlage muss für die Lehrkraft überblickbar sein; der Unterricht im Schulgebäude darf durch die Sportausübung weder optisch noch akustisch gestört werden. Die **Spielfelder** sind mit Allwetterdecke auszuführen; am günstigsten sind elastische, wasserdurchlässige Kunststoffdecken. Rasen sollte nur dann gewählt werden, wenn eine intensive Pflege und Ausstattung mit Versenkregnern gewährleistet ist. Bei Mangel an Fläche, vor allem bei älteren Schulen, kann der Pausenhof durch entsprechende Markierungen als Kleinspielfeld genutzt werden; wenn möglich, können dort auch eine Hoch- und eine Weitsprunganlage eingerichtet werden.

Für die Bepflanzung werden standortgerechte Gehölze verwendet, wobei auf besondere Lehrziele Bedacht genommen werden kann, zum Beispiel auf das Kennenlernen heimischer Pflanzen.

Bei **Universitäten** kann zwischen dem Modell des Campus, also Freiräumen zwischen pavillonartig verteilten Gebäuden, wie etwa bei der **Harvard-University** und bei der Veterinärmedizinischen Universität Wien, und einer konzentrierten Bebauung mit kleinen innenliegenden Gartenhöfen und begrünten Dächern, beispielsweise bei der **Technischen Universität Wien**, oder einer an das kompakte Gebäude anschließenden großen zusammenhängenden Freifläche, etwa bei der **Universität Zürich-Irchel**, unterschieden werden. Der Versuch, die Freiflächen völlig ungestaltet der natürlichen Sukzession zu überlassen, der beim Neubau der **Universität Bremen** unternommen worden war, ist nicht gelungen; sie wurden von der Bevölkerung als Abfallplatz genutzt. Aus Sicht der Landschaftsarchitektur bietet die Campus-Universität die meisten Möglichkeiten, unterschiedliche Nutzungsbereiche und eine vielfältige Gestaltung anzubieten; kleine Innenhöfe schaffen dagegen einen vergleichsweise intimen Charakter und die Gelegenheit zum Gespräch und zum Lernen.

Ein Beispiel aus jüngerer Zeit ist die neue Universität für Geisteswissenschaften Bern in Verbindung mit einem neuen öffentlichen Freiraum auf dem Gelände der ehemaligen Schokoladenfabrik Tobler in Bern (Schweiz). Gedacht ist die Parkanlage für die mehr als 2000 Studierenden und Hochschullehrer, für die Kirchengemeinde, für private Anrainer und die Bewohner des umliegenden Quartiers.

Für **Universitäts-Sportanlagen** gelten keine allgemeinen Regeln. Art und Anzahl der Spielfelder und Leichtathletikanlagen hängen unter anderem davon ab, ob an der betreffenden Universität ein Sportstudium und für wie viele Studenten eingerichtet ist, im übrigen aber von der verfügbaren Fläche.

Abbildung 119: Außenanlage zur Schule Absberggasse in Wien-Favoriten, um 1993. Landschaftsarchitektin Anna DETZLHOFER, Architekt Prof. Rüdiger LAINER.

Abbildung 120: Gartenanlage der Fondazione Palazzo Querini-Stampaglia in Venedig. Architekt Carlo Scarpa. Detail der Wasseranlage.

Siehe Farbtafel VI, Abbildung 121: Öffentliche Gartenanlage zum Berlin-Museum in Berlin. Architekt Hans Kollhoff (1987). Der scheinbar einfache Garten ist durchdrungen von nicht erfahrbaren philosophischen Metaphern.

Bei **Kulturbauten** sind folgende Teilbereiche vorzusehen:
- Zugangsbereich, Stellplätze für Besucher, Personal;
- Aufenthaltsraum im Freien, Sitzgelegenheiten in kleinen Gruppen, auch für Pausen bei Veranstaltungen;
- Terrasse zum Buffet bzw. Restaurant;
- Bereich für Exponate, ständige und wechselnde Objekte, mit Zufahrt für LKW; Skulpturengarten.

Sonderformen sind unter anderem:

Geologischer Lehrgarten mit Ausstellung von Gesteinen, Mineralien und Großfossilien, in systematisch-chronologischer Folge angeordnet, gegebenenfalls ergänzt durch Beispiele für die Entwicklungsgeschichte der Pflanzen, etwa Fossilien und lebende Pflanzen wie *Ginkgo biloba*. Unter Umständen können Aufschlüsse an Ort und Stelle, etwa in einem aufgelassenen Steinbruch, in den Lehrgarten einbezogen werden.

Skulpturengarten, oft in Verbindung mit Museen wie Rijksmuseum Kröller-Müller in Otterloo/Niederlande, Louisiana-Skulpturengarten, Humleback/Dänemark.

Technisches Museum mit Ausstellung von großen Objekten wie Lokomotiven, Baumaschinen, Space-Shuttle und dergleichen.

Bei Museen sind **Themengärten** in Verbindung mit dem Zweck und der Aufgabe des Museums durchaus angebracht. Ein Beispiel dafür ist das Jüdische Museum Berlin (Architekt Daniel Libeskind, Landschaftsarchitekten C. Müller, E. Knippschild, J. Wehberg) mit Freiräumen wie Paul Celan-Hof, E.T.A. Hoffmann-Garten, Walter Benjamin-Spielplatz, Paradiesgarten, Voided-void-Freiraum („Entäußerte Leere"). Bekannt ist Millesgarden, das zwei ha große Anwesen des schwedischen Bildhauers Carl Milles, das er zu einem Skulpturenpark gestaltet hat, in dem Gartenkunst und bildende Kunst zu einer Einheit gefügt sind.

Wichtig ist die räumliche, gestalterische und funktionelle Integration von **Innen- und Außenräumen**, zum Beispiel der Ausblick in den Garten und die abgestimmte Materialwahl. Die vollkommene Verschmelzung eines Museums mit dem vegetativen Umraum ist dem Architekten Hans Hollein in Mönchengladbach, Deutschland gelungen. Ein interessantes Beispiel ist der Garten des Berlin-Museums von Hans Kollhoff, 1987 fertiggestellt. Hier sind historische Elemente wie Achse, Kanal, Berceaux, Lindenkasten und Terrasse in einem modernen Freiraum verarbeitet; die einzelnen Elemente sind teilweise verfremdet, überlagern einander oder bilden Collagen. Dieser Garten, gleichzeitig öffentlicher Park, ist ein Beispiel einer vom freien Wuchs der Pflanzen losgelösten und intellektuell betonten Gestaltung, die vom Besucher ohne Erläuterung nicht „erfahren" werden kann.

f) Flächengrößen

Der Pausenhof sollte generell möglichst 5,0 m² je Schüler groß sein, die Mindestfläche beträgt 1,0 m² je Schüler. Beim Schulgarten sind mindestens 30 m² je Klasse erforderlich. Die Fläche für die Schulsportanlage richtet sich nach Schultyp und Klassen- bzw. Gruppenanzahl.

Die Mindestfläche für die jeweils nutzbare Sportfläche beträgt, unabhängig von der Anzahl der Klassen, bei Volksschulen 2000 m², bei Höheren Schulen 5000 m².

Bei **Schulen** gelten nach den Angaben des Österreichischen Instituts für Schul- und Sportstättenbau (ÖISS) für die **nutzbaren Spielflächen** in Abhängigkeit von der Klassenzahl folgende Richtwerte:

Klassen	nutzbare Spielfläche	Klassen	nutzbare Spielfläche
3	2 000 m²	24	10 000 m²
7	4 600 m²	36	14 000 m²
12	8 000 m²		

Im Raum- und Funktionsprogramm des Wiener Stadtschulrates für den Neubau einer **Pflichtschule** (Volks- und Hauptschule) werden folgende Einrichtungen vorgeschrieben:
- Pausenhof mit 1480 m², das sind rund 2,4 m² je Schüler;
- ein Spielplatz als Hartplatz im Ausmaß von 22 × 44 m = 968 m², Umgebungsfläche dazu 200 m²;
- eine Laufbahn für 100 m-Lauf mit Sprunggrube, Gesamtlänge 120 m;
- eine Hochsprunganlage;
- eine Kugelstoßanlage;
- eine Anlage für Gartenbeete mit 320 m²;
- Räume für Spielgeräte, Garten- und Schneeräumgeräte;
- Vorplatz beim Haupteingang; Pflichtstellplätze.

Die Außenanlagen umfassen demnach rund 3200 m².

In Wien werden derzeit generell mindestens 200 m² Freiflächen je Volks- und Hauptschul-Klasse gefordert.

Bei **Kulturbauten** sind die Flächengrößen abhängig vom Funktions- und Raumprogramm, etwa die Anzahl der Sitzplätze im Saal, Art und Fläche der Ausstellungen, die zu erwartende Besucherzahl. Bei Freiluft-Museen, Skulpturengärten und dergleichen hängt der Flächenbedarf von der Art, Größe und Anzahl der Exponate ab; zu bedenken ist jedenfalls, dass viele Werke aus größerer Entfernung zu betrachten sind und nicht zu eng gestellt werden dürfen. Bei Kirchen sind 3 bis 4 m² Freifläche je Sitzplatz im Innenraum für den Vorplatz und den Umgriff anzunehmen.

Literatur

Birkenbeil H. (Hrsg.): Schulgärten. (planen und anlegen; erleben und erkunden; fächerverbindend nutzen). Stuttgart 1999

Dax R. et al.: Ein Frühling für Schulgärten. Anregungen, Vorschläge, Beispiele, Münchener Forum. München o.J. (1983)

Edinger B.: Neuordnung und Umgestaltung von Schulhöfen. Materialien zur Raum- und Umweltplanung, Universität Kaiserslautern. Kaiserslautern 1983

Edinger S.: Schulhofumgestaltung unter freiraumplanerischen und städtebaulichen Gesichtspunkten. Kaiserslautern 1988

Hülbusch K. H. et al.: Gutachten zur Freiraumplanung der Universität Bremen. In: AG Freiraum und Vegetation (Hrsg.) Notizbuch 33 der Kasseler Schule. Kassel 1994

Österr. Institut für Schul- und Sportstättenbau: Richtlinien für den Schulbau. Wien 1978

Schünemann S.: Freiräume an Schulen. Univ. Hannover, Institut für Grünplanung und Gartenarchitektur, Schriftenreihe Beiträge zur räumlichen Planung Heft 6. Hannover 1983

Valentien Ch.: Freiflächen an öffentlichen Gebäuden naturnah gestalten und pflegen. Oberste Baubehörde Bayern. München 1989

Abbildung 122: Platz an der Kirche Maria vom Siege, Wien-Fünfhaus. Neugestaltung durch Landschaftsarchitekten Wilfried und Marija KIRCHNER.

4.4.3 Grünräume zu Kindertagesstätten, Kinder- und Jugendheimen

a) Begriffe

Nach der Art der Betreuung und dem Alter der Kinder wird unterschieden in:
- Kinderkrippe für Säuglinge und Kleinkinder (Windelkinder);
- Kindergarten, für Kinder von etwa 3 Jahren bis Pflichtschulalter, teilweise mit Vorschulkurs; die Kinderkrippe wird oft in einen Kindergarten integriert, beide werden vielfach halbtags betrieben;
- Kinderhort, für Kinder im Pflichtschulalter, meist nur Volksschulalter;
- Tageskinderheim, ganztägige Betreuung, unabhängig vom Alter, teilweise auch Jugendliche;
- Jugendhaus, Jugendheim, Betreuung nur während der Öffnungszeiten, meistens am Nachmittag und Abend.

Abbildung 123: Kindergarten in Hutschenhausen, Gartenanlage, Grundriss. Entwurf Landschaftsarchitekten Helga BERGER, Norbert SCHÄFER.

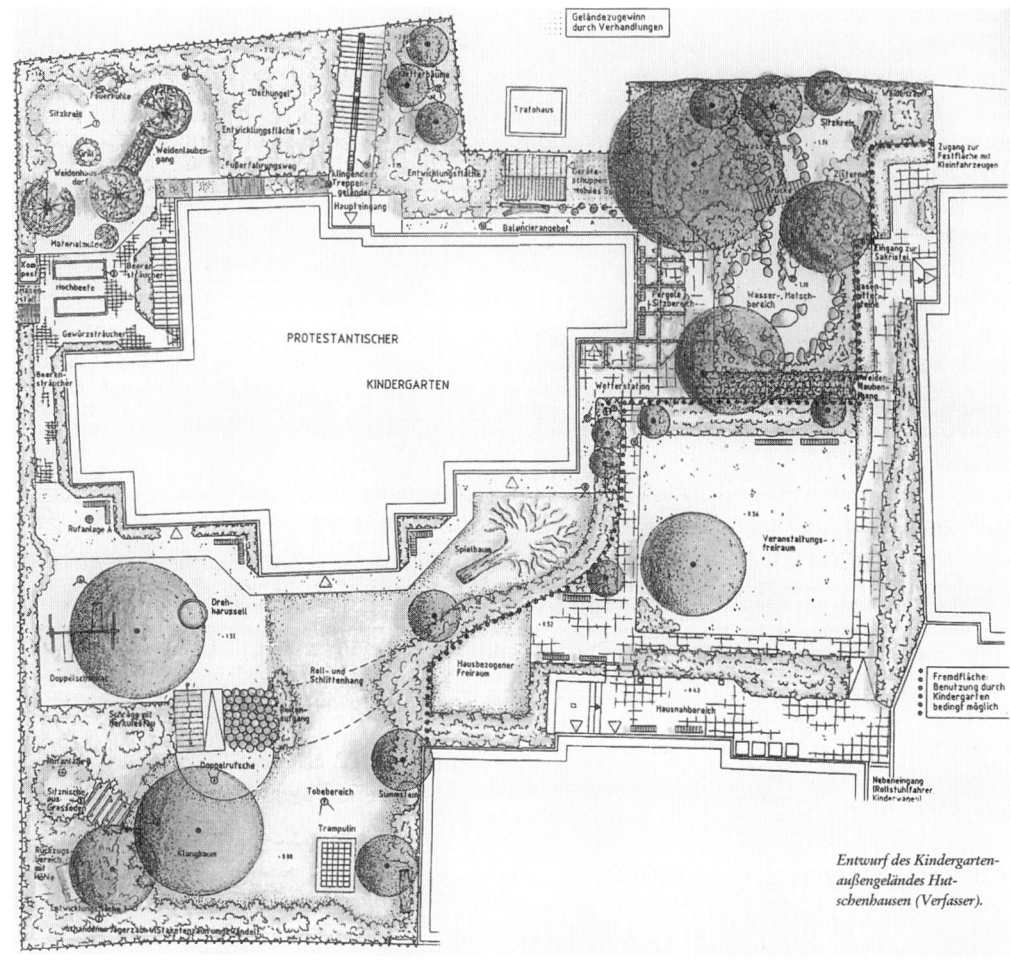

Entwurf des Kindergartenaußengeländes Hutschenhausen (Verfasser).

Die Bezeichnung **Kindertagesstätte**, abgekürzt Kita, ist ein allgemeiner Sammelbegriff für die oben genannten Einrichtungen, ausgenommen Jugendheime.

Im **Kinderheim** werden Kinder aller Altersstufen ab dem Säuglingsalter aufgenommen. Die Aufenthaltsdauer der Kinder ist unterschiedlich, von einigen Tagen bis mehreren Jahren, zum Beispiel in Säuglingsheimen bis zur Adoption. Weitere Formen sind das Ferienheim und das Erziehungsheim, auch für schwer erziehbare Kinder und Jugendliche.

b) Rechtliche Grundlagen

Es gibt unterschiedliche Träger wie Gebietskörperschaften und andere Körperschaften öffentlichen Rechts, Kirchengemeinden, Vereine, Betriebe, Private und andere. Dies gilt auch für das Grundeigentum bzw. den Grundbesitz. Von Bedeutung ist, dass der Träger bzw. dessen Mitarbeiter dafür haften, dass die betreuten Kinder und Jugendlichen keine Schäden erleiden; es werden also hohe Ansprüche an die **Sicherheit** in den Freiräumen gestellt. Die Betreuer müssen eine fachliche Ausbildung nachweisen. Ferner sind die Raumordnungs- und die Kindergartengesetze der Bundesländer sowie die jeweiligen Landesbauordnungen zu beachten. Die Flächenwidmung ist im Allgemeinen Bauland für öffentliche Zwecke, manchmal ist die Kindertagesstätte in die Widmung einer größeren Einrichtung, beispielsweise Krankenhaus, Universität einbezogen.

c) Nutzung, Nutzergruppen

Nutzer der Freiräume sind Kinder und Jugendliche aller Altersgruppen und deren Betreuer. Die Zeit, die Kinder in Kindertagesstätten und deren Gärten verbringen, ist für ihre physische und psychische Entwicklung, vor allem auch für das Erlernen sozialen Verhaltens, von großer Bedeutung. Die fachliche Diskussion, ob behinderte Kinder gemeinsam mit allen anderen Kindern betreut oder ob sie in eigenen Gruppen zusammengefasst werden sollen, wird derzeit kontrovers geführt.

d) Räumliche Zuordnung, Standort

Alle Einrichtungen liegen in Wohngebieten oder in räumlicher Nähe zu Wohngebieten, sie sollen leicht und gefahrlos erreichbar sein. Wünschenswert ist die räumliche Zuordnung des Kindergartens zu einer Volksschule, einem Ladenzentrum und dergleichen, so dass die Eltern Pflichtwege nur einmal zurücklegen müssen. In Altbaugebieten ist die Nähe zu einer Parkanlage oder einem Stadtgrünplatz von großem Wert. Die Kombination von Kinderhort und Spielpark ist durchaus möglich. Die Lage sollte sonnig und trocken sein, möglichst ohne Immissionen. Kindergärten für Angehörige von Betrieben, großen Verwaltungen und Universitäten liegen auf dem jeweiligen Gelände oder in dessen Nähe.

e) Entwurf

Der Entwurf geht davon aus, dass die **Bedürfnisse** der Kinder erfüllt werden, nämlich:
- ihr Bewegungsdrang durch ebene, wellige, hügelige Geländeformen, durch mobile und feste Spielgeräte, durch einen Kletterbaum;
- ihr Gleichgewichtssinn, Tastsinn, Geruchssinn, das Distanz- und Raumempfinden, der Form- und Farbsinn;
- ihr Gestaltungsdrang, beispielsweise mit Hilfe von Bauelementen und einer Malwand.

Das Raumprogramm für **Kindertagesstätten** umfasst folgende **Teilbereiche:**
- für jede Gruppe eine Sitzterrasse in Verbindung mit dem Innenraum (Aufenthalts- und Spielraum), möglichst überdacht;
- ein Sandspielbereich mit Wasserstelle, zum Formen, je ein Bereich für jede Gruppe;
- eine befestigte Fläche mit elastischem Bodenbelag und möglichst zusätzlich eine Rasenfläche für Bewegungsspiele;
- ein Spielhügel, gleichzeitig Rodelhügel;
- ein Gerätespielbereich mit weichem oder elastischem Bodenbelag (Sturzgefahr);
- wenn möglich ein Spielhäuschen, Einrichtung für Puppentheater;
- eine Mal- und Ballwand auf einer Allwetterfläche;
- eventuell Planschbecken, Wasserspielbereich, verlangt eine besonders intensive Aufsicht und wird vielfach von Eltern und Erziehern abgelehnt;
- ein kleiner Wartebereich beim Eingang, mit Sitzgelegenheiten für die Angehörigen;
- für die Kinder der Kinderkrippe ist eine kleine, leicht hügelige Rasenfläche vorzusehen.

Für **Kinderheime** gilt dieses Raumprogramm sinngemäß; bei Heimen für schwer erziehbare Kinder ist auf die Sicherheit und Stabilität aller Einrichtungen besonders zu achten.

Für Jugendheime und **Jugendhäuser** sind vorzusehen:
- Bauspiel- und Werkbereich;
- Reparaturplatz für Fahrräder, Mopeds;
- Kleinspielfeld 20 × 40 m für Volleyball, Basketball und dergleichen, bei Platzmangel Streetball;

- wenn möglich Strandvolleyball;
- Spiel- und Turngeräte, dem Alter entsprechend.

> Allgemeine **Anforderungen** an die Freiräume bei Bauten für Kinder sind:
> - eine Einfriedung, mindestens 1,50 m hoch, möglichst mit Gehölzen eingepflanzt;
> - eine möglichst große Vielfalt an Angeboten zu Betätigungen;
> - sonnige und schattige Bereiche, gegebenenfalls eine überdachte Pergola, Laube und dergleichen;
> - ein wasserdurchlässiger, staubfreier Belag für Wege und Plätze;
> - getrennte Ruhe- und Bewegungsbereiche;
> - keine gesundheitsgefährdenden Pflanzen;
> - die vollständige Übersicht über den Garten für die Betreuer;
> - geringer Pflegeaufwand, Zufahrtsmöglichkeit für LKW zum Sandspielbereich.

Wichtig ist die Verzahnung von Innen- und Außenraum, zum Beispiel der Terrassen jeweils zu den Gruppenräumen.

f) Flächengrößen

Als Mindestgesamtfläche für die Außenanlagen eines Kindergartens sind 500 m² nutzbare Fläche vorzusehen, bei Kindertagesstätten je Gruppe mindestens 600 m² nutzbare Fläche. Die Rasenfläche muss mindestens 300 m², die befestigte Spielfläche mindestens 200 m² umfassen; für ältere Kinder und Jugendliche sind die Flächen entsprechend größer zu bemessen. Je Sandspielbereich sind mindestens 9 m² Sandfläche erforderlich.

Literatur

Appelt J. (Red.): Kindertagesstätten, Räume für Kinder. Hrsg. Verband Bildung und Erziehung VBE. Hannover 1993

Eder W.: Gärten für Kinder. Naturnahe Gestaltung von Hausgärten und Kindergarten-Außenanlagen. In: Perspektiven H. 1–2 1998, 12–16

Hollmann E., J.-R. Hoppe: Kindergärten pädagogisch-architektonisch konzipieren und bauen. Stuttgart 1994

Oberholzer A., L. Lässer: Gärten für Kinder. Naturnahe Schul- und Familiengärten. 3. Aufl. Stuttgart 1995

Scherer W., W. Maier: Kindertagesstätten. Handbuch für Architekten, Investoren und Träger. Köln 1997

Schütz B.: Am Funkpark – Extension ORF. Integrativer Betriebskindergarten, Freiraumgestaltung. Diplomarbeit Technische Universität Wien. Wien 1999

Seeger Chr., R. Seeger: Natur-Spiel-Räume. Neues Konzept der Spiel- und Freiraumplanung für Kindergärten und Schulen. In: Bundesbaublatt, Jg. 47 Nr. 9. Berlin 1998

4.4.4 Grünräume zu Alteneinrichtungen

a) Begriffe

Unterschieden werden die Außenanlagen zu Altenwohnungen, Altenwohnheimen, Altenheimen (synonym Pensionistenheimen) und Altenpflegeheimen, mit unterschiedlicher Intensität der Betreuung der Bewohner. Kombinationen der genannten Einrichtungen werden auch als Altenzentren bezeichnet.

b) Rechtliche Grundlagen

Es gibt unterschiedliche Träger wie Gebietskörperschaften, Kirchen, Stiftungen, Vereine, Private und andere. Die Flächenwidmung ist Bauland/Wohnen oder Bauland für öffentliche Zwcke mit Zusatzbezeichnungen. Für die Gestaltung der Außenanlagen gibt es keine besonderen gesetz-

Abbildung 124: Beginenhof, gemeinschaftliche Wohnanlage für Witwen und alleinstehende unverheiratete ältere Frauen, hier in Utrecht, Niederlande.

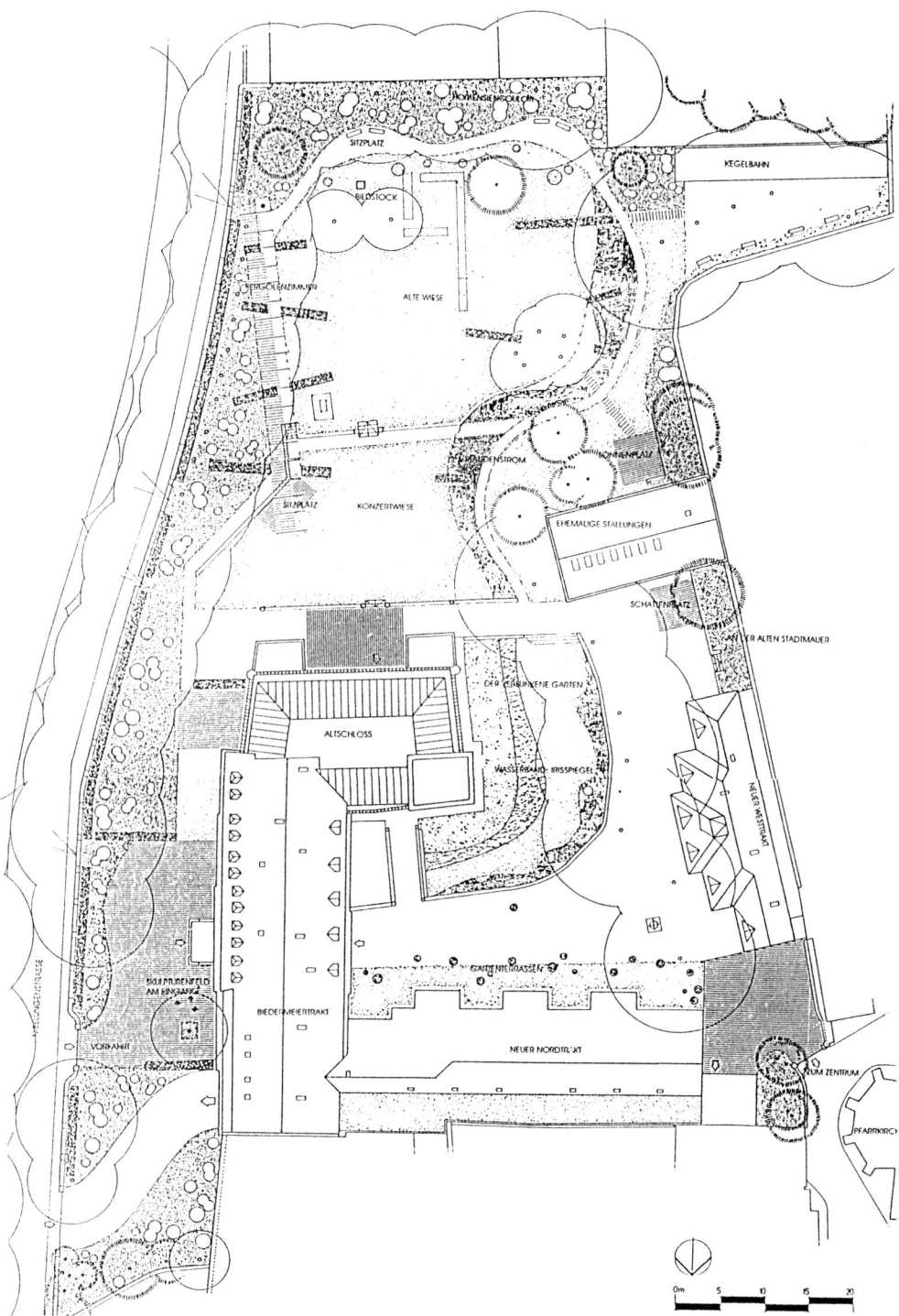

Abbildung 125: Gartenanlage zum Altenwohnheim Schloss Pöchlarn, Niederösterreich. Wettbewerbsentwurf (1. Preis) 1994. Landschaftsarchitekten Prof. Maria Auböck, Stefan Schmidt.

lichen Bestimmungen, für die baulichen und technischen Einrichtungen gilt die jeweilige Landesbauordnung.

c) Nutzung, Nutzergruppen

In den Städten wächst derzeit der Anteil alter Menschen rasch an. Mit Hilfe der Freiraumplanung sollten ihnen altersspezifische Aktivitäten und Kontakte im Freien ermöglicht werden. Die Nutzergruppen in den genannten Alteneinrichtungen sind die Heimbewohner, ihre Besucher, auch mit Kindern, und die Betreuer.

Es ist grundsätzlich problematisch, alte Menschen in Ghettos zu isolieren; das Ziel der Freiraumplanung sollte daher sein, sie innerhalb ihres vertrauten sozialen Umfeldes und ihrer gewohnten Lebensumstände einschließlich ihrer Freiräume in **Altenwohnungen** unterzubringen, in denen sie ihre Selbstständigkeit so lange wie möglich aufrecht erhalten können.

Abbildung 126: Altenwohnheim (Pensionistenheim) Wienerberg in Wien-Favoriten, Aufenthaltsbereich. Entwurf der Gartenanlagen Landschaftsarchitekten Wilfried und Marija KIRCHNER.

Die Bewohner der oben genannten Alteneinrichtungen unterscheiden sich durch den Grad ihrer **Aktivität:**
- Die Bewohner der Altenwohnungen und der Altenwohnheime sind in aller Regel sehr selbstständig, sie versorgen sich selbst und sind meist – für ihr Alter – vergleichsweise gesund und beweglich. Sie sind in der Lage, einen kleinen Garten oder ein Gartenbeet zu versorgen, im Freien zu spielen, ja sogar Sport zu treiben;
- die Bewohner der Pensionistenheime sind nicht mehr selbstständig, sie werden im Heim versorgt. Ihr Aktionsradius und ihre Möglichkeiten zu körperlicher Tätigkeit sind meist eingeschränkt, ihre Aktivitäten im Freien beschränken sich in der Regel auf Spazierengehen, auf Karten- und Brettspiele, Ballspiele wie Boccia und auf die Unterhaltung mit Bekannten;
- die Patienten von Altenpflegeheimen bzw. der Pflegestationen von Altenheimen haben nur zum Teil und nur zu jeweils kurzen Zeiten die Möglichkeit, sich in den Außenanlagen aufzuhalten; auch dann sind ihnen meist nur geringe Bewegungen möglich, allerdings ist gerade für sie das Erlebnis der Natur besonders wichtig.

d) Räumliche Zuordnung, Standort

Altenheime und Altenwohnungen aller Art sollen innerhalb von Wohngebieten liegen; öffentliche Grünräume müssen fußläufig und gefahrlos erreichbar sein, zum Beispiel ein Erholungsgebiet, Park oder Stadtgrünplatz, ferner Einkaufsmöglichkeiten für den täglichen Bedarf. Gegebenenfalls können in einer benachbarten Kleingartenanlage „Seniorengärten" eingerichtet werden. Wichtig ist die Anbindung an Fußwege und Grünverbindungen für Spaziergänge verschiedener Länge, ebenso die leichte Erreichbarkeit eines öffentlichen Verkehrsmittels.

Optimal sind Altenwohnungen im Erdgeschoss von Wohnhausanlagen, mit eigenen Terrassen und kleinen Gärten, ohne Stufen von der Wohnung aus erreichbar, also auch für Behinderte geeignet.

e) Entwurf

Folgende **Teilbereiche** sind im Raumprogramm für Altenwohnheime und Altenheime vorzusehen:
- Eingangsbereich mit überdachter Vorfahrt und mit Sitzgelegenheiten; daneben
- der Parkplatz mit getrennten Stellflächen für Heimbewohner, Besucher und Beschäftigte;
- Wirtschaftsbereich mit Zufahrt, auch zu den Außenanlagen, für Manipulation, Ver- und Entsorgung;
- Terrasse, dem Speisesaal zugeordnet, von dort ohne Stufen zugänglich;
- Sitzbereiche für kleine Gruppen, teils in der Sonne, teils schattig, windgeschützt, mit Tischen für Spiele, Handarbeiten, Bewirtung und anderes, in ruhiger Lage;
- Spielbereiche für Freiluftschach, Boccia, Boule, Tischtennis, Stockschießen (Curling) und dergleichen;
- nach Möglichkeit Wasserbereich (Wasserbecken, Springbrunnen, Wasserlauf, Teich);
- Beete für gärtnerische Tätigkeit, gegebenenfalls auch eine kleine Hausgärtnerei oder Landwirtschaft mit Tierhaltung;
- Aufenthaltsbereich für Betreuer und Hauspersonal;
- nach Möglichkeit kleine Freiräume zu den Wohneinheiten im Erdgeschoss.

Die **Wege** werden in Rundwegen geführt, die Steigung beträgt höchstens 5 %. Stufen sind, wenn überhaupt, nur bei Nebenwegen und mit einer Steigung von maximal 10 cm vorzusehen. An den Wegen sollten viele Sitzgelegenheiten angeboten werden. Alle wichtigen Wege und die Verbindungen zwischen Innen- und Außenraum müssen rollstuhlgerecht sein.

Die **Bepflanzung** sollte möglichst abwechslungsreich sein, psychisch wichtig sind frühblühende Arten. Günstig sind Hochbeete, an die Rollstuhlfahrer herantreten können. Wenn möglich, sollte es Aussichtsplätze, auch in Richtung Straße, geben; ältere Menschen, deren Bewegungsfreiheit eingeschränkt ist, nehmen gerne beobachtend am Leben in ihrer Umgebung teil. Die Einfriedung soll möglichst optisch nicht als solche wahrnehmbar sein; allerdings ist das hohe Sicherheitsbedürfnis der Bewohner zu beachten. Unter Umständen genügt eine symbolische Begrenzung in Verbindung mit einer mehrreihigen Schutz- und Rahmenpflanzung, bei der aber einige Durchblicke frei gehalten werden. Bei der Anordnung und Auswahl der Gehölze ist auf Nistmöglichkeiten für Vögel Bedacht zu nehmen. Von großer Bedeutung ist **Wasser** in unterschiedlicher Form, etwa als Brunnen oder Becken.

Der Entwurf soll die Möglichkeit bieten, dass die Bewohner ihre Grünflächen selbst pflegen und betreuen, indem Bewohner jeweils einen Bereich, der nach Zeit- und Arbeitsaufwand ihren Möglichkeiten entspricht, in Pflege übernehmen. Dabei hat es sich als fördernd erwiesen, wenn die Betreffenden auch Pflanzen nach ihren eigenen Wünschen einbringen können. Die Beete müssen jedenfalls bequem erreichbar sein.

f) Flächengrößen

Die Größe der Freiräume ist abhängig von der Möglichkeit, einen öffentlichen Grünraum mitzunutzen; jedenfalls sind nach international angewandten Regeln je Bewohner mindestens 10 m² nutzbare Freifläche vorzusehen. In Wien werden derzeit mindestens 6,5 m² Freifläche je Bewohner einer Alteneinrichtung gefordert.

Literatur

Bundesminister für Raumordnung, Bauwesen und Städtebau (Hrsg.): Wohnungen für die ältere Generation. Schriftenreihe Bau- und Wohnforschung Heft 04.113. Bonn 1986
Carstens D.Y.: Site Planning and Design for the Elderly. 1993
Schaier A.: Gartenarbeit für Behinderte und Senioren. Verlag Modernes Leben. 1986
Stemshorn A. (Hrsg.): Barrierefrei bauen für Behinderte und Betagte. 4. Aufl. Leinfelden-Echterdingen 1999

Abbildung 127: Kurklinik Bad Colberg, Thüringen, Garten- und Parkanlage. Entwurf Landschaftsarchitekt Christof Luz.

4.4.5 Grünräume zu Krankenhäusern und Sanatorien

a) Begriffe

Es handelt sich um die Außenanlagen zu Kur-, Heil- und Krankenanstalten, wobei diese Begriffe weit zu fassen sind, also auch Erholungsheime, Ferienheime und dergleichen einschließen.

b) Rechtliche Grundlagen

Es gibt eine Reihe unterschiedlicher Anstaltsträger wie Gebietskörperschaften, Versicherungsanstalten, Stiftungen und andere, deren wirtschaftliche Möglichkeiten für die Gestaltung der Außenanlagen differenziert sind. Die Flächenwidmung bei Spitälern, Heimen, Sanatorien und dergleichen ist Bauland mit Zusatzbezeichnung wie Öffentliche Zwecke (ÖZ), Krankenhaus, Heilanstalt und dergleichen; die Freiräume liegen innerhalb des Baugrundstücks, in einzelnen Fällen – bei großen Grundstücken – auch auf einer Grünlandwidmung, etwa Schutzgebiet Park, seltener auf der Widmung Landwirtschaft, etwa bei einem anstaltseigenen Gärtnereibetrieb.

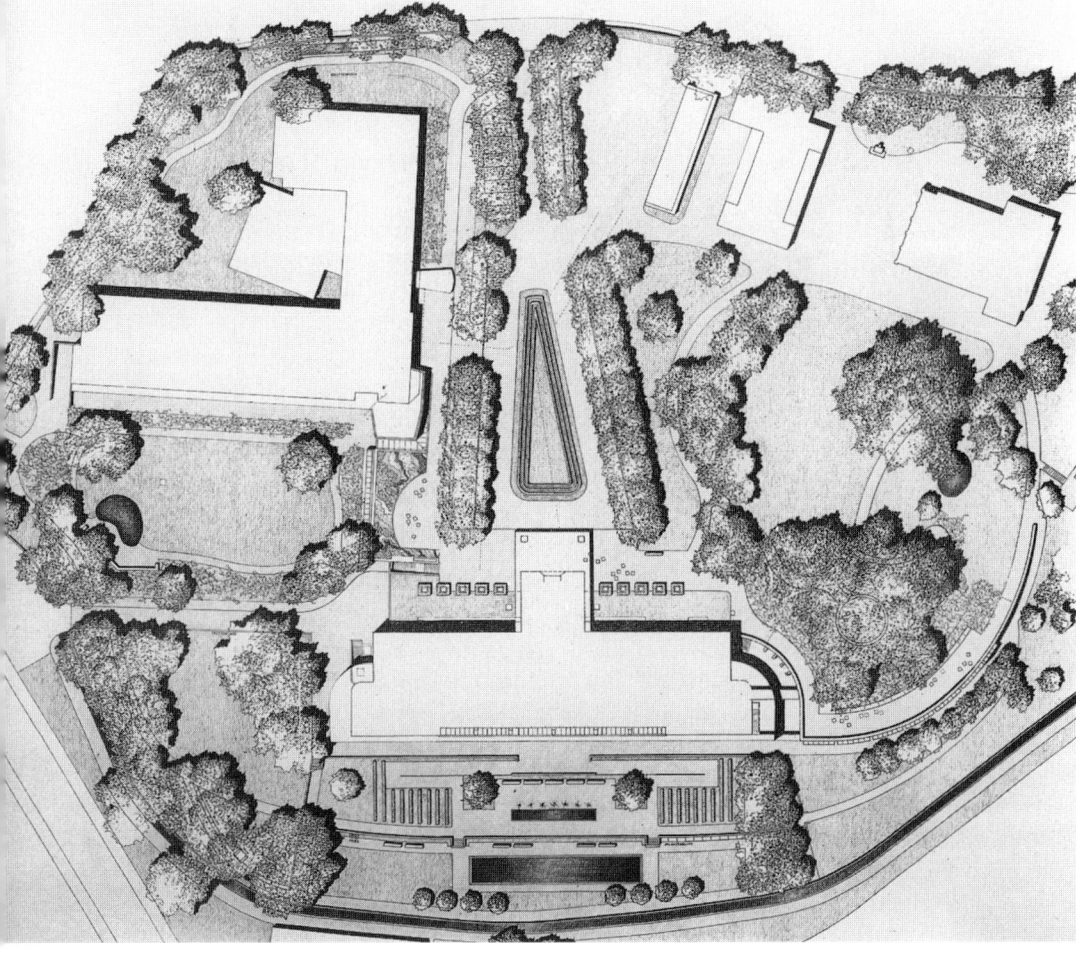

Abbildung 128: Die Gärten des Lory-Spitals in Bern. Landschaftsarchitekt Prof. Dieter KIENAST. Arch. O. R. Salvisberg.

c) Nutzung, Nutzergruppen

Die größte Gruppe sind die Patienten, soweit sie gehfähig oder mit Hilfe des Rollstuhls bzw. einer Gehhilfe beweglich sind, bzw. die Heiminsassen. Es gibt spezifische Patientengruppen, die besondere Vorkehrungen in den Außenanlagen erfordern, beispielsweise geistig oder körperlich Behinderte, psychisch Kranke, behinderte Kinder und andere. Ein je nach Art des Krankenhauses unterschiedlich großer Anteil an Patienten sind solche, die die Ambulanz aufsuchen und Wartezeiten im Garten verbringen können.

Weitere Nutzer sind die Besucher, darunter auch Kinder, die keinen Zutritt zu den Innenräumen des Spitals haben. Eine weitere Gruppe sind die Ärzte, das Pflegepersonal, das Betriebs- und Verwaltungspersonal.

Abbildung 129: Krankenhausprojekt im Mittleren Osten. Entwurf zu den Aussenanlagen: Landschaftsarchitekt Ruprecht Dröge.

d) Räumliche Zuordnung, Standort

Krankenanstalten sind in der Regel stadt- bzw. regionsbezogen. Spezielle Heilanstalten liegen außerhalb des bebauten Gebietes, oft aus gesellschaftlichen Gründen möglichst isoliert; Kurkliniken sind oft an das Vorkommen therapeutisch wirksamer Stoffe gebunden, etwa an Heilquellen oder Strahlen, zum Beispiel Gastein. Generell gilt, dass die Grünräume frei von Immissionen und von Lärm – höchstens tagsüber 45 dBA, nachts 35 dBA – sein müssen; sie sollten auch möglichst Bestandteil eines Grünzuges sein. Wertvoll ist die Aussicht über das Krankenhausareal hinaus in die umgebende Landschaft und die Möglichkeit zu Spaziergängen und Wanderungen (Terrainkur), mit unterschiedlichen Steigungsverhältnissen, in reizvoller Umgebung.

Im dichtbebauten Gebiet sollten die Außenanlagen des Krankenhauses nach Möglichkeit in räumlicher Verbindung mit einem öffentlichen Grünraum stehen. Das Grundstück sollte erlauben, möglichst lange Gebäudefronten nach Süden auszurichten; die Südlage ist nicht durch

Ost- und Westlage zusammen zu ersetzen. Das Krankenhaus sollte einerseits günstig mit öffentlichen Verkehrsmitteln erreichbar sein, andererseits eine ruhige Lage besitzen; beide Forderungen sind allerdings nicht leicht in Einklang zu bringen. Wichtiger als die Anfahrtzeit ist ein möglichst kurzer Gehweg vom öffentlichen Verkehrsmittel zum Krankenhaus.

e) Entwurf

Die Außenanlagen sind – entsprechend dem jeweiligen Typus des Krankenhauses oder Sanatoriums – räumlich und funktionell zu gliedern in:
- Eingangsbereich, Einfahrt; Parkplätze, Taxivorfahrt; Verkaufskioske;
- Freiräume für Patienten, in stufenloser Verbindung mit den Bettentrakten; die Wege müssen rollstuhlgerecht sein; ausreichend Sitzmöglichkeiten – möglichst in Form mobiler Gartenstühle – und Spieltische; Spielmöglichkeiten wie Freiluftschach; sonnige und schattige Bereiche für den Aufenthalt im Freien;
- nach Erfordernis Terrassen für Patienten in Betten, mit Schutz vor starker Sonne durch Markisen;
- Freiräume für die Begegnung von Patienten mit ihren Besuchern, jeweils abgeschirmt in kleineren Sitzbereichen, etwa in Familiengröße, für eine ungestörte Unterhaltung;
- ein Spielbereich für Kinder von Besuchern;
- Möglichkeiten für eine Therapie im Freien, zum Beispiel Heilgymnastik, aber auch für Übungen mit Geräten;
- Grünräume für das Personal, bei großen Anstalten eventuell mit Sportmöglichkeiten wie Badminton, Tennis und dergleichen; befinden sich Personalwohnhäuser auf dem Gelände selbst, sind diesen entsprechende Grünräume zuzuordnen;
- wenn sinnvoll und möglich, Gärtnerei oder Landwirtschaft mit Arbeitsmöglichkeiten für Patienten, vor allem bei psychiatrischen Krankenhäusern zur Arbeitstherapie;
- Hubschrauberlandeplatz, staubfrei, mit niedriger Schutzpflanzung, wenn nicht auf einem Flachdach angeordnet.

Fahrwege sind strikt von den Gehwegen zu trennen; innerhalb der Freiräume sind nur Einsatzfahrzeuge und interne Transporte zuzulassen; bei einem sehr großen Gelände kann ein interner Personentransport mit elektrisch betriebenen Fahrzeugen eingerichtet werden. Sehr wichtig, manchmal lebensrettend, ist ein gut ablesbares Informationssystem; für den Wirtschaftsbetrieb mit Küche, Wäscherei, Heizanlage und Bestattung ist eine gesonderte Zu- und Abfahrt einzurichten. Die Fahr- und Hauptwege sind jedenfalls mit einer wasserdurchlässigen staubfreien Deckschicht zu versehen, Nebenwege können auch, zumindest teilweise, als Plattenwege angelegt werden.

Vorhandene Geländeformen sollten genutzt werden, zum Beispiel für Eingänge in die Gebäude in zwei Ebenen, auch für Sitz- und Spielmulden. Die Krankenzimmer sind möglichst nach Süden/Südosten auszurichten, wodurch sich lange Trakte ergeben Das Freigelände sollte durch mehrreihige Schutz- und Rahmenpflanzungen von der Umgebung, vor allem von Straßen, abgeschirmt werden. Innerhalb der Freiräume kann die Orientierung für die Besucher durch Baumreihen und Alleen, bei gleichartigen Pavillons auch durch eine differenzierte Bepflanzung erleichtert werden. Diese soll vielfältig sein, mit reichblühenden Gehölzen, vor allem Frühjahrsblühern.

f) Flächengrößen

Als Richtgröße für die gesamte Grundstücksfläche sind mindestens 75 m² je Bett anzunehmen, für die Freiräume rund 10 m² je Bett, wenn das Krankenhaus im Grünen liegt, bei Lage in der Bebauung sollten es, soferne dies möglich ist, entsprechend mehr sein.

An Parkplätzen sind ein Stellplatz je drei Krankenbetten für die Besucher erforderlich, zusätzliche Stellplätze für das Personal je nach Anzahl der Beschäftigten, wobei insgesamt die Erreichbarkeit mit öffentlichen Verkehrsmitteln zu berücksichtigen ist. Für den Hubschrauberlandeplatz sind mindestens 15 × 15 m erforderlich; er kann, wenn dies von der Bebauung her möglich ist, auch auf einem Flachdach angelegt werden.

Literatur

Habermann K. J.: Bautypologische Entwicklungslinien eines psychiatrischen Krankenhauses (Versuch therapeutischer Umweltgestaltung). Diss. Techn. Univ. München. München 1977
Hosking S., L. Haggard: Healing the Hospital Environment. London/NewYork 1999
KoseLicka U. L.: Gesunde Gärten. Frei- und Grünräume für Heil- und Pflegeanstalten. Beiträge zur Stadtforschung, Stadtentwicklung und Stadtgestaltung Band 64. Wien 1998
Schachner B.: Das Krankenhaus im Stadtgefüge. In: Vogler P., E. Kühn (Hrsg.): Medizin und Städtebau, Band 2. München/Berlin/Wien 1957

4.4.6 Außenanlagen zu geschlossenen Einrichtungen

a) Begriffe

Thematisch gehören hierher die Außenanlagen zu Einrichtungen, die eingezäunt sind, bewacht werden und von den Insassen nicht freiwillig verlassen werden können. Nicht erfasst sind Übungsgelände außerhalb von Kasernen, beispielsweise Truppenübungsplätze.

b) Rechtliche Grundlagen

Es handelt sich durchwegs um öffentliche Einrichtungen mit dem Zwecke der sicheren Verwahrung bestimmter Personengruppen zu ihrem eigenen Schutze oder zum Schutze der Gesellschaft, bzw. bei Kasernen mit dem Zwecke der militärischen Ausbildung. Vorschriften für die Art und Gestaltung der Außenanlagen sind nicht bekannt. Gärten bei Heimen und Siedlungen für Obdachlose, Flüchtlinge und Asylanten werden von der jeweiligen Verwaltung nach den örtlichen Möglichkeiten eingerichtet.

Justizanstalten (Gefängnisse) werden seit einigen Jahren zunehmend auf vertraglicher Grundlage von privaten Firmen betrieben, teilweise auch errichtet.

c) Nutzer, Nutzergruppen

Die Insassen verbringen hier eine vergleichsweise lange, für die meisten als sinnleer empfundene Zeit, in der Regel ohne jedes Erfolgserlebnis. **Gartenarbeit** hat nun eine wichtige therapeutische Wirkung als sinnerfüllte Tätigkeit. Es ist also zielführend, „Arbeitsgärten" für die Kultur von Blumen, Kräutern und Gemüse einzurichten; für ihre fachliche Betreuung ist in der Regel eine Aufsicht erforderlich. Außer den Arbeitsgärten können auch die gesamten Außenanlagen von den Insassen selbst geplant, ausgeführt und gepflegt werden. Nach Erfahrungen in den USA wird in Gefängnissen die Gartenarbeit von den Insassen durchwegs gerne angenommen, weil sie als sinnvoll und produktiv angesehen wird. Vor allem bei jugendlichen Strafgefangenen hat sich die – für sie oft neue – Beschäftigung mit Pflanzen sehr vorteilhaft ausgewirkt; es ist die einzige Tätigkeit, die sie anzunehmen bereit sind. Eine zweite wichtige körperliche Betätigung ist der **Sport im Freien**: durch den Wettkampf bei leichtathletischen Übungen und bei Mannschaftsspielen können Aggressionen auf eine ungefährliche Weise abgebaut werden.

Für Lager, etwa Asylantenheime, Flüchtlingslager und Obdachlosenlager, gelten die voranstehenden Aussagen ganz besonders. Gerade für Menschen, für die die Dauer ihres Aufenthalts in einem Lager ungewiß ist, sind Möglichkeiten für eine sinnvolle Betätigung, die auch ein sichtbares Ergebnis bringt, zu schaffen.

Es hängt von der internen Organisation der Kaserne, des Gefangenenhauses oder des Lagers ab, ob auch die dort Beschäftigten, beispielsweise Justizwachbeamte oder Verwaltungsangestellte, die für die Insassen vorgesehenen Einrichtungen zeitweise benutzen können.

d) Räumliche Zuordnung, Standort

Die Außenanlagen sind an den Standort der Kaserne, der Strafanstalt oder des Lagers gebunden. Bei Kasernen sind, wenn notwendig, Standorte für Sportanlagen in der Nähe, in einer Entfernung von höchstens 15 Minuten Fußmarsch möglich. Für die Flächen, die für militärische Übungen im Gelände und in der Formation erforderlich sind, gelten keine Richtlinien; sie sind nach Lage und Ausmaß den örtlichen Gegebenheiten und den speziellen Aufgaben der Truppe anzupassen. Liegt die Kaserne am Stadtrand, können auch nahegelegene Flächen außerhalb des Grundstücks, die möglichst ebenfalls in höchstens 15 Minuten Gehzeit erreichbar sind, genutzt werden. Bei Strafvollzugsanstalten kann die (eingefriedete) Anstaltsgärtnerei außerhalb des Gefängnisareals liegen.

e) Entwurf

Bei einer **Kaserne** besteht eine vollständige **Standortsportanlage** aus:
- einem Spielfeld im Normmaß von 70 × 105 m oder 68 × 100 m;
- 6 bis 7 Kleinspielfeldern im Ausmaß von 22 × 44 m für Handball, Basketball, Volleyball;
- einer 400-m-Laufbahn mit 4 Bahnen, einer 100/110 m Kurzstrecken-Laufbahn mit 6 Bahnen;
- einer Weitsprunganlage für 4 bis 6 Sportler;
- zwei Hochsprunganlagen, einer Stabhochsprunganlage;
- zwei Kugelstoßanlagen, zwei Diskuswurfanlagen.

Auf allen diesen Anlagen sollten dann, wenn sie nicht für dienstliche Übungen benötigt werden, die Soldaten sich auch in ihrer freien Zeit uneingeschränkt sportlich betätigen können.

Für den Entwurf der Außenanlagen zu einer **Strafvollzugsanstalt** gilt als Bedingung, dass das Gelände von einer 5 m hohen Mauer und zusätzlich einem 5 m freien Geländestreifen mit einem Zaun umgeben sein muss. Die Mauer kann in ihrer Außenansicht als Skulptur gestaltet, sie darf aber nicht bepflanzt werden. Die Gebäudetypologie ist durch die Zellentrakte weitgehend vorgegeben, wobei bedacht werden muss, dass der Freiraum, der sich sonst außerhalb des Gebäudes befindet, hier zur Gänze innen liegt, trotzdem aber alle notwendigen Funktionen aufnehmen muss. Aus Sicherheitsgründen muss dieser Freiraum vom Wachturm oder den Wachtürmen vollständig überblickbar sein, er kann dadurch aber auch von allen oder zumindest den meisten Zellen aus eingesehen werden. Aus diesem Grunde sind auch Bäume, so wünschenswert sie gerade in einem großen Innenhof wären, nicht oder nur sehr eingeschränkt einzusetzen.

Das Raumprogramm für die Freiräume einer Strafvollzugsanstalt umfasst:
- einen Rundweg für den Spaziergang, etwa 2,50 m breit, befestigt, mindestens 100 m lang;
- Sportanlagen mit einer Flächengröße von zusammen mindestens 4000 m^2, bestehend aus: zwei bis drei Kleinspielfeldern (Allwetterplätze) im Ausmaß von je 22 × 44 m, je nach Belagzahl der Anstalt einer oder mehreren Hoch- und Weitsprunganlagen, die auch kombiniert werden können sowie einer 100-m-Bahn (Gesamtlänge mit Auslauf 120 m);
- eine Gärtnerei, zumindest ein Gemüse- und Blumengarten, Flächengröße und Ausstattung mit Unterglasflächen je nach den örtlichen Möglichkeiten.

Die Kosten für Anlage und Pflege sind bei Strafvollzugsanstalten und Lagern insofern verhältnismäßig gering, als alle Arbeiten von Planung und handwerklicher Ausführung bis zur Unterhaltung von Insassen verrichtet werden können.

f) Flächengrößen

Die erforderlichen Flächen ergeben sich aus den im Abschnitt e) genannten nutzbaren Flächen zuzüglich von rund 10 bis 20 % Nebenflächen. Dazu kommen die Flächen für die Anstaltsgärtnerei bei Strafvollzugsanstalten und Lagern mit jeweils rund 2500 bis 5000 m².

Literatur
Geigenberger S.: Freiraum an der forensischen Psychiatrie. In: Stadt und Grün H.12 1998
Lehrer U.: Wandel und Handel der Kaserne Zürich. Die städtebaulichen Vorstellungen 1864 bis 1988. Zürich 1988

4.5 Friedhöfe, Kirchhöfe, Gedenkstätten

a) Begriffe

Bestattungsanlagen nach dem österreichischen Bundesbestattungs-Gesetz sind
- Friedhöfe
- Feuerbestattungsanlagen (Krematorien)
- Urnenhaine
- Urnenhallen (Kolumbarien).

Gleiche oder ähnliche Kategorien gelten in der Schweiz und in Deutschland.

Friedhöfe erfüllen mit der Bestattung eine **hygienische** Aufgabe, ihre **kultische** Bedeutung liegt in dem Gedenken an Verstorbene. In Österreich sind Bestattungsanlagen eine **öffentliche** Aufgabe, es gibt keine privat betriebenen Friedhöfe, wie etwa in den USA. Friedhöfe haben daneben in vielen Fällen auch eine stadtökologische Bedeutung, in sehr beschränktem Umfang zusätzlich einen Wert als öffentlich zugängliche Grünräume für die Erholung.

In Deutschland und Österreich sind als **Bestattungsarten** ausschließlich die **Sargbestattung** und die **Urnenbestattung** (Kremation, Bestattung in Aschenkapseln) zugelassen; in Ausnahmefällen ist die Bestattung auf See erlaubt.

Die üblichen **Grabarten** sind:
- **Reihengräber:** Beisetzung in der Reihe auf einem Grabfeld, die Nutzungsdauer entspricht der Ruhefrist und kann nicht verlängert werden. Das Grabfeld wird jeweils nach Ablauf geräumt und wieder belegt; die Bezeichnung dafür ist auch „Einfache Gräber";
- **Familiengräber** (= Wahlgräber): Grabstellen für mehrere Särge und Urnen; die Lage der Grabstelle innerhalb des Friedhofs kann von den Hinterbliebenen gewählt, das Nutzungsrecht kann gegen Gebühr verlängert werden.

Daneben gibt es als Sonderform Grabanlagen für Opfer des Krieges und der Gewaltherrschaft; sie werden in der Regel in einheitlicher, regelmäßiger Form gestaltet. Sie müssen für alle Zeit an derselben Stelle erhalten werden, auch bezeichnet als „**Ewiges Ruherecht**". Dieses gilt auch für alle jüdischen (mosaischen, israelitischen) und islamischen (muslimischen) Grabstätten und Grabanlagen.

Das **Nutzungsrecht** ist das Recht auf die befristete Benützung einer Grabstätte; die **Ruhefrist** ist der Zeitraum zwischen einer Beisetzung und der nächsten Beisetzung an derselben Stelle, in Österreich durchwegs mindestens 10 Jahre, meist 20 oder 25 Jahre.

Die **Anonyme Bestattung** wird im Allgemeinen für Urnen, selten für Sargbestattung, vorgesehen. Die Beisetzung findet in einer Rasenfläche ohne sichtbare Abgrenzung der einzelnen Gräber statt. Es wird ein gemeinsames Gedenkzeichen für alle dort Bestatteten errichtet, jedoch ohne Angabe der Namen der Beigesetzten. Eine ähnliche Form ist das **Gemeinschaftsgrab**, bei

Abbildung 130: Friedhof Oberwangen in der Gemeinde Köniz, Schweiz, Sanierung und Neugestaltung. Entwurf Landschaftsarchitekt Edmund BADEJA, asp. Atelier STERN und Partner.

dem die Namen der Verstorbenen auf einer Platte eingraviert werden. Die Bestattungsform ohne Einzelgräber gewinnt zunehmend an Bedeutung; in Deutschland macht sie rund 15 % aller Beisetzungen aus, allerdings mit großen regionalen Unterschieden.

Gedenkstätten sind Anlagen zur Erinnerung an Personen oder Ereignisse; sie sind nicht mit Beisetzungen verbunden und fallen daher nicht unter das Friedhofsrecht, wohl aber unter die Landesbauordnung.

b) Rechtliche Grundlagen

Als **Friedhofsträger** (Errichter und Betreiber) von Bestattungsanlagen kommen in Frage:
- Gemeinden (kommunale Bestattungsanlagen);
- Gesetzlich anerkannte Kirchen oder Religionsgesellschaften (konfessionelle Bestattungsanlagen);
- Stiftungen, Ordensgemeinschaften;
- sonstige Rechtsträger, die gesetzlich oder nach ihrem Statut mit der Fürsorge für Kriegsgräber betraut sind, vor allem das Schwarze Kreuz.

Bei dringendem Bedarf ist jedenfalls die **Gemeinde** verpflichtet, einen Friedhof zu errichten. Eine Besonderheit sind private Grabanlagen, meist seit vielen Generationen im Besitze einer Familie, auf einem großen Gut gelegen; ihre weitere Benützung kann in begründeten Fällen gestattet werden.

Das Leichen- und Bestattungswesen ist in Österreich – auf der Grundlage eines Bundes-Rahmengesetzes – **Ländersache** in Gesetzgebung und Vollziehung; entsprechende Gesetze und Verordnungen sind durchwegs mit einem deutlichen Schwergewicht auf den hygienischen Bestimmungen erlassen worden; in Niederösterreich gilt zum Beispiel das Friedhofsbenützungs- und -gebührengesetz.

Die Errichtung einer Bestattungsanlage bringt auch die Verpflichtung zum Betrieb und zur Erhaltung einschließlich aller Folgekosten zwingend mit sich. In jüngerer Zeit gibt es in mehreren Städten Bestrebungen, Teile des Friedhofswesens, die nicht Hoheitsaufgabe sind, beispiels-

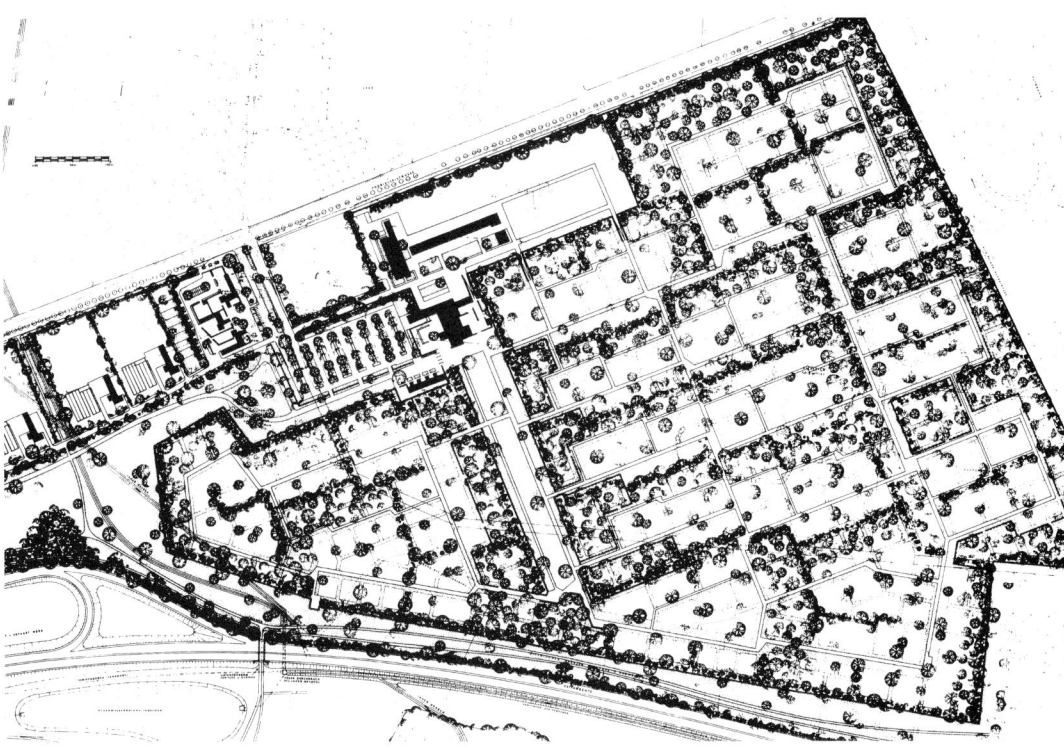

weise Krematorien, in private Unternehmen zu überführen. In Wien sind alle kleineren kommunalen Friedhöfe an private Friedhofsmeister verpachtet, die für das Öffnen und Schließen der Gräber, die Anlage der Grabhügel und die Betreuung des ganzen Friedhofes (außer der Grabpflege) zu sorgen haben.

Abbildung 131: Friedhof Lahe in Hannover, Neuanlage für ein Stadterweiterungsgebiet. Wettbewerbsentwurf (1. Preis, 1963). Landschaftsarchitekt Ruprecht DRÖGE, Architekten Prof. Peter und Ingrid BÖHME.

Abbildung 132: Beispiel für einen Soldatenfriedhof, hier in Italien, mit den für Grabfelder von Opfern des Krieges und der Gewaltherrschaft üblichen gleichförmigen Grabzeichen in einem ungegliederten Feld.

Die Flächenwidmung ist eine eigene Kategorie des Grünlandes bzw. der Grünflächen (F); sie sollte auch alle unmittelbar dem Friedhof zugeordneten und an den Friedhof gebundenen Nutzungen wie Steinmetzbetrieb, Friedhofsgärtnerei, Friedhofsbauten, Friedhofsparkplatz und dergleichen umfassen.

c) Nutzung, Nutzergruppen

Als Benutzer und Betreuer der Friedhofsanlagen kommen in Frage:
* Teilnehmer an Bestattungen: der Planung ist die höchste mögliche Zahl der gleichzeitig stattfindenden Bestattungen bzw. deren Teilnehmer zugrundezulegen;
* Angehörige beim Besuch und der Pflege der Grabstätten; die Planung ist auf die hohen Zahlen an den Totengedenktagen auszurichten;
* Spaziergänger, auch Eltern mit Kindern; ihre Anzahl hängt von der Lage des Friedhofs ab, etwa am Rande eines neuen Wohngebietes;
* Touristen bei Friedhöfen mit besonderen Gräbern;
* Betriebsangehörige des Friedhofs; Gewerbetreibende wie Steinmetzen, Bestatter, Friedhofsgärtner und Floristen, deren Fahrzeuge.

Eine Vorhersage, wie sich der Bedarf an Friedhofsflächen in einer Stadt entwickeln wird, ist nur mit großen Vorbehalten möglich. So sind in Berlin von 1970 bis 1996 die Sterbefälle um 34,4 % zurückgegangen, der Anteil der Feuerbestattung ist auf 71 % (Wien: rund 17 %) gestiegen, die Gemeinschaftsgräber machen dort bereits 30 % aller Bestattungen aus. Das Verhalten der Hinterbliebenen bei der Wahl der Bestattungsart ist erfahrungsgemäß kaum rational zu begrün-

276

den, die Höhe der Gebühren spielt nur zum Teil eine Rolle; vielfach werden auch von Personen mit niedrigem Einkommen hohe Kosten in Kauf genommen.

d) Räumliche Zuordnung, Standort

Für die **Standortwahl** von Friedhöfen gelten folgende Kriterien:
- Es ist zu bedenken, dass die Anlage eines Friedhofes eine sehr langfristige Bindung der betreffenden Flächen an eine bestimmte Nutzung bedeutet.
- Die räumliche Zuordnung zu Wohngebieten bzw. Wohnbezirken, auch die Lage zu alten Ortsteilen (Ortsfriedhöfe, Nebenfriedhöfe); zu überlegen ist auch, bei der Anlage eines neuen Friedhofs in einem Stadterweiterungsgebiet die räumliche Einheit von Kirche und Friedhof, wie in alten ländlichen Gemeinden mit einem Kirchhof; bei einer Stadt bis zu höchstens 100 000 Einwohnern genügt – neben kleinen Ortsfriedhöfen – ein Hauptfriedhof mit bis zu 35 ha.
- Die Erreichbarkeit zu Fuß oder mit öffentlichen Verkehrsmitteln; zu bedenken ist, dass die Besucher überwiegend ältere Personen sind.
- Die Bodenverhältnisse: ein gut durchlässiger, durchlüfteter Boden, kein Fels, schwerer Lehm oder Ton; dies ist wichtig für eine zeitgerechte Verwesung und für die Dauer der Ruhefrist.
- Das Grundwasser: der höchste Grundwasserstand muss mindestens 50 cm unter der Grabsohle liegen; bei Mehrfachbeisetzung – also bei mehreren Särgen übereinander – wird Fläche eingespart, der Grundwasserstand muss aber entsprechend tiefer liegen; der Mindestabstand der Oberfläche des Grabes zum höchsten Grundwasserstand muss 2,5 m betragen.
- Die Anlage von Friedhöfen oder Friedhofsteilen auf angeschütteten Flächen ist bei entsprechendem Material grundsätzlich möglich; eine gründliche Verdichtung ist notwendig, unter Umständen müssen für die Beisetzungen besondere Vorkehrungen getroffen werden (Aussteifen der Grube).
- Die vorgesehenen Flächen sollten möglichst eben sein; das Gefälle darf bei Sargbestattungen höchstens 7 %; betragen; bei Hängen sind Mehraufwendungen für Stützmauern und ein größerer Flächenbedarf, besonders für Böschungen, erforderlich.

e) Entwurf

Friedhöfe sollen Orte der Ruhe und Besinnung im Lärm und Getriebe der Stadt sein, in denen es auch möglich ist Natur zu erleben. Das wichtigste Ziel ist die optimale Verbindung von Betrieb, Verwaltung, Gestaltung und Ökologie. Grundsätzlich sollte die Entscheidung für den „grünen" anstelle des „steinernen" Friedhofes fallen. Der Friedhof soll als gemeinschaftliche Anlage erlebbar sein, ohne dass Standesunterschiede besonders hervortreten. Bei der Bestandsaufnahme sind Relief, Untergrund, Grundwasser, die erhaltenswerte Vegetation und allenfalls vorhandene historische Grabstätten, Grabanlagen und Grabzeichen zu erfassen.

> Die **funktionelle Gliederung** eines Friedhofs umfasst folgende Bereiche:
> - Bestattungsflächen: Sarg-, Urnenbestattung, örtlich auch Anonyme Bestattung, Grabfelder für Kriegsopfer; bei der Planung ist der wachsende Anteil der Gemeinschaftsgräber zu berücksichtigen;
> - Wegeerschließung mit strikter Trennung von Fahr- und Gehwegen;
> - Werkhof, Lagerplatz für den friedhofseigenen Betrieb;
> - Friedhofverwaltung;
> - Kapellen, Feier- und Verabschiedungsräume mit Vorplatz; Leichenkammern; Aufbahrungsräume;
> - Krematorium, soweit vorgesehen;
> - Verkaufsräume für Gärtner, Floristen, möglichst unaufdringlich angeordnet;

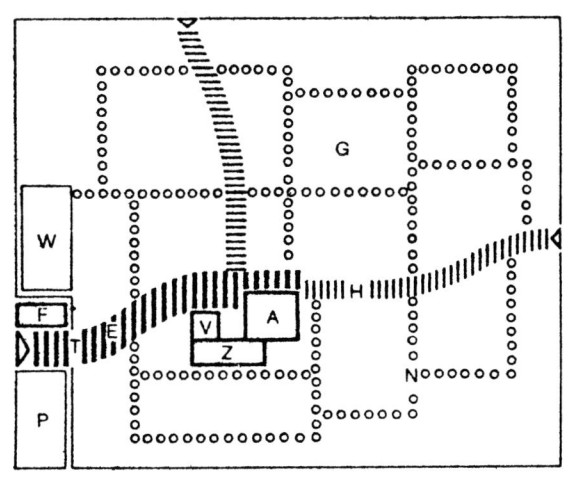

Abbildung 133: Vereinfachtes Funktionsschema für einen städtischen Bezirksfriedhof.

A Aufbahrung

F Friedhofsgewerbe

G Grabfelder

V Verwaltung

W Wirtschaftsflächen

H Hauptwege

N Nebenwege

P Parkplatz

- Betriebsflächen und -bauten für Steinmetze, Friedhofsgärtner, soweit vorhanden, auch für Friedhofs-Pflegebetrieb, im Randbereich des Friedhofs;
- Parkplatz; Reservestellflächen für Totengedenktage und große Beisetzungen;
- Lagerflächen für Kränze und Buketts aus überwiegend Kunststoff, für Grabzeichen, für organisches Material, mit Kompostieranlage.

Eine Aufbahrungshalle, zumindest eine Leichenkammer, muss nach gesetzlicher Bestimmung auf jedem Friedhof und bei jeder Feuerbestattungsanlage vorhanden sein. Alle **Friedhofsbauten** sollten möglichst in zentraler Lage zusammengefasst werden.

Das **Freigelände,** vor allem die Bestattungsfläche, ist zu gliedern in:
- größere Räume (Friedhofsteile), gebildet durch großkronige Bäume, auch durch mehrreihige Schutzpflanzungen;
- kleinere Räume (Gruppen, Abteilungen), begrenzt durch Strauchpflanzungen. Nach einer bewährten Regel soll die Tiefe eines Grabfeldes nicht mehr als sieben Grabreihen betragen. Üblich sind Gruppen von 30 bis 50 Gräbern. Die Grabstätten von Muslimen müssen nach Mekka ausgerichtet sein, worauf bei der Planung Rücksicht zu nehmen ist.

Vorzusehen sind bei den einzelnen Gruppen jedenfalls kleine Plätze, Sitzgelegenheiten, Wasserstellen, Abfallplätze unter Beachtung der Mülltrennung. Beim Entwurf ist es wichtig, die Erfordernisse des **Betriebes** zu beachten, wie Grabaushub, meist mit dem Gräberbagger, das Mähen, Laden und Abfuhr der Abfälle, Transport und Aufstellen der Grabzeichen einschließlich Fundament, die Anlieferung der Särge; ferner die leichte Orientierung für die Besucher, Rampen anstelle von Stufen.

Die **Fahrstraßen** müssen auch für schwere Fahrzeuge geeignet sein, mit einer Breite von 3,00 bis 4,00 m, mit Ausweichmöglichkeiten. Die Breite der Gehwege beträgt 1,50 bis 2,00 m. Fahr- und Gehwege sollten als solche deutlich erkennbar und ganz voneinander getrennt sein.

Als günstig hat sich die Verwendung eines **Rastermaßes** erwiesen, dessen Grundeinheit die jeweils übliche Grabgröße, unterschieden nach Sarg- und Urnenbestattung, ist. Der Raster sichert eine gute Übersichtlichkeit, erleichtert das Abstecken und, wenn erforderlich, das Wiederauffinden von Grabstätten, er bietet auch verwaltungstechnische Vorteile. Durch eine entsprechende Gestaltung im Detail kann ein monotoner Eindruck durchaus vermieden werden.

Besonderes Augenmerk ist dem **Bepflanzungskonzept** als Bestandteil der räumlichen Gliederung in Grabfelder und größere Friedhofsteile zu schenken. Bei der Artenwahl für Bäume ist darauf zu achten, dass keine dichtkronigen, stark schattenwerfenden Arten verwendet werden, ferner wegen des Grabaushubs keine Flachwurzler (Birke, Buche, Fichte), eher Tiefwurzler wie Eiche und Kiefer. Bei leichten, wasserdurchlässigen Böden können die Wege innerhalb der Grabfelder entfallen, das ganze Grabfeld kann in Rasen gelegt werden (sog. **Rasenfriedhof).** Auf reich mit Gehölzen bepflanzten Friedhöfen leben viele Vogelarten, vor allem Brutvögel, auf einem Hektar rund 10 Paare.

Bis zur Mitte des 19. Jh. ordneten sich die **Grabzeichen** in Materialwahl, Größe und Form dem Friedhof als Gemeinschaftsanlage unter. Dann trat eine starke Differenzierung ein, wobei große Grabmale und Abdeckungen aus Stein zu dominieren begannen. Seit etwa 1900 wird versucht, wieder handwerklich gefertigte und individuell gestaltete Grabzeichen zu fördern. Wertvolle **alte Grabmale** sind zu erfassen und sorgfältig zu erhalten, soweit vorhanden, auch ganze Friedhofsteile oder Friedhöfe mit besonderem Denkmalwert.

Es empfiehlt sich, mit dem Entwurf für einen neuen Friedhof oder größeren Friedhofsteil zugleich auch eine Friedhofsordnung mit Angaben über Größe, Material und Bearbeitung der Grabmale, über die Grundsätze der Bepflanzung der Gräber und die Pflege der gemeinschaftlichen Grünflächen durch die Verwaltung oder einen beauftragten Gartenbaubetrieb zu verbinden.

Abbildung 134: Friedhof Engesohde in Hannover. Umgestaltete Abteilung für Wahlgräber mit geplant verteilten liegenden und stehenden Grabzeichen (um 1965). Entwurf Hans JACOBI.

278

f) Flächengrößen

Die **Richtwerte** für die notwendigen Bruttoflächen (gesamte Friedhofsfläche) liegen zwischen etwa 2,0 und 5,0 m² je Einwohner, ein gängiger Wert ist 3,5 m² je Ew. im Einzugsbereich des Friedhofs. Der Flächenbedarf hängt sehr vom Anteil der Nebenflächen an der Gesamtfläche ab, dieser wiederum von der Gestaltung des Friedhofs. Er kann bei Park- oder Waldfriedhöfen bis zur Hälfte der Gesamtfläche ausmachen. Wichtig ist eine langfristige Flächenvorsorge, auch mit Bedacht auf die künftige Altersstruktur der Bevölkerung, zum Beispiel in Stadterweiterungsgebieten. Die Reserveflächen können als Jahresgärten genutzt werden.

Folgende, sehr stark vereinfachte Formel kann zur groben **Schätzung** des Flächenbedarfs verwendet werden: Friedhofsfläche in m² = Einwohnerzahl im Einzugsbereich × Sterberate × durchschnittliche Nettograbgröße × Faktor für Nebenflächen × durchschnittliche Umlaufzeit (Ruhefrist), evtl. × Faktor 0,5, 0,33, 0,25 bei Mehrfachbelegung (2–4 Särge in einem Grab): 100.

Eine genauere **Berechnung** ist möglich aus folgenden Faktoren:
- Durchschnittliche Grabgröße; Verhältnis Sargbestattung zu Urnenbestattung 2 : 1 bis 3 : 1;
- Ruhefrist, genauer: tatsächliche, auf dem jeweiligen Friedhof ermittelte Zeit zwischen zwei Beisetzungen an derselben Stelle (Umlaufzeit);
- Einwohnerzahl, mit Berücksichtigung der Prognose;
- Bestattungsart: Anteil der Urnenbestattungen an der Gesamtzahl der Bestattungen, Anteil der Mehrfachbestattungen;
- Sterberate, genauer: Bestattungsziffer, in Promille der Einwohnerzahl pro Jahr, nach Altersstruktur unterschiedlich zwischen 12 und 22;
- Anteil der Nebenflächen wie Wege, Pflanzungen, Wasser, Bauten, Lager- und Betriebsflächen; die Werte liegen erfahrungsgemäß zwischen 15 und 50 % der Gesamtfläche des Friedhofs.

Die **Bruttograbgrößen** liegen zwischen 10 und 30 m² je Sarggrabstätte, die **Nettograbgrößen** bei 5–8 m² bei Reihengräbern, 10–15 m² bei Familiengräbern, 1,0–1,5 m² bei Urnengräbern. Die Mindestabstände zwischen den Gräbern sind in den Landesgesetzen geregelt, betragen aber meist 0,5 m.

Der Flächenbedarf für den Friedhofsparkplatz beträgt je nach Erschließung durch öffentliche Verkehrsmittel 0,5 bis 1,0 % der Friedhofsfläche.

Durch den steigenden Anteil muslimischer Bewohner tritt ein erheblicher zusätzlicher Flächenbedarf auf, da der Islam eine spätere Beisetzung (Wiederbelegung, Beilegung) auf einem Grab nicht gestattet, ebenso wie beim mosaischen Glauben. Bedarfsberechnungen sind jedenfalls nur stadt- bzw. stadtteilbezogen möglich.

Die **Friedhofsgrößen** hängen auch mit der Betriebsform zusammen:
- wenige Hektar bei Handarbeit, zum Beispiel bei einem Ortsfriedhof;
- ab mindestens 10 ha, besser ab 20 ha ist der Maschineneinsatz wie Gräberbagger und breite Rasenmäher wirtschaftlich;
- Obergrenze bei etwa 80 ha, besser bei 60 ha, wegen der Weglängen für den Trauerzug, aber auch aus Gründen der Verwaltung und der Sicherheit.

Möglichkeiten zur **Verringerung** des Flächenbedarfs sind:
- Erhöhen des Anteils der Urnenbeisetzungen, beispielsweise durch niedrige Gebühren;
- Mehrfachbeisetzung (mehrere Särge übereinander) im Boden oder in vorgefertigten Grabkammern;
- Verkürzen der Ruhefrist, soweit es von der Bodenart her möglich ist;
- Erhöhen des Anteils an Reihengräbern gegenüber Familiengräbern, strenges Überwachen der Fristabläufe;
- Beisetzung von Urnen in Sarggräbern;

279

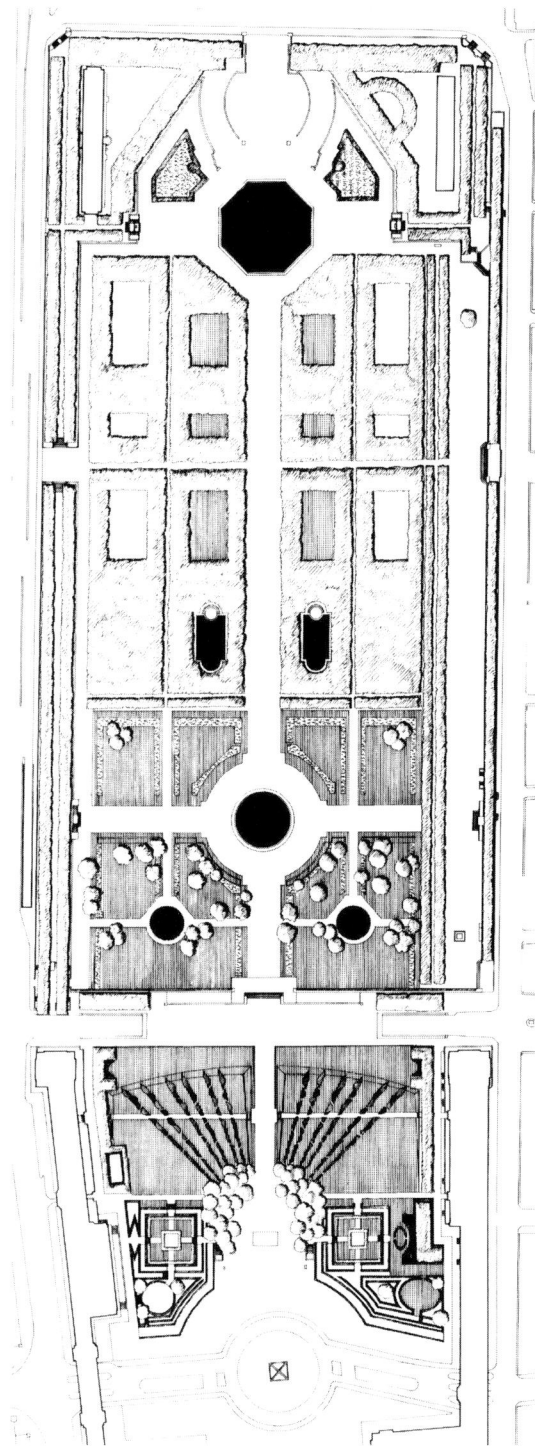

Abbildung 135: Tuilerienprojekt Paris (1993). Unten: Carrousel-Garten, Landschaftsarchitekt J. Wirtz, oben: Tuilerien, Landschaftsarchitekten P. Cribier, L. Benech.

• das Verkleinern der Nebenflächen, Belegen freier Zwischenräume, soweit es aus gestalterischen Gründen durchführbar ist.

Seit 1997 werden über Internet Grabstellen mit Grabzeichen, einschließlich virtueller Kremationen und Bestattungen sowie Dauergrabpflege auf einem Friedhof nach Wahl in mehreren Ländern, überwiegend in den USA angeboten. Die reale Beisetzung muss selbstverständlich wie bisher auf einem örtlichen Friedhof stattfinden.

Literatur

Boehlke H.-K.: Der Gemeindefriedhof – Gestalt und Ordnung. Schriftenreihe Fortschrittliche Kommunalverwaltung, Band 6, 2. Auflage. Köln/Berlin 1973

Boehlke H.-K. (Hrsg.): Vom Kirchhof zum Friedhof. Band 2 der Kasseler Studien zur Sepulkralkultur. Kassel 1984

Boehlke H.-K. (Hrsg.): Umgang mit historischen Friedhöfen. Band 3 der Kasseler Studien zur Sepulkralkultur. Kassel 1984

Gaedke J.: Handbuch des Friedhofs- und Bestattungsrechts. 7. Aufl. Köln/Berlin/Bonn/München 1997

Knispel F.: Zur Geschichte der Friedhöfe in Wien. 2 Bde. Wien 1992

Reidl K., A. Schmidt: Naturschutz auf dem Friedhof. Hrsg. Landesanstalt für Ökologie, Landschaftsentwicklung und Forstplanung Nordrhein-Westfalen. Recklinghausen (1990)

Valentien O., Wiedemann: Der Friedhof – Gestaltung, Bauten, Grabmale, 2. Auflage. München 1963

4.6 Historische Gärten, Gartendenkmalpflege

a) Begriffe

Eine Definition von ICOMOS (International Council for Monuments and Sites) und IFLA (International Federation of Landscape Architects), Fontainebleau aus 1971 lautet: „Ein historischer Garten ist eine architektonische und gärtnerische Anlage, die vom historischen und künstlerischen Standpunkt für die Öffentlichkeit von Interesse ist".

Heute gilt ein etwas erweiterter Begriff, er umfasst sowohl historische Gärten und Parkanlagen, überwiegend aus früherer Zeit, in einem entsprechenden Stil wie Renaissance, Barock, Landschaftsgarten, Jugendstil, als auch Grünsysteme, Volksparke, Gartenschauen, Friedhöfe bzw. Friedhofsteile, Kleingartenanlagen wie die Kolonie „Am Äugl" in Wien, 21.Bezirk, Tiergärten, zum Beispiel Wien-Schönbrunn, Botanische Gärten, Gärten zu mehrgeschossigen Wohnbauten, beispielsweise der Rabenhof in Wien, 3. Bezirk, Hausgärten und andere mehr. Ein Beispiel ist etwa die Bundesgartenschau Berlin 1985, für die ab 1986 von K. Neumann ein Parkpflegewerk erstellt wurde. Eine klare Abgrenzung in **zeitlicher** Hinsicht ist nicht möglich, maßgeblich ist allein der Wert als **Gartendenkmal** (Denkmalwert).

Genauere Begriffsbestimmungen und Ziele finden sich in der „**Charta von Florenz**" des Internationalen Komitees für Historische Gärten der ICOMOS-IFLA von 1981. Sie umfasst insgesamt 25 Artikel, gegliedert nach:

• Begriffsbestimmungen und Ziele;
• Instandhaltung, Konservierung, Restaurierung, Rekonstruktion;
• Benutzung;
• Rechtlicher und administrativer Schutz.

Zur Begriffsbestimmung heißt es:

„Art. 1: Ein historischer Garten ist ein mit baulichen und pflanzlichen Mitteln geschaffenes Werk, an dem aus historischen und künstlerischen Gründen öffentliches Interesse besteht. Als solches steht er im Rang eines Denkmals.

Art. 2: Der historische Garten ist ein **Bauwerk**, das vornehmlich aus **Pflanzen**, also aus lebendem Material, besteht, folglich vergänglich und erneuerbar ist. Sein Aussehen resultiert aus einem ständigen Kräftespiel zwischen jahreszeitlichem Wechsel, natürlicher Entwicklung und naturgegebenem Verfall einerseits und künstlerischem sowie handwerklichem Wollen andererseits, das darauf abzielt, einen bestimmten Zustand zu erhalten.

Art. 3: Wegen seines Denkmalcharakters muss der historische Garten im Sinne der Charta von Venedig unter Schutz gestellt werden. Da es sich um ein **lebendes Denkmal** handelt, erfordert seine Erhaltung jedoch besondere Grundsätze; sie sind Gegenstand der vorliegenden Charta.

Art. 4: Was die Gestalt eines historischen Gartens kennzeichnet, sind: sein Grundriss und Bodenrelief;

Abbildung 136: Schlosspark Belvedere in Wien, Rekonstruktion des Parterres durch Gartenverwalter Ing. W. Ludwig nach dem Parkpflegewerk von M. Auböck und St. Schmidt.

Pflanzungen: ihre Zusammensetzung, ihre Ausmaße, ihre Farbwirkungen, ihre Anordnung im Raum, ihre jeweilige Höhe; Baulichkeiten oder sonstige Ausstattungselemente, bewegtes oder ruhendes (den Himmel spiegelndes) Wasser".

Der Begriff „Gartendenkmal**pflege**" bedeutet, dass der Garten oder Park zum einen in seiner Substanz und historischen Gestalt gesichert und vor Veränderungen geschützt werden soll, dass zum anderen aber durch „Pflege" die Spuren der Vergangenheit, also die Spuren der Alterung, beseitigt werden sollen, ein in der gärtnerischen Praxis oft kaum auflösbarer Widerspruch. Dem gegenüber steht der Begriff „Gartendenkmal**schutz**", der alle Aktivitäten umfasst, mit denen ein Garten oder Park vor einer nicht adäquaten Nutzungsänderung oder -überfrachtung, aber auch vor einer Entstellung durch Veränderungen bewahrt werden soll.

Mit dem „Alterswert" wird die Erhaltung von Gartendenkmalen begründet, die als Zeugen für zurückliegende Perioden der Gartenkunst noch heute vorhanden sind.

281

b) Rechtliche Grundlagen

Der Denkmalschutz obliegt in Österreich dem Bundesdenkmalamt mit den Landeskonservatoren in den Bundesländern. Aufgrund eines höchstgerichtlichen Erkenntnisses sind historische Gärten – als Naturgebilde – nicht Gegenstand des Denkmalschutzes. Erst in jüngster Zeit (1999) sind rund 65 ausgewählte historische Parks und Gartendenkmale von nationaler Bedeutung durch Gesetz unter Schutz gestellt worden; dieser gilt bei privaten Gärten allerdings nur mit Einwilligung des Eigentümers.

Für die übrigen historischen Gärten bestehen folgende rechtliche Möglichkeiten zum Schutz:
- eine spezielle Kategorie der Flächenwidmung, in Wien: Schutzgebiet Park;
- die Erklärung zum flächigen Naturdenkmal, Naturschutzgebiet bzw. geschützten Landschaftsbestandteil oder dgl. nach dem Naturschutzrecht des jeweiligen Bundeslandes; die Problematik liegt in der unterschiedlichen, teilweise sogar konträren Zielsetzung von Naturschutz und Gartendenkmalpflege, etwa beim Baumschnitt;
- im Ausnahmefall Unterschutzstellung nach dem Bundesdenkmalschutz-Gesetz als Teil einer Gesamtanlage, gemeinsam mit dem oder den Gebäuden; rechtlich haltbar praktisch nur im Einverständnis mit dem Eigentümer.

In Deutschland, ebenso wie in anderen europäischen Staaten, gelten dagegen historische Gärten als schützenswerte Denkmale. In der Bundesrepublik Deutschland haben die Länder etwa seit 1970 Denkmalschutzgesetze erlassen, zunächst nur für Baudenkmale, in der Folge wurden historische Gärten in den Geltungsbereich einbezogen. In der DDR wurde – im Rahmen der gegebenen Möglichkeiten – auf die wissenschaftliche Erforschung, Erhaltung und Pflege historischer Garten- und Parkanlagen als geschichtliche Denkmale großer Wert gelegt.

c) Nutzung, Nutzergruppen

Die **sinnvolle Nutzung** eines Gartendenkmales ist oft die Voraussetzung für seinen Weiterbestand, für seine Erhaltung oder Wiederherstellung. Ein nicht genutztes Gartendenkmal wird in anderer Form, meist als Bauland, verwendet oder unterliegt der Sukzession. Jedes Parkpflegewerk hat dem Rechnung zu tragen und Möglichkeiten, aber auch Grenzen für die Nutzung aufzuzeigen. So sind Veranstaltungen, vor allem mit festlichem Charakter, durchaus möglich, wenn sie sich – etwa durch die Beschränkung der Zahl der Teilnehmer – dem vorgegebenen Rahmen anpassen, ebenso wie naturnahe Partien der Beobachtung von Tier- und Pflanzengesellschaften dienen können. In jedem Fall muss die Nutzung der **Tragfähigkeit** der historischen Substanz angepasst werden, nicht umgekehrt. Die Besucher können unauffällig gelenkt und von besonders empfindlichen Gartenpartien fern gehalten werden.

Wenn der Garten **öffentlich** zugänglich ist, kommen Besucher aus allen Bevölkerungskreisen, darunter je nach Art und Lage des historischen Gartens auch ein hoher Anteil an Touristen. Die **Art der Nutzung** hängt von den Gelegenheiten im Garten wie Kinderspielbereichen, Ballspielfeldern und dergleichen ab. Im Allgemeinen sind Rad fahren, Skateboard, Rodeln und ähnliche Betätigungen durch die Parkordnung untersagt, da historische Gärten als Orte einer ruhigen Erholung gelten. Bei fast allen historischen Gärten und Anlagen tritt der Konflikt zwischen dem Anspruch auf Erhaltung der ursprünglichen Form durch Gartendenkmalpflege einerseits und den funktionellen Anforderungen an einen Grünraum in der Stadt, vielfach inmitten eines dicht bebauten Gebietes, andererseits auf. In der Charta von Florenz wird dazu unter anderem ausgeführt: „Der Zugang aller möglichen Interessenten zu einem historischen Garten muss Verhaltensregeln unterworfen werden, welche gewährleisten, dass die Atmosphäre der Anlage gewahrt bleibt." Hier bleibt allerdings offen, wer diese Verhaltensregeln in der Gartenordnung festsetzt, wie genau sie sind, wo die Grenzen der „Atmosphäre der Anlage" zu ziehen sind und wer die Einhaltung überwacht.

Denkmalfremde Nutzungen finden jedenfalls dort ihre Grenze, wo die Belastungsfähigkeit des Gartendenkmals endet, wo also die Beanspruchung der Vegetation, der Wege und Plätze, der Einrichtungen und der Ausstattung zu Schäden führt.

Eine weitere strittige Frage ist, ob für die Benutzung eines historischen Gartens **Eintrittsgeld** erhoben werden soll. Ein mäßiges Eintrittsgeld, wobei etwa für ständige Besucher Dauerkarten ausgegeben werden können, bringt eine gewisse Auslese bei den Besuchern, erhöht bei diesen das Bewusstsein für den Wert des Gartens und damit die Sorgfalt im Umgang mit dessen Einrichtungen, und es ermöglicht eine bessere Pflege, die nicht nur dem Gartendenkmal selbst, sondern auch den Besuchern zugute kommt. Die in- und ausländischen Beispiele, bei denen Eintrittsgeld erhoben wird, sprechen für diese Lösung. Voraussetzung ist allerdings, dass sich die nötigen organisatorischen Vorkehrungen ohne großen Aufwand treffen lassen und dass für völlig Mittellose eine Alternative geboten wird.

In allen historischen Gärten, die der Öffentlichkeit zugänglich sind, stellt sich die wichtige Aufgabe der **Information** der Besucher, wofür sich unter anderem folgende Möglichkeiten anbieten:
- Übersichtspläne, Pläne von Teilbereichen, Modellfotos, Luftaufnahmen; auf Schildern und/oder als Faltblatt;
- textliche Erläuterungen auf Schildern, Hinweise auf Besonderheiten;
- Markierungen für Rundwege unterschiedlicher Länge, vor allem in großen Anlagen wie Schlosspark Versailles, Dessau-Wörlitz;
- temporäre oder ständige Ausstellungen, etwa zur Entstehung und Entwicklung des Gartens, wie beispielsweise in Schwetzingen;
- Führungen durch fachlich gebildete Personen.

Das Verständnis kann auch durch Gartenfeste in geeigneter, dezenter Form gefördert werden; ein Beispiel dafür ist Hannover-Herrenhausen. Sehr wichtig ist die gut sichtbare Erklärung, warum besondere Pflegemaßnahmen, etwa das Fällen abgängiger Bäume, notwendig sind.

d) Räumliche Zuordnung, Standort, Erfassung der Anlagen

Die Lage der historischen Gärten ist naturgemäß vorgegeben, oft ist aus einer ursprünglich landschaftlichen Lage außerhalb der Stadt heute ein von dichten Wohngebieten umschlossener Standort geworden, der einem starken Besucherdruck ausgesetzt ist, beispielsweise beim Schlosspark Wien-Belvedere; Gärten am Stadtrand oder außerhalb der Stadt sind beliebte Ausflugsziele am Wochenende, in Wien etwa Laxenburg und Schlosspark Neuwaldegg.

Ein wichtiges Ziel für die Stadtplanung ist das Freihalten der **Umgebung** historischer Gärten von visuell störenden Bauten wie Autobahnen, Schnellstraßen, Fabrikanlagen mit hohem Schornstein, und Nutzungen wie lärmerregende Industrie, Betriebe mit Geruchsentwicklung und Verkehrslärm. Auch jede Veränderung im Umfeld, die das ökologische Gleichgewicht gefährdet, muss verhindert werden. Hier ist allerdings einschränkend anzumerken, dass großräumige Beeinträchtigungen wie das Absinken des Grundwasserspiegels und die Luftverschmutzung in Städten von den Betreuern des Gartens nicht beeinflusst werden können. Wenn **Sichtachsen**, die ursprünglich den Blick in die freie Landschaft oder zu einem markanten historischen Bauwerk geführt haben, heute durch störende Bauten verstellt sind, ist zu prüfen, ob sie nicht an der Grenze des Gartens beispielsweise durch eine Heckenwand geschlossen werden können.

Eine besondere Gefahr für den Bestand historischer Gärten liegt darin, dass sie ursprünglich im Weichbild der Stadt angelegt wurden, heute aber in besten City- und Cottage-Bereichen mit den höchsten **Bodenpreisen** der Stadt liegen, geradezu eine Herausforderung zur Verwertung als Bauland. Dass dies nicht allein auf private Besitzer zutrifft, zeigt das Beispiel des Schlossparks Schönbrunn in Wien, den der Eigentümer, die Republik Österreich, für eine ganze Reihe von Neubauten genutzt hat: ein Freibad, zwei Lehr- und Forschungsanstalten, Wohnhäuser, die

Abbildung 137: Zerstörung des optischen und räumlichen Eindrucks eines historischen Gartens: der um 1944 für Geschütze zur Fliegerabwehr im barocken Augarten in Wien errichtete „Flak-Turm".

283

Erweiterung der historischen Menagerie. Die Folge der Umwandlung in Bauland ist meist das völlige, zumindest teilweise Verschwinden der historischen Gartenanlage.

Voraussetzung für eine planmäßige Gartendenkmalpflege ist die **Erfassung** der vorhandenen Anlagen. Die einfachste Form, die der Deutsche Heimatbund in Anbetracht der vorhandenen beschränkten Möglichkeiten wählen musste, ist die listenmäßige Erfassung. Sie bietet zumindest einen Überblick über Art, Anzahl und Lage der Gartendenkmale in der Bundesrepublik Deutschland. Eingehende Inventarisierungen wurden in Bayern durch G. RICHTER (Fachhochschule Weihenstephan) und für Österreich durch E. BERGER (Technische Universität Wien, Institut für Landschaftsplanung und Gartenkunst), jeweils mit Mitarbeitern, durchgeführt. Erfasst wurden in beiden Fällen Baudaten und Entwicklungsstufen, Bauherren, Gartenarchitekten, Architekten und Bildhauer, Formen der Gestaltung wie Alleen, Heckenwände, Parterres, Irrgärten, Gartenbauten, Grotten, Wasseranlagen, Gartenplastiken, Vegetation einschließlich dendrologischer Besonderheiten; ferner Bezüge zur Umgebung wie – vorhandene und untergegangene – Sichtbeziehungen, Beeinträchtigungen durch benachbarte Nutzungen und Verkehrsanlagen, planungsrechtliche Gegebenheiten, allenfalls Bestimmungen zum Natur- und Landschaftsschutz. Die Aufnahmen sind ergänzt durch aktuelle Pläne und Fotos sowie Luftbilder, ferner durch Kopien von historischen Abbildungen. Selbstverständlich liegen den Inventarisierungen eingehende Quellen- und Archivforschungen zugrunde. Trotzdem müssen sie, um als Grundlage für Parkentwicklungskonzepte dienen zu können, durch topologische wissenschaftliche Untersuchungen ergänzt werden.

Die immer wieder im Zuge derartiger Erfassungen geforderte skalare **Einstufung** der Gartendenkmale nach ihrem Wert ist nur insoweit zu leisten, als ausgesagt werden kann, ob und mit welchem Aufwand eine Erhaltung oder Wiederherstellung möglich wäre. Ob ein historischer Garten oder Park von Bedeutung ist, hängt wesentlich von gesellschaftlichen und externen Faktoren, etwa von seinem Wert für das Image einer Stadt oder für den Tourismus ab.

Die Ergebnisse dieser Forschungsarbeiten haben deutlich werden lassen, dass der Verfall historischer Gärten und Parks sowohl durch den natürlichen Alterungsprozess bei fehlenden Erhaltungsmaßnahmen als auch durch gezielte Handlungen der Besitzer rasch voranschreitet. Eine große Rolle bei der Erhaltung eines historischen Gartens spielt zweifellos das persönliche Engagement des Eigentümers oder Verwalters; ebenso wichtig ist der Einsatz geeigneter, speziell für diese Aufgaben geschulter Gärtner. Wenn ein Garten mangels Pflege verwildert, kann dies allerdings unter Umständen auch die Erhaltung seiner Grundstruktur – unter der aufkommenden Vegetation verdeckt – bedeuten.

e) Gartendenkmalpflegerische Maßnahmen

Die Denkmalpflege historischer Gärten steht im Spannungsfeld zwischen dem geschichtlichen Wert des Gartens, unterschiedlichen Nutzungsansprüchen und der Organisation der gärtnerischen Erhaltung. Die Aufgabe liegt in der Erhaltung, gegebenenfalls auch Wiederherstellung, und Entwicklung der kunst- und gartenhistorischen Substanz. Das Instrument dafür ist die **Gartendenkmalpflege**, das Planwerk mit der genauen Handlungsanleitung dazu wird als **Parkpflegewerk** oder als Garten- bzw. Parkentwicklungskonzept bezeichnet. Der Arbeitskreis Historische Gärten der Deutschen Gesellschaft für Gartenkunst und Landschaftskultur (DGGL) hat 1990 „Leitlinien zur Erstellung von Parkpflegewerken" herausgegeben, ihnen entsprechen in Österreich die „Leitlinien zur Erhaltung und zur Wiederherstellung von historischen Gartenanlagen und Freiflächen" des Bundesdenkmalamtes. In Einzelfällen kann ein Arbeitsprogramm für die Gartendenkmalpflege in Form einer Satzung rechtlich abgesichert werden. Die Leitlinien der DGGL bedürfen einer Überarbeitung, über die zur Zeit (1999) beraten wird. Das Ziel ist, auf historische Details zugunsten des Gesamtwerks zu verzichten und praktische Hinweise für die Verwirklichung, also für Erhaltungs- und Instandsetzungs-Maßnahmen, zu geben, insgesamt also den Schwerpunkt von der Bestandsaufnahme in Richtung auf die Entwicklung des Gartens zu verlegen.

Aufgaben und Vorgangsweise der Gartendenkmalpflege (nach D. KARG 1977, gekürzt):

- Darstellung der **Entwicklungsgeschichte** der Anlage: Quellenstudium vom Erwerb des Grundstücks über Gestaltungsphasen, Pflanzenmaterial, Ausstattung, Bauherren; Pläne, Stiche, Gemälde, Fotos als Behelfe;
- Erfassung der gegenwärtigen Anlage – **Bestandsanalyse**: Vermessung der Gesamtanlage (Maßstab 1:500), Erfassen der Bäume (Art, Höhe, Stammumfang, Kronendurchmesser), ebenso Statuen, Brunnen, Architekturelemente; Fotodokumentation, Darstellung der Raumkomposition;
- Rekonstruktion – Regeneration – Pflege: Erarbeitung eines Rekonstruktionsplanes, also eines Planes zur Regeneration und zur Pflege, als generellem **Entwicklungsplan**, so weit möglich auf der Grundlage historischer Quellen wie Pläne, Inventare, Bauakten, Abbildungen; dieser Plan enthält als Gestaltungsplan auch die Sichten (Schneisen, Sichtverbindungen), Fällungen, Neupflanzungen, Gehölzarten und dergleichen mehr;
- **Maßnahmenplan** zur Rekonstruktion, Regeneration und Pflege: Darstellung der Gesamtrekonstruktion bzw. -entwicklung im zeitlichen Ablauf, dabei sind für jede Phase Zielstellung, Projekt (falls erforderlich) und Ausführung getrennt anzuführen, damit alle Vorbereitungen rechtzeitig getroffen werden können, beispielsweise die Anzucht von Gehölzen;
- **Dokumentation**: lückenlose, umfassende Darstellung der Entwicklung der Anlage mit allen vorgenommenen Änderungen; wichtigste Darstellungsform ist der Plan.

Zur **Bestandsaufnahme** gehören Oberflächengestalt, auch geringe Höhendifferenzen, Bodenbeschaffenheit; Gewässer, Wasserbecken und Wasseranlagen; Baulichkeiten aller Art, Einfriedungen, Skulpturen, Gartenzubehör (Gartenmöbel, Beleuchtung), vor allem aber die gesamte Vegetation. Wesentlich sind Bild- und Raumfolgen, und damit in Zusammenhang, die Höhe von Einfassungen, Hecken, Baumwänden und Solitärgehölzen. Aufzunehmen sind auch Sichtbeziehungen aus dem Garten bzw. in den Garten. Unter den aufgezählten Arbeiten ist das Erstellen einer Baumdatei besonders wichtig; eine für EDV geeignete Bearbeitung und eine regelmäßige Nachführung wird empfohlen. Dies gilt sinngemäß auch für die Wege- und Platzflächen, die oft einen hohen Flächenanteil in Anspruch nehmen. Fotogrammetrische Aufnahmen können hilfreich sein; auf Luftbildern lassen sich manchmal verdeckte Strukturen ablesen. Bei der Beurteilung des gegenwärtigen Pflegezustandes ist zu bedenken, dass dieser optisch durchaus gut sein kann, den historischen Anforderungen aber nicht entspricht.

Eine Aufgabe, die an Bedeutung gewinnt und die durch moderne technische Möglichkeiten zunehmend erleichtert wird, ist die **gartenarchäologische** Untersuchung als eine Grundlage für Parkpflegewerke. In jüngerer Zeit hat vor allem G. HAJOS vom österreichischen Bundesdenkmalamt darauf hingewiesen, dass Archivmaterial allein nicht ausreicht, sondern dass erst Grabungen, spezielle Luftbildaufnahmen und geophysikalische Prospektion, hier die geoelektrische Sondierung und die geomagnetische Messung, einige Gewissheit über die Vorgeschichte eines Gartendenkmals liefern können. Besondere Vorsicht ist bei historischen Plänen, auch bei solchen der ursprünglichen Gartenarchitekten, geboten; so hat F. L. SCKELL unmittelbar beim Bau des Englischen Gartens in München Änderungen gegenüber seinem eigenen Plan vorgenommen, die nicht dokumentiert sind und erst durch Grabungen gefunden wurden.

In Artikel 9 der Charta von Florenz heißt es: „Zur Erhaltung historischer Gärten sind verschiedenartige Eingriffe erforderlich, nämlich **Instandhaltung, Konservierung und Restaurierung**. Unter Umständen kann auch die **Rekonstruktion** von Verschwundenem angebracht sein. Die Authentizität eines historischen Gartens beruht sowohl auf dem Plan und der räumlichen Konzeption seiner verschiedenen Partien als auch auf der schmückenden Ausstattung, der Pflanzenauswahl und den Baumaterialien." Eines der größten Probleme ist die Definition des „Originals", der „Originalsubstanz", deren Erhaltung Ziel der Gartendenkmalpflege ist; sie setzt eine vergleichende kunstgeschichtliche Bewertung voraus. Gegenstand der Gartendenkmalpflege sind jedenfalls **ausgeführte** Anlagen, nicht die Entwürfe.

Abbildung 138: Forstmeisterkanal im Schlosspark La-xenburg bei Wien, einem beliebten Ausflugsziel. Dieser Landschaftspark ist ein Beispiel für Interessenkonflikte zwischen Naturschutz, Erholung und Gartendenkmal-pflege.

Abbildung 139: Der Stadtpark Hannover als Beispiel für die Entwicklung eines Gartendenkmals von 1914 (Bau) über 1951 (Gartenschau) und 1964 (teilweise Umge-staltung) bis heute.

Dort, wo ursprüngliche Gartenelemente, die für das Gesamtwerk konstituierend waren, untergegangen oder verloren sind, ist es jedenfalls besser, sie durch Schöpfungen unserer Zeit als durch „Nachbildungen" zu ersetzen. Wesentlich ist, dass die neuen Gartenteile zum einen als solche zu **erkennen** sind, zum anderen sich in Form, Maßstab und Material dem Garten als Ganzem einordnen. Rekonstruktionen werden oft nur von Gartenhistorikern befürwortet, die die kritische Auseinandersetzung mit Formen unserer Zeit vermeiden wollen. Die grundsätzliche Frage, ob in historischen Gärten und Parkanlagen Veränderungen gegenüber einem früheren Zustand möglich oder sogar sinnvoll sind, kann nur von Fall zu Fall untersucht und beantwortet werden. Wichtig ist dabei, ob und wann die Veränderung **reversibel** ist, etwa bei temporären Einbauten oder bei der Bepflanzung des Parterres. Der Widerspruch zwischen dem Streben nach Erhaltung eines historischen Zustandes oder der Rückführung dorthin einerseits und dem Reagieren auf sich verändernde naturräumliche und gesellschaftliche Verhältnisse andererseits wird sich wohl nie ganz auflösen lassen. Meiner Meinung nach ist eine klare, deutlich sichtbare Entscheidung besser als ein Kompromiss, der weder dem geschichtlich wichtigen Kunstwerk noch den gesellschaftlichen Anforderungen von heute gerecht wird.

Zur Gartendenkmalpflege im weiteren Sinne gehören auch das Freischlagen zugewachsener **Sichtschneisen**, das Freilegen von Wiesenflächen durch Baumfällungen, die Rekonstruktion historischer Wege, das Wiederherstellen von Wasseranlagen in Wäldern und weitläufigen Erholungsgebieten, auch wenn von einem historischen Garten im Wortsinne nicht gesprochen werden kann. Einer besonderen Betreuung durch die Gartendenkmalpflege bedürfen historische Friedhöfe und Friedhofsteile. Dazu zählen auch nicht mehr belegte, aber noch als Friedhof gewidmete Anlagen, beispielsweise alte jüdische Friedhöfe.

Bezeichnend für die Gartendenkmalpflege ist die **Langfristigkeit** sowohl in der vorausschauenden Planung als auch in der täglichen Betreuung; Fehler können erst nach langer Zeit, manche überhaupt nicht mehr ausgeglichen werden. Für das Parkpflegewerk zur **Bundesgartenschau 1985** in Berlin wurde unter anderem als Ziel formuliert: „Dieser Park bedarf als Grundlage für seine künftige Pflege eines Parkpflegewerkes, das abgestimmt ist auf das Ziel seiner Gestaltung. Es muss Planungen, Maßnahmen und Handlungshinweise für kurzfristige Zeiträume und solche für lange Sicht enthalten." Da der Park trotz zahlreicher unterschiedlicher Gestaltungsbereiche als ein Gesamtwerk verstanden werden sollte, kommt der Entwicklung der Gesamtgestaltung und den Gestaltungsprinzipien besondere Bedeutung zu. Dementsprechend werden „die Raumbildung, die Sichtachsen, Alleen und stadträumlichen Beziehungen in der zukünftigen Parkpflege zu beachten sein." Damit ist eine neue Sichtweise für die Denkmalpflege eröffnet, denn dieses Ziel gilt für jeden neuen Park und Garten gleichermaßen.

Die wichtigsten **Probleme** und Fragestellungen sind:
- Der Baustoff des Gartens ist die Pflanze; sie unterliegt einem sehr unterschiedlichen Alterungsprozess, von der Einjahresblume bis zum Baum; so wird es erforderlich, den gesamten Bestand in unterschiedlich langen Perioden – von wenigen Monaten bis zu 80 bis 100 Jahren – kontinuierlich zu **erneuern**; die Pflanzenarten müssen nicht die der Originalpflanzung sein, vor allem bei geänderten Bedingungen; die ursprünglichen Arten sind auch zum Teil heute nicht mehr verfügbar;
- die Frage des „Zeitschnitts", nämlich welcher Zustand erhalten oder wiederhergestellt werden soll, ist dann schwierig, wenn in einem Park mehrere **Zeitstufen** vertreten sind, wie etwa in Wien-Schönbrunn (2.Hälfte 18. Jh., Mitte 19. Jh., 1.Hälfte 20. Jh.);
- die praktischen Möglichkeiten zur Pflege, vor allem Anzahl und Qualifikation des **Pflegepersonals** sowie geringe Sachmittel als begrenzende Faktoren; angesichts der Beschränkungen empfiehlt es sich, zunächst nur einen Gartenteil zu bearbeiten, der nach seiner Fertigstellung als Vorbild und als Argument für die Bewilligung weiterer Gelder dienen kann;
- Bestrebungen zur teilweisen oder gänzlichen **Umwidmung** des Gartengeländes für andere Nutzungen, meist Bauland oder Verkehr, manchmal vom Grundeigentümer ausgehend, um Mittel zur Erhaltung des Schlosses zu gewinnen.

Ein aktuelles Beispiel für die Problematik der Gartendenkmalpflege ist die Wiederherstellung von Innenhöfen und Gärten der Gemeindebauten des „Roten Wien", etwa zwischen 1923 und 1932 erbaut. Im Original waren diese Grünräume verhältnismäßig aufwändig ausgestattet: mit Mosaiken, Pergolen, großen Vasen als Pflanzschalen. Das meiste davon ist im Krieg 1939 bis 1945 zerstört worden. Die Stadt Wien bemüht sich nun seit einigen Jahren, diese Bauten mit ihren Gartenanlagen wieder herzustellen, mit dem Erfolg, dass die kostbare, rekonstruierte Ausstattung von den Bewohnern innerhalb weniger Wochen demoliert wird. Hier stellt sich die Frage, ob die Stadt die Mittel, die hier für die Gartendenkmalpflege aufgewendet werden, nicht besser in neue Gärten investieren sollte.

Im Schlosspark Schönbrunn in Wien wurde durch Initiative des Direktors der Bundesgärten, P. Fischer-Colbrie das seit langem untergegangene Labyrinth wieder hergestellt, jedoch in einer veränderten, vereinfachten Form, die sowohl auf den vorhandenen Baumbestand als auch auf die Bedürfnisse der Besuchergruppen Rücksicht nimmt. Ein ähnliches aktuelles Beispiel ist die Erneuerung und Umgestaltung des Parterres im Großen Garten Herrenhausen nach den Plänen von Guido Hager, bei der auch neue Wege der Gartendenkmalpflege eingeschlagen werden, ohne den historischen Charakter des Gartens zu verändern und dessen Grundsubstanz zu verlieren.

Siehe Farbtafel VI, Abbildung 140: Wiederherstellung des Blumengartens von 1767 im Großen Garten von Hannover-Herrenhausen in einer neuen Interpretation. Landschaftsarchitekt G. Hager, Zürich.

Generell ist die Aussage zulässig, dass in Österreich historischen Gärten, Parks und Friedhöfen heute in der Gesellschaft – und damit in der Politik – mit wenigen Ausnahmen ein verhältnismäßig niedriger Stellenwert zugemessen wird. Dementsprechend gering ist die Bereitschaft sowohl privater als auch öffentlicher Institutionen, für ihre Erhaltung oder Wiederherstellung Mittel zur Verfügung zu stellen. Wie mehrere Beispiele beweisen, sind für die Stadt- und Landesplanung historische Gärten marginale Größen. Umso bedeutender ist die praktische Umsetzung von Parkpflegewerken, wie sie beispielsweise der Verwalter des Gartens von Schloss Belvedere, W. Ludwig, auf der Grundlage der Arbeiten von M. Auböck und St. Schmidt in eigener Initiative und mit bescheidenen Mitteln, sichtbar erfolgreich in Angriff genommen hat. Als besonders wichtig erweist sich gerade für historische Gärten die Ausbildung einer fachlich geschulten und aufeinander eingespielten Pflegekolonne.

Mehr als bei anderen Gartenanlagen können bei historischen Gärten private Vereinigungen und Komitees zur Erhaltung, auch zur Instandsetzung oder Wiederherstellung, beitragen. In Österreich sind hier beispielhaft die Österreichische Gesellschaft für Historische Gärten und der Verein „Freunde des Eisenstädter Schlossparks" tätig.

f) Flächengrößen

Sie sind durch die historische Entwicklung vorgegeben, von Hausgartengröße mit 500 m² bis mehrere hundert Hektar. Manchmal ist eine exakte Abgrenzung nicht möglich, weil der Park fließend in Wald oder in die agrarische Landschaft übergeht. Die Anzahl und Qualifikation des Pflegepersonals ist abhängig von der Flächengröße und der Art der Anlage (Barockgarten, Landschaftsgarten), vor allem von der Pflegeintensität und von der Möglichkeit, motorbetriebene Geräte einzusetzen. Häufig genannte Richtwerte wie: eine Arbeitskraft je Hektar Gartenfläche sind nicht generell anwendbar.

Innerhalb großer Gärten können Flächen mit unterschiedlicher Intensität der Pflege abgegrenzt werden; dies gilt für Barockgärten ebenso wie für Landschaftsgärten. In manchen Fällen muss auf sehr pflegeaufwändige Partien, etwa Pflanzungen aus Einjahrsblumen, verzichtet werden, um mit den verfügbaren Mitteln Gehölzbestände sichern zu können. Für das Leitbild des Parkpflegewerks ist eine entsprechende Flächenbilanz erforderlich.

g) Beispiele für Parkpflegewerke und Entwürfe zu historischen Gärten und Plätzen:

- Belvedere Wien, Parkpflegewerk, M. Auböck, St. Schmidt, Ausführung Ing. Ludwig
- Bruck/Leitha, Schlosspark Harrach, Parkpflegewerk. F. Bodi

- Parkpflegekonzept Stadtpark Wien (mit Kinderpark). E. BERGER, R. GÄLZER. Im Auftrage des Mag. der Stadt Wien, Stadtgartenamt. Schriftenreihe Inst. Landschaftsplanung und Gartenkunst der TU Wien, H.11. Wien 1989
- BEZZENBERGER A.: Der neue Klostergarten in Ochsenhausen. In: Garten und Landschaft, Heft 8/1998
- Paris, Tuilerien-Gärten (Neugestaltung) P. CRIBIER, L. BENECH. Carrousel-Garten J. WIRTZ
- Berlin, Robert Koch-Platz (Wiederherstellung), R. ECKERT
- Berlin, Invalidenpark (Neugestaltung), Chr. GIROT
- Het Loo, Niederlande, Wiederaufbau eines untergegangenen Gartens
- Parkpflegewerk Wien-Schönbrunn. Im Auftrage des Bundesdenkmalamtes. Wien 1990/96. Institut für Landschaftsplanung und Gartenkunst TU Wien, Bearb. R. GÄLZER (bis 1992, Konzeption), B. MANG (Koord.), F. WEBER, D. KARG et al.
- Berlin, Platz vor dem Neuen Tor (Wiederherstellung), H. LANGENBACH
- Parkpflegewerk Volksgarten Wien. Im Auftrage des Bundesdenkmalamtes und der Burghauptmannschaft, Wien 1991. C. LOIDL-REISCH
- Lausanne, Place de la Madeleine (Restaurierung, teilweise Rekonstruktion), Lausanne Jardins 97
- Wien, George Washington-Hof, Wohnhausanlage (Rekonstruktion). St. SCHMIDT
- WENDLAND F.: Der Große Tiergarten in Berlin. Seine Geschichte und Entwicklung. Berlin 1993

Literatur

Böhme Ch., L. Preisler-Holl (Hrsg.): Gartengeschichte und Gartendenkmalpflege in den bundesdeutschen Großstädten. Literaturdokumentation 1980 bis 1993. Deutsches Institut für Urbanistik. Berlin 1995

Böhme Ch., L. Preisler-Holl: Historisches Grün als Aufgabe des Denkmal- und Naturschutzes. Berlin 1996

Bundesdenkmalamt, Referat für historische Gartenanlagen: Leitlinien zur Erhaltung und zur Wiederherstellung von historischen Gartenanlagen und Freiflächen in Österreich. 2. Revidierte Fassung. Wien 1990

Deutsche Gesellschaft für Gartenkunst und Landschaftskultur (DGGL): Leitlinien zur Erstellung von Parkpflegewerken. Textreihe der DGGL, Heft 4. Berlin 1990

Goecke M.: Stadtparkanlagen im Industriezeitalter. Das Beispiel Hamburg. In: Hennebo D. (Hrsg.), Geschichte des Stadtgrüns, Bd.V. Hannover/Berlin 1981

Hajos G.: Gartenarchäologie und Gartendenkmalpflege. In: Die Gartenkunst 1/1995

Hennebo D. (Hrsg.): Gartendenkmalpflege. Grundlagen der Erhaltung historischer Gärten und Grünanlagen. Stuttgart 1986

ICOMOS, International Council of Monuments and Sites. 1. Internat. Konferenz, Empfehlungen. In: Garten und Landschaft 82. Jg. 1972, H.6

Institut für Grünplanung und Gartenarchitektur (Hrsg.): Gartenkunst – Stadtgrün – Gartendenkmalpflege. Schriftenreihe des Fachbereichs Landespflege der Univ. Hannover. Hannover 1992

Jordan P.: Historischer Park als Baudenkmal. Nachweis – Bewertung eines Eingriffs. Schriftenreihe Taxationspraxis Heft LP 2. Wilnsdorf 1984

Nath M.: Historische Pflanzenverwendung in Landschaftsgärten. Worms 1990

Österreichische Gesellschaft für historische Gärten (Hrsg.): Historische Gärten in Österreich – vergessene Gesamtkunstwerke. Wien/Köln/Weimar 1993

Revedin Gräfin J.: Gärten in Kärnten. Historische Gartenbilder vom Burg- bis zum Bauerngarten. Klagenfurt 1996

Szamatolski C. et al.: Friedhöfe in Berlin unter Berücksichtigung der Gartendenkmalpflege. Berlin 1992

Wimmer C.A.: Geschichte der Gartentheorie. Darmstadt 1989

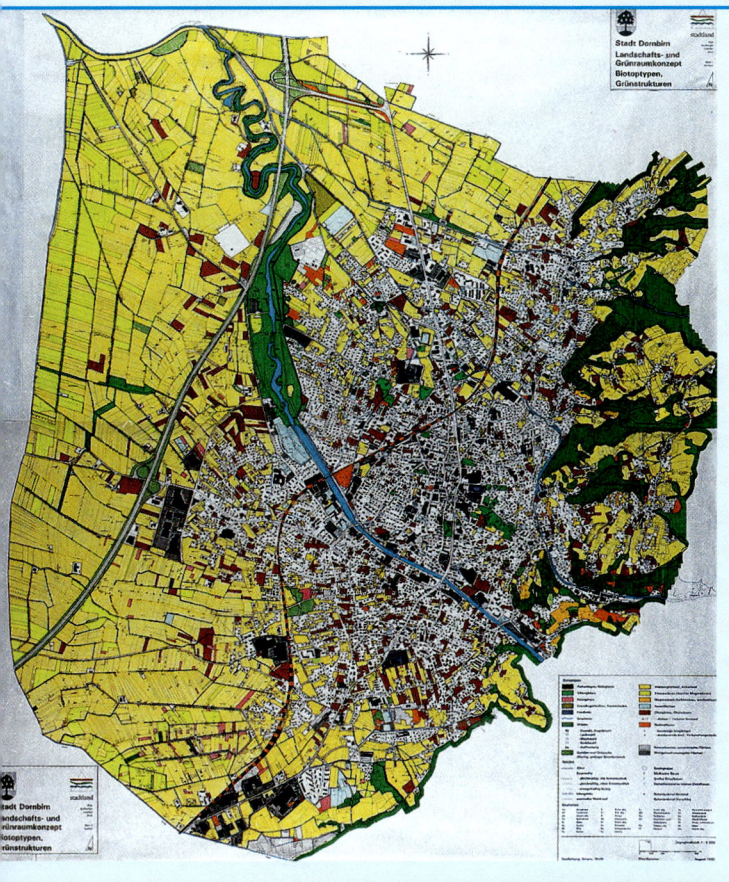

Farbtafel I

Abbildung 8 (o.l.): Stadtplanung Dornbirn, Vorarlberg; Landschafts- und Grünraumkonzept 1995.

Abbildung 12 (o.r.): Wirkung von Farben am Beispiel des Gartens von Emil Nolde in Seebüll, Schleswig-Holstein.

Abbildung 19 (u.l.): Rückhaltebecken des Liesingflusses, gleichzeitig Erholungsgebiet.

Abbildung 22 (u.r.): Stadtgliedernder Grünzug Wien Stadlau – Mühlgrund.

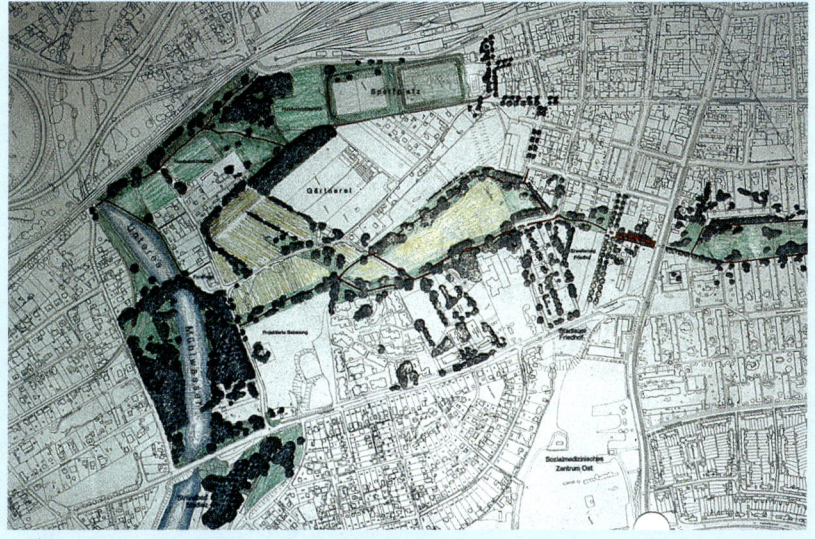

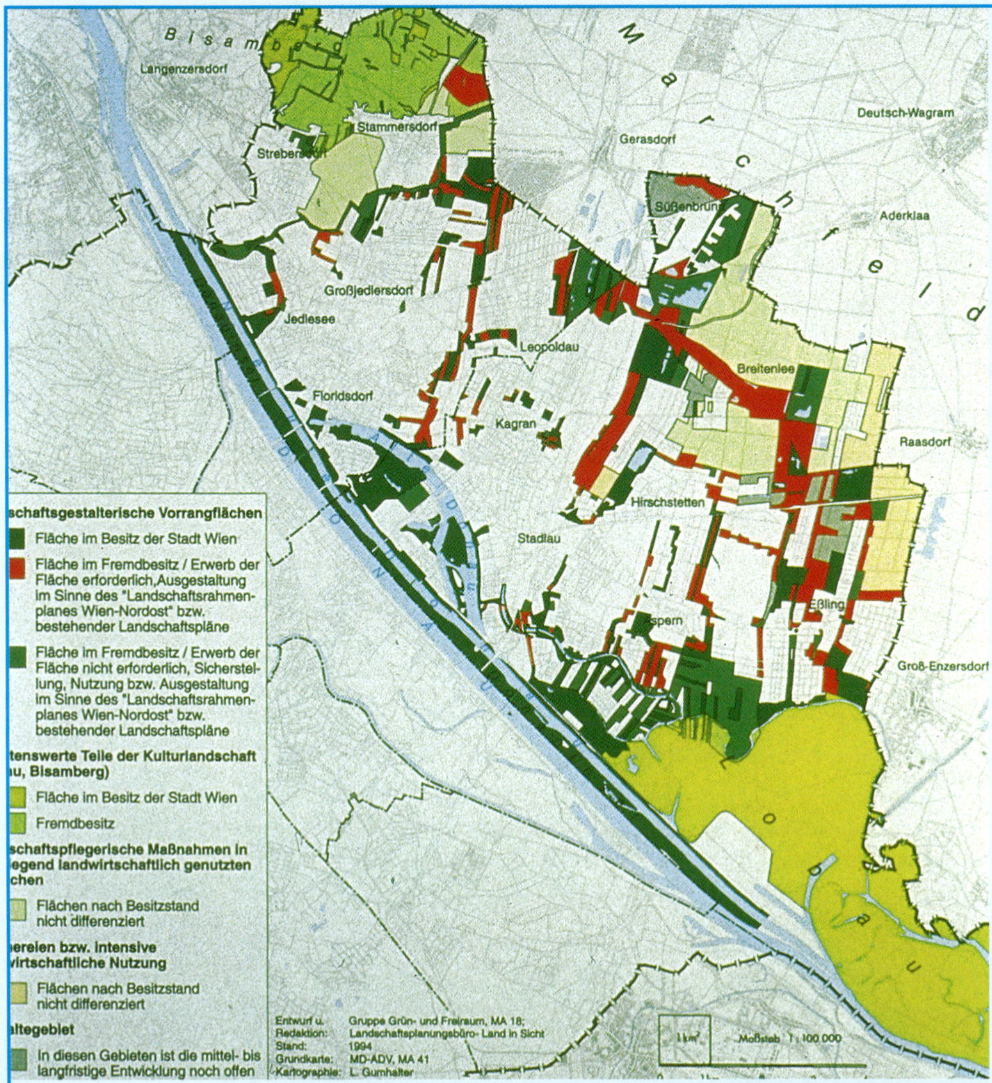

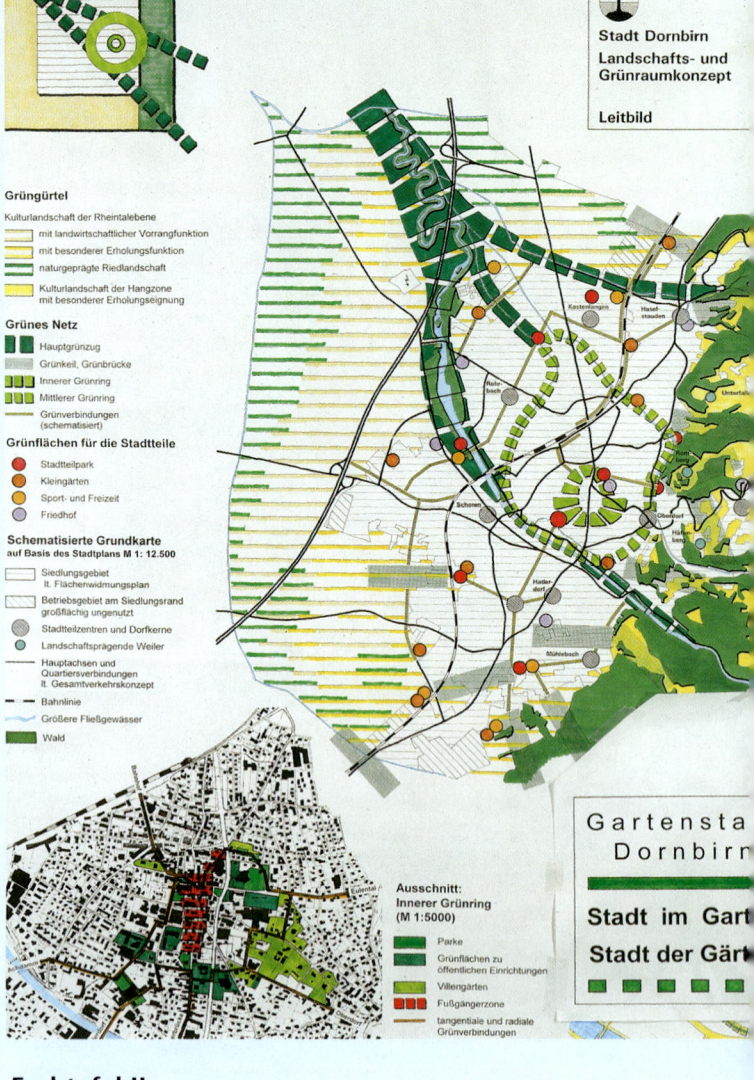

Bisamberg
Langenzersdorf
Stammersdorf
Strebersdorf
Gerasdorf
Deutsch-Wagram
Süßenbrunn
Aderklaa
Marchfeld
Großjedlersdorf
Jedlesee
Leopoldau
Floridsdorf
Kagran
Breitenlee
Raasdorf
Hirschstetten
Stadlau
Eßling
Aspern
Groß-Enzersdorf
Lobau
schaftsgestalterische Vorrangflächen
Fläche im Besitz der Stadt Wien
Fläche im Fremdbesitz / Erwerb der Fläche erforderlich, Ausgestaltung im Sinne des "Landschaftsrahmenplanes Wien-Nordost" bzw. bestehender Landschaftspläne
Fläche im Fremdbesitz / Erwerb der Fläche nicht erforderlich, Sicherstellung, Nutzung bzw. Ausgestaltung im Sinne des "Landschaftsrahmenplanes Wien-Nordost" bzw. bestehender Landschaftspläne
tenswerte Teile der Kulturlandschaft u, Bisamberg)
Fläche im Besitz der Stadt Wien
Fremdbesitz
schaftspflegerische Maßnahmen in egend landwirtschaftlich genutzten chen
Flächen nach Besitzstand nicht differenziert
ereien bzw. intensive wirtschaftliche Nutzung
Flächen nach Besitzstand nicht differenziert
altegebiet
In diesen Gebieten ist die mittel- bis langfristige Entwicklung noch offen
Entwurf u. Redaktion: Gruppe Grün- und Freiraum, MA 18; Landschaftsplanungsbüro- Land in Sicht
Stand: 1994
Grundkarte: MD-ADV, MA 41
Kartographie: L. Gumhalter
1 km²
Maßstab 1 : 100.000

Stadt Dornbirn
Landschafts- und Grünraumkonzept
Leitbild
Grüngürtel
Kulturlandschaft der Rheintalebene
mit landwirtschaftlicher Vorrangfunktion
mit besonderer Erholungsfunktion
naturgeprägte Riedlandschaft
Kulturlandschaft der Hangzone mit besonderer Erholungseignung
Grünes Netz
Hauptgrünzug
Grünkeil, Grünbrücke
Innerer Grünring
Mittlerer Grünring
Grünverbindungen (schematisiert)
Grünflächen für die Stadtteile
Stadtteilpark
Kleingärten
Sport- und Freizeit
Friedhof
Schematisierte Grundkarte auf Basis des Stadtplans M 1: 12.500
Siedlungsgebiet lt. Flächenwidmungsplan
Betriebsgebiet am Siedlungsrand großflächig ungenutzt
Stadtteilzentren und Dorfkerne
Landschaftsprägende Weiler
Hauptachsen und Quartiersverbindungen lt. Gesamtverkehrskonzept
Bahnlinie
Größere Fließgewässer
Wald
Ausschnitt: Innerer Grünring (M 1:5000)
Parke
Grünflächen zu öffentlichen Einrichtungen
Villengärten
Fußgängerzone
tangentiale und radiale Grünverbindungen
Gartensta
Dornbirn
Stadt im Gart
Stadt der Gär

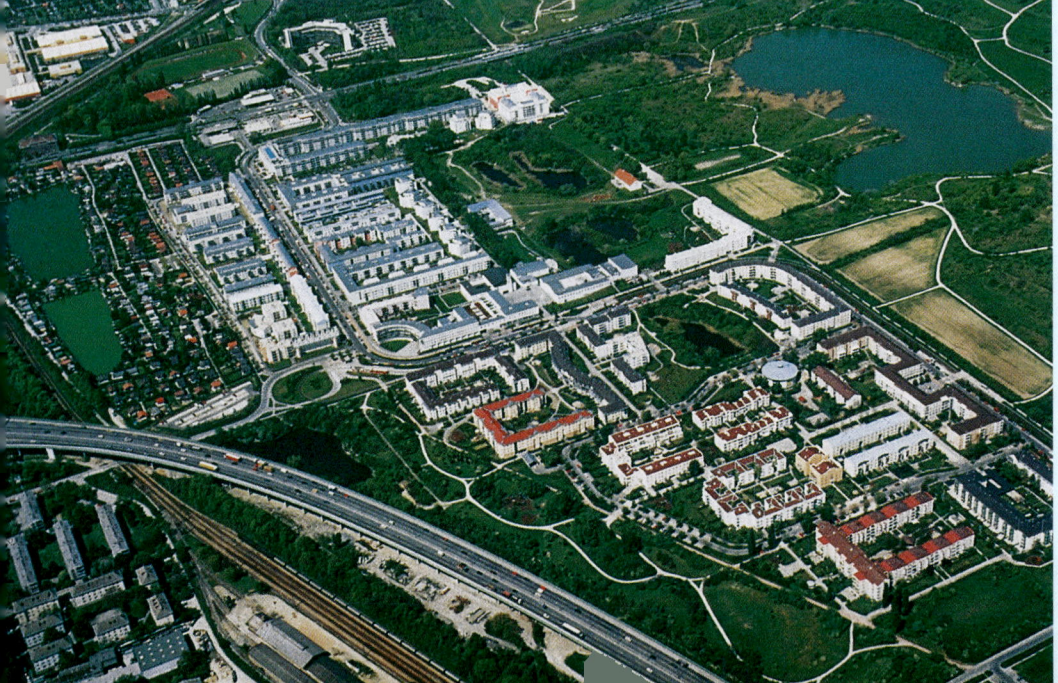

Farbtafel II

Abbildung 35 (o.l.): Landschaftskonzept Wien-Nordost 1993.

Abbildung 38 (o.r.): Leitbild zum Landschafts- und Grünraumkonzept Dornbirn.

Abbildung 41 (u.l.): Bebauung Wienerberg-Süd, Wien-Favoriten.

Farbtafel III

Abbildung 43 (o.r.): Landschaftspflegerische Begleitplanung zur Gail bei Villach.

Abbildung 55 (o.l.): Außenanlagen zum Amthof Feldkirchen in Kärnten. Grundriss, mit Buntstift koloriert.

Abbildung 56 (u.l.): Grundriss und Axonometrie zum Garten T. in Wien, handkoloriert.

Farbtafel IV

Abbildung 61 (o.): Beispiel für die Begrünung eines Innenhofes durch Eigenleistung der Hausbewohner in Wien.

Abbildung 57 (u.): Entwurf zum Stadtpark Wimpassing, Oberösterreich. Grundriss, computergestützt und koloriert.

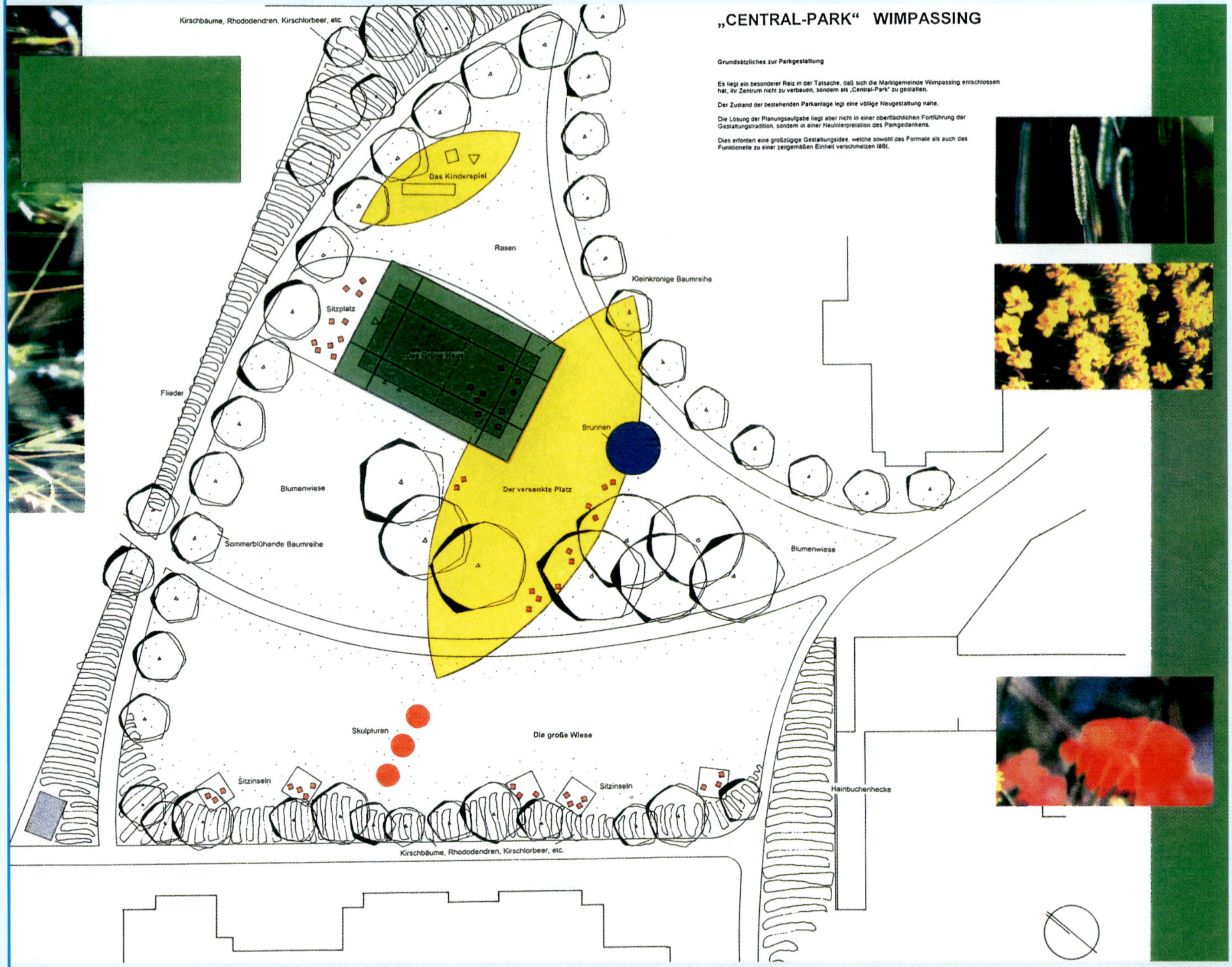

„CENTRAL-PARK" WIMPASSING

Grundsätzliches zur Parkgestaltung

Es liegt ein besonderer Reiz in der Tatsache, daß sich die Marktgemeinde Wimpassing entschlossen hat, ihr Zentrum nicht zu verbauen, sondern als „Central-Park" zu gestalten.

Der Zustand der bestehenden Parkanlage legt eine völlige Neugestaltung nahe.

Die Lösung der Planungsaufgabe liegt aber nicht in einer oberflächlichen Fortführung der Gestaltungstradition, sondern in einer Neuinterpretation des Parkgedankens.

Dies erfordert eine großzügige Gestaltungsidee, welche sowohl das Formale als auch das Funktionelle zu einer zeitgemäßen Einheit verschmelzen läßt.

Kirschbäume, Rhododendren, Kirschlorbeer, etc.

Das Kinderspiel

Rasen

Kleinkronige Baumreihe

Sitzplatz

Flieder

Brunnen

Blumenwiese

Der versenkte Platz

Sommerblühende Baumreihe

Blumenwiese

Skulpturen

Die große Wiese

Sitzinseln

Sitzinseln

Hainbuchenhecke

Kirschbäume, Rhododendren, Kirschlorbeer, etc.

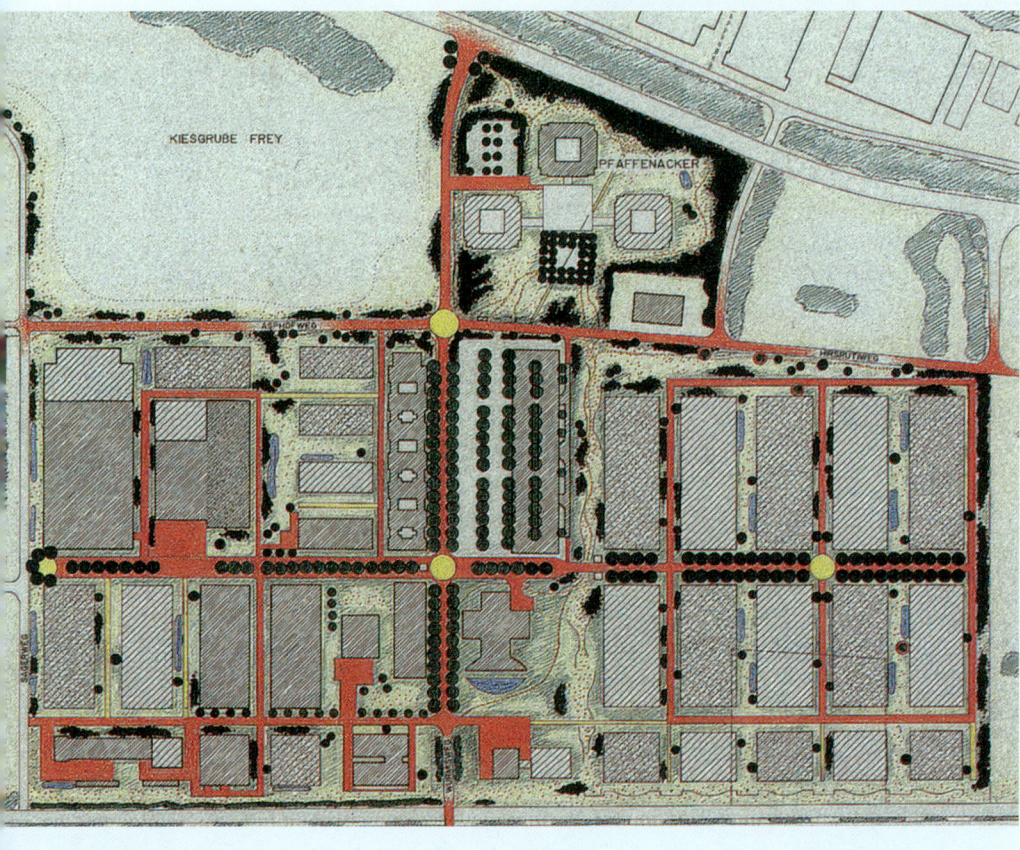

Farbtafel V

Abbildung 87 (o.l.): Golfplatz KOSAIDO, Golf Club Düsseldorf.

Abbildung 116 (o.r.): Außenanlage der Universität Konstanz.

Abbildung 113 (u.l.): Kaiseraugst, „Masterplan Grün".

Farbtafel VI

Abbildung 121 (o.l.): Öffentliche Gartenanlage zum Berlin-Museum.

Abbildung 140 (u.l.): Wiederherstellung des Blumengartens von 1767 in Hannover-Herrenhausen.

Farbtafel VII

Abbildung 148 (o.): Internationale Gartenschau IGS 2000 in Unterpremstätten bei Graz.

Abbildung 160 (u.r.): Begrünte Straßenbahngeleise am Flughafen in Bremen.

Abbildung 188 (u.l.): Garten für die Behinderten-Wohngemeinschaft GIN in Wien-Donaustadt.

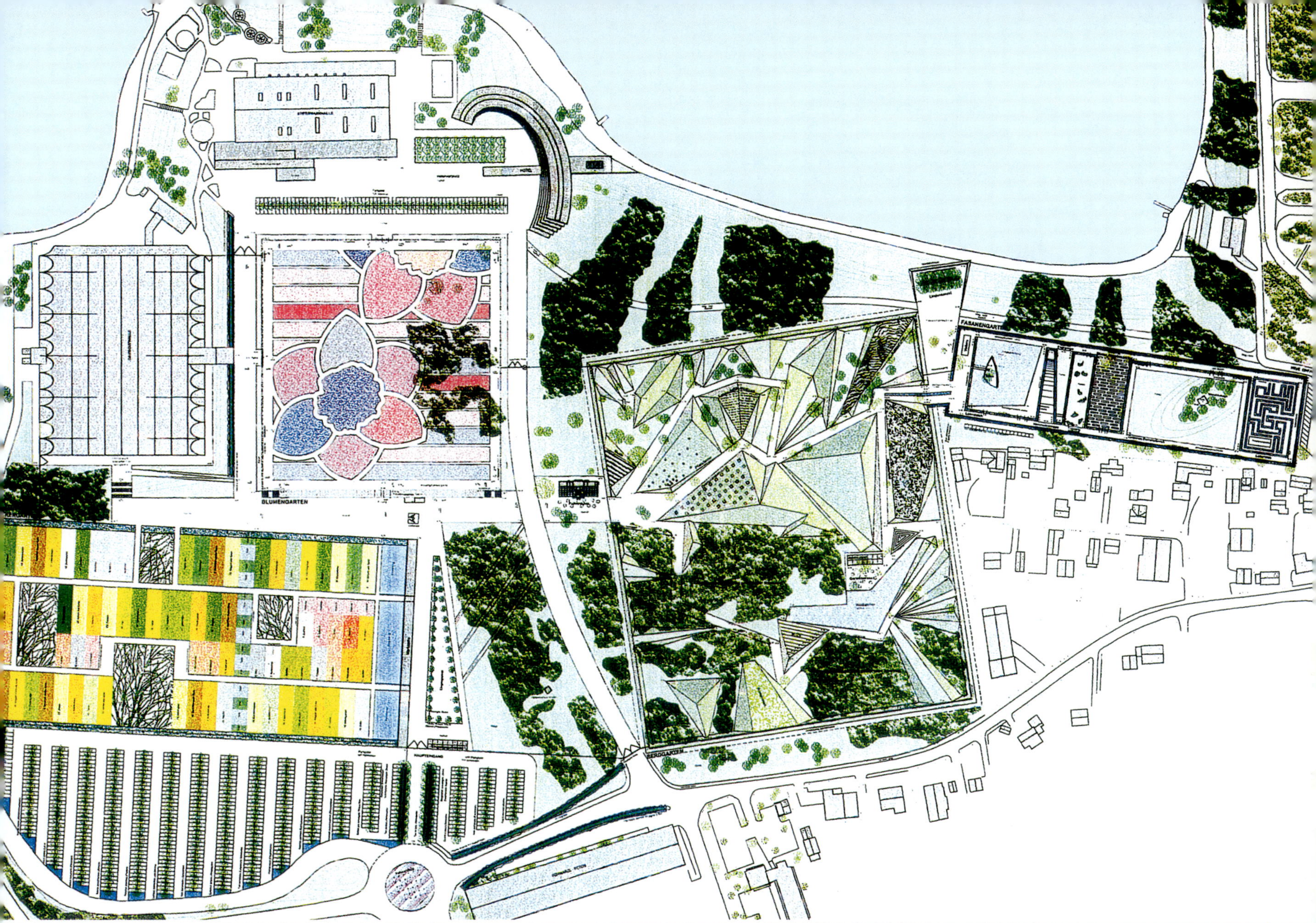
BLUMENGARTEN
HAUPTEINGANG
ERDGARTEN
FASANENGARTEN

6
3032

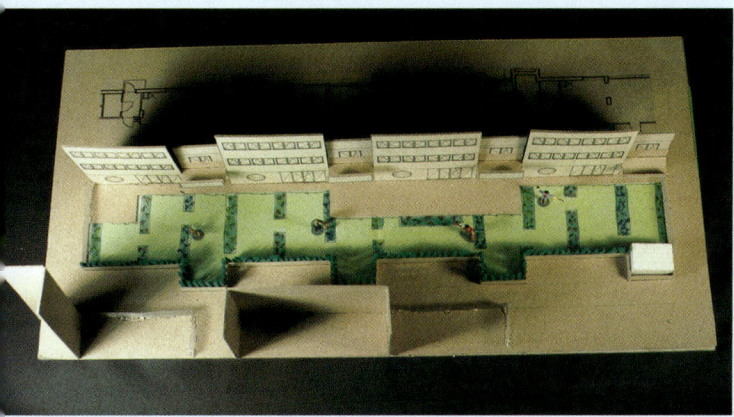

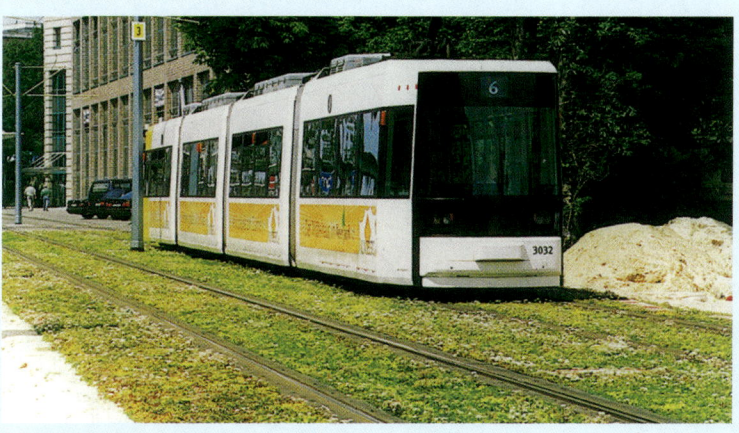

Farbtafel VIII

Abbildung 193 (o.l.): Computergenerierte Pflanzendarstellung.

Abbildung 168 (o.r.): Fassaden- und Straßenbegrünung in dicht bebautem Gründerzeitviertel.

Abbildung 198 (u.): Beispiele für Beleuchtung als gestaltendes Mittel.

4.7 Sonderformen von Grünräumen

4.7.1 Grünräume für Menschen mit besonderen Bedürfnissen (Behinderte)

a) Begriffe

An die Stelle des Begriffs „Behinderte" ist in jüngerer Zeit die Bezeichnung „Menschen mit besonderen Bedürfnissen" getreten. Im Folgenden werden beide Begriffe verwendet, wobei betont wird, dass das Wort „behindert" in keiner Weise wertend gemeint ist. Grundsätzlich sollten **alle Freiräume** auch für Behinderte benutzbar sein; in besonderen Bereichen ist diese Nutzungsmöglichkeit vorrangig, etwa bei Heimen für Menschen mit besonderen Bedürfnissen und in benachbarten Freiräumen, die von dort aus aufgesucht werden. Bei allen öffentlichen Einrichtungen wie Schulen, Bädern und anderen, die durch Grünräume ergänzt werden, ist auf deren behindertengerechte Gestaltung größter Wert zu legen.

Unterschieden wird in den Ansprüchen und in der Therapie zwischen
- Geistig Behinderten und
- Körperbehinderten.

b) Rechtliche Grundlagen

Es sind die entsprechenden Bestimmungen der jeweiligen Bauordnung für Wohnbauten und öffentliche Bauten sinngemäß auch für alle Freiräume anzuwenden. Die Flächenwidmung ist in der Regel Bauland/Öffentliche Zwecke mit Zusatzbestimmungen (Heim für Behinderte, Blindenheim und dergleichen); in einigen Fällen, etwa bei Blindengärten in öffentlichen Parks, Grünland/Erholungsgebiet Park (in Wien Epk).

c) Nutzung, Nutzergruppen

Es handelt sich bei den Behinderten keineswegs um eine kleine Minderheit: man kann davon ausgehen, dass rund 8 bis 10 Prozent der Gesamtbevölkerung behindert sind, wenn auch nicht alle in sofort sichtbarer Form. Die gesellschaftliche Diskriminierung führt auch dazu, dass viele Behinderte nicht in die Öffentlichkeit gelangen.

Spezielle Anlagen wie etwa Blindengärten, Freiräume zu Heimen für Behinderte und dergleichen werden ausschließlich von Personen mit besonderen Bedürfnissen und deren Betreuern sowie Besuchern benutzt. Im Übrigen handelt es sich um Anlagen, die überwiegend von nicht Behinderten besucht und genutzt werden, beispielsweise ein Park oder ein Stadtplatz. Behinderte besuchen Freiräume oft in Gruppen. Nach Untersuchungen von W. Nohl erleben Personen mit besonderen Bedürfnissen Freiräume im Allgemeinen subjektiv nicht wesentlich anders als andere Menschen, nur eingeschränkt durch ihre Behinderung. Gehbehinderte suchen Grünräume in der Nähe ihrer Wohnung oder ihres Heimes auf, entfernter liegende Eindrücke versuchen sie zu sich „heranzuholen", etwa mit Hilfe des Fernsehens.

Die Nutzung ist stark abhängig von der Art und dem Grad der Behinderung, auch von der Einübung. Bei den meisten Behinderungen ist der Bewegungsradius eingeschränkt, ebenso die Geschwindigkeit der Bewegungsabläufe. Die Nutzer können allen Altersgruppen angehören.

d) Räumliche Zuordnung, Standort

Behindertengerechte Freiräume sind – im Sinne der Integration von geistig und körperlich Behinderten – **überall** in der Stadt notwendig, also bei Wohnhausanlagen, Kindergärten, Schulen aller Art, in Parkanlagen, Freibädern, Friedhöfen. Der Bau von speziellen Anlagen wie etwa Blindengärten, ist sinnvoll in der Nähe von entsprechenden Heimen und Anstalten. Eine Ghettobildung sollte jedenfalls nach Möglichkeit vermieden werden.

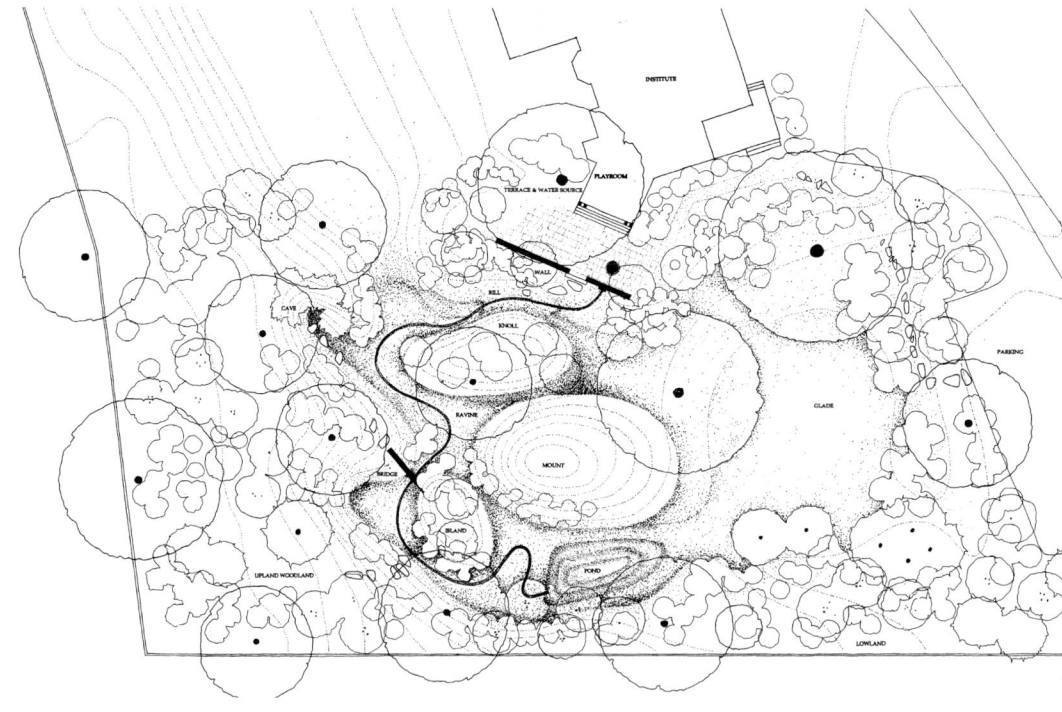

Abbildung 141: Therapeutischer Garten einer Kinder-
klinik in Wellesley bei Boston, USA. Der Entwurf von
Landschaftsarchitekt Douglas P. Reed setzt psychologi-
sche Erkenntnisse bei der Behandlung traumatisierter
Kinder in die Gestaltung des Gartens um.

Abbildung 142: Gärten zum Taubblindenheim
Fischbeck bei Hessisch-Oldendorf. Entwurf Landschaftsarchitekt Hans-Joachim Adam.

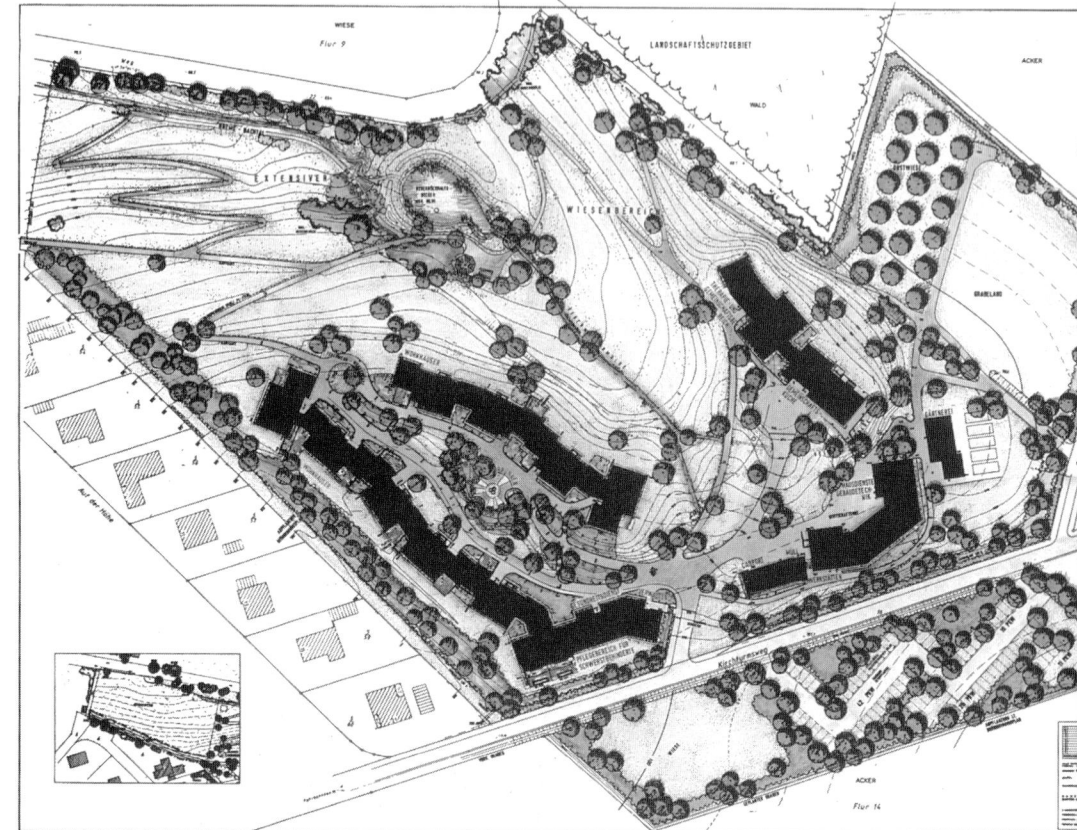

290

e) Entwurf

Für Behinderte müssen folgende Gefahrenbereiche und Hilfestellungen beim Entwurf berücksichtigt werden:

- Rollstuhlfahrer können Steigungen nur über Rampen von maximal 6 Prozent überwinden; Rampen sind mindestens 1,20 m breit, besser 1,40 m auszuführen, damit die Begegnung von zwei Behinderten möglich ist;
- Ränder zwischen Gehsteig und Fahrbahn bei abgesenkten Kanten können von Sehbehinderten nicht wahrgenommen werden; besser sind 3 cm hohe Bordsteinkanten;
- Stiegen sollen möglichst gerade Läufe mit gleich bleibender Steigung aufweisen; bei Stiegen ab mindestens drei und höchsten zwölf Stufen sind Podeste anzuordnen; bei Stiegenaufgängen sind durchgehende Handläufe erforderlich, die bei Podesten nicht unterbrochen werden dürfen; ab fünf Stufen sind an beiden Seiten Geländer mit zwei übereinander liegenden Handläufen anzuordnen;
- bei den Treppenstufen darf für Gehbehinderte keine Stolpergefahr entstehen; Trittstufen ohne Setzstufen (senkrechte Elemente) sind zu vermeiden, Trittstufen dürfen nicht über die Setzstufen hinausragen;
- Gefahrenzonen wie der Beginn von Treppenläufen, Gehsteigkanten, Änderungen der Gehrichtung und dergleichen sollen durch Leitsysteme, beispielsweise Materialwechsel, wahrnehmbar gemacht werden;
- Änderungen der Gehrichtung dürfen nicht spitzwinkelig sein, Ecken sind mit einem Radius von 5 m auszurunden oder abzuschrägen; Gehwege müssen ausreichende Möglichkeiten zum Ausweichen bieten;
- duftende Pflanzen erleichtern die Orientierung für Blinde;
- Gartenwege sollten nicht zu stark dem Wind ausgesetzt sein, weil das Rauschen für Hörbehinderte die Orientierung sehr erschwert.

Es sind grundsätzlich alle möglichen Hilfen zur Erhöhung der Mobilität und der Orientierung anzubieten wie: Rampen anstelle von Treppen, Handläufe, Barrieren vor gefährlichen Stellen und dergleichen. Unnötige Hindernisse wie Stufen, Ecken oder starkes Gefälle sind selbstverständlich zu vermeiden. Dabei ist zu bedenken, dass für Behinderte Dinge, die einem gesunden Menschen kaum auffallen, unüberwindlich sein können, beispielsweise eine Wasserrinne oder ein verparkter Gehweg.

Möglichst viele Spielgeräte in Freiräumen sollten behindertengerecht sein, auch spezielle Spielgeräte für Erwachsene und Kinder mit besonderen Bedürfnissen sind vorzusehen. Alle notwendigen Hilfsgeräte sollten auf Rollen oder Rädern laufen. Bei Anlagen für **Kinder** sind die Einwirkung von Luft und Licht, die Bewegungsmöglichkeit, die Übung der Körperfunktionen und Körperbeherrschung wichtig. Wesentlich ist auch das Kennenlernen des sozialen und räumlich-materiellen Umfeldes, im Freiraum etwa Treppen, Randsteine, Bodenbeläge, Wasserstellen, unterschiedliches, bearbeitbares Material. Die **Ausstattung** mit speziell konstruierten Spielgeräten ist nur nach Beratung durch geschulte Betreuer sinnvoll. Empfohlen werden befestigte Spiel- und Übungsflächen aus unterschiedlichem Material. Besondere therapeutische Gärten werden für psychisch, namentlich nach einem Trauma, gestörte Kinder und Jugendliche geschaffen. Die Therapie umfasst Bewegung, Betätigung, sensorische und symbolische Erfahrungen. Dazu sind unter anderem eine Bodenmodellierung, konkav und konvex, und diskrete Räume, gebildet durch Bepflanzung, erforderlich. Bei Betreuung in Gruppen ist eine Terrasse oder ein hofähnlicher Bereich für jede Gruppe, in räumlicher Zuordnung zum Gruppenraum im Gebäude, sinnvoll.

Die vielen Barrieren, denen **Blinde** und Sehbehinderte im Straßenverkehr ausgesetzt sind, motivieren diese zum Aufenthalt in Grünräumen, wo sie nicht-optische Sinneseindrücke suchen. Wichtig sind unter anderem barrierefreie Zugänge, eine Wegbreite von mindestens 1,50 m, ein Längsgefälle von höchstens 6 % und ein Quergefälle von höchstens 2 %, Ruhemöglichkeiten am Weg. Wichtig ist für Blinde auch eine deutliche taktile Begrenzung der Wege, beispielsweise durch eine Entwässerungsrinne, Kantensteine mit mindestens 3 cm Höhe, ein Belagwechsel, durch eine geschnittene Hecke, ferner eine Orientierung durch den Wegbelag, sichere Fußgängerüberwege, möglichst wenig Ausstattungselemente, die als Hindernisse wirken könnten. Erforderlich ist auch ein klares **Leitsystem**, beispielsweise durch rechte Winkel, die Differenzierung nach Haupt- und Nebenwegen, akustische Hilfen, Leitlinien mit Hell-Dunkel-Kontrasten.

Diese Vorkehrungen sind grundsätzlich in jedem öffentlichen Park möglich; viele davon erleichtern die Nutzung des Parks nicht nur für Blinde und Sehschwache, sondern auch für andere Menschen mit besonderen Bedürfnissen und dienen damit dem Ziel, mögliche Schranken zwischen Bevölkerungsgruppen abzubauen.

Spezielle **Blindengärten** sind Parkanlagen mit besonderen Orientierungshilfen für Blinde und mit Gestaltungsmitteln, die die übrigen Sinne fördern sollen:
- Gehörsinn: Geräuschquellen als Orientierungshilfe, beispielsweise Wasser;
- Tastsinn: unterschiedliche Bodenbeläge, Pflanzen, Holz, Stein zum Angreifen;
- Geruchsinn: stark duftende Pflanzengruppen;
- Orientierungshilfen: Wegeführung, Wegeinfassung, Wegbeläge, Wegweiser in Blindenschrift;
- Information entlang der Rundwege durch Tafeln in Blindenschrift, beispielsweise die Namen der Duftpflanzen.

f) Flächengrößen

Es gelten keine besonderen Vorgaben, der Flächenbedarf für die Bewegung von Behinderten im Freien ist aber generell größer als bei nicht Behinderten, weil zum Beispiel Richtungsänderungen nur langsam möglich sind. Der Blindengarten im Wertheimsteinpark in Wien, 19. Bezirk. (Entwurf Prof. V. MÖDLHAMMER), der in den insgesamt rund 8 ha großen Park integriert ist, umfasst ungefähr 9000 m² und bietet mehrere Rundgänge sowie ein Gartenhaus.

g) Entwurfsbeispiele

- Blindengärten: Wien, 19. Bezirk, Wertheimsteinpark; Hamburg, Stadtpark; Mönchengladbach, Botanischer Garten.
- Schulgärten: Sonderschulzentrum Dortmund-Schüren; THA – Ambulatorium für Entwicklungsdiagnostik und für körper- und mehrfachbehinderte Kinder, Wien-Strebersdorf, Planung B. Jedelsky. Lapsien M., S. Wussow: Ansprüche behinderter Kinder und Jugendlicher und Konsequenzen für eine behindertengerechte Freiraumplanung, dargestellt am Beispiel des Sonderschulzentrums Dortmund- Schüren. Diplomarbeit Universität-Gesamthochschule Paderborn 1981 (unveröff.). Paderborn 1981

Literatur

Bundesminister für Arbeit und Soziales: Fingerzeige für behinderte Menschen – Bauen, Wohnen, Adaptieren. BMAS Heft 6/ 1988. Bonn 1988

Bundesminister für Verkehr (Hrsg.): Verbesserung der Verkehrsverhältnisse in den Gemeinden. Bürgerfreundliche und behindertengerechte Gestaltung des Straßenraums. Schriftenreihe "Direkt". Bonn 1992

Drexel A. et al.: Behindertengerechte städtische Freiräume. Beiträge zur Stadtforschung, Stadtentwicklung und Stadtgestaltung Band 36. Wien 1992

Internationaler Arbeitskreis Sport- und Freizeiteinrichtungen (Hrsg.): Behindertengerechte Sport- und Freizeitanlagen. Köln 1981

Jedelsky B.: Freiraumplanung für Geistig-, Körperlich-, Sinnes- und Mehrfachbehinderte Menschen. Diss. Universität für Bodenkultur Wien. Wien 1989

Marx L.: Barrierefreies Planen und Bauen für Senioren und behinderte Menschen. Stuttgart 1997

Österr. Institut für Schul- und Sportstättenbau: Behindertengerechte Sportanlagen, Empfehlungen. Wien 1986

Opp G.: Ein Spielplatz für alle. Zur Gestaltung barrierefreier Spielbereiche. München/Basel 1992

Schlosser D.: Barrierefreies Bauen in der Freiraumplanung. in: Das Gartenamt 1994 H.1 24–28

Schulbauinstitut der Länder (Hrsg.): Einrichtungen für Spiel und Sport mit Behinderten. Planungshinweise. Teil 3: Körperbehinderte. SBL Studien 57/1983. Berlin 1983

Schweizerische Fachstelle für behindertengerechtes Bauen: Leitfaden für behindertengerechtes Bauen. SN 521 500. Zürich 1990

Schweizerischer Invalidenverband SIV, Beratungsstelle für behindertengerechtes Bauen: Leitfaden zur Vermeidung der architektonischen Barrieren und Hindernisse. Olten 1985

4.7.2 Botanische und Zoologische Gärten

Botanische Gärten

a) Begriffe

Der Botanische Garten ist eine Sammlung und Ausstellung von Pflanzen nach
- systematischer Ordnung, zum Beispiel nach Familien, Arten und dergleichen; dies war die ursprüngliche Anordnung in den botanischen Gärten der Universitäten;
- Lebensgemeinschaften (Pflanzengesellschaften), wie sie in der freien Natur vorkommen;
- Pflanzengruppen, beispielsweise Rosen (Rosarium), Bäume (Arboretum).

Die Zielsetzungen sind vor allem die
- wissenschaftliche Forschung, Beobachtung, Züchtung, Akklimatisation fremdländischer Pflanzen;
- Lehre (Botanik, Pflanzensoziologie);
- Information, Bildung für Schulen und für die breite Öffentlichkeit.

Entstanden sind die Botanischen Gärten aus Kräuter- und Heilpflanzengärten, die zum Teil schon im Mittelalter öffentlich zugänglich waren. Der erste botanische Garten im engeren

Sinne wurde 1333 in Venedig errichtet, weitere 1545 in Padua, der heute noch in der ursprünglichen Form besteht, 1580 in Leipzig, 1597 in Heidelberg, jeweils als Teil der Universität. In Österreich folgten zunächst Wien (Rossau um 1660, 1754 Botanisches Institut mit Botanischem Garten in Wien, 3. Bezirk), dann Linz (1853 Freinberg, 1958 Neuanlage). Eine besondere Form sind die Palmenhäuser mit Sammlungen subtropischer und tropischer Pflanzen, ferner Kakteenhäuser.

b) Rechtliche Grundlagen

Im Allgemeinen gilt die Flächenwidmung als Grünland/Erholungsgebiet Park, teilweise auch als Bauland, etwa gemeinsam mit einer Universität. Die Gartenordnung mit allen Bestimmungen zur Nutzung der Anlage erlässt der jeweilige Träger des Botanischen Gartens, also die Stadtverwaltung, die Universität oder ein Verein.

c) Nutzung, Nutzergruppen

Entsprechend der Zielsetzung sind die Nutzer in erster Linie Wissenschaftler, Studenten und Schüler, aber auch andere Besucher, vor allem wenn der Garten, etwa durch seine Lage in einem Wohngebiet, die Funktion eines öffentlichen Parks erfüllt. Vielfach besuchen geführte Gruppen, etwa Angehörige naturkundlicher Vereine, den Garten. Größere Besucherzahlen sind dann zu verzeichnen, wenn besonders attraktive Pflanzen gezeigt werden, beispielsweise die Blüte der *Victoria regia*. Die wissenschaftliche Tätigkeit ist im Allgemeinen auch während der

Abbildung 144: Botanischer Garten Tübingen. Die Anlage wurde in ein vorgegebenes Gelände eingepasst und nach der wissenschaftlichen Systematik gegliedert. Entwurf Landschaftsarchitekt Prof. Walter Rossow.

Besuchszeit möglich, ansonsten bleiben Teile des Gartens oder der ganze Garten tageweise geschlossen.

d) Räumliche Zuordnung, Standort

Der Standort ist abhängig von der vorrangigen Zielsetzung, zum Beispiel in der Nähe von botanischen Universitätsinstituten; steht die Volksbildung im Vordergrund, wie etwa beim Botanischen Garten der Stadt Linz, ist die Ereichbarkeit mit öffentlichen Verkehrsmitteln wichtig. Günstig ist jedenfalls die Einbindung in vorhandene oder geplante Grünzüge.

e) Entwurf

Heute steht meist die funktionelle Gliederung nach ökologischen bzw. pflanzensoziologischen Gesichtspunkten gegenüber den früher üblichen formalen Grundsätzen, etwa nach der botanischen Systematik, im Vordergrund. Im Botanischen Garten Bonn werden in einer speziellen Biotopanlage die bedrohten Pflanzengemeinschaften der näheren Umgebung gezeigt, um die Besucher zum pfleglichen Umgang mit der geschützten Natur anzuhalten.

Demonstrationsgruppen können sein:
- Systematische Abteilung mit der Ordnung der Pflanzen;
- pflanzensoziologische Anordnung nach Gesellschaften;
- geographische Schwerpunkte, einzelne Florenreiche;
- ökologische Teilbereiche, beispielsweise Trockenrasen, Moor;
- gärtnerische Zier- und Nutzpflanzen;
- Arznei-, Heil- und Gewürzpflanzen;
- Sumpf- und Wasserpflanzen;
- Alpenpflanzen (Alpinum);
- dendrologische Sammlung, Arboretum;
- Warmhauspflanzen, Orchideen (Schauhäuser, Palmenhäuser);
- besondere Schwerpunkte wie Rhododendren, Koniferen, Rosen (Rosarium);
- Sichtungssortimente von Einjahresblumen, Stauden, Rosen u. a. m. (Sichtungsgärten).

Voneinander zu trennen sind öffentliche und interne Bereiche wie Betriebsgelände, Versuchsanlagen. Für die Besucher ist ein leicht durchschaubares Wegenetz mit Haupt- und Nebenwegen vorzusehen. Bewährt hat sich ein breiterer Rundweg, von dem aus in Schleifen auf schmäleren Wegen einzelne Demonstrationsgruppen zu erreichen sind. Sehr wichtig ist beim Entwurf die enge Zusammenarbeit mit allen Beteiligten.

Ein Beispiel aus jüngerer Zeit ist das Projekt eines „Garten Eden" in der Grafschaft Cornwall in England: in enger Verbindung mit spektakulärer zeitgenössischer Glasarchitektur, die an die Glashäuser von Joseph PAXTON erinnert, sollen statt einzelner Arten nur Pflanzengesellschaften vorgestellt werden. Vier Biome stellen das mediterrane, subtropische, tropische und Wüstenklima dar.

f) Flächengrößen

Es bestehen keine allgemein anwendbaren Vorgaben, die Größe ist allein von der Zielsetzung und den örtlichen Bedingungen abhängig; so ist etwa der Botanische Garten Augsburg 1,7 ha groß, jener in Dortmund 65 ha. Begrenzend wirkt jedenfalls die Möglichkeit einer fachgerechten, intensiven Betreuung und Pflege.

g) Entwurfsbeispiele

- Botanische Gärten Tübingen, Bochum, Hamburg-Flottbek, Zürich, Edinburgh, Bonn, Fribourg.
- Historischer Botanischer Garten der Universität Padua.
- Ethnobotanischer Garten Salagon, A.-S. Bruel, Chr. Delmar.

Zoologische Gärten, Tierparke

a) Begriffe

Zoologische Gärten dienen der Sammlung, Züchtung, Haltung und Darstellung von – vielfach seltenen – Tierarten und Tiergemeinschaften. Ziele sind:
- die wissenschaftliche Forschung und Beobachtung;
- die Erhaltung seltener und vom Aussterben bedrohter Arten, dazu die Züchtung und Nachzüchtung, heute eine der wichtigsten Aufgaben;
- die Lehre in den Fächern Zoologie und Veterinärmedizin durch Anschauung;
- die Information, für pädagogische Zwecke für Schulen, zur Anschauung für die breitere Öffentlichkeit im Sinne der Volksbildung.

In manchen Tiergärten werden die Tiere auch zu kommerziellen Zwecken gehalten und zur Schau gestellt; solche Privatzoos sind oft mit dem Tierhandel verbunden, manchmal auch mit einem Zirkus, zum Beispiel der traditionsreiche Zoo Hagenbeck, Hamburg, 1907 eröffnet, der erste Tiergarten mit Freilandhaltung.

Tierparke sind meist von großer Ausdehnung, in möglichst abwechslungsreicher, landschaftlich reizvoller Lage, damit die Tiere gleichsam „in freier Wildbahn" gezeigt werden können. Die Haltung mancher Tierarten ist auch in Naturparken möglich, etwa im Lainzer Tiergarten in Wien, 13. Bezirk, in Sparbach bei Wien und Herberstein, Steiermark. Eine weitere, eher seltene Möglichkeit ist die Tierhaltung durch Gartenämter in städtischen Parks, wo vor allem Wasservögel verschiedener Art gezeigt werden.

b) Rechtliche Grundlagen

Für Zoologische Gärten und Tierparks gelten alle Bestimmungen der für die Tierhaltung geltenden Gesetze und Verordnungen. Die Umsetzung in der Realität hängt sehr von der Einstellung und den Möglichkeiten des einzelnen Betreibers ab. Die Flächenwidmung ist in der Regel Grünland/Erholungsgebiet Park, Schutzgebiet Park (Wien-Schönbrunn) oder Sondergebiet.

c) Nutzung, Nutzergruppen

Die Besucher sind, entsprechend den Zielsetzungen: Wissenschaftler, Studenten, Schüler, Familien, letztere vor allem mit Kindern; Maler, Fotographen. Die Anzahl der Besucher wechselt stark mit dem Wochentag bzw. Wochenende, der Jahreszeit und dem Wetter. Wesentlich ist eine direkte und indirekte Werbung, etwa durch Meldungen in den Massenmedien über die Geburt oder den Zugang von Tieren; auch die Gestaltung der Gehege und besondere Angebote für Kinder wirken sich auf die Besucherzahlen aus. Bei einer entsprechenden Attraktivität des Tiergartens werden durchaus höhere Eintrittspreise angenommen.

d) Räumliche Zuordnung, Standort

Standortbedingungen für die Neuanlage eines Zoologischen Gartens sind: gute kleinklimatische Verhältnisse, vor allem keine Kaltluft- und Nebellagen. Offene Gewässer sind besonders für die Betreuung von Wasservögeln günstig. Ein alter Baumbestand auf dem Grundstück wirkt sich räumlich positiv aus, ebenso durch den Schattenwurf auf die Gehege. Eine hügelige Lage ist zwar nicht Bedingung, erlaubt aber die naturgerechte Haltung vieler Tierarten des Voralpen- und Alpenlandes.

Sehr wichtig ist die gute Erreichbarkeit mit öffentlichen Verkehrsmitteln, möglichst mit U- oder S-Bahn, für ausreichende Stellplätze, vor allem für Autobusse, ist Sorge zu tragen. Der Garten sollte möglichst auch in das Grünsystem der Stadt eingebunden sein.

e) Entwurf

Das Ziel der Tiergärten ist die Erhaltung und Rückzüchtung seltener und bedrohter Tierarten; diesem Zweck ist beim Entwurf ebenso Rechnung zu tragen wie der Unterrichtung der Besucher.

Erforderlich ist unbedingt eine enge Zusammenarbeit mit den anderen **Fachleuten** wie Tiergärtner, Veterinärmediziner, Zoologen. Im Vordergrund stehen beim Entwurf die tierökologischen Bedingungen; die Tiere sollen in möglichst naturnaher, der Heimat der Tiere annähernd nachgebildeter Umgebung leben und gezeigt werden, mit einer entsprechenden Bepflanzung (geographisches Prinzip). Wichtig ist die räumliche Gliederung des gesamten Geländes. Tier- und Pflanzenwelt sollten, soweit das auf beschränktem Raum möglich ist, eine Einheit bilden. Beim Bärengehege des Zürcher Zoos hat man sogar versucht, den Besucherbereich in den nachgebildeten (südamerikanischen) Landschaftsraum, der dem natürlichen Lebensraum der Bären entspricht, einzubeziehen (Landschaftsarchitekten VETSCH und Partner, Zürich, 1995).

Eine grundsätzliche Entscheidung liegt zwischen der Haltung von möglichst vielen Tierarten, in wenigen Exemplaren, in einzelnen Gehegen oder von weniger Tierarten, diese aber in Gruppen, in größeren Gehegen mit viel Bewegungsfreiheit, wie sie H. PECHLANER in Wien-Schönbrunn vorbildlich verwirklicht hat. Die Gehegegrößen sind durch die Verhaltensweisen der Tiere bestimmt.

Das **Wegesystem** muss sehr übersichtlich sein und den Besuchern eine gute Orientierung bieten. Die Barrieren zwischen den Tieren und den Besuchern sollten zwar optisch möglichst unauffällig, im Interesse der Sicherheit der Besucher aber nicht überschreitbar sein, deswegen wird vielfach Wasser als Hindernis eingesetzt. Die Stallungen sollten von der Rückseite her über Wirtschaftswege erschlossen werden; Betriebs- und Besucherverkehr sind so weit wie möglich zu trennen, es müssen auch Schwertransporte möglich sein. Großes Augenmerk ist darauf zu legen, dass manche Tierarten, beispielsweise Bären, in der Lage sind, auch komplizierte Verriegelungen zu öffnen und ihre Gehege zu verlassen.

An **Bauten** sind vorzusehen:
- Kassenhäuschen mit Verkauf von Souvenirs;
- Verwaltung mit Arbeitsräumen für die Forschung;
- Wirtschaftshof, Betriebs- und Sozialräume für Personal; Lager-, Abfall- und Kompostierplatz;
- Stallungen mit Gehegen; Freigehege;
- Schauhäuser, beispielsweise Aquarienhaus, Reptilienhaus, Volieren;
- Restaurant, Gasthaus oder Kaffeehaus; sanitäre Anlagen;
- Kinderspielbereich, möglichst in Verbindung mit Kinderzoo, mit Haustieren, „Tieren zum Angreifen"; ein gutes Beispiel dafür ist der Bauernhof im Tirolergarten, Wien-Schönbrunn.

Große Schwierigkeiten zeigen sich bei der Auswahl der Pflanzen, vor allem im Bereich der Gehege: einerseits soll ein fremdländischer, etwa subtropischer Landschaftsraum simuliert werden, andererseits gedeihen die dem entsprechenden Pflanzen in der Regel nicht in unserem Klima. Es müssen auch Pflanzen verwendet werden, die nicht den Tieren als Nahrung dienen. Manchmal wird die Auffassung vertreten, man sollte Arten wählen, die im Habitus und in der Farbe der Vegetation in der Heimat der betreffenden Tierart entsprechen; auf diese Weise könnte die Illusion einer exotischen Landschaft erzeugt werden. Ehrlicher ist es, die Pflanzenwahl vorwiegend nach pragmatischen Gesichtspunkten, also nach der angestrebten Funktion und den Möglichkeiten zur Pflege zu treffen.

In jüngerer Zeit werden zunehmend Hallenbauten errichtet oder in den Tiergarten einbezogen, in denen subtropische und tropische Lebensräume von Pflanzen und Tieren simuliert werden können. Ein Beispiel dafür ist die Madagaskar-Halle in Zürich, in der Flora und Fauna eines madegassischen Regenwaldes gezeigt werden (Landschaftsarchitekt Prof. D. KIENAST und Partner).

Eine äußerst sensible Aufgabe sowohl für den Tiergärtner als auch für den Architekten und Landschaftsplaner ist der **Umbau** eines alten, zum Teil unter Denkmalschutz stehenden Tiergartens in eine Anlage, die heutigen Erfordernissen entspricht. Ein Beispiel dafür ist die Menagerie Wien-Schönbrunn, deren barocke Teile noch unverändert erhalten sind. Um den Tieren bessere Lebensbedingungen zu ermöglichen, müssen Innen- und Außenräume erweitert, auch einige Neubauten errichtet werden, die nur schwer in ein kleinteiliges historisches Ensemble einzufügen sind. In Rotterdam wird der Tiergarten Blijdorp aus 1940 kontinuierlich in einen Biotoppark nach ökologischen Grundsätzen umgewandelt.

Abbildung 145: Schönbrunner Tiergarten in Wien, historischer Teil mit Pavillon (ab 1752, Architekt N. JADOT) mit Erweiterungen.

f) Flächengrößen

Als Mindestgröße sind etwa 20 ha anzunehmen, eine größere Fläche ist in jedem Falle günstig, weil den Tieren bessere Lebensmöglichkeiten geboten werden können, die obere Grenze liegt aus organisatorischen und wirtschaftlichen Gründen bei etwa 40 ha.

Literatur

Dittrich L., A. Rieke-Müller: Ein Garten für Menschen und Tiere. Zoo Hannover. Hannover 1990
Kneiding A. (Hrsg.) et al.: Botanische Gärten. Sonderheft 5 der Schriftenreihe Landschaftsentwicklung und Umweltforschung des Fachbereichs Landschaftsentwicklung, TU Berlin. Berlin 1991
Richter G.: Botanische und zoologische Gärten. In: Richter G., Handbuch Stadtgrün, München 1981
Schmidt L.: Die Botanischen Gärten in Deutschland. Hamburg 1997

4.7.3 Gartenschauen, Gartenbaumessen

a) Begriffe

Die bisher gängige Gartenschau ist eine Leistungsschau aller Sparten des **Gartenbaues**, mit der auch für dessen Produkte und für innovative Techniken auf diesem Sektor geworben wird. Wenn damit auch die Anlage oder Wiederherstellung großer Grünräume verbunden ist, erfüllt sie gleichzeitig **städtebaulich-grünpolitische** Aufgaben, etwa die Ergänzung des Grünsystems oder die Versorgung eines Stadtteiles mit Freiflächen. Gartenschauen sind auch werbewirksam für die veranstaltende Stadt.

Man unterscheidet:
- Internationale Gartenschauen (IGA = Internationale Gartenbau-Ausstellung, WIG = Wiener Internationale Gartenschau); sie sind Weltausstellungen und müssen vom dafür zuständigen Büro mit Sitz in Paris genehmigt werden; in jeweils einem Land darf alle zehn Jahre eine Weltausstellung durchgeführt werden (WIG 1964, 1974, IGA Hamburg 1963, München 1983, Stuttgart 1993, IGS Graz 2000);
- Gartenschauen auf Staats- bzw. Bundesebene (Bundesgartenschauen);
- Gartenschauen auf Provinz- bzw. Landesebene (Landesgartenschauen).

Grundsätzlich finden Bundes- und Landesgartenschauen in regelmäßigen Zeitabständen jeweils in einer anderen Stadt statt, die auch die notwendigen Flächen zur Verfügung stellt. In Bayern werden außerdem im Zweijahres-Rhythmus zwischen den Landesgartenschauen in kleinen Städten zusätzliche Gartenschauen abgehalten. In Österreich veranstaltet das Bundesland Oberösterreich Gartenschauen. Neben den üblichen Gartenschauen auf einem eingezäunten

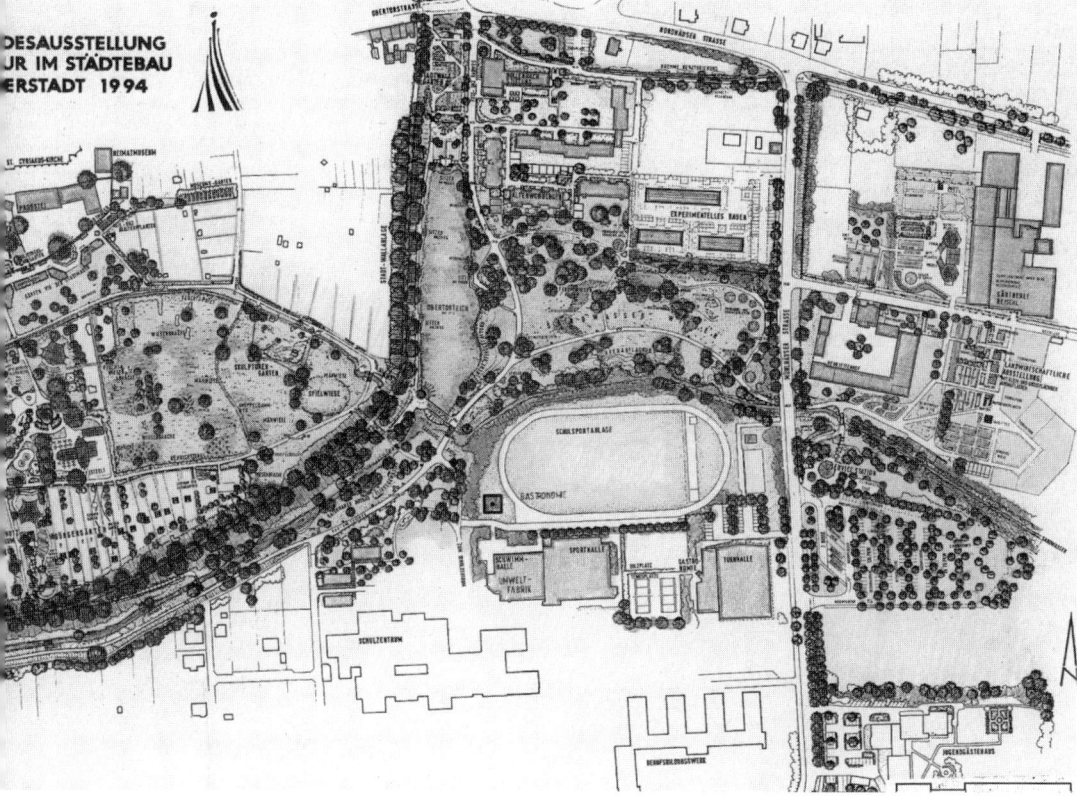

Abbildung 146: Duderstadt 1994 – Stadterneuerung und -gestaltung, Landesausstellung und Gartenschau als gemeinsames Projekt. Landschaftsarchitekt Hans-Joachim ADAM.

Gelände gibt es die Möglichkeit einer „offenen" Gartenschau, in die die ganze Stadt einbezogen wird (Grün 82 Erlangen, Lausanne 1997). Die einzige auf Dauer angelegte Gartenschau in Erfurt ist in der Folge der Wiedervereinigung Deutschlands umgebaut worden.

Die **Gartenbaumesse**, meist auf einem ständigen Messegelände mit Hallen und Freigelände veranstaltet, dient ausschließlich der Darstellung und dem Verkauf von Produkten des Gartenbaues und damit in Verbindung stehender Betriebe wie Glashäuser, Gartengeräte, Wegebeläge, Mauersteine und dergleichen; ein Beispiel dafür ist die Gartenbaumesse Tulln, Niederösterreich.

Gartenschauen sind wegen der Problematik der unterschiedlichen Zielsetzung – hie Leistungsschau, dort nutzbarer öffentlicher Grünraum – insgesamt sehr umstritten. Lösbar ist diese Dualität nur dadurch, dass der neue Park bzw. das Erholungsgebiet geplant und gebaut und erst dann die Gartenschau als temporäre Ausstellung „darübergelegt" wird, ohne zusätzliche feste Einbauten. Gestalterisch ist der Zwiespalt zwischen Ausstellung einerseits – mit Einzäunung, breiten Wegen, intensiver und attraktiver Ausstattung, Verkehrsmittel auf dem Gelände – und intensiv nutzbarem Freiraum andererseits nicht aufzulösen.

In jüngerer Zeit werden auch Gartenschauen – ohne Freilandflächen – ausschließlich als **Hallenschauen** mit zwei bis drei Tagen Dauer durchgeführt, so unter anderem in Wien.

b) Rechtliche und organisatorische Grundlagen

Für Gartenschauen gelten keine besonderen rechtlichen Bestimmungen neben der Flächenwidmung und der Bauordnung des jeweiligen Landes. Bei internationalen Gartenschauen sind die Bedingungen des Büros für Weltausstellungen in Paris einzuhalten. Bei Bundes- und Landes-Gartenschauen wird die finanzielle Förderung aus Steuermitteln an das Einhalten bestimmter Bedingungen gebunden, beispielsweise an das Überführen des Geländes nach der Schau in einen öffentlichen Park, an das Belassen von Bauten für öffentliche Zwecke.

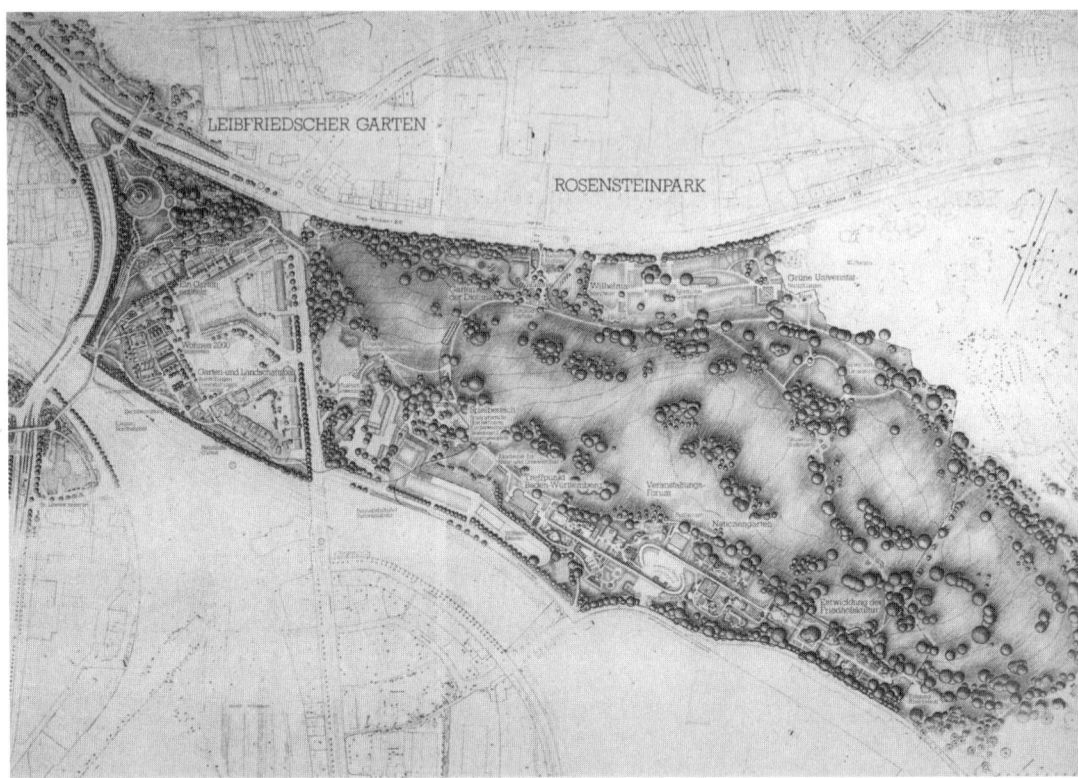

Abbildung 147: Internationale Gartenbauausstellung IGA Stuttgart 1993 als städtebauliches Konzept „Grünes U". Ausschnitt aus dem Gesamtplan. Landschaftsarchitekten Hans Luz + Partner und andere.

Beispielhaft sind die „Grundsätze für die Durchführung von Landesgartenschauen in Baden-Württemberg", dazu „Vergabe- und Förderrichtlinien" (Hrsg. Ministerium Ländlicher Raum (MLR-10-1988)). Stuttgart 1988.

Träger von Gartenschauen können sein:
- der Bund;
- das jeweilige Bundesland;
- die veranstaltende Stadt;
- der Erwerbsgartenbau, dessen Bundes- und Landes-Organisationen.

Für die Planung, Vorbereitung, Durchführung und den Rückbau wird jeweils eine eigene **Gesellschaft** gegründet, die, wie etwa in Bayern, auch mehrere Gartenschauen (im Jahres- oder Zweijahresabstand) betreuen kann. Zur Kontrolle und Steuerung werden Ausschüsse gebildet, die paritätisch aus Fachleuten und Vertretern der öffentlichen Hand (Politiker, Beamte) zusammengesetzt sind. Bei internationalen Gartenschauen muss ein Regierungskommissär bestellt werden.

Die **Kosten** einer Gartenschau sind zu trennen nach
- Kosten für die Planung, Vorbereitung und Herstellung, vor allem Baukosten, Investitionskosten;
- Durchführungskosten, vor allem Personalkosten, Betriebskosten;
- Kosten für den Rückbau, also für den Abbau aller ausstellungsbedingten Bauten und Einrichtungen.

Die Eintrittsgelder decken die Gesamtkosten nur zum Teil, in der Regel nur die Durchführungskosten; daher sind öffentliche Zuschüsse notwendig, die aber durch den langfristigen Nutzen, etwa eines Parks, und durch den Umwegnutzen, also Werbung für die Stadt, Nächtigungen und dergleichen, ausgeglichen werden. Allerdings wird immer öfter die Frage gestellt, ob für das Erreichen der städtebaulichen Ziele der Umweg über eine Gartenschau nicht unwirtschaftlich ist und die jeweilige Stadt sich mit der Gartenschau nicht einem selbsterzeugten Sachzwang ausliefert. Diese Kritik wird verstärkt durch Beispiele, bei denen die Besucherzahlen weit unter dem Voranschlag geblieben sind, so dass das Defizit einschließlich Zinsendienst das Budget der Stadt über viele Jahre hinaus belastet.

Eine Reihe von Städten bewerben sich um eine Landes- oder Bundesgartenschau. Gründe dafür sind unter anderen (ergänzt nach F. Trillitzsch):
- „Geschenktes Geld" aus Landes- oder Bundesmitteln;
- ein wertvolle neuer – oder völlig erneuerter – attraktiver Park;
- ein kommunalpolitisch nutzbares „Show"-Geschäft mit mehreren Eröffnungen und entsprechenden Berichten in allen Medien;
- ein lang andauerndes „Stadtfest" als Anziehungspunkt;
- die Belebung der Wirtschaft, vor allem für Gartenbau, Beherbergung und Gastronomie;
- die Werbung für die Stadt, die Förderung des Tourismus.

c) Nutzung, Nutzergruppen

Bei Gartenschauen sind zu unterscheiden
- Besucher aus der näheren Umgebung, für die Dauer- und Familienkarten ausgegeben werden;
- Besucher aus der Region bzw. aus dem Bundesland, vielfach in Gruppen, die mit Autobussen anreisen;
- Besucher aus dem Bundesgebiet und dem Ausland.

Die **Dauer** einer Gartenschau beträgt sechs Monate, meist von April bis September; Gartenbaumessen dauern in der Regel zwei bis drei Tage, selten länger. Hauptanziehungspunkte und damit wichtig für die Zahl der Besucher sind Hallenschauen und thematische Schauen wie Dahlienschau, Rosenschau.

Erfahrungsgemäß hängt der Besuch von besonderen **Attraktionen** ab, bei der Landesgartenschau Schmiding in Oberösterreich beispielsweise von der Kombination mit einem bekannten Vogelpark, von einer Vielfalt an Blumen und Betätigungsmöglichkeitern für Kinder. Für die Zahl und Zufriedenheit der Besucher sind auch eine effiziente Organisation der Parkplätze und Kassen sowie ein gutes und preiswertes Angebot der **Gastronomie** auf dem Gelände selbst wichtig, schließlich auch ausreichende, qualitativ hochwertige Übernachtungsmöglichkeiten in der Stadt. Gartenschauen und Gartenbaumessen mit einem großen Freiland-Anteil sind selbstverständlich stark vom Wetter abhängig. Die Besucher kommen aus allen Altersgruppen, vor allem viele ältere Menschen.

Besucher von Gartenschauen sind ein spezifisches Publikum, das sich nicht mit dem ausschließlich kultureller Veranstaltungen oder dem von Vergnügungsparks deckt. Das schließt nicht aus, dass auf dem Gelände einer Gartenschau auch Konzerte, Theateraufführungen und andere attraktive Veranstaltungen stattfinden können. Bewährt hat sich auch die Kombination mit anderen Zielen in der Region, beispielsweise Schlösser, Kirchen oder Ausstellungen.

d) Räumliche Zuordnung, Standort

Für Internationale Gartenschauen und Bundesgartenschauen kommen in der Regel Großstädte, für Landesgartenschauen vor allem Mittelstädte in Frage.

Grundsätzlich ist zu entscheiden zwischen
- einem zusammenhängenden abgeschlossenen Gelände;
- mehreren jeweils abgeschlossenen Teilbereichen, möglichst durch Shuttle-Bus verbunden;
- der ganzen Stadt als Gartenschau, keine Einzäunung, Beispiele bisher Grün 82 Erlangen, Lausanne Jardins 97.

Für eine konventionelle Gartenschau gelten mehrere **Standortkriterien:**
- Gute Erreichbarkeit mit öffentlichen Verkehrsmitteln; ausreichende Parkmöglichkeiten;
- die städtebauliche Situation, vor allem im Hinblick auf die Dauernutzung nach der Schau, Einbindung in das Grünsystem;
- ein vorhandener Bestand an Gehölzen, Wasser; die landschaftliche Lage, Aussicht;
- der Ausbau abgewerteter Flächen, beispielsweise Abbau-, Deponiegelände, Industriebrache;
- die Möglichkeit für Sonderschauen, Demonstrations- und Informationsveranstaltungen mit Nutzung einer vorhandenen Halle.

Es sind sowohl eine **zentrale** Lage in der Stadt, wie zum Beispiel in Stuttgart, Karlsruhe und Hamburg, als auch eine **Randlage** wie bei der WIG 74 in Wien-Oberlaa möglich. Die Verbindung mit einem Messegelände ist günstig, auch wegen der Mitnutzung von Hallen. Die Konfiguration des Geländes sollte wegen der notwendigen Einzäunung und der Weglängen möglichst quadratisch bis rechteckig sein. Oft ist die Lage durch das Ziel der Gartenschau, etwa die Ausgestaltung eines Abbaugeländes, von vornherein gegeben.

e) Entwurf

Grundsätzlich hat der Entwurf für die **Dauernutzung** des Geländes Vorrang vor dem Entwurf für die Vor- oder Zwischennutzung als Ausstellung. Beides ist jeweils für sich zu konzipieren. Die städtebauliche Zielsetzung hat der generellen Landschaftsplanung für die jeweilige Stadt zu entsprechen. Wichtig ist daher ein **Gesamtentwurf** für den ganzen Bereich der Gartenschau

Siehe Farbtafel VII, Abbildung 148: Internationale Gartenschau IGS 2000 in Unterpremstätten bei Graz, Steiermark. Wettbewerbsentwurf Prof. Dieter KIENAST + Günther VOGT (1. Preis).

und dessen engeres Umfeld, danach die Koordination von Einzelentwürfen für **Teilbereiche**. Dringend zu empfehlen ist die Ausschreibung eines Wettbewerbs für Landschaftsarchitekten bzw. Ingenieurkonsulenten für Landschaftsplanung mit einer klaren Zielvorgabe für die spätere Dauernutzung als Park, Erholungsgebiet und dergleichen mehr. Es ist möglich, getrennte Wettbewerbe für die Gesamtanlage und, auf der Grundlage des Siegerprojekts, für einzelne Teilbereiche auszuschreiben oder die auf den Plätzen gereihten Landschaftsarchitekten mit dem Entwurf von Teilbereichen zu betrauen.

Das Freigelände von Gartenschauen und Gartenbau-Messen ist nach Teilbereichen für einzelne **Themen** zu gliedern, beispielsweise:
- Einjahresblumen, Stauden, Gräser, Farne, Wasserpflanzen;
- Rosenschau, Rosarium;
- Baumschulschau, Gehölzschau;
- Friedhofsgestaltung, Grabgestaltung, Grabzeichen;
- Spielbereich;
- Garten- und Landschaftsbau, Material, Gartengeräte;
- eventuell Gärten der Nationen, Gärten der Partnerstädte;
- eventuell Muster-Kleingartenanlage;
- eventuell Sonderthemen wie Klang-, Duftgarten und dergleichen.

Manchmal wird auch eine ganze Gartenschau unter ein Leitthema gestellt, so etwa die Landesgartenschau Gmunden in Oberösterreich (Entwurf Prof. M. AUBÖCK) unter das Thema „Wasser".

An **baulichen** Einrichtungen sind vorzusehen:
- Einzäunung, Eingangsbauten mit Kassen, sanitäre Anlagen;
- Halle(n), eventuell Zelt(e);
- Restaurant, Gasthaus, Kaffeehaus, Kioske;
- Betriebs- und Verwaltungsgebäude; Lagerplatz, Bauhof;
- bei Bedarf internes Verkehrsmittel wie Elektrokarren, Liliputbahn, Sessellift;
- Kinderspielbereiche.

Bei sehr großen Anlagen wie zum Beispiel der WIG 74 mit über 100 ha Fläche ist im Hinblick auf die spätere Bewirtschaftung eine Trennung möglich in
- einen intensiv gestalteten und gepflegten Bereich der Gartenschau im engeren Sinne, nämlich als Ausstellung, der in diesem Falle in der Dauernutzung als Kurpark dient, und
- einen extensiven Bereich mit naturnahen Erholungseinrichtungen und ökologischen Rückzugsbereichen.

In jüngerer Zeit wird versucht, im Rahmen von Gartenschauen den Besuchern auch ökologische Anliegen nahe zu bringen, etwa durch die Einbeziehung oder Anlage von Feuchtbiotopen, Trockenrasen, naturnah ausgebauten Bachläufen und dergleichen.

Die Wegbreiten sind auf den erwarteten Spitzenbesuch auszulegen; als zweckmäßig haben sich Lösungen mit gepflasterten Randstreifen mit Rasenfugen zu beiden Seiten eines durchgehend mit bituminösem Belag befestigten Weges erwiesen. Für die Besucher ist ein übersichtliches **Leitsystem** wichtig. Die Erklärung der einzelnen Exponate auf Schrifttafeln sollte sich auf das Notwendige beschränken.

Ein Schwerpunkt der Kritik an herkömmlichen Gartenschauen ist, dass damit eine vielfältig genutzte, ökologisch bedeutsame „verwilderte" Freifläche mit hohem Aufwand in einen äußerst pflegebedürftigen, intensiv gestalteten, ökologisch ärmeren und wenig nutzbaren städtischen Park verwandelt wird. Manchmal wird auch beklagt, dass ein schon gestaltetes Gelände für eine Gartenschau überarbeitet wird, als „Instandsetzen eines schon instandgesetzten Parks" (L. BURCKHARDT mit Bezug auf die Karlsaue in Kassel). Diese Kritiken sind sehr ernst zu nehmen,

303

der Entwurf ist jedenfalls auf die Grundsätze der Nutzung, der Bewahrung der ökologischen Werte und der Zurückhaltung bei Umgestaltungen jeder Art auszurichten.

Sowohl bei der grün 82 Erlangen als auch bei der Lausanne Jardins 97 ist man neue Wege gegangen, nämlich die **ganze Stadt** zur Gartenschau zu erklären und viele einzelne Projekte zu zeigen, die zu Fuß oder mit dem Fahrrad auf gekennzeichneten Wegen erreichbar sind. So zeigte der Parcours „Jardins faisant" in Lausanne Jardin 97 auf drei Rundgängen in Bau befindliche Gärten. R. Grebe, der Planer und Betreuer der Bayerischen Landesgartenschau Erlangen 1982, nennt als die wichtigsten Ziele der grün Erlangen 82, die sich dadurch deutlich von den herkömmlichen Bundesgartenschauen abheben sollte:
- die Darstellung der Stadt in ihrem Normalzustand und
- die Darstellung der Entwicklung dieser Stadt und ihrer Landschaft als Prozess.

Alle Aktivitäten der Grün- und Freiraumplanung wurden in Erlangen in diese Darbietung einbezogen: das Radwegenetz, Fußgängerachsen und Stadtplätze, die Talräume und deren Biotope; eingebunden wurden auch viele Bürgergruppen, der Bund Naturschutz, die Universität und ansässige Firmen. All dies diente nicht so sehr dem Ziel, möglichst viele Besucher von außen anzuziehen, sondern in erster Linie den Bürgern der Stadt Erlangen selbst zu dienen. Die Präsentation des Gartenbaues beschränkte sich auf einige Blumenmärkte und drei Hallenschauen.

Auch der preisgekrönte Entwurf von Prof. D. Kienast, Zürich für die internationale Gartenschau IGS 2000 bei Graz, die in einer Schotterabbau-Landschaft liegt, situiert die üblichen Schau-Elemente in Hallen und konzipiert die Freiflächen als Park. Ein anderes Beispiel ist die deutsche Bundesgartenschau 1997 in Gelsenkirchen, mit der ein 200 ha großes altes, teilweise von Altlasten durchsetztes Industriegebiet nach den Plänen der Landschaftsarchitekten Pridik + Freese in einen neuen Landschaftsraum mit Gewerbe-, Wohn- und Landschaftspark umgestaltet wurde.

f) Flächengrößen

Die erforderliche Fläche ist abhängig vom Raumprogramm und der örtlichen Situation. Die Untergrenze für Gartenschauen liegt bei etwa 10–15 ha, die Obergrenze bei 60–80 ha; darüber sind die Weglängen von den Besuchern nicht zu bewältigen. Gartenbaumessen sind auch auf einem kleineren Gelände (6–8 ha) möglich.

Literatur

anthos: Zeitschrift für Landschaftsarchitektur, Heft 2/1997. Sulgen (CH)
Böse H.: Untersuchungen zur Bundesgartenschau Frankfurt a.M. Kassel 1981
Detzlhofer A.: Oberösterreichische Landesausstellung 1992. Skizzen zur Freigeländegestaltung. Wien 1991
Grebe R.: Leben in der Stadt. Mensch – Umwelt – Natur – Gärten, Information zu Grün in Erlangen 82. Erlangen 1982
Panten H.: Die Bundesgartenschauen. Eine blühende Bilanz seit 1951. Stuttgart 1987
Stadt Erlangen (Hrsg.): Grün in Erlangen. 4 Grünachsen. 87 Besichtigungspunkte. Erlangen 1987
Topos 26: Internationale Bauausstellung Emscher Park/IBA. München 1999
Wagenfeld H.: Konzeption und Planung von Gartenschauen. In: Richter G., Handbuch Stadtgrün. München 1981
Zentralverband Deutscher Gartenbau -ZVG (Hrsg.): Bundesgartenschauen in der Diskussion. Bonn 1983

4.8 Verkehrs- und Schutzgrün; Baustoffgewinnung, Halden

4.8.1 Vorgärten, Grün im Straßenraum

Vorgärten

Sie sind aus den behördlich vorgeschriebenen Abstandsflächen zwischen Häusern und Straße entstanden und gehören zum Bauland. Es sind private Flächen, für die im Allgemeinen eine gärtnerische Gestaltung, zumindest eine einfache Begrünung, vorgeschrieben ist, ebenso eine optisch durchlässige Abgrenzung im Sinne einer gestalterischen Aufwertung des Straßenraumes. Bei Einhaltung dieser Vorschrift ist der Vorgarten als privater Freiraum nicht nutzbar, sondern nur Abstandsfläche, oft gestalterisch und in der Pflege vernachlässigt. Die Vorschrift der Transparenz von und zur Straße wird allerdings sehr oft umgangen, etwa durch dichte Hecken, Schilfmatten, Kunststoffmatten u. a. m., und ist damit obsolet.

In vergleichsweise wenigen Fällen kommt es, wie schon von Hugo KOCH und Leberecht MIGGE vorgeschlagen, zu einer gemeinsamen Gestaltung der Vorgärten einer ganzen Straße bzw. eines Teiles der Straße, wobei die Zäune durch eine niedrige Trennmauer ersetzt werden. Die Zäune selbst sind dabei in die Baulinie zurückversetzt. Die Entscheidung darüber, ob diese Lösung gewählt wird, liegt bei den Grundeigentümern, sie kann durch Festsetzungen im Bebauungsplan erleichtert werden. Vergleichsweise zahlreiche Beispiele dafür finden sich in der Schweiz und in den Niederlanden. Viele Gartenbesitzer machen allerdings dagegen geltend, dass die Vorgärten verschmutzt würden und Einbrecher einen leichteren Zugang zum Haus hätten.

Eine andere Möglichkeit besteht darin, den Vorgarten durch eine etwa 2,10 m hohe Mauer oder geschnittene Hecke ganz von der Straße abzuschirmen und dem Hause als Freiraum zuzuordnen. In jedem Falle sind im Vorgarten durchaus vielfältige Nutzungen möglich: Spielraum, Küchengarten, Werkplatz zum Basteln, Abstellplatz für Fahrräder. Auf diese Weise kann der Gegensatz von „vor dem Hause" und „hinter dem Hause" aufgehoben werden, beide Freiräume sind gleichwertig.

Mit einer Gestaltungssatzung (Ortsbildsatzung und dergleichen) kann die Gemeinde – über die Bauordnung hinaus – die Gestaltungsmöglichkeiten bei Bauten und Gartenanlagen einschränken, indem sie Vorschriften beispielsweise für die Giebelstellung, Dachneigung, Dachdeckung, Färbelung der Häuser, für die Gestaltung der Vorgärten und der straßenseitigen Einfriedungen erlässt. Viele jetzt denkmalgeschützte Bauten in Städten könnten nach diesen Vorschriften heute nicht mehr bewilligt werden.

In Bayern kann im Grünordnungsplan die Nutzung der Vorgärten jeweils den Häusern **oder** der Straße zugeordnet werden. Die Vorgartenbereiche werden gestalterisch und funktionell mit dem Gehweg zu Kommunikationsbereichen verknüpft. Wo dies nicht möglich oder erwünscht ist, sind die Vorgärten von der Straße klar durch Hecken, Zäune und Mauern – als eindeutige Grenze zwischen Privatgrund und öffentlichen Flächen – zu trennen.

Gehwege, Radwege
(vgl. auch Abschnitt 4.1.3)

Das Fuß- und Radwegenetz ist ein wichtiger Bestandteil des Landschafts- und des Grünordnungsplanes. Anzustreben ist die Trennung vom Fahrverkehr, also eigene Geh- und Radwege, etwa in Grünverbindungen entlang von Wasserläufen und anderen natürlichen Leitlinien, beispielsweise Hangkanten oder Waldränder; dabei sind Aussichtspunkte einzubeziehen. Bei Straßen sind die Gehwege von der Fahrbahn durch Hecken zu trennen; bei größeren Parks sind der Gehweg und der Radweg, mit eigener Beleuchtung, innerhalb der Grünfläche zu führen. Die Gestaltung und Materialwahl der Gehwege sollte der Lage entsprechen: innerhalb des bebauten Gebietes befestigte Flächen mit Pflasterung, Kunststeinplatten, auch Beleuchtung; am Stadtrand, etwa zu und in Erholungsgebieten, wasserdurchlässige Decke oder Graswege.

Abbildung 149: Individuelle Begrünung eines Straßenraumes durch die Hausbesitzer in Schleswig, von der Stadtverwaltung gefördert.

Abbildung 150: Schematische Beispiele für die Möglichkeiten, Straßenräume zu verbessern.

Fußgängerzonen

sind umgebaute Straßen und Plätze, die verkehrsfrei sind; die Zufahrt wird nur zu vorgegebenen Zeiten zur Ver- und Entsorgung der Geschäfte und gewerblichen Betriebe gestattet. Sehr problematisch und eigentlich sinnwidrig sind Fußgängerzonen mit öffentlichem Verkehr, in denen sich die Passanten nicht frei bewegen können, sondern immer auf die Straßenbahn oder den Autobus achten müssen; ein Beispiel dafür ist die Herrengasse in Graz.

Ein Fehler, der – meist aus wirtschaftlichen Gründen – bei vielen Fußgängerzonen gemacht wird, ist eine Fülle von Schaukästen, Litfaßsäulen und anderen vermietbaren Einbauten, die den Straßenraum verengen und bei starker Frequenz zu Stauungen führen. Auch die Verwendung von Kübelpflanzen ist nicht durchwegs zu empfehlen, sie sollte sowohl aus gärtnerischen als auch aus stadtgestalterischen Gründen auf wenige Standorte beschränkt bleiben. Jedenfalls muss darauf geachtet werden, dass alle baulichen Einrichtungen und Pflanzgefäße so deutlich sichtbar angeordnet sind, dass Passanten nicht gefährdet werden.

Sehr differenziert zu beurteilen ist das „mobile Grün", also Pflanztröge mit einer Bepflanzung aus Einjahresblumen und Gehölzen bis zu kleinkronigen Bäumen. Sie werden teils nur während der wärmeren Jahreszeit bepflanzt, teils mit der Bepflanzung in frostfreien Räumen überwintert, teils auch im Winter an Ort und Stelle belassen. Zu empfehlen ist es, zwei Sätze der gleichen Art vorzuhalten, von denen jeweils einer in der Stadtgärtnerei „zur Erholung" steht. Mit dem mobilen Grün sollen Straßen und Plätze, auf denen keine dauernde Bepflanzung möglich ist, geschmückt und belebt werden. Die Technik entspricht den Kübelpflanzen des Barockgartens, meist Zitruspflanzen, die im Frühjahr als vertikales Element im Gartenparterre aufgestellt und in der Orangerie überwintert wurden.

Dazu ist anzumerken, dass die Lohn- und Energiekosten jener Zeit mit den heutigen nicht zu vergleichen sind; Kübelpflanzen werden daher schon aus wirtschaftlichen Gründen nur in wenigen Fällen gerechtfertigt sein. Sie sind auch aus gestalterischen Gründen auf wenige Stellen zu beschränken, die Pflanzen sollten sorgfältig nach der städtebaulichen Situation und nicht nur nach gärtnerischen oder modischen Erwägungen ausgewählt werden.

Abbildung 151: Beispiel für kaum genutzte Möglichkeiten von Vorgartenflächen bei hohem potentiellen Wert (Berlin).

Wohnstraßen, Spielstraßen

Ziel ist die „Rückeroberung" der Straße, die durch Jahrhunderte vielfältig nutzbarer Freiraum für Anwohner und Passanten war. Voraussetzung ist ein durchschnittlicher täglicher Verkehr (dtV) von weniger als 600 Kraftfahrzeugen. Wichtig sind die „Lesbarkeit" und „Zonierung" des Straßen-Freiraumes; es muss für jedermann unzweifelhaft deutlich sein, dass der Straßenraum dem Aufenthalt und Spiel dient und das Befahren die Ausnahme darstellt.

Wohn- und Spielstraßen sind in der Regel verkehrsberuhigt, das heißt, durch Gestaltungsmaßnahmen im Straßenraum wird die Fahrgeschwindigkeit unter 30 km/h reduziert:

- die Gehsteige werden verbreitert, die Fahrbahnbreite wird auf ein Mindestmaß eingeschränkt;
- Straßen werden unterbrochen;
- Sitz- und Spielbereiche werden eingebaut;
- getrennte Radwege werden angelegt;
- die Fahrbahn wird durch Poller mehrmals verschwenkt.

Abbildung 152: Gutes Beispiel für einen Vorgarten, hier in Utrecht, Niederlande.

Bei Wohnstraßen können zur optischen Orientierung zweckmäßig unterschiedliche Baustoffe für die Bodenbeläge, für Beleuchtungskörper und für die Bepflanzung eingesetzt werden. Es kann allerdings auch zu einer Überfülle an „Straßenmöblierung" kommen. Eine weitere Gefahr ist die der „Unbestimmtheit", der Unsicherheit, welche die vorrangige Funktion der Verkehrsfläche ist, verstärkt durch rücksichtsloses Verhalten von Auto- und Radfahrern. Die Gestaltung sollte jedenfalls eindeutig auf die Wohn- und Spielnutzung ausgerichtet sein.

Literatur

Brinkforth B.: Mobiles Grün in der Stadt. Stuttgart 1990
Bundesminister für Raumordnung, Bauwesen und Städtebau (Hrsg.): Kinderfreundliche Umwelt. Kinderspiel im Straßenraum. Schriftenreihe Städtebauliche Forschung des BMBau, Heft 03.087. Bonn 1980
Bundesminister für Verkehr (Hrsg.): Verbesserung der Verkehrsverhältnisse in den Gemeinden. Bürgerfreundliche und behindertengerechte Gestaltung des Straßenraums. Schriftenreihe „Direkt". Bonn 1992
Forschungsgesellschaft für Straßen- und Verkehrswesen (FGSV) (Hrsg.): Empfehlungen zur Straßenbepflanzung in bebauten Gebieten. Ausgabe 1991. Köln 1991
Kellner U., G. Nagel: Auswirkungen von Wohnbereichsstraßen auf die Freiflächenversorgung. Institut für Grünplanung und Gartenarchitektur, Universität Hannover. Beiträge zur räumlichen Planung, Heft 2. Hannover 1982
Schümmelfeder H.: Der Vorgarten. Funktion, Gestaltung, Beispiele. München 1990

Abbildung 153: Trennung des Gehsteigs, der oft von Ausflüglern benützt wird, von der Fahrbahn einer stark befahrenen Straße, auf rund 750 m Länge (Hermesstraße, Wien-Speising).

Abbildung 154: Beispiel für eine Mittelallee mit Gehölz-Unterpflanzung (Oswaldgasse, Wien-Altmannsdorf).

308

4.8.2 Straßenbäume, Alleen in Stadtstraßen

Nach Möglichkeit sind Pflanz- bzw. **Baumstreifen** zwischen Gehsteig und Fahrbahn vorzusehen, mit einer absoluten Mindestbreite von 1,50 m, möglichst 2,50 m breit; sie sind mit Gehölzen zu bepflanzen oder als Mosaikpflaster auszuführen, wobei aber die Gefahr besteht, dass die Straßenbäume durch parkende Autos beschädigt werden; Metallbügel zum Schutze der Bäume sind als Notlösung zu empfehlen. Die Baumstreifen müssen auf jeden Fall wasserdurchlässig sein. Die Anlage von Rasenstreifen ist nur in Ausnahmefällen sinnvoll, etwa aus stadtgestalterischen Gründen, wie bei der Wiener Ringstraße. In Kassel hat man gute Erfahrungen mit Baumstreifen aus Kalkschotter 0/80 gemacht, auf einem Teil davon wurden ein- und zweijährige Wildkraut- und Ruderalarten angesät, die übrigen Flächen wurden der Sukzession überlassen. Zwischen den einzelnen Baumgruben sollten in den Baumstreifen Künetten, sogenannte „Wurzelentwicklungsgräben" angeordnet werden.

Für den Abstand von Baumpflanzungen zu Einbauten und Leitungen bestehen eigene örtliche Vorschriften und Richtlinien; generell sollten Pflanzungen über Leitungen vermieden werden.

Die richtige Bepflanzung, sowohl im Mittelstreifen – wo vorhanden – als auch am Rande der Straße unterliegt wichtigen Bedingungen:

- sie hat eine Leitfunktion und erhöht dadurch die Verkehrssicherheit;
- Bäume auf Straßen und Plätzen müssen den besonderen **Standortbedingungen**, denen sie ausgesetzt sind, entsprechen;
- sie müssen hohen Anforderungen, etwa an Standfestigkeit und Widerstandsfähigkeit gegen Luftverunreinigungen gerecht werden;
- sie dürfen keine zu hohen Ansprüche an Pflegemaßnahmen stellen;
- sie sollen eine weite und lichte Krone aufweisen und dürfen nicht brüchig sein;
- der Stamm soll hoch sein, die Krone darf also nicht zu tief ansetzen, um ein entsprechendes Lichtraumprofil für Fahrzeuge zu sichern.

In jüngerer Zeit werden in Markenbaumschulen spezielle Züchtungen, zum Teil geklont, von mehreren Baumarten kultiviert, die diesen Anforderungen entsprechen.

Folgende **Fehler** finden sich bei Straßenbaumpflanzungen:

- eine falsche Baumart wird am falschen Standort verwendet;
- es werden zu starke Bäume gesetzt, die Grenze für ein gutes Anwachsen liegt bei 14/16 cm Stammumfang; zu schwache Bäume werden über kurz oder lang abgebrochen;
- es werden handwerkliche Fehler bei Pflanzung und Pflege gemacht, so wird beispielsweise zu tief gepflanzt oder es wird ein kompletter Bodenaustausch mit humosem Oberboden vorgenommen;
- die Baumgruben und Baumscheiben werden zu klein bemessen; erforderlich sind mindestens 4 × 4 × 1 m oder ein durchgehender 2,5 m breiter Pflanzstreifen;
- die Baumscheiben sind verdichtet und für Luft und Wasser undurchlässig.

Alleen sind aus allen als Straßenbäume geeigneten und am Ort bewährten Baumarten möglich. Grundsätzlich ist zu entscheiden, ob sich die Kronen frei entwickeln (weiter Stand) oder miteinander einen geschlossenen Raumeindruck vermitteln sollen (enger Stand). Die **Abstände** der Bäume voneinander unterscheiden sich demnach deutlich: im weiten Stand 9 bis 12 m, im engen Stand 4 bis 6 m, fallweise auch enger. Es gibt historische Alleen mit Baumabständen von 1,0 bis 2,0 m. In jüngerer Zeit werden bei der Neupflanzung von Alleen meist von vornherein Abstände von 8 bis 14 m eingehalten, weil es bei einer engeren Pflanzung später – infolge von Bürgerprotesten – nicht mehr möglich ist, jeden zweiten Baum herauszunehmen. Bei der um 1970 erneuerten Herrenhäuser Allee in Hannover beträgt der Abstand in der Reihe 6 m. Alleen sind auch aus kugelkronigen Bäumen möglich. Das – meist geklonte – Pflanzenmaterial in gleicher Stärke und Kronenform kann über Anbauverträge in Baumschulen zeitgerecht herangezogen werden.

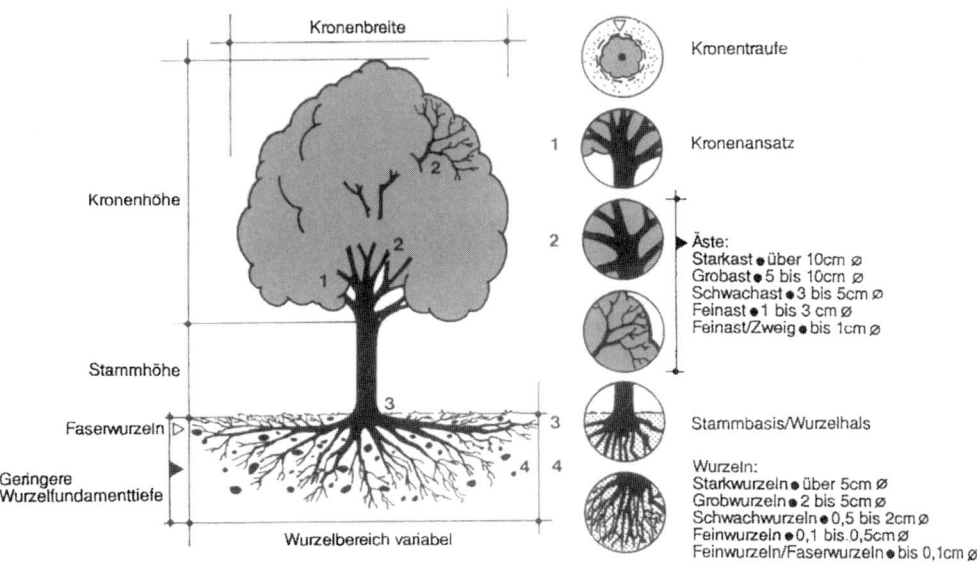

Lebensraum eines Baumes

Quelle: MA 42 – Stadtgartenamt

Es gibt keine spezifischen **Baumarten** für die Verwendung als Straßenbäume, wohl aber solche, deren Ansprüche den besonderen Standortbedingungen in der Stadt einigermaßen nahe kommen. Je weniger der vom Planer vorgesehene **Standort** den Ansprüchen des Baumes genügt, desto größer und damit kostspieliger wird der technische Aufwand zur Vorbereitung dieses Standorts. Das Klima unserer Innenstädte entspricht dem in Südosteuropa, Teilen Chinas und im mittleren Nordamerika. Dem sollte auch die Holzartenwahl folgen; die entsprechenden wärmeliebenden Gehölze haben meist glänzende Blattoberflächen, etwa Baumhasel (*Corylus colurna*), Ginkgobaum (*Ginkgo biloba*) und Pappel (*Populus simonii*) oder gefiederte Blätter wie Götterbaum *(Ailanthus altissima)*, Gleditschie (*Gleditsia triacanthos*), Robinie (*Robinia pseudacacia*) und Schnurbaum (*Sophora japonica*).

Die Wahl der Baumarten ist auch abhängig von den **lokalen** Standortbedingungen; bei trockenen Standorten ist das Spektrum der möglichen Arten sehr eingeschränkt, ebenso bei lichtarmen Standorten. Die mögliche Entwicklung der Krone ist unbedingt zu berücksichtigen; die Bäume sollten ohne Schnitt ihre dem Standort entsprechende Form ausbilden und das Lichtraumprofil gewährleisten können. Zu achten ist auch auf die Schattenwirkung auf angrenzende Häuser.

Die Baumarten sollten nach den **Erfahrungen am Ort** selbst ausgewählt werden; bei falscher Artenwahl oder schlechter Qualität der gepflanzten Ware bleibt auch eine sorgfältige Pflege vergeblich. Empfehlungen, beispielsweise die **Straßenbaumliste** der Ständigen Konferenz der Gartenamtsleiter beim Deutschen Städtetag (GALK), veröffentlicht in der Fachzeitschrift Stadt und Grün, Jg. 1995, oder in Baumschulkatalogen sind sehr hilfreich, gelten aber **nicht generell** und sollten unbedingt mit den örtlichen Erfahrungen verglichen werden. In den Vorbemerkungen zur Straßenbaumliste 1991 heißt es ausdrücklich, dass die Aufzählung der Baumarten nicht vollständig sein kann und nicht allgemeine Gültigkeit für alle klimatischen Bedingungen und Bodenarten besitzt. Am wirtschaftlichsten ist es immer noch, Baumarten zu verwenden, die sich in der jeweiligen Stadt über lange Zeit bewährt haben, und probeweise empfohlene Arten auf kurzen Straßenabschnitten zu pflanzen und ihre Entwicklung zu beobachten.

Wesentlich ist die Durchlüftung des **Wurzelraumes**, heute meist mit Hilfe von Dränrohren bis mindestens ein Meter Tiefe unterstützt. Ebenso lebenswichtig ist die Größe des Bodenraumes, der durchwurzelt wird, in einer Ausdehnung vom Ein- bis zum Dreifachen des Kronendurchmessers; die offene Baumscheibe sollte mindestens 4 × 4 m = 16 m² groß sein. Ein weiterer Faktor ist ein ausgeglichener Wasserhaushalt zwischen der Wasseraufnahme aus dem Boden und der Wasserverdunstung durch die Blätter. In der Regel muss bei Straßenbäumen Wasser zugeführt werden, sei es durch Gießen, sei es durch eine einfache Ringbewässerung. Im Vergleich zu anderen technischen Maßnahmen im Straßenraum sind die Kosten einer solchen automatischen Bewässerung gering.

Aussagen der Industrie, man könne durch hoch technisierte Anlagen, etwa durch ein automatisch über Fühler gesteuertes Leitungssystem, den Wurzelbereich von Straßenbäumen vollständig mit Sauerstoff, Wasser und Nährstoffen versorgen, so dass die Oberfläche bis zum Stamm hin verdichtet werden könne, führen zu der Frage,
- ob der finanzielle Aufwand für ein solches System in einem sinnvollen Verhältnis zum Erfolg steht;
- ob es vernünftig und wirtschaftlich ist, einen Baum Jahrzehnte lang auf eine Art und Weise am Leben zu erhalten, die der Intensivstation eines Krankenhauses entspricht, und
- ob es nicht besser wäre, an einem Standort, der einen derartigen Aufwand erfordert, auf das Pflanzen eines Baumes zu verzichten.
Damit wird nichts gegen die Entwicklung technisierter und automatisch gesteuerter Systeme gesagt, ohne die beispielsweise der Gartenbau heute nicht mehr rationell betrieben werden könnte, es wird aber im städtischen Grün immer zwischen den Kosten und dem Gewinn für die Öffentlichkeit abzuwägen sein.

Von großer Bedeutung ist auch der **Maßstab** der Baumpflanzung im Verhältnis zur Größe des Straßen- oder Platzraumes und zur Höhe der Bebauung. Zu kleine Elemente wirken verspielt und unpassend, zu große Formen stören die Proportionen. Bei Straßenbäumen ist auch die **Kronenform** wichtig. Der eigenständige, oft historisch gewachsene Charakter von baumlosen Straßen- und Platzräumen sollte bewahrt und nicht durch – gut gemeinte – Pflanzungen zerstört werden (Wien, Kärntner Straße). Die Bepflanzung von Straßen und Plätzen mit Bäumen wird besonders dort problematisch, wo Raumbildungen, die sich aus der Stellung und Höhe der Gebäude ergeben, durch die räumliche Wirkung der Bäume gestört werden. Dies gilt sinngemäß auch für kleine Restflächen und Zwickel. Bei Aussichtspunkten sollte der freie Blick nicht durch Bäume verstellt werden. So sehr Baumpflanzungen insgesamt zu fördern sind, muss ihre Berechtigung von Fall zu Fall geprüft werden.

Eine besondere Form stellt die **Promenade** dar, entstanden aus bürgerlichem Repräsentationsbedürfnis. Sie verläuft meist über eine längere gerade Strecke, zum Beispiel an einem Fluss als Uferpromenade, begleitet von mehreren Baumreihen, mit deutlich markierten Endpunkten wie einem Café, Pavillon oder Denkmal. Auch wenn der „Korso" in unseren Breiten nicht mehr üblich ist, bleiben die Promenaden, mit anderen Funktionen, beliebte Freiräume. Ähnliches gilt für die Boulevards, etwa in Paris, und für vergleichbare Straßen in anderen Städten. Bekannt sind **Uferpromenaden** entlang von Wasserflächen wie am Donaukanal in Wien, am Maschsee in Hannover, die Battery Park City Promenade in New York (Entwurf Cesar Pelli) und die Copacabana in Rio de Janeiro (Entwurf Roberto Burle Marx). Dabei reicht die Gestaltung von naturnahen bis zu sehr repräsentativen Anlagen.

Gut vorbereitete Baumpflanz-Aktionen für die Bürger können die Verwirklichung geplanter Maßnahmen erleichtern und zum Bewusstsein der Stadtbewohner für Straßenbäume beitragen. Eines der eindrucksvollsten Beispiele für die Pflanzung von Bäumen in der Stadt aus jüngerer Zeit ist die von Joseph Beuys als Beitrag zur „documenta 1982" in Kassel initiierte Aktion „Verwaldung statt Verwaltung" mit der Pflanzung von 7000 Eichen.

Literatur

Balder H., Ehlebracht K., Mahler E.: Straßenbäume – planen, pflanzen, pflegen. Berlin/Hannover 1997

Bundesminister für Verkehr, Bonn: Merkblatt Alleen (MA-StB 92). Dortmund 1992

Forschungsgesellschaft für Straßen- und Verkehrswesen: Merkblatt über Baumstandorte und unterirdische Ver- und Entsorgungsanlagen. Köln 1989

Gartenamtsleiterkonferenz GALK: Straßenbaumliste Stand 1995, Beurteilung von Baumarten für die Verwendung im städtischen Straßenraum. in: Stadt und Grün, 44.Jg. 1995, H.11, 775-780 und H.12, 838–845

Grey W., Deneke F.J.: Urban forestry. Chichester 1978

Hübotter P., B. Ottoni, B. Pfuhl: Bäume für die Stadt. Hannover 1993

Krieter M. et al.: Standortoptimierung von Straßenbäumen. Forschungsbericht Teil 1, Forschungsgesellschaft Landschaftsentwicklung Landschaftsbau (FLL), Arbeitskreis Straßenbäume. Bonn 1989

Liesecke H.-J., C. Heidger: Bäume in Stadtstraßen. Untersuchung zur Entwicklung von Maßnahmen zur Optimierung des Wurzel- und Standraumes von Bäumen in Stadtstraßen. Heft 670 der Schriftenreihe „Forschung Straßenbau und Straßenverkehrstechnik" des Bundesministeriums für Verkehr. Bonn 1994

Senator für Stadtentwicklung und Umweltschutz Berlin (Hrsg.): Baum – Stadt – Straße. Berlin 1985

Stadt Augsburg (Hrsg.): Bäume im Lebensraum Stadt. Augsburger Ökologische Schriften 3. Augsburg 1993

4.8.3 Autostellflächen, Verkehrs-, Begleit- und Schutzgrünflächen

Autostellflächen

Anzustreben ist bei allen Autostellflächen das **Überstellen mit Bäumen** in einem Raster von etwa 8 × 8 m; sie beschatten die abgestellten Fahrzeuge und üben auch eine stadtökologische Funktion aus. Der Boden sollte, soweit möglich, mit Hilfe von Beton/Gras-Steinen oder Schotterrasen offen gehalten werden, um den Wasserhaushalt zu sichern. Die Auswahl an Baumarten ist beschränkt, da alle Arten, die die Fahrzeuge beeinträchtigen oder beschädigen können, ausscheiden, beispielsweise Linde (Verkleben der Scheiben) und Rosskastanie (Blechschäden durch Früchte). Wesentlich ist der Schutz des Wurzelraumes vor Verdichtung und vor dem Eindringen

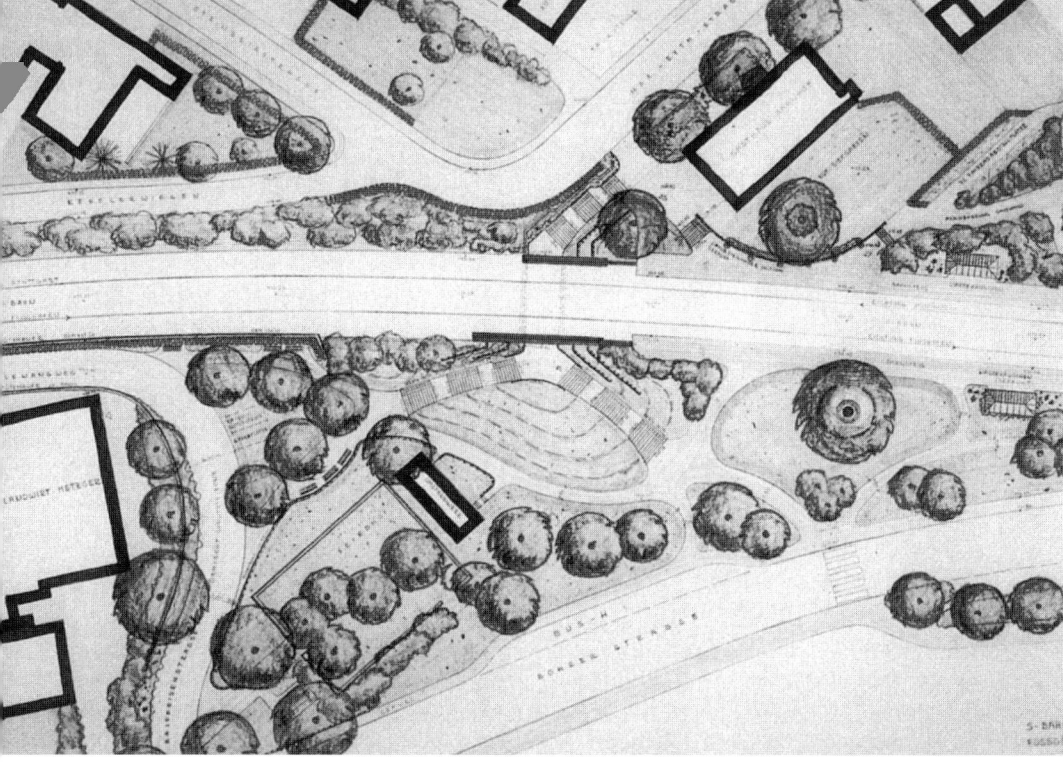

Abbildung 156: Landschaftliche Gestaltung einer S-Bahn-Unterführung in Leinfelden. Landschaftsarchitekt Hans Luz + Partner.

Abbildung 157: Straubing – Autobusparkplatz vor und nach der Bepflanzung aus Anlass der Stadterneuerung und der Landesgartenschau 1989. Landschaftsarchitekt Prof. Reinhard GREBE.

von Öl, Benzin und dergleichen, dadurch dass das Befahren unmöglich gemacht wird. Zu verwenden sind Bäume mit hoch angeschnittener Krone, wie Alleebäume.

In manchen Fällen kann bei Parkplätzen, die unterschiedlich stark genutzt werden, beispielsweise bei großen Sportanlagen, Friedhöfen, Messegelände u. a. m., eine Lösung in der Form gefunden werden, dass nur ein Teil der Stellflächen, der dem täglichen Bedarf dient, asphaltiert wird, während der größere Teil, der nur zu Spitzenzeiten benötigt wird, als Schotterrasen oder mit Beton-Gras-Steinen ausgeführt wird.

Bei großen Parkplätzen empfiehlt sich zur besseren Orientierung eine Gliederung durch **Hecken**, die aber aus Sicherheitsgründen (Autodiebstähle, Überfälle) unter etwa 1,20 m Höhe gehalten werden sollten, so dass der ganze Parkplatz zu überblicken ist.

An Straßen werden meist **Parkstreifen** mit Längs- oder Schrägaufstellung angeordnet. Um den Straßenraum zu gliedern, sollten diese Parkstreifen durch Einzelbäume unterbrochen werden.

Erforderliche **Flächenausmaße**
- Parkstreifen mit **Längsaufstellung**

PKW	Breite	2,00 m	Länge	7,00 m
LKW	Breite	2,75 m	Länge	10,00 m

- Parkstreifen mit **Schrägaufstellung** 45 bis 50 Grad

PKW	Tiefe	5,00 m	Breite	2,30 m

- Parkstreifen mit **Senkrechtaufstellung**

PKW	Tiefe	5,50 m	Breite	2,30 m

Vielfach besteht bei Tiefgaragen, Parkhäusern und Parkdecks die Möglichkeit, die oft sehr großen, ebenen **Dachflächen** zu begrünen. In der Regel wird aus Kostengründen eine extensive Begrünung als *Sedum*- oder Rasendach gewählt, in manchen Fällen werden aber Aussparungen in der Garage für den Wurzelraum von Bäumen im Ausmaß von 3,0 × 3,0 × 1,5 m angeordnet. In Wohnhausanlagen ist auch eine Nutzung der Garagendächer als Spielflächen möglich, wobei auf die Lage und Höhe der Abluftschächte besonders zu achten ist.

Auch die Überdeckung von Fahrbahnen, vor allem von Schnellstraßen und Autobahnen, und von Schienenwegen, wie Straßenbahn, U-Bahn, S-Bahn, kann in Form von **Grünbrücken** grundsätzlich mit Vegetation bedeckt werden. Für Sträucher und Rosen ist eine Oberbodenschicht von etwa 30 bis 40 cm erforderlich, für Rasen etwa 10 bis 15 cm. Darunter ist eine Dränschicht vorzusehen; bei trockenen Lagen ist für eine Bewässerung, zumindest während der Anwachszeit, zu sorgen. Bei Dächern auf Tiefgaragen und Parkhäusern kann eine automatische Bewässerung ohne hohen zusätzlichen Aufwand eingebaut werden.

Verkehrs-, Begleit- und Schutzgrünflächen

Als Verkehrsgrün werden Grünräume und Gehölzpflanzungen bezeichnet, die im Zusammenhang mit Verkehrsanlagen wie Straßen, Autostellflächen, Bahntrassen und dergleichen errichtet werden. Für alle diese Schutzpflanzungen wäre eine eigene Kategorie der Flächenwidmung sinnvoll; derzeit liegen sie in der Regel auf der Widmung Verkehrsband bzw. Verkehrsfläche, teilweise auch auf der Widmung der angrenzenden Nutzung wie beispielsweise Bauland/Wohnen oder Bauland/Industrie.

Aufgaben der Gehölzpflanzungen an Verkehrsanlagen sind:
- Schutz gegen Lärm und gegen Luftverunreinigungen, Staub und Schadstoffe;
- Führen und Lenken des Verkehrs, Orientierungshilfe; damit
- Erhöhen der Verkehrssicherheit;
- Schutz vor Blendung, vor Wind und Schneeverwehungen;
- Schutz bei Unfällen durch den elastischen Widerstand;
- Befestigung von Böschungen und Hängen durch ingenieurbiologische Maßnahmen;
- optische Einbindung und Gestaltung von Verkehrsbauwerken wie Brücken, Tunnel u. a.;

Verkehrsanlagen wie Straßen, Eisenbahnen und Flughäfen erfordern vielfach gesetzlich vorgeschriebene **Abstands- und Schutzflächen**, zum Teil mit beträchtlichen Abmessungen, bei denen eine Bepflanzung die wirtschaftlich und vom Schutzzweck her sinnvollste Lösung darstellt. Flächen, die aus Gründen der freien Sicht (Sichtdreieck bei Eisenbahn/Straßen-Kreuzungen) nicht bebaut werden dürfen, können mit niedriger Vegetation begrünt werden. Die Vegetation auf den Abstands- und Begleitflächen zu Verkehrsanlagen kann sich auch in Form einer gelenkten Sukzession entwickeln.

Die ökologisch und landschaftspflegerisch günstigste Lösung der Aufgabe, Siedlungen gegen den Verkehrslärm zu schützen, sind bepflanzte Erdwälle. Ihr Nachteil ist der Flächenbedarf: für einen acht Meter hohen Wall in ebener Lage ist mit einer Mindestbreite von rund 25 m zu rechnen, wenn beide Seiten in einem Neigungswinkel von 1 : 1,5 ausgeführt werden; dieses Ausmaß steigt, wenn die der Siedlung zugewandte Seite flacher angelegt wird, um sie in das Wohnumfeld einzubeziehen. Bei diesen **Lärmschutzwällen** können solche mit Böschungsneigungen im Schüttwinkel des verwendeten Materials und so genannte Steilwälle unterschieden werden, die mit Hilfe von Fertigteilen mauerähnlich aufgebaut werden. Sie sind das Mittel der Wahl bei Flächenmangel, etwa wenn Verkehrsanlagen durch bebautes Gebiet geführt werden müssen. Für beide Typen finden sich in der unten angeführten Fachliteratur Empfehlungen für die Pflanzenauswahl, getrennt nach der Wallseite zur Fahrbahn und zur Bebauung, jeweils unterschieden nach sonniger und schattiger Lage; in jedem Falle sind die örtlichen Bedingungen zu berücksichtigen, vor allem die – oft sehr unterschiedliche – Zusammensetzung des Schüttmaterials.

Für **bepflanzte Lärmschutzwände** wurden mehrere Systeme entwickelt, beispielsweise die Weidenflechtwand, die Schilfwand (= Reetwand), Stahlgittersysteme, Wände aus Kunststoff-

313

müll, Wände aus Kompostmaterial; ergänzend, bei der Kombination von Wall und Wand, der Böschungsbau mit Geotextilien. Bei all diesen Wänden stößt die Bepflanzung auf eine Reihe von **Schwierigkeiten**:

Abbildung 159: Grünbrücke über die Autobahn A 2 bei Sursee, Kanton Luzern (Luftbild).

Abbildung 159: Grünbrücke über die Autobahn A 2 bei Sursee, Kanton Luzern (Luftbild).

- je nach Lage befindet sich die Leeseite im Regenschatten;
- der Boden trocknet rasch aus;
- durch die geringe Bodenschicht ist der Nährstoffvorrat sehr beschränkt;
- je nach Straßenverlauf liegt eine Seite im Sonnenlicht, die andere im Schatten; auf der besonnten Seite treten hohe Temperaturen auf;
- die Pflanzen leiden unter Fahrtwind, Staub, Sprühnebel und Auftausalzen.

Alle diese Faktoren gelten, wenn auch in geringerem Ausmaß, ebenso für **Lärmschutzwälle**.

Die Konsequenzen daraus sind zum einen eine stark eingeschränkte Auswahl an Pflanzenarten, nämlich nur sehr robuste, anspruchslose und wuchstüchtige Arten wie Knöterich, Wilder Wein, Waldrebe in verschiedenen Arten, Brombeeren, Kletterrosen, Geißblatt in schlingenden Arten und Efeu; zum anderen die Gewähr für eine dauernde Pflege ab dem Zeitpunkt der Pflanzung, mit ausreichender Bewässerung und Düngung – möglichst mit einer automatischen Bewässerungsanlage. Falls dies nicht sichergestellt werden kann, sollte auf die Bepflanzung verzichtet und eine Besiedlung im Wege der Sukzession abgewartet werden.

Um die Trennwirkung von Straßen zu mindern, werden diese auf Abschnitten, in denen sie in Tieflage geführt werden, auf jeweils längeren Strecken überbrückt. Für mit Vegetation bedeckte Brücken hat sich die Bezeichnung **Grünbrücke** eingebürgert. Die Art der Begrünung hängt von der Konstruktion bzw. Tragfähigkeit der Brücke ab. Im Hinblick auf eine bestmögliche ökologische Wirksamkeit sind folgende Hinweise zu beachten:

- Grünbrücken sollen mehr als 20 m breit sein;
- sie müssen in der Wanderrichtung von betroffenen Tierarten im jeweiligen Gebiet liegen; erstreckt sich die Wanderung über einen längeren Straßenabschnitt, sind mehrere Grünbrücken zu errichten;
- funktionelle Leiteinrichtungen für wandernde Tiere müssen zur Grünbrücke hinführen;
- auf der Grünbrücke müssen Tiere Deckungsmöglichkeiten in Form von Gehölzgruppen finden;
- zur bzw. von der Grünbrücke sollten möglichst keine oder nur geringe Steigungen bestehen;
- die Bepflanzung muss standortgerecht sein, es soll bodenständiges Substrat aufgebracht werden;
- die Grünbrücke soll gegen die Straße optisch und akustisch abgeschirmt sein.

Grünbrücken werden zwar vorwiegend aus ökologischen Gründen errichtet, bilden aber auch für Menschen wichtige und angenehme Verbindungen über eine Verkehrsanlage hinweg.

Die Landschaftsplanung zu Verkehrsanlagen hat längst das Stadium der Eingrünung und Abschirmung verlassen und sich in die Gesamtplanung von Häfen, Bahnhöfen und Flughäfen eingebunden, sowohl im Hinblick auf nutzbare Aufenthaltsräume als auch auf ökologische Zusammenhänge. Bei Bahnhöfen und Flughäfen ist bei der Grünplanung zu berücksichtigen, dass sie sich zu eigenen Städten mit Einkaufszentren, großen Unterhaltungseinrichtungen, Büros und Hotels, mit allen dazu notwendigen Anlagen für den öffentlichen und den Individualverkehr entwickeln. Auf dem Flughafen Frankfurt am Main gibt es zurzeit rund 50 000 Arbeitsplätze und die bestbesuchte Diskothek im gesamten Rhein-Main-Raum, dagegen fehlen völlig Freiräume, die Flugpassagiere und Angestellte in Wartezeiten und Arbeitspausen benützen könnten.

Bei der Material- und Artenwahl müssen durch die Nutzung der Verkehrsanlagen bedingte Einschränkungen beachtet werden, so dürfen bei **Flughäfen** keine Wasserflächen angelegt und keine fruchtenden Gehölze verwendet werden, um die Ansiedlung von Vögeln zu vermeiden, ebenso dürfen bestimmte Farben nicht verwendet werden, beim neuen Flughafen München etwa gelb und grün. Die Dimensionen von Schutzflächen bzw. -pflanzungen zeigt das Beispiel des **Flughafens München**: der engere Bereich des Flughafens umfasst 1700 ha, dazu kommen rund 160 ha ökologische Ausgleichsflächen und lineare Schutzpflanzungen im Randbereich sowie zusätzlich rund 450 ha Ausgleichsflächen im Umland, davon 230 ha für einen Grüngürtel, der als Biotopverbundsystem mit vorhandenen und geplanten Landschaftsschutzgebieten dient. Die Lage dieses Flughafens wurde nach einer Untersuchung von 20 möglichen Standorten im Hinblick auf Topographie, Hindernisse, meteorologische Verhältnisse, Bodenbeschaffenheit, Wasserhaushalt, Lärmwirkung und auf die Ziele von Naturschutz und Raumordnung ausgewählt. Bereits im Vorfeld der Objektplanung wurde eine Rahmen- und Strukturplanung in Auftrag gegeben, die einen Teil für die Landschaftsarchitektur und einen für die ökologischen Faktoren umfasste. Sie machte deutlich, dass durch das abgesenkte Grundwasser und durch die verrohrten Wassergräben schwer in den Naturhaushalt eingegriffen werde. Der Entwurf sah bewusst keinen „grünen" Flughafen vor: Erdbauwerke wurden nicht landschaftlich weich modelliert, sondern sichtbar als technische Bauten gestaltet.

Die Planung von Verkehrsgrünflächen erfordert eine möglichst früh beginnende Mitarbeit am gesamten Verkehrsprojekt. Ein Beispiel für eine optimale Teamarbeit ist die Schweizer Nationalstraße zwischen dem Flughafen Genf-Cointrin und der französischen Grenze bei Bardonnex. Vorbildlich war hier die mehrjährige, kontinuierliche enge Zusammenarbeit des Landschaftsarchitekten mit dem Kantonalen Amt für Forstwirtschaft, Tier- und Naturschutz, den Architekten, den Tiefbauingenieuren und Geotechnikern, dem Bodenkundler und dem Amt für Grundstücksbeschaffung. Der Erfolg lässt sich an der optimalen Berücksichtigung aller fachlichen Ziele der beteiligten Stellen messen.

Das Areal des **Zürcher Hauptbahnhofes** ist rechtlich als Naturschutzgebiet ausgewiesen. Die Schweizer Bundesbahnen sind gesetzlich verpflichtet, dort die Anliegen des Naturschutzes zu berücksichtigen. Um nun den notwendigen weiteren Ausbau des Bahngeländes mit den ökologischen Zielen nach Möglichkeit in Einklang zu bringen, wurde gemeinsam mit Biologen ein Biotop-Ausgleichsmodell erarbeitet. Das Modell dafür betrachtet das Gelände als Ganzes: es wurde nicht verlangt, einzelne Flächen unverändert zu erhalten, sondern einen sinnvollen Ausgleich dadurch zu finden, dass andere Bereiche als Ersatzmaßnahme nach ökologischen Zielen aufgewertet oder neu geschaffen wurden.

Ein weiteres Beispiel ist der **Rangierbahnhof Nord** in **München**. 1938 auf einem riesigen angeschütteten Kieskörper angelegt, war er in den vergangenen Jahrzehnten Übungsgelände für Panzer, wodurch wertvolle Biotopstrukturen entstanden waren. Die Aufgabe bestand darin, beim Neubau des Bahnhofs (um 1996) wieder eine ökologisch, aber auch gestalterisch optimale Struktur herzustellen. Erreicht soll dies durch eine parkartige Gestaltung werden, die heterogene Flächen zu einem vielfältigen, überzeugenden Landschaftsraum zusammenfügt, in dem Bereiche von „Wildnis" mit tradierten Parkbildern abwechseln.

Eine besondere Aufgabe stellt sich der Landschaftsarchitektur bei der Überdeckung großer Gleisanlagen, vor allem von **Kopfbahnhöfen**, in einer Reihe von Großstädten wie Frankfurt am Main und München. Mit diesen Maßnahmen sollen städtebauliche Entwicklungen großen Ausmaßes in Gang gesetzt werden: in Stuttgart stehen etwa 100 ha, in Frankfurt 138 ha und in München 120 ha zusammenhängende Fläche zur Disposition. Die Überbauung oder „Einhausung" bringt zusätzliche umbaute Räume, aber auch extensiv oder intensiv begrünte Flächen (vgl. Abschnitt 4.9). Auch ohne Überbauung sind neue Nutzungen möglich, etwa der rund 20 ha große „Gleispark Stuttgart".

Literatur

Bundesforschungsanstalt für Naturschutz und Landschaftsökologie (BFANL) (Hrsg.): Spontane Vegetation an Straßen, Bahnlinien und in Hafenanlagen. Sonderheft 10 der Dokumentation Natur und Landschaft N.F. 31. Bibliographie Nr. 61–62. Bonn – Köln 1991
Bundesministerium für wirtschaftliche Angelegenheiten:
– Dienstanweisung Landschaftsbau und Landschaftspflege an Bundesstraßen. Wien 1991
– Dienstanweisung zum Anhang „Umwelt" zu Bundesstraßenprojekten. Wien 1996
Forschungsgesellschaft für das Straßenwesen: Schallschutz an Straßen. Beispiele ausgeführter Maßnahmen. Wien 1979

4.8.4 Begrünung bei Baustoffgewinnung, Deponien, Halden

Bei allen Anlagen dieser Art stellt sich die grundsätzliche Frage, ob eine mehr oder weniger intensive **Begrünung**, also das künstliche Herstellen einer Vegetation, oder ob das Abwarten einer natürlichen Sukzession sinnvoll und zweckmäßig ist. Eine künstliche Verjüngung bzw. Begrünung ist dann zu empfehlen, wenn die Anlage von einer Wohnbebauung einzusehen ist oder unmittelbar neben einer viel befahrenen Straße liegt, die Sukzession dann, wenn die Müllhalde, der Steinbruch oder die Schottergrube isoliert in der Landschaft liegt. Daneben spielen natürlich auch die Kosten eine wichtige Rolle. Selbstverständlich muss in allen Fällen die langfristige Sicherheit für Menschen und Sachen gewährleistet sein, es darf beispielsweise bei einem Steinbruch keine Gefahr von Felsstürzen bestehen. Ob aber etwa eine Müllhalde mit einer inerten Schicht abgedeckt und dann der Sukzession überlassen oder ob sie mit Oberboden verbessert und aufgeforstet werden soll, ist nur von Fall zu Fall zu entscheiden. Auf vielen Deponien und Halden, auch solchen mit biologisch ungünstigem Substrat, entwickelt sich im Laufe der Jahre eine artenreiche Baum-, Strauch- und Krautschicht. In Steilwänden, die bei Schottergru-

Siehe Farbtafel VII, Abbildung 160: Begrünte Straßenbahngeleise am Flughafen in Bremen, hier während der Sedumblüte im Sommer.

ben stehen bleiben, können sich seltene Vogelarten ansiedeln. In vielen Fällen ist ein Mittel-weg, nämlich die Initiierung der Vegetation durch einige Pionierarten, sinnvoll.

In zunehmendem Maße entstehen am Rande der Städte Schüttungen und Halden, teils aus Abraum und Rückständen bei der Baustoffgewinnung und aus der Industrie, teils aus Aushub beim Bau von Verkehrsanlagen, teils aus Müll unterschiedlicher Zusammensetzung. Ziel der **Rekultivierung** ist es hier, durch eine entsprechende Ausformung, durch Pflanzungen und Flä-chenbegrünung große Materialmengen wieder in die Landschaft einzufügen. Dabei kann die Form der Deponie, etwa ein Kegelstumpf, durchaus ihre anthropogene Herkunft erkennen lassen.

Die Halde bzw. Deponie sollte in ihrer Ausformung möglichst an das vorhandene Gelände angepasst werden oder sich deutlich – als künstliches Erdbauwerk – von diesem abheben. Bö-schungen, die steiler sind als 1 : 2 sind zu vermeiden, eine generelle **Hangneigung von 1 : 3** ist zu empfehlen. Dabei kann der obere Teil der Böschung in 1 : 2, der untere Teil etwa in 1 : 4 aus-geformt werden. Innerhalb des Hanges sind Bermen (= schmale Terrassen) von rund 4 m Breite anzulegen, die auch der Entwässerung dienen und die Erschließungswege aufnehmen können; die Abstände zwischen den Bermen in vertikaler Richtung sollen rund 5 m betragen, höchstens jedoch 10 m.

Die Vorgangsweise bei der Begrünung einer **Deponie** hängt von ihrem Typus ab. Bei den lega-len Deponien lassen sich folgende deponierte Stoffe unterscheiden:
- Aushub: er wird in der Regel zur Bodenmodellierung verwendet und nur in Ausnahmefällen deponiert;
- Bauschutt: er enthält meist einen hohen Anteil an verwertbarem Material; dieser sollte aus-sortiert und wieder verwendet werden. Reiner Bauschutt kann auf der Deponie selbst für den Randwall und zum Abdecken der Schichten verwendet werden;
- Hausmüll und hausmüllähnliche Gewerbeabfälle: Hausmülldeponien sollten wegen der Ge-fahr, dass Schadstoffe in das Wasser und in die Luft abgegeben werden, nach Möglichkeit

Abbildung 161: Landschaftsgestaltung der Bauschutt- und Abraumdeponie Langes Feld mit rund 70 ha Fläche in Wien-Floridsdorf durch Geländemodellierung und Bepflanzung. Landschaftsarchitekt R. Ivancsics.

317

nicht mehr angelegt werden, zumindest sollten organische Anteile vor der Deponie ausgeschieden werden. Jedenfalls muss auf die geordnete Abdichtung zum Grundwasser und die Schüttung in Schichten von etwa 3 bis 5 m, jeweils verdichtet und mit einer Abdeckung mit inertem Material, besonders geachtet werden;

- Werksdeponien: sie bedürfen einer gesonderten Genehmigung und laufenden Kontrolle, vor allem der Grundwasser-Zusammensetzung.

Die **Anforderungen** an Deponien sind aufgrund des steigenden Umweltbewusstseins stark gestiegen. So werden unter anderem vorgeschrieben:

- ein dichter, nicht wasserdurchlässiger natürlicher Untergrund;
- eine mehrfache mineralische Dichtschichte auf der Bodenfläche des Grundstücks und in der Deponie selbst;
- Kunststoffdichtung der Boden- und Seitenflächen;
- Wasserhaltung im Untergrund;
- Dränung und Sickerwasser-Aufbereitung;
- mineralische Abdichtung und bewuchsfähige Schicht an der Oberfläche;
- die laufende Beobachtung und Nachsorge.

Anlagen zur Baustoffgewinnung, Deponien und Halden sind nicht schlechterdings als „Landschaftsschäden" oder „Ausbeutung", sondern als Ansatzpunkte für verschiedene Nutzungen und für eine folgende Sukzession anzusehen. Die Wand eines Steinbruchs kann durchaus auch eine Bereicherung des Stadt- und Landschaftsbildes darstellen oder Nistplätze für bestimmte Vogelarten bieten. In jedem Falle ist es wichtig, Hänge und Steilwände vor Rutschungen und Abbruch zu sichern, sei es durch entsprechendes Ausbilden der Böschungen, sei es durch Anlegen von Stufen und Bermen, die auch eine Besiedlung mit Pflanzen erleichtern.

Alle Vorhaben dieser Art bedürfen einer sorgfältigen planerischen und rechtlichen Vorbereitung, da sie in der Regel schon von der Standortsuche an von einer breiten Öffentlichkeit kri-

Abbildung 162: Abraumdeponie Langes Feld in Wien-Floridsdorf, Teilaspekt der Landschaftsgestaltung. Landschaftsarchitekt R. IVANCSICS.

Abbildung 163: Abraumdeponie Langes Feld in Wien-Floridsdorf, Verdunstungsteiche mit zusätzlicher Bewässerungsfunktion. Landschaftsarchitekt Roman IVANCSICS.

tisch betrachtet und von Bürgerinitiativen und Naturschutzorganisationen bekämpft werden, vor allem mit Argumenten der Sicherung des Naturhaushalts und des Landschaftsbildes. Durch eine fachlich abgesicherte Planung und Durchführung können diese Besorgnisse ausgeräumt werden. Das gesetzlich vorgeschrieben UVP-Verfahren berücksichtigt nicht nur diese Bedenken, sondern stellt auch die umfassende Information und Beteiligung der Betroffenen sicher. Zu berücksichtigen ist jedenfalls, dass Bergbau und Baustoffgewinnung in Österreich dem Bergrecht, also dem Bundesrecht, unterliegen.

Für alle Anlagen zur **Baustoffgewinnung** wie Steinbrüche und Schottergruben sowie für alle **Deponien** und Halden für unterschiedliches Material gelten in Österreich folgende Bedingungen:
- sie müssen in die überörtliche Raum- und Landschaftsplanung eingebunden werden;
- sie dürfen keine nachhaltige Schädigung des Landschaftshaushaltes mit sich bringen, temporäre Auswirkungen sind auszugleichen;
- der Genehmigung ist ein Abbau- bzw. Deponieplan mit den vorgesehenen Rekultivierungsmaßnahmen zugrundezulegen, die Durchführung ist zu überwachen (Ökologische Betriebsaufsicht);
- zur Sicherstellung ist vom Betreiber eine Kaution in Höhe der Kosten für die Rekultivierung und Ausgestaltung zu hinterlegen;
- alle erdbaulichen Vorgaben wie Sicherung des Oberbodens, Böschungsneigungen, lagenweise Verdichtung (bei Deponien) sind einzuhalten;
- so weit im UVP-Gesetz vorgeschrieben, ist ein Verfahren zur Umweltverträglichkeits-Prüfung (UVP-Verfahren) durchzuführen.

Für eine spätere Erholungsnutzung sind Nassbaggerungen mit **Restwasserflächen** von großer Bedeutung. Sie stehen oft in räumlicher Verbindung mit neuen Verkehrsanlagen, für die große Mengen an Material benötigt werden. Die Böschungen der Kiesteiche sollten nicht steiler als 1 : 2 bis 1 : 3 sein, unter Wasser höchstens 1 : 1,5, bei Ufern zum Baden bis in 2 m Tiefe etwa 1 : 10. Sehr steile oder senkrechte Wände sollten nur dann stehen bleiben, wenn die Entwicklung zu einem geschützten Biotop vorgesehen ist, jedoch auch dann nicht in voller Länge der Uferlinie. Vor dem Abschluss der Abgrabung ist das gesamte Gelände entsprechend den Vorgaben des Bebauungsplanes, soweit vorhanden, und des Gestaltungsplanes auszuformen, der Oberboden ist wieder aufzubringen und die Bepflanzung durchzuführen.

Als mögliche **Folgenutzungen** einer Restwasserfläche kommen vor allem in Frage:
- Badeteich mit Gartenparzellen, Badehütten; Voraussetzung ist eine ausreichend dimensionierte Kläranlage;

319

- Badeteich mit öffentlich zugänglichem Ufer und sanitären Anlagen, bei entsprechender Größe ist auch Wassersport, ausgenommen Motorboote, möglich;
- Fischteich; dabei sind Wassersport und Badebetrieb nicht möglich, die Ufer bleiben ungenutzt;
- Sekundärbiotop, Naturschutz-Entwicklungsbereich, wobei der Teich auch als Fischgewässer dienen kann; Voraussetzung ist die Betreuung durch einen zuverlässigen Verein.

Bei genügend großen Wasserflächen ist auch eine Kombination mehrerer dieser Nutzungen möglich.

Voraussetzung für die **Badenutzung** ist eine ausreichende Selbstreinigung, also eine Wassertiefe von mindestens 3 m, besser 5 m, und ein genügend starker Zufluss aus dem Grundwasser. Um eine Eutrophierung (Anreicherung mit Nährstoffen) des Gewässers zu verhindern, sehen die einschlägigen Normen ausreichende sanitäre Anlagen für die Badenden vor. Bei einer Parzellierung und Bebauung der Uferzone muss der Bau und Betrieb einer Abwasser-Ringleitung mit einer ausreichend dimensionierten Kläranlage gesichert sein. Für eine Folgenutzung als **Biotop** kann sich die Rekultivierung auf das Einbringen einiger weniger Pflanzenarten als Startphase einer folgenden Sukzession beschränken. Ebenso wie auch bei der Anlage als Fischteich muss eine schadstofffreie Wasserqualität gewährleistet sein.

Bei **Trockenbaggerungen** und **Steinbrüchen** ist in erster Linie ein geordneter Abbau wichtig, wobei noch während des Betriebes Teile des Geländes nach Plan ausgeformt und rekultiviert werden können. In Anbetracht der oft weithin sichtbar angerissenen Flächen ist im Zuge der Vorplanung auch eine Analyse des Landschaftsbildes durchzuführen. Wenn bei Kiesgruben schon vor der Baggerung das unter der Kiesschicht liegende Grundwasser genutzt wurde, beispielsweise zur Bewässerung landwirtschaftlicher Flächen, muss sichergestellt werden, dass die Wassergewinnung auch nach dem Verfüllen quantitativ und qualitativ im bisherigen Umfang möglich ist.

Bei Trockenbaggerungen, seltener auch bei Nassbaggerungen, bietet sich in vielen Fällen das **Auffüllen** mit Aushubmaterial und Bauschutt und das Wiederherstellen der vorhergehenden landwirtschaftlichen Nutzung oder die Aufforstung mit landschafts- und standortgerechten Holzarten an. Erfahrungsgemäß treten allerdings beim Verfüllen mit Bauschutt Veränderungen in der chemischen Zusammensetzung des Sickerwassers ein, da beim Abbruch von Gebäuden nicht nur inertes Material anfällt bzw. schädliche Stoffe nicht aussortiert werden. Jedenfalls sind eine dichte Einzäunung des Geländes und eine zuverlässige strenge Kontrolle des angelieferten Materials sicherzustellen.

Bei der Sicherung und Begrünung aller Hänge und Böschungen ist die ordnungsgemäße Abfuhr des Oberflächenwassers, in der Regel über offene Gräben oder Mulden, bei Bedarf in Verbindung mit Packlagen aus Steinen, von größter Bedeutung, damit Erosionen und Rutschungen vermieden werden.

Erfahrungsgemäß unterliegen Gelände zur Baustoffgewinnung vergleichsweise raschen Veränderungen, Steinbrüche und Kiesgruben werden geschlossen, andere entstehen kurzfristig. Vorhandene Aufzeichnungen wie Abgrabungskataster, Kiesgrubenverzeichnisse und dergleichen sind daher vor Beginn der Planung auf ihre Aktualität zu überprüfen.

Es empfiehlt sich, für Lebendbaumaßnahmen Firmen des Garten- und Landschaftsbaues heranzuziehen, die sich für diese Aufgabe spezialisiert haben und über die entsprechenden Geräte verfügen.

Lebendbau, Ingenieurbiologie

Als Lebendbau oder Ingenieurbiologie bzw. ingenieurbiologische Bauweise wird das Bauen unter Einsatz von Pflanzen, allein oder im Verbund mit anderen Baustoffen (kombinierte Methoden), bezeichnet. Verwandte Begriffe, die von H. M. SCHIECHTL eingeführt wurden, sind „Grünverbauung" und „Begrünung" für die Sicherung von Böden.

Die **Vorteile** des Lebendbaues sind:

- Das Bauwerk, etwa eine Hangsicherung oder eine Flussverbauung, fügt sich gut in seine Umgebung und damit in das Bild der Landschaft ein;
- es bildet, weil es selbst, zumindest zum Teil, lebendig ist, einen integrierenden Bestandteil des Naturhaushalts;
- es kann Funktionen übernehmen, die über andere Bauweisen hinausgehen, so zum Beispiel wird Wasser über die Wurzeln aufgenommen und über die Blätter verdunstet, wodurch eine Dränwirkung entsteht;
- es ist, anders als feste Bauwerke, gegenüber den Angriffen von Wind, Wasser, Rutschungen und dergleichen elastisch;
- es ist vergleichsweise kostengünstig herzustellen und zu erhalten, teilweise erhält es sich selbst ohne Pflegemaßnahmen.

Als **Nachteil** des Lebendbaus gilt, dass er seine Sicherungsaufgaben erst nach einiger Zeit, in manchen Fällen nach einigen Jahren, erfüllen kann, beispielsweise die Sicherung von Rutschhängen durch tiefwurzelnde Holzarten oder die Herstellung einer geschlossenen Pflanzendecke als Schutz vor Abtragung. In solchen Fällen kommt eine technische Vorsicherung mit „toten" Baustoffen wie Stein, Metall oder Holz bzw. der Einsatz kombinierter Bauweisen in Frage.

Als Baumaterial werden vor allem Gehölze oder Teile von Gehölzen verwendet, die sich leicht bewurzeln, stark austreiben und rasch wachsen, sehr oft verschiedene Arten von Weiden und Erlen. Zur Flächenbegrünung werden auch verschiedene Gräser und Kräuter herangezogen. Einige Verfahren, als humuslose Begrünung bezeichnet, kommen ohne Oberbodenauftrag aus. Zur mechanischen Sicherung von Böschungen an Straßen, Ufern, Deponien und dergleichen stehen eine Reihe von Verfahren zur Verfügung, wobei die Entscheidung, welche Methode angewendet werden soll, von Fall zu Fall zu treffen ist und meist von Aspekten der Wirtschaftlichkeit bestimmt ist. Die folgenden Verfahren stellen eine (unvollständige) Auswahl dar:

Lebendbau-Verfahren
- Faschinen bzw. Hangfaschinen, das sind ineinander verflochtene Weidenruten, die horizontal verlegt und mit Holzpflöcken befestigt werden; oberhalb der Rutenbündel werden Gehölze eingebracht;
- Weidenflechtzaun, ähnlich den Faschinen, mit lebendem Material, das an Ort und Stelle anwurzelt und austreibt;
- Lagenbau, Riefenbau: Einbringen von Steckholz oder bewurzelten Pflanzen in Erdrillen (Riefen), die horizontal in den Hang gehauen werden;
- Spreitlage, Rasenziegel, Rollrasen, alle zum raschen Schutz der Oberfläche;
- Strohdecksaat, Strohmulch: gehäckseltes Stroh oder Langstroh werden maschinell großflächig aufgebracht; um Verwehungen zu vermeiden, kann ein organischer Spezialkleber zugegeben werden;
- Rindenmulch: entspricht dem Verfahren mit Strohmulch, jedoch mit gehäckselten Rinden, wie sie in der Anlagenpflege verwendet werden;
- Trockenansaaten: sie werden vorwiegend auf vergleichsweise ebenen Flächen und bei besseren Böden verwendet. Saatgut von Gräsern und Kräutern wird maschinell mit Druckluft in den vorbereiteten Boden eingebracht;
- hydraulische Nassansaat gemäß DIN 18918, auch als hydraulische Spritzbegrünung bezeichnet; in einem Tank werden Saatgut, Mulchstoffe, Bodenverbesserungsmittel, Dünger und Erosionshaftmittel mit Wasser gemischt und mit hohem Druck auf die Flächen aufgebracht;
- Heublumensaat, Heudrusch-Verfahren: Flächen, die der zu begrünenden Lage entsprechen, werden zur Zeit der Samenreife gemäht, das Mähgut wird getrocknet und gedroschen; der gewonnene Samen wird zur Ansaat verwendet.

Verfahren der Nassansaat werden vor allem bei extremen Standorten wie steilen Böschungen, Halden und Deponien angewandt, manchmal aber auch bei großflächigen Anlagen wie Golfplätzen, Liegewiesen oder Sportplätzen.

Ein Beispiel für eine große, moderne Bauschuttdeponie ist der Bereich **Langes Feld** in Wien, 21. Bezirk, für dessen Gestaltung der Landschaftsarchitekt Roman Ivancsics verantwortlich zeichnet. Auf dem gesamten Gelände, das eine Fläche von rund 70 ha umfasst, wurde in den letzten Jahrzehnten Sand- und Kiesgewinnung in Form von Trocken- und Nassbaggerung betrieben. Die Aushubarbeiten wurden dabei stellenweise bis auf rund 20 m unter den Grundwasserspiegel geführt. Es gab zunächst kein Gesamtkonzept, der Abbau richtete sich nach der Verfügbarkeit einzelner Grundstücke für die Unternehmer. Zu Beginn der Projektierung befand sich auf dem Gelände bereits die Schüttung eines Rückens von rund 20 m Höhe und 250 m Länge, in unmittelbarer Nähe (schon auf niederösterreichischem Gebiet) die Deponie Gerasdorf mit Aufschüttungen von 25 bis 30 m Höhe. Weil das Gelände bereits seit langem als Schutzgebiet Wald- und Wiesengürtel und als Naherholungsgebiet für angrenzende Großsiedlungen vorgesehen war, lag es nahe, unter Ausnutzung der Topographie eine geordnete Abraum- und Bauschuttdeponie anzulegen und sie landschaftlich auszugestalten. Träger ist eine 1990 gegründete Gesellschaft aus fünf Firmen, die sich auch verpflichtet hat, alle Altlasten zu entsorgen. Sie trägt weiters die Kosten für Grundankauf, Entschädigungen, Deponiebetrieb und landschaftliche Ausgestaltung einschließlich Planung in der Höhe von rund 64,6 Mio. Euro; diese werden durch die laufenden Deponie-Einnahmen gedeckt, so dass der Stadt Wien keine Kosten erwachsen. Auf der Deponie selbst wird eine Recyclinganlage betrieben, die verwendbare Baurestmassen und Bauholz zum Verkauf aussondert (vgl. Abbildungen 161 bis 163).

Weitere Beispiele

Gladbeck-Brauck, Mottbruchhalde. Entwurf L. Baljon, Th. Schmitz; der Prozess als Kunstwerk.
Gelsenkirchen-Horst, Halde Rungenberg. Entwurf H. E. Richter, K. Noculak.
Palo Alto/Kalifornien, Byxbee Park. Entwurf Hargraves Ass., San Francisco; Park auf einer Müllhalde, Landschaftsskulptur in Verbindung mit Kunstobjekten.
Wien, 21. Bezirk, Donaupark (WIG 64), Entwurf A. Auer, Park auf einer Müllhalde.
Wien, 10. Bezirk, Wienerberg. Entwurf M. u. W. Kirchner, Erholungsgebiet auf Abraum- und Mülldeponie.

Literatur

Bachmann G.: Pflanzenbelastung auf kontaminierten Standorten. Internat. Workshop 1997. Berlin 1999
Begemann W., H. M. Schiechtl: Ingenieurbiologie. Handbuch zum ökologischen Wasser- und Erdbau. 2. Aufl. Wiesbaden/Berlin 1994
Bundesverband Garten-, Landschafts- und Sportplatzbau (BGL) (Hrsg.): Rekultivierung: Gewinnung neuen Grüns. Bad Honnef 1996
DVWK, Richtlinien für Gestaltung und Nutzung von Baggerseen. Regeln zur Wasserwirtschaft, Heft 108. Hamburg 1980
Gerstgraser Chr.: Ingenieurbiologische Bauweisen an Fließgewässern – Grundlagen zu Bau, Belastbarkeiten und Wirkungsweisen. Diss. Universität für Bodenkultur Wien. Wien 1999
Gilcher, S., D. Bruns. Renaturierung von Abbaustellen. Stuttgart 1999
Gilgen K., U. Geissbühler: Abbau von Steinen und Erden, Deponie von Materialien. EJPD/BRP (Eidgenössisches Justiz- und Polizeidepartement/Bundesamt für Raumplanung) Bern. Bern 1988
Konold W.: Anleitung zur Rekultivierung von Deponien. Umweltbundesamt Bd. 13. Berlin 1981
Poschlod, P., U. Tränkle, J. Böhmer, H. Rahmann. Steinbrüche und Naturschutz – Sukzession und Renaturierung. Landsberg 1997
Schiechtl H. M., R. Stern: Handbuch für naturnahen Erdbau. Eine Anleitung für ingenieurbiologische Bauweisen. Wien 1992
Schlüter U.: Laubgehölze. Ingenieurbiologische Einsatzmöglichkeiten, Eigenschaften, Verwendungsmöglichkeiten, standörtliche und bautechnische Eignung. Berlin/Hannover 1990, 1996

Schlüter U.: Pflanze als Baustoff. Ingenieurbiologie in Praxis und Umwelt. 3. Aufl. Berlin/Hannover 1998

Wartner H.: Steinbrüche, vom Menschen geschaffene Lebensräume. Reihe Landschaftsökologie Bd. 4. München/Weihenstephan 1983

Wöbse H.H.: Landschaftsplanung bei Kiesabbauvorhaben. In: Buchwald/Engelhardt, Handbuch für Planung, Gestaltung und Schutz der Umwelt, Band 3. München/Wien/Zürich 1980.

4.9 Begrünung von Gebäuden

Dachbepflanzung

Die Begrünung von Dächern ist in vielen Kulturen seit Jahrhunderten üblich, vor allem zum Temperaturausgleich, sowohl in sehr kalten (Skandinavien) als auch in extrem heißen Ländern (Zentralafrika), wobei meist unterschiedliche, an Ort und Stelle vorkommende Grasarten verwendet werden. Eine spontane Begrünung hat sich auf Holzzementdächern, zum Beispiel in Berlin zu Beginn des 20. Jh., eingestellt. Seit den Zwanzigerjahren dieses Jh. (Moderne, Bauhaus) wird in der Architektur die Begrünung von Flachdachhäusern zunehmend angewandt. Die Bezeichnung „Begrünung" von Dächern wird heute zutreffender durch den Begriff „**Dachbepflanzung**" ersetzt.

Der künstlich vom Menschen geschaffene Standort „Dach" wird durch sehr unterschiedliche Faktoren beeinflusst, die bei ungestörten Biotopen in der freien Natur in dieser Form nicht auftreten, so das Stadtklima, eine exponierte Lage ohne Bodenanschluss, eine beschränkte Flächengröße und die Insellage. Besonders bemerkenswert sind extreme Temperaturen im Sommer und Winter und ein gestörter Wasser- und Nährstoffkreislauf. Diese differenzierten Bedingungen erlauben daher keine generelle Planung, sondern machen ein Eingehen auf den jeweiligen Standort erforderlich.

In jedem Fall kann aber von einem, wenn auch extremen, Lebensraum auf dem grünen Dach gesprochen werden: trotz sehr unterschiedlicher Vegetation wurden bei mehr als 100 Gründächern überall zahlreiche Tierarten mehrerer Gruppen wie Laufkäfer, Spinnen, Wildbienen und Schnecken, alle in teilweise hohen Individuenzahlen, gefunden.

Dachbegrünungen (Dachbepflanzungen) erfüllen folgende, vorteilhafte **Funktionen**:
- Luftverbesserung: Pflanzendecken als assimilierende Oberflächen wirken luftverbessernd ohne künstliche Zufuhr von Energie; bei der Photosynthese wird Sauerstoff gebildet;
- Luftreinigung durch die Bindung von Staub- und Schmutzpartikeln (rund 0,5 kg/m²/Jahr), die in das Substrat eingewaschen werden;
- kühlende Wirkung bei Sonneneinstrahlung, besonders im Sommer; bedingt dadurch, dass die Pflanzendecke bei der Verdunstung Wärme verbraucht, ferner durch Strahlungsabsorption und -reflexion;
- Verbesserung des Kleinklimas, unter anderem wird die Luftfeuchtigkeit erhöht;
- Wärmedämmung durch das Entstehen eines Luftpolsters; geringere Erwärmung im Sommer, geringere Abkühlung im Winter; besseres Raumklima im Gebäude; es kann an Kosten für Heizung gespart werden;
- Verringerung des Wärmeverlustes von Gebäuden im Winter infolge Reflexion und Absorption eines Teiles der langwelligen, vom Gebäude nach außen dringenden Wärmestrahlung durch die Dachbepflanzung; geringere Heizkosten;
- Schallschutz: Schalldämmung durch die Substratschicht, Schallabsorption und Schallreflexion durch die Pflanzen;
- Schutz und damit längere Lebensdauer der Dachhaut durch geringere Temperaturschwankungen und weniger ultraviolette Strahlung; die Temperaturunterschiede im Bereich der Dachhaut werden gegenüber unbegrünten Dachflächen auf etwa die Hälfte reduziert;

Abbildung 164: Wohn- und Pausengarten auf einem begrünten Flachdach.

323

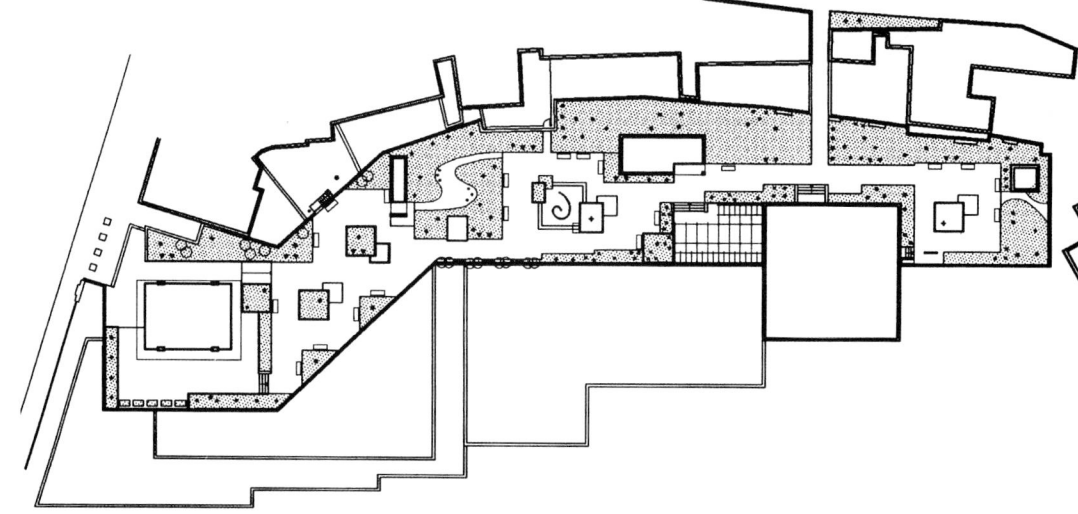

- Verringerung der Folgekosten durch Schutz von Dachabdichtung und Dachkonstruktion;
- Entlastung der Kanalisation durch Speichern und Rückhalten von Niederschlägen um 18 bis 20 Stunden, vor allem bei Starkregen und bei der Schneeschmelze; eine intensive Dachbegrünung hält, über ein ganzes Jahr gesehen, im Durchschnitt 95 % des Regenwassers im Schichtaufbau zurück, eine extensive Dachbegrünung rund 50 %; Kanalgebühren werden zum Teil eingespart;
- Lebensraum für Tiere: auf bepflanzten Dächern siedeln sich eine Reihe von Tierarten, darunter auch seltene und bedrohte Arten, an; diese Dächer können „Trittsteinbiotope" sein;
- ästhetischer Aspekt: bepflanzte Dächer bieten in allen Jahreszeiten ein interessanteres, erfreulicheres Bild als Kiesdächer;
- Nutzung zur Erholung: intensiv begrünte Dächer bieten vielfache Gelegenheiten zum Aufenthalt im Freien in dicht bebauten Gebieten; sie können bis zu einem gewissen Grad die Funktion eines kleinen Gartens erfüllen;
- überbaute Vegetationsflächen können auf einer anderen Ebene zurückgewonnen werden.

Den Vorteilen der Dachbepflanzung stehen einige – beherrschbare – **Nachteile** gegenüber:
- Die Herstellungskosten, vor allem bei der intensiven Dachbegrünung, können, je nach Ausstattung, gegenüber einem einfachen Kiespressdach um etwa 10 % höher sein.
- Bei Schäden in der Dachabdichtung wird die Suche nach der Schadstelle erschwert; nach der Reparatur müssen beträchtliche Teile der Bepflanzung erneuert werden.
- Die Dachbepflanzung erfordert eine regelmäßige, sorgfältige Betreuung mit einem entsprechenden Zeitaufwand; die Pflegekosten betragen rund 2,00 bis 6,00 Euro pro Quadratmeter und Jahr.
- Die Bepflanzung, vor allem bei der extensiven Dachbegrünung, bietet ein jahreszeitlich unterschiedliches Bild (Frühjahrs-, Sommer-, Herbstaspekt) und erfüllt damit bei manchen Nutzern nicht deren hohe Erwartungen.

Beim Entwurf stellen sich bei allen Arten von Dachbepflanzungen aus Sicht der Vegetationstechnik folgende Fragen:
- Welche Anforderungen soll die Pflanzendecke erfüllen?
- Welche Eigenschaften hat der Standort bzw. welche können hergestellt werden?

- Wie kann ein ökologisch stabiler Pflanzenstandort geschaffen werden?
- Welche Pflanzen und Pflanzengemeinschaften sind standortgerecht?
- Wie können die Pflanzen sinnvoll und ökonomisch eingebracht werden?

Die Flächengröße bepflanzter Dächer ist durch das Bauwerk vorgegeben, bei einer Nutzung als Freiraum, der einer Wohnung zugeordnet ist, sollte der Dachgarten größer als 10 m² sein. Es gibt aber auch eine Reihe von großen Parks auf Dächern und Überbauungen, etwa auf dem Bahnhof Bern/Schweiz und den Riverbank State Park für den Stadtteil Harlem auf der Groß-kläranlage Manhattan, New York. In Chemnitz wurde ein 42 000 m² umfassendes Flachdach eines Großmarkts begrünt. Wie sich an einem ausgeführten, veröffentlichten Beispiel zeigt, kann die Dachbegrünung in den Wasserkreislauf eines großen gewerblichen oder Industrie-Betriebes integriert werden, etwa in Verbindung mit einer Kühlanlage, wobei das Kühlwasser zur Beriese-lung der Begrünung verwendet wird.

Abbildung 166: Europäisches Patentamt in München, Gartenanlagen auf Tiefgaragen. Landschaftsarchitekten WEHBERG – LANGE – EPPINGER – SCHMIDTKE, **Architekten M. von** GERKAN – MARG + **Partner.**

Man unterscheidet
- die typische **intensive** Dachbepflanzung, ein begeh- und benutzbares Dach mit einer etwa einem Garten entsprechenden Bepflanzung, mit einer Vegetationsschicht von mindestens 25 cm, besser 40 cm; eine ständige Pflege einschließlich Bewässerung (nach Möglichkeit Staubewässerung) ist erforderlich;
- die typische **extensive** Dachbepflanzung; das Dach ist nicht benutzbar, es ist nur zur Pflege zu begehen; die Vegetationsschicht ist meist etwa 3 bis 6 cm stark; zur Begrünung werden Rasen, Moos und Sedum-Arten verwendet, der Pflegeaufwand ist vergleichsweise gering.

Die Übergänge sind fließend. Je nach Höhe der Vegetationsschicht, Art der initiierten Vegetation und Begrünungskonzept ist die Pflege einzelfallbezogen auszuarbeiten.

Intensiv bepflanzte Dächer werden vielfach bei öffentlichen und bei Gemeinschaftsbauten wie Krankenhäusern, Hochschulen, Museen und anderen gebaut, möglichst mit einer engen Verzahnung von Innen- und Außenräumen auf allen Ebenen. Ein wissenschaftlich begleitetes Beispiel ist die Dachbepflanzung beim Biologiezentrum der Universität Wien in Wien-Alsergrund (Planung H. LOIDL, W. SAIKO), die sich in einer interessanten Sukzession, wenn auch nicht ganz im Sinne der Erfinder, entwickelt. Zur intensiven Dachbegrünung können in gewissem Sinne auch die Dachgärten auf Wohnhäusern gezählt werden; hier wird allerdings teilweise auf eine stationäre Bepflanzung zugunsten von Kübelpflanzen verzichtet.

Die **extensive** Bepflanzung ist auf nicht nutzbaren, aber von oben einsehbaren Dachflächen zu befürworten, vom Garagendach bis zur großflächigen Überbauung oder Einhausung. Es können alte ebenso wie neue Flachdächer, mit und ohne Kiesbeschichtung, aber auch geneigte Dächer bis 15 Grad bepflanzt werden. Bei steileren Dächern sind zusätzlich Schubschwellen erforderlich. Extensive Flachdachbegrünungen sind in Gewicht, Bauhöhe und Kosten mit dem herkömmlichen Bitumen-Kiesschüttdach vergleichbar, haben aber zusätzliche bauphysikalische, ökologische und ökonomische Vorteile.

Voraussetzungen für dauerhafte **extensive** Dachbegrünungen sind:
- Die bau- und vegetationstechnische Planung, möglichst auch die Ausführung, ab Oberkante Rohdecke sollte in einer Hand liegen;
- der Aufbau ist nach letztem Stand der Technik und des Handwerks auszuführen;
- es dürfen nur langjährig erprobte Baumaterialien verwendet werden;
- eine detaillierte Ausschreibung nach Gewerken, mit entsprechend getrennter Gewährleistung;
- die Vergabe nur nach Fachkunde und Zuverlässigkeit an qualifizierte Betriebe, es sind Referenzen einzuholen;
- eine für den Standort ausgewählte Vegetation.

An eine extensive Dachbepflanzung sind aus Sicht des Entwurfs folgende **Anforderungen** zu stellen:
- eine dauerhafte Vegetationsdecke definierter Qualität;
- die Pflanzenzusammensetzung, beispielsweise Gräser mit Kräutern, Sedumarten mit Gräsern soll so beschaffen sein, dass sich nicht im Laufe der Zeit eine völlig andere, dem Entwurfsziel widersprechende Vegetationsform entwickelt;
- die ästhetische Wirkung, etwa immergrün, reich oder wenig strukturiert, in bestimmter Weise blühend, soll gewährleistet sein.

Pflanzen für die **extensive** Dachbegrünung müssen
- von Natur aus mit einem geringen Wurzelraum auskommen;
- sehr dürre- und kälteresistent sein, auch Winterruhe halten;
- geringe Ansprüche an die Nährstoffversorgung stellen.

Besonders geeignet sind niedrig wachsende, einen Teppich bildende Sukkulenten wie Sedum-Arten, ferner Arten der Trockenrasen-Gesellschaften. In Abhängigkeit von Bauweise und Aufbaustärke, von Wasser- und Nährstoffversorgung ergibt sich bei Extensivbegrünungen ein abwechslungsreiches Spektrum an Erscheinungsformen und Farben, so dass durchaus auch anspruchsvolle gestalterische Ziele verfolgt werden können. Die Pflanzenwahl kann besonderen Vorgaben angepasst werden, so können dort, wo aus Gründen des Stadt- oder Ortsbildschutzes rötliche Farben für die Dachdeckung vorgeschrieben sind, rot-braune Sedumarten verwendet werden. Vorsicht ist bei **Mischungen** aus Gräsern und Kräutern geboten, die in Prospekten und Katalogen angeboten werden.

Für das **Einbringen** der Vegetation sind bei der Extensivbegrünung folgende **Arbeitsweisen** wahlweise je nach Standort möglich:
- Pflanzung; Verlegen von Fertigrasen;
- Ansaat; Aufbringen von im Handel befindlichen vorgefertigten Saatplatten;
- Anspritzverfahren;
- Andecken von vorkultivierten Geflechtmatten für kombinierte Begrünungen;
- Ausstreuen von Sprossteilen sukkulenter Arten wie Sedum, zusätzliche Aussaat von Gräsern und Kräutern.

Bei der extensiven Begrünung kann in vielen Fällen mit der Aussaat bzw. dem Ausbringen von Pflanzenteilen, etwa von Sedumsprossen, das Auslangen gefunden werden, in einigen Fällen ergänzt durch Pflanzung.

Vorbilder und Anregungen für Extensivbegrünungen und so genannte „naturnahe Begrünungen" bieten Vegetationsformen auf natürlichen Extremstandorten mit Trockenrasen und Gebiete mit Steppenvegetation, etwa die Puszta. Dem entsprechen im bebauten Gebiet spontane Begrünungen auf alten Dächern mit Deckung aus Steinplatten wie im Tessin, aus Holzschindeln, Ziegeln, „Holzzement" (Berlin) und Teerpappe/Kies. Sie reichen von Moosflächen über Moos-, Sedum-, Grasgesellschaften bis zu üppigen Grasfluren. Nährstoffarme Standorte mit sehr geringer Wasserspeicherung können gleichwohl durch eine Schicht abgestorbener organischer Substanz verbessert werden. Die Lebensbedingungen auf dem Dach gleichen allerdings in allen Faktoren keinem anderen in der Natur bekannten Standort.

Die Ausführung einer Dachbegrünung kann (für Neubauten) durch besondere Bestimmungen im **Bebauungsplan**, beispielsweise in Stuttgart und Wien, aber auch durch Ortssatzungen, so in Esslingen, vorgeschrieben werden. Zu empfehlen ist eine fachliche Beratung und eine Förderung durch die öffentliche Hand, wie sie beispielsweise in Linz/Donau gehandhabt wird; die Förderung kann von einer fachgerechten Ausführung, von der statischen Berechnung über die Isolierung einschließlich Wurzelschutzbahn bis zum Vegetationsaufbau, abhängig gemacht werden. Dort ist bei allen Flachdächern mit mehr als 500 m² Größe eine Begrünung zwingend vorgeschrieben, wobei 30 % der Herstellungskosten von der Stadtgemeinde getragen werden.

Dachterrasse, Dachgarten

Als **Dachterrasse** wird ein begehbarer Freiraum kleineren Ausmaßes auf dem Dach eines darunter liegenden Geschosses bzw. Gebäudeteiles bezeichnet, der von einem Geländer oder Rankgerüst umschlossen wird. Sie ist der Terrasse vor dem Erdgeschoss eines Wohnhauses vergleichbar, in der Regel auch in räumlicher Verbindung zum Wohnzimmer. Üblich ist ein fester Bodenbelag aus Holzplanken oder Steinplatten. Die Dachterrasse ist in südlichen Klimaten seit Jahrhunderten fester Bestandteil des Wohnhauses, bei uns aber erst mit den Flachdachhäusern der Moderne weit verbreitet. Die Bepflanzung wurzelt zweckmäßig in Pflanzgefäßen verschiedener Art, nicht in Pflanzbeeten.

Der **Dachgarten** ist eine vielfältig nutzbare Dachfläche mit intensiver Begrünung aus Gehölzen und Stauden, verhältnismäßig selten ergänzt durch ein Bade- bzw. Planschbecken; der Dachgarten ist durchaus einem Wohngarten vergleichbar, mit ähnlichem Raumprogramm und

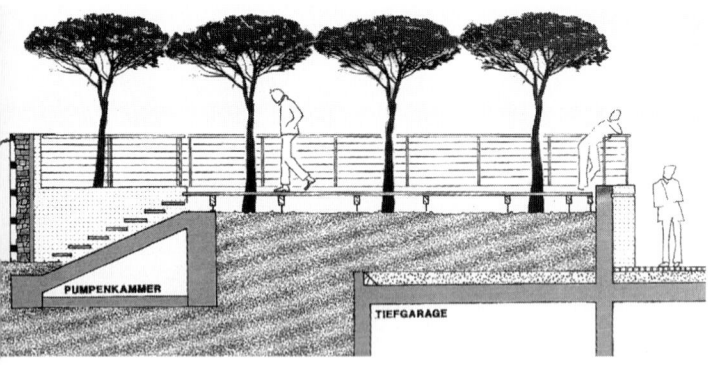

**Abbildung 167: Baumdeck auf dem Dach einer Tiefgarage in Böblingen, Ansicht und Schnitt.
Entwurf Landschaftsarchitekten Bernd KRÜGER + Hubert MÖHRLE, Architekt Mete ARAT.**

Funktionen. Wenn die erforderlichen statischen Voraussetzungen gegeben sind, können auch Sträucher und kleinkronige Bäume gepflanzt werden. Die Mehrkosten eines Dachgartens gegenüber einem üblichen Kiesdach sind, die entsprechende Belastbarkeit vorausgesetzt, vergleichsweise gering (unter 10 %), vor allem in Beziehung zu den Nutzungsmöglichkeiten und der hohen Wohnqualität. Le CORBUSIER hat den von ihm sehr geförderten Dachgarten als „kosmologischen Raum" des Hauses bezeichnet, bei dem der Himmel die Decke und das bepflanzte Dach den Boden bilden. Diese Auffassung kann sicher auch unter dem Aspekt neuerer Forschungen zum Einfluss von „Himmelsstrahlen" gesehen werden.

Dachgärten, Dachterrassen bzw. begehbare Dachflächen werden vor allem im städtischen Bereich bei dichter Bebauung errichtet, den Dachgeschosswohnungen und Penthäusern zugeordnet. Gemeinschaftlich nutzbare Dachgärten finden sich bei großen Bürobauten wie Versicherungen, Banken und dergleichen und bei öffentlichen Bauten, etwa bei Schulen, Universitäten und Bahnhöfen, beispielsweise bei der Überbauung von Kopfbahnhöfen in Großstädten (Stuttgart, Frankfurt/Main, München). Beim parkartig überdeckten Hauptbahnhof Bern/Schweiz hat sich die Vegetation, einschließlich großer Bäume, sehr gut entwickelt.

Entwurfsgrundlagen dieser Freiräume sind:
- eine gute Zuordnung zu den Wohn- bzw. Arbeitsräumen;
- eine ausreichende Dimensionierung und Raumtiefe, abhängig von Art und Ausmaß der Nutzung, zum Beispiel beim Wohngarten Essplatz, Sandkiste, aufblasbares Planschbecken für Kinder, beim Pausengarten Sitzgelegenheiten, Tisch-Bank-Kombinationen;
- eine besonnte, möglichst ruhige Lage;
- ausreichender Schutz vor Einblick und vor Wind.

Die Windwirkung steigt mit der Höhe und der Lage in Winddüsen, auch an Gebäudeecken; eine Abschirmung, gleichzeitig auch ein Schutz vor Einblick, kann durch Rankgerüste oder leichte Wände hergestellt werden.

Beispiel für einen Dachaufbau für einen **Dachgarten**, in der Aufzählung von unten nach oben:
- tragende Decke; Ausgleichestrich mit Gefälle; Voranstrich, meist aus Bitumenemulsion;
- Dampfbremse, damit keine Feuchtigkeit aus dem Gebäude in die Wärmedämmung aufsteigen kann;
- Wärmedämmschicht, druckfest;
- Dachabdichtung zum Schutz vor dem Eindringen von Wasser;
- Schutzschicht: sie schützt die Dachabdichtung vor UV-Strahlung und vor mechanischer Beschädigung;
- zusätzliche spezielle Wurzelschutzschicht, wenn die Dachabdichtung nicht durchwurzelungssicher ist; Dränschicht zum Speichern von Wasser und/oder zum Abführen von überschüssigem Wasser;
- Filterschicht: sie verhindert das Einsickern von Feinerde aus der Vegetationsschicht in die Dränschicht;
- Vegetationsschicht (Erdsubstrat);
- möglicherweise zusätzliche Trenn- und Ausgleichsschichten zwischen einzelnen der angeführten Schichten, um die Übertragung von schädigenden Bewegungen oder chemisch bedingte Auswirkungen zu verhindern.

Ein wichtiges Erfordernis ist der Brandschutz rund um die Kamine, von denen Sicherheitsabstände einzuhalten sind, die in der jeweiligen Landes-Bauordnung vorgeschrieben werden.

Besondere Sorgfalt ist der **Vegetationsschicht** zu widmen, also der richtigen Zusammensetzung des Bodens; nicht geeignet sind Bodenarten, die zum Verdichten neigen, ebenso wenig leicht austrocknende Substrate wie Blumenerden mit einem hohen Anteil an Torfmull.

Pflanzsubstrate für Dachgärten müssen folgende Anforderungen erfüllen:
- ein geringes spezifisches Gewicht;
- eine dauerhafte krümelige Bodenstruktur, Stabilität gegen Verdichtung;
- einen ausgeglichenen Wasser-Luft-Haushalt;
- ein hohes Puffervermögen gegen Veränderungen des pH-Wertes und gegen Überschuss bzw. Mangel an Nährstoffen durch Düngung;
- langfristig verfügbare Nährstoffreserven.

Balkon, Loggia

Zu diesem Thema wurden in den vergangenen Jahren eine Reihe informativer Bücher mit praktischen Anleitungen für den Wohnungsbesitzer veröffentlicht, so dass sich die folgenden Ausführungen auf einige wichtige Aussagen beschränken können.

Der **Balkon** ist eine vor der Fassade auskragende, begehbare Fläche mit Geländer, zur Erweiterung der Wohnfläche in der warmen Jahreszeit. Ursprünglich war er mit einer Brüstung aus Holzgeflecht versehen, die seitlich auf Geschosshöhe reichte. Der wichtigste, meist beschränkende Faktor ist die Tiefe des Balkons und seine Lage zur Himmelsrichtung bzw. zu Verkehrsanlagen wie stark befahrenen Straßen oder Eisenbahnen. Leider werden immer noch vereinzelt Nordbalkone (und Nordwohnungen) errichtet. Manche Balkone werden von einem darüber liegenden Balkon überdeckt. Eine wesentliche Einschränkung sowohl für die Nutzung als auch für die Bepflanzung ist der Wind; Abhilfe ist nur durch eine Wand auf der dem Wind zugewandten Seite möglich.

Für die Begrünung gibt es vielfältige Möglichkeiten, von Einjahresblumen in Kistchen bis zu kleinen Bäumen in Pflanzgefäßen; es muss allerdings die entsprechende statische Sicherheit durch Berechnung überprüft werden. Soll die Bepflanzung, etwa mit einer selbstklimmenden Pflanze, vom Balkon einer Mietwohnung aus auf die Fassade hinauswachsen, muss die Zustimmung der Hausverwaltung eingeholt werden.

Die **Loggia** ist ein Freisitz an der Wohnung, hinter die Fassade eingezogen, also von drei Seiten in Geschosshöhe umschlossen. Die Möglichkeiten der Nutzung und Begrünung entsprechen denen des Balkons, die Aussicht – und damit auch die Einsicht – ist etwas eingeschränkt. Es entsteht eine besondere kleinklimatische Situation, die bei der Pflanzenwahl genutzt werden kann.

Die nutzbare Grundfläche sollte bei Balkon und Loggia mindestens 3 m² bei 1,40 m Raumtiefe sein, ausreichend für ein kleines Tischchen mit zwei Hockern; besser 6 m² bei mindestens 2,0 m Raumtiefe, für einen Esstisch mit vier Stühlen; je Gartenliege sind etwa 1,0 × 2,0 m vorzusehen. Eine reine Südlage ist nicht unbedingt erforderlich, vor allem wenn dort ungünstige Bedingungen herrschen, beispielsweise Lärm, ein unerwünschter Einblick, Verschattung durch Bäume; bei überwiegend nordexponierten Lagen sind keine Balkone oder Loggien anzuordnen.

Fassadenbegrünung

Gegenstand der Betrachtung ist hier die **Begrünung von Außenmauern** durch selbstklimmende oder an Gerüsten rankende Pflanzen, auch durch Gehölze an Spalieren und durch Hecken. Für die selbstklimmenden und die rankenden Pflanzen genügt ein Wurzelraum von 0,5 × 0,5 × 0,6 m, der praktisch überall – mit Bewilligung des betroffenen Grundeigentümers – an einer Außenwand hergestellt werden kann. Bei Fassaden zur Straße hängt die Genehmigung von der Einsicht der jeweiligen Stadtverwaltung ab. Für das Ergebnis der Fassadenbegrünung sind die Begriffe „Grüne Wand" und „Häuser im grünen Pelz" geprägt worden.

Funktionen der Fassadenbegrünung sind:
- Klima- und lufthygienische Funktionen: Erhöhung der Luftfeuchtigkeit, Kühlung, Staubfilterung;
- Schutz von Wandfarbe und Verputz vor intensiver Sonnenbestrahlung, vor Schlagregen und Wind;

Siehe Farbtafel VIII, Abbildung 168: Fassaden- und Straßenbegrünung in dicht bebautem Gründerzeitviertel in Wien-Mariahilf.

- Schalldämmung und Klimatisierung für die Innenräume;
- Wirkung einer Klimaanlage: kühlend an Wänden nach Süden, Wärmedämmung im Winter an nach Norden gerichteten Fassaden;
- ökonomische Funktion: Begrünung ohne Flächenaufwand, Wertsteigerung des Hauses durch die optische Wirkung, Wohnumfeldverbesserung.

Die Fassadenbegrünung hat auch eine über das einzelne Gebäude hinaus reichende stadtökologische Wirkung durch den Temperaturausgleich und als Lebensraum für einige kleine Tierarten. Dazu tritt eine stadtgestaltende Wirkung, vor allem bei der Verwendung immergrüner Gehölze, da kahle Mauern oft als hässlich empfunden werden.

Voraussetzung für die Begrünung ist eine völlig **intakte Fassade**, ohne Risse, Stellen mit losem Putz und dergleichen. Jedenfalls sind vor jeder Begrünung die entsprechenden Bauteile sorgfältig auf ihren Zustand zu überprüfen. Wenn die Fassade keinerlei, auch nicht den geringsten Schaden aufweist, tritt keine nachteilige, sondern eher eine die Fassade schützende Wirkung ein. Wuchshöhe, Wuchsrichtung und Wuchsstärke der Pflanzen sind auf die Gebäudestrukturen wie Höhe, Breite, empfindliche Bauteile (Reliefs, Lisenen, Figuren) abzustimmen.

Die Gartentechnik hat einige Systeme entwickelt, beispielsweise ein Rankseilsystem, mit dem eine sichere, dauerhafte und verdeckte Verankerung von korrosionsbeständigen Seilen hergestellt wird, die als Kletterhilfe dienen. Der Vorteil dieser Systeme gegenüber Holzgerüsten liegt in ihrer Beständigkeit.

Kletterformen
- Schlinger oder Winder, zum Beispiel Hopfen (*Humulus lupulus*), benötigen eine Hilfe, beispielsweise ein Rankgerüst oder Drähte;
- Ranker oder Selbstklimmer wie *Parthenocissus tricuspidata* 'Veitchii' und Weinrebe (*Vitis vinifera*) ranken selbstständig; sie benötigen auch bei glatten Wänden in der Regel keine Kletterhilfen, bewirken jedoch bei nicht ganz stabilen Fassaden auch ein gewisses Schadensrisiko;
- Wurzelkletterer, wie Efeu (*Hedera helix*), Trompetenblume (*Campsis radicans*), sind zum Teil selbstständig, zum Teil besser mit Hilfen kletternd;
- Spreizklimmer benötigen Hilfen.

Alle geeigneten Arten und ihre Verwendungsmöglichkeiten sind in der Fachliteratur eingehend beschrieben.

Schäden sind möglich
- bei einem mattenartigen, dichten Bewuchs, durch den sich Feuchtigkeit in der Wand sammelt;
- bei nicht ausreichender Tragfähigkeit der Wand; die Begrünung besitzt eine beträchtliche Last;
- bei Dachrinnen und Regenabfallrohren, die durch Triebe umfangen und eingedrückt werden;
- durch das Eindringen von Trieben unter die Dachdeckung.

Besonders hoch ist das Schadensrisiko bei Holzwänden, die durch die Begrünung nicht austrocknen können und zu modern beginnen; auch der in Abständen notwendige Schutzanstrich kann nicht durchgeführt werden; hier ist von einer Begrünung dringend abzuraten.

Zu unterscheiden sind:
- primär pflanzenbedingte Schäden, zum Beispiel Bauschäden durch Efeu an vorgehängten Fassaden dadurch, dass die lichtfliehenden Triebe in offen ausgebildete Fugen eindringen; hier ist die falsche Pflanzenart gewählt worden;
- primär durch Baumängel bedingte Schäden, zum Beispiel durch Zerstörungen am Putz.

Die Begrünung von Hauswänden ist auch mit **frei stehenden** geschnittenen Gehölzen möglich, es ist das Mittel der Wahl bei Bedenken gegenüber Kletterpflanzen:

- Gehölze können in der Art von Obstspalieren frei an die Wand gesetzt werden, zum Beispiel Weidenblättrige Mispel (*Cotoneaster salicifolius* var. *floccosus*), Runzelblättriger Schneeball (*Viburnum rhytidophyllum*) und andere;
- es wird eine Hecke dicht vor die Wand gepflanzt; je nach Höhe sind alle gängigen Heckengehölze möglich. Wichtig ist eine geringe Tiefe der Hecke von etwa 20 bis 30 cm.

Ein Vorteil ist, dass es bei Heckenpflanzen mehr immergrüne Arten gibt als bei den Kletterpflanzen. In Frage kommen als Hecke unter anderen auch Hainbuche (*Carpinus betulus*), Linden-(*Tilia-*)Arten, Feldahorn (*Acer campestre*), Goldglöckchen (*Forsythia intermedia* und *Forsythia suspensa*), Scheinquitte (*Chaenomeles lagenaria*), Feuerdorn (*Pyracantha coccinea*), winter- und immergrüne Zwergmispel-(*Cotoneaster-*)Arten. Von Nachteil ist der hohe Aufwand beim Schnitt und bei der Verarbeitung des Schnittguts. Traditionell ist die Kultur von Obstgehölzen, vor allem Apfel, Birne, Marille und Wein, an Südwänden mit Hilfe von Gerüsten.

Tiefgaragen, Grünbrücken

Im mehrgeschossigen Wohnbau, bei Bürogebäuden und öffentlichen Bauten, auch bei Stadtgrünplätzen, werden unter den Freiflächen zunehmend Stellplätze für PKW geschaffen, also **Tiefgaragen**, deren Oberfläche begrünt und als Freiraum genutzt werden kann. Über Straßen und Autobahnen, die große zusammenhängende Lebensräume von Pflanzen und Tieren zerschneiden, werden **Grünbrücken** mit bis zu mehreren 100 m Breite errichtet, die die Bewegung von Tieren und die Verbreitung von Pflanzen in beiden Richtungen ermöglichen, gleichzeitig aber auch Fußgängern und Radfahrern dienen (vgl. Abbildung 159).

Die begrünten Tiefgaragen und die Grünbrücken sind aus folgenden Schichten, von unten aufgezählt, aufgebaut:

- eine wurzelfeste Isolierschicht; sie besteht aus speziellen Kunststofffolien und verhindert das Durchdringen von Wurzeln zur Decke;
- die Dränschicht aus Schotter zur Aufnahme überschüssigen Wassers, mit seitlichem Ablauf;
- die Filterschicht aus Filtervlies; sie verhindert das Abschwemmen von Oberbodenteilen in die Dränschicht;
- die Vegetationsschicht aus Oberboden als Träger der Vegetation.

Literatur

Althaus Ch.: Fassadenbegrünung. Schriftenreihe Landschafts- und Sportplatzbau, Bd. 6. Berlin/Hannover 1989

Beins A.: Mikroklima und Wasserhaushalt von begrünten Dächern und deren ökologische Bedeutung in Siedlungen. Diplomarbeit am Geographischen Institut der Universität Hannover. Hannover 1991

Bundesamt für Umwelt, Wald und Landschaft (BUWAL) (Hrsg.): Begrünte Dächer. Schriftenreihe Umwelt Nr. 216. Bern 1995

Dachbegrünung: Das Gartenamt Heft 7/94

Drefahl J.: Dachbegrünung. Köln 1995

Dürr A.: Dachbegrünung – ein ökologischer Ausgleich. Umweltwirkungen, Recht, Förderung. Wiesbaden/Berlin 1995

Ernst W., H.-J. Liesecke: Dachabdichtung, Dachbegrünung. Teil 2. Pullach im Isartal 1999

Forschungsgesellschaft Landschaftsentwicklung Landschaftsbau FLL (Hrsg.), Troisdorf/Bonn: vgl. Abschnitt 8.2

Grützmacher B.: Grasdach und Dachbegrünung. Planung, Aufbau und Eigenleistung für moderne Grasdächer. München 1993

Kleeberg J.: Häuser begrünen. Grüne Wände und Fassaden. 2. Aufl. Stuttgart 1995

Köhler M. et al.: Fassaden- und Dachbegrünung. Stuttgart 1993

Kolb W., T. Schwarz: Dachbegrünung, intensiv und extensiv. Stuttgart 1999

Krupka B. W.: Dachbegrünung. Pflanzen- und Vegetationsanwendung an Bauwerken. In: Handbuch des Garten- und Landschaftsbaues. Stuttgart 1992

Krupka B.: Freianlagen auf Tiefgaragen und ähnlichen Bauwerken. In: Stadt und Grün Heft 6/1998

Liesecke H.-J.: Das Retentionsvermögen von Dachbegrünungen. In: Stadt und Grün H.1/1998

Liesecke H.-J. et al.: Grundlagen der Dachbegrünung. Zur Planung, Ausführung und Untersuchung von Extensivbegrünungen und einfachen Intensivbegrünungen. Berlin und Hannover 1989

Ludwig K., R. Weddige: Dachgärten und Balkone. Wohnräume unter freiem Himmel. Ideen, Anlage, Beispiele. München 1993

Mahabadi M.: Richtlinien für die Planung, Ausführung und Pflege von Fassadenbegrünungen mit Kletterpflanzen. Forschungsgesellschaft Landschaftsentwicklung Landschaftsbau FLL 2. Aufl. Bonn 1955

Stifter R.: Dachgärten – Grüne Inseln in der Stadt. Stuttgart 1988

5.0 Vorbemerkung

Das Wesen der Landschaftsarchitektur – und ihr Unterschied zur Architektur – ist das Arbeiten mit der **Natur** und, damit verbunden, das Denken in langen Zeiträumen. Das Werk des Landschaftsarchitekten ist – im Gegensatz zu dem des Architekten – erst nach Jahrzehnten in Umrissen sichtbar und entwickelt sich auch dann immer weiter. Es ist nie „fertig", sondern Gegenstand eines unaufhörlichen, nur schwer absehbaren Prozesses. Die Gartenkunst ist – nach Leberecht MIGGE – die „natürliche Schwester" der Bau- und Raumkunst. Sie steht auch in enger Verbindung mit den anderen Künsten wie Malerei und Bildhauerei. So finden sich hier wie dort vielfach gleiche Motive: die Spirale, das Tor, Kontraste in Material und Farbe, Vorder- und Hintergrund und andere mehr. Für einen der bedeutendsten Gartenarchitekten des 20. Jahrhunderts, Sir Geoffrey JELLICOE (1900 bis 1996), ist Landschaftsarchitektur in erster Linie **Kunst**, ja die „Mutter" der Schönen Künste. Sie ist, und das sollte bei jedem Entwurf bedacht werden, die Synthese von Natur und Kunst.

Ein wesentlicher Faktor für den Entwurf ist die – nur beschränkt planbare – **Entwicklung** jedes Gartens, jeder Landschaft in der Zeit. Nach neueren Erkenntnissen kann die Theorie der Selbstorganisation von Systemen Anhaltspunkte für zu erwartende Prozesse bieten, sowohl was den Garten selbst – als internes System – als auch was ihn als Teil größerer Systeme anbelangt. In diesem Zusammenhang ist die Überlegung hilfreich, dass die Gestaltungselemente des Gartens und der Landschaft – Bäume, Sträucher, Stauden, Mauern und Wege – eine sehr unterschiedliche Lebensdauer besitzen. Durch ihre Auswahl und räumliche Verteilung kann die Selbstorganisation des Systems Garten in einem definierten Grundgerüst bis zu einem gewissen Grade ermöglicht oder sogar gefördert werden, wie beispielsweise in den Arbeiten von Louis LE ROY.

Damit ein Garten gefällt, attraktiv ist und angenommen wird, muss er drei Bedingungen erfüllen:
- er muss eine unverwechselbare **Identität** aufweisen;
- er muss eine einprägsame, für jeden erfassbare **Struktur** besitzen;
- er muss eine **persönliche Bedeutung** für den Wahrnehmenden haben.

Ziel der Gestaltung in der Landschaftsarchitektur ist eine spürbare **Spannung** zwischen
- Ordnung, Klarheit, Übersichtlichkeit, der Möglichkeit der leichten Orientierung, dem Gefühl der Sicherheit für den Besucher einerseits und
- Abwechslung, Neuheit, Überraschung, Wecken von Neugier, dem Gefühl der Unsicherheit andererseits, beispielsweise in einem Labyrinth.

Ziel ist auch die Einheit von Form (Gestalt) und Funktion; auf jeden Fall muss der Garten oder Freiraum die ihm zugedachten, aber auch nicht vorgegebene Funktionen erfüllen. Zur guten Gestaltung kann die Verzierung, der Schmuck hinzutreten, etwa das Ornament oder die Farbe der Blüten; die Verzierung ersetzt allerdings nicht die Gestaltung. Der Garten ist ebenso wie die Landschaft unabhängig von der Anzahl der sichtbaren Elemente und Gegenstände.

Die Nutzung eines Freiraumes kann auf wenige Tätigkeiten beschränkt sein, ja sogar auf nur eine Tätigkeit: Vielfalt an Funktionen bedeutet nicht notwendigerweise auch Vielfalt als Gestaltqualität – und umgekehrt: Beschränkung auf eine Funktion bringt nicht zwangsläufig Mangel an Vielfalt in der Gestaltung mit sich. Ein gutes Beispiel dafür ist der historische chinesische und **japanische Garten**. Seine Nutzung ist beschränkt auf die stille Betrachtung und Kontemplation im bedächtigen Umhergehen oder auf das Sich-Versenken in sich selbst, auf die Meditation in absoluter Unbeweglichkeit und Stille; trotzdem ist seine Gestaltqualität – selbst in der Abstraktion des Zen-Gartens mit ihrer Beschränkung auf wenige Stilmittel, nämlich Sand und Steine – zweifellos eine der höchsten, die in der Gartenkunst erreicht worden sind. Dieser Garten ist aber auch ein gutes Beispiel dafür, wie stark die Wahrnehmung und Akzeptanz des Grünraumes von der inneren Einstellung des Besuchers abhängt.

5. Entwerfen von Gärten und Grünräumen

Eine wichtige Komponente ist, dass gut entworfene und bepflanzte Gärten auf **alle Sinne** wirken, also auch durch Geräusche, Gerüche, unterschiedliche „begreifbare" Materialien, wie der französische Landschaftsarchitekt Bernard Lassus in seinen Arbeiten deutlich macht. Gärten müssen „lesbar" sein, eine Botschaft vermitteln, beispielsweise von „Natürlichkeit", von „guter Form". Ein wesentliches Merkmal des Freiraums ist seine **Vielfalt**, die der Heterogenität der Stadt entspricht. Knotenpunkte der Schönheit der Stadt sind ihre **Plätze**, an denen die Auffassung der jeweiligen Zeit von Stadtbaukunst ablesbar ist, in Wien etwa Josefsplatz, Franziskanerplatz, Europaplatz oder – im negativen Sinne – Liesinger Platz. Das Ziel muss eine hohe Qualität der **gesamten** alltäglichen Gartenarchitektur in der Stadt sein, nicht nur die einzelner Grünräume.

Die Architekturkritik ist sehr oft auf äußere Faktoren, auf das Erscheinungsbild eines Bauwerks ausgerichtet, die Kritik bei Freiräumen ist viel umfassender, zum Beispiel auch auf Faktoren der Ökologie und der Nutzung abgestellt. „Wie die Räume ohne Menschen aussehen ist gleichgültig, wichtig ist nur, wie die Menschen darin aussehen." (Architekt Bruno Taut 1927). Das Entwerfen von Freiräumen ist nur bedingt lehrbar; die Lehre sollte dem Studierenden Anregungen und Hilfen anstelle von strenger Anleitung und Korrektur bieten.

Eine Gefahr liegt in der Reproduktion überkommener Gartenbilder ohne inneren Zusammenhang mit der Entwurfsaufgabe. Leitbilder sind deshalb mit Vorsicht zu betrachten: sie ändern sich stetig mit dem wirtschaftlichen und gesellschaftlichen Wandel. Allein in Österreich sind im 20. Jh. rund zehn unterschiedliche Leitbilder für die Landschaftsarchitektur formuliert worden. Ein entscheidender Schritt war die Forderung von Martin Wagner (1915) nach dem „Sanitären Grün" anstelle des „Dekorativen Grüns".

Literatur

Arriola A. et al.: Modern Park Design. Recent trends. Bussum 1995

Baljon L.: Designing Parks. An examination of contemporary approaches in landscape architecture. Amsterdam 1995

Filor S. W.: The Process of Landscape Design. New York 1992

Giedion S.: Space, time and architecture. Cambridge 1967, 3. Aufl. Deutsch: Raum, Zeit, Architektur, Zürich 1984

Harvard University, Graduate School of Design (Hrsg.): Transforming the American Garden: 12 New Landscape Designs. Cambridge, Massachusetts 1986

Imbert D.: The Modernist Garden in France. New Haven/ London, Yale Univ.Press 1993

Leblanc L., J. Coulon: Paysages. Paris 1993

Lisney A., K. Fieldhouse, J. Dodd (Hrsg.): Landscape Design Guide. Vol. 1 Soft Landscape. Vol. 2 Hard Landscape. Aldershot, Hampshire (GB) 1990

Loidl H.: Ruderalflächenfetisch und Stimulationsrechner. Entwicklungstendenzen in der Objektplanung. Garten und Landschaft (91) 1981, H.10, 795-805

Milchert J.: Standortbestimmung zeitgenössischer Gartengestaltung. Das Gartenamt (43) 1994, H.6, 383–391, H.10, 681–688

PlanBox (Hrsg.): Oranje Landschap. Aktuelle niederländische Landschaftsarchitektur. Wien 1994

Sutherland L.: Künstliche Landschaften. Stadtplätze – Industrieparks – Visionäre Environments. Basel/Berlin/Boston 1991

Tessin W.: Der Traum vom Garten – ein planerischer Alptraum? Zur Rolle des Gartens im modernen Städtebau. Europ. Hochschulschriften Reihe 42 Bd. 14. Frankfurt/Main 1994

Treib M. (Hrsg.): Modern Landscape Architecture: A Critical Review. MIT Press. Cambridge/Mass. 1993

Topos 5: Städtische Freiräume. München 1993

Vroom M. J. (Hrsg.): Buitenruimten – Outdoor Space. Environments designed by Dutch landscape architects in the period since 1945. Amsterdam 1995

5.1 Entwurfsgrundlagen

5.1.1 Informationen über Grundstück und Umfeld

Bei allen Bauvorhaben sind über das **Baugrundstück** und sein Umfeld vor Beginn der Entwurfsarbeit folgende Informationen einzuholen:

- Lage, Größe, Konfiguration; Auszug aus der Plandarstellung zum Kataster (sog. Katasterplan, Mappenauszug) 1 : 1000; Überprüfung in der Natur durch Vermessung: Katasterpläne, vor allem solche älteren Datums, sind oft ungenau oder nicht auf dem letzten Stand;
- Höhenunterschiede, Hangneigung und -exposition (Lage zur Himmelsrichtung) sind, auch durch Nivellement, aufzunehmen; Schätzungen sind meist zu ungenau;
- die Art des Untergrundes (Tragfähigkeit), der anstehende Boden (Bodenprofil, Bodenart, Bodentyp, Nährstoffversorgung) sind durch Probebohrungen, Ergraben von Bodenprofilen, Entnahme von Bodenproben mit dem Bohrstock zu ermitteln. Je nach Größe des Grundstücks empfiehlt sich dafür ein Netz von 10 × 10 m bis 25 × 25 m;
- Grundwasser (Tiefenlage, Grundwasser-Horizonte, Grundwasser-Strömung), Hangwasser; feststellbar durch Beobachtung, Bohrungen; vorhandene Brunnen (Tiefe, niedrigster/höchster Wasserstand, Wasserqualität); möglich sind auch erste Bestimmungen mit der Wünschelrute als Grundlage für weitere Untersuchungen;
- kleinklimatische Besonderheiten wie Kaltluftstau, Winddüsen; durch Beobachtung und einfache Messungen (Anemometer) festzustellen, örtlich auch durch Auskünfte verlässlicher ansässiger Personen;
- die vorhandene Vegetation durch genaue Aufnahme von Gesellschaften und Arten, bei Bäumen des Stammumfanges in 1 m Höhe und des Kronendurchmessers, und eine fachliche Bewertung nach dem Zustand, dem Wert in ökologischer und naturschutzrechtlicher Hinsicht, von „unbedingt zu erhalten" bis „verzichtbar";
- die städtebauliche Situation, Lage in der Nachbarschaft, Sichtbeziehungen vom und zum Grundstück, vor allem unerwünschter Einblick (von Nachbarn) und Ausblick (auf Verkehrsanlagen);
- planungs- und baurechtliche Vorgaben wie Bebauungsart, Baulinie, bebaubare Fläche laut Bebauungsplan, Bauwich (= Abstand zu Nachbargrundstücken), Bauweise, Material, Giebelstellung, Dachneigung, Art der Dachdeckung, Färbelung und dergleichen laut Bauordnung und besonderen Baubestimmungen der jeweiligen Gemeinde;
- Plan aller Einbauten: Kanalisation (vor allem Höhenlage), Wasser, Strom, Gas, Fernmeldeanlagen; jeweils die Anschlussmöglichkeit und Kapazität; die Anbindung des Grundstücks an die öffentliche Verkehrsfläche (Straße), Bekanntgabe der Gehsteighöhe durch die Gemeinde;
- bei größeren Vorhaben Luftbilder, möglichst maßstabgetreu, entzerrt (in Österreich vom Bundesamt für Eich- und Vermessungswesen, in Deutschland bei den jeweiligen Landesvermessungsämtern);
- frühere Nutzungen, Reste von Bauwerken, Fundamente; Altlasten (Lage, Art, Menge).

Je nach Art und Größe des Grundstücks können einzelne Faktoren vernachlässigt werden, beispielsweise die Bewertung der vorhandenen Vegetation, wenn nur ein einheitlicher Bestand, etwa Mähwiese, vorhanden ist.

Von großer Bedeutung ist die **Analyse** der örtlichen Situation, nicht nur in naturwissenschaftlichem Sinne, sondern auch mit Intuition, sensibler Wahrnehmung und schöpferischer Gabe. Sie ist Voraussetzung dafür, dass das geplante Projekt nicht statisch, sondern als sich wandelnder Prozess gesehen werden kann. B. Lassus spricht von der „erfinderischen Analyse". Ebenso wichtig ist die genaue **Beobachtung** der vorhandenen Nutzungen, am besten durch einen längeren Aufenthalt in dem betreffenden Freiraum.

Nicht oder nur sehr beschränkt messbar sind Faktoren, die in den Arbeitsbereich der **Geomantie** fallen wie Erd- und Himmelsstrahlen. Während Wasseradern und Grundwasserhorizonte vergleichsweise leicht zu ermitteln sind, erfordert das Erspüren von physikalisch-instru-

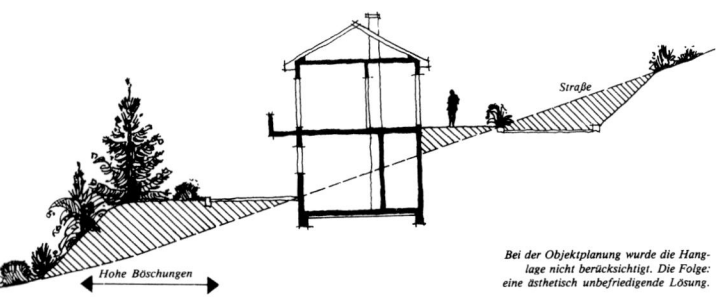

Bei der Objektplanung wurde die Hanglage nicht berücksichtigt. Die Folge:
eine ästhetisch unbefriedigende Lösung.

Abbildung 169: Haus und Garten ohne Einbindung in den Hang, schwere funktionelle, gestalterische und wirtschaftliche Nachteile. Landschaftsarchitekt Prof. S. KRATOCHWILL.

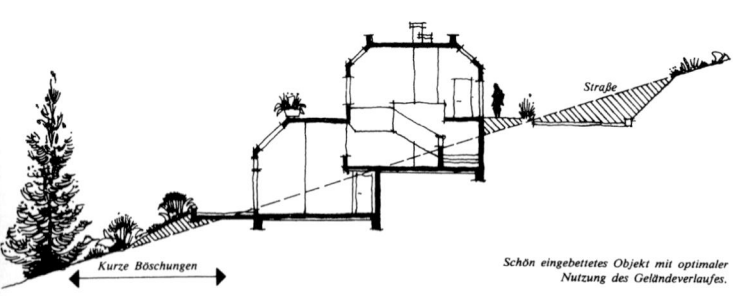

Schön eingebettetes Objekt mit optimaler
Nutzung des Geländeverlaufes.

Abbildung 170: Haus und Garten, optimal in das Gelände eingebunden, verbunden mit bedeutenden Vorteilen in funktioneller, gestalterischer und wirtschaftlicher Hinsicht. Landschaftsarchitekt Prof. S. KRATOCHWILL.

336

mentell nicht messbaren Strahlungen besondere Fähigkeiten. Jedenfalls sollte die Geschichte und Bedeutung des jeweiligen „**Ortes**", die sich unter anderem auch aus Geschehnissen ergibt, die sich vor langer Zeit dort ereignet haben, in den Entwurfsvorgang einbezogen werden.

5.1.2 Limitierende Faktoren, externe Vorgaben, Bedürfnisse der Nutzer

Limitierende und externe Faktoren

Neben den erhobenen Daten und Werten sind einige **externe Faktoren** beim Entwurf zu beachten, so vor allem:

- Vorgaben der Naturschutzbehörde, etwa zur Wahl der Gehölzarten;
- Einschränkungen bei der Pflanzenwahl durch regionale mesoklimatische Gegebenheiten, zum Beispiel durch Spät- oder Frühfröste, Windeinwirkung;
- Vorgaben aus dem Nachbarrecht, beispielsweise zu Baumpflanzungen an der Grundstücksgrenze; hier besteht die Möglichkeit einer einvernehmlichen schriftlichen Vereinbarung;
- eine Verbindung der angestrebten Nutzungsmöglichkeiten mit den natürlichen Gegebenheiten, etwa mit der auf dem Grundstück vorhandenen Vegetation;
- ausreichende Besonnung und Belichtung (besonders wichtig im mehrgeschossigen Wohnbau);
- Möglichkeiten der Bewässerung und/oder Entwässerung.

Möglichkeiten, Bedürfnisse, Wünsche der Nutzer

Eine entscheidende Rolle spielen für den Entwurf die Gespräche mit den späteren Nutzern, sowohl vor Beginn der Entwurfsarbeit als auch während der Bearbeitung. Sind die Nutzer nicht bekannt, zum Beispiel im mehrgeschossigen Wohnungsbau, lassen sich Schlüsse aus der Beobachtung in vergleichbaren Freiräumen und aus Gesprächen mit den dortigen Nutzern ziehen. Bei allen sozialen Einrichtungen sind Gespräche nicht nur mit leitenden Personen zu führen, sondern auch mit allen betroffenen Gruppen, bei einem Krankenhaus beispielsweise mit Patienten, Schwestern, Pflegern, Ärzten, Verwaltungsangestellten, Hausarbeitern.

Die wichtigsten zu erhebenden Daten sind, am Beispiel eines Hausgartens und ohne Anspruch auf Vollständigkeit:

- Familiengröße, Generationen, Altersverhältnisse, persönliche Vorlieben;
- Gartenerfahrung, Bereitschaft zur Gartenarbeit;
- gegebenenfalls gesellschaftliche Verpflichtungen, Repräsentation;
- besondere Wünsche wie Schwimmbecken, Kräutergarten, Spielrasen;
- Wünsche hinsichtlich Natürlichkeit des Freiraumes, Material, bestimmter Pflanzen(gruppen);
- mögliche tragbare Höhe des Pflegeaufwandes;
- Limit für die Anlagekosten;
- spezifische Anforderungen, etwa für behinderte oder kranke Personen, für Tierhaltung.

Es ist stets zu bedenken, dass sich möglicherweise die Nutzung im Laufe der Zeit **verändert**, dass andere Funktionen erfüllt werden müssen, zum Beispiel bei der Nutzung durch eine Familie oder bei einem sich verändernden Anteil von Kindern, Jugendlichen und alten Personen im mehrgeschossigen Wohnbau, je nach dem Altersaufbau des Nutzerkreises. Ebenso muss berücksichtigt werden, dass Wünsche der Nutzer manchmal über ihre Möglichkeiten hinausreichen, weil sie sich über den Arbeitsaufwand und die Kosten für einen Freiraum nicht im Klaren sind.

Zu berücksichtigen sind auch Unterschiede im Freiraumverhalten zwischen Buben und Mädchen, zum Beispiel im Bewegungsradius, auch zwischen Männern und Frauen. Für Frauen spielt das Bedürfnis nach Sicherheit eine besondere Rolle: Freiräume müssen übersichtlich, auch hell beleuchtet sein. Möglichst viele Freiräume sollen auch für Behinderte benutzbar sein, was durch Rampen, Handläufe, abgesenkte Gehsteigkanten, akustisch gesicherte Übergänge und dergleichen ermöglicht oder zumindest erleichtert werden kann (vgl. Abschnitt 4.7.1).

Literatur
Hartenstein W. u. K. Liepelt: Wohnumfeldbezogenes Freizeitverhalten im zentralen Verdichtungsraum Nordrhein-Westfalen. Schriftenreihe des ILS: Freizeit, Band 5.003. Dortmund 1983

Kaub R.: Gartenrecht für jedermann. Rechtsprobleme rund um Garten und Grundstück. 7. Aufl. München 1999

Rautmann K.: Freiraumansprüche Berufstätiger. Dissertation Fachbereich Landespflege Universität Hannover. Hannover 1982

Tillner S., U. Kose, L. Licka: Richtlinien für eine sichere Stadt. Mag. Stadt Wien MA 57. Wien 1995

Abbildung 171: Raumbildung durch Allee, hier am Beispiel Hannover-Herrenhausen, wenige Jahre nach der Erneuerung des Baumbestandes.

Abbildung 172: Fassung und Erweiterung des Gartenraumes durch Sichtachsen oder Sichtschneisen in die Landschaft, hier am Beispiel des Schlossparks Schwetzingen. Landschaftsarchitekt F. L. von SCKELL, Veränderungen des französischen Gartens ab 1777.

5.2 Entwurfsaufgaben, funktionelle und räumliche Gliederung

Funktionelle Gliederung, Wegeführung

Freiräume, insbesondere Pflanzungen jeglicher Art, verfügen nicht über vorgegebene Strukturelemente wie etwa Autobahnen, sie sind also in sich variabel. Dies hat sich zum Beispiel an der Vielfalt der Wettbewerbsbeiträge für den Park La Villette in Paris gezeigt.

Wesentlich für den Entwurf sind die Nutzungsmöglichkeiten der Flächen, sie haben Vorrang vor der ästhetischen Funktion. Die Entwurfslösungen für öffentliche Grünräume müssen vielen Kulturen, Schichten und Gruppen ganz verschiedener Art in der Stadt gerecht werden. Das bedeutet, dass es dort auf vielfältige Weise nutzbare Räume geben muss. Von Bedeutung können etwa große Rasenflächen sein, beispielsweise die zentrale, 12 ha große Wiese im Stadtpark Hamburg (Architekt Fritz SCHUMACHER); Beispiele für diese Nutzungsvielfalt sind in Wien der Donaupark, der Prater und der Lainzer Tiergarten. Funktionelle Bedingungen können sehr gut zu Themen der Gestaltung gemacht werden, etwa „Tor", „Weg", „Brücke", „Wasserlauf". Gerade die Elemente „Zaun" und „Tor" können den Übergang in einen „anderen Ort" anzeigen.

Abbildung 173: Perspektivische Raumbildung durch Pergola mit Ausblick in der Sichtachse und zu den Seiten. Hofgarten (Residenzgarten) Würzburg, Architekten Balthasar NEUMANN, Maximilian von WELSCH, ab 1720/21.

Abbildung 174: Beispiel für Raumbildung durch freiwachsende Bäume, hier eine Gruppe von Rotbuchen im Landschaftsgarten Laxenburg bei Wien.

Gliederung nach **Teilräumen** aus funktioneller Sicht, am Beispiel Hausgarten:

- Badegarten, nach Süden gerichtet, nicht schattig; befestigte Fläche für Liegestühle, evtl. kleines Badehaus;
- Terrasse, in Verbindung mit Wohnzimmer, nach Südwesten;
- Kräutergarten, der Küche zugeordnet, verbunden mit Arbeitsplatz zum Gemüse-, Schuheputzen und dergleichen, Wäschespinne;
- Spielbereich für Kinder, dem Alter entsprechend; Spielrasen oder -wiese;
- Eingangsbereich, Vorgarten, Einfahrt zur Garage, Vorplatz mit Benzinabscheider zum Wagen-Waschen.

Jedenfalls sollen „Freiräume" in dem Sinne entwickelt werden, dass dort eine Vielfalt von Tätigkeiten unterschiedlicher Art möglich ist. Ein Nebeneinander von unterschiedlich strukturierten Freiräumen ist durchaus möglich. Die Planung offener Strukturen bedeutet, dass nur den Funktionen, die zwangsläufig bestimmte Räume erfordern, ein entsprechender Platz zugewiesen wird, dass anderen Funktionen aber ein breiter Spielraum belassen wird. So kann für jede Funktion mehr Fläche zur Verfügung gestellt werden, es können sich mehrere Funktionen zeitlich und räumlich überlagern, miteinander konkurrieren oder nebeneinander bestehen.

Räumliche Gliederung durch Bodenmodellierung, Pflanzungen, Gartenbauten

Der Begriff „Freiraum" ist problematisch, denn es gibt keinen „freien Raum". Zu fragen ist allenfalls: frei – wovon, wofür, wodurch? Inhaltlich deutlicher, dafür sprachlich weniger schön ist „Außenraum". Aus humanethologischer Erkenntnis ist der Mensch weder Einzelgänger noch Herdentier in einer großen Masse, sondern für das Leben in Einzelgruppen von acht bis höchstens 20 Individuen angelegt. Die Isolation führt zu Stress, zu viele Zwangskontakte in einer Menge zu Aggressivität oder Gleichgültigkeit. Damit sind auch die Vorgaben für die **räumliche Gliederung** privater und teilöffentlicher Freiräume benannt.

Die räumliche ist aus der funktionellen Gliederung zu entwickeln. E. W. HEISS hat in meisterhaften Skizzen anschaulich gezeigt, wie auf dem Wege in eine Stadt von außen, von der Umgebung, vom Stadtrand bis in die Stadtmitte eine Abfolge in der Gestaltqualität der Grünräume sicht- und spürbar werden kann: von „landschaftlichen" über „gartenähnliche" Elemente bis zu „gebauten" Freiräumen. Ihm verdanken wir auch die Überlegung der wechselnden Raumeindrücke beim Durchschreiten enger und weiter, lichter und schattiger, kleiner und großer Freiräume als Gestaltungsmittel.

Es stehen drei wesentliche Möglichkeiten der **Raumbildung** zur Verfügung:

- die **Pflanzung**: sie wirkt raumbegrenzend durch Sträucher und Bäume, teilend durch niedrige Pflanzstreifen; möglich ist auch das Überstellen mit Bäumen, gleichsam das Einziehen eines „Daches";
- die **Bodenmodellierung**: die Mulde vermittelt Geborgenheit, der Hügel ist Aussichtspunkt; die Bodenmodellierung kann geschwungene oder lineare, gerade Formen aufweisen, in hängigem Gelände können Terrassen angelegt werden, es können Mauern ebenso wie Böschungen eingesetzt werden. Auch in ebenem Gelände können unterschiedliche Höhen hergestellt werden; Beispiele dafür sind der vertiefte „Senking garden" und die „Erlebnisstufe". Erdwälle mit einer dichten Strauch- und Baumbepflanzung wirken als Schallschutz, auch als Schutz gegen Staub und Abgase;
- **Gartenbauten**: Pergolen, Traillagen (Rankgerüste), Mauern in verschiedenen Höhen, Palisaden, Lauben und andere mehr gliedern den Außenraum sehr deutlich und erlauben eine Reihe von Nutzungen. Sie haben auch eine wichtige kleinklimatische Wirkung, etwa Schutz vor Wind, Standort für Frühblüher vor der Südseite einer Mauer. Gemauerte Bankbeete (Hochbeete) bringen die Pflanzen dem Auge des Betrachters näher.

In strengen Raumformen sind durchaus freie, formlose, lockere, ungebundene Betätigungen möglich, so wie sich ein von Flora und Fauna genutzter Lebensraum auch in einem rechteckigen, betonierten Wasserbecken entwickeln kann. Geschwungene Linien und unebene Böden sind nicht zwangsläufig „natürlich", in der Natur gibt es im kleinen Maßstab viele gerade, kristalline Formen.

nach F. Woess

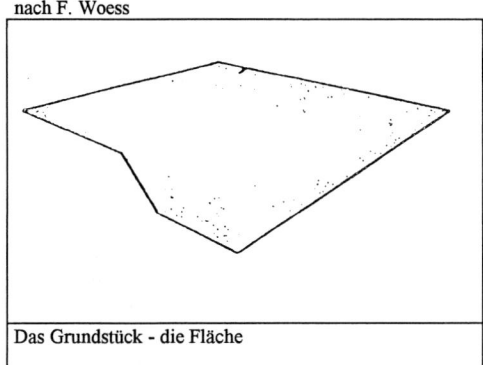

Das Grundstück - die Fläche

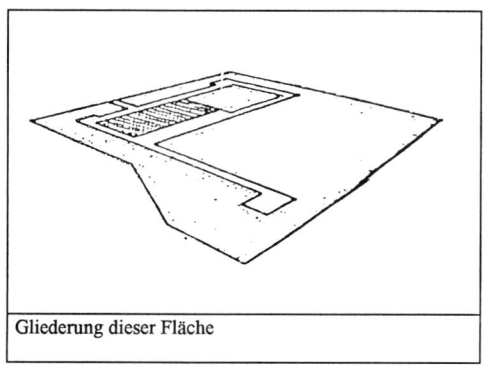

Gliederung dieser Fläche

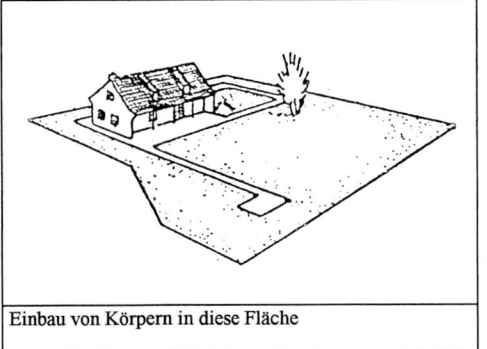

Einbau von Körpern in diese Fläche

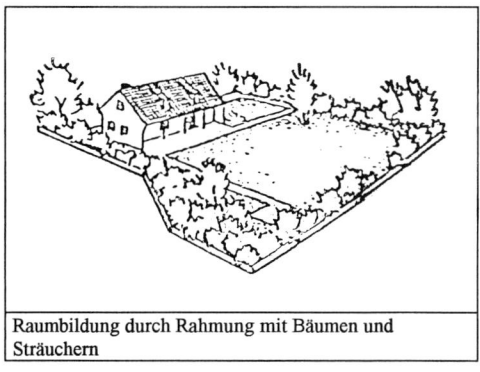

Raumbildung durch Rahmung mit Bäumen und Sträuchern

Abbildung 175: Entwicklung von der Fläche zum Raum am Beispiel eines Hausgartens; Prof. F. Woess.

Der Mensch ist von Natur aus mit hoher Raumintelligenz ausgestattet, er kann sich in einem reich strukturierten Gelände gut zurechtfinden; er sucht Nischen, Lauben, Winkel, Sichtschutz, Rückendeckung, auch durch Pflanzen, beispielsweise Bäume in den Höfen im mehrgeschossigen Wohnbau, Mauern zwischen Gartenhof und Straße.

Geschlossene Freiräume haben ein „Innen", das zentripetal, und ein „Außen", das zentrifugal, ja abwehrend wirkt. Ein als konkav erlebter Raum wirkt bergend, schützend, ein als konvex erlebter Raum wirkt abweisend, abstoßend. Besonderer gestalterischer Sorgfalt bedarf das „Tor", der Übergang zwischen Innen und Außen, dem in der Gartenkunst seit jeher eine große Bedeutung zugewiesen wurde, ebenso wie der „Brücke" als Gestaltungselement. In kleinen Gartenräumen, etwa einem Atriumhof, müssen die inneren **Ecken** frei gehalten werden, um den Raum nicht kleiner erscheinen zu lassen. Klare äußere Kanten und Ecken von Bauwerken sollten nicht durch Strauchpflanzungen verschleiert werden.

Kontraste werden deutlich erlebt, zum Beispiel eine streng gerichtete Feldflur, durch Ackerfurchen unterstrichen, gegen einen geschlängelten Bachlauf mit seiner Ufervegetation. Wesentlich sind die **Raumgrößen** und Maßstabsverhältnisse vom Atriumhof mit 8 × 8 m bis zu landschaftlichen Räumen. Die im Entwurf verwendeten Pflanzen sollen – in ihrem erwachsenen Zustand – diesen Raumgrößen adäquat sein, das setzt sehr genaue Kenntnisse der Pflanzenarten und ihrer Entwicklungsmöglichkeiten auf dem betreffenden Standort voraus. Enttäuschungen stellen sich regelmäßig dann ein, wenn sich Pflanzen nicht an die Angaben im Baumschulkatalog, sondern an die Gegebenheiten von Boden, Nährstoffversorgung, Kleinklima und Bewässerung halten.

339

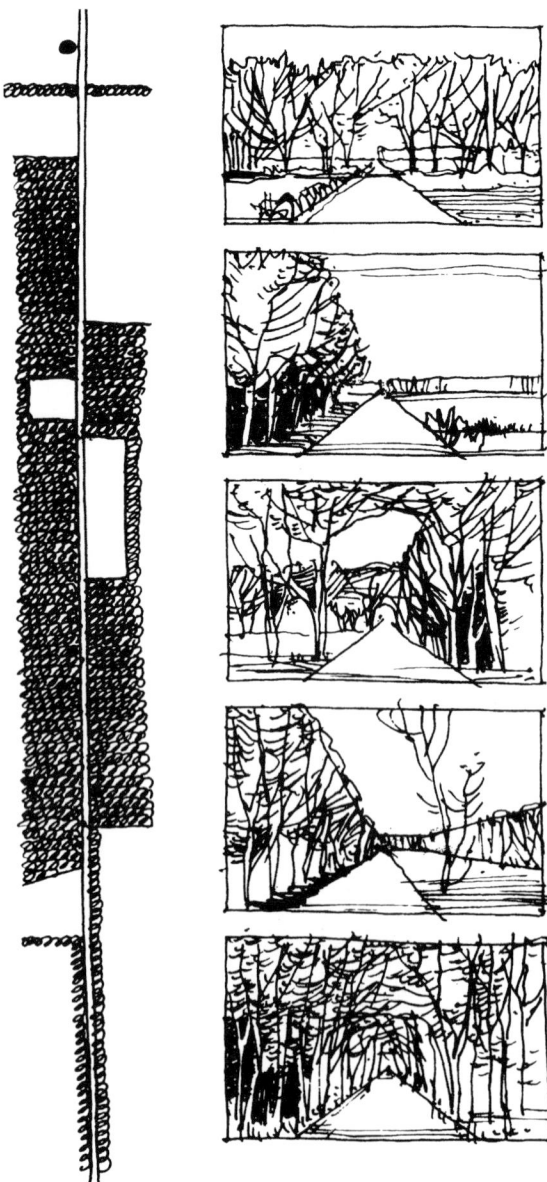

Abbildung 176: Erlebnis der Raumfolge im Verlauf eines Weges im Freiraum; Grundriss, dazu optische Eindrücke. Zeichnung Architekt Prof. Ernst W. Heiss.

Der Entwurf ist auf die unterschiedliche **Augenhöhe** in verschiedenen Positionen der Nutzer abzustellen, zum Beispiel sitzend oder stehend. Details wie eine einzelne Blüte sollen dem Auge möglichst nahe gebracht werden, etwa durch ein Hochbeet; größere Farbkompositionen sind aus mittlerer Entfernung gut sichtbar, ein Raum kann aber auch bis zum Horizont überschaubar sein. Bekannt ist der Entwurf von Parterres im Barock und von Werken des brasilianischen Gartenkünstlers R. Burle Marx, die nur beim Betrachten von oben zur Wirkung kommen. Ähnlich verhält es sich mit dem Bild, der Vedute, als Gestaltungsziel; beim ostasiatischen Garten wird das sehr deutlich, wenn sich durch eine regelmäßige Öffnung in einer Wand ein Bildausschnitt zeigt, von dem man im ersten Moment nicht weiß, ob er gemalt oder Teil des Gartens ist.

Die Raumbildung ist auch abhängig von der unterschiedlichen Art und Geschwindigkeit der **Bewegung** des Betrachters: ruhend, gehend, reitend, fahrend mit dem Fahrrad, mit dem Auto. Wichtig ist die **Entfernung** des Auges vom Objekt: der Effekt ist ähnlich dem, wenn man ein Gemälde aus weiterer oder näherer Entfernung betrachtet; mit dem Nähertreten werden immer mehr Einzelheiten sichtbar, im Garten bis zum Bestandteil einer Blüte oder der Behaarung einer Hummel. Der Gartenkünstler kann – wie der Maler – eine „optimale" Entfernung vorgeben oder bewusst das Mittel unterschiedlicher Bildeindrücke einsetzen.

Günstig ist die Gliederung des überblickbaren Raumes – wie in der Landschaftsmalerei – in Vordergrund, Mittel- und Hintergrund, was durchaus mit pflanzlichen Elementen möglich ist. Räume können auch optisch verkürzt oder verlängert werden, wie am Beispiel des barocken Gartentheaters in Hannover-Herrenhausen zu sehen ist. Der Goldene Schnitt (a:b = b:a + b) hat sich als Grundregel für die Raumaufteilung in Gärten vielfach bewährt. Eine Abfolge unterschiedlich großer und geformter Plätze oder Gartenräume bringt meist viel Spannung und Abwechslung mit sich, wie auch an historischen Gärten gut zu sehen ist. Das Gleiche gilt für die Wirkung von Gartenräumen in mehreren Ebenen und die Verschneidung von unterschiedlichen Niveaus durch Rampen und Treppenanlagen.

Landschaften und Blickpunkte wie ein Berggipfel oder ein Kirchturm **außerhalb** des zu entwerfenden Freiraumes können vorteilhaft in die Raumbildung einbezogen werden; dafür wurde in der ostasiatischen Gartenkunst der Ausdruck „Geborgte Landschaft" (shakkei) geprägt. Sehr wichtig ist beim Entwurf das Freihalten oder Freilegen von Sichten und **Blickbeziehungen** wie etwa in einer Barocklandschaft oder im Landschaftsgarten. Zu unterscheiden sind hier die Achse als dominierendes Element der symmetrischen Anlage und der Durchblick, auch als Schneise oder Schlag bezeichnet, zur optischen Erweiterung des Raumes im Landschaftsgarten. Am Endpunkt der Achse ist fast immer ein „Point de vue", etwa eine Säule, ein Obelisk oder Standbild angeordnet, am Endpunkt der Schneise findet sich dieses Gestaltungselement in einigen Fällen.

Die Unterteilung eines großen Gartenraumes in mehrere kleine bedeutet nicht zwangsläufig eine optische Verkleinerung, wichtig sind aber Durchblicke, die die Neugierde wecken. Ein vergleichsweise kleiner Gartenraum wirkt optisch größer durch eine überlegte Gliederung mit Gehölzpflanzungen und eine Wegeführung mit unterschiedlichen Blickrichtungen; davon wurde nicht nur im Landschaftsgarten Gebrauch gemacht, sondern beispielsweise auch um 1935 vom Gartenarchitekten W. Hübotter beim Entwurf für den Hermann Löns-Park in Hannover. Umgekehrt kann auch ein „leerer" Raum durchaus eine gute, interessante Atmosphäre besitzen; der „horror vacui", dem auch manche Gärtner verfallen sind, führt zum Vollstellen schöner, freier Räume.

Die Raumbildung durch **Pflanzen** ist äußerst vielfältig und bietet der Vorstellungskraft des Entwerfers einen sehr breiten Spielraum, denn die Mittel reichen – allein bei den Gehölzen – vom kleinen freiwachsenden Strauch über die geschnittene Hecke in verschiedenen Höhen bis zum großkronigen Baum mit 30 m Höhe.

Besondere Sorgfalt ist bei der Raumbildung durch **Bäume** notwendig: in der Stellung der Bäume zueinander sollte ein Spannungsverhältnis herrschen. Je nach Baumart kann der Durchblick unter der Krone möglich oder durch die „Schleppe" des Baumes verwehrt sein. Bäume sind in verschiedener Form als raumbildende Gestaltungsmittel einzusetzen: als Einzelbäume, als Baumgruppen, die „Clumps of trees" des Landschaftsgartens, als Baumreihe, als zwei- oder mehrreihige Allee, als Hain oder „Baumdach". Viele Gehölzarten können als streng geschnittene Hecken oder Baumwände eine Raumbegrenzung bilden. Der Formschnitt von Gehölzen, von den Römern als „opus topiarium" bezeichnet, der in Ostasien immer betrieben und geübt wurde, wird seit etwa zehn Jahren auch in Europa wieder aufgegriffen, vor allem in den Niederlanden. Von den Laubbäumen eignet sich dazu besonders die Linde, die zu verschiedenen Formen (Kastenlinde, Stufenlinde) herangezogen wird.

Ein klassisches Beispiel für den Einsatz von Bäumen zur Raumbildung und für den gestalterischen Umgang mit dem Faktor Zeit ist der Entwurf von Sven Ingvar ANDERSSON für den Bereich **Resselpark-Karlsplatz** in Wien. Vorhandene Baumgruppen wurden durch Neupflanzungen zu großen ovalen Körpern oder „grünen Kissen" geformt, die allerdings erst in mehreren Jahren deutlich erkennbar sein würden. Erst dann sollten die zwischen diesen Baummassen stehenden alten Bäume entfernt und die ovalen Baumkörper freigestellt werden. Der Rand dieser Bepflanzung sollte ganz dicht, wie ein Waldrand, ausgebildet sein. In einer Erläuterungsschrift gibt der Gartenarchitekt die Entwicklung von 1978 bis etwa 2050 mit allen dazwischen notwendigen Maßnahmen, etwa das Auslichten zum Freilegen von Sichtbeziehungen, vor. In anschaulichen Skizzen wird gezeigt, wie durch einen fachgerechten Schnitt die gewünschten Baumformen am Rande der ovalen Baumkörper erzielt werden können. Weitere raumbildende Formen, die S. I. ANDERSSON beim Karlsplatz einsetzt, sind scharf geschnittene Hecken und Kugeln aus Eibe, Steinterrassen und ebene Flächen mit überwiegend Efeu. Leider sind die Intentionen des Landschaftsarchitekten bisher nur zu einem geringen Teil umgesetzt worden (vgl. Abbildung 72).

Von den meisten Bauherren, aber auch von vielen Architekten werden Höhe und Volumen freiwachsender Bäume weit unterschätzt, was oft zu einem Missverhältnis zwischen Gebäuden und Bäumen führt. Rotbuchen, Eschen und Ahorn (*Acer pseudoplatanus*) werden an die 35 m hoch, die mancherorts beliebte *Thuja* immerhin ungefähr 18 m. Diese Maße bieten natürlich viele Möglichkeiten zur Gliederung großer Landschafts- und Parkräume, sollten aber zur Zurückhaltung bei Hausgärten und Innenhöfen anhalten.

Seit der Renaissance ist das **Labyrinth** aus geschnittenen Hecken ein beliebtes Gartenelement. Dort erlebt der Besucher neben der Unsicherheit, welcher Weg der Richtige sein mag, auch die Bewegung von außen, also vom Eingang, nach innen, zum Mittelpunkt, von dem aus oft ein Überblick von einem erhöhten Punkt aus möglich ist, und wieder von innen nach außen, in die Befreiung von der Spannung. Der Weg hinein ist der ins Ungewisse, der Weg hinaus ist der in die Freiheit. In den historischen Gärten ist das Labyrinth Sinnbild des menschlichen Lebens, des Irrwegs, der schließlich zum Elysium führt.

Aus ökologischen Gründen sollten in einem gestalteten Garten oder Landschaftsteil möglichst viele unterschiedliche **Lebensraum**-Elemente nebeneinander angeordnet und möglichst viele Grenzlinien geschaffen werden, etwa Wald-Wiese, Hecke-Acker, Teich- und Bachufer. Diese Vielfalt kann durch Geländemodellierung noch unterstrichen werden.

Die Gartenarchitekten des Barock- und des Landschaftsgartens sind mit der **Bodenmodellierung** meisterhaft umgegangen; so hat André LE NÔTRE in Versailles die Höhenentwicklung der Hauptachse so angelegt, dass man beim Durchschreiten in Richtung auf das Schloss das Gebäude zunächst relativ klein in der Ferne sieht, dann wird es – durch das Absenken des Weges – dem Blick entzogen, um plötzlich überraschend in imposanter Größe vor dem Betrachter aufzutauchen. Im Landschaftsgarten wurde oft die Einzäunung in einer Mulde „versteckt", um die umgebende Landschaft in den Garten einzubeziehen. Höhenunterschiede im Grünraum vermitteln Vielfalt und Abwechslung, manchmal auch einen Eindruck von Natürlichkeit. Auch die Nutzung kann durch die Höhenentwicklung vorgegeben werden: ebene Flächen laden zum Spielen ein, sanft geneigte Flächen zum Lagern, steile Hänge wirken abweisend.

Die Gestaltung des **Reliefs** zu beherrschen erfordert viel Erfahrung; nirgends sonst verschätzt sich selbst der Fachmann so leicht wie bei Höhenunterschieden – sie werden meist unterschätzt; daher empfiehlt sich auch bei kleinen Gartenräumen die Messung. Steil abfallende

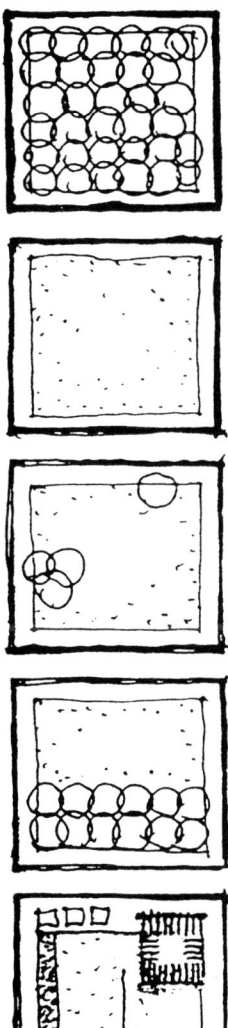

Abbildung 177: Möglichkeiten zur differenzierten räumlichen Gliederung eines Hofes, schematische Darstellung. Zeichnung Prof. E. W. HEISS.

341

Grundstücke lassen sich durch Terrassierung nutzbar machen. Da sich die Bauzeit in aller Regel über einen längeren Zeitraum erstreckt, besteht für den Gartenarchitekten die Möglichkeit, Ergänzungen und Verfeinerungen in der Gestaltung vorzunehmen. Dies gilt besonders für die Bodenmodellierung, die zum einen schwer in leicht lesbaren Plänen dargestellt werden kann und die zum anderen ohne ständige Betreuung auf der Baustelle nicht korrekt ausgeführt wird.

Bauliche Elemente werden als Gestaltungsmittel zur Raumbildung in Grünräumen vergleichsweise selten eingesetzt, wobei oft finanzielle Überlegungen maßgeblich sind. Dabei bietet sich allein bei Mauern mit ihren vielfältigen Ausführungen in Höhe, Material und Verarbeitung ein weiter Spielraum an: von der niedrigen Einfassungsmauer für Pflanzungen über das mauergefasste „Bankbeet", die Sitzmauer, die halbhohe Mauer, die dem Sitzenden den Blick verwehrt, dem Stehenden aber freigibt, bis zur 2,30 m hohen Umfassungsmauer, die den Raum über Sichthöhe abschließt. Ein anderes, dem städtischen Grünraum angepasstes bauliches Element ist die Pergola, das dreidimensionale Rankgerüst, das aus der ländlichen Kulturlandschaft des europäischen Südens stammt. In manchen Fällen lassen sich zweidimensionale Rankgerüste als leichte Raumbegrenzungen einsetzen, vor allem wenn der Gartenraum nicht dicht abgeschlossen sein soll.

Aus dem Landschaftsgarten stammt das Ziel, durch gestalterische Elemente wie kleine Bauwerke und Brunnen, aber auch durch den Wechsel von hell und dunkel in verschiedenen Gartenteilen unterschiedliche Stimmungen zu erzeugen. So können beabsichtigte Kontraste entstehen, wenn in einer quasi-natürlichen Umgebung regelmäßige, „künstliche" Elemente auftreten.

Ein wichtiges Gestaltungselement und Mittel zur räumlichen Giederung des Gartens ist **Wasser** in verschiedener Form: als See, Teich, Bachlauf, Wasserfall als gleichsam „natürliche", Wasserbecken in regelmäßiger Form, Kanal, Kaskade, Springbrunnen als „künstliche" Elemente.

Zur räumlichen Gliederung können auch **Skulpturen** beitragen, die im Freiraum an geeigneten Punkten aufgestellt werden. Die Vorgangsweise kann unterschiedlich sein:
- Für den fertig gestellten Gartenraum werden fertige Objekte gekauft und aufgestellt;
- für die fertige Anlage und einen vorgegebenen Standort wird eine Plastik in Auftrag gegeben;
- für einen zu entwerfenden Freiraum sieht der Planer eine anzufertigende Skulptur vor.

In öffentlichen Freiräumen können Skulpturen wegen ihrer Einmaligkeit als Kunstwerk „Merkzeichen" sein, sie stoßen aber auch manchmal – aus unterschiedlichen Motiven – auf Ablehnung in der Bevölkerung.

Wahl der Werkstoffe

Es empfiehlt sich die **Beschränkung** auf wenige Materialien, vor allem in kleinen Freiräumen, also etwa auf Pflanze, Naturstein und Holz. Die anzustrebende Vielfalt entsteht durch die sich entwickelnde Vegetation. Wichtig ist das Achten auf Umfang und Höhe der Pflanzen, insbesondere der Gehölze, im erwachsenen Zustand auf dem gegebenen Standort. Die Wahl der Pflanzenarten und des Baumaterials sollte entweder dem Charakter des Bauwerks, der Siedlung oder des Landschaftsraumes angepasst sein oder in bewusstem Kontrast dazu stehen.

Die Werkstoffe müssen zweckmäßig und dauerhaft sein; der spätere Aufwand für **Erhaltung** und Pflege ist schon beim Entwurf zu bedenken, zum Beispiel die Verwendung von Granit anstelle von Sandstein, Hart- statt Weichholz, das Imprägnieren von Holz, die Haltbarkeit von Farben, beispielsweise bei farbigen Wegplatten. Rasenflächen sollten zu größeren Einheiten zusammengefasst, auch möglichst keine Gehölze in Einzelstellung im Rasen angeordnet werden.

Freiräume, die ausschließlich aus **nicht pflanzlichen** Werkstoffen gebildet sind, etwa Arbeiten von Martha SCHWARTZ oder Meditations-Räume in Klöstern des Zen-Buddhismus, zum Beispiel in Kyoto, können eine sehr starke Wirkung ausüben, sind allerdings nur bedingt als „Garten" in europäischem Sinne zu bezeichnen.

Beim Entwerfen ist immer daran zu denken, dass – natürliches und künstliches – Licht und Schatten wichtige Gestaltungsmittel sind, ebenso wie Farben der Pflanzen in allen Schattierungen und Nuancen außer Schwarz. In manchen historischen ostasiatischen Gärten wird beispielsweise nur die Farbe Grün verwendet, allerdings in vielen Abstufungen. Durch die Abfolge von Blüten im Jahresablauf können andererseits immer wieder neue Eindrücke vermittelt werden. Oberflächenstrukturen, Texturen, Formen von ausgewählten Pflanzen zählen ebenso zu den möglichen Gestaltungsmitteln, wenn sie mit gebotener Zurückhaltung eingesetzt werden.

Die **Wegeführung** sollte immer zweckmäßig und zielgerichtet sein, auch wenn sie geschwungen verläuft, wie dies der menschlichen Bewegung entspricht. Wegbreiten und -material sind unterschiedlich nach Haupt- und Nebenwegen auszulegen. Wege dürfen maximal 10 % Steigung aufweisen; bei stärkerer Steigung ist ein Stufenweg mit 5 bis 7 % Steigung anzulegen, nach rund 3 bis 5 m jeweils eine Stufe, oder bei sehr starker Hangneigung eine Stiegenanlage mit Podesten. Bei Wegen und bei Stufenanlagen ist immer die Schrittlänge von 63 bis 65 cm zu beachten.

Motorisierter und nicht motorisierter Verkehr sind strikt zu trennen, auch wenn der Fußgängerverkehr weit überwiegt, aber zum Beispiel für Instandhaltung, Ver- und Entsorgung Fahrwege erforderlich sind. Fahr- und Gehwege sollten nach Möglichkeit völlig kreuzungsfrei verlaufen; möglichst große Bereiche sollten ausschließlich den Fußgängern vorbehalten bleiben. Örtlich können Transporte mit Elektrowagen durchgeführt werden, etwa auf Friedhöfen. Wenn Trampelpfade entstehen, ist dies das Zeichen für eine notwendige Wegeverbindung; die Pfade sind als reguläre Wege auszubauen.

Bei Gehwegen sind „harte" und „weiche" Beläge nebeneinander möglich, beispielsweise Schotterrasen oder Beton-Gras-Flächen, begleitend an Makadamwegen (Asphalt-, Teerdecke), als Reserve für Fälle hoher Beanspruchung wie sie beim Olympiapark München mit Erfolg angewendet wurden. Orthopäden fordern Fußwege mit elastischen Decken, die in ihrer Wirkung dem Waldboden ähneln und bei Laufbahnen gebaut werden. Wegebeläge sollten versickerungsfähig, also wasserdurchlässig sein. Allerdings ist Vorsicht mit nicht wissenschaftlich überprüften Bewertungsmethoden und Punktesystemen von Firmen für Wege- und Platzbeläge hinsichtlich ihrer ökologischen Wertigkeit, etwa hinsichtlich des Luft- und Wasserhaushalts, geboten. Wassergebundene Decken sind nach neueren Erkenntnissen in Bezug auf die Wasserdurchlässigkeit ungünstiger als Pflasterungen mit 1-cm-Fugen. Als beste Lösung hat sich jedenfalls die seitliche Entwässerung in die Vegetationsflächen erwiesen.

In jüngerer Zeit wurden für die Befestigung von Flächen, beispielsweise für Tragschichten im Sportplatzbau, für Wege- und Platzbefestigungen, für die Sicherung von Böschungen und für den Erosionsschutz an Ufern von Gewässern vorgefertigte **Bausysteme** aus verschiedenen Materialien, auch aus Kunststoff, entwickelt. Abgesehen von der grundsätzlichen Frage der Verwendung von Kunststoff im Erdbau empfiehlt es sich, vor der Verwendung Referenzanlagen, die schon längere Zeit in Betrieb sind, zu besichtigen und vom Hersteller oder Lieferanten Garantien einzufordern. Eine Übersicht über neue Werkstoffe und Verfahren kann in Anbetracht der Fülle sehr unterschiedlichen Materials hier nicht geboten werden, es wird bei Interesse das Studium der einschlägigen Fachzeitschriften des Tief- und Landschaftsbaues empfohlen.

Erfahrungsgemäß können durch die Verwendung von **Fertigteilen** im Garten- und Landschaftsbau beträchtliche Einsparungen an kostenintensiver Arbeitszeit erzielt werden. Auch hier wird angeregt, sich bei Bedarf über die jeweils jüngsten Entwicklungen zu informieren.

Literatur

Heiss E. W.: Raum und Gestaltqualität des öffentlichen Grüns in: Garten und Landschaft, Heft 7/1987
Heiss E. W.: Städtebau con amore. Wien 1997 (Hrsg. Ch. Heiss, K. Glotter)
Henz Th.: Gestaltung städtischer Freiräume. Schriftenreihe Landschafts- und Sportplatzbau Bd. 4. Hannover/Berlin 1984
Loidl H.: Objektplanung. Materialien zu einer Morphologie des Freiraumentwurfs. TU Berlin. Berlin 1990
Niederstrasser M., J. Spalink-Sievers, R. Weddige: Gartenhaus, Laube, Pergola. 2. Aufl. München 1991
Reichert D. (Hrsg.): Räumliches Denken. ETH Zürich. Zürich 1996

Abbildung 178: Entwurfsplan zum „Park der Sinne" in Laatzen bei Hannover (Expo 2000). Landschaftsarchitekten H.-J. und M. ADAM, Hannover.

Schaal H.D.: Wege und Wegräume. Untersuchungen, Überlegungen, Planungen. Berlin 1993
Spitzer H.: Einführung in die räumliche Planung. Stuttgart 1995
Wirth P.: Gärten am Hang. Gestaltungsformen – Nutzbarkeit – Materialverwendung. Stuttgart 1999

5.3 Arbeitsablauf, Büroleistungen

5.3.1 Vorbemerkung; Vorentwurf, Entwurf

Vor Beginn der Büroleistungen sind jedenfalls alle Rahmenbedingungen und Vereinbarungen zwischen Auftraggeber bzw. Bauherrschaft und Landschaftsplaner schriftlich mit Brief und Gegenbrief festzuhalten. Dieser Vertrag ist sorgfältig zu prüfen, auch daraufhin, ob er dem geltenden Recht entspricht, vor allem auch, welche Leistungen dem Honorar entsprechen. Wird die Abrechnung nach der Bausumme dem Honorar zugrundegelegt, ist genau festzuhalten, welche Gewerke, Lieferungen und Bauleistungen unter die Vereinbarung fallen und welche nicht.

In der Bundesrepublik Deutschland findet sich eine genaue Aufstellung und Beschreibung aller Planungs- und Entwurfsleistungen auf dem Gebiet der Landschaftsarchitektur in der Verordnung über die Honorare für Leistungen der Architekten und der Ingenieure (HOAI) in der jeweils geltenden Fassung, die dort verpflichtend für Auftraggeber und Auftragnehmer ist.

In Österreich gilt die Honorarordnung für Landschaftsplanung und Landschaftspflege der Bundeskammer der Architekten und Ingenieurkonsulenten von 1999 (kundgemacht im Januar 2000); Leistungen im Freiraumentwurf sind auch in der Gebührenordnung für Architekten (GOA), Abschnitt E, Gartengestalterische Leistungen aufgeführt. Rechtliche und geschäftliche Bedingungen sind im Allgemeinen Teil der Gebührenordnungen (AT) enthalten, alle – auf der Rechtsgrundlage des Ziviltechniker-Gesetzes – als Verordnung von der Österreichischen Bundeskammer für Architekten und Ingenieurkonsulenten erlassen und für deren Mitglieder rechtlich bindend.

In der Schweiz gilt die Ordnung für Leistungen und Honorare der Architekten der SIA (Schweizerischer Verein der Ingenieure und Architekten), SIA-Ordnung 102 aus 1984; maßgeblich ist auch SIA 1002: Vertrag für Architekturleistungen.

Diese Leistungen laut Gebührenordnung oder HOAI können nach Vereinbarung mit dem Auftraggeber auch erweitert oder auf einzelne Teilleistungen eingeschränkt werden; bei Vergabe von Planungsleistungen durch die öffentliche Hand, beispielsweise durch die Stadt Wien, an Landschaftsarchitekten kann dies auch verpflichtend vorgegeben werden. Für Entwurfsleistungen, die im Rahmen der Verwaltung, etwa in einem Grünflächenamt, erbracht werden, gilt die Beschreibung der erforderlichen Arbeitsschritte und Leistungen laut Gebührenordnung sinngemäß.

Der Entwurf des Landschaftsarchitekten bleibt sein geistiges Eigentum und ist als solches urheberrechtlich geschützt, auch wenn die Pläne in das Eigentum des Auftraggebers übergehen und er sich deren ausschließliche Verwertung vorbehält. Wird das Werk nicht nach den Plänen des Landschaftsarchitekten ausgeführt oder wird es später ohne sein Wissen oder gegen seinen Willen verändert, ist der jeweilige Veranlasser grundsätzlich zur Rückführung in den ursprünglich geplanten Zustand oder zu Schadenersatz verpflichtet; die Durchsetzung derartiger Forderungen ist allerdings nur in besonderen Fällen, etwa bei Anlagen von großem öffentlichen Interesse, möglich. In Österreich empfiehlt die Kammer das Hinterlegen des Entwurfs bei einem öffentlichen Notar, um die Urheberschaft zu sichern.

In jüngerer Zeit werden gelegentlich bei Bauvorhaben der öffentlichen Hand die Leistungen Planung und Entwurf einerseits und Bauleitung andererseits an zwei verschiedene Büros vergeben. Der vermeintliche Vorteil der besseren Kontrolle der Ausführung geht durch mühsame, zeitraubende Abstimmungsverfahren zwischen den Beteiligten über den Inhalt der Planung wieder verloren. Grundsätzlich kann der planende Landschaftsarchitekt selbst am besten die Ausführung überwachen und bei Bedarf Korrekturen anbringen. Verantwortlichkeiten zu teilen führt erfahrungsgemäß nur zu rechtlichen Auseinandersetzungen bei der Haftung.

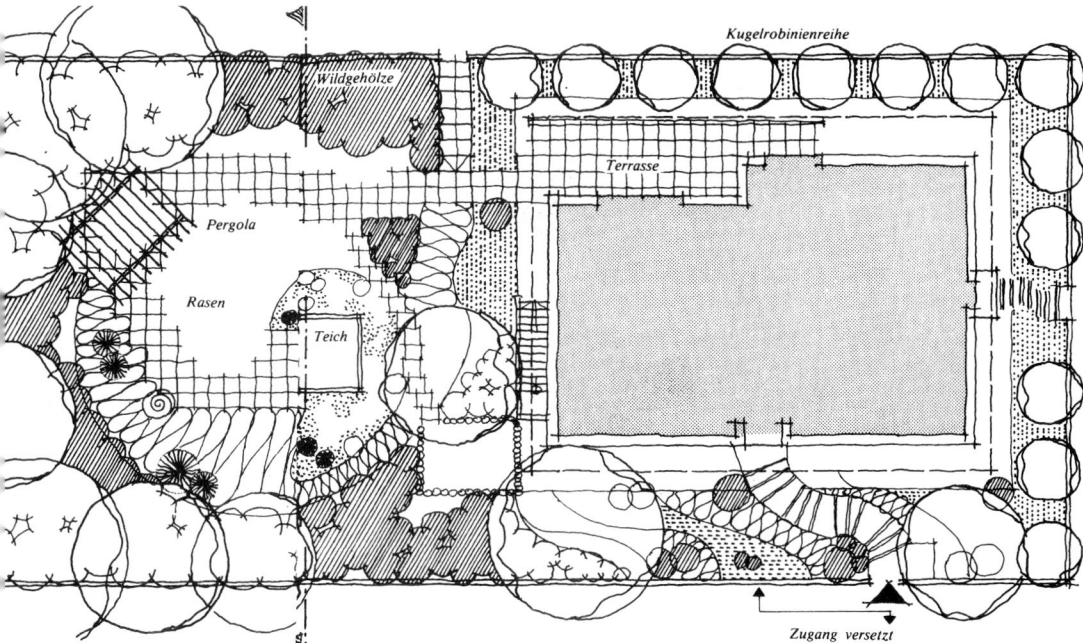

Abbildung 179: Entwurf zu einem Hausgarten, schematische Darstellung. Landschaftsarchitekt Prof. Sepp KRATOCHWILL.

In der Ausführung von Planungen werden eine Reihe von **Normen** wirksam, sowohl in einzelnen Staaten erlassene wie auch übernational, etwa in der Europäischen Union, geltende. Normen dienen dazu, einen einheitlichen Standard von Lieferungen und Leistungen im Interesse des Abnehmers sicherzustellen, sie sind Gegenstand der Vereinbarung zwischen Bauherr und Unternehmer, sie dienen aber auch bei Streitigkeiten dem Gericht bzw. dem Sachverstän-

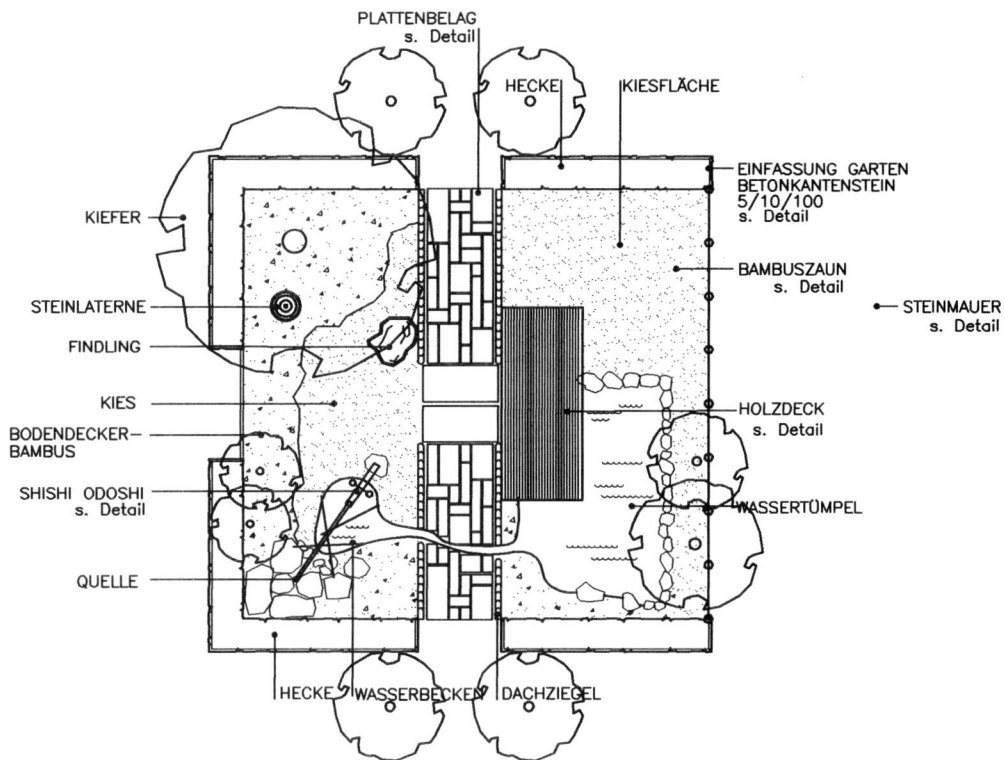

Abbildung 180: Entwurf zum Japanischen Garten in der Landesgartenschau Schmiding, Oberösterreich. Landschaftsarchitekt Hans-Georg ERHARDT.

345

digen als Maßstab für die Beurteilung. Sie sollten auf jeden Fall schon beim Vorentwurf und Entwurf beachtet werden. Manche Gesetze verweisen auf die jeweils geltenden einschlägigen Normen, so dass deren bindende Wirkung verstärkt wird. In Österreich werden neben der ÖNORM auch deutsche (DIN) und übernationale (ISONORM, CEN) Normen verwendet. In Hinkunft werden voraussichtlich nationale Normen im europäischen Raum an Bedeutung verlieren und durch internationale Normen ersetzt werden.

Im Folgenden werden die Teilleistungen aufgrund praktischer Erfahrungen angeführt; der Wortlaut in den Honorarordnungen weicht zwar etwas voneinander ab, inhaltlich sind aber die Anforderungen an den Landschaftsarchitekten weitgehend gleich.

Der **Vorentwurf**, je nach Aufgabenstellung im Maßstab 1 : 1000 bis 1 : 100 umfasst in der Regel:
- die Analyse der Grundlagen und Klärung der Rahmenbedingungen;
- die skizzenhafte, grundsätzliche Lösung der Entwurfsaufgabe nach dem Ablauf: funktionelle und räumliche Gliederung, Bepflanzung, ohne Angaben im Detail;
- wenn sinnvoll, das Ausarbeiten von Entwurfsvarianten bzw. Alternativlösungen;
- zeichnerische Darstellung in einem geeigneten Maßstab; Schaubild, Ansichten, Skizzen, Modell, Letzteres nicht vorgeschrieben, aber in vielen Fällen zu empfehlen;
- grober Flächen- und Massenauszug nach wenigen Gruppen wie: Erdbewegung, Ansichtsflächen des Mauerwerks, Wegeflächen, Pflanzflächen für Gehölze und Stauden, Anzahl der Bäume, Rasen- bzw. Wiesenflächen, Wasserbecken; alles als Grundlage für die
- **Kostenschätzung**, gegebenenfalls auch für die vorgeschlagenen Varianten;
- Erläuterung und Diskussion des Vorentwurfs mit dem Auftraggeber bzw. der Bauherrschaft.

Der Zeitaufwand für die Leistungen des Landschaftsarchitekten bzw. des Entwurfsbüros in einem Gartenamt für den Vorentwurf wird oft unterschätzt, vor allem durch die **Überarbeitungen** nach den Besprechungen mit dem Bauherrn und mit den beteiligten Dienststellen wie Baupolizei, Leitungsverwaltungen und andere.

Es kommt auch nicht selten vor, dass ein privater Bauherr nur den Vorentwurf ausarbeiten lässt und alle anderen Leistungen – einschließlich der Ausführung – durch eine Firma des Garten- und Landschaftsbaues oder durch eine Baumschule erbringen lässt. Es ist daher bereits bei Abschluss des Vertrages die laut Gebührenordnung für diesen Fall vorgesehene Berechnung der Gebühren schriftlich zu vereinbaren.

Schon beim Vorentwurf ist – neben den gestalterischen Überlegungen – zu bedenken, dass die gesamte Anlage möglichst wirtschaftlich zu pflegen ist, auch unter Berücksichtigung der Verwendung moderner Maschinen und Geräte. So sind viele kleine Rasenflächen zu vermeiden, alle Rasenflächen und Wege sind mit horizontal verlegten Kantensteinen (Mähkante) zu versehen; anstelle von Stufenanlagen sind so weit wie möglich Rampen vorzusehen; Sträucher dürfen nicht zu nahe an Wegen und Plätzen gesetzt werden.

Entwurf

Eine fachgerechte und sorgfältige Planung und eine genaue Überwachung der Ausführung sind unabdingbare Voraussetzungen für die wirtschaftliche Anlage eines Grünraumes. Die handwerklich bessere, wenn auch etwas teurere Ausführung ist längerfristig im Betrieb und in der Unterhaltung günstiger als Einsparungen beim Bau. Schon mit dem Entwurf beginnt eigentlich die Pflege eines Gartens, sie sollte gleichzeitig überlegt und in einem **Pflegeplan** festgelegt werden, der dem Auftraggeber als Handlungsanleitung dienen kann.

Die Ausarbeitung des Planes für den Entwurf im Maßstab 1 : 1000 bis 1 : 50, in der Regel im Maßstab 1 : 200 oder 1 : 100, ist die Grundlage für die Ausschreibung und Ausführung, mit der endgültigen Festlegung aller Abgrenzungen wie Wegeflächen, Pflanz- und Rasenflächen, Terrassen, der fertigen Höhen, der gewählten Materialien. Im Entwurfsplan werden alle Bäume mit ihrem Kronendurchmesser im erwachsenen Zustand eingezeichnet; dies gilt sinngemäß auch für Sträucher, wenn sie einzeln und nicht flächig (als Pflanzfläche) dargestellt werden.

Der Entwurfsplan dient in der Freiraumgestaltung gleichzeitig als Polierplan, daher ist äußerste Genauigkeit und Maßgerechtigkeit erforderlich. Dieser Plan enthält allerdings noch keine Pflanzennamen und technischen Details, für die ein größerer Maßstab notwendig ist. Im Entwurf sind auch alle Lieferungen und Leistungen Dritter, beispielsweise von Sonderfachleuten, zu berücksichtigen. Der Entwurfsplan ist auch Grundlage bei allen im weiteren Verlauf notwendigen Änderungen (Planwechsel); es muss unbedingt darauf geachtet werden, dass alle Beteiligten die jeweils geltende Fassung in Händen halten.

Literatur

Borgmann M., V. Markus: Architektenleistungen mit wirtschaftlichem Erfolg. Köln 1998

Bundes-Ingenieurkammer (jetzt: Bundeskammer der Architekten und Ingenieurkonsulenten):
- Allgemeiner Teil der Gebührenordnungen (AT). Wien 1988
- Autonome Honorarrichtlinien für Ziviltechniker (AHR). Wien 1991
- Gebührenordnung für Architekten (GOA). Wien 1999
- Honorarordnung für Landschaftsplanung und Landschaftspflege. Wien 1999

Bundesvereinigung der Kommunalen Spitzenverbände: Architekten- und Ingenieurverträge für öffentliche Bauvorhaben. Vertragsmuster mit Erläuterungen. Hrsg. Arbeitskreis Vergabewesen der Bundesvereinigung. München 1995

HOAI Honorarordnung für Architekten und Ingenieure. Stand 1995. 3. Aufl. Stuttgart 1997

Jochen R.: HOAI-Kommentar. Nutzung elektronischer Systeme. CD-ROM, Wiesbaden/Berlin 1999

Locher H., W. Koeble, W. Frik: Kommentar zur HOAI. 7. Aufl. Düsseldorf 1996

Matzke G., R. Wolff: Praxis der HOAI. Leitfaden für Architekten und Ingenieure, Sachverständige, Bauherren und Berater. München 1995

Neuenfeld K.: Einheits-Architektenvertrag. Leitfaden für die Praxis. München 1997

Rainer E.: Honorarordnung für Architekten und Ingenieure. Köln 1996

Sangenstedt H. R. : Rechtshandbuch für Ingenieure und Architekten. München 1999

Schweizerischer Ingenieur- und Architektenverein: Ordnung für Leistungen und Honorare der Architekten, SIA-Ordnung 102. Ausgabe 1984

Zuch M.: Vertrags- und Honorarrecht für Architekten und Ingenieure. München 1997

5.3.2 Arbeits-, Werk- und Einzelzeichnungen, Bepflanzungspläne

Ausführungspläne, Arbeits-, Werk- und Einzelzeichnungen

Sie sind die Grundlage für die Fertigung von Werkstücken bzw. für die Ausführung auf der Baustelle, übliche Maßstäbe sind 1 : 100 bis 1 : 10. Folgende Pläne werden in der Regel angefertigt:
- Absteckplan, ausgehend von vorgegebenen festen Linien, zum Beispiel Hauskanten;
- Höhenplan (Höhenpunkte, keine Höhenschichtlinien), ausgehend von vorhandenen festen Höhenmarken; alle Höhen werden mit Bezug auf Fußbodenoberkante Erdgeschoss angegeben, bei Freiräumen ohne Bauwerk in absoluten Höhen (über Meeresspiegel);
- Konstruktionszeichnungen für Wasserbecken, Mauern, Stiegen, Pergolen, Zäune und dergleichen; in Fällen, bei denen die Statik wichtig ist, muss ein Statiker zugezogen werden, vor allem für Stützmauern und größere Wasserbecken;
- zum Material, vor allem zu Herkunft und Bearbeitung, sind genaue Angaben zu machen;
- Verlegeplan für Terrassen, Plattenwege, besonders wichtig, wenn Platten geschnitten werden müssen;
- Plan für die Be- und Entwässerung, vor allem bei automatischer Bewässerung und bei Dränung;
- Pläne für die Ausstattung wie Beleuchtung, Spielgeräte, feststehende Bänke, Sandkisten;
- spezielle Konstruktionszeichnungen, zum Beispiel bei Sportanlagen für den Rasenaufbau, die Laufbahn und die Leichtathletikanlagen.

Bepflanzungspläne

Sie umfassen folgende **Aussagen**:

- die Lage und Begrenzung der **Pflanzflächen**; die Standorte der zu pflanzenden **Bäume** und Sträucher mit Angabe der Pflanzenarten bzw. -sorten; bei großen Anlagen und wenigen Holzarten können auch Symbole verwendet werden, zum Beispiel bei Bepflanzungen von Stadtautobahnen, Deponien und dergleichen;

- die **Pflanzenliste** mit Angabe der Art, soweit erforderlich auch der Sorte; der Größe bzw. Stärke, beispielsweise Angaben wie Hochstamm, Halbstamm, Busch; Stammumfang in cm in 1 m Höhe; Anzahl der Triebe, mit oder ohne Wurzelballen. Alle Pflanzennamen sind, um Verwechslungen auszuschließen, mit der **lateinischen** Bezeichnung anzugeben;

- Anweisungen zur **Pflege** der Pflanzungen durch den Auftraggeber oder dessen Beauftragten.

Abbildung 181: Absteckplan zum Japanischen Garten in der Landesgartenschau Schmiding, Oberösterreich. Landschaftsarchitekt Hans-Georg ERHARDT.

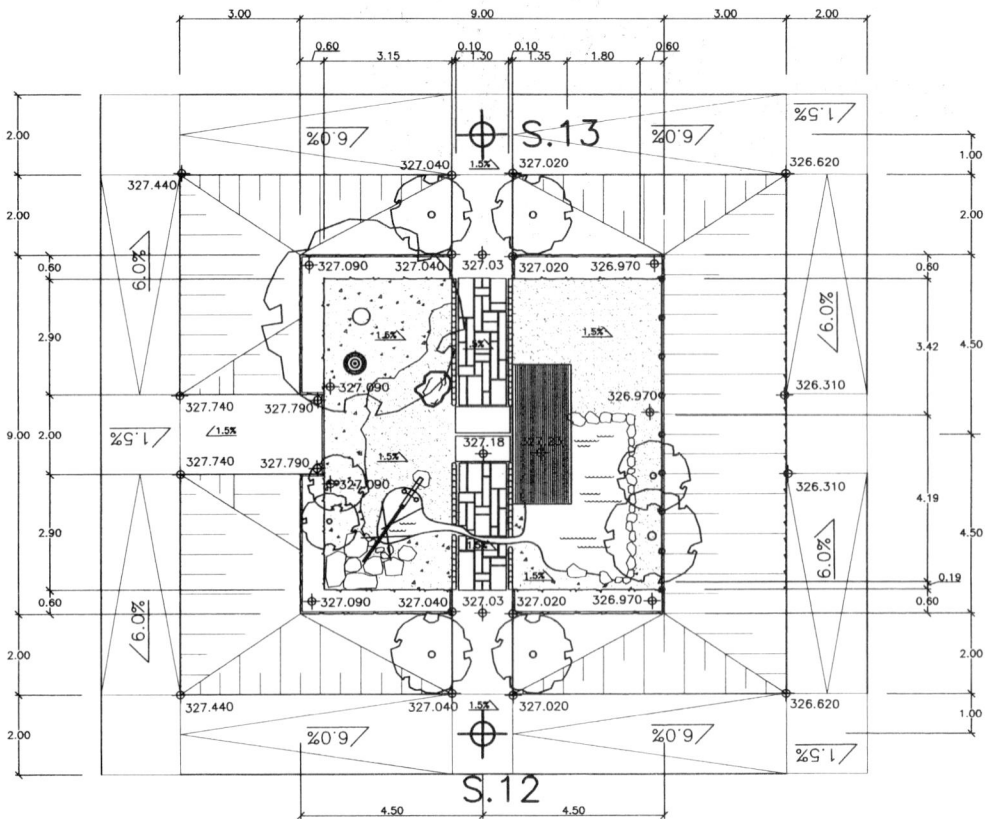

Bei der Artenwahl ist zu überlegen, ob eine fachgerechte Pflege der Gartenanlage sichergestellt ist. Ist dies nicht der Fall, sollte man sich besser auf wenige, dafür aber robuste Arten beschränken. Dies gilt vor allem für Stauden, die regelmäßig geteilt und umgepflanzt oder frostfrei überwintert werden müssen. Der schlechte Zustand vieler Pflanzungen, der zu Beschwerden Anlass gibt, geht auf mangelnde Pflege zurück, diese wiederum auf fehlende Fachkenntnisse der damit beauftragten Personen.

In den Bepflanzungsplänen werden die Gehölze mit den Maßen des **erwachsenen** Zustandes eingetragen. Die früher vielfach übliche Unterscheidung zwischen „bleibenden" und später „weichenden" Pflanzen, vor allem Gehölzen, die ursprünglich aus dem Waldbau stammte, wird heute nicht mehr getroffen. Wohl aber ist bei der Artenwahl und beim Pflanzabstand auf die unterschiedliche Entwicklung der Pflanzen Rücksicht zu nehmen.

348

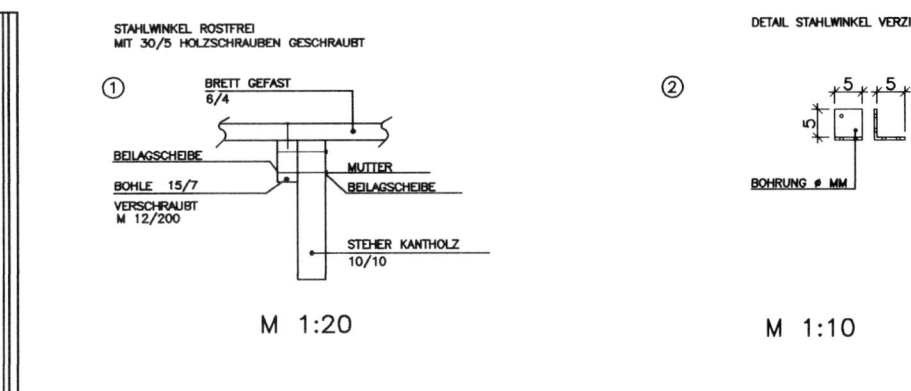

STAHLWINKEL ROSTFREI
MIT 30/5 HOLZSCHRAUBEN GESCHRAUBT

① BRETT GEFAST
6/4

BEILAGSCHEIBE

BOHLE 15/7

MUTTER
BEILAGSCHEIBE

VERSCHRAUBT
M 12/200

STEHER KANTHOLZ
10/10

M 1:20

DETAIL STAHLWINKEL VERZINK

②

5 5

5

BOHRUNG Ø MM

M 1:10

Abbildung 182: Technisches Detail (Holzdeck) zum Japanischen Garten in der Landesgartenschau Schmiding, Oberösterreich. Landschaftsarchitekt Hans-Georg ERHARDT.

145

NDRISS M=1:50

NITT M=1:25

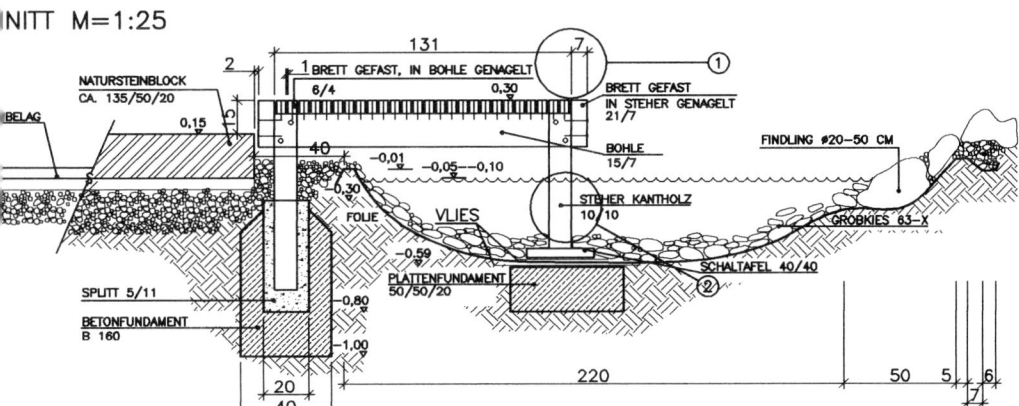

NATURSTEINBLOCK
CA. 135/50/20

131

2

1 BRETT GEFAST, IN BOHLE GENAGELT
6/4   0,30

7

①

BRETT GEFAST
IN STEHER GENAGELT
21/7

BELAG

0,15

40

-0,01

-0,05 -0,10

BOHLE
15/7

FINDLING ⌀20-50 CM

0,30

FOLIE   VLIES

STEHER KANTHOLZ
10/10

GROBKIES 63-X

-0,59

SPLITT 5/11

BETONFUNDAMENT
B 160

0,80

-1,00

PLATTENFUNDAMENT
50/50/20

SCHALTAFEL 40/40

②

20
40

220

50   5   6

7

Die Arbeit auf der Baustelle wird erleichtert, wenn die Namen der Gehölze im Plan selbst deutlich les- und zuordenbar eingetragen werden. Sind Staudenbeete vorgesehen, sollte dafür ein eigener Plan angefertigt werden, in dem die Namen der Arten eingetragen sind. Die dazugehörige **Pflanzenliste** dient dann als Bestellliste für die Baumschule. Pflanzplan und Pflanzenliste als getrennte Ausfertigungen sind unhandlich und verleiten auf der Baustelle dazu, ohne Plan und nach freiem Ermessen zu arbeiten. Beim Zusammenstellen der Pflanzenliste ist daran zu denken, dass die eine oder andere Sorte zum Zeitpunkt der Pflanzung nicht lieferbar sein könnte, es sollten also auch Sorten angeführt werden, die allenfalls als Ersatz in Frage kommen.

Unter der Bezeichnung Green Base wird eine EDV-fähige **Pflanzen-Datenbank** mit rund 2800 Arten angeboten, die auch für einen Baum- und Grünflächen-Kataster eines Gartenamtes verwendet werden kann. Zu jeder Pflanzenart werden dort botanische Merkmale, beispielsweise Wuchsform, Blütenfarbe, Wurzelhabitus, angegeben, ferner ihre Ansprüche an Licht, Boden, Klima, die Eignung und Verwendungsmöglichkeiten, zum Beispiel für Dachbegrünung, Uferschutz und dergleichen. Als Erleichterung für die Kalkulation und Bestellung werden gängige Stärken und Preise, beides nach der deutschen Markenbaumschule BRUNS, angegeben.

Literatur

Bastian H. W.: Technik im Garten. Niederhausen/T. 1992

Kessler J.: Garten-, Landschafts- und Sportplatzbau. 3. Aufl. Stuttgart 1992

Lehr R. : Taschenbuch für den Garten-, Landschafts- und Sportplatzbau. Hrsg. H.-E. Beier, A. Niesel, H. Pätzold. 5. Aufl. Berlin 1997

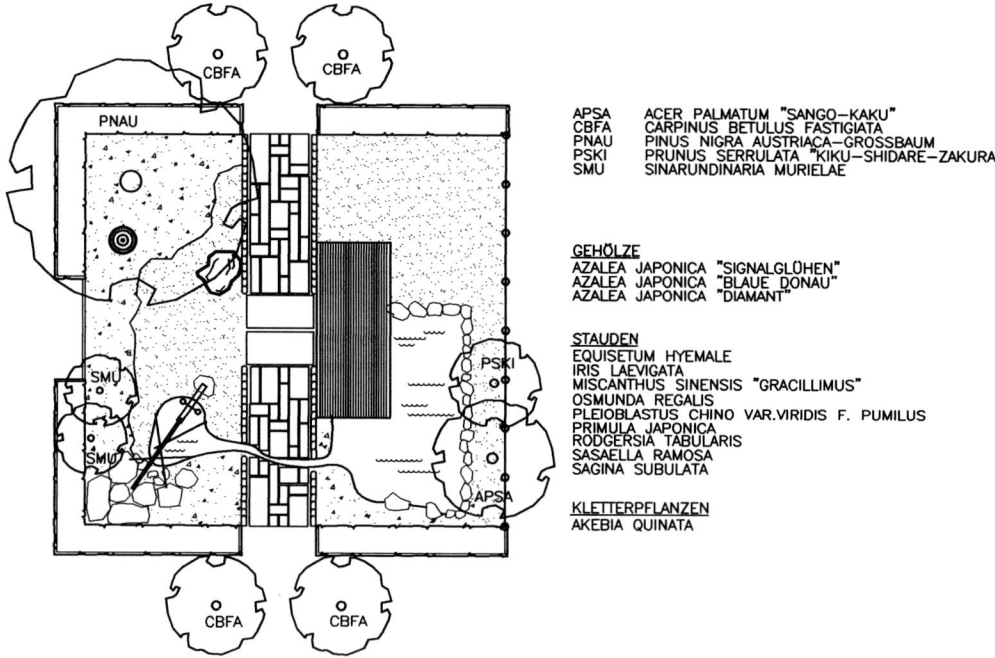

APSA   ACER PALMATUM "SANGO-KAKU"
CBFA   CARPINUS BETULUS FASTIGIATA
PNAU   PINUS NIGRA AUSTRIACA-GROSSBAUM
PSKI   PRUNUS SERRULATA "KIKU-SHIDARE-ZAKURA"
SMU   SINARUNDINARIA MURIELAE

GEHÖLZE
AZALEA JAPONICA "SIGNALGLÜHEN"
AZALEA JAPONICA "BLAUE DONAU"
AZALEA JAPONICA "DIAMANT"

STAUDEN
EQUISETUM HYEMALE
IRIS LAEVIGATA
MISCANTHUS SINENSIS "GRACILLIMUS"
OSMUNDA REGALIS
PLEIOBLASTUS CHINO VAR.VIRIDIS F. PUMILUS
PRIMULA JAPONICA
RODGERSIA TABULARIS
SASAELLA RAMOSA
SAGINA SUBULATA

KLETTERPFLANZEN
AKEBIA QUINATA

Abbildung 183: Bepflanzungsplan zum Japanischen Garten in der Landesgartenschau Schmiding, Oberösterreich. Landschaftsarchitekt Hans-Georg ERHARDT.

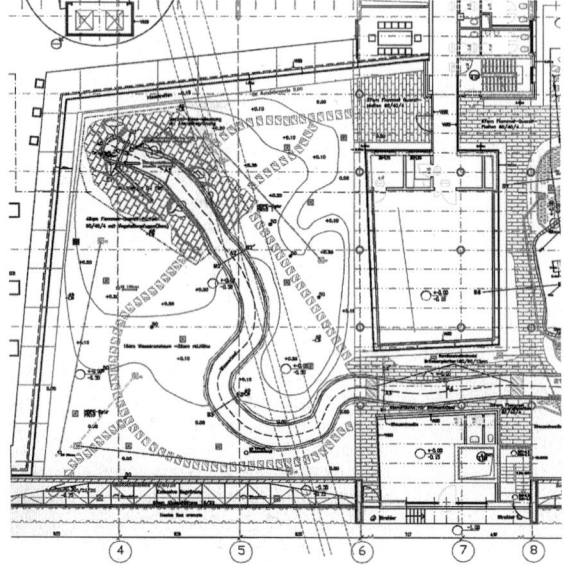

Abbildung 184: Technischer Plan für einen Innenhof zum Verwaltungsgebäude der Stadtwerke Münster (Ausschnitt). Landschaftsarchitekten S. und A. BRANDENFELS, Münster.

5.3.3 Kostenberechnungsgrundlage; technische, geschäftliche und künstlerische Oberleitung

Zunächst wird das **Leistungsverzeichnis** auf der Grundlage des Entwurfsplanes und der Arbeits-, Werk- und Einzelzeichnungen ausgearbeitet; dabei ist größte Sorgfalt und Genauigkeit erforderlich; diese Aufgabe sollte nur einem erfahrenen Mitarbeiter übertragen werden. Alle Leistungen sind nach Art und Umfang so **eindeutig** zu beschreiben, dass die Unternehmer genau kalkulierte Anbote abgeben können, dass keine unterschiedlichen Interpretationen möglich sind und die Leistungen auf der Baustelle überwacht werden können.

Auf diesen Grundlagen werden die voraussichtlichen **Kosten**, nunmehr bereits genau nach einzelnen Leistungen und Lieferungen, ermittelt; dies ist der letzte Zeitpunkt vor der Ausschreibung, zu dem der Auftraggeber noch Leistungen zurückstellen oder sich für eine einfachere Ausführung entscheiden kann.

Üblich ist die Gliederung nach folgenden Leistungsgruppen:
- Erdarbeiten einschließlich Oberboden; Liefern, Bearbeitung, Bodenverbesserung;
- Steinarbeiten: Beton, Kunststein, Naturstein, mit allen Vor- und Nebenarbeiten;
- Pflanz- und Rasenarbeiten einschl. Lieferung; eingesetzt werden die Katalogpreise;
- Ausstattung wie Beleuchtung, Bänke, Spielgeräte, Lieferung und Montage;
- Regieleistungen nach Stunden (Gärtner, Gartenarbeiter, Maschinenstunden, Maschinisten);
- Fertigstellungs- und Anwuchspflege bis zur Übergabe der Baustelle.

Wichtige Hilfsmittel sind das MLV Musterleistungsverzeichnis Freianlagen mit rund 400 Positionen, erstellt auf der Grundlage des Standardleistungsbuches für das Bauwesen (StLB) sowie des aus dem StLB zusammengestellten Tochterleistungsbuches (TLB) Freianlagen; die MZW Musterzeitwerte und die Verdingungsordnung Bauwesen (VOB) für Garten-, Landschafts- und Sportplatzbau.

In aller Regel wird der Auftrag aufgrund der angebotenen Einheitspreise vergeben, es ist aber auch die Vergabe nach einem Pauschalpreis für die gesamte Leistung möglich, bei dem keine Überschreitungen, allerdings auch keine Einsparungen möglich sind. Eine weitere Möglichkeit ist die Vergabe nach Einheitspreisen, aufgrund der geleisteten Arbeiten, wobei aber ein bestimmter Gesamtbetrag nicht überschritten werden darf. Für Regieleistungen ist in der Ausschreibung jedenfalls ein angemessener Ansatz, je nach Art des Bauvorhabens 3 bis 6 % der gesamten Arbeitsleistung, einzusetzen.

Gerade im Garten-, Landschafts- und Sportplatzbau sind klare Vereinbarungen über Regelungen bei ungünstigen Witterungsverhältnissen – bis zur Stilllegung der Baustelle – und hinsichtlich des Termins für die Übergabe unbedingt erforderlich. Ähnliches gilt für das Recht des Bauherrn auf Änderungen, das in vielen Fällen zu Verzögerungen und Kostenerhöhungen führt.

Die **Herstellungskosten** der Gartenanlagen insgesamt betragen erfahrungsgemäß zwischen rund 5 % der Baukosten bei Wohnhausanlagen, Bürobauten, Krankenhäusern und dergleichen und 12 % bei Hausgärten, Schulen und ähnlichen Außenanlagen. Nach S. KRATOCHWILL bewegen sich die Kosten **je Quadratmeter** Gartenfläche
- bei einem einfachen Hausgarten, unter Verwendung billiger Werkstoffe und jungen Pflanzenmaterials, mindestens zwischen rund 17,2 bis 26,0 Euro;
- für einen Garten mit üblicher, besserer Ausstattung, wie einer Terrasse, zwischen rund 34,5 bis 43,1 Euro;
- bei einem Hausgarten mit höheren Aufwendungen für Mauern, einen kleinen Teich und eine sehr gute Ausstattung in der Höhe von etwa 51,7 bis 64,7 Euro.

Tabelle 13. Ungefähre Einheitspreise für Gartenanlagen

Ungefähre Einheitspreise für Gartenanlagen, Beispiele in Euro gerundet, nach Angaben mehrerer Firmen (Stand 1997); die Preise sind Näherungswerte zur Information, jedoch nicht generell anzuwenden	
Wege- und Platzflächen herstellen, je m²	30 bis 65
Rasenflächen herstellen, je m²	
Vorbereiten: Boden lockern, Rohplanum, Feinplanum, Bodenverbesserung	30
Rasenansaat einschl. Saatgut, Walzen	4
Rollrasen liefern, zwischenlagern, verlegen, walzen	20
Dachbegrünung, mit Aufbau, je m²	
Minimalbegrünung (Ein- oder Dreischichtaufbau mit Wurzelschutz, Blähtondränschicht, Filterflies, 5 cm Wandkies und Sedumsprossen)	20
Extensive Dachbegrünung, ca. 15 bis 20 cm Aufbau, einschl. Pflanzen, Saatgut	32 bis 43
Intensive Dachbegrünung ohne Pflanzenlieferung, ca. 40 cm, mit Konstruktion (Schichtaufbau)	81 bis 98
Beispiele für **Pflanzenpreise**, gerundet, Lieferung frei Baustelle, **je Stück:**	
Taxus baccata (Heimische Eibe) 80/100	58
Carpinus betulus (Hainbuche), Heckenpflanze 100/125	15
Acer pseudoplatanus (Bergahorn) 12/14	60
Tilia × vulgaris Pallida (Holländische Linde, Kaiserlinde) 20/25	590
Ziersträucher, nicht veredelt, z. B. Hartriegel, in gängigen Größen	6
Ziersträucher, veredelt bzw. wurzelecht, z. B. Flieder, in gängigen Größen	19
Blütenstauden, gängige Sorten	3
Für die Pflanzarbeiten sind je nach Bodenverhältnissen rund 10 % bis 20 % auf die Pflanzenpreise aufzuschlagen.	

Die Preise für Lieferungen und Leistungen unterliegen je nach Auftragslage der Firmen sehr starken Schwankungen, so weichen die Anbotsummen bei Ausschreibungen nicht selten um 100 % voneinander ab. Wenn das niedrige Anbot von einem eingeführten, qualifizierten Betrieb kommt, wird es nicht als Unterangebot ausgeschieden werden können, es ist allerdings die Offenlegung der Kalkulation zu fordern.

Maßeinheiten für die Ausschreibung sind
- bei Rasen-, Pflanz-, Wege- und Platzflächen: Quadratmeter;
- bei Mauern: Quadratmeter Ansichtsfläche;
- bei Stufenanlagen, Mauerabdeckungen und Wegeinfassungen: laufende Meter;
- bei Erdarbeiten, Zu- und Abfuhr von Material: Kubikmeter; bei Erdbewegungen auf der Baustelle auch die Transportlänge in laufenden Metern;
- bei Lieferung von Pflanzen und Baumstangen bzw. Gerüsten: Stückzahl und Stärke/Größe.

Die **Anlagenpflege** wird nach Quadratmeter ausgeschrieben, das Material, beispielsweise für die Bodenverbesserung, nach Kubikmetern oder Tonnen. Zu unterscheiden sind bei den Pflegearbeiten: Rasen- bzw. Wiesenflächen, Stauden- und Einjahresblumenflächen und Gehölzflächen. Bei der Baumpflege sind Art, Alter und Größe der Bäume der Ausschreibung zugrunde zu legen. Es ist zu empfehlen, Pflegearbeiten nur an bewährte **Fachfirmen**, die einen Anteil von mindestens 20 % gelernten Gärtnern an ihrem Personal nachweisen können, auszuschreiben und zu vergeben; dies in möglichst großen Losen, beispielsweise für einen ganzen Stadtbezirk, für ein ausgedehntes Wohngebiet oder für mehrere große Wohnhausanlagen (vgl. auch Abschnitt 7.4).

Das Erstellen von Stücklisten, Pflanzlisten, Leistungsverzeichnissen und ähnlichen Unterlagen stellt eine zeitaufwändige und wichtige Büroarbeit dar. Sie kann durch den Einsatz der EDV, hier durch spezielle Programme für Ausschreibung, Vergabe, Abrechnung (AVA) wesentlich erleichtert werden.

Im Fachhandel erhältlich sind unter anderem Programme für:
- Erfassung von Standardleistungsbuch-Texten für das eigene Büro;
- Ausschreibung: normiertes Leistungsverzeichnis mit Vor- und Nachbemerkungen;
- Vergabe: Nachrechnung der Angebote, Preisspiegel, Mengenermittlung;
- Massenermittlung durch Infrarotmessung direkt vom Plan;
- Prognose der zu erwartenden Kosten, Preisdatenbank, Kostenermittlung mit Mengenübernahme aus CAD, Kostenüberwachung.

Die Preise für diese Programme bewegen sich zwischen 500 Euro und 4500 Euro ohne Mw.-Steuer; die Anschaffung macht sich daher nur bei einer ständigen Verwendung bezahlt.

Von Interesse sind auch Programme zur Erfassung der bei einem Projekt verwendeten Pflanzen, über die – nach dem Prinzip der Pflanzen-Datenbank – ein Pflanzenkatalog mit 30 000 Namen, eine Suchfunktion für Pflanzen nach botanischem Namen und nach Größe, mengenabhänige Pflanzenpreise (1, 10, 100, 1000 Stück) enthalten sind; ferner kann die Pflanzenliste für die Ausschreibung ausgedruckt werden.

Optimal ist in der modernen Projektabwicklung die graphische Datenverarbeitung. Die durch Schnittstellen zwischen graphischer Datenverarbeitung und Datenbanksystemen bzw. Programmen zur Tabellenkalkulation gewonnenen Projektdaten wie Stückzahlen, Maße, Mengen und dergleichen können unmittelbar in den Bereich der AVA weitergegeben werden. Grundlagen dafür sind standardisierte Beschreibungen von Lieferungen und Leistungen, die von Normungsinstituten, Berufsverbänden und Forschungsstellen erarbeitet und seit langem in vielen Büros und in Dienststellen der planenden Verwaltung in der manuellen Projektbearbeitung verwendet werden. Standardleistungsbücher eignen sich sehr gut für eine digitale Erfassung, sie werden daher im Bauwesen einschließlich des Garten- und Landschaftsbaus in computerlesbarer Form angeboten, Abnehmer sind sowohl Planer als auch ausführende Betriebe.

Manche Landschaftsarchitekten betrachten die Verwendung standardisierter Verzeichnisse als Einschränkung ihrer Kreativität; bei einer überlegten Anwendung als Hilfsmittel kann damit aber ein beträchtliches Potential an Arbeitszeit für schöpferische Tätigkeiten frei gemacht werden. Wichtig ist bei der Anwendung, dass büro- oder betriebsspezifische Besonderheiten berücksichtigt werden und dass alle Daten dem jeweils letzten Stand entsprechen müssen. Dies gilt auch für die Bestimmungen der Europäischen Union in den davon betroffenen Ländern.

Technische und geschäftliche Oberleitung, Ausschreibung

Zu diesem Arbeitsschritt zählen folgende Leistungen:

- die **Ausschreibung** – beschränkt (Verhandlungsverfahren) oder öffentlich je nach Bausumme -, an Firmen des Garten- und Landschaftsbaues; bei Bausummen ab einer bestimmten Höhe ist EU-weit auszuschreiben (siehe unten, Vergaberichtlinien der EU);
- der Vergleich der **Angebote**, die Prüfung der Leistungsfähigkeit der Firmen, Feststellen des **Bestbieters**, nicht des Billigstbieters, durch Vergleich von zu erwartender Leistung mit dem Preis;
- die **Vergabe**, unter Umständen an zwei oder mehr Firmen für unterschiedliche Leistungen oder Lieferungen, beispielsweise der Pflanzen an eine Baumschule, in der Regel jedoch an **eine** Firma; der **Vertragsabschluss** mit Liefer- bzw. Fertigstellungstermin; Festlegen der Zahlungsbedingungen und der Gewährleistungsfrist;
- das Aufmaß und eine Qualitätskontrolle auf der Baustelle, gemeinsam mit der ausführenden Firma, die so genannte Kollaudierung, als Grundlage für die Abrechnung;
- die Überprüfung der Rechnungen auf sachliche und rechnerische Richtigkeit, wenn erforderlich eine Korrektur, die Freigabe zur Auszahlung durch den Auftraggeber (Bauherrschaft).

Die von den Firmen angebotenen Preise je Leistungseinheit gelten unverändert auch bei Abweichungen in der ausgeschriebenen Menge (lfm, m², m³, Stück und dergleichen) nach unten oder oben bis zu 10 %; dies ist jedenfalls im Werk- oder Liefervertrag festzuhalten.

In der Bundesrepublik Deutschland und in Österreich gelten die **Vergaberichtlinien** der Europäischen Union und die daraus abgeleiteten Vergabegesetze der Staaten und Länder (Bundesländer). Grundzüge der Vergaberichtlinien sind:

1. Sie gelten für alle Ausschreibungen der öffentlichen Hand (Bund, Länder, Gemeinden) und von Gesellschaften, Organisationen und dergleichen, die von der öffentlichen Hand eingerichtet wurden oder mit dieser in wirtschaftlicher Verbindung stehen, beispielsweise Errichtungs- und Betriebsgesellschaften;
2. sie gelten für Ausschreibungen, bei denen die Leistungen folgende Schwellenwerte übersteigen: bei Ingenieur- und Architektenleistungen Honorarsumme von 200 000 ECU (Euro 194 800); bei Bauleistungen 5,0 Mio ECU (Euro 4,87 Mio.). Alle Beträge gelten ohne Mehrwertsteuer.

Da die Einzelheiten der Vergaberichtlinien hier nicht im Einzelnen erörtert werden können, da auch ihre Handhabung derzeit (1999) noch im Flusse ist, empfiehlt sich vor größeren Ausschreibungen grundsätzlich, Informationen bei einschlägigen Dienststellen (Rechtsabteilung, Kammer, Berufsverband) einzuholen.

Die Firmen des Garten- und Landschaftsbaues sind in Berufsverbänden organisiert, in Österreich in der Kammer der gewerblichen Wirtschaft (Bundesinnung bzw. Landesinnung der Gärtner), in der Bundesrepublik Deutschland im Bundesverband Garten-, Landschafts- und Sportplatzbau, und für alle einschlägigen Leistungen mit Geräten und Fachpersonal ausgestattet. Innerhalb der Branche haben sich einzelne Firmen spezialisiert, etwa für den Sportplatzbau, die Baumpflege (Baumchirurgie), die Hangbegrünung und -befestigung (Ingenieurbiologie), für die Dachbegrünung.

Auch die Baumschulen und die Stauden-Anzuchtbetriebe sind in Verbänden zusammengeschlossen, in Österreich als Fachgruppen im Zentralverband des österreichischen Erwerbsgartenbaues, in Deutschland im Bund Deutscher Baumschulen e.V. und im Bund Deutscher Staudengärtner. Die Verbände nehmen nur Betriebe auf, die gleich bleibend hohe Qualität liefern und sich einer regelmäßigen Überprüfung stellen. Es ist dringend zu empfehlen, nur solche Betriebe bei der Ausschreibung bzw. für die Lieferung von Gehölzen und Stauden heranzuziehen.

Beim **Verhandlungsverfahren** (früher als beschränkte Ausschreibung bezeichnet) werden im Allgemeinen drei bis fünf leistungsfähige Firmen eingeladen; die **öffentliche** Ausschreibung muss in Österreich jedenfalls in der Wiener Zeitung veröffentlicht werden, wird vielfach aber auch von den Innungen und Fachverbänden ihren Mitgliedsbetrieben bekannt gemacht. Die **freihändige Vergabe**, also ohne Ausschreibung, kommt nur dann in Betracht, wenn die betreffende Leistung oder Lieferung nur von einer speziellen Firma erbracht werden kann, weil dazu bestimmte Geräte oder besondere Fachkenntnisse erforderlich sind oder wenn ein Verfahren oder ein Material eingesetzt werden muss, für das nur eine Firma die Lizenz besitzt. Möglich ist die freihändige Vergabe auch, wenn ein kleiner Zusatzauftrag für eine Leistung vergeben werden soll, die in der Ausschreibung nicht enthalten war.

Grundsätzlich sollten alle Leistungen, die zum Bau des Grünraumes erforderlich sind, einschließlich aller dazu notwendigen Materiallieferungen – auch der Pflanzen – an **eine** Firma des **Garten- und Landschaftsbaues** vergeben werden, weil nur dann eine entsprechende fachliche Gewährleistung gegeben ist. Allenfalls können größere Bauarbeiten wie Stützmauern, Schwimmbecken und dergleichen gesondert an eine Baufirma vergeben werden. Unternehmen des Garten- und Landschaftsbaues sollten jedenfalls direkt beauftragt und nicht als Subunternehmen von Baufirmen eingesetzt werden. Zu beachten ist, dass verbindliche Verträge ausschließlich der **Bauherr** selbst unterzeichnen kann, nicht der beauftragte Landschaftsarchitekt.

Künstlerische Oberleitung

Die örtliche Bauleitung gehört nicht zu den hier besprochenen Büroleistungen und ist gesondert zu beauftragen und nach Gebührenordnung zu verrechnen. Sie sollte nach Möglichkeit in der Hand des Entwerfers bzw. seines Büros liegen. Bei großen, vor allem öffentlichen Bauvorhaben kommt es vor, dass der Bauleiter für den Hochbau, wenn er die entsprechende fachliche Qualifikation besitzt, auch die Ausführung der Außenanlagen überwacht.

Die künstlerische Oberleitung umfasst lediglich die Kontrolle der Übereinstimmung der Ausführung mit dem Entwurf. Ob und inwieweit das Entwurfsbüro in diesem Rahmen Änderungen oder Ergänzungen durchsetzen kann, hängt vom Einvernehmen mit der örtlichen Bauleitung ab, nicht zuletzt aber auch vom Einverständnis des Bauherrn, vor allem wenn zusätzliche Kosten entstehen.

Literatur

Bundesverband Garten-, Landschafts- und Sportplatzbau (BGL) (Hrsg.): Musterleistungsverzeichnis für die naturnähere Pflege von Grünflächen. Bonn 1986

Daffner G.: Bericht zur Leistungsdatenerfassung 1991–1992. Baureferat Hauptabteilung Gartenbau, Landeshauptstadt München. Unveröff. Manuskript. München 1994

Forschungsgesellschaft Landschaftsentwicklung Landschaftsbau (FLL) (Hrsg.): Troisdorf/Bonn vgl. Abschnitt 8.2

Franken H.: HOAI-Kommentar. Leistungen der Landschaftsarchitekten. 2. Auflage Wiesbaden/Berlin 1996

Hänsler G., A. Niesel: Landschafts- und Sportplatzbau. Band 1: Kommentar zur VOB. Band 2: Kommentar zu den Landschaftsfachnormen DIN 18915 bis DIN 18920. Wiesbaden

Kapellmann K. D., W. Langen: Einführung in die VOB/B. 3. Aufl. Düsseldorf 1994

Langer H.: Die Bauvertragsnorm B 2110. (Rechtsfragen, ISO QM-Normen et al.). Wien 1996

Nimmann H.: Flächen- und Erdmassenberechnungen im Garten- und Landschaftsbau. 2. Auflage. Berlin/Hamburg 1980

Niesel A.: VOB-Briefe im GALABAU. 2. Auflage. Berlin/Hannover 1998

Schweizerischer Ingenieur- und Architektenverein (SIA):
– Norm für die Ausschreibung und Vergebung von Arbeiten und Lieferungen bei Bauarbeiten (Submissionsverfahren). SIA-Norm 117
– Qualitätsmanagement im Bauwesen. Zürich 1997

Standardleistungsbuch für das Bauwesen,
- Tochterleistungsbuch Freianlagen; Band 3: Landschaftsbauarbeiten 1997
  Band 4 Landschaftsbauarbeiten – Pflanzen. 1996

Winkler W., P.J. Fröhlich: VOB Verdingungsordnung für Bauleistungen Gesamtkommentar. Wiesbaden 1998

WEKA Baufachverlage (Hrsg.):
- VOB Arbeitszeiten, Baupreise, Leistungsbeschreibungen für Landschafts-, Garten- und Sportplatzbau. Augsburg 1995
- VOB für den Garten-, Landschafts- und Sportplatzbau. Augsburg 1996

5.4 Entwurfstechniken

Karten- und Plangrundlagen

Folgende Plan- und Kartenunterlagen sind für den Entwurf erforderlich (vgl. auch Abschnitt 5.1.1):
- Auszug aus der Katastermappe (Katasterplan) 1 : 1000, weitgehend in digitaler Form verfügbar; Bezirks- bzw. Stadtvermessungsamt;
- Stadtkarte auf geodätischer Grundlage und in einheitlichem Maßstab 1 : 2000 bis 1 : 20 000 je nach Aufgabe; für größere Städte in digitaler Form vorhanden; Bundesamt für Eich- und Vermessungwesen (Österreich), Stadtvermessungsamt;
- Österreichische Karte ÖK 1 : 50 000 (ÖK 50 oder vergleichbare Grundkarten); wenn erforderlich, in Form der Vergrößerung auf 1 : 25 000; amtliche Karten 1 : 5000, 1 : 2000 (Stadtkarte);
- Luftaufnahmen, entzerrt (Orthofoto) 1 : 10 000, 1 : 5000;
- thematische Karten wie geologische Karte, Bodenkarte, Klimakarte, Vegetationskarte, phänologische Karte;
- historische Karten, beispielsweise in Österreich: Josephinische Landesaufnahme (Ende 18. Jh.), Franziszeischer Kataster (Mitte 19. Jh.).

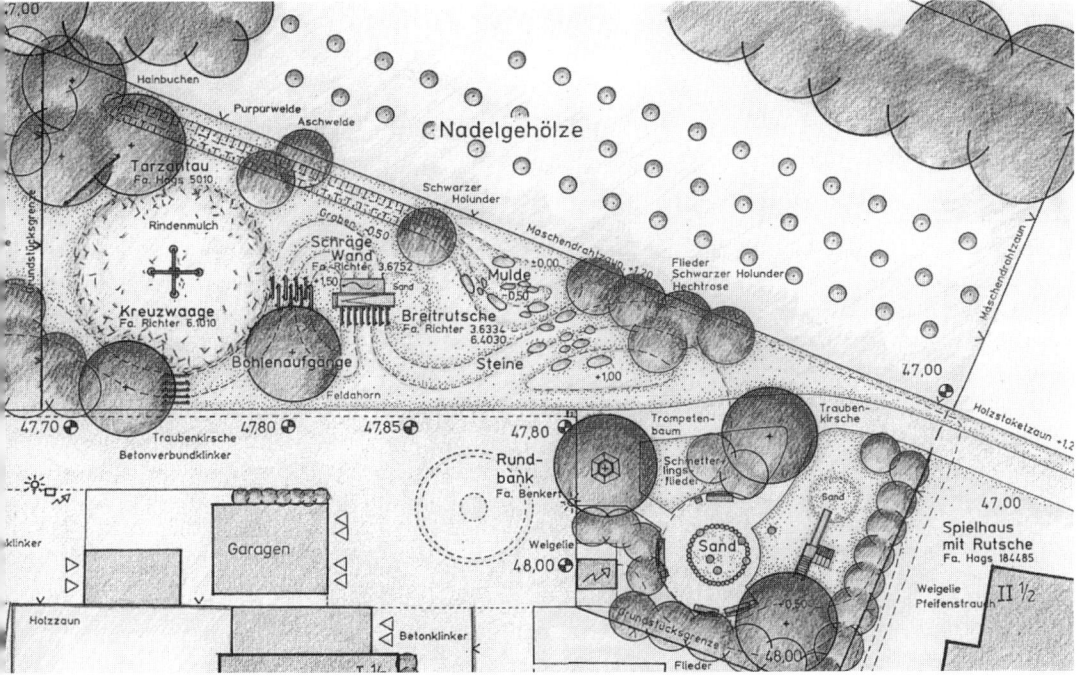

Abbildung 185: Entwurf zu einem Spielbereich auf einer Restfläche. Landschaftsarchitektin Johanna SPALINK-SIEVERS.

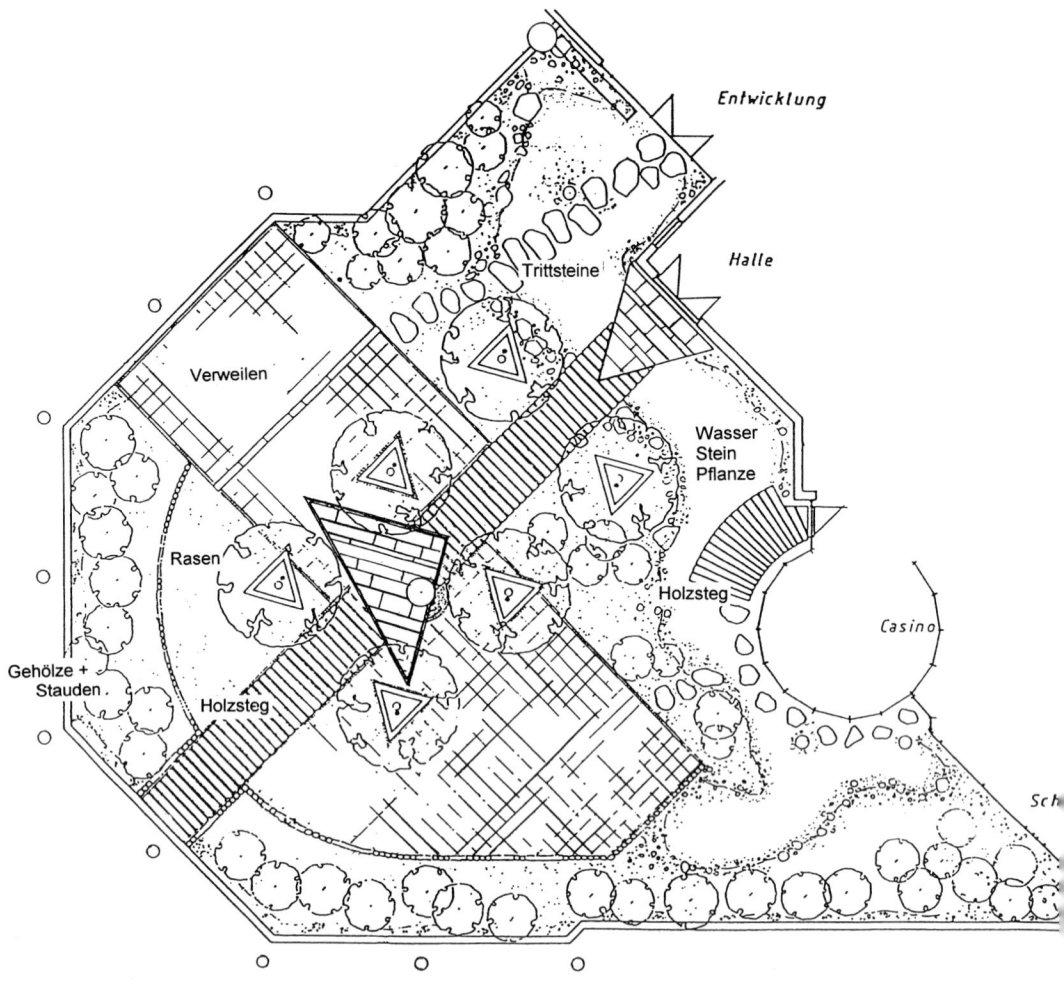

Je nach der Entwurfsaufgabe sind nur ein Teil dieser Karten erforderlich oder es sind zusätzliche Unterlagen zu beschaffen. Wichtig ist, dass auf Grundlagen gearbeitet wird, die eine spätere Übernahme in die vorhandenen Pläne des Auftraggebers erlauben; dies gilt besonders für die digitale Bearbeitung.

Darstellung des Entwurfs, Modelle
(vgl. auch Abschnitt 3.4.2)

Manuelle Darstellung
Die Handskizze ist die herkömmliche Art des Entwerfens; dabei werden zunächst Vorentwurfsskizzen, meist in Bleistift (6B), auch in Kohle oder Tusche angefertigt; diese werden dann weiter durchgearbeitet, vor allem hinsichtlich der Maßstäblichkeit. Oft zeigt sich dann bei diesem zweiten Arbeitsschritt, vor allem wenn es einige feste Vorgaben wie vorhandene Bäume oder technische Einbauten im Freiraum gibt, dass die Idee nicht in der gedachten Form realisierbar ist; es müssen also die ersten Skizzen überarbeitet oder es muss eine neue Entwurfsidee gesucht werden.

Der Vorteil dieser Arbeitsweise ist, dass der Entwerfer seine Ideen direkt, gleichsam fließend, über die Hand auf das Papier überträgt. Der Entwurfsvorgang bleibt erhalten und nachvollziehbar. Ein gutes Beispiel dafür sind die Zeichnungen von Carlo Scarpa für den Entwurf des Grabmals der Familie Brion in San Vito. Ein Nachteil liegt darin, dass jede Änderung der Entwurfsidee oder eines Details eine neue Zeichnung erfordert. Andererseits ist zu bedenken, dass das manuelle Zeichnen selbst ein wichtiger Teil des Entwerfens ist.

Die Zeichnungen, die der Bauherrschaft präsentiert oder veröffentlicht werden, können in Bleistift oder Tusche ausgeführt werden, sowohl Grundrisse als auch Perspektiven, Schaubilder, Axonometrien und dergleichen; sie vermitteln einen gleichsam „persönlichen" Eindruck vom Entwerfer, während computer-generierte Darstellungen oft unpersönlich, „technisch" wirken. Zum Beispiel sehen mit CAD dargestellte Bäume gegenüber von Hand gezeichneten vielfach „unnatürlich" aus; das gilt in gleicher Weise sinngemäß für einen Waldrand oder einen Teich. Nicht geschulte Betrachter haben auch Schwierigkeiten, den virtuellen Landschaftsraum mit der Realität in Übereinstimmung zu bringen, weil ihnen die Orientierung fehlt. Das bedeutet nicht, dass für den Entwurfsvorgang bis zu den Detailzeichnungen auf CAD verzichtet werden sollte, sondern dass zu überlegen ist, für die Präsentation und Publikation neben digitalen auch einige von Hand gezeichnete Darstellungen anzufertigen. Besonders lebendig wirken Kreide- und Kohlezeichnungen, die allerdings derzeit nicht gebräuchlich sind.

CAD-Systeme werden sich in der Landschaftsarchitektur vermutlich nur dann weiter durchsetzen, wenn sie dem bisher üblichen zeichnerischen Entwurfsvorgang nahe kommen. Fast jedes CAD-System enthält ein Instrument mit der Bezeichnung „Freehand-Line" oder „Freeform-Line" zum Übertragen auch geschwungener Linien, wie sie im Freiraumentwurf häufig sind, in das System.

Die Frage, ob die Darstellungen in Schwarz-weiß oder coloriert ausgefertigt werden soll, hängt stark von der Aufgabenstellung ab und ist nur von Fall zu Fall zu entscheiden, ebenso ob ein Plan nur teilweise oder ganz gefärbelt werden soll. Dort, wo in der Natur fließende Übergänge auftreten, etwa vom lichten Waldrand bis in das dunkle Waldesinnere, sind diese oft in Farben besser darzustellen als in unterschiedlichen Grautönen. Bei Wettbewerben spielt eine gute Farbgebung der Pläne oft eine große Rolle, auch bei der Präsentation vor nicht fachkundigem Publikum. Die Schwarz-Weiß-Darstellung gilt vielfach als „unbestechlich", obwohl auch dabei, zum Beispiel durch differenzierte Schattierungen, besondere Effekte erzielt werden können. Lange war das farbliche Anlegen von Plänen bei Architekten und Landschaftsarchitekten verpönt; es ist erst durch verbesserte Vervielfältigungs-Möglichkeiten wieder aktuell geworden.

Schaubilder in freier Perspektive, also nicht konstruiert, können – beabsichtigt oder nicht – Maßstabsverhältnisse verzerrt wiedergeben. In das Schaubild eingezeichnete, aber noch nicht vorhandene oder schon vorhandene, in der Zeichnung aber weggelassene Bäume können auch ein unzutreffendes Bild vermitteln.

In vielen Fällen erleichtern einfache **Arbeitsmodelle**, beispielsweise aus Styropor oder Holzfaserplatten, den Entwurfsprozess. Die Höhenlagen werden, je nach der Topographie, maßstäblich oder überhöht (meist 1 : 10) dargestellt. Die Arbeitsmodelle können im Atelier von den Bearbeitern selbst hergestellt werden. Manche Architekten und Landschaftsplaner beginnen mit dem Entwerfen am Modell. Für Wettbewerbe und für die Präsentation bei wichtigen Auftraggebern werden von Modellbau-Werkstätten genaue, maßstabgetreue Modelle hergestellt, meist aus Holz oder Kunststoff. Da die Kosten dafür sehr hoch sind, bleiben sie für garten- und landschaftsarchitektonische Entwürfe eher die Ausnahme, etwa bei deutlichen Eingriffen in das Relief, zum Beispiel Sprungschanzen, Sportanlagen in hängigem Gelände, wie beim Lindenstadion in Eisenstadt, oder bei Terrassenanlagen. Ein relativ detailscharfes Computermodell kostet derzeit etwa gleichviel wie ein aussagekräftiges Holz- oder Plexiglas-Modell.

Eine beträchtliche Gefahr besteht darin, dass Entwürfe ausschließlich aufgrund der graphischen Ausfertigung beurteilt werden. Es hat sich mehrfach erwiesen, dass im Plan „langweilig" wirkende Freiräume im gebauten Zustand sehr gut und lebendig wirken, während sehr abwechslungsreich dargestellte Gärten nach ihrer Ausführung recht wenig interessant sind. Der Beweis lässt sich leicht führen, indem man einen viel besuchten, beliebten und abwechslungsreichen Park graphisch in seiner Grundstruktur darstellt.

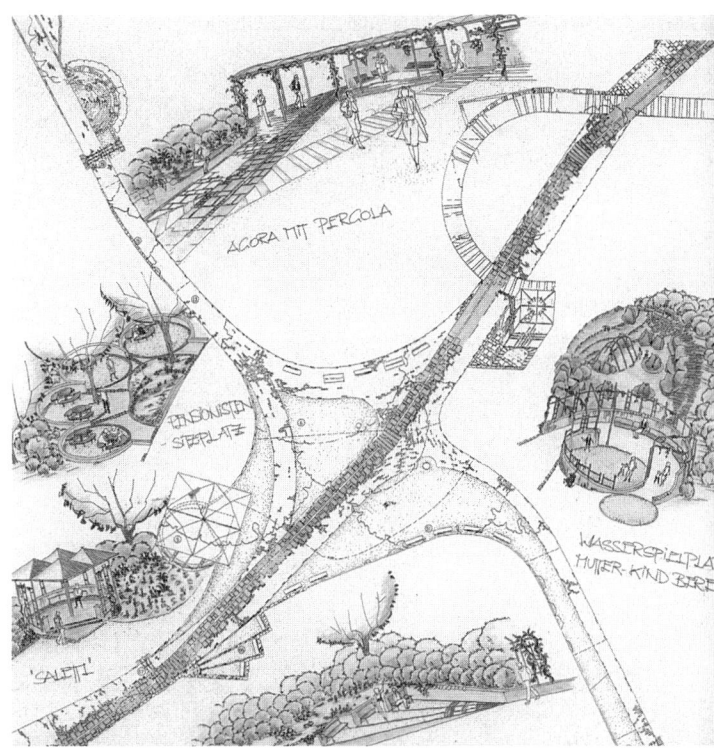

Abbildung 187: Parkprojekt Kardinal Nagel-Platz in Wien-Landstraße, Entwurf Landschaftsarchitekt Prof. Sepp KRATOCHWILL.

Siehe Farbtafel VII, Abbildung 188: Garten für die Behinderten-Wohngemeinschaft GIN in Wien Donaustadt, Entwurfsvariante. Landschaftsarchitektin Andrea CEJKA.

357

Literatur

Hartmann J.: Entwerfen. Einführung in die wesentliche Tätigkeit des gestaltenden Architekten. Stuttgart 1980

Prinz D.: Städtebau. Band I: Städtebauliches Entwerfen (Methode und Bausteine des Entwerfens). 7. Aufl. Stuttgart 1999. Band II: Städtebauliches Gestalten (Gestalterische Aspekte des Entwerfens). 6. Aufl. Stuttgart 1997

6.0 Vorbemerkung

Der Einsatz von Computern, von einfachen Anwendungen zur Textverarbeitung bis zur digitalen Visualisierung von Planung und Entwurf, ist aus der Landschaftsarchitektur nicht mehr wegzudenken. Angewendet werden neben der heute in Büros üblichen Standardsoftware vor allem Geographische Informationssysteme (GIS), Computergestütztes Entwerfen (CAD) und digitale Visualisierung.

Die EDV-Ausstattung ist für Landschaftsplaner praktisch unerlässlich, nicht nur weil Vermessungsbüros nur digitale Daten liefern und Architekten zunehmend mit CAD arbeiten. Auf regionaler Ebene wird von den Auftraggebern verlangt, dass die gelieferten Planungen so zu liefern sind, dass sie unmittelbar in die Landes-Informationssysteme auf GIS-Basis übernommen werden können. Genaue Vorgaben auf CAD-Grundlage gelten auch bei anderen öffentlichen Auftraggebern: das Bundesministerium für wirtschaftliche Angelegenheiten und der Magistrat der Stadt Wien fordern die Abgabe aller Planungs- und Projektleistungen von Ingenieuren und Architekten nach der **CAD-Norm**.

Literatur

Bundesministerium für wirtschaftliche Angelegenheiten, Magistrat der Stadt Wien: CAD-Norm. Wien 1996
Forschungsgesellschaft Landschaftsentwicklung Landschaftsbau FLL: Graphische Datenverarbeitung in der Landschafts- und Umweltplanung mit Ergebnissen einer vergleichenden Softwareübersicht. Troisdorf 1994
Muhar A.: EDV-Anwendungen in Landschaftsplanung und Freiraumgestaltung. Stuttgart 1992
Pfaff-Schley H., L. Schimmelpfeng (Hrsg.): EDV-Einsatz in Umweltschutz und Landschaftsplanung. Berlin 1994

6.1 Anschaffung, Wirtschaftlichkeit

Die **Anschaffung** eines Computers für allgemeine Büroarbeiten wie Textverarbeitung oder für das Erstellen einfacher Tabellen und Graphiken ist für ein planendes Büro auf dem Gebiet der Landschaftsarchitektur heute keine besondere finanzielle Belastung mehr. Anders verhält es sich bei den im Hinblick auf ihre Rechnerleistung oder auf einzelne Geräte der Peripherie anspruchsvolleren graphischen EDV-Anwendungen. Ihre Einführung kann sowohl in Anbetracht der Anschaffungskosten als auch der gesamten Personal- und Büroorganisation einen erheblichen Einschnitt bedeuten. Es sind also von vornherein möglichst viele der Auswirkungen zu bedenken, die sich in der Folge ergeben können. Wichtig ist vor allem die Frage, ob mit den Möglichkeiten der neuen Technologie auch entsprechende Aufträge beschafft werden können; eine Reihe von Leistungen können ja durch den EDV-Einsatz günstiger angeboten werden, etwa die Visualisierung von Planungen und Entwürfen, perspektivische Ansichten können in mehrfacher Ausgabe hergestellt werden.

Vor der Anschaffung eines Systems sollten jedenfalls geklärt sein:
- der Schwerpunkt der Anwendung;
- das Ausgabemedium, beispielsweise Drucker, und die erwünschte Qualität der Ausgabe;
- die Kompatibilität zu anderer Software, etwa der des Auftraggebers, zu Datenbanken, zu digitalen Kartengrundlagen und dergleichen mehr;
- der Aufwand bei allfälligen Planänderungen;
- die Anschaffungskosten und die Finanzierungsmöglichkeit, beispielsweise Leasing;
- die erforderliche Qualifikation der Sachbearbeiter;
- die Kosten im laufenden Betrieb, nämlich Personalkosten, Sachkosten.

6. Computer-unterstütztes Planen und Entwerfen

Teuer ist für das einzelne Büro die Schulung der Mitarbeiter, die das – betriebswirtschaftlich günstige – System nutzen sollen. Kosten entstehen zusätzlich bei längerer Abwesenheit von Mitarbeitern, einmal durch die teuren Schulungskurse, zum anderen durch das Fehlen des Mitarbeiters in dieser Zeit im Büro selbst.

Vorteile und Arbeitserleichterungen für eine exakte **Projektbearbeitung** sind:
- digitaler Datenaustausch mit den am Projekt beteiligten Ingenieuren und Architekten,
- Online-Massenermittlung in echten (derzeit noch kostspieligen) 3D-Systemen,
- Übernahme von digitalen Vermessungs-Kataster-Unterlagen,
- Projektbearbeitung mit Rechts- und Hochwerten des staatlichen Koordinatensystems,
- digitaler Datentransfer für die Bauausführung.

Die **Datenübernahme** und -übergabe zwischen Landschaftsarchitekt, Architekt, Geometer und Statiker sowie dem Auftraggeber bietet zwar viele wirtschaftliche Möglichkeiten, scheitert aber oft daran, dass die unterschiedlichen Programme einander nicht verstehen.

Literatur

Buhmann E.: Analyse des CAD-Marktes in Deutschland. Garten + Landschaft 1992 H.10, 71
Durwen K.-J.: EDV-Einsatz in Landschaftsarchitektur-Büros. FLL, Troisdorf 1991
Forschungsgesellschaft Landschaftsentwicklung Landschaftsbau FLL (Hrsg.): EDV für Objektplanung und Unternehmen des Garten-, Landschafts- und Sportplatzbaus. Troisdorf 1992
Institut für Architektur- und Planungstheorie (IAP), Fachbereich Architektur der Universität Hannover: Neue AVA- und CAD-Marktübersicht des IAP 1992/93. Hannover 1993
Pelka R.B., Bund Deutscher Architekten (Hrsg.): Das EDV-Checkbuch für Architekten. München 1988

6.2 Hardware, Datensicherung

Hardware

Bei allen Komponenten eines EDV-Systems ist es notwendig, ein ausgewogenes Verhältnis zwischen **Leistungsfähigkeit** und finanziellem **Aufwand** zu finden, wobei ein Preis-Leistungs-Verhältnis im herkömmlichen Sinne oft nur schwer zu definieren ist, weil etwa auch die Handhabbarkeit oder die Entwicklungsfähigkeit eines Systems einzubeziehen sind. Wichtig ist auch ein Gleichgewicht zwischen den einzelnen Hardware-Komponenten untereinander und mit der Software, vor allem bei graphischen Anwendungen; sie stellen sowohl im Hinblick auf die mathematische Rechnerleistung, etwa die Berechnung von Perspektiven aus CAD-Modellen, als auch in Bezug auf die Darstellung auf dem Bildschirm, nämlich Farbtauglichkeit, rascher Datenfluss vom Rechner zum Bildschirm, hohe Anforderungen.

Der Einstieg in die EDV lässt sich im Allgemeinen über die Anschaffung eines PC der mittleren Leistungsklasse bewerkstelligen: damit können viele Anwendungen prinzipiell erlernt und durchgeführt werden, über nachträgliche Aufrüstungen kann das System dann, den Anforderungen und Erfahrungen entsprechend, schrittweise optimiert werden. Der unmittelbare Einstieg auf Ebene der Workstation bringt demgegenüber einen sehr hohen Anfangsaufwand mit sich. Wenn geplant ist, Bilddateien auf Wiedergabegeräten in Dienstleistungsbetrieben auszugeben, muss für eine entsprechende Möglichkeit des Transports dorthin vorgesorgt werden; dafür ist ein zeitgerechter Kontakt zu den in Frage kommenden Betrieben herzustellen.

Interessant wird die immer engere Verknüpfung von CAD und GIS. Dem CAD-Anwender wird der Einstieg in die digitale Analyse und das Management von Projekten ermöglicht. Neuere Entwicklungen zur Erweiterung von CAD in Richtung GIS und zu Kombinationen beider Systeme sind gerade für die Garten- und Landschaftsarchitektur, die eine Schnittstelle zwischen dem Gebäude und dem Umfeld darstellt, von Interesse.

Die Anforderungen, die vom Gesetz her an die Grundlagen in der örtlichen Raumplanung gestellt werden, etwa Analysen und Flächenbilanzen, Erstellen des Flächenwidmungsplanes, erfüllen nur GIS-Systeme, das Erstellen eines Grünordnungsplanes zum Bebauungsplan ist wiederum am besten mit CAD-Programmen möglich. Grundlage ist hier der digitale Katasterplan bzw. der digitale Vermessungsplan; thematische Verknüpfungen, beispielsweise mit der Grundstücksdatenbank, sind – allerdings eingeschränkt – möglich. Für den Landschaftsplan zum Flächenwidmungsplan ist dagegen GIS optimal; Planänderungen und Korrekturen, thematische Verknüpfungen und grundstücksbezogene Abfragen sind hier durchaus gängige Abläufe.

Sowohl bei GIS- als auch bei CAD-Anwendungen ist eine **Digitalisierstation** notwendig. Für den professionellen Einsatz müssen ausreichend große Digitalisiertische angeschafft werden, weil für das Aneinanderfügen mehrerer getrennt digitalisierter Blätter viel Arbeitsaufwand anfällt und auch die Genauigkeit leidet. Als Mindestgröße muss daher das Format DIN A1 angesehen werden, nach Möglichkeit sollte das Format A0 angeschafft werden. Dabei ist auch der Platzbedarf für einen solchen Tisch im Büro zu bedenken.

Kleinformatige **Scanner** (A4) sind für Arbeiten mit Bildverarbeitungs-Programmen unbedingt erforderlich, sie können auch vorteilhaft im Bürobetrieb zur direkten Übernahme von Abbildungen, Fotografien und dergleichen in Textdokumente eingesetzt werden.

Ebenfalls notwendig sind geeignete **Ausgabegeräte**, vor allem Plotter. Für die Ausgabe großformatiger Pläne ist der Stiftplotter die günstigste Lösung, wobei im Hinblick auf auf die Kosten und den Platzbedarf praktisch nur Trommelplotter in Frage kommen. Großformatige Tintenstrahl- und Piezo-Drucker sind durch Preis- und Entwicklungskampf auf dem EDV-Sektor ebenfalls erschwinglich geworden. A4-Laserdrucker und Tintenstrahldrucker gehören heute schon zur Standard-Ausrüstung jedes Büros.

Datensicherung und Archivierung

Unbedingt notwendig ist die Sicherung, Fortschreibung und Archivierung der Daten eines Projekts. Die Rekonstruktion verloren gegangener Daten ist, soferne sie überhaupt möglich ist, sehr zeitaufwändig, der Datenverlust kann ein in Arbeit befindliches termingebundenes Projekt zum Scheitern bringen. Es ist daher unbedingt notwendig, alle Daten **täglich** zu sichern. Falls nur mit geringen Datenmengen gearbeitet wird, kann es ausreichen, die Daten auf Disketten zu sichern. Im Allgemeinen wird man aber auf leistungsfähigere Medien ausweichen, etwa auf Wechselplatten-Systeme, auf Magnetbandstationen oder auf CD.

6.3 Computergestütztes Planen mit GIS

Die computergestützte Planung mit Geographischen Informations-Systemen (GIS) ist das Mittel der Wahl, wenn komplexe Aufgaben mit einer großen Datenmenge zu bearbeiten sind. Hier kann aus einer Grundkarte eine Reihe von Varianten mit sehr geringem Zeit- und Materialaufwand entwickelt werden. Ein weiterer Vorteil ist die Möglichkeit, Entwicklungen in Zeitreihen sichtbar zu machen, etwa die Veränderung des Landschaftsbildes durch das Heranwachsen und die Bewirtschaftung des Waldes, das Stadt- und Landschaftsbild während verschiedener Jahreszeiten, die Entwicklung eines Parks in Zehn-Jahres-Stufen, unter Berücksichtigung der unterschiedlichen Wuchsformen der Gehölze, und anderes mehr. Besondere Zeitvorteile gegenüber der konventionellen Zeichentechnik sind bei der Objektklassifizierung und bei der laufenden Aktualisierung zu erzielen.

Als Datenquelle für Geographische Informationssysteme kommen, vor allem für Großstädte und Stadtregionen, auch **Satellitenbild-Daten** in Frage, deren Auflösung bzw. Genauigkeit bis in den Bereich von 100×100 m und darunter reicht, beispielsweise bei LANDSAT-MSS und LANDSAT-TM.

Die Vorteile der Satellitenbilddaten sind:

- die Daten sind durch die regelmäßige Aufnahme jeweils aktuell, sie sind keiner Freigabe-Beschränkung unterworfen und bereits in digitaler Form verfügbar;

Abbildung 189: Digitaler Landschaftsplan für die Landeshauptstadt St. Pölten, Niederösterreich, 1988/89 (Ausschnitt). Planung Sibylla ZECH (Projektleitung), R. ALGE, Prof. R. GÄLZER, W. KIRCHLER, Prof. H. NAGL, W. WASSERBURGER.

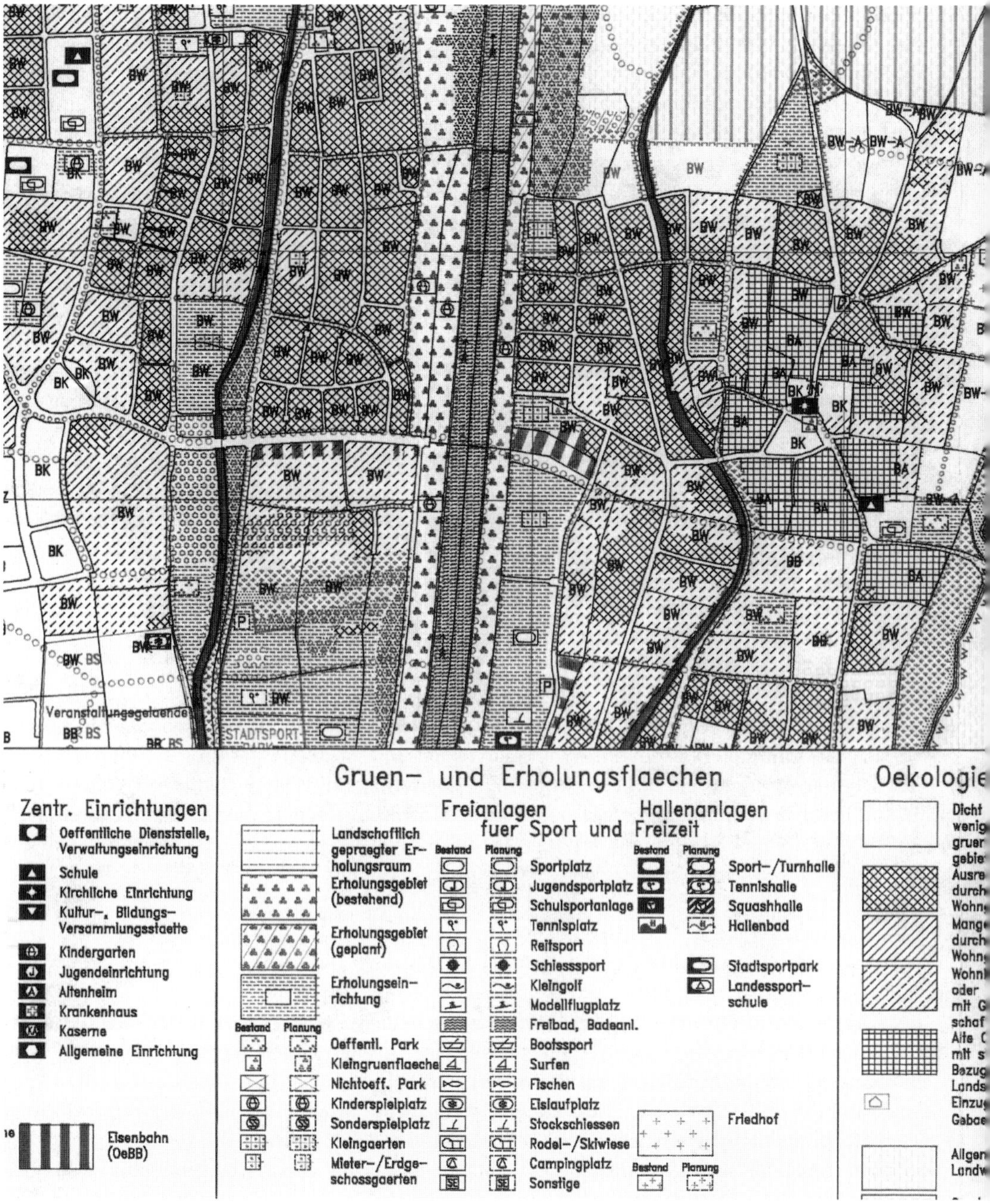

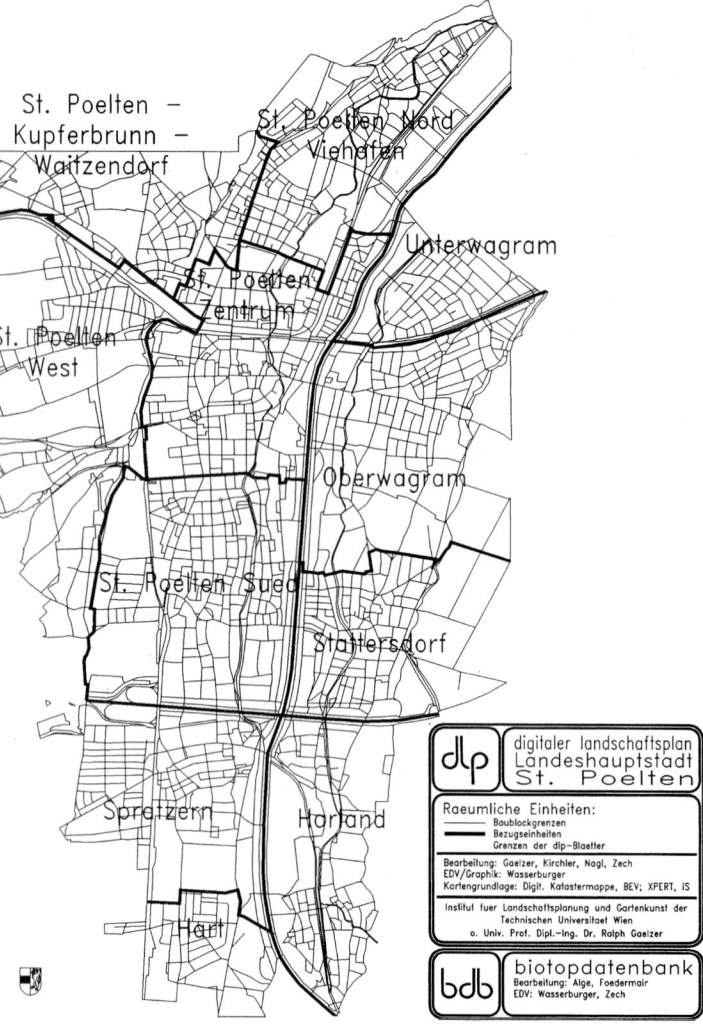

Abbildung 190: Digitaler Landschaftsplan für die Landeshauptstadt St. Pölten, Niederösterreich, 1988/89, räumliche Einheiten. Planung Sibylla ZECH (Projektleitung), R. ALGE, Prof. R. GÄLZER, W. KIRCHLER, Prof. H. NAGL, W. WASSERBURGER.

- die stetige Aufnahme erlaubt Zeit- und Raumbeobachtungen, etwa Abläufe der Besiedlung;
- die verschiedenen spektralen Bereiche lassen sich zum Erkennen der Flächennutzung, für vegetationskundliche, geographische und kartographische Anwendungen auswerten;
- Satellitendaten erlauben die Erzeugung von thematischen Karten für kleine bis mittlere Maßstäbe, etwa für Karten 1 : 50 000 zur Stadtentwicklung; der kartierende Fachmann kann große Gebiete vergleichsweise rasch bearbeiten, Felduntersuchungen können auf Teilflächen beschränkt werden;
- es sind Kombinationen mehrerer Themen möglich, etwa einer Thermalkartierung via Satellit mit einem digitalen Höhenmodell, in einer perspektivischen Darstellung, die das Relief deutlich macht.

Vielfach in der Landschaftsplanung für Städte anwendbar ist die **Netzwerkanalyse** aus Linienelementen und Knoten, etwa das Suchen der kürzesten Verbindung zweier oder mehrerer Punkte innerhalb eines Netzes, auch das Ermitteln von Fahr- oder Gehzeit-Isochronen. Auf diese Weise kann etwa der Einzugsbereich eines öffentlichen Grünraumes innerhalb einer vorgegebenen tatsächlichen Gehzeit – unter Berücksichtigung von Hindernissen – abgebildet werden.

Gründe für den GIS-Einsatz und die Anschaffung der notwendigen Hilfsmittel können sein:
- Immer mehr Planungsprojekte werden mit GIS abgewickelt, Aufträge der öffentlichen Hand an Büros werden nur unter dieser Bedingung erteilt; digitale Grundlageninformationen sollen übernommen, die vom Auftragnehmer gelieferten Ergebnisse in einem GIS weiterverarbeitet werden;
- die derzeit aktuellen Vorlagen für Plangraphiken sind mit konventionellen Zeichenmethoden kaum zu erstellen. Farbige Linien, Flächen und Beschriftungen, überlagernde Muster und Symbole sind aber bei der Ausgabe durch Plotter leicht herzustellen;
- ein GIS-Einsatz kann für ein Büro betriebswirtschaftlich lohnend sein, wenn mindestens ein Sachbearbeiter und eine Zeichenkraft kontinuierlich mit der Bearbeitung landschaftsplanerischer Projekte beschäftigt ist.

In jüngerer Zeit gewinnt der GIS-Einsatz in den Verfahren der Umweltverträglichkeitsprüfung immer mehr an Bedeutung; als wesentliche Qualitätsmerkmale gelten Reliabilität, Validität, Transparenz, Effizienz und Effektivität.

Literatur

Bayerische Akademie für Naturschutz und Landschaftspflege (Hrsg.): GIS in Naturschutz und Landschaftspflege. Laufener Seminarbeiträge 4/96. Laufen 1996

Blasig H.-J.: GIS im Planungsbüro. In: UVP-Report 4/99, Hrsg. UVP-Gesellschaft e.V. Hamm. 1999

Buhmann E., J. Wiesel: GIS-Report ´99. Nachschlagewerk (Software, Daten, Firmen), erscheint jährlich. Harzer Verlag, Karlsruhe 1999

Durwen K.-J., W. Bortt: CAD- und GIS-Technologien in der Landschaftsplanung. FLL-Schriftenreihe. Troisdorf 1993

Kunze K.: Der Einfluss Geographischer Informationssysteme (GIS) auf den Arbeitsprozess bei der Erstellung von Umweltverträglichkeitsstudien (UVS). Diplomarbeit Universität Hannover. Hannover 1998

Obersteiner E.: Geographische Informationssysteme als Werkzeuge räumlicher Datenanalyse. Diss. Univ. für Bodenkultur Wien. Wien 1998

6.4 Computergestütztes Entwerfen mit CAD

Bei **CAD** werden im Wesentlichen drei Anwendungsbereiche unterschieden:
– **Zeichnen:** die einfachsten Programme, als „Zeichenprogramme" bezeichnet, erfüllen etwa die Aufgaben eines technischen Zeichners.
– **Darstellen:** dieser Begriff geht über das einfache Zeichnen hinaus, etwa indem verschiedene Ansichten eines Objekts auf der Grundlage eines einzigen Entwurfs (Modells) geliefert werden; darunter fällt auch die automatische Zeichnung perspektivischer Ansichten aus zwei Parallelprojektionen wie Grund- und Aufriss.
– **Konstruieren:** die graphische Wiedergabe eines von Hand gezeichneten Entwurfs ist ein wichtiger Teil des Konstruktionsprozesses. CAD-Programme einer höheren Stufe können aus den einmal im System erfassten Grunddaten eines Objekts oder Projekts noch zahlreiche weitere Informationen ableiten, etwa die Bemaßung, Flächen- und Rauminhalte und andere mehr.

Die meisten CAD-Programme erlauben die Erstellung von **dreidimensionalen** Datensätzen. Die sich daraus ergebende Arbeitsweise pendelt zwischen dem digitalen Modellbau und dem zweidimensionalen Zeichnen am Bildschirm und ist leistungsfähiger als analoge Arbeitsweisen.

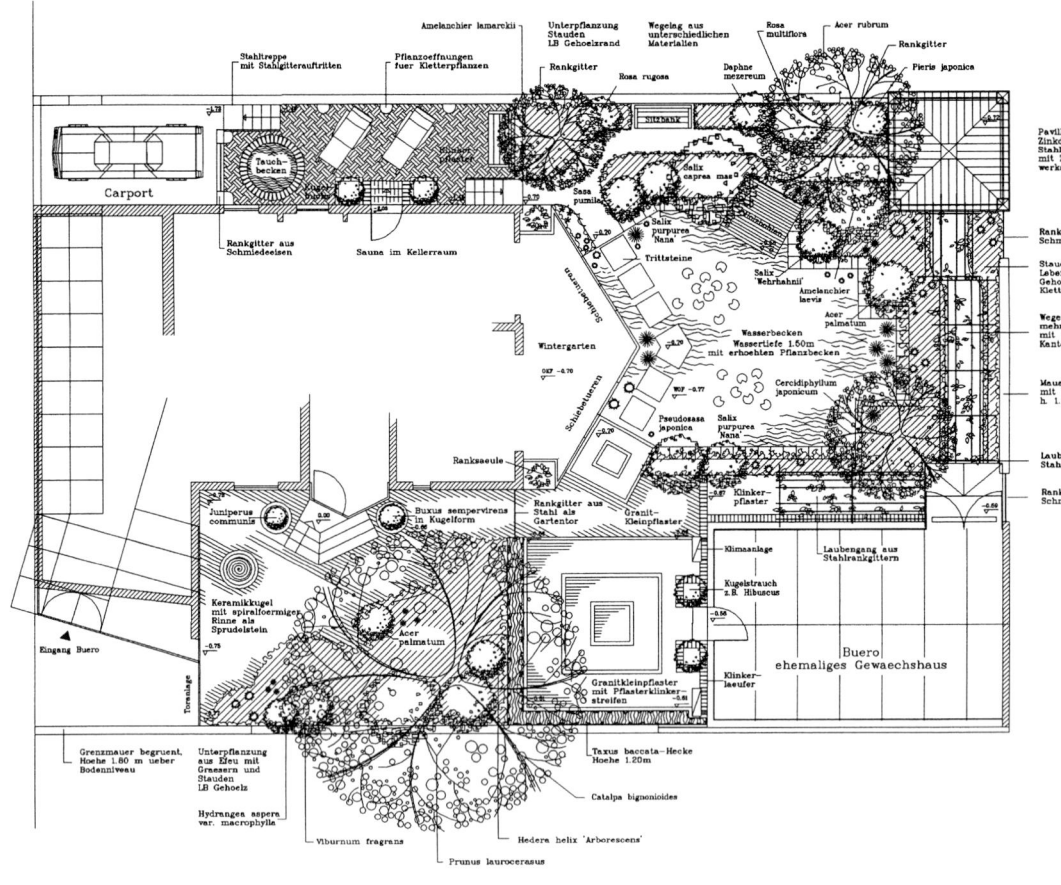

Abbildung 191: 2D-Darstellung eines Entwurfs zu einem Hausgarten mit Landcadd, Firma Widemann. Landschaftsarchitektin Ingrid BORNES.

Für das Entwerfen mit CAD spricht, dass bei einem entsprechend adaptierten Programm eine einmal dargestellte Entwurfsidee mühelos graphisch weiterentwickelt werden kann; Teilflächen können recht einfach zur besseren Veranschaulichung farblich hervorgehoben werden. Unterschiedliche Lösungen (Varianten) können interaktiv direkt am Computer räumlich dargestellt und beliebig simuliert werden. Verschiedene Gestaltungsmöglichkeiten eines Projekts können eingelesen und miteinander verglichen werden. Dadurch wird eine vorausschauende Planung ermöglicht, anstatt später womöglich mehrfach Nachbesserungen am Projekt vornehmen zu müssen. Dabei ist allerdings immer der Aufwand für die Digitalisierung aller Grundlagen wie Höhenpunkte, Höhenlinien, Wege, vorhandene Bauten und anderes mehr zu bedenken.

Durch die Möglichkeit, Pläne in verschiedenen **Maßstäben** zu plotten, wird eine größtmögliche Flexibilität geboten. **Änderungen** (Planwechsel) im Entwurfsplan sind leicht möglich, das mühevolle Radieren oder Kratzen fällt weg. Es können Schaubilder von allen gewünschten Blickpunkten gezeichnet werden; aus den Höhenpunkten können über das Computerprogramm wieder Schichtlinien in beliebiger Dichte automatisch generiert werden, ebenso Geländeschnitte, über die wiederum Erdmassenberechnungen möglich sind. Ein weiterer Vorteil ist die Möglichkeit, den Entwurf mit Ausschreibung, Vergabe und Abrechnung zu koppeln.

Bestimmte systemimmanente Konfigurationen wie rechter Winkel, Kreis, parallele Linien verlocken zur Anwendung im Entwurf, während schwer generierbare Formen eher vermieden werden. CAD wäre das optimale Hilfsmittel für den Entwurf eines Barockgartens. Auch beim Computer added Engineering (CAE) besteht übrigens nach W. ZIESEL die Gefahr, dass der Entwurf von Ingenieur-Bauwerken auf die Einsatzmöglichkeiten des Computers abgestimmt wird.

Wie beim manuellen Entwerfen – durch Kurvenlineale, Schablonen, Millimeterpapier und dergleichen – gibt es auch beim CAD-Entwerfen eine Reihe von technischen Hilfen, vor allem für die Verortung von Objekten. Grundsätzlich kann unterschieden werden zwischen Werkzeugen, die eine Beziehung zu den Koordinatenachsen der Zeichenebene und solchen, die eine Beziehung zu anderen Objekten einer Zeichnung herstellen. Eine einfache Zeichenhilfe sind, wie bei der manuellen Darstellung, **Zeichenraster**. Sie sind meist als vom Ursprung des Koordinatenkreuzes ausgehende quadratische Raster definiert und bewirken, dass alle Eckpunkte der zu zeichnenden Objekte auf den Gitterpunkten dieses Rasters liegen. Eine weitere Hilfsfunktion ist die **Tangentenkonstruktion**, mit der von einem bestimmten Punkt aus Tangenten zu einem vorgegebenen Kreis gezogen werden können, was in der Landschaftsarchitektur von Vorteil sein kann. Eine andere Hilfe ist die Ausrundung von Ecken, meist in einem Kreisbogen mit vorzugebendem Radius. Auch parallel verlaufende Linien können automatisch gezeichnet werden, wobei der Abstand festgelegt werden kann, wichtig etwa für das Zeichnen von Wegen mit exakten Wegbreiten.

Dreidimensionale Darstellungen

Ein wesentliches Argument für die Anschaffung eines 3D-CAD ist die Möglichkeit, aus einem einmal modellierten Datenbestand ohne großen Aufwand beliebige **dreidimensionale Darstellungen**, sowohl in Parallelprojektion (Axonometrie) als auch in Zentralprojektion (Perspektive) generieren zu können. Gerade Perspektiven sind jene Darstellungen, die von den Betroffenen gerne betrachtet werden, weil sie im Gegensatz zu Grund- oder Aufriss-Zeichnungen der menschlichen Sehgewohnheit entgegenkommen und so Informationen auch an Personen vermitteln können, die im Planlesen nicht geübt sind. Um eine Perspektive herzustellen, ist zunächst die Definition der Bildparameter notwendig, also die Festlegung der räumlichen Lage des fiktiven Augpunktes, der Blickrichtung und des Blickwinkels. So wie bei fotographischen Modellaufnahmen ist auch bei der Erzeugung von CAD-Perspektiven eine vom Bild des menschlichen Auges abweichende Darstellung möglich, gleichsam Weitwinkel- und Teleaufnahmen, wodurch sich oft besonders effektvolle Bilder ergeben, aber auch Täuschungen über die Größenverhältnisse von Objekten möglich sind.

Für die Beurteilung von Landschaftsarchitektur ist, mehr noch als in der Architektur, die Simulation von Entwürfen in einem vorhandenen Umfeld von Bedeutung. Simulationen mit Hilfe von CAD erfordern viel Einfühlungsvermögen und ein hohes Maß an Objektivität beim Sachbearbeiter ebenso wie eine professionelle Technik. Es besteht die erhebliche Gefahr der **Manipulation**, gerade weil die Computer-Darstellung den Anschein der Sachlichkeit und Objektivität erweckt. So kann beispielsweise durch die Wahl unterschiedlicher Farben für Objekt, Vorder- und Hintergrund ein geplantes Bauwerk einmal als mit der Landschaft konform, ein andermal als stark kontrastierend dargestellt werden. Ähnliche Manipulationen sind beim Vergleich alternativer Lösungen, etwa eines begrünten Dammes gegenüber einer Straße auf Stelzen für eine Talquerung möglich.

Im Vergleich zum Foto liefert die Elektronische Datenverarbeitung, hier mit CAD, eine abstrahierte Darstellung, die leicht veränderbar ist, also einen hohen Grad an Flexibilität besitzt. Zeichnung und Modell können gleichsam miteinander verschmolzen werden. Dem gegenüber bildet die Fotografie die komplexe Struktur der Landschaft ab, beispielsweise typische Baumformen, Bäche mit Ufergehölzen, charakteristische Hausformen, vor allem die dem Betrachter bekannte Situation, in die er ein neues, geplantes Objekt einordnen kann. Mit Hilfe des Fotos können auch nicht standardisierte Bestandteile der Landschaft oder des Gartens wiedergegeben werden. Als „Fotorealismus" wird die Visualisierung von CAD-Daten bezeichnet, wie sie beispielsweise bei städtebaulichen Wettbewerben angewendet wird.

Erdmassenberechnung

Die Ermittlung von Erdmassen, meist mit dem Ziel des Ausgleichs zwischen Abgrabung und Auftrag, ist in der Regel ein sehr aufwändiger Arbeitsschritt. Das Ergebnis wirkt sich letztlich auch entscheidend auf die Kostenkalkulation aus. Auch bei großer Erfahrung sind Schätzungen sehr ungenau bis falsch. So ergibt es sich häufig, dass die im Entwurf vorgesehene Geländemodellierung immer wieder geändert werden muss, bis ein Massenausgleich erreicht ist. Bei solchen iterativen Prozessen kann der EDV-Einsatz gegenüber der manuellen Bearbeitung die Arbeitszeit erheblich verkürzen und, bei der Anwendung entsprechender Berechnungs-Algorithmen, weitaus genauere Ergebnisse liefern. Die entsprechenden Verfahren können entweder direkt in einem allgemeinen oder branchenspezifischen CAD-System implementiert sein, oft werden Programme zur Erdmassenberechnung aber auch als selbstständige Applikationen angeboten.

Ein Vorteil gegenüber der manuellen Projektbearbeitung ist – neben der Erdmassenberechnung selbst – auch die Möglichkeit der weitergehenden graphischen Darstellung. So kann aus der Verknüpfung von Daten zur vorhandenen und zur projektierten Geländeform mit geringem Aufwand ein Massenauftrag- und Massenabtragplan für die Bauausführung erstellt werden. Spezielle Programme werden für die Massenermittlung durch Infrarotmessung angeboten, bei denen Mengen direkt vom Plan in ein Rechenprogramm übernommen werden. In Anbetracht der hohen Kosten kommt die Anschaffung nur für große Büros in Frage.

Literatur

Architektenkammer Hessen (Hrsg.): ACS Kompendium 93. CAD im Architekturbüro. Wiesbaden 1994
Homann A.: CAD selbst erlernen mit SPIRIT 5.0. Lehrbuch mit Übungsbeispielen. 2. Aufl. Düsseldorf 1994
Jonas W.: CAD-Modellierungstechniken. Vervielfältigtes Manuskript. Berlin 1989
Knoll S.: Landesgartenschau mit CAD. Forschungsgemeinschaft Landschaftsentwicklung Landschaftsbau (Hrsg.). Bonn 1992
Wagner M.: Ein Handbuch für Landcadd. Wiesbaden 1991

6.5 Digitale Visualisierung
(vgl. auch Abschnitt 3.5)

Dem Aspekt der **Visualisierung** wird eine immer größere Bedeutung zukommen, vor allem zwischen Planern und Betroffenen bzw. Auftraggebern. Daher gewinnt die **Digitale Bildverarbeitung**, neben ihrem Einsatz in der Fotogrammetrie, Fernerkundung und im GIS-Bereich, zunehmend an Bedeutung. Alle digitalen Darstellungstechniken erfordern sehr gute Kenntnisse der technischen Möglichkeiten und eine reiche Erfahrung, um für jedes Projekt die adäquate Arbeitsmethode wählen zu können.

Die dreidimensionale Visualisierung wird bisher in zwei Maßstabsbereichen angewendet:
- im großmaßstäblichen Bereich, in dem beispielsweise Gartenräume, ja einzelne Pflanzen in ihrer Entwicklung dargestellt werden; er entspricht dem Entwurf etwa in 1 : 100 oder 1 : 200 (Objektplanung);
- im kleinmaßstäblichen Bereich, etwa auf der Ebene des Landschaftsrahmenplanes im Maßstab 1 : 25 000.

Für den weiten Maßstabsbereich, der dazwischen liegt, also für Landschaftspläne (1 : 10 000, 1 : 5000), Grünordnungspläne und landschaftspflegerische Begleitpläne (1 : 1000), größere Objektplanungen (1 : 500) müssen andere Methoden der Modellierung herangezogen werden (vgl. U. Dorau 1998).

Digitale Visualisierungstechniken
Für die Landschaftsarchitektur ergeben sich durch die digitale Visualisierung zahlreiche Möglichkeiten der Darstellung von Planungs- und Entwurfsabsichten in allen Maßstäben. Vor allem bei der Information und Beteiligung der Betroffenen ist es wichtig, die Aussagen in einer leicht verständlichen Form zu präsentieren. Allerdings erfordern die Methoden der Visualisierung, die für den Betrachter besonders interessante und aufregende Bilder liefern können, einen **hohen Aufwand** an Rechnerleistung, Datenspeicherung und -ausgabe. Trotz der Möglichkeiten der

farbigen Darstellung wird auch in Zukunft die **Schwarz-weiß**-Technik ihre Bedeutung behalten, zumal die Wiedergabe als Fotokopien, Drucke und dergleichen bei größeren Stückzahlen einfacher und preisgünstiger ist.

Digitale Fotomontage

Ein Spezialfall der digitalen Bildverarbeitung ist die digitale Fotomontage; sie kommt ursprünglich aus dem Bereich der Fotogrammetrie und Fernerkundung, zunächst eingesetzt für die Ausarbeitung von Satellitenbildern. Ausgangspunkt der digitalen Fotomontage ist ein zu digitalisierendes Foto, in dem die gewünschten Veränderungen vorgenommen werden. Die entsprechenden Computer-Programme stellen die nötigen Hilfsmittel zur Verfügung, die die in der Fototechnik üblichen Werkzeuge simulieren. Vorteil der Montage ist eine gewisse Nähe des Bildes zur Realität, weil die Grundlage ein in der Natur aufgenommenes analoges Bild ist; dies führt zu einer hohen Akzeptanz beim nicht fachkundigen Betrachter. Der Nachteil liegt darin, dass man als Grundlage vorhandenes Bildmaterial benötigt; man kann also Veränderungen etwa eines Gartenraumes nur von solchen Standpunkten aus visualisieren, von denen aus man den Bildausschnitt fotographieren kann. Wie bei der herkömmlichen Fotomontage können auch bei der digitalen Bildmontage das handwerkliche Können und die persönliche Erfahrung des Bearbeiters die Qualität des Ergebnisses wesentlich beeinflussen.

Digitale Geländemodelle

Zur computergestützten Bearbeitung muss die **räumliche Information** als digitales Modell, also als vereinfachte, zweckorientierte Abbildung, zur Verfügung gestellt werden. Geländeoberflächen sind als Linien (Isohypsen), als regelmäßig verteilte Punkte (Raster) oder als unregelmäßig verteilte Punkte (triangulares Netzwerk, TIN) abbildbar. Die Anwendungseigenschaften dieser drei Modelle sind grundsätzlich unterschiedlich, die Entscheidung für eines der Modelle ist nur von Fall zu Fall möglich.

Von hohem Wert für die Landschaftsplanung für Städte sind digitale Geländemodelle, die in Österreich vom Bundesamt für Eich- und Vermessungswesen und von einigen Hochschulinstituten angeboten werden. Es ist jedenfalls eingehend zu prüfen, ob die Anschaffung für die ganze Stadt oder Teile davon, etwa für ein bestimmtes Projekt, wirtschaftlich sinnvoll ist.

Die Verfügbarkeit digitaler Geländedaten ist Voraussetzung für alle dreidimensionalen Landschaftsanalysen in einem GIS wie Berechnung der Hangneigungen, Ermitteln der Sichtbarkeit und dergleichen. Eine Vielzahl von methodischen Ansätzen zur digitalen Beschreibung von Geländeformen wird unter den Bezeichnungen Digitales Höhenmodell (DHM) oder Digitales Geländemodell (DGM) angeboten. Digitale Höhenmodelle sind ein Folgeprodukt der Luftbildauswertung, sie wurden ursprünglich vor allem zur Herstellung von Orthophotokarten eingesetzt. Heute wird der steigende Bedarf an digitalen Geländedaten für Planungen von staatlichen Vermessungsstellen durch flächendeckende digitale Höhenmodelle befriedigt.

Rastermodelle bzw. Rasterdarstellungen führen dazu, dass Extremwerte wie Gipfel und Talsohlen ausgeschieden werden; die Wahrscheinlichkeit, dass etwa ein Berggipfel gleichzeitig ein Rasterpunkt ist, ist sehr gering, alle Aussagen zur Reliefenergie werden also verflacht, Steilhänge bleiben vernachlässigt. Bei dem flächendeckenden digitalen Höhenmodell für Österreich, einem Rastermodell, wurde dem durch eine regional differenzierte Maschenweite begegnet: in den Gebirgsregionen (wie Innsbruck) beträgt der Abstand zwischen den Rasterpunkten 30 m, im Flachland (Linz, Wien) bis zu 200 m. Auf lokale, für die Stadtgestalt wichtige geomorphologische Gegebenheiten wie Terrassenkanten in Flussniederungen, beispielsweise die Donauterrassen in Wien oder der Wagram in St. Pölten, konnte dabei keine Rücksicht genommen werden.

Sichtbarkeits-Untersuchungen

In GIS-Programmen kann am einfachsten über die Generierung von Querprofilen aus digitalen Höhenmodellen ermittelt werden, ob zwei Punkte in der Stadt oder Landschaft miteinander in

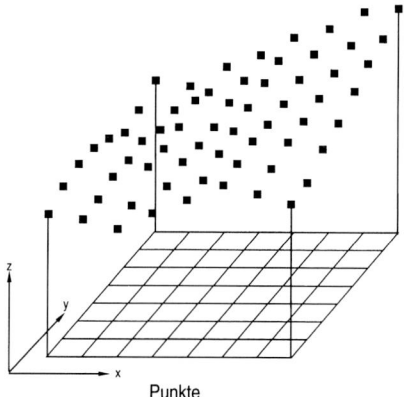

Punkte

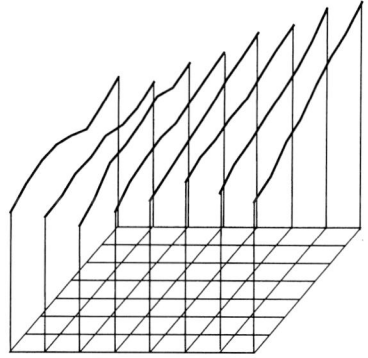

Linienelemente (Transekte)

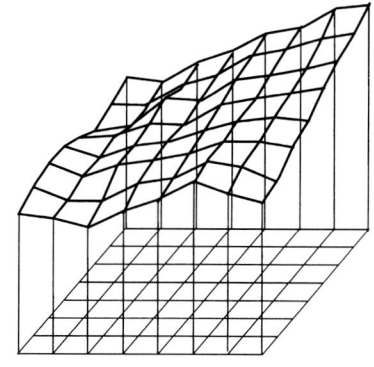

Flächenelemente

Abbildung 192: Aufbau digitaler Geländemodelle aus verschiedenen geometrischen Elementen.

Sichtbeziehung stehen. Karten der Sichtbarkeit sind sehr gut geeignet festzustellen, wie weit eine geplante Baumaßnahme visuell wirksam wird.

Unabhängig von quantitativen Aspekten kann eine anschaulich gestaltete dreidimensionale Geländedarstellung viel zur Vermittlung planerischer Aussagen beitragen. Besonders günstig ist, dass durch die einmal erarbeitete Datenbasis mit vergleichsweise geringem zusätzlichen Aufwand viele unterschiedliche Darstellungen erzeugt werden können, etwa mit unterschiedlichen Blickrichtungen oder Blickwinkeln.

Pflanzendarstellung

Es sind zwei Wege zur Darstellung von Pflanzen in der Computergraphik möglich:
- der eine führt über symbolische, abstrahierende Signaturen und entspricht damit gleichsam der manuell üblichen Darstellung über Vereinfachungen und Abstraktionen, etwa dem Kreis oder Dreieck;
- der andere Weg geht davon aus, dass die generierte Darstellung umso befriedigender ist, je genauer – als Grundlage – eine Pflanze bis ins Detail geometrisch richtig modelliert wird.

Das Bild jeder Pflanze lässt sich nach den morphologischen Grundlagen des Pflanzenwuchses in relativ einfache geometrische Grundelemente zerlegen, die als Grundlage für die Modellierung dienen können. Die Zahl dieser Einzelelemente ist allerdings bei Pflanzen sehr hoch; daraus folgert nicht nur eine große Datenmenge, sondern vor allem auch eine hoher Zeitaufwand für die Modellierung: jeder Ast, ja jedes Blatt muss modelliert und in die richtige Position gebracht werden. Dies ist wohl im Rahmen von Forschungsprojekten von Interesse, in der Büropraxis aber nicht durchführbar. Hier wird man mit einem vereinfachten Detaillierungsgrad auskommen, der aber immer noch erlaubt, etwa Bäume nicht nur wahlweise als Kugeln für Laubbäume oder Kegel für Nadelbäume darzustellen. Im Übrigen kann auch hier auf Symbolbibliotheken aus dem kommerziellen Angebot zurückgegriffen werden. Es ist auch zu erwarten, dass die wissenschaftliche Entwicklungsarbeit bald sehr realistische Pflanzendarstellungen im CAD-Bereich verfügbar machen wird.

Für Landschaftsplanung und Gartenarchitektur wichtig ist die Simulation des **Wachstums** von Pflanzen, auch mit Rücksicht auf ihre Wuchsform bis hin zu Verästelungen, Blattwerk, Blüten, Früchten, Herbstfärbung, und ihre Wachstumsdynamik bei unterschiedlichen Standortbedingungen.

Graphische Symbole

CAD-Systeme bieten im Allgemeinen eine große Vielfalt an Darstellungsmöglichkeiten für die Ausgabe der gespeicherten geometrischen Strukturen: Liniensignaturen, Schraffuren und andere Flächenfüllungen, Schrifttypen und andere mehr. Zu beachten ist bei der Zuteilung von Signaturen zu Objekten neben der optischen Wirkung auf dem Bildschirm vor allem die Art des vorgesehenen Ausgabegeräts (Strichplotter oder Laserdrucker).

Literatur

Dorau U.: Computergestützte 3D-Visualisierung in der Landschaftsplanung. Ein Vergleich der Anwendbarkeit unterschiedlicher Visualisierungssoftware im mittleren Maßstabsbereich. In: M. Schrenk (Hrsg.): Computergestützte Raumplanung Band 1. Technische Universität Wien. Wien 1998

Garten + Landschaft H.11/1999, Beiträge von E. Lange, A. Muhar et al.

Hehl-Lange S., E. Lange: Landschaft heute – Landschaft morgen? Computergestützte visuelle Simulation in der Umweltverträglichkeitsprüfung. in: Kohler A., R. Böcker (Hrsg.): Die Zukunft der Kulturlandschaft. Weikersheim 1993

Hoppenstedt A., B. Stocks: Visualisierung bzw. Simulation von Landschaftsbildveränderungen. Schriftenreihe BFANL Landschaftsbild – Eingriff – Ausgleich. Bonn-Bad Godesberg 1991

Lange E.: Realität und computergestützte visuelle Simulation (Diss. ETH Zürich). ORL-Bericht Nr. 106. Zürich 1999

Siehe Farbtafel VIII, Abbildung 193: Computergenerierte Pflanzendarstellung mit dem Programm AMAP von CIRAD.

Lehmkühler S.: Computergestützte Visualisierungstechniken in der Stadtplanungspraxis. Dortmund 1999
Muhar A. et al.: Visualisierung der Landschaftsbildveränderung durch die projektierte Brücke im Bereich der Linzer Pforte. Universität für Bodenkultur Wien, Institut für Landschaftsgestaltung. Wien 1993
Trolf N.: Digitale Pflanzenmodellierung in der Freiraumgestaltung. Diplomarbeit Universität für Bodenkultur Wien, Institut für Freiraumgestaltung und Landschaftspflege. Wien 1995

6.6 Datenbank-Modelle, Informations-Systeme

Alle Modelle für Datenbanken und Informations-Systeme sind auf **GIS** aufgebaut. In diesem System werden räumlich verortete Daten digital abgespeichert und miteinander verknüpft. Ein Landschaftsausschnitt wird dabei in unterschiedlichen thematischen Ebenen erfasst, welche über ihren gemeinsamen räumlichen Bezug, in der Regel geodätische Koordinaten, miteinander verbunden sind.

Der wesentliche innovative Beitrag der GIS-Technologie liegt darin, dass die Ergebnisse simultaner Betrachtungen mehrerer thematischer Ebenen mit Hilfe der EDV nicht nur qualitativ, sondern auch **quantitativ** ausgewertet werden können: alle digital erfassten Elemente einer Karte wie Einzelpunkte, Linien, Flächen, können auch im Hinblick auf ihre geometrischen Eigenschaften wie Lage, Ausdehnung, Flächeninhalt, räumliches Verteilungsmuster und andere mehr beschrieben werden.

Bei universellen Datenbankmodellen werden unterschieden:
- Hierarchisches Datenbankmodell: es strukturiert Daten nach der Form eines verzweigten Baumes. Das setzt eine recht genaue Kenntnis der zu erwartenden Daten voraus; die einmal vorgegebene Struktur lässt sich nachträglich nur schwer an veränderte Verhältnisse anpassen.
- Netzwerk-Modell: hier sind auch Verzweigungen in Richtung zu den hierarchisch höheren Ebenen gestattet. Diese Netze entsprechen eher den logischen Beziehungen, wie sie auch zwischen Objekten der physischen Landschaft oder der Stadt, aber auch in administrativ-sozialen Gliederungen bestehen.
- Relationale Datenbanksysteme: hier werden im Gegensatz zu den beiden genannten Modellen Beziehungen nicht durch Baum- oder Netzwerkgraphen beschrieben, sondern durch eine zunächst mehr oder weniger unzusammenhängende Anordnung von Tabellen.

Landschafts-Datenbanken, Landschafts-Informationssysteme

Viele Verwaltungen und private Unternehmen sammeln und verwalten landschaftsbezogene digitale Daten, teilweise in direktem Bezug zu GIS-Systemen, teilweise in Form von Dateien, die über bestimmte Schlüsselbegriffe in einen räumlichen Zusammenhang gebracht werden können, etwa über Kataster- oder Gemeinde-Kennzahlen. Auch kommunale Verwaltungen haben bereits gemeindeeigene Informationssysteme eingerichtet, etwa die ADV des Magistrats Wien. Eine Reihe von Bundesländern und Kantonen bearbeiten ihre Planungen mit GIS-Systemen wie VOGIS (Vorarlberg), TIRIS (Tirol), SAGIS (Salzburg), KAGIS (Kärnten), GIS-Stmk (Steiermark), AGIS (Aargau, CH). Im Burgenland wurde neben dem GIS-Burgenland ein Kommunales Informationssystem (KIS) eingerichtet. Die Bundesrepublik Deutschland verfügt mit dem Umwelt-Informationssystem UMPLIS beim Umweltbundesamt und dem Landschafts-Informationssystem LANIS beim Bundesamt für Naturschutz über bundesweite Datenbanken. Die Länder Baden-Württemberg, Bayern, Berlin und Nordrhein-Westfalen haben eigene Informationssysteme eingerichtet, in anderen Ländern werden sie aufgebaut.

Immer öfter werden Planungen wie Landschaftsrahmenpläne und Landschaftspläne in die Datenbanken von Auftraggebern wie Landesinformationssysteme, Stadtinformationssysteme, Grünflächendateien und dergleichen übernommen. Der Auftrag an freie Büros wird dann an die Bedingung geknüpft, in einem entsprechenden oder zumindest kompatiblen System zu arbeiten. Da das Österreichische Bundesamt für Eich- und Vermessungswesen für die Städte digitale Katasterpläne zur Verfügung stellt (Digitale Katastralmappe DKM), können die Ergebnisse der Landschaftsplanung unmittelbar und parzellenscharf übernommen werden.

Abbildung 194: Luftbildausschnitt: Stadtpark Stadt Fürth.

Grünflächen-Informationssysteme (GRIS)

EDV-gestützte Grünflächen-Informationssysteme (GRIS, GRÜN-IS) für eine Stadt müssen Teil des **gesamten** Informationssystems dieser Stadt sein. Sie müssen **offen** sein, also in Wechselwirkung zu anderen Informationssystemen stehen, das bedeutet auch die zweckgerichtete datentechnische Gestaltung der Schnittstellen zu anderen Systemen. Anzustreben ist also ein **Systemverbund**, sowohl zum Informationsaustausch als auch zur Informationsgewinnung, innerhalb der ADV einer Stadtverwaltung und mit beauftragten Planungsbüros.

Eingerichtet werden in der Regel, je nach den Präferenzen der Verwaltung und der angestrebten Verwendung, kommunale Baumkataster, Grünflächenkataster und Biotopkataster. Wie auch bei den anderen Katastern, hier jedoch besonders ausgeprägt, liegt beim Biotopkataster das Problem in der laufenden Beobachtung und Fortschreibung. Erfahrungsgemäß ist beispielsweise eine Biotopkartierung im Stadtgebiet nach fünf Jahren völlig überholt.

Verwendet wird das GIS, und zwar mit zwei Arten der Verschlüsselung:
- **Folien**schlüssel: eine Folie umfasst jeweils fachlich zusammengehörige graphische Informationen, zum Beispiel die vorhandenen (Einzel)Bäume (= Baumkataster);
- **Objekt**schlüssel: er kennzeichnet den fachlichen Inhalt des Objekts, beispielsweise „Spielrasen" und seine Ausprägung innerhalb eines bestimmten Pflegeobjekts, etwa eines Parks, Erholungsgebietes und dergleichen.

Das Grünflächen-Informationssystem einer Stadt ist eine wichtige Grundlage für die **Kostenrechnung**, für die es die notwendigen Mengenangaben wie Quadratmeter, Kubikmeter, Stück, die zu belastende Kostenstelle im Haushaltsplan, gegliedert nach Pflegeobjekten (Parks, Sportanlagen, Schulen, Friedhöfe und dergleichen) liefert. Für die Kostenrechnung selbst, für die eine monetäre Bewertung aller Aufwände wie Arbeitszeit, Material und Sonstiges erforderlich ist, wurden eigene EDV-gestützte Kostenrechnungs-Systeme (KORE-IS) entwickelt. Wesentlich für die Beurteilung der Wirtschaftlichkeit ist der Vergleich zwischen Plan-Kosten (Voranschlag) und Ist-Kosten, etwa wenn es um die Frage der Vergabe an Privatfirmen gegenüber der Eigen-

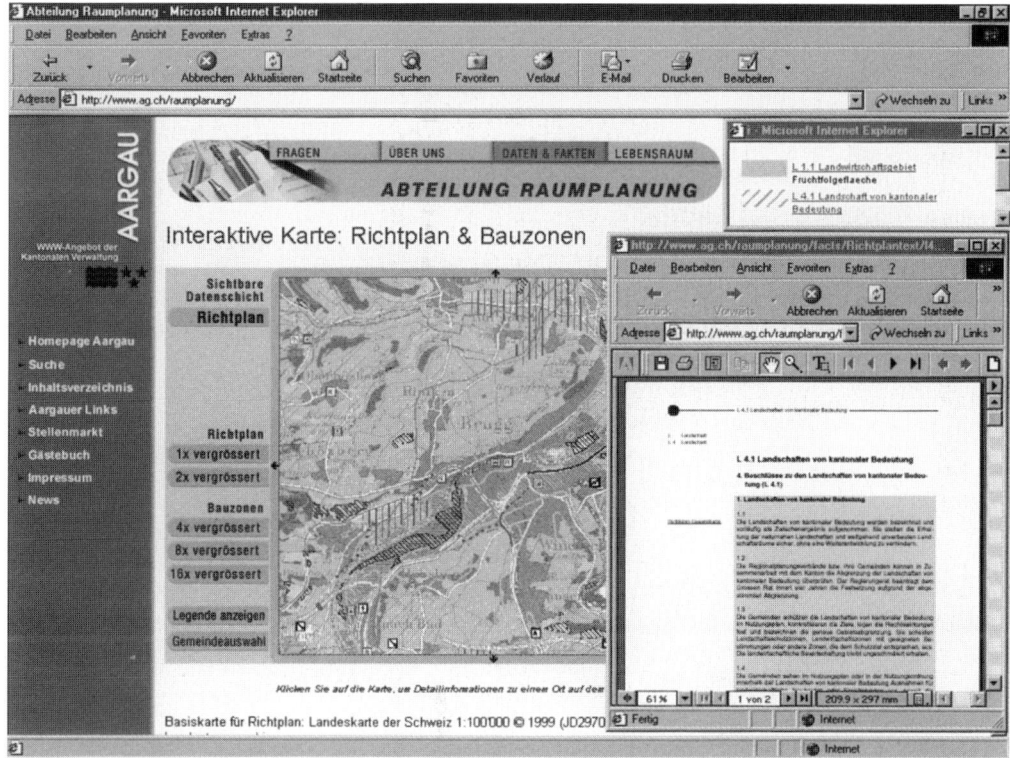

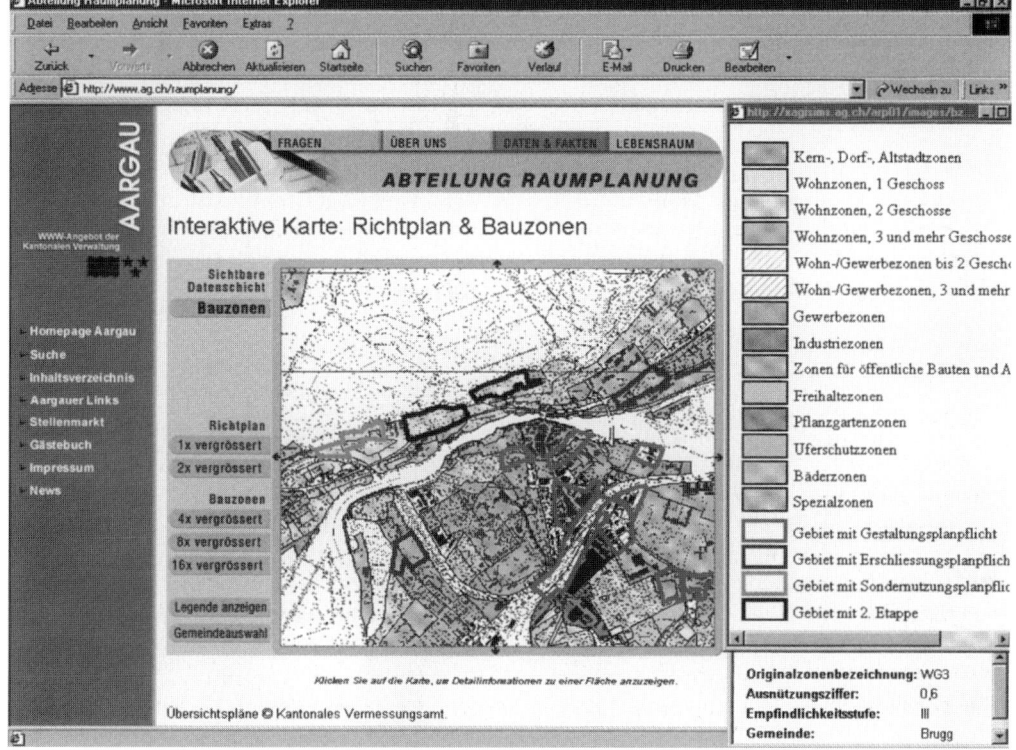

Abbildung 195: Kantonale Planungsgrundlagen im Internet, hier Kanton Aargau, Ausschnitte des Richtplanes mit Anzeige der gewählten Elemente.

A. Objektdatei

1. **Grün- und Parkanlagen**
   inkl. Stadtplätze, auch Badeseen etc.
2. **Spielplätze**
3. **Straßengrün**
   inkl. Abstandsflächen, Schutzgrün,
   Straßenbäume
4. **Sportflächen**
   inkl. Rahmengrün
5. **Schulen**
6. **Kindertagesstätten**
7. **Öffentliche Gebäude und
   Einrichtungen**
   inkl. Betriebshöfe, Freibäder, Altenheime, Feuerwehr, Polizei
8. **Wald**
9. **Landwirtschaft**
10. **Biotopflächen**
    (dies sind Flächen mit
    eingeschränkter Nutzung)
11. **Kleingärten**
    (Dauerkleingärten gemäß Gesetz,
    Grablandparzellen, Freizeitgärten)
12. **Friedhöfe**
13. **Vorbehaltsflächen**
    (Amt 23 und ähnliche)

B. Flächeninhaltsdatei

Hauptkategorien
1000 **Vegetation**
2000 **Befestigte Flächen**
3000 **Wasseranlagen**
4000 **Bauliche Anlagen**
5000 **Ausstattungen**
6000 **Gebäude**

Abbildung 196: Empfehlung für eine Grünflächendatei, hier Flächeninhaltsdatei einer kommunalen Gartenverwaltung. GALK, Gartenamtsleiterkonferenz beim Deutschen Städtetag, Arbeitskreis Organisation und Betriebswirtschaft.

372

Flächen-schlüssel	Klartext des Flächeninhaltes
1000	**Vegetation**
1100	**Rasen**
1110	Gebrauchsrasen
1120	Sportrasen
1130	Wiese (ein-, zwei-, dreischurig, Trocken-Magerrasen, Feuchtwiese etc.)
1200	**Bäume**
1210	bis 1250 Straßenbäume/Stck.
1260	Bäume in Grünflächen/m², Baumbestand
1270	Einzelbäume in Grünanlagen (Stck.)
1300	**Sträucher**
1310	Strauchpflanzung oder Boden-decker < 1,00 m
1320	Zier- und Decksträucher > 1,00 m
1330	Solitärsträucher/Stck.
1340	Hecken/lfm bzw. m²
1350	Ranker und Kletterer, Wandbe-grünung/Stck., auch vertikal in m²
1360	Rosen
1400	**Beete**
1410	Wechselbepflanzung, Sommer-blumen
1420	Stauden
1430	Kübelpflanzen, Pflanzentröge Stck.
(1440	Gräber)
1500	**Landwirtschaft**
1600	**Wald**
1700	**Sukzessionsflächen**
2000	**Befestigte Flächen**
2100	**Wege und Plätze**
2110	wassergebundene (auch unbe-festigte) Flächen, Schotterrasen
2120	Pflaster (Beton-, Rasen-, Klein-stein-, Mosaik-, Klinker- etc.)
2130	Platten
2140	bituminöse Beläge, Betonflächen
2150	Kunststoffflächen
2160	Spielsandflächen (Buddelflächen)
2170	Fallschutz (Fallschutzsand, -platten, Rindenmulch etc.)
2180	Tennenbeläge
2190	Treppen
2200	**Einfassungen**
2210	Stein/lfm
2220	Metall/lfm (Metallkanten, Tier-gartengitter etc.)
2230	Holz/lfm
2240	Kunststoff/lfm
3000	**Wasserflächen**
2100	**Stehende Gewässer**
3110	Teiche, Seen, Badeseen
3150	Uferlänge (lfm)

Flächen-schlüssel	Klartext
3200	**Fließende Gewässer**
3210	Bäche
3220	Gräben/m² und lfm Uferlänge
4000	**Bauliche Anlagen**
4100	**Mauern** m² oder lfm
4200	**Brücke und Stege/Stck.**
4400	**Zäune und Tore**
4410	Zäune und Absperrungen (bis 1,0 m) (Maschendraht, Draht-gitter, Holz etc.)/lfm, inkl. Tore in Zaunanlagen
4420	Zäune und Absperrungen (bis 2,0 m) (Maschendraht, Draht-gitter, Holz etc.)/lfm, inkl. Tore in Zaunanlagen
4430	Ballfangzaun einschließlich Toranlage/lfm
4440	Barrieren und Geländer/lfm
4450	Lärmschutzwände
4500	**Versorgungseinrichtungen**
4510	Wasser (Zapfstellen, Regner etc.)
4520	Elektro (Beleuchtung etc.)
4600	**Entsorgungseinrichtungen**
4610	Kanäle/lfm
4620	Schächte/Stck.
4630	Rinnen/lfm
4640	Einläufe/Stck.
4650	Tiefdränage/lfm
4660	Abwasserpumpwerke
5000	**Ausstattungen**
5100	**Spielgeräte/Stck.**
5250	**Sportgeräte/Stck.**
5300	**Mobiliar**
5310	Bänke/Stck.
5320	Tische/Stck.
5330	Abfallbehälter/Stck.
5340	Fahrradständer/Stck.
5350	Beschilderung/Stck.
5360	Pergolen
5370	Palisaden/lfm
5380	Poller, Baumbügel etc./Stck.
5390	sonstiges Mobiliar (Grillplatz, Feuerstelle, Schutzhütten, Hunde-toiletten, Fahnenstangen etc.)
5400	**Skulpturen**
5500	**Brunnen**
6000	**Gebäude**
6100	**Betriebshof**
6200	**Toiletten**
6300	**Trauerhalle**
6310	Feierraum
6320	Aufbahrungsraum
6400	**Krematorium**
6500	**Gaststätten, sonstige Gebäude**

leistung der Gartenverwaltung geht. Ein Problem stellt die Datenerfassung dar, denn es muss jeder Arbeitsvorgang gemessen und zugeordnet werden, was die aktive Mitarbeit aller Fachkräfte eines Gartenamtes oder -betriebes erfordert; falsche oder unvollständige Eingangsdaten verzerren zwangsläufig die Ergebnisse der Kostenrechnung.

Beispielhaft ist das Grünflächeninformationssystem (GRIS) in **Berlin**, das neben Katasterdaten wie Größe, Lage und Ausstattung die betriebswirtschaftliche Kalkulation der Pflege und Unterhaltung von Grünanlagen ermöglicht.

Pflanzendatenbanken

Auf dem Markt sind digitalisierte Pflanzenverzeichnisse, mit deren Hilfe für die jeweiligen Standortverhältnisse und für das gewünschte Erscheinungsbild im Garten geeignete Arten ermittelt werden können. Wenn in der Datenbank neben Standortansprüchen, Größe, Wuchsform, Blütezeit, Blütenfarbe, Herbstfärbung und anderen Merkmalen auch die handelsüblichen Qualitäten und Baumschulpreise enthalten sind, so können aus dem Entwurf heraus eine Stückliste und die dazugehörende Kostenschätzung ermittelt werden.

Die Pflanzen-Datenbank GreenBase wurde für den praktischen Einsatz entwickelt, etwa für die Auswahl von Pflanzen für Bepflanzungspläne und für die Kartierung von Daten für Grünflächen- und Baumkataster vor Ort in digitaler Form. Es werden vier Module angeboten, nämlich: Pflanzenauswahl, Baumkataster, Grünflächenkataster und Zeigerwerte (nach ELLENBERG).

In Berichten von Anwendern wird darauf hingewiesen, dass GreenBase nur bedingt benutzerfreundlich ist, auch dass keine Online-Hilfestellung verfügbar ist, also nur das Handbuch zu Rate gezogen werden kann. Betont wird auch, dass für das Aufstellen von Pflanzenlisten und Bepflanzungsvorschlägen trotz der großen Auswahlmöglichkeiten grundlegende **Pflanzenkenntnisse** beim Anwender erforderlich sind. Erfahrungsgemäß können Pflanzendatenbanken dazu verleiten, dass in großen Büros nicht fachlich geschulte Mitarbeiter Bepflanzungspläne und Pflanzenlisten erstellen, die grobe Fehler enthalten.

Literatur

Bill R.: Analysen, Anwendungen und neue Entwicklungen. In: Grundlagen der Geoinformationssysteme. 2 Bde. Karlsruhe 1996

Bill R., D. Fritsch: Grundlagen der Geo-Informationssysteme. Band I Hardware, Software und Daten. 3. Aufl. Karlsruhe 1997

Eschenbruch H., GALK-Arbeitskreis Organisation und Betriebswirtschaft: Empfehlung für den Aufbau einer Grünflächendatei. Stadt und Grün 1996 H.1 58–59

Gartenamtsleiterkonferenz (GALK) – AG Grünflächendatei: Empfehlung für die Systematik und Kennzahlen einer Grünflächendatei. Arbeitspapier 3/95. Köln 1996

Golibersuch W., K. Wessels: Grünflächeninformationssysteme. Konzeption – Aufbau – Einsatz. Eigenverlag. Osnabrück 1999

Grünflächenamt Wolfsburg in Zusammenarbeit mit MATEC GmbH Wolfsburg: Grün – das Informationssystem zur Pflege und Unterhaltung von Grünanlagen. Wolfsburg 1992

Paluska A.: Naturpotential Grundwasser im Hamburger Raum. Ein Computermodell der Stadt- und Landschaftsplanung. Institut für Geographie Universität Hamburg. Hamburg 1986

Tschannen M.: GIS-Einsatz in einer kantonalen Verwaltung: Raumplanungsdaten im Aargauischen Geographischen Informationssystem (AGIS). In: M. Schrenk (Hrsg.): Computergestützte Raumplanung, Band 1. Technische Universität Wien. Wien 1998

Warnecke E.: EDV-gestützte Grünflächen-Informationssysteme. In: Das Gartenamt Jg. 1995 H.1 38–41

Weiland U., J. Pietsch, J. Schwarz: Umweltbewertung mit EXCEPT – Darstellung aus ökologischer Sicht. IWBS-Report 195 des Instituts für wissensbasierte Systeme der IBM Deutschland GmbH. Stuttgart 1991

6.7 Besondere Anwendungen

Satellitendaten

Die Entwicklung von zivilen Fernerkundungs-Satelliten erlaubt die kommerzielle Verwertung von Satellitenbildern als Planungsgrundlage. Die Verwertung in der Landschaftsplanung für Städte hängt von der Genauigkeit der Darstellung ab.

Internet

Über Internet kann ein **schriftlicher Dialog** via Bildschirm unmittelbar mit einem anderen Teilnehmer geführt werden, auch mit mehreren Teilnehmern gleichzeitig. Es können auch Bilder, Fotos, Pläne, mit entsprechender Technik auch Filme, übermittelt werden. Eine interaktive Bearbeitung ist möglich, etwa zwischen Fachleuten unterschiedlicher Richtung. Dies bietet beispielsweise einem Büro für Landschaftsarchitektur die Möglichkeit, weltweit Spezialisten unmittelbar in die Bearbeitung einer Planungsaufgabe einzubinden oder projektbezogene Arbeitsgemeinschaften über mehrere Länder hinweg zu bilden. Voraussetzung dabei ist, dass alle Projektunterlagen in einem Büro zentral verwaltet werden und jederzeit abrufbar sind. In den USA mit rund 35 Mio. Internet-Benutzern werden in einigen Städten Bebauungspläne im Internet ausgelegt und Einsprüche und Bedenken über das Netz geltend gemacht. Entsprechende Versuche in Wien, die Bürgerbeteiligung bei der Auflage von Flächenwidmungsplänen über Internet zu aktivieren (Pilotprojekt Internet und Flächenwidmung), sind gescheitert: einmal an der geringen Beteiligung, zum anderen am großen Erklärungsbedarf der Inhalte und der Darstellung, die den Teilnehmern nicht vertraut sind.

Die Internet-Information bietet für die Landschaftsarchitektur mehrere Möglichkeiten: Der Bund Deutscher Landschaftsarchitekten BDLA stellt eine Homepage zur Verfügung, die auf seine Mitglieder zugeschnitten ist, mit nützlichen Links und fachbezogenen Adressen-Sammlungen; das Gleiche gilt in Österreich für Ingenieurkonsulenten für Landschaftsplanung, die die Einrichtungen der Kammer der Architekten und Ingenieurkonsulenten zu günstigen Bedingungen nutzen können. Die seit 1995 bestehende Site der europäischen Studentenorganisation ELASA unter dem Titel e.LAN (European Landscape Architecture Network) listet rund 90 Ausbildungsstätten in 29 europäischen Ländern auf und bietet ebenfalls zahlreiche Links an. Ein sehr umfangreiches Angebot an Informationen hält der Callwey-Verlag mit seinem Landscape Architecture Network (LANET) bereit, in dem unter anderem ständig aktualisierte Rubriken Wettbewerbe, Nachrichten und Termine von Veranstaltungen abrufbar sind. Dort präsentieren sich rund 80 Büros mit Adresseintrag und 18 Büros mit rund 160 Projekten (Stand Mitte 1998).

Name	Adresse	Betreiber
LANET	www.lanet.de	Callwey Verlag, München
Cyberlandscape	www.cyberlandscape.com	DIN-consult, Bruxelles
BDLA-Homepage	www.bdla.de	BDLA, Bundesgeschäftsstelle Berlin
Blattform	www.blattform.de	TU München-Weihenstephan
Die Landsch.architekten	www.die landschaftsarchit.de	Wagner + Sietas, Hamburg
e.LAN	www.landscape-archit.com	ELASA Lisney Ass. Bradford o.A.UK
Österreich		
Kammer Arch.-Ing.	www.arching.at/Ikwien	Kammer Arch. und Ingenieurkonsul.
zolltexte	http:/www.nextroom.at/KIOSK	Forum Landschaftsplanung

Virtuelle Realität

Im Bereich der Architektur, des Städtebaues und der Landschaftsgestaltung wird der Spaziergang durch die virtuelle Realität eines CAD-Entwurfs leichter möglich werden. Diese neuen Technologien werden voraussichtlich auch das digitale Informations-Management in der Landschaftsarchitektur wesentlich verändern. Mittels Animation, entweder Real-Time am Computer oder Frame-by-Frame auf Video, ist es möglich, über die dritte Dimension hinaus die Illusion der **Bewegung im Raum** und damit die Dimension Zeit (4D) einzuführen. Durch die Bewegung eines Objekts kann die räumliche Wahrnehmung sogar verbessert werden. Die „Virtual reality" (vr) ist die logische Weiterentwicklung von gezeichneten Perspektiven und gebauten Modellen, die allerdings bei Bauherren und Preisgerichten nach wie vor sehr geschätzt werden.

Eine zukunftweisende Möglichkeit ist das „virtuelle Architekturbüro": mehrere kleinere Büros arbeiten, räumlich voneinander getrennt, an einem Projekt oder Wettbewerb. Jeder Planungsschritt wird am Computer durchgeführt, das Entwerfen in 3D ist die Regel, ebenso die visuelle Simulation. Die einzelnen Büros sind über ein Node, in Österreich den „Node Austria", miteinander verknüpft; dieser ist ein „ortloses" Büro, das nur im Netz existiert. Die Zusammenarbeit erfordert ein durchdachtes Zeitmanagement und vor allem ein aufeinander abgestimmtes technisches System, also eine kompatible Software. Ein weiteres Handicap besteht darin, dass alle Beteiligten über Mitarbeiter mit den erforderlichen Kenntnissen verfügen müssen.

Die Idee der räumlichen Visualisierung ist nicht neu: in den innovativen Illustrationen der „Red Books" vergleicht Humphrey Repton (1803) den auf eine bewegliche Klappe gemalten Ist-Zustand mit der darunter liegenden, von ihm vorgeschlagenen Planung eines Landschaftsgartens, um seinen Auftraggebern die Auswirkungen der Vorschläge besser sichtbar zu machen als mit Hilfe der konventionellen Pläne.

Literatur

Camara A. S. (Hrsg.): Spatial multimedia and virtual reality. London 1999

Dvorak W. et al.: Neue Wege in der Öffentlichkeitsarbeit der Wiener Stadtplanung. Beiträge zur Stadtforschung, Stadtentwicklung und Stadtgestaltung Band 60. Wien 1996

GEO-Centre for Earth Observation, Program of the European Union (Hrsg.): Vom Satellitenbild zur Planungskarte (CD-ROM). Bezug: K. Voigt, 06231 Bad Dürrenberg.

Schneider S. (Hrsg.): Angewandte Fernerkundung. Methoden und Beispiele. Hannover 1984

7. Bau und Erhaltung von Grünanlagen

7.0 Vorbemerkung

Es soll nicht Aufgabe dieser Darstellung sein, eine vollständige handwerkliche Anleitung zum Bau und zur Erhaltung von Grünanlagen zu geben, wie sie etwa in einer dreijährigen Lehrzeit und einem Meisterkurs oder in der Ausbildung an einer Höheren Lehranstalt für Gartenbau vermittelt wird. Es gibt dazu auch eine Reihe umfassender und eingehender Fachbücher sowie leicht fassliche Gartenbücher mit Anleitungen für die Praxis. Der Sinn der folgenden Ausführungen ist vielmehr, zu diesem Gebiet einen Überblick zu verschaffen, der zum einen für Planung und Entwurf von Grünräumen notwendig ist, der zum anderen auch als Anregung und Einstieg zur näheren Beschäftigung mit der Materie dienen kann.

Ein wichtiges Ziel sollte es sein, Planung, Entwurf, Bau und Unterhaltung eines Gartens oder Parks in **eine** Hand zu legen: derjenige, der einen Park entwirft, sollte auch den Bau leiten und später die Unterhaltung beaufsichtigen.

Literatur

Baumann E., F. Maurer: Lebende Gärten. Pflanze, Holz und Stein als Verbindungselemente zur Naturlandschaft. Zürich/München 1980

Berg B.: Garten- und Landschaftsbau, 6. Auflage Stuttgart 1977

Forschungsgesellschaft Landschaftsentwicklung Landschaftsbau FLL (Hrsg.): Anlage und Pflege von Grünflächen in der Stadt. Troisdorf 1997

Lehr R.: Taschenbuch für den Garten-, Landschafts- und Sportplatzbau. Hrsg. H.-E. Beier, A. Niesel, H. Pätzold, 5. Auflage. Berlin 1997

Niesel A., H. E. Beier (Hrsg.): Bauen mit Grün. Die Bau- und Vegetationstechnik des Landschafts- und Sportplatzbaues. 2. Auflage. Berlin 1995

7.1 Pflanzen als Werkstoffe, Anzucht und Verwendung

7.1.1 Pflanzen allgemein

Wichtigster Grundsatz beim Umgang mit Pflanzen ist: sie sind Lebewesen wie Tiere und Menschen und brauchen, je nach ihrer Art, möglichst gute Lebensbedingungen. Dort, wo diese Bedingungen erfüllt sind, sind die entsprechenden Pflanzenarten zu verwenden bzw. anzusiedeln und zu fördern. In vielen Fällen kann bei Entwurf und Bau von Freiräumen auf dem vorhandenen Pflanzenbestand aufgebaut und dieser sinnvoll in das Konzept, etwa eines Parks, einbezogen werden. An dem Bestand lässt sich auch das dem Standort entsprechende Artenspektrum ablesen.

Für die Verwendung von Pflanzen in der Landschaftsarchitektur für Städte kann es keine „Rezeptur" geben: die Vegetation in der Stadt ist von einer fast unbegrenzten Vielfalt, dem Planer und Entwerfer stehen also viele Möglichkeiten offen. Die Grenzen setzen der jeweilige Standort und die Kosten. Allerdings stehen eine Reihe einfacher Möglichkeiten zur Verfügung, Pflanzen für den Betrachter besser erlebbar zu machen, etwa die vertiefte Pflanzung (Senking garden, Vertiefung), die die Farben von Beetpflanzen besser zur Geltung bringt, Hochstammformen, vor allem bei Rosen, und aufgemauerte Bankbeete (Hochbeete), mit denen Pflanzen dem Auge näher gebracht werden.

Auch ohne Pflanzung stellt sich eine dem jeweiligen Standort und der Nutzung wie Betreten, Ballspiel und anderes mehr angepasste Vegetation ein, die sich über mehrere Sukzessionsstufen bis zu einer andauernden Pflanzengesellschaft weiterentwickelt, die stabil ist, solange die Nutzung bestehen bleibt. Derselbe Vorgang geht auch auf bepflanzten Flächen vor sich, wenn nicht der Mensch, zum Beispiel durch Düngen oder Jäten, eingreift. Es ist daher sinnvoll, von Anfang an möglichst standortgerechte Pflanzen und Pflanzengesellschaften zu verwenden oder die Begrünung der natürlichen Sukzession zu überlassen. Saatgut ist möglichst an Ort und Stelle zu gewinnen, vor allem von Wildpflanzen und verwilderungsfähigen Kulturarten. Im Handel angebotenes Wildpflanzen-Saatgut, vor allem Mischungen, ist vielfach nicht artenrein bzw. -gerecht. Standortgerechte Pflanzungen benötigen weniger Pflege als solche mit standortfremden Pflanzen.

Der Begriff „Heimische Pflanzen" ist insofern problematisch, als die Heimat vieler so bezeichneter Arten in weit entfernt liegenden Gegenden, teilweise in anderen Kontinenten ist; sie sind bei uns eingeführt und inzwischen eingebürgert worden, so zum Beispiel die für Wien typischen Arten Rosskastanie und Flieder. Andere, im strengen Sinne „heimische" Pflanzen sind dagegen unter den in der Stadt gegebenen Bedingungen nicht geeignet.

Für die Versorgung der Pflanzen gilt das „Gesetz vom Minimum", von Justus von LIEBIG entdeckt: das Wachstum der Pflanze richtet sich nach dem im geringsten Ausmaß erfüllten Erfordernis; der Mangel kann nicht durch Verbesserung anderer Bedingungen ausgeglichen werden. So kann zum Beispiel der Lichtmangel an schattigen Standorten nicht durch eine höhere Wassergabe aufgewogen werden, der Mangel an einem Spurenelement nicht durch die höhere Gabe eines Nährstoffs.

Unterschiedliche Pflanzenarten stellen auch unterschiedliche Ansprüche, zum Beispiel an den Boden (sauer – neutral – alkalisch) und an das Licht (sonnig – halbschattig – schattig); jedenfalls sind diese Lebensbedingungen und Ansprüche bei der Wahl der Pflanzenarten, neben der Funktion, die zu erfüllen ist, zu berücksichtigen. Ebenso ist auf die endgültige Größe (Höhe, bedeckte Fläche, Volumen) der Arten zu achten, ferner auf die Verträglichkeit der Arten untereinander.

Leider wird oft übersehen, dass für die Planung von Pflanzungen aller Art, vor allem für die Auswahl der Pflanzenarten, ausgezeichnete Fachkenntnisse und langjährige Erfahrungen erforderlich sind. In vielen Büros und Gartenverwaltungen wird dafür ein Spezialist, in England „Plantsman" genannt, beschäftigt oder zumindest bei Bedarf zugezogen.

Literatur

Borchardt W.: Pflanzenverwendung im Garten- und Landschaftsbau. Reihe: Der Gärtner 6. Stuttgart 1997

Buhmann E., W. Kircher, B. Holzkamp et al.: Pflanzenverwendungsprogramme im Praxistest. Fachhochschule Anhalt. Bernburg 1996

Bund deutscher Landschaftsarchitekten BDLA (Hrsg.): Pflanzenverwendung im urbanen Bereich. Schriftenreihe Heft 18. München 1976

Erhardt A.u.W.: PPP-Index – Pflanzeneinkaufsführer für Europa. 3. Auflage. Stuttgart 1997

Foerster K., B. Röllich (Bearb.): Der Steingarten der sieben Jahreszeiten. 11. Auflage. Radebeul 1993

Foerster K., P. Altmann (Bearb.): Lebende Gartentabellen. Pflanzenverwendungen. 2. Auflage. Radebeul 1994

Foerster K., K. Näser (Bearb.): Neuer Glanz des Gartenjahres. Radebeul 1991

Mattheck C.: Design in der Natur. Der Baum als Lehrmeister. 3. Aufl. Freiburg 1997

Wagner F., M. Nickig: Gestalten mit Pflanzen. Stuttgart 1990

7.1.2 Gehölze

Gehölze sind alle Pflanzen mit holzartigen bzw. verholzten Trieben wie Sträucher und Bäume. Es werden Nadel- und Laubgehölze unterschieden, ferner sommergrüne, halbimmergrüne und immergrüne Gehölze. Wegen der großen Zahl an Sorten werden Rosen in den Baumschulkatalogen als besondere Gruppe der Sträucher angeführt. Es gibt Arten und Sorten von Gehölzen in sehr vielen unterschiedlichen Wuchsformen, also für jeden gestalterischen und funktionellen Zweck. An den sommergrünen Laubgehölzen wird der Jahresablauf deutlich sichtbar, einige Laubgehölze und fast alle Nadelgehölze sind auch im Winter belaubt. Beim Erstellen des Bepflanzungsplanes ist unbedingt auf die Höhe und den Umfang im voll erwachsenen Zustand zu achten; er wird bei Sträuchern etwa nach 5 bis 10 Jahren, bei Bäumen erst nach mehreren Jahrzehnten erreicht.

Bäume, vor allem Laubbäume, sind ein konstituierendes Element des städtischen Grüns, sie gelten als Synonym für „Grün" schlechthin. Bäume bieten sich geradezu an, den Freiraum auf vielfältige Weise zu gestalten. Sie benötigen wenig Bodenfläche, bilden aber große Volumina in der Krone aus, sie verändern sich mit den Jahreszeiten, bieten durch Blüten und Früchte zusätzliche Erlebnisse, sie spenden im Sommer Schatten, lassen aber im Winter das Sonnenlicht durch. Dabei ist zu bedenken, dass das Lebensalter von Bäumen in der Stadt um 30 bis 40 % hinter der Lebenserwartung von Bäumen in der freien Landschaft zurückbleibt. Mit markanten Bäumen können Plätze und Linien im Stadtgefüge, beispielsweise Wege zu bestimmten Zielen, Leitungstrassen, Straßen- und Bahndämme, gekennzeichnet werden.

Das Verpflanzen älterer Bäume, die schon lange auf einem Standort stocken, sollte auf Ausnahmefälle beschränkt bleiben, etwa wenn der betreffende Baum einen besonderen Symbolwert besitzt.

Literatur

Arens D.: Von Bäumen und Sträuchern: fünfzig einheimische Gehölze in lebendigen Porträts. München 1993

Bärtels A.: Das große Buch der Ziergehölze. Stuttgart 1995

Berg J., L. Heft: Rhododendron und immergrüne Laubgehölze. 3. Aufl. Stuttgart 1991

Braun H.J.: Bau und Leben der Bäume. 4. Auflage Freiburg 1998

Forschungsgesellschaft Landschaftsentwicklung Landschaftsbau FLL (Hrsg.), Troisdorf/Bonn: vgl. Abschnitt 8.2

Hansen R., F. Stahl: Bäume und Sträucher im Garten. Stuttgart 1976

Kiermeier P.: Die Lebensbereiche der Gehölze, eingeteilt nach dem Kennziffernsystem. Bund deutscher Baumschulen. 3. Aufl. Pinneberg 1995

Kräftner J.: Der architektonische Baum. Wien/München/Zürich 1980

Kreuzers Gartenpflanzenlexikon, Band 1: Laubgehölze und Nadelgehölze. 10. Aufl. Braunschweig 1998

Krüssmann G.: Handbuch der Laubgehölze. Neuaufl. Berlin 1983

Mader G., L. Neubert-Mader: Bäume. Gestaltungsmittel in Garten, Landschaft und Städtebau. Stuttgart 1996

Niemeyer W. H.: Geschnittene Gartenkunst. München 1996

Schlüter U.: Laubgehölze. Eigenschaften, standörtliche und bautechnische Verwendbarkeit. Berlin/Hannover 1996

Scholz N.: Über den Umgang mit Bäumen – oder: praktisch-handwerkliche Erfahrungen zur Technik des Bäumepflanzens. AG Freiraum und Vegetation (Hrsg.): Notizbuch der Kasseler Schule Heft 1. 3. Aufl. Kassel 1991

Schultheis H.: Rosen. Die besten Arten und Sorten für den Garten. 2. Aufl. Stuttgart 1998

Wiepking H.F.: Umgang mit Bäumen. München/Basel/Wien 1963

7.1.3 Stauden, Ziergräser, Farne, Einjahresblumen, Sumpf- und Wasserpflanzen

Stauden sind ausdauernde, also mehrjährige krautartige Pflanzen; die meisten davon zeichnen sich durch Blütenreichtum aus. Als besondere Gruppen werden in den Baumschulkatalogen die Ziergräser, das sind Grasarten mit ausgesprochenem Schmuckcharakter, und die Freilandfarne geführt. In jüngerer Zeit sind zu den Gräsern die (bedingt) winterharten Bambusarten getreten. Zu den Stauden zählen auch die viel verwendeten Blütenzwiebel der Frühjahrsblüher.

Stauden werden vor allem wegen ihres Blütenflors oder wegen ihrer interessanten Belaubung verwendet, sie sind im öffentlichen Grün bei der Bevölkerung durchwegs beliebt. Üblich ist die Pflanzung in Gruppen als Vorpflanzung vor einem Gehölzrand oder auf eigene Beete (Staudenbeet). Die Ansprüche an den Boden sind durchwegs nicht sehr hoch, allerdings ist ein ziemlich hoher Pflegeaufwand erforderlich wie das Teilen des Wurzelstocks, bei einigen Arten das Herausnehmen der Rhizome zum Überwintern, das jährliche Zurücknehmen wuchernder Arten, das Ersetzen ausgefallener ungeeigneter Pflanzen und vieles andere mehr. Stauden zeigen ein deutliches Konkurrenzverhalten, stärkere verdrängen schwächere Arten, es ist also eine stetige Beobachtung erforderlich.

Für die Anlage von Bächen, sumpfigen Bereichen und Teichen bieten die Sortimentsbaumschulen, aber auch darauf spezialisierte Betriebe eine große Auswahl an **Sumpf- und Wasserpflanzen** an, bei letzteren auch frei schwimmende Arten (ohne Wurzel). Außer durch ihren Habitus, etwa grasartig wie das Schilf oder mit – teilweise großen – Blättern wie die Seerosen, unterscheiden sie sich voneinander auch durch die erforderliche Wassertiefe, ferner darin, ob sie einen wechselnden Wasserstand ertragen oder nicht.

Bei aller Vielfalt der ein- und mehrjährigen Blütenpflanzen, die in den Gärten verwendet werden, darf die Schönheit der **Wildstauden**, aus denen sie gezüchtet worden sind, nicht vergessen werden. Es ist eine Frage der subjektiven Sicht, ob man die Wildform oder die „veredelte" Form bevorzugt. Auch aus Kostengründen kann es in manchen Fällen zweckmäßig sein, etwa Waldrandpflanzen aus der Nachbarschaft zu verwenden. Wildstaudenrabatten können als Alternative zur Ansiedlung frei wachsender Gesellschaften gepflanzt werden.

Hinweise auf bewährte Arten finden sich in der Fachzeitschrift Garten + Landschaft, Jg. 1992, Heft 5, und zwar zu bodendeckenden Stauden auf Seite 10, zu Stauden allgemein auf den Seiten 13, 17, 25, ferner in Stadt und Grün, Jg. 1998, Heft 5, S. 313 bis 329.

Die **Einjahresblumen**, auch als Sommerblumen bezeichnet, werden dort verwendet, wo vergleichsweise rasch ein Blütenflor erzielt werden soll, also an viel besuchten Stellen in öffentlichen Gärten oder auf Plätzen, aber auch als Bereicherung im Hausgarten.

Literatur

Beuchert M.: Sommerblumen-Pflanzungen. Stuttgart 1992

Fessler A.: Der Staudengarten. 4. Aufl. Stuttgart 1995

Foerster K.: Einzug der Gräser und Farne in die Gärten. 4. Aufl. Leipzig/Radebeul 1978

Foerster K.: Blauer Schatz der Gärten. 2. Aufl. Stuttgart 1990

Forschungsgesellschaft Landschaftsentwicklung Landschaftsbau (FLL) (Hrsg): Gütebestimmungen für Stauden. Troisdorf/Bonn 1994

Hansen R., F. Stahl: Die Stauden. Und ihre Lebensbereiche in Gärten und Grünanlagen. 5. Aufl. Stuttgart 1997

Hertl B., P. Kiermeier, M. Nickig: Gartenblumen. München 1993

Hobhouse P.: Die schönsten Blumengärten. Stuttgart 1992

Köhlein F., P. Menzel: Das große Buch der Stauden und Sommerblumen. 2. Aufl. 1994

Kreuzers Gartenpflanzen-Lexikon:
- Band 2: Stauden, Gräser, Farne, Sumpf- und Wasserpflanzen. 7. Aufl., Braunschweig 1999
- Band 4: Sommerblumen, Blumenzwiebeln und -knollen, Beet- und Balkonpflanzen. 4. Aufl., Braunschweig 1999

Schimana W.: Prachtstauden. Stuttgart 1993

Tangermann E., H. Simon: Wildstauden für Schattenflächen und Säume. BdB-Handbuch VII B. Pinneberg 1992

7.1.4 Wiese, Rasen

Allgemein wird als **Wiese** ein aus Gräsern und Kräutern zusammengesetzter Bestand bezeichnet, der beweidet oder ein- oder zweimal im Jahr zur Gewinnung von Grünfutter oder Heu gemäht wird. Unter **Rasen** wird im Allgemeinen ein kurz gehaltener, also oft gemähter, von Ausläufer treibenden Gräsern dominierter, trittfester Bestand verstanden, der auch einen geringen Anteil an Kräutern enthalten kann. Im Handel sind Saatgutmischungen in unterschiedlicher Zusammensetzung erhältlich. Viele Saatgutmischungen für „Blumenwiesen" enthalten wohl eine Vielzahl blühender Pflanzenarten, die kurzfristig auflaufen und – zumindest teilweise – zur Blüte kommen, dann aber wieder verschwinden, wenn sie der Entwicklung der konkurrierenden Arten, vor allem der Gräser, nicht standhalten können.

Bei der Unterscheidung zwischen Wiese und Rasen wird davon ausgegangen, dass die **Wiesen nicht betreten** werden, außer zur Mahd, während die **Rasenflächen betret- und bespielbar** sind, wenn auch in unterschiedlichem Ausmaß bzw. Intensität. In aller Regel stellt sich bei beiden Formen bald nach der Ansaat eine Sukzession ein, bei der einige der in der Saatgutmischung enthaltenen Gräser zurückgedrängt werden, während andere Arten, vor allem Kräuter, einwandern. Die Sukzession verläuft unterschiedlich, je nachdem, ob und wie intensiv die Fläche betreten bzw. gemäht, auch ob und wie sie gedüngt wird. Die Sukzession kann auch dazu genutzt werden, Rasenflächen zu Wiesen umzuwandeln: der Boden wird leicht aufgelockert und die Fläche in der Folge zweimal im Jahr gemäht. Die üblichen Zeiten für diese Mahd sind zu Johanni am 24. 6. und zu Michaeli am 29. 9.

Im Garten- und Landschaftsbau werden heute neben der Ansaat vielfach Rasenziegel oder **Rollrasen** verlegt. Während früher die Rasenziegel von Hutweiden gewonnen wurden, wird jetzt hauptsächlich Rollrasen in dafür spezialisierten Betrieben aus Ansaat verlegefertig hergestellt; Rasenziegel werden nur mehr wenig verwendet. Der Vorteil gegenüber der Rasenaussaat ist der wesentlich kürzere Zeitraum zwischen Anlage und Benützbarkeit der Rasenfläche, nämlich etwa zwei Monate gegenüber mindestens einem Jahr bei der Ansaat.

Bei der **Pflege von Rasenflächen**, insbesondere von Sport- und Spielrasen, ist nach W. Skirde zu unterscheiden zwischen:

- Erhaltung = Erhaltung der Funktionsfähigkeit der Rasenfläche;
- Regeneration = Wiederherstellung einer funktionsgerechten Rasendecke, mit biologischem Schwerpunkt;
- Renovation = Herstellung bzw. Wiederherstellung der Funktionsfähigkeit der Rasenfläche bzw. des Sportfeldbodens, gegebenenfalls einschließlich Dränung, eine Maßnahme mit bodenphysikalisch-mechanischem Schwerpunkt;
- Umbau = Neuaufbau der vorhandenen Sportrasenfläche.

Bei Rasenflächen hängt die Intensität der notwendigen Pflege von der Art und dem Grad der **Benutzung** ab. Die Pflegemaßnahmen umfassen den Boden und die Rasennarbe; für diese ist eine ausreichende Nährstoff- und Wasserzufuhr wichtig, wobei vor allem die Stickstoffversorgung ausreichend sein muss. Bei kuppigem Gelände, etwa auf Golfplätzen, spielt das Mikroklima, bedingt durch die Exposition, eine Rolle; vor allem auf südexponierten Flächen ist der Wasserhaushalt eher gestört; bei der Bewässerung ist also auf den Wechsel zwischen Sonnen- und Schattenlage zu achten. Rasen braucht viel Licht und Sonne, einen „Schattenrasen", wie er vielfach angeboten wird, gibt es nicht; an sehr schattigen Standorten sind geeignete Bodendecker zu verwenden.

Alle diese Standortbedingungen erfordern eine besondere Sorgfalt bei der Rasenpflege. Die Bodenpflege besteht vor allem aus einer Lockerung, die eine oberflächennahe Verdichtung verhindert, besonders wichtig bei stark beanspruchten Rasenflächen. Die meisten Probleme gehen darauf zurück, dass Wasser, sei es Oberflächenwasser, sei es im Oberboden gespeichertes Wasser, nicht ausreichend in wasseraufnahmefähige Schichten bzw. in die Dränung abgeführt werden kann. Für die Behebung dieses Mangels sowie für spezielle Maßnahmen, etwa das Besanden, gibt es einige bewährte Methoden, über deren Wahl und technische Anwendung die einschlägige Fachliteratur Auskunft gibt.

Literatur

Forschungsgesellschaft Landschaftsentwicklung Landschaftsbau (Hrsg.): Regel-Saatgut-Mischungen Rasen RSM 94. Troisdorf 1993
Grasser W., P. Himmelhuber: Rasen: Zierrasen, Spielrasen, Blumenwiese. Stuttgart 1997
Heidger C.: Entwicklung, Konstruktion und Ausführung sicherer Schotterrasen. Beiträge zur räumlichen Planung Heft 51. Hannover 1997
Hiller H.: Rasen im Landschaftsbau. Habil.-Schrift am Fachbereich 14 der Technischen Universität Berlin. Berlin 1976
Witt R., B. Dittrich: Blumenwiesen. Anlage, Pflege, Praxisbeispiele. München 1996

7.1.5 Pflanzengruppen nach der Art der Verwendung

In den Baumschulkatalogen werden neben den oben angeführten Pflanzengruppen eigene Verzeichnisse von Pflanzen nach ihrem Verwendungszweck angeführt, unabhängig von deren Zugehörigkeit zu den Gehölzen, Rosen oder Stauden.

Bodendecker oder bodenbedeckende Pflanzen sind solche, deren Triebe und Laub eine niedrige, dicht geschlossene Decke bilden. Zu dieser Gruppe zählen Nadelgehölze, Laubgehölze einschließlich der Rosen, Stauden, Heidekräuter und Ziergräser. Die Höhe der Bodendecker reicht etwa von 3 cm bis 50 cm. Einige Baumschulen stellen daneben breitwachsende und starkwüchsige Laubgehölze unter der Bezeichnung **Flächenpflanzen** in einer Liste zusammen; sie sollten gewählt werden, wenn große Flächen, vor allem beim Straßenbau, Wasserbau und bei der Hangsicherung, dicht bepflanzt werden sollen. Die weit verbreitete Vorstellung, dass Flächen mit Bodendeckern nicht gepflegt zu werden brauchen, ist irrig.

Heckenpflanzen eignen sich je nach Art für geschnittene oder freiwachsende, teilweise blühende Hecken. Verwendet werden sowohl Nadelgehölze als auch Laubgehölze einschließlich Wildrosen. Für die Verwendung als Sichtschutz ist wichtig, ob die Gehölze immergrün bzw. wintergrün sind. Heckenpflanzen eignen sich je nach Art für unterschiedlich breite und hohe Pflanzungen, bis hin zu geschnittenen Baumwänden mit 10 m Höhe. In jüngerer Zeit gewinnt auch der Formschnitt zu unterschiedlichen Figuren wieder an Bedeutung.

Schling- und Kletterpflanzen dienen der Begrünung von Pergolen, Rankgerüsten und Wänden; zu unterscheiden sind dabei selbstklimmende Pflanzen wie Efeu und solche, die eine Hilfe in Form eines Rankgerüstes brauchen, beispielsweise Kletterrosen.

Weitere besondere Pflanzengruppen sind Gewürz- und Heilkräuter, Duftpflanzen und – in der Regel nicht winterharte – Kübelpflanzen.

Literatur

Bärtels A.: Schöne Clematis, Kletterpflanzen für jeden Garten. 2. Aufl. Stuttgart 1996

Brinkforth B.: Bodendecker für Gärten und Parkanlagen. Stuttgart 1995

Dachler M., H. Pelzmann: Arznei- und Gewürzpflanzen. 2. Aufl. Wien 1999

Dapper H.: Heckengehölze. Handbuch für Biologie, Kultur und Verwendung. Berlin/Hannover 1992

Grey-Wilson Chr., V. Matthews: Gärtnern mit Kletterpflanzen. Handbuch. München 1998

Hobhouse P.: Farbe im Garten. Stuttgart 1997

Klock P., R. Sulzberger (Hrsg.): Kübelpflanzen. Augsburg 1995

Kolb W.: Hecken für jeden Garten. 3. Aufl. Wien/Berlin 1994

Krinner C., G. Jankovics: Begrünen von Haus und Balkon. 3. Aufl. München 1991

Ludwig K.: Kletterpflanzen. 3.Aufl. München/Wien 1994

Menzel I., P. Menzel: Das Kletterpflanzenbuch. Stuttgart 1988

Mittmann H. und D.: Duftpflanzen. München 1997

7.1.6 Anzucht, Baumschulen, Handel

Alle im Handel befindlichen Freilandpflanzen werden in Baumschulen und Staudengärtnereien herangezogen. Es ist zu empfehlen, für die Lieferung solche Betriebe heranzuziehen, die sich einer Kontrolle unterziehen (Markenbaumschulen); sie liefern ausschließlich Pflanzenmaterial, das dem Standard der entsprechenden Fachvertretungen, in Österreich der Fachgruppen Baumschulen und Stauden des Verbandes des österreichischen Erwerbsgartenbaues, in Deutschland des Bundes deutscher Baumschulen (BdB) entspricht.

Die Stärke bzw. Größe von Laubgehölzen wird mit der Anzahl der Triebe (bei Sträuchern) oder mit dem Stammumfang in Zentimeter, gemessen in einem Meter Höhe über dem Wurzelansatz (bei Bäumen) angegeben, die Größe von Nadelgehölzen mit der Höhe in Zentimeter. Gängige Stärken bei Laubbäumen sind 12/14 bis 16/18. Es wird auch angegeben, ob Pflanzen mit Ballen (m. B.) oder im Container (C) geliefert werden; Letzteres ermöglicht die Pflanzung auch im Sommer, zwischen den allgemein üblichen Pflanzzeiten im Frühjahr (März/April) und im Herbst (Oktober/November, nach dem Laubfall).

Für große Bauvorhaben oder für die Straßenbepflanzung empfiehlt sich der Abschluss von **Anbauverträgen**, mit denen sich die Baumschule zur Lieferung einer bestimmten Anzahl von Bäumen in einer bestimmten Qualität zu einem vereinbarten Zeitpunkt verpflichtet, der Besteller zur Abnahme der herangezogenen Ware.

Abbildung 197: Ansicht eines Baumschulquartiers, hier mit Säulenformen.

381

Literatur
Bärtels A. (Hrsg.): Der Baumschulbetrieb. 4. Aufl. Stuttgart 1995
Bund deutscher Baumschulen (BdB): Gütebestimmungen für Baumschulpflanzen. Pinneberg 1986
Krüssmann G.: Die Baumschule. 6. Auflage. Berlin 1997

7.2 Wasser, Licht als Gestaltungsmittel

Die folgenden Ausführungen sollen nur grundsätzliche Anregungen zur Gestaltung von Grünräumen geben. Zur Verwendung im Einzelnen steht eine umfangreiche Fachliteratur zur Verfügung. Besonders wird auf die Serie „Detail" in allen Heften der jüngeren Jahrgänge der Zeitschrift Garten + Landschaft im Callwey-Verlag, München hingewiesen. Von großem Reiz kann die Kombination mehrerer Materialien miteinander sein, etwa Naturstein mit Wasser, Holz mit Metall und dergleichen mehr.

Wasser in der Stadt hat eine große physikalische, kulturelle und soziale Bedeutung. Das gilt beispielsweise für die lange und reiche – heute erloschene – Tradition der Brunnen in Wien. Wasser ist vielfältig zu verwenden: aus gestalterischen Gründen, als Lebensraum für Pflanzen und Tiere, zur Verbesserung des Kleinklimas, zum Erzeugen von Geräuschen (Plätschern, Rauschen), zur Spiegelung von Pflanzen und Gebäuden (Reflecting pool), als Barriere. Wo immer es möglich ist, sollte Wasser in den Entwurf einbezogen werden, etwa als Springbrunnen, Rückhaltebecken, Teich, Versickerungsmulde, Wasserlauf. Wasser wirkt in jedem Fall belebend. Wichtig ist größte Sorgfalt bei Bau und Erhaltung von Wasseranlagen, da sonst leicht Bauschäden auftreten können.

Bedeutende Beispiele für die Verwendung von Wasser als Gestaltungselement sind die großen, begehbaren Wasserplastiken von L. Halprin in mehreren Städten in den Vereinigten Staaten, die ovalen Wasserbecken im Entwurf von S. I. Andersson für den Karlsplatz in Wien, von denen nur eines – unmittelbar vor der barocken Karlskirche – ausgeführt wurde. In Sydney baute der Australier R. Woodward eine begehbare Brunnenanlage. Ein bezeichnendes Beispiel für die vielfältigen Möglichkeiten der Verwendung von Wasser als Gestaltungsmittel ist auch der Parc André Citroën in Paris: der Fluss Seine, ein großer Kanal und mehrere schmale Kanäle, Wasserrampen, 80 Fontänen mit regulierbarer Höhe, Grotten bilden ein Hauptmotiv des Parks. Wasser ist vielfältig erlebbar: als Tropfen, Eiszapfen, Wasserfall, Fluss, Rinnsal, Quelle und vieles andere mehr. Ein Beispiel für die gestalterische Verknüpfung von fließendem Wasser mit Naturstein, hier Labrador-Granit, ist eine große begehbare Brunnenscheibe in der Mittelachse des Messegeländes Hannover (Landschaftsarchitekten H. Wiggenhorn, van den Hövel, Hamburg).

Das neue Kreishaus in Gütersloh ist ein gelungenes Beispiel dafür, dass die Bewirtschaftung des gesamten Dach- und Oberflächenwassers mit einer überzeugenden gestalterischen Lösung – mit Rinnen, Mulden und Becken – verknüpft wurde. Ein zentrales Wasserbecken wird aus dem Grundwasser gespeist (Landschaftsarchitekten E. Gerber, Chr. Wolf). Ein ähnliches Ziel wurde – in größerem Maßstab – bei der Planung der Joachim-Ringelnatz-Siedlung in Berlin-Marzahn verfolgt.

Bewegtes Wasser hat in jeder Form, vom Bach bis zum Strom, eine große Symbolkraft. Wenn auf dem Grundstück ein Bach, vielleicht sogar eine Quelle, vorhanden sind, können sie sehr gut als gestalterisches Element eingesetzt werden; bewegtes Wasser kann aber auch künstlich in verschiedener Form, etwa als Gerinne oder als Springbrunnen, hergestellt werden. Auch hier muss die Selbstreinigung oder die Reinigung über Filter gesichert sein. Seit einigen Jahren wird bewegtes Wasser wieder stärker in die temporäre und dauernde Gestaltung im städtischen Raum einbezogen, so etwa in allgemeinen Kunstausstellungen (Velbert-Langenberg, Deutschland) und in Gartenausstellungen (Festival international des jardins in Chaumont-sur-Loire, Frankreich). Eingehende experimentelle Untersuchungen von K. Ahner und A. Seegert am Institut für Grünplanung und Gartenarchitektur der Universität Hannover zeigen die vielfältigen optischen Möglichkeiten auf, die sich mit bei Anwendung von fließendem und fallendem Wasser bieten. In Österreich ist bei allen Brunnen, Wasserläufen und Wasserflächen ein wasserrechtliches Verfahren zu beantragen, mit dem Bau darf erst nach einem positiven behördlichen Bescheid begonnen werden; allenfalls erteilte Bedingungen oder Auflagen sind einzuhalten.

Das künstliche **Licht** wie auch gezielt eingesetztes Sonnenlicht wirken sich stark auf die visuelle Wahrnehmung, aber auch auf das psychische Empfinden aus. So wird Tageslicht vermehrt zur Behandlung von Depressionen eingesetzt. Mit der Weiterentwicklung der Lichttechnik gewinnt die Beleuchtung im Freiraum zunehmend an Bedeutung, sowohl aus Gründen der Sicherheit und des Betriebs als auch aus gestalterischen Gründen.

Aus Sicherheitsgründen sind alle wichtigen Wegeverbindungen und Platzflächen im öffentlichen Grün, vor allem im Bereich von Haltestellen der öffentlichen Verkehrsmittel, die ganze Nacht hindurch so zu beleuchten, dass die Blickverbindung über längere Strecken gewährleistet ist. Das Gleiche gilt sinngemäß für Wege innerhalb der mehrgeschossigen Bebauung bis zu den Hauseingängen. Bei dieser Beleuchtung steht die Helligkeit im Vordergrund, gleichwohl sollten die Beleuchtungskörper dem Charakter des jeweiligen Freiraumes entsprechen. Für Neben- und interne Gartenwege genügt die Beleuchtung der Wegfläche selbst. Eine besondere Form stellt die künstliche Beleuchtung von Freiräumen zur Sportausübung dar, beispielsweise Tennisplätze, Fußballplätze und Stadien, Skipisten und Rodelbahnen. Zu Bedenken ist, dass die Wohnqualität für Anrainer durch die Beleuchtung nicht beeinträchtigt wird.

Aus ästhetischen Gründen wird künstliches Licht oft in Verbindung mit Wasser verwendet, etwa beleuchtete Fontänen, aber auch zum Ausleuchten großer Baumkronen und zum Verstärken des Kontrastes zwischen Licht und Dunkelheit. Beleuchtungskörper im Bodenbelag werden auf Plätzen eingesetzt; sie können der optischen Belebung und der Orientierung dienen.

Siehe Farbtafel VIII, Abbildung 198: Beispiele für Beleuchtung als gestaltendes, inszenierendes Mittel in einem hainartigen Baumbestand.

Literatur

Baatz W. (Hrsg.): Gestaltung mit Licht. Ravensburg 1994
Bauch-Troschke Z.: Brunnen, Wasserbecken und Wasserspiele. Gestaltung, Anlage, Technik. München 1999
Neuenschwander E.: Schwimmteiche. 2. Aufl. Stuttgart 2000
Schimana W.: Wassergärten. Stuttgart 1993
Symmes M. (Hrsg.), K.Breisch: Brunnen. Stuttgart 1999
Topos 20: Gestalten mit Licht/Nightscape. München 1997
Topos 22: Freiräume in der Stadt. München 1998. (Beispiele für Gestaltung mit Stein)
Wachter K.: Der Wassergarten. 7. Aufl. Stuttgart 1993
zur Hausen, W.: Lebendige Wasser – Wasserläufe und Brunnen. Stuttgart 1998

7.3 Bauvorbereitung, Ablauf auf der Baustelle

Baustellen-Vorbereitung

Voraussetzung für einen reibungslosen Ablauf jeder Baustelle in der Landschaftsarchitektur, unabhängig von der Art und dem Umfang des Bauvorhabens ist die Bauvorbereitung mit der Ausarbeitung der Logistik und des Netzplanes:

Zeitgerecht, mit Bedacht auf mögliche längere Lieferfristen, sind alle **Materialien** aufzulisten wie Naturstein, Kunststein, Holz, Metall, vorzufertigende Werkstücke, Pflanzen einschließlich Rollrasen. Zu bestellen ist mit fest vereinbarten Lieferterminen, ebenso für fertig zu liefernde Teile wie Zaunelemente, Stufen, Pergolenelemente und dergleichen. Der **Bauzeitenplan** wird gemeinsam mit Architekt bzw. Baufirma aufgestellt:

a) erste Phase, vor Baubeginn, mit Kelleraushub und Rohplanum;
b) zweite Phase, nach Innenausbau mit allen Gewerken.

Bauaufsicht, Bauleitung

Die örtliche Bauleitung ist nicht Gegenstand der Büroleistung, sie wird gesondert nach den Sätzen der Gebührenordnung verrechnet. Wenn die örtliche Bauleitung für die Außenanlagen personell mit der für den Hochbau verbunden wird, muss eine fachliche Bauaufsicht gewährleistet sein, vor allem für alle Erd- und Pflanzarbeiten einschließlich der Mutterboden- und der Pflanzenlieferung.

Wichtig ist das Bautagebuch der Firma des Garten- und Landschaftsbaues, das vom Bauleiter möglichst täglich, mindestens aber einmal wöchentlich gegenzuzeichnen ist. Von größter Bedeutung ist das Überwachen der Materiallieferungen, vor allem von Oberboden und Pflanzen, nach Menge und Qualität, damit sofort reklamiert bzw. die Übernahme durch die ausführende Firma verweigert werden kann. Baumschulen haften nur für die Sortenechtheit, nicht für das Anwachsen; zu schwaches oder schadhaftes Pflanzenmaterial ist daher sofort zurückzuweisen.

Aufgabe der örtlichen Bauleitung ist auch das Einmessen und Abstecken aller Festpunkte nach Lage und Höhe sowie das regelmäßige Überprüfen und Ergänzen während der Bauführung. Anders als beim Hochbau werden beim Landschaftsbau die Marken der Messpunkte oft verändert oder sie gehen verloren und müssen neu eingemessen werden.

In Österreich gilt seit 1999 das Bauarbeiten-Koordinationsgesetz; danach ist durch verantwortliche Personen (Bauherr, Baukoordinator, Projektleiter) für die Sicherheit und Gesundheit der auf den Baustellen Beschäftigten zu sorgen; in Deutschland gilt dafür die Verordnung über Sicherheit und Gesundheitsschutz auf Baustellen von 1998.

Vorbereitende Arbeiten auf der Baustelle:
Vermessung, Räumung, Baustelleneinrichtung, Rodung, Sichern von Beständen, Verpflanzarbeiten

Das Gelände der Baustelle ist bereits vor der ersten Materiallieferung und vor Baubeginn zu vermessen und in Arbeitsbereiche und Lagerbereiche zu gliedern. Wichtig ist es vor allem, ausreichend große Flächen für die Zwischenlagerung des Oberbodens festzulegen, ebenso Bereiche für Depots von Bodenverbesserungs-Mitteln. In einem Zuge sind die Baustraßen mit Bruchschotter, Eisenbahnschwellen und dergleichen herzustellen. Zu befestigen sind auch die Standorte für feste Baugeräte wie Kran und Betonmischanlage sowie für die Bauwagen bzw. Baucontainer. Die Anschlüsse für Bauwasser und Baustrom von der öffentlichen Straße her sollten unmittelbar neben Baustraßen verlaufen.

Erhaltenswerte Bestände an Bäumen, Sträuchern, Kräutern und Wiesen- bzw. Rasenstücken, besonders aber behördlich geschützte bzw. schützenswerte Biotope oder Biotopreste sind auf jeden Fall durch massive Umzäunungen zu schützen, ihre Erhaltung ist während der ganzen Bauführung zu überwachen. Diese Vegetation kann viel zur Besiedlung der neu angelegten Flächen beitragen. Für den Fall der Beschädigung oder Beseitigung sollte ein Strafgeld festgesetzt werden. Bei den erhaltenswerten Bäumen sind nicht nur die Stämme, sondern der gesamte Wurzel- und Traufbereich durch massive Zäune vor Veränderungen jeder Art zu schützen; entsprechende Vorschriften sind zu beachten (ÖNORM B 7041, RAS LG/4). Soweit sinnvoll, sind Vegetationsbestände für die Wiederverwendung auf der Baustelle auszugraben und fachgerecht einzuschlagen.

Bautechnische Bodenarbeiten, Sichern des Oberbodens, Rohplanum

Abgesehen vom Umgang mit dem Pflanzenmaterial ist die äußerst sorgfältige Bearbeitung und Pflege des Bodens, vor allem des Oberbodens, die wichtigste Aufgabe während der gesamten Abwicklung einer Baustelle. Hier werden oft nicht nur schwere fachliche Fehler begangen, sondern erhebliche Werte in der Größenordnung von rund 7180 Euro, etwa beim Hausgarten, bis 71 800 Euro und mehr, etwa bei einer Sportanlage, vernichtet.

Vor Baubeginn – jedenfalls vor Herstellen des Rohplanums – wird der Oberboden (Mutterboden) in voller Stärke, also so tief wie das Bodenleben reicht – in der Regel etwa 20 bis 40 cm – abgehoben, geladen und transportiert, dann auf trapezförmigen Mieten mit einer Höhe von höchstens 1,50 m und einer Breite von max. 4,50 m aufgesetzt. Diese Maße müssen eingehalten werden, damit die Durchlüftung des Bodens gesichert ist; die Oberfläche der Mieten ist leicht muldenförmig auszuformen, um das Regenwasser zu halten.

Nach der Sicherung des Mutterbodens wird das **Rohplanum**, das ist das fertige Niveau ohne Oberboden, hergestellt; dabei ist zu beachten, dass die später aufzubringende Oberbodenschicht unterschiedlich stark sein sollte: 5 bis 15 cm für Rasenflächen, 25 bis 40 cm für Pflanzflächen. Das Rohplanum sollte, zur besseren Entwässerung, leicht geneigt angelegt werden, auch mit weich ausgezogenen Übergängen und Böschungen. Bepflanzte Böschungen sollten nicht steiler als 1 : 2, Rasenböschungen nicht steiler als 1 : 4 ausgebildet werden, damit Standfestigkeit und Bearbeitbarkeit gegeben sind. Bei Anschüttungen ist die spätere Setzung des Bodens zu berücksichtigen; ihr Ausmaß ist bei leichten Böden gering, kann aber bei schweren, bindigen Böden bis zu 40 % der angeschütteten Höhe betragen. Zwar ist ein schichtweises Aufbringen mit lagenweiser Verdichtung möglich, jedoch sollte bei Vegetationsflächen nur bis etwa 30 cm unter dem Rohplanum verdichtet werden. Günstig ist es, den Ablauf eines Winters abzuwarten und dann allenfalls unterschiedliche Setzungen auszugleichen.

Im gleichen Arbeitsvorgang werden die Wege, Plätze und Terrassen in entsprechender Tiefe ausgekoffert; diese Tiefe ist unterschiedlich je nach Schichtaufbau und Schichtstärke (Dränschicht, Tragschicht, Ausgleichsschicht, Deckschicht), abhängig von der Belastung des Weges als Gehweg, Fahrweg für PKW oder LKW. Ebenso werden die Künetten und, soweit erforderlich, Schächte für Kanal, Wasser, Gas, Strom, Telefon, Kabelfernsehen, Toröffner, Bewässerungsanlage und Gartenbeleuchtung ausgehoben.

Entwässerung, Dränarbeiten; Bewässerung

Zur Entwässerung werden Dränrohre aus Ton, Steinzeug, Beton oder Kunststoff in Gräben verlegt und abgedeckt, die Gräben werden verfüllt und überschüttet (Setzung). Bei rohrloser Entwässerung werden Drän- und Filterschichten, etwa eine Schotterlage, eingebaut. Bei Bedarf werden Schächte, Abläufe, Sickergruben, Sinkkästen und dergleichen eingerichtet, ebenso offene gepflasterte Rinnen. Zur Bewässerung werden bei Bedarf Versenkregner, Tropfen-, Baum- oder Stau-Bewässerungsanlagen eingebaut. Zapfstellen für die Schlauchbewässerung sind jeweils höchstens 80 m voneinander entfernt vorzusehen.

Platz- und Wegeherstellung, Mauerarbeiten, Stufenanlagen, technische Arbeiten

Die Stein- und Wegebauarbeiten gehen Hand in Hand mit dem Herstellen des Rohplanums. Sie sollten möglichst der ausführenden Firma des Garten- und Landschaftsbaues übertragen werden. Diese Betriebe verfügen oft über besonders in Natursteinarbeiten geschulte und erfahrene Mitarbeiter.

Die Leistungen im Einzelnen sind in diesem Arbeitsschritt:

- der Bau von Wegen, Plätzen und Terrassen in unterschiedlicher Ausführung;
- das Aufführen von Mauern wie Stützmauern, Trennmauern, Sitz- und Einfassungsmauern in Trocken- oder Mörtelbauweise;
- der Bau von Stufenanlagen, mit und ohne Wangen;
- der Bau bzw. Einbau von Schwimmbecken aus Beton, Kunststoff, von Zier- oder Schwimmteichen und dergleichen, möglichst durch Spezialfirmen;
- Einbau einer Beleuchtungsanlage, gegebenenfalls auch einer Alarmanlage;
- das Setzen großer Feldsteine, Felsen oder Skulpturen, der Einbau großer, schwerer Spielgeräte, wofür die Zufahrt für LKW mit Ladekran erforderlich ist.

Eine kostengünstige Möglichkeit, befestigte, dabei aber wasserdurchlässige und begrünte Flächen herzustellen, ist der Bau von **Schotterrasen**. Es kann dafür auch wieder aufbereiteter Bauschutt, Ziegelbruch oder Straßenaufbruch verwendet werden. Der Aufbau besteht aus einem – je nach Belastung – mindestens 15 cm und höchstens 30 cm starken Gemisch aus Schotter und Oberboden, wobei ab etwa 20 cm Stärke Schotter und Oberboden jeweils für sich in Schichten aufgebracht werden.

Vegetationstechnische Erdarbeiten, Feinplanum, Bodenverbesserung

Nach Herstellen des Rohplanums wird der gelagerte Oberboden wieder aufgebracht, in einer Stärke – je nach vorgesehener Vegetation – von 10 cm bis 40 cm, das Setzmaß von durchschnittlich 20 bis 25 % ist zu beachten. Wichtig ist, dass unmittelbar vorher das Rohplanum mindestens 20 cm tief aufgerissen wird, bei starker Verdichtung als Folge des Baubetriebs auch tiefer.

Mit dem Aufbringen des Oberbodens auf das Rohplanum entsteht die endgültige Bodenoberfläche, das **Feinplanum**. Dabei ist darauf zu achten, dass bei diesem Arbeitsvorgang das Rohplanum nicht neuerlich verdichtet wird. Der Oberboden darf erst dann aufgebracht werden, wenn alle Bauarbeiten, möglichst auch der Innenausbau, abgeschlossen sind und die Bezugspunkte (Höhen) an Baulichkeiten, Straßen, Gehsteigen, Wegen, Stufenanlagen, Terrassen und dergleichen endgültig eingemessen und deutlich markiert sind. Der Oberboden selbst darf bei keinem Arbeitsvorgang verdichtet werden, das heißt er darf nicht mit schweren Fahrzeugen oder Geräten befahren oder im nassen Zustand bearbeitet werden.

Im Zuge der Herstellung des Feinplanums können, wenn notwendig, Mittel zur Bodenverbesserung eingearbeitet werden, etwa mineralische und biologische Dünger, Mittel zur Bodenlockerung, etwa Quarzsand, Basalt, Lava oder Kunststoffprodukte, ferner Kalk zur Regulierung des pH-Wertes. Bei der Bodenverbesserung ist die angestrebte Entwicklung der Pflanzungen und Ansaaten zu berücksichtigen; so kann sich etwa eine Trockenrasen-Gesellschaft nur auf magerem, nährstoffarmem Boden ausbilden.

Pflanz- und Säarbeiten

Pflanzzeiten sind im Allgemeinen März/April und Oktober/November, vor Laubaustrieb und nach Laubfall. Bei Frost darf grundsätzlich nicht gepflanzt werden. Bei schweren, bindigen Böden ist die Pflanzung nur erfolgreich, wenn der Boden gut bearbeitbar, also nicht zu trocken oder zu feucht ist. Nadelgehölze können bis Mai bzw. schon ab September gepflanzt werden.

Bei Transport und Pflanzung sind folgende Maßnahmen und Arbeitsschritte zu beachten: die Wurzeln dürfen nicht austrocknen, auch nicht für kurze Zeit, sie dürfen daher nicht der Sonne oder dem Wind ausgesetzt werden; der Boden ist vor der Pflanzung tiefgründig zu lockern und, wenn notwendig, zu verbessern; bei Gehölzen sollten die offenen Bodenflächen nach Möglichkeit durch Ansaat bodendeckender Kräuter (Senf, Lupine) oder mit Rindenmulch bedeckt werden.

Das **Verpflanzen** bereits lange eingewurzelter Bäume erfordert besondere Umsicht und Sorgfalt, da die Gefahr von Verletzungen an Wurzeln und Stamm sehr groß ist. Als Regel gilt, dass der Durchmesser des Wurzelballens mindestens das Achtfache des Stammdurchmessers, in 1 m Höhe gemessen, betragen soll. Verhältnismäßig leicht sind Ahorn, Eiche, Kastanie, Linde und Pappel zu verpflanzen, mittelschwer Buche und Hainbuche, schwer zu verpflanzen sind Esche und Robinie. Bei den letztgenannten, sehr raschwüchsigen Arten ist zu überlegen, ob nicht eine Neupflanzung wirtschaftlicher ist. Bei allen von einem anderen Standort verpflanzten Bäumen ist darauf zu achten, dass die Wurzeln ebenso hoch überdeckt sind wie auf dem bisherigen Standort.

Ausstattung, Fertigstellung

Dieser Arbeitsschritt umfasst die abschließenden Leistungen, mit denen die Gartenanlage betriebsbereit gemacht wird. Dazu gehört das Aufstellen und Befestigen von Quellsteinen, Sandkisten, kleineren Spiel- und Turngeräten, Tischen und Bänken, von Abfallbehältern, die Montage von Zäunen, Toren, Pergolen, Rankgerüsten, die Installation von Versenkregnern, Beleuchtungskörpern, Gartenduschen, Düsen von Springbrunnen und dergleichen mehr. Alle diese Arbeiten sind möglichst erst nach Fertigstellung des Innenausbaus durchzuführen.

Fertigstellungspflege, Anwuchspflege; Entwicklungs- und Unterhaltungspflege
(vgl. Abschnitt 7.4)
Im Rahmen der **Fertigstellungspflege** (= Anwuchspflege), die mindestens bis zur Abnahme (Kollaudierung) der Baustelle durchgeführt wird, ist nach den Pflanzarbeiten bei Bedarf zu gießen, der Oberboden der Pflanzflächen ist regelmäßig zu lockern; abgestorbene Pflanzen und Pflanzenteile sind zu entfernen, ebenso gegebenenfalls ein unerwünschter Aufwuchs von Gräsern und Kräutern. Ausgefallene Pflanzen müssen ersetzt, offene Stellen in Rasenflächen nachgebessert werden. Die anschließende Pflege umfasst die gleichen Arbeitsgänge und erstreckt sich bis zum Anwachsen, also bei Stauden und Gehölzen bis zum festen Anwurzeln und gleichmäßigen Austrieb.

Abnahme, Gewährleistung
Den Abschluss der Herstellungsarbeiten auf der Baustelle bildet die Schlussabnahme durch den Auftraggeber bzw. den beauftragten Landschaftsarchitekten, gemeinsam mit dem ausführenden Unternehmen. Bei Leistungen, die nur im Zuge der laufenden Arbeiten überprüfbar sind, werden Zwischenabnahmen vorgenommen, beispielsweise für Fundamente, Leitungsgräben, Baumgruben. Bei der Abnahme wird durch ein Protokoll bestätigt, dass die erbrachten Leistungen nach Art und Umfang dem geschlossenen Vertrag entsprechen und dass die anerkannten Regeln der Technik und des Handwerks eingehalten worden sind.

Die ausführende Firma haftet für die ordentliche Ausführung der Arbeiten und die Einhaltung aller in der Ausschreibung angeführten Normen und Richtlinien für Lieferungen und Leistungen. Die Gewährleistungsfrist, während der ein Haftrücklass einbehalten wird, beträgt in der Regel zwei oder drei Jahre. Von der Gewährleistung **ausgenommen** ist das Anwachsen und Gedeihen der Pflanzen; für ihre Qualität und Sortenechtheit haftet die liefernde Baumschule oder, wenn sie selbst das Pflanzenmaterial beistellt, die ausführende Firma; beide jedoch nur bis zur Übernahme auf der Baustelle.

Literatur
Beck G.: Baustellen-Controlling mit EDV. Diplomarbeit Technische Universität Wien. Wien 1991
Forschungsgesellschaft für Straßen- und Verkehrswesen: RAS-LG 4, Richtlinie für die Anlage von Straßen, Teil Landschaftsgestaltung, Abschnitt 4: Schutz von Bäumen und Sträuchern im Bereich von Baustellen. Köln 1986
Grote H.: Die schlanke Baustelle. Berlin/Hannover 1997
Koppe B.: Abwicklung von Bauvorhaben. 4. Aufl. Köln 1994
Liesecke H.-J.: Untersuchungen über das Auftreten mechanischer Unterbodenverdichtungen in Grünflächen. Diss. Technische Universität Hannover 1970. Hannover 1970
Niesel A.: Der Baubetrieb im Garten- und Landschaftsbau, Teil 2: Bauabwicklung. Berlin/Hamburg, 5. Aufl. 1998
Niesel A.: Qualitätssicherung im GaLaBau. Managementinstrumente zur Planung und Steuerung von Bauabläufen im GaLaBau. Berlin/Hannover 1994
Niesel A., FLL: Zusätzliche technische Vertragsbedingungen und Richtlinien für das Verpflanzen von Großbäumen und Großsträuchern (ZTV Großbaumverpflanzung). 2. Aufl. Troisdorf/Bonn 1995
Österreichisches Institut für Schul- und Sportstättenbau ÖISS:
_ Qualitätssicherung beim Bau von Rasensportflächen. Wien 1994
– Qualitätssicherung beim Bau von Tennendecken. Wien 1994
Prasuhn K.-B.: Vermessungstechnik im Garten- und Landschaftsbau. 6. Aufl. Berlin 1995

Abbildung 199: Neugestaltung des Wienflusses im Westen des Stadtgebietes mit Renaturierung und Anlage naturnaher Rückhaltebecken, hier: Versuchsstrecke mit verschiedenen technischen und ökologischen Bauweisen (1998). Stadt Wien, Abt. Wasserbau, S. BAUER, G. LADINIG.

7.4 Erhaltung und Pflege, Instandsetzung von Grünanlagen

7.4.1 Grundsätze der Anlagenpflege, Pflegemaßnahmen

Pflege ist ordnendes Eingreifen in natürliche Abläufe, aber auch eine Art permanenter subtiler Gestaltung von Grünräumen. Die Entwicklung eines Parks oder Gartens hängt entscheidend von der fachgerechten Pflege und Betreuung durch Jahrzehnte nach dem Bau ab. Eine Reihe von Gartenarchitekten, beginnend mit H. REPTON, haben deshalb für den weiteren Umgang mit ihren Schöpfungen Denkschriften, früher auch „Promemoria" genannt, verfasst.

Pflegeleistungen

Folgende Arbeitsleistungen der Erhaltungspflege sollten in jedem Falle in einem **Leistungsverzeichnis** enthalten sein:

- Lockern der Pflanzflächen, Jäten; bei Bodendeckern Nachpflanzen, soweit erforderlich;
- Mähen der Rasenflächen einschließlich der Kanten zu Mauern, Wegen, Beeten und dergleichen;
- Schneiden dürrer Äste, Zweige und Triebe bei Gehölzen einschließlich Bäumen;
- Laub auf den Rasenflächen rechen und in den Pflanzflächen gleichmäßig verteilen;
- bei Bedarf gründlich Wässern aller Vegetationsflächen; Gießen der Straßenbäume;
- Wege reinigen, bei Bedarf ausbessern; bei Bedarf ergänzen, wenn Trampelpfade auftreten;
- Reinigen der Rasen- und Pflanzflächen sowie der Spielplätze von Hundekot, Dosen und anderen Abfällen, Leeren der Müllgefäße, Abfuhr;
- Abfuhr des anfallenden organischen Materials wie Schnittgut, Äste, Zweige und dergleichen auf eine Deponie (bei Deponie des Gartenamts meist keine Gebühr);
- Austauschen des Sandes in Sandspielbereichen, mindestens einmal im Jahr; monatliches **Überprüfen der Spielgeräte** auf Sicherheit und Funktionsfähigkeit, Festhalten in Tagebuch;
- Beistellen aller notwendigen Geräte, von Werkzeug, Leitern, Schläuchen und Materialien;
- Bekämpfen von Schädlingen und Krankheiten, möglichst mit biologischen Mitteln;
- **Rasenflächen**: Schnitt, Düngung und Bewässerung, Beseitigung unerwünschter Kräuter, Bekämpfung von Krankheiten und Schädlingen, Entfernen von Laub und Abfällen, Beseitigen der Verfilzung der Rasennarbe, bei Bedarf auch Lockern (Aerifizieren, Verticutieren) und Ausbessern mechanischer Schäden;
- **Blumenwiesen**: zweimal im Jahr Mähen, das Mähgut abführen. Benutzbarkeit der Wiesen einschränken oder sie in öfter gemähte Wiesen- oder Rasenflächen überführen. Spiel- und Lagerwiesen sollten im Winter für die Benützung gesperrt werden;
- Staudenpflanzungen: Rückschnitt der verblühten Triebe, gegebenenfalls Teilen, Entfernen von überhand nehmenden Pflanzen, Wässern, Düngen.

Besondere örtlich notwendige Leistungen, zum Beispiel der Heckenschnitt in großem Umfang, sind gesondert anzuführen und zu beschreiben.

Für einige Flächen sind besondere Pflegegänge erforderlich, beispielsweise für Flächen mit wassergebundener Decke, für Laufbahnen (Sandbahn, Aschenbahn) und Tennisplätze. Sportplätze erfordern infolge des besonderen Bodenaufbaues, der speziellen Beläge und durch ihre starke Beanspruchung insgesamt eine intensive Betreuung und Pflege, die gute Fachkenntnisse und eine kontinuierliche Schulung der Platzwarte voraussetzt. Auf Friedhöfen sind die Grabzeichen nachweislich auf ihre Standsicherheit zu überprüfen („Rüttelprobe") und gegebenenfalls die Reparatur bzw. das Umlegen zu veranlassen.

Als Grundsatz gilt für alle Arten von Grünanlagen, dass mehr Pflegegänge in kurzen Abständen besser und wirtschaftlicher sind, als weniger Pflegegänge in langen Intervallen. Das Arbeitsvolumen insgesamt ist geringer: es tritt jeweils nur ein geringer Aufwuchs von Kräutern auf, auf Rasenflächen (nicht Wiesen) kann das Mähgut liegen bleiben, Schäden können sofort behoben oder zumindest gemeldet werden.

Organisation, Kosten

In vielen Städten kann die Grünflächenpflege nicht mehr den Bestand der Anlagen sichern. Die Parkanlagen verwahrlosen zunehmend, das wiederum führt zu weiteren Zerstörungen. In den Berliner Grünanlagen machten die Schäden im Jahre 1997 rund 4,5 Mio. Euro aus. Dazu trägt auch die immer stärkere Nutzung durch die Bevölkerung bei, bedingt durch mehr Freizeit und höhere Arbeitslosigkeit, ferner die fehlende Aufsicht und die sehr geringen Strafen bei mutwilligen Zerstörungen.

Ein Grund für die zunehmende Vereinheitlichung öffentlicher Gärten ist der Mangel an Fachkräften im Garten- und Landschaftsbau. Für die Anlagenpflege ist ein gut ausgebildetes **Fachpersonal** (Gartenmeister, Gärtner) und entsprechend angelernte Hilfskräfte (Gartenarbeiter) erforderlich. Der Dienstgeber hat für eine Fortbildung durch Kurse und Exkursionen in andere Betriebe zu sorgen. Ein erfolgreiches Konzept ist das Stärken der Eigenverantwortlichkeit der Mitarbeiter der Gartenverwaltung und eine dezentrale Verantwortung kleiner Teams für Teilbereiche oder spezielle Aufgaben, etwa die Baumpflege. Ein Beispiel für die personelle Ausstattung einer Parkverwaltung ist der Englische Garten in München; für die Erhaltung der zu betreuenden Gesamtfläche von 411 ha sind 52 Gartenmeister, Gärtner und Gartenarbeiter, 4 Angestellte und 5 Beamte, zusammen 61 Mitarbeiter eingesetzt.

Die **Kosten** für eine fachgerechte Erhaltungspflege belaufen sich pro Jahr auf rund ein Zehntel der Herstellungskosten der Grünfläche. Einsparungen beim Bau von Grünanlagen bedeuten zwangsläufig einen höheren Aufwand für die Pflege. Für viele Gartenverwaltungen werden derzeit – bei steigendem Aufwand – die Haushaltmittel für die Grünflächenpflege gekürzt. In dieser Situation muss zu Sparmaßnahmen gegriffen werden, die sich auf die Gestaltung der Gartenanlagen auswirken, beispielsweise die so genannte Großflächpflege mit dem Einsatz kombinierter Maschinen für Mähen, Aufnehmen und Transportieren in einem Arbeitsgang, was große zusammenhängende Wiesen- und Rasenflächen voraussetzt und die Verdichtung der Böden zur Folge hat, ferner das Umwandeln von Stauden- und Sommerblumen-Pflanzungen in Rasen, das Stehenlassen von Gras an Rändern, der Verzicht auf Bodenverbesserung und auf Bewässerung.

Tabelle 14. Richtpreise für Unterhaltungskosten

Richtpreise für Unterhaltungskosten		
Erfahrungswerte für Wiesen- und Rasenflächen je Quadratmeter und Jahr bei Abtransport des Mähgutes nach dem Schnitt		
Mähgänge	je Jahr	Euro
Blumenwiese	2	0,26
Rasenfläche	4	0,23
Rasenfläche	7	0,33
Rasenfläche	12	0,46
Rasenfläche	25	0,76
Nach Angaben einiger Gartenverwaltungen sind die Pflegekosten für Wiesen einerseits und mehrmals gemähten Rasenflächen andererseits beim Einsatz von Großmähern annähernd gleich hoch.		

Richtpreise für die Unterhaltskosten	
für die Pflege eines **Parks** am Beispiel des Englischen Gartens in München (Daten von 1998, je Quadratmeter und Jahr)	
	Euro
Beseitigung des Parkmülls von Wiesen, Wegen einschließlich Abfuhr	0,10
Wegebau und Instandhaltung der Wege	0,40
Parkwald, Läuterung, Fällung, mit Abfuhr, Verjüngung	0,10
Baumpflege, Baumsanierung, Verkehrssicherung	0,15
Pflege der Rasenflächen, kurz gehalten, mehrfacher Schnitt, Abfuhr	0,10
Pflege der extensiv bewirtschafteten Vegetationsflächen einschl. Wiesen	0,10

Diesen Ausgaben stehen Einnahmen für den Verkauf von Holz und Kompost sowie für die Gras- bzw. Heuwerbung gegenüber. Unter Berücksichtigung dieser Einnahmen betragen die **Unterhaltskosten**, bezogen auf die gesamte Parkfläche von 411 ha, rund 0,60 Euro/m². Für die Pflege aller Wiesenflächen im Englischen Garten zusammen müssen nach Aussage der Parkverwaltung weniger Mittel aufgewendet werden als für die Reinigung und Müllbeseitigung. Dazu kommen noch die Kosten der Instandsetzung von sinnlosen Beschädigungen. Steigend sind auch die Aufwendungen zum Aufrechterhalten der Sicherheit für die Parkbesucher, etwa durch Parkwächter. Wichtig ist grundsätzlich nicht so sehr die Frage nach den Kosten der Grünflächenpflege je Quadratmeter, sondern das Verhältnis der Kosten zur Qualität, auch im Hinblick auf die Kontinuität der Pflege. Diese Qualität der Pflege kann durch eine Erfolgsbeteiligung der Mitarbeiter erhöht werden.

Es wurde immer wieder die Forderung nach einer **Renaturierung** der Parkanlagen erhoben, weil damit ökologische Ziele erreicht und gleichzeitig Mittel des öffentlichen Haushalts eingespart werden könnten. Der Aufwand für die Erhaltung naturnaher Anlagen, wie zum Beispiel einer Blumenwiese, ist aber nicht geringer als bei herkömmlichen Grünanlagen. So benötigen auch Wildstaudenpflanzungen – wie alle Staudenbeete – eine stetige Pflege. Die Umstellung hat zwar einen hohen ökologischen Wert, so bewirkt sie beispielsweise eine deutliche Zunahme der Tier- und Pflanzenarten, bringt aber **keine** Entlastung des Budgets, wie vielfach angenommen wird, da die öffentliche Meinung eine regelrechte „Verwilderung" nicht zulässt. Eine Umstellung der Pflege erfordert auch spezielle Fachkenntnisse, also eine entsprechende Schulung der Mitarbeiter.

Im Allgemeinen empfiehlt sich eine Differenzierung der zu pflegenden Anlagen: In „empfindlichen" Bereichen, also in Anlagen von öffentlichem Interesse, sollte die Pflege in der Hand der Gartenverwaltung bleiben. Dies gilt auch für Anlagen, deren Pflege ein besonders hohes Maß an Fachkenntnissen und Erfahrung erfordert, etwa historische Gärten. Im Übrigen ist die Anlagenpflege durch Fachbetriebe als Kontrahenten bei sorgfältiger Ausschreibung und Überwachung durchaus möglich, jedenfalls nicht teurer als der Regiebetrieb. In vielen Städten gibt es auf diese Leistungen fachlich spezialisierte „Pflegebetriebe", die auch über die entsprechenden Maschinen und Geräte verfügen. Es ist vorteilhaft, Verträge mit Pflegefirmen jeweils über mehrere Jahre (3 bis 5 Jahre) und für alle Gartenanlagen in einem größeren Gebiet, etwa in einem Stadtbezirk, zu schließen; dies ermöglicht dem Gartenbaubetrieb eine günstigere Kalkulation und wirkt sich positiv auf die Qualität der Arbeitsgänge aus.

Naturnahe Grünflächenpflege

Aufgaben der naturnahen Grünflächenpflege sind unter anderem:
- die behutsame Steuerung der Sukzession in Richtung auf ein angestrebtes Endstadium;
- Pflegemaßnahmen zur Erhaltung einer bestimmten, vielleicht sogar unter Schutz gestellten Pflanzengesellschaft, beispielsweise Magerrasen durch Beweidung oder Mahd;
- Erhalten der naturräumlichen Grundlagen für naturnahe Gewässer, zum Beispiel durch regelmäßige Zufuhr von Wasser;
- Aufbrechen wenig begangener versiegelter Flächen, Umwandeln in Rasenwege;

- biologische Schädlingsbekämpfung;
- Verringern der Zahl der Mähgänge, Überführen von Rasenflächen in zweimähdige Wiesen;
- Einführen der Erholungswald-Bewirtschaftung in bisherigen Wirtschaftswald-Flächen.

Pflege ist schon durch die **Nutzung** der Landschaft und der Gärten durch den Menschen, also durch den Einfluss der Kultur auf die Natur gegeben. Dazu gehört die Bewirtschaftung durch Land- und Forstwirtschaft ebenso wie die Gestaltung und Erhaltung der Gärten oder der Tritt auf Pflasterwegen; alles ist Steuerung durch den Menschen, auch das Zulassen der Sukzession auf einer Brachfläche. Es wäre wenig sinnvoll, die durch den täglichen Gebrauch entstehenden Nutzungsspuren immer wieder beseitigen zu wollen, es sei denn, dass die Sicherheit für Besucher und Passanten nicht mehr gegeben ist.

In vielen Städten, beginnend in Augsburg, Deutschland, wurde und wird fortschreitend die Pflege öffentlicher Grünanlagen auf **naturnahe Arbeitsweisen** umgestellt. Dazu gehört auch die Betreuung vorhandener oder neu geschaffener Biotope, der jetzt besondere Beachtung geschenkt wird. In den Niederlanden bestehen rund 170 naturnahe öffentliche Gärten und Parks. Die Stadt **Zürich** hat 1995 mit einer Verwaltungsverordnung die naturnahe Pflege und Bewirtschaftung der städtischen Grün- und Freiflächen geregelt; davon erfasst sind unter anderem Parks, Spiel-, Sport-, Freizeit- und Badeanlagen, Friedhöfe, Familiengärten; Grünflächen bei Wohnsiedlungen, Gewerbe- und Industriebauten, Spitälern; Stadtwald. Das Gartenbauamt bietet dazu Aus- und Weiterbildungskurse, Beratungen, Koordination zwischen den Dienststellen, Information der Öffentlichkeit.

Die Einführung der naturnahen Anlagenpflege erstreckt sich über viele Jahre, aus vegetations-ökologischen ebenso wie aus personellen Gründen. Sie muss von einer intensiven Öffentlichkeitsarbeit in allen Medien begleitet werden, ergänzt durch Führungen und Vorträge und Faltblätter für alle Haushalte. Wichtig sind auch Kontakte zwischen Gartenverwaltung und Berufsstand, vor allem zu den Firmen des Garten- und Landschaftsbaus; ein entsprechendes Musterleistungsverzeichnis wurde schon 1986 in Deutschland herausgegeben.

Zu vermeiden sind nach den Empfehlungen der Befürworter der naturnahen Anlagenpflege:
- der Einsatz von Herbiziden; dieser ist zumindest stark einzuschränken; stattdessen sind andere Arbeitsweisen wie Mulchen, Untersaat, mechanische Beseitigung und die Bekämpfung des Aufwuchses mit physikalischen und thermischen Methoden einzusetzen;
- traditionelle Arbeiten, die vielfach zur Arbeitsbeschaffung im Winter eingeführt wurden, wie der unnötige Gehölzschnitt, das Umstechen, Laubrechen und Abführen bei Sträuchern;
- die mineralische Düngung, soweit sie nicht unbedingt erforderlich ist;
- das Bewässern trockener und das Trockenlegen feuchter Standorte;
- das Einbringen standortfremder Arten;
- das Mähen vor der Samenreife bei Gräsern; zumindest sollte die Anzahl der Schnitte auf zwei bis drei reduziert werden;
- eine baumchirurgische Behandlung von Gehölzen.

Neben den Pflege- und Erhaltungsmaßnahmen in biologisch wertvollen Bereichen ist auch in allen anderen öffentlichen und gemeinschaftlichen Freiräumen, ebenso in den privaten Gärten, eine möglichst ökologisch ausgerichtete Grünflächenpflege anzustreben. Bei genutzten Flächen, zum Beispiel auf Parkplätzen, kommt es gar nicht zu der – von manchen abgelehnten – Besiedlung mit Kräutern bzw. hält sich diese in tragbaren Grenzen. Allgemein steigt auch die Toleranz der Städter gegenüber der Spontanvegetation.

Literatur

Eschenbruch H.: Kennzahlen für die Unterhaltung von Grünflächen. In: Stadt und Grün H. 46/1997
Forschungsgesellschaft Landschaftsentwicklung Landschaftsbau FLL. Troisdorf/Bonn:
vgl. Abschnitt 8.2

Garten- und Landwirtschaftsamt der Stadt Zürich: Naturnahe Grünflächenpflege in der Stadt Zürich. Von der Verwaltungsverordnung zur Praxis. Zürich 1996 (Informationsschrift)

Grünflächenamt der Stadt Wolfsburg: Katalog der Pflegeeinheiten nach dem Wolfsburger Modell. Aktuelle Fassung. Wolfsburg 1996

Oehlert U.: Umweltfreundliche Pflege von Grünanlagen. Hrsg. Stadt Freiburg/Breisgau. Freiburg 1994

Österr. Institut für Schul- und Sportstättenbau ÖISS), Richtlinien und Empfehlungen: vgl. Abschnitt 8.2

Schneider U.: Münchner Modell zur Steuerung der Grünflächenpflege. Das Gartenamt 1994 H.12 813-817

Stadt Freiburg im Breisgau, Gartenamt (Hrsg.): Umweltfreundliche Pflege von Grünanlagen. Freiburg 1993

7.4.2 Baumpflege

(vgl. auch Abschnitt 4.8.2)

Die Lebensbedingungen für **Bäume in der Stadt** werden durch eine Reihe von Faktoren schwer beeinträchtigt; sie zu vermeiden bzw. zu beheben ist daher vordringliche Aufgabe bei der Baumpflege:

- Bodenverdichtung im Wurzelbereich durch Fahrzeuge oder ständiges Begehen der Baumscheibe;
- die Überdeckung (Versiegelung) des Wurzelbereiches mit Asphalt oder Beton;
- ein behinderter Luftaustausch, in der Folge Sauerstoffmangel und CO_2-Anreicherung im Wurzelraum;
- Wassermangel;
- in Straßen ein durch Leitungen stark eingeengter Wurzelraum, der „Blumentopfeffekt";
- Nährstoffmangel bzw. eine physiologisch unzuträgliche Nährstoffzusammensetzung;
- eine ungünstige Bodenreaktion, meist zu hohe (basische) pH-Werte;
- die übermäßige Verwendung von Streusalz im Winter und andere Schadstoffbelastungen des Bodens;
- Austritt von Gas aus undichten Rohrverbindungen, meist bei der Umstellung auf Erdgas;
- Verletzungen von Wurzeln durch Grabarbeiten, vor allem für Kabelkünetten und Schächte;
- das plötzliche Absenken des Grundwassers durch Tiefbauarbeiten, beispielsweise beim U-Bahn-Bau;
- Beschädigungen der Rinde, Unterbrechen der Leitungsbahnen durch parkende Fahrzeuge und durch Baumaschinen;
- Verletzungen der Rinde durch Hundeurin, Befestigen von Plakaten, Ankündigungen und dergleichen mehr.

Durch ungünstige Lebensbedingungen, die durch Luftverunreinigungen noch verschärft werden, sind vor allem Bäume in Stadtstraßen physiologisch geschwächt und gegen Schädlingsbefall anfällig. Schädlinge, die einen Baum der gleichen Art im Freiland kaum beeinträchtigen, können den Straßenbaum in der Stadt zum Erliegen bringen.

Bei Bäumen in Straßen und Plätzen können sich die Wurzeln nicht ausbreiten. Hier müssen ständig Nährstoffe und Wasser zugeführt werden, das Bodensubstrat muss qualitativ hochwertig sein und gegebenenfalls ausgetauscht werden, der Pflegeaufwand ist dementsprechend hoch.

Für private wie für öffentliche Grundeigentümer besteht die **Verkehrssicherungspflicht**; verbunden mit der Verpflichtung zum Schadenersatz. Dies betrifft vor allem die Bäume in Straßen und Parks, also die öffentlichen Gartenverwaltungen. Diese haben für eine regelmäßige Überprüfung und für die Beseitigung von Gefahren für Personen und Sachen zu sorgen. Dazu sind alle erforderlichen Vorkehrungen im Rahmen des tatsächlich Vernünftigen und wirtschaftlich Zumutbaren zu treffen. Die dafür notwendigen Kontrollgänge sind in nachweisbarer Form festzuhalten, zum Beispiel durch Eintragung in ein Kontrollbuch und/oder im Baumka-

Abbildung 200: Traditionelle Baumpflege durch händisches Auslichten bei Kiefern in einem historischen Park in Kyoto, Japan. Diese Arbeit erfordert sehr gute Fachkenntnisse und lange Erfahrung.

taster. Hinweisschilder wie „Der Aufenthalt unter den Bäumen bei Sturm ist gefährlich" befreien den Verantwortlichen nicht von der Haftung bei Unfällen.

In den vergangenen Jahren folgen die Entscheidungen der Gerichte, auch in Österreich, über die Entschädigung bei Schäden an Bäumen weitgehend dem deutschen Sachwertverfahren nach W. KOCH. Es geht von den Herstellungskosten des Baumes aus, angefangen vom Kauf über die Pflanzung und die Pflege bis zum Tage der Bewertung, einschließlich der Verzinsung, wobei dafür allgemein ein Durchschnittssatz von 5 % angenommen wird. Da jeder Baum Bestandteil eines Grundstücks ist, steht der Baumwert auch in Beziehung zum Grundstückswert. Wesentlich ist ferner die Funktion des Baumes an seinem jeweiligen Standort, beispielsweise eine Dorflinde, die das Ortsbild prägt.

Als Grundlage für die Erfassung des Baumbestandes, seine Überwachung und Erhaltung sowie für die Bestandsdokumentation dient der **Baumkataster**, ein amtliches Grundstücks- und Bestands-Verzeichnis. Der Baumkataster kann zweckmäßig mit Bewertungsbogen über den Zustand (nach mehreren Stufen) und allfällige Schäden und die Notwendigkeit von Sanierungsmaßnahmen an Bäumen verknüpft werden. Wichtig ist die Möglichkeit zur Fortschreibung, so dass Kontrollgänge, durchgeführte Arbeiten, Änderungen am Zustand und allenfalls neue Schäden eingetragen werden können. Für die Bewertung des Zustandes ist eine Einteilung in Kronen-, Stamm- und Wurzelbereich zweckmäßig. Aufwändig ist allerdings das zumindest jährliche Nachführen der Datei. In den USA gibt es bereits spezielle EDV-Programmpakete für das Straßenbaum-Management.

Besonders wichtig ist der Schutz von Bäumen auf **Baustellen** und bei Aufgrabungen in Straßen, vor allem von Künetten für Leitungen aller Art. Die häufigsten Schäden sind Verdichtung des Bodens, Quetschungen und Abreißen von Wurzeln bis in Stammnähe, Verletzungen der Rinde mit Unterbrechung der Leitungsbahnen. Wird das Wurzelvolumen verringert, verkleinert der Baum von sich aus die Blattmasse. Die wirksamste Maßnahme ist hier das zeitgerechte Herstellen eines Wurzelvorhanges. Dabei wird mindestens ein Jahr vor der Baumaßnahme in etwa 2,5 m Entfernung (oder mehr) vom Stamm eine Künette oder ein Schacht gegraben und mit Unterboden ohne organische Substanzen verfüllt. Während die Starkwurzeln mit Nährstoffen versorgt werden, bilden sich dort neue Feinwurzeln, die später den Baum versorgen können. Auf Baustellen sollte ein Schutzzaun möglichst bis über Wipfelhöhe errichtet werden.

Die **Pflegemaßnahmen** lassen sich unterscheiden nach den Gruppen
- Baumpflege: regelmäßige Maßnahmen zur Erhaltung und zur Verkehrssicherheit;
- Baumteilsanierung: Maßnahmen zur befristeten Erhaltung bzw. zur Herstellung der Verkehrssicherheit;
- Baumsanierung: Maßnahmen an Baum und Standort zur Wiederherstellung der Gesundheit;
- „Baumchirurgie": Behandlung von Holzschäden, Maßnahmen zur Stabilisierung (Statik).

Maßnahmen zur **Baumpflege** im Einzelnen sind:
- Stammschutz, bevor die Rinde verletzt ist, vor allem bei Baustellen;
- Wundbehandlung nach Verletzungen, bevor Faulstellen auftreten;
- Erziehungsschnitt; laufender Kronenschnitt, bevor starke Äste zu Gefahren führen;
- Baumscheiben-Sanierung, bevor Schäden am Baum auftreten;
- Vergrößerung und Offenhalten der Baumscheiben;
- Verbessern des Luft- und Wasserhaushaltes durch Einarbeiten von Komposterde;
- Lockern und Abdecken des Kronentraufen-Bereiches;
- Austausch von durch Streusalz belasteten und/oder verdichteten Böden;
- ausreichende Bewässerung, möglichst über eine feste Leitung.

Die Baumteilsanierung und Baumsanierung umfasst vor allem das Beseitigen von Bruchschäden, beispielsweise nach Windbruch, und das biologische bzw. chemische Bekämpfen von Schädlingen, die in größerem Umfang auftreten und den Bestand der Bäume gefährden. Die

„Baumchirurgie" arbeitet mit Eingriffen in die Struktur der Bäume, vor allem um deren statische Sicherheit zu gewährleisten. Ihre Methoden unterliegen allerdings einer stetigen fachlichen Entwicklung, verbunden mit lebhafter Kritik an den jeweils älteren Arbeitsweisen. Die **rechtzeitige** Behebung kleiner Mängel vermeidet jedenfalls die später notwendige Beseitigung großer Schäden, vermindert die Gefahr von Unfällen und erhöht die Lebensdauer der Bäume.

Der **Baumschnitt** ist, wie die Gartenarchitektur insgesamt, Strömungen, ja sogar Moden unterworfen. Deshalb können unterschiedliche Schnittformen kaum einer Wertung unterzogen werden. Bäume lassen sich bei entsprechender fachgerechter Erziehung in fast jede Form bringen. So entstehen alle möglichen Formen: Laubengänge, geometrisch geformte Einzelgehölze, Hecken und Kastenformen. Mit der Erziehung muss möglichst früh begonnen, sie muss konsequent durch häufigen Schnitt beibehalten werden, wobei für die Erhaltung der Form bei geeigneten Gehölzen zwei bis drei Schnittvorgänge pro Jahr ausreichen.

Ein besonderes Problem ist die Schädigung von Straßenbäumen durch die Verwendung von **Streusalz**. Die schweren Schäden durch chloridhaltige Auftaumittel, die im Winterdienst verwendet werden, sind durch Forschungsergebnisse einwandfrei nachgewiesen. Natrium-Chlorid verändert die Bodenstruktur im gesamten Wurzelraum der Pflanzen negativ. Es wird von der Pflanze über die Wurzel oder auch über die oberirdischen Sprossteile aufgenommen, kann nicht wieder ausgeschieden werden und wirkt in der Konzentration durch Anreicherung, vor allem bei Gehölzen, tödlich. Besonders auf Schnellstraßen wird außerdem salzhaltiges Wasser durch Autos auf die Rinde der Bäume gespritzt und verätzt diese, wodurch der Luftzutritt verhindert wird und weitere Schäden an den Leitungsbahnen auftreten. Besonders schädlich ist Auftausalz auf den Gehsteigen, weil hier die Lösung unmittelbar in die Baumscheibe läuft. Nach Untersuchungen von U. Ruge, Universität Hamburg, gehen 90 % der Schäden an Straßenbäumen auf die Wirkung von Streusalz zurück.

Als Maßnahmen gegen Schäden durch **Streusalz** sind zu fordern:
- Streugänge, Streumengen und Streubreiten sind auf das geringstmögliche Maß zu beschränken;
- Salz ist nur zu streuen, wenn Temperatur-, Eis- und Schneeverhältnisse die angestrebte Wirkung erwarten und notwendig erscheinen lassen;
- der Streudienst ist auf das für den Verkehrsfluss unbedingt notwendige Straßennetz, vor allem auf die Routen öffentlicher Verkehrsmittel, zu beschränken;
- umweltfreundliche, abstumpfende Streumittel sind verstärkt einzusetzen;
- das Verwenden von Streusalz auf Gehsteigen und Fußwegen ist grundsätzlich zu verbieten, allenfalls ist ein Zusatz zu Streusand im Gewichtsanteil von höchstens 10 % zu erlauben;
- mit Streusalz vermischte Schnee- und Eismengen dürfen nicht auf Baumscheiben; Baumstreifen und Pflanzflächen gelagert werden.

Bei extremen Situationen mit besonderen Gefahren für Leben und Gesundheit von Menschen, ist ein kurzfristiges Aussetzen einzelner dieser Maßnahmen zu vertreten.

Baumschutzsatzung, Baumschutzverordnung

Die Stadt bzw. Gemeinde kann im eigenen Wirkungsbereich Verordnungen zum Schutz und zur Entwicklung von Grünbeständen erlassen, sowohl für das ganze Gemeindegebiet als auch für Teile davon. Damit wird es aber auch notwendig, die Einhaltung zu überwachen, verbunden mit einem hohen Bedarf an fachlich geschultem Personal. Eines dieser Rechtsinstrumente ist die Baumschutzsatzung oder Baumschutzverordnung. Die Rechtsgrundlage für diese Vorschriften, mit denen der wertvolle Baumbestand einer Stadt gesichert werden soll, ist in der Regel die Naturschutz-Gesetzgebung, teilweise auch die Landesbauordnung, mit der Untere Naturschutzbehörden zu Verordnungen bzw. Gemeinden zu Baumschutzsatzungen ermächtigt werden. Der Geltungsbereich kann das bebaute Gebiet oder das gesamte Gebiet innerhalb der Stadtgrenzen sein.

Durch die Baumschutzsatzung oder -verordnung wird das Fällen von Bäumen ab einem bestimmten Stammumfang von einer Bewilligung und von Ersatzpflanzungen oder Ersatzleistungen in Geld abhängig gemacht. Von den Bestimmungen ausgenommen sind in der Regel Obstbäume, Bäume in Kleingartenanlagen, auf Friedhöfen, in öffentlichen Parkanlagen, in Baumschulen und im Wald. Die Ersatzpflanzung auf dem Grundstück selbst oder in unmittelbarer Nähe ist der Ausgleichszahlung vorzuziehen; diese sollte nur in begründeten Ausnahmefällen zugelassen werden. In den meisten Städten gibt das Gartenamt zu jedem Fällungsantrag eine Stellungnahme ab, den Bescheid erlässt die zuständige Verwaltungsbehörde.

Das Instrument der Baumschutzverordnung ist durchaus umstritten: als **Vorteil** der Baumschutzsatzung wird genannt, dass der Baum als Schutzobjekt klar definiert werde; allein die Strafandrohung habe eine heilsame Wirkung. Als **Nachteil** wird die Gefahr genannt, dass Bäume kurz vor Erreichen des Limits noch gefällt werden; diese Ansicht ist allerdings in der Praxis nicht bestätigt worden. Die Kritiker meinen, es sei besser, die Gartenbesitzer durch Information zur Erhaltung und sorgfältigen Pflege ihrer Bäume zu motivieren. Ein weiterer Nachteil sind die mit dem Vollzug und der Überwachung verbundenen hohen Personalkosten; dies ist der Grund dafür, dass einige deutsche Städte und Gemeinden ihre Baumschutzsatzungen wieder aufgegeben haben.

Literatur

Bärtels A.: Gehölzpflanzen pflegen. 2. Aufl. Stuttgart 1995
Bernatzky A.: Baumkunde und Baumpflege. 5. Aufl. Braunschweig 1994
Breloer H., C. Mattheck: Verkehrssicherungspflicht bei Bäumen aus rechtlicher und fachlicher Sicht. 5. Auflage, Braunschweig 1996
Dujesiefken D. (Hrsg.): Wundbehandlung an Bäumen. Braunschweig 1995
Dujesiefken D., P. Kockerbeck (Hrsg.): Jahrbuch der Baumpflege 1997. Braunschweig 1997
Forschungsgesellschaft Landschaftsentwicklung Landschaftsbau FLL. Troisdorf/Bonn: vgl. Abschnitt 8.2
Höster H.-R.: Baumpflege und Baumschutz. Grundlagen, Diagnosen, Methoden. Stuttgart 1993
Höster H.-R.: Zur Situation der Straßenbäume in Hannover. Erfahrung mit einem Baumkataster und Hinweise zu Baumschutzsatzungen. Naturschutz und Landschaftsplanung 2, 1991, 63–68. Hannover 1991
Koch W., H. Breloer: Aktualisierte Gehölzwerttabellen. Bäume und Sträucher als Grundstücksbestandteile an Straßen, in Parks und Gärten sowie in der freien Landschaft, einschließlich Obstgehölze. 3. Auflage. Karlsruhe 1997
von Malek J., H. Wawrik et al.: Der Baumpfleger. Stuttgart 1999
Mattheck C., H. Breloer: Handbuch der Schadenskunde von Bäumen – der Baumbruch in Mechanik und Rechtssprechung. 2. Aufl. Freiburg 1994
Siewniak M., D. Kusche: Baumpflege heute. 3. Aufl. Berlin/Hannover 1994
Shigo A. L. : Moderne Baumpflege. Grundlagen der Baumbiologie. Braunschweig 1994
Shigo A., A. Bernatzky: Baumschnitt. Leitfaden für die richtige Baumpflege. Nachdruck Braunschweig 1996
Wessolly L., Erb M.: Handbuch der Baumstatik und Baumkontrolle. Berlin/Hannover 1998

7.4.3 Instandsetzung, Erneuerung von Grünanlagen

Grundsätzlich ist zu bedenken, dass alle Grünräume, ob öffentlich oder privat, **altern** und dabei vielfach an Wert gewinnen. Mit Ausnahme historischer Gärten, bei denen ein Zustand aus einer bestimmten vergangenen Periode erhalten werden soll, hat die Gartenpflege nicht die Aufgabe, diese Alterung zu verhindern, sondern die natürliche Entwicklung und einen ansehnlichen Zustand des Gartens zu sichern. Wenn in alten Gärten und Parks ein Bestand an großen Bäumen und Wiesen vorhanden ist, sollte er möglichst lange erhalten bleiben, allenfalls, wenn notwendig, behutsam verjüngt werden.

Die **Lebensdauer** von Grünanlagen in der Stadt hängt im Wesentlichen von zwei Faktoren ab:
- von der baulichen und pflanzlichen Qualität bei der Neuanlage, auch vom Anteil der gegenüber der Abnützung empfindlichen Objekte, beispielsweise bewegliche Spielgeräte, Beleuchtungskörper und dergleichen;
- von der Art der Nutzung, vom Verhalten der Nutzer, in einem weiten Bogen vom pfleglichen Gebrauch bis zu willkürlichen Zerstörungen; dieser Faktor hängt eng mit der Lage des Parks oder Gartens im Stadtgebiet und mit der Anzahl der Besucher zusammen.

Die Lebensdauer von Spielgeräten sowie von Bänken und Bank-Tisch-Kombinationen aus Holz beträgt rund fünf Jahre. Beleuchtungskörper müssen durchschnittlich jährlich ersetzt werden, in manchen Parks und Grünverbindungen auch öfter; den hohen Kosten sind die Vorteile der Sicherheit für die Nutzer gegenüberzustellen. Nicht zerstört, sondern nur bemalt werden starke Betonmauern. Außenanlagen im mehrgeschossigen Wohnbau und öffentliche Parkanlagen haben eine Lebensdauer von rund 10 Jahren, dann müssen sie erneuert werden.

Unterstandslose, die in der wärmeren Jahreszeit in Parkanlagen wohnen, richten erfahrungsgemäß kaum Schäden an; sie sind selbst den Aggressionen von Jugendlichen ausgesetzt, die die meisten willkürlichen Zerstörungen in Grünanlagen verursachen.

Immer häufiger wird, auch von Kommunalpolitikern, die Frage gestellt, ob es gerechtfertigt ist, sehr hohe Steuermittel dafür aufzuwenden, Parks, die von den Bürgern zerstört werden, immer wieder instandzusetzen und zu erneuern; es sei sinnvoller, diese Gelder in die Jugendarbeit fließen zu lassen und die Parkgrundstücke wirtschaftlich zu verwerten.

Die Erneuerung von **Pflanzenbeständen** hängt von deren unterschiedlicher Lebensdauer ab; sie beträgt
- bei Bäumen rund 80 bis 200 Jahre, je nach Art und Standort,
- bei Sträuchern etwa 30 bis 60 Jahre,
- bei Stauden rund 10 bis 20 Jahre,
- bei Blumenwiesen und Rasen ungefähr 5 bis 15 Jahre, bei guter Pflege auch länger.

Eine auf die jeweilige Pflanzung abgestimmte Regenerationsdüngung kann diese Lebensdauer verlängern.

Bei der Erneuerung und Umgestaltung älterer Grünanlagen sollte, auch im Sinne der angestrebten Zustimmung der Bevölkerung, möglichst zuerst mit einem Teil der Anlage begonnen werden. Verläuft dieser Schritt erfolgreich, entsteht oft gleichsam ein Schneeball-Effekt, der schließlich den ganzen Park erfasst. Dies gilt besonders für historische Gärten, bekannte Parks und alte Friedhofsteile.

Literatur

Albert R.: Erfahrungen mit Alleebaumsanierungen in Wien. Referat 6. Internat. Alleebaumkolleg. Nachrichtenblatt Deutscher Pflanzenschutzdienst. H. 45. Berlin 1993

Forschungsgesellschaft Landschaftsentwicklung Landschaftsbau FLL, Troisdorf/Bonn: vgl. Abschnitt 8.2

8.0 Vorbemerkung

Die folgenden Informationen entsprechen dem Stand zur Zeit des Abschlusses des Manuskripts zu Jahresende 1999; sie müssen also in Anbetracht der ständigen Entwicklung der behandelten Materie vor der Anwendung jeweils überprüft und laufend auf den neuesten Stand ergänzt werden. Dies betrifft den Inhalt aller folgenden Abschnitte. Bei den Gesetzen und Verordnungen ist auch zu beachten, dass die Rechtsprechung stetig neue Erkenntnisse hervorbringt. Auch die Normen und Richtlinien werden im Zuge der Implementierung von Vorschriften der Europäischen Union laufend ergänzt, erweitert und verändert, meist in Richtung detaillierterer Bestimmungen. Beim Verzeichnis der Fachdienststellen und Organisationen können sich Änderungen in den Bezeichnungen und im Amts- bzw. Bürositz ergeben. Weitere Organisationen bestehen auf Ebene der Europäischen Union.

Im Abschnitt 8.1 sind Nachschlagewerke und Fachliteratur von allgemeiner und grundlegender Bedeutung aufgeführt, die über die Literaturangaben zu den einzelnen Abschnitten des Buches hinausreicht. Die Hinweise zu Fachzeitschriften und Schriftenreihen sollen ebenfalls die allgemeine Information erleichtern. Neuere Ergebnisse auf dem Gebiet der Freiraumplanung, vor allem aktuelle Ergebnisse von Wettbewerben, Planungen und Forschungsergebnisse, die für die Entwurfsarbeit von Interesse sind, werden in Fachzeitschriften wie „Garten + Landschaft", „Stadt und Grün "sowie „anthos" veröffentlicht.

Für das gesamte Kapitel 8. gilt, dass die Angaben keinen Anspruch auf Vollständigkeit erheben können, sondern als Hinweise und Arbeitsbehelfe zu betrachten sind.

8.1 Nachschlagewerke, Schriftenreihen, Fachzeitschriften

● **Nachschlagewerke**

Ahrens H., J. Arlt, G. Lindemann (Hrsg.): Planen und Bauen. Gesetze, Verordnungen, Richtlinien und Normen für Architekten aus einer Hand (Sammelwerk, aktualisiert). Köln 1999

Akademie für Raumforschung und Landesplanung (Hrsg.): Handwörterbuch der Raumordnung. Hannover 1995

BMin. für Umwelt, Naturschutz und Reaktorsicherheit (Hrsg.): Landschaftsplanung – Inhalte und Verfahrensweisen. Bonn 1992

Buchwald K., Engelhardt W. (Hrsg.): Handbuch für Planung, Gestaltung und Schutz der Umwelt München/Wien/Zürich 1980

Bund Deutscher Landschaftsarchitekten BDLA (Hrsg.): Landschaftsarchitekten- Handbuch. Hamburg, erscheint jährlich ab 1980

Bundesamt für Naturschutz (Hrsg.): Verzeichnis der Landschaftspläne und Landschaftsrahmenpläne in der Bundesrepublik Deutschland. Reihe Angewandte Landschaftsökologie Heft 5. Bonn – Bad Godesberg 1995

Lehr R.: Taschenbuch für den Garten-, Landschafts- und Sportplatzbau. Hrsg.: H.-E. Beier, A. Niesel, H. Pätzold. 5. Auflage Berlin 1997

ORL-Institut ETH Zürich: Landschaftsplanung, Lehrmittel. Zürich 1995

ORL-Institut ETH Zürich: Ökologische Planung und Umweltverträglichkeitsprüfung, Lehrmittel. Zürich 1995

Schneider K.-J.: Bautabellen für Architekten. 12. neu bearbeitete und erweiterte Auflage, Düsseldorf 1996

IRB – Literaturauslesen
IRB Verlag, Informationszentrum RAUM und BAU (IRB) der Fraunhofer-Gesellschaft, Postfach 80 04 69, Nobelstr. 12, D-70504 Stuttgart
IRB Literaturauslesen enthalten Hinweise auf Zeitschriftenaufsätze, Bücher und Forschungsberichte zu zahlreichen Kapiteln dieses Buches. Über die IRB Datenbanken sind Informationen tagesaktuell erhältlich.

● **Schriftenreihen (Auswahl)**
Akademie für Raumforschung und Landesplanung Hannover (Verlag ARL Hannover).
Schriftenreihe, Jahresberichte, Forschungs- und Sitzungsberichte, Arbeitsmaterialien
Arbeiten zur sozialwissenschaftlich orientierten Freiraumplanung. LIT Verlag, Münster, jetzt München
Beiträge zur räumlichen Planung. Schriftenreihe des Fachbereichs Landschaftsarchitektur und Umweltentwicklung der Universität Hannover. ISBN 0721-6866

Beiträge zur Stadtforschung, Stadtentwicklung und Stadtgestaltung. Hrsg.: Magistrat der Stadt Wien, Mag.Abt. 18 Stadtplanung (seit 1977 65 Bände)

Bundesamt für Umwelt, Wald und Landschaft (BUWAL), Bern. Berichte, Materialien

Bundesinstitut für Sportwissenschaft, Köln-Müngersdorf. Sport- und Freizeitanlagen, Berichte, Planungsgrundlagen

Deutsches Institut für Urbanistik Berlin (DIFU). Schriftenreihe Beiträge zur Stadtforschung, Materialien

Fachbereich Landschaftsentwicklung der TU Berlin.Schriftenreihe Landschaftsentwicklung und Umweltforschung

Forschungsgesellschaft Landschaftsentwicklung Landschaftsbau e.V. FLL. Schriftenreihe. Geschäftsstelle: Colmantstraße 32, D 53115 Bonn

Institut für Landschaftsplanung und Gartenkunst der Techn. Univ. Wien. Schriftenreihe. A-1040 Wien

ISW Institut für Städtebau und Wohnungswesen München der Deutschen Akademie für Städtebau und Landesplanung (Hrsg.). Manuskriptreihe (jeweils 15 bis 25 Seiten)

Landschafts- und Sportplatzbau. Liesecke H.-J., W. Skirde (Hrsg.)

ORL-Institut, ETH Zürich. Schriftenreihe. Hochschulverlag an der ETH Zürich, CH-8092 Zürich

Periodicum. Veröffentlichungen des Instituts für Städtebau Berlin. Jebensstr. 1, D-10623 Berlin 12

Schweizerische Vereinigung für Landesplanung Bern. Schriftenfolge

● **Fachzeitschriften (Auswahl)**

anthos Hrsg.: Bund Schweizer Landschaftsarchitekten (BSLA), Redaktion S. Perrochet, Avenue Soguel 1, CH-2035 Corcelles NE

Architektur + Wettbewerbe Rotebühlstraße 40, D-70178 Stuttgart-Vaihingen (Krämer)

Die Gartenkunst Wernersche Verlagsgesellschaft, Liebfrauenring 17–19, D-67547 Worms

DISP – Dokumentations- und Informationsstelle für Planungsfragen. ORL-Institut an der ETH Zürich. Hochschulverlag AG an der ETH Zürich, ETH-Zentrum, CH-8092 Zürich

Garten und Landschaft Callwey-Verlag. Redaktion: Streitfeldstr. 35, D-81673 München

Landscape and Urban Planning (NL) Elsevier Science Customer Support Dept. P.O. Box 211 NL-1000 Amsterdam

Landschaftsarchitektur Thalacker-Verlag. Redaktion: Postfach 8364, D-38133 Braunschweig

sb – Sportstättenbau und Bäderanlagen Hrsg.: Internationaler Arbeitskreis Sport- und Freizeiteinrichtungen IAKS, Carl Diem-Weg 3, D-50933 Köln

Schule und Sportstätte Fachjournal des Österr. Instituts für Schul- und Sportstättenbau, Prinz Eugen-Straße 12, A-1040 Wien

Sport + Bäder + Freizeit Bauten Kramer Verlag, Hermannstr. 3, D-40233 Düsseldorf

Sport- und Freizeitanlagen Hrsg.: Bundesinstitut für Sportwissenschaft (BISp), Carl Diem-Weg 3, D-50933 Köln-Müngersdorf

Stadt und Grün (früher: Das Gartenamt) Redaktion: Herrenhäuser Str. 2, D-30419 Hannover

Vegetationstechnik Patzer Verlag. Redaktion: Herrenhäuser Str. 2, D-30419 Hannover

Wettbewerbe aktuell Schleißheimer Str. 218, Postfach 154, D-87621 Füssen

ZOLLtexte Hrsg.: Forum Landschaftsplanung, Schleifmühlgasse 1A/14, A-1040 Wien

Inhalte weiterer ausländischer Fachzeitschriften werden in „Garten und Landschaft" besprochen.

8.2 Gesetze, Normen, Richtlinien

8.2.1 Bundesgesetze, -verordnungen

Österreich

BGBl. 1951/103 i.d.F.v. BGBl. 1993/903: Flurverfassungs-Grundsatzgesetz
BGBl. 1959/6: Bundeskleingartengesetz
BGBl. 1997/85 i.d.F.v. BGBl. 1999/115: Wasserrechtsgesetz
BGBl. 1974/287 i.d.F.v. 483/1984: Stadterneuerungsgesetz
BGBl. 1975/440 i.d.F.v. BGBl. 1995/532: Forstgesetz

BGBl. 1923/533 i.d.F.v. BGBl. I Nr. 170/1999: Denkmalschutzgesetz

BGBl. 1993/697 i.d.F.v. BGBl. I Nr. 89/2000: Umweltverträglichkeitsprüfungs-Gesetz

BGBl. I Nr. 56/1997 i.d.F.v. BGBl. I Nr. 125/2000: Bundesvergabegesetz

BGBl. I Nr. 38/1999 i.d.F.v. BGBI, I Nr. 184/1999: Mineralrohstoffgesetz

Schweiz

Bundesverfassung der Schweizerischen Eidgenossenschaft vom 18. 4. 1999 (SR 101), insbesondere die Artikel zum Natur- und Heimatschutz, Schutz des Menschen und seiner natürlichen Umwelt, Wasserwirtschaft, Fuß- und Wanderwege, Bahnhof-Parkanlagen

Bundesgesetz über die Raumplanung (Raumplanungsgesetz RPG) 1979/1573, Ä 1991/857, 1996/965

Verordnung über Raumplanung – RPV. 1989/1985, Ä 1996/1534

Bundesgesetz über den Natur- und Heimatschutz – NHG, 1966, S. 1637, 12 Änderungen, zuletzt 1998

Verordnung über den Natur- und Heimatschutz – NHV, 1991/249; Ä 1996/225

Bundesgesetz über Fuß- und Wanderwege – FWG. 1985, 1986/2506, Ä 1996/2114

Bundesgesetz über den Wasserbau 1991, 1993/234, 2 Änderungen

Wasserbauverordnung – WBV. 1994/222502

Bundesgesetz über den Wald – Waldgesetz WaG. 1992/2521, Ä 1993/325

Bundesrepublik Deutschland

Baugesetzbuch BauGB. 1997 i.d.F.v. 1998

Bau- und Raumordnungsgesetz (BauROG). 1997 i.d.F.v. 1998

Verordnung über die Ausarbeitung der Bauleitpläne und die Darstellung des Planinhalts (Planzeichenverordnung – PlanV). 1990

Gesetz über Naturschutz und Landschaftspflege (Bundesnaturschutzgesetz – BNatSchG). 1998

Gesetz zur Ordnung des Wasserhaushalts (Wasserhaushaltsgesetz – WHG). 1996 i.d.F.v. 2000

Bundeskleingartengesetz (BKleingG). 1983, i.d.F.v. 1994 und 1997

Umweltverträglichkeitsprüfungs-Gesetz (UVPG). 1990 i.d.F.v. 1997

Umweltverträglichkeitsprüfungsverwaltungsvorschrift, Allgemeine Verwaltungsvorschrift zur Ausführung des Gesetzes über die Umweltverträglichkeitsprüfung (UVPVwV). 1995

Mustercampingplatzverordnung (MCPlVO). 1981

Gesetz zur Erhaltung des Waldes und zur Förderung der Forstwirtschaft (Bundeswaldgesetz – BWaldG). 1975 i.d.F.v. 1984

Gesetz zur Berücksichtigung des Denkmalschutzes im Bundesgebiet (BRDSchG). 1980

Bundesimmissionsschutzgesetz (BImSchG). 1974 i.d.F.v. 1990 und 1998 sowie 18. Verordnung zur Durchführung (Sportanlagenlärmschutzverordnung – 18. BImSchV). 1991

8.2.2 Normen, Richtlinien

Die weltweit geltenden **ISO-Normen** (Normen der International Organization for Standardization) werden durch Übernahme in europäische und nationale Normen verbindlich gemacht. Die europäischen Normen (**EN-Normen**) werden von 19 europäischen Normungsinstituten beim Europäischen Komitee für Normung (Comite europeen de normalisation, CEN) erarbeitet. Es gibt zwei Arten von EN-Normen:

- Mandatierte Normen aufgrund einer Richtlinie der EU-Kommission; sie sind in allen Mitgliedsstaaten bindend;
- Vereinheitlichte Normen auf freiwilliger Basis, sie gelten als anerkannte Regeln der Technik, die Anwendung ist freiwillig.

Die CEN veröffentlicht auch so genannte Vornormen (ENV) zur Überprüfung ihrer Tauglichkeit in den einzelnen Ländern.

Die **Richtlinien** und die **Verordnungen** der Europäischen Gemeinschaften werden in deren Amtsblatt (Postfach 100534, D-50445 Köln) sowie in den nationalen amtlichen Nachrichten verlautbart

In Österreich gelten die ÖNORM, die VORNORM und die ON-Regel (ONR). Die Vornorm wird meist als Vorstufe für eine ÖNORM erarbeitet, es müssen nicht alle Beteiligten dem Ergebnis zustimmen. Die ONR besitzt nicht alle Merkmale einer ÖNORM, sie wird in der Regel für einzelne Branchen oder für Sachgebiete erstellt, die noch nicht für eine Norm geeignet sind.

In der Schweiz wird unterschieden zwischen Normen, das sind anerkannte Regeln der Baukunde, die auf Erkenntnissen von Wissenschaft, Technik und Praxis beruhen, und Richtlinien, das sind Erläuterungen zur Anwendung und Auslegung der Normen. Das Normenwerk wird vom SIAV (Schweizerischer Verein der Ingenieure und Architekten) erarbeitet und teilweise durch andere Fachverbände ergänzt. Europäische Normen werden teilweise übernommen. Die Normen werden von dem SIAV und der Schweizerischen Normen-Vereinigung herausgegeben.

In Deutschland gelten auf nationaler Ebene neben den EN-Normen die DIN-Normen, beschlossen vom Deutschen Normenausschuss, herausgegeben durch das Deutsche Institut für Normung, Berlin.

ISO- und EN-Normen

ISO 6107 T 1	Wasserbeschaffenheit; Benennung und Definitionen. 1996
EN 748-750	Spielfeldgeräte: Fußballtore, Handballtore, Hockeytore, funktionelle und sicherheitstechnische Anforderungen, Prüfverfahren. 1998/1999
EN 1510	Spielfeldgeräte: Tenniseinrichtungen, sonst wie oben. 1996
EN 1176-1-6	Spielplatzgeräte I, allgemeine sicherheitstechnische Anforderungen. 1999
EN 1176-7	Spielplatzgeräte, Inspektion, Wartung, Betrieb. 1997
EN 1177	Stoßdämpfende Spielplatzböden, sicherheitstechnische Anforderungen. 1997
EN 12572	Künstliche Kletteranlagen, Anforderungen an die Sicherheitspunkte. 1998
EN 12193	Licht und Beleuchtung; Sportstättenbeleuchtung. 1999
EN 752-1-3	Entwässerungssysteme außerhalb von Gebäuden. 1996

Europäische Union EU: Richtlinie 92/43/EWG des Rates vom 21. 5. 1992 zur Erhaltung der natürlichen Lebensräume sowie der wildlebenden Tiere und Pflanzen (FFH-Richtlinie), Brüssel

Schweiz

SIA 318-SN 568318/1988	Garten- und Landschaftsbau, SIAV
SIA 111-2-1990	Honorarberechnung nach dem Zeit-Mitteltarif, SIAV
SIA 102-1984	Ordnung für Leistungen und Honorare der Architekten, SIAV
SIA 117-1972	Norm für die Ausschreibung und Vergebung von Arbeiten und Lieferungen bei Bauarbeiten (Submissionsverfahren), SIAV
SIA 271-2-1994	Flachdächer zur Begrünung, SIAV
SN (Schweizernorm), EN – entspricht Europäischer Norm	
SN EN 1176-1 bis 7	Spielplatzgeräte, sicherheitstechnische Anforderungen. 1999
SN EN 1177	Stoßdämpfende Spielplatzböden

Bundesrepublik Deutschland

Deutsches Institut für Normung e.V. (Auswahl aus dem DIN-Katalog für Technische Regeln 2001 bzw. aus PERINORM, Internationale Normendatei):

DIN 1986	Entwässerungsanlagen für Gebäude und Grundstücke. Teil 1: Technische Bestimmungen für den Bau 1998. Teil 2: Ermittlung der Nennweiten von Abwasser- und Lüftungsleitungen 1995. Teil 3: Instandhaltung 1995
DIN EN 1176/1 bis 7	Spielplatzgeräte. 7 Teile. 1998 (ersetzt bisherige DIN 7926)
DIN EN 1177	Stoßdämpfende Spielplatzböden. 1997
DIN 18005/1	Schallschutz im Städtebau. Teil 1: Hinweise für die Planung. 2000
DIN 18024/1	Barrierefreies Bauen. Teil 1: Straßen, Plätze, Wege; öffentliche Verkehrs- und Grünanlagen, Spielplätze – Planungsgrundlagen. 1998
DIN 18034	Spielplätze und Freiräume zum Spielen – Anforderungen und Hinweise für die Planung und den Betrieb. 1999
DIN 18035	Sportplätze. Teil 1: Freianlagen für Spiele und Leichtathletik: Planung und Maße. 1979. (E) 1999. Teil 2: Bewässerung von Rasen und Tennenflächen 1979. Teil 3: Entwässerung 1978. Teil 4 Rasenflächen 1991. Teil 5 Tennenflächen 1987. Teil 6 Kunststoffflächen 1992. Teil 7 Kunststoffrasenflächen 2000. Teil 8: Leichtathletikanlagen 1978
DIN 18320	VOB: Verdingungsordnung für Bauleistungen . Teil C: Allgemeine technische Vertragsbedingungen für Bauleistungen (ATV) – Landschaftsbauarbeiten. 2000
DIN 18915	Vegetationstechnik im Landschaftsbau – Bodenarbeiten. 1990 i. d. F. v. 1991

DIN 18916	Vegetationstechnik im Landschaftsbau – Pflanzen und Pflanzarbeiten. 1990
DIN 18917	Vegetationstechnik im Landschaftsbau – Rasen- und Saatarbeiten. 1990
DIN 18918	Vegetationstechnik im Landschaftsbau – Ingenieurbiologische Sicherungsbauweisen. 1990
DIN 18919	Vegetationstechnik im Landschaftsbau – Entwicklungs- und Unterhaltungspflege von Grünflächen. 1990
DIN 18920	Vegetationstechnik im Landschaftsbau – Schutz von Bäumen, Pflanzenbeständen und Vegetationsflächen bei Baumaßnahmen. 1990
DIN 33943	Rollsportgeräte, Skateeinrichtungen – Begriffe, sicherheitstechnische Anforderungen. 2000
DIN EN 12193	Licht und Beleuchtung; Sportstättenbeleuchtung. 1999

FLL, Forschungsgesellschaft Landschaftsentwicklung Landschaftsbau, Bonn/Troisdorf (Hrsg.):

Standortoptimierung von Straßenbäumen. 2 Teile. 1989/1996

Richtlinien für den Bau von Golfplätzen. 2000

Der Grünordnungsplan als kommunales Planungsinstrument. 1993

Die Abrechnung von Bauvorhaben. 1993

Leitfaden für die Planung, Ausführung und Pflege von funktionsgerechten Gehölzpflanzungen im besiedelten Bereich. 1999

Kostenplanung im Garten-, Landschafts- und Sportplatzbau. Ergänzungsbedarf zur DIN 226. 2000

Bauverträge im Garten-, Landschafts- und Sportplatzbau. Ausgabe 1998

Richtlinien für die Planung, Ausführung und Pflege von Fassadenbegrünungen mit Kletterpflanzen. 2000

Richtlinien für die Planung, Ausführung und Pflege von Dachbegrünungen. 1995

ZTV Baumpflege. Zusätzliche Technische Vorschriften für Baumpflege und Baumsanierung. 2. Aufl. Bonn 1993

Verpflanzen von Großbäumen und Großsträuchern. 1988

ZTV Großbaumverpflanzung. Zusätzliche Technische Vertragsbedingungen und Richtlinien für das Verpflanzen von Großbäumen und Großsträuchern. 2. Aufl. Troisdorf/Bonn 1995

Biotoppflege, Biotopentwicklung. Teile 1 bis 6. 1991 – 1997

Aspekte der Freiraumplanung. Der sozio-psychologische Bereich. 1986

Graphische Datenverarbeitung in der Landschafts- und Umweltplanung mit Ergebnissen einer vergleichenden Softwareübersicht. 1994

Richtlinien zur Begrünung von Problemflächen. 1998

Musterleistungsverzeichnis Friedhofsrahmenpflege. 1997

Musterleistungsverzeichnis Freianlagen. Band 1 1990, Band 2 1993

Mustertexte für die Beschreibung von Bau- und Pflegeleistungen bei Dach- und Fassadenbegrünungen. MLV-DF. 1993

Musterleistungsverzeichnis Dach- und Fassadenbegrünung. MLV-DuF. 1998

Musterleistungsverzeichnis Baumpflege, Baumsanierung. MLV Baum. 1998

Musterleistungsverzeichnis Bau und Pflege naturnaher Grünflächen. 1994

Empfehlungen zur Bewertung von Dachbegrünungen in der Bauleitplanung, bei der Baugenehmigung und bei der Bauabnahme. 1996

FGSV Forschungsgesellschaft für Straßen- und Verkehrswesen (Hrsg.):

Richtlinien für die Anlage von Straßen – RAS (früher Richtlinien für die Anlage von Landesstraßen – RAL und von Stadtstraßen – RAST). Köln

RAS-LG 1980 – Teil Landschaftsgestaltung. Abschnitt 1: Landschaftsgerechte Planung. Abschnitt 2: Grünflächen-Planung, Ausführung, Pflege. 1980

RAS-LG 1983 – Teil Landschaftsgestaltung. Abschnitt 3: Lebendverbau. 1983

RAS-LG 1986 – Teil Landschaftsgestaltung. Abschnitt 4: Schutz von Bäumen und Sträuchern im Bereich von Baustellen. 1986

FGSV 293/1, RAS-LP 1 – Teil Landschaftspflege. Abschnitt 1: Landschaftspflegerische Begleitplanung. 1996

FGSV 293/2, RAS-LP 2 – Teil Landschaftspflege. Abschnitt 2: Landschaftspflegerische Ausführung. 1993

FGSV 284/ERA 95: Empfehlungen für Radverkehrsanlagen. 1995

FGSV 230/ESG 96: Empfehlungen zur Straßenraumgestaltung innerhalb bebauter Gebiete. 1996

Empfehlungen für Anlagen des ruhenden Verkehrs EAR 91. Köln 1991

Merkblatt über Baumstandorte und unterirdische Ver- und Entsorgungsanlagen. 1989
Biotoppflege, Biotopentwicklung. Teile 1 bis 6. 1991 – 1997

Landesumweltamt Nordrhein-Westfalen:
LUA Merkblatt 10. Geräuschimmissionsprognose von Sport- und Freizeitanlagen, Planungshilfe. 1998

Deutsches Institut für Gütesicherung und Kennzeichnung (RAL) – Druckschriften:
RAL-GZ 943/1-1995: Kunststoffbeläge in Sportfreianlagen
RAL-GZ 943/2-1995: Kunststoffrasenbeläge in Sportfreianlagen

Zentralverband des deutschen Dachdeckerhandwerkes e.V. (Hrsg.):
Richtlinien für die Planung und Ausführung von Dächern mit Abdichtungen – Flachdachrichtlinien. Köln 1991

Arbeitsgemeinschaft Landwirtschaftliches Bauwesen in Bayern (ALB) – Arbeitsblätter:
ALB – Bayern 07. 03. 03 – Reitanlagen – Grundrissbeispiele. 1980
ALB – Bayern 07. 03. 04 – Reithallen – Planungsgrundlagen. 1995
ALB – Bayern 07. 03. 05 – Planungsgrundlagen, Platzbedarf für Gesamtreitanlagen. 1983

Österreich

Bundeskammer der Architekten und Ingenieurkonsulenten
Allgemeiner Teil der Gebührenordnungen (AT). 1988 (Stand 1. 1. 1998)
Gebührenordnung für Architekten (GOA). 1991 (Stand 1. 1. 1998)
Wettbewerbsordnung der Architekten (WOA). 1988 (Stand 1999)
Honorarordnung für Landschaftsplanung und Landschaftspflege. 1999

Bundesministerium für Gesundheit und Umweltschutz:
Richtlinie Nr. 5: Empfehlungen über die Begrenzung der Lärmbelastung. Wien 1976

Bundesministerium für wirtschaftliche Angelegenheiten und Magistrat der Stadt Wien: CAD – Norm.
Österreichischer Golf-Verband, Regeln des Royal & Ancient Golf Club of St. Andrews bzw. der USG über Golfanlagen.

Österreichisches Normungsinstitut:
A 2050 Vergabenorm. 2000
A 6061 – 6063 Technische Zeichnungen. Darstellung von Ansichten, Projektionen, Schnitten. 1988 – 1991
A 6065-1 Technische Zeichnungen. Maßeintragung für allg. Anwendungen – Grundlagen. 1994
B 1600 Barrierefreies Bauen – Planungsgrundsätze. 1994
B 1601 Spezielle Baulichkeiten für behinderte und alte Menschen – Planungsgrundsätze. 1994
B 1602 Barrierefreie Schul- und Ausbildungsstätten und Begleiteinrichtungen. 2001
B 2110 Allgemeine Vertragsbestimmungen für Bauleistungen – Werkvertragsnorm. 2000
B 2117 Allgemeine Vertragsbestimmungen für Bauleistungen an Straßen sowie den damit in Zusammenhang stehenden Landschaftsbau – Werkvertragsnorm. 2000
B 2205 Erdarbeiten – Werkvertragsnorm. 2000
B 2241 Gartengestaltung und Landschaftsbau – Werkvertragsnorm. 1992
B 2605 Sportplätze. Planungsrichtlinien und Ausführungshinweise. 2000
B 2606/1 Sportplatzbeläge. Rasenbeläge. 1997
B 2606/2 Sportplatzbeläge. Tennenbeläge. 2000
B 2606/3 Sportplatzbeläge. Bitumengebundener Aufbau mit und ohne Kunststoffbelag. 2001
B 2607 Spielplätze-Planungsrichtlinien. 2001
B 5230 Elastische Kunststoffbeläge für Sportanlagen im Freien und für Leichtathletikanlagen. Anforderungen und Prüfungen. 1991
B 7041 Schutz von Gehölzen und Vegetationsflächen bei Baumaßnahmen. 1996
L 1100 Landschaftsplanung und Landschaftsarchitektur. Definitionen und generelle Aufgabenbereiche. 2000
L 1110 Pflanzen-vegetationstechnische Arbeiten. Güteanforderungen, Sortierungsbestimmungen. 2000

L 1120 Erhaltungspflege – vegetationstechnische Arbeiten. 2000

L 1121 Schutz von Gehölzen und Vegetationsflächen bei Baumaßnahmen. 2000

L 1050 Boden als Pflanzenstandort. Begriffsbestimmungen, Untersuchungsverfahren. 1994

M 6215 Anforderungen an die Beschaffenheit des Wassers von Hallenbädern und künstlichen Freibecken-
bädern. 1991

M 6230-3 Badegewässer. Neuanlage, Pflege und Sanierung von künstlichen Badegewässern. 1996

M 6235 Neuanlage und Sanierung von Kleinbadeteichen. 1998

S 1240 Schießstätten. Planung, Bau und Betrieb. 1999

S 1241 bis S 1247 Schießstätten für verschiedene Geräte. 1997/98

S 4205 Beleuchtung von Tennisfreiluftanlagen. 1982

S 5021 T 1 Schalltechnische Grundlagen für die örtliche und überörtliche Raumplanung und Raumordnung. 1998

V 2100 bis 2102 Technische Hilfen für Sehbehinderte und Blinde. 1995 – 1997

Österreichischer Wasserwirtschaftsverband (ÖWAV), Regelblätter:

RB 301   Leitfaden für den natur- und landschaftsbezogenen Schutzwasserbau an Fließgewässern
2. Auflage 1985

AB 2   Grundwasserschongebiete 1984

AB 99   Das UVP-Gesetz 1994

Österreichisches Institut für Schul- und Sportstättenbau (ÖISS), Wien:

Anforderungen an Kunststofffrasenbeläge. 1992

Anlagen für Badminton. 1992; Anlagen für Streetball. 1993; Beach-Volleyball-Anlagen. 1995

Bau von Reitsportanlagen, 3 Teile. 1995/1996

Behindertenfreundliche Schulgebäude. 1985; Behindertengerechte Sportanlagen. 1987

Beleuchtung von Sportplätzen. 1990

BMX-Radsport. 1987. Mountainbiking. 1993

Herstellung von Snowboard-Halfpipes. 1994; Naturrodelbahnen. 1989

Pflege und Erhaltung von Sportplätzen und Leichtathletikanlagen. 1998; Pflege von Rasensportflächen;
1989. Pflege von Tennendecken; 1989. Qualitätssicherung beim Bau von Rasensportflächen. 1994; Qualitätssicherung beim Bau von Tennendecken. 1994

Planungsgrundsätze beim Bau von Golfanlagen. 1989; Bahnengolfanlagen im Freien. 1993

Richtlinien für den Bau von Asphaltbahnen. 1992

Planungsgrundsätze beim Bau von Tennisanlagen. 1992

Reitsportanlagen. 1995; Schießsportanlagen. 1987

Skateboardanlagen. 1990; Skateboardanlagen und Inline-Skate-Anlagen, Bau. 1996

Surfanlagen. 1987

8.3 Verzeichnis von Fachdienststellen, Organisationen

Das Verzeichnis ist zwangsläufig unvollständig; manche Anschriften können sich seit der Drucklegung geändert haben. Auskünfte sind bei den jeweiligen Fachdienststellen und Fachverbänden zu erhalten.

Bundesrepublik Deutschland

Arbeitsgemeinschaft Friedhof und Denkmal – AFD: Weinbergstraße 25–27, D-34117 Kassel

Bund Deutscher Baumschulen – BdB: Bismarckstraße 49, D-25402 Pinneberg

Bund Deutscher Landschaftsarchitekten – BDLA: Geschäftsstelle Köpenicker Straße, 48/49, D-10179 Berlin

Bund Deutscher Staudengärtner: Gießener Straße 47, D-35305 Grünberg

Bundesforschungsanstalt für Naturschutz und Landschaftsökologie (BFANL), jetzt: Bundesamt für Naturschutz: Konstantinstraße 110, D-53179 Bonn

Bundesinstitut für Sportwissenschaft: Carl Diem-Weg 3, D-50933 Köln-Müngersdorf

Bundesverband Garten-, Landschafts- und Sportplatzbau e.V. – BGL: Alexander von Humboldt-Straße 4,
D-53604 Bad Honnef

Deutsche Gesellschaft für Freizeit e.V. – DGF: Bahnstraße 4, D-40699 Erkrath

Deutsche Gesellschaft für Gartenkunst und Landschaftskultur e.V. – DGGL: Wartburgstraße 42, D-10823 Berlin

Deutscher Golf Verband e.V.: Friedrichstraße 12, D-65185 Wiesbaden

Deutscher Sportbund – DSB: Otto Fleck-Schneise 12, D-60528 Frankfurt am Main

Deutscher Städtetag, Ständige Konferenz der Gartenamtsleiter – GALK: Lindenallee 13–17, D-50968 Köln

Deutsches Institut für Normung DIN: D-10772 Berlin. Vertrieb: Beuth Verlag GmbH, D-10772 Berlin

Deutsches Institut für Normung, Normenausschuss Bauwesen – NABau: Burggrafenstraße 4–10, D-10787 Berlin

Fachvereinigung Bauwerksbegrünung e.V. – FBB: Rösrather Straße 634, D-51107 Köln

Forschungsgesellschaft Landschaftsentwicklung Landschaftsbau – FLL: D-53840 Troisdorf; neue Anschrift: Colmantstraße 32, D-53115 Bonn

FLL-Arbeitskreis Graphische Datenverarbeitung: Fachhochschule Nürtingen, Fachbereich Landespflege, Schelmenwasen 4–8, D-72622 Nürtingen

Internationale Vereinigung Sport- und Freizeiteinrichtungen – IAKS: Carl Diem-Weg 3, D-50933 Köln-Müngersdorf

Österreich

Bundesdenkmalamt, Abteilung Gartenarchitektur: Hofburg, Säulenstiege, A-1010 Wien

Bundeskammer der Architekten und Ingenieurkonsulenten: Karlsgasse 9, A-1040 Wien

Bundesministerium für Land- und Forstwirtschaft: Stubenring 8–10, A-1010 Wien

Sektion Landwirtschaft; Sektion Forstwirtschaft; Landesforstdirektionen; Dienststellen der Wildbach- und Lawinenverbauung

Bundesverband der Erwerbsgärtner Österreichs: Ing. Grete Nehammer, Draschestr. 13–15, A-1230 Wien

Fachgruppe Baumschulen: Ing. Franz Praskac, Praskacstraße 101-108, A-3430 Tulln

Fachgruppe Stauden: Helga Hameter, Werthfeldstraße 33, A-3441 Baumgarten

Höhere Bundeslehr- und Versuchsanstalt für Gartenbau Wien-Schönbrunn: Grünbergstr. 24, A-1120 Wien

Österreichische Bundesgärten: Direktion, Schloss Schönbrunn, A-1130 Wien

Österreichischer Städtebund, Fachausschuss für Gärten und Grünflächen:

Mag.Abt. 42 Stadtgartendirektion, Am Heumarkt 2b, A-1030 Wien

Österreichischer Verband für Bauwerksbegrünung (VfB), Peter Rosegger-Gasse 36, A-3400 Klosterneuburg

Österreichische Gesellschaft für Landschaftsplanung und Landschaftsarchitektur (ÖGLA): Sekretariat Schiffamtsgasse 18/6, A-1020 Wien

Österreichische Gesellschaft für historische Gärten: Generalsekretariat Dannebergplatz 8, A-1030 Wien

Österreichisches Institut für Schul- und Sportstättenbau (ÖISS)
  – Zentrale: Haus des Sports, Prinz Eugen-Straße 12, A-1040 Wien

Österreichisches Institut für Raumplanung (ÖIR): Franz Josefs-Kai 27, A-1010 Wien

Österreichisches Normungsinstitut: Postfach 130, Heinestraße 38, A-1021 Wien

Schweiz

Bund Schweizer Landschaftsarchitekten und Landschaftsarchitektinnen (BSLA): Sekretariat Rue du Doubs 32, CH-2300 La Chaux-de-Fonds

Bundesamt für Raumplanung: Eigerstraße 65, CH-3003 Bern

Bundesamt für Umwelt, Wald und Landschaft (BUWAL): Hallwylstraße 4, CH-3003 Bern

Eidgenössische Sportschule Magglingen: CH-2532 Magglingen

Institut für Baubiologie (SIB), Zentralsekretariat: St. Galler-Straße 28, CH-9230 Flawil

Schweizer Camping und Caravaning Verband: Postfach 24, CH-6000 Luzern 4

Schweizerische Vereinigung für Landesplanung: Schänzlihalde 21, CH-3013 Bern

Schweizerischer Ingenieur- und Architektenverein (SIA): Selnaustraße 16, CH-8039 Zürich

Vereinigung Schweizerischer Stadtgärtnereien und Gartenbauämter (VSSG): c/o Gartenbau- und Landwirtschaftsamt der Stadt Zürich, Postfach, CH-8023 Zürich

Hinweis
Jedicke E.: Adressbuch Naturschutz und Landschaftsplanung (mit CD-ROM). Stuttgart 1999

8.4 Sachregister

8.5 Namensregister

8.6 Bildquellen

(G + L = Garten und Landschaft, H = Heft, MA = Magistratsabteilung, S = Seite)
Abb. 1, 3: T. Valena, Stadt und Topographie, Berlin 1990. **Abb. 4:** Magistrat der Stadt Wien, Lichtbildstelle; Luftbild Freigabe BM für Inneres 28.549/88A. **Abb. 5:** Schriftenreihe Stadtplanung und Landschaftsplanung GHS Kassel, H. 2., Katalog zur Ausstellung Leberecht Migge 1981, S. 31. **Abb. 6:** Denkschrift „Der Wald- und Wiesengürtel und die Höhenstraße der Stadt Wien", Wien 1905. **Abb. 8:** Druckvorlage der Autoren. **Abb. 9:** Dia Büro Kirchner. **Abb. 10, 20:** M. Daldrop-Weidmann (Hrsg.): W. Rossow - Die Landschaft muß das Gesetz werden. Stuttgart 1991, S. 110, S. 127. **Abb. 11:** Piegsa G., R. Wernig: Erhaltung von Kulturlandschaft und Nutzung der Windenergie. In: Stadt und Grün Jg. 1999, H. 8, S. 535. **Abb. 13:** P. Bürgi, anthos, Jg. 1997, H. 2, S. 60. **Abb. 16:** Dia Stadt Wien, MA 49. **Abb. 19:** Dia Büro Kirchner. **Abb. 21:** anthos Jg. 1999, H. 3, S. 4. **Abb. 22:** Dia Stadt Wien, MA. 18. **Abb. 23:** R. Grebe, W. Tomasek: Gemeinde und Landschaft, 2. Aufl. Köln 1980, S. 48. **Abb. 24:** Fuchs C.: Neues aus Paris-Bercy. In: G + L Jg. 1999, H. 12. S. 19. **Abb. 25:** R. Gälzer, E.W. Heiss, H. Purschke, H. Schacht: Landschaftsrahmenplan Wien 1980, Textteil. **Abb. 27:** Skriptum Institut für Landschaftsplanung und Gartenkunst der TU Wien, Gälzer/Maxian. **Abb. 28:** BEP Wien-Meidling. Stadt Wien, MA 18, MA 21B. **Abb. 29:** Becker C.W.: Flexibilisierung in der Freiraumplanung. In: G + L Jg. 1999, H. 7, S. 25. **Abb. 30:** Werkstattbericht J. Spalink-Sievers in: Schriftenreihe des Instituts für Landschaftsplanung und Gartenkunst der TU Wien, H. 1, Wien 1994. **Abb. 31, 32:** G + L Jg. 1992, H. 5, Bericht von C. Tränkner. **Abb. 33:** U. von Spessen: Bahnhofsvorplatz Ingolstadt Nord. In: G + L Jg. 1995, H. 2, S. 23. **Abb. 34:** Wettbewerb: Hirschstettner GRÜNde, Wien 22. In: wettbewerbe Jg. 1996, H. 155/156, S. 73. **Abb. 35:** Dia Stadt Wien, MA 18. **Abb. 36:** H. Tauchnitz: Grünordnung Münster. In: Stadt und Grün Jg. 1998, H. 9, S. 605, Luftbild: Elsässer. **Abb. 37:** H. Schulz: Landschaftskonzept Region Wien - Umland Süd. In: perspektiven Jg. 1997 H. 5-6, S. 22. **Abb. 38:** Druckvorlage der Autoren. **Abb. 39:** K. Huber: Bern West. In: anthos Jg. 1994, H. 2, S. 58. **Abb. 40:** Schütze E.: Ökokonto. Chancen für umwelt- und kostenbewusste Kommunen. In: Stadt und Grün Jg. 2000, H. 1, S. 33. **Abb. 41:** Dia: Stadt Wien, MA 18. **Abb. 42:** Präsentationsmappe Büro Koselicka. **Abb. 43:** Farbbild K. Michor. **Abb. 45:** H. Stahlecker in: G + L Jg. 1996, H. 1, S. 47. **Abb. 46:** S. Bauer: Neugestaltung Wienfluss. In: perspektiven Jg 1994, H. 4, S. 14. **Abb. 47:** Projektpräsentation Österr. Verbund und Team 3 C: Wimmer – Schwarz – Hansjakob, Verlag: Bohmann, Wien; Foto: Verbund, R. Bönsch, M. Starl. **Abb. 49:** M. Ermischer: Konkrete Maßnahmen im Garagenbau – das Wiener Garagenprogramm. In: perspektiven Jg. 1996, H. 7, S. 59. **Abb. 50:** S. Leppert: Gleiswüsten zu Stadtoasen. In: G + L Jg. 1997, H. 5, S. 11. **Abb. 51:** anthos Jg. 1998, H. 1, S. 49. **Abb. 52, 60:** F. Volkmer: Einführung eines neuen Steuerungsmodells bei den Grünflächenämtern. In: Das Gartenamt Jg. 1993, H. 12, Abb. 2, 3. **Abb. 53:** Werkstattbericht J. Koppandy. In: Schriftenreihe des Instituts für Landschaftsplanung und Gartenkunst der TU Wien, H. 18, Wien 1994. **Abb. 54:** G. Richter: Ansätze zur Stadtrandplanung und Wachstumsbegrenzung. In: Das Gartenamt Jg. 1993, H. 9; S. 571-572, Nachzeichnung R. Gälzer. **Abb. 55:** R. Gälzer: Die Gärten zum Amthof Feldkirchen. In: Stadt und Grün Jg. 1999, H. 11, S. 755. **Abb. 56:** Druckvorlage B. Bacher. **Abb. 57:** Druckvorlage J. Fina. **Abb. 58:** E. Kohlbacher, K. Rudischer: Josef Oskar Wladar, Gartenarchitekt. Schriftenreihe des Instituts für Landschaftsplanung und Gartenkunst der TU Wien, H. 14, S. 29,.Wien 1990. **Abb. 59:** L. Cerny: Die Regionalplanung als Schnittstelle raumbezogener Informationssysteme. In: Raumordnung aktuell Jg. 1995, H. 1, S. 9. **Abb. 61:** Dia Stadt Wien, MA 18. **Abb. 62:** P. Berger: Das Projekt „Natur ums Schulhaus". In: anthos Jg. 1994, H. 2, S. 74. **Abb. 63:** Dia Büro Kirchner. **Abb. 64:** W. Kirchner, M. Kirchner, G. Haubenberger: Der Wienerberg, die Entwicklung einer Landschaft. In: anthos Jg. 1993, H. 3, S. 18. **Abb. 65:** Dia Stadt Wien, MA 18. **Abb. 66:** M. Auböck, Th. Proksch: Landschaftsarchitektur als flüchtiges Phänomen. In: Topos H. 1/1992, S. 30. **Abb. 67:** U. Tischer: Parc Citroën-Cevennes. In: G + L Jg. 1993, H. 10, S. 13. **Abb. 68:** Stadt Wien, MA 42, Verkleinerung des Original-Entwurfsplanes. **Abb. 70:** Dia Büro Kirchner. **Abb. 71:** Foto M. Auböck. **Abb. 72:** Gälzer R.: Landschaftsplanung für Städte – Wunsch und Wirklichkeit. In: Stadt und Grün Jg. 2000, H. 8, S. 523. **Abb. 73:** Werkstattbericht M. Handa in: Schriftenreihe des Instituts für Landschaftsplanung und Gartenkunst der TU Wien, H. 18, S. 75, Wien 1994. **Abb. 75:** R. Grebe, W. Tomasek: Gemeinde und Landschaft 2. Aufl. Köln 1980, S. 140. **Abb. 76:** E. Knippschild, C. Müller, J. Wehberg: Hafenflair ohne Lastkräne. In: G + L Jg. 1992, H. 10, S. 26. **Abb. 77:** B. Frank: Kinderspielplatz an der Peter-Lippert-Straße in Amberg. In: Stadt und Grün Jg. 1996, H. 3, S. 207. **Abb. 79:** Foto Stadt Klagenfurt, Abt. Grün- und Parkanlagen. **Abb. 80:** Spalink-Sievers J.: Kinderfreundliche Stadtentwicklung. In: anthos Jg. 1998, H. 3, S. 75. **Abb. 82:** Wagner D.: Inline-Skating: Moderne Asphalt-Cowboys. In: anthos Jg. 1999, H. 4, S. 16, Foto: Iguana AG, Baar. **Abb. 83, 84:** P. Weiss: Brücke zwischen Ost und West. In: G + L Jg. 1992, H. 12, S. 20, 22. **Abb. 85:** M. Lohde: Öffentliche Skate-Zonen im urbanen Raum. In: Stadt und Grün Jg. 1997, H. 3, S. 196. **Abb. 86:** Dia Stadt Wien, MA 18. **Abb. 87:** R. Preissmann: Golfplatz KOSAIDO International Golf Club Düsseldorf. In: Stadt und Grün Jg. 1998, H. 5, S. 357. **Abb. 88:** Dia Büro Kirchner. **Abb. 90, 91:** H.-J. Schulz: Naherholungsgebiete – Grundlagen der Planung und Entwicklung, Berlin/Hamburg 1978, S. 153, 154. **Abb. 93:** Ausstellungskatalog Hermann Mattern 1902-1971, Akademie der Künste und TU Berlin 1982. S. 102. **Abb. 94:** Präsentationsmappe M. Auböck. **Abb. 95:** Präsentationsmappe Büro Koselicka. **Abb. 97:** Schriftenreihe des Instituts für Landschaftsplanung und Gartenkunst der TU Wien, H. 4., Wien 1983. **Abb. 98:** H. Haller: Ökologische Siedlung Geroldsäcker. In: G + L Jg. 1996, H. 3, S. 29. **Abb. 102:** R. Dröge – 25 Jahre Garten- und Landschaftsarchitektur. **Abb. 103, 104:** Dia Stadt Wien, MA 18. **Abb. 105:** G + L Jg. 1999, H. 1, S. 37. **Abb. 109:** Skriptum Institut für Landschaftsplanung und Gartenkunst der TU Wien, Gälzer/Maxian. **Abb. 110:** H. Grub: Unternehmen Grün, München 1990, S. 17. **Abb. 111:** C. Künster: Dienstleistungspark Orschel in Reutlingen. In: Das Gartenamt Jg. 1993, H. 7, S. 428. **Abb. 112:** H. W. Niemeyer: Zum Begehen und Besehen. In: G + L Jg. 1994, H. 1, S. 43. **Abb. 113:** W. Hunziker: „Masterplan Grün" Kaiseraugst. In: anthos Jg. 1995, H.1. S. 17. **Abb. 114:** L. Norgaard, V. Holscher: Lousiana, Silkeborg und Roe. In: G + L Jg. 1994, H. 12, S.26. **Abb. 115:** C. Müller, E. Knippschild, J. Wehberg: Jüdisches Museum. In: G + L Jg. 1994, H. 12, S. 9. **Abb. 117:** G. Engel: Der Uni-Park Zürich im Wandel. In: anthos Jg. 1996, H. 2, S. 76. **Abb. 118:** R. Dröge – 25 Jahre Garten- und Landschaftsarchitektur. **Abb. 119:** Foto A. Detzlhofer. **Abb. 122:** Dia Büro Kirchner. **Abb. 123:** H. Berger, N. Schäfer: Naturnahe und kindgerechte Spielräume. In: Stadt und Grün Jg. 1997, H. 5, S. 334. **Abb. 125:** Präsentationsmappe M. Auböck. **Abb. 126:** Dia Büro Kirchner. **Abb. 127:** C. Luz: Kureinrichtungen in Bad Colberg. In: G + L Jg. 1998, H. 7, S. 14. **Abb. 128:** Dieter Kienast – zwischen Arkadien und Restfläche (Ausstellungskatalog), Luzern 1992,S. 36. **Abb. 129, 131:** R. Dröge – 25 Jahre Garten- und Landschaftsarchitektur. **Abb. 130:** E. Badeja: Friedhof Oberwangen in der

Gemeinde Köniz. In: anthos Jg. 1998, H. 4, S. 10. **Abb. 133:** G. Richter: Handbuch Stadtgrün. München/Wien/Zürich 1981 S. 245. **Abb. 134:** Foto: Hans Jacobi, Archiv Prof. R. Gälzer. **Abb. 135:** R. Henry: „Ein beträchtliches Lebenskapital...". Die Tuilerien-Gärten, ein Teilprojekt des „Grand Louvre". In: anthos Jg. 1994, H. 1, S. 3. **Abb. 139:** Clark R: Der Stadtpark Hannover. In: G + L Jg. 1998, H. 8, S. 11. **Abb. 140:** Hager G.: Neue Gärten für Herrenhausen. In: G + L Jg. 2000, H. 6, S. 18. **Abb. 141:** D. P. Reed: Der Park als Ort des Wandels. In: G + L Jg. 1995, H. 3, S. 13. **Abb. 142:** H. Adam: Taubblindenheim in Fischbeck. In: Das Gartenamt Jg. 1994, H. 8, S. 536. **Abb. 143:** Bayerisches Staatsministerium des Innern, Oberste Baubehörde (Hrsg.): Städtebau und Städtebauförderung in Bayern Nr. 5. Stadterneuerung und Stadtentwicklung in Ingolstadt, S. 22. **Abb. 144:** M. Daldrop-Weidmann (Hrsg.): Walter Rossow. Die Landschaft muß das Gesetz werden. Stuttgart 1991. S. 75. **Abb. 145:** Foto Schönbrunner Tiergarten, Barbara Koch. **Abb. 146:** H. Adam: „Natur im Städtebau" 1994 in Duderstadt. In: Das Gartenamt Jg. 1994, H. 5, S. 310. **Abb. 147:** K.-J. Evert: Bau der IGA-Daueranlagen. In: Das Gartenamt Jg. 1993, H. 5, S. 307. **Abb. 148:** Dia, Plan: IGS Betriebsgesellschaft. **Abb. 150:** Skriptum des Instituts für Landschaftsplanung und Gartenkunst der TU Wien, (nach: BMin. für Bauwesen und Städtebau, Bonn). **Abb. 151:** Neumann K.: Versteckte Werte im öffentlichen Grün. In: G + L Jg. 1999, H. 8, S. 24. **Abb. 155:** Stadt Wien MA 42. In: perspektiven Jg. 1995 H. 6/7, Umweltbericht S. 36. **Abb. 156:** C. Luz: Gestalt ohne Gestaltung. In: G + L Jg. 1990, H. 9, S. 35. **Abb. 157:** BDLA, Landesgruppe Bayern (Hrsg.): Landschaft in der Stadt, Stadt in der Landschaft. Schwabach 1989. S. 23. **Abb. 158:** Dia Stadt Wien, MA 18. **Abb. 159:** J. Kleiner, B. Schubert: Landschaftspflegerische Begeitplanung. In: anthos Jg. 1997, H. 1, S. 51. Farbfoto: O. Lang. **Abb. 160:** Schade C.: Grüne Gleise sind im Kommen. In: Stadt und Grün Jg. 2000, H. 2, S. 110. **Abb. 163:** R. Ivancsics, K. Glotter: Landschaftsgestaltung und Landschaftsnutzung. In: perspektiven Jg. 1996, H. 10, S. 52. **Abb. 164:** Mann G.: Begehbare Dachbegrünungen. Grüne Oasen über den Dächern. In: Stadt und Grün Jg. 1998, H. 11, S. 808. **Abb. 165:** A. Bruun, Cite Vieux-Bourg. In: anthos Jg. 1997, H. 2, S. 50. **Abb. 166:** H. Grub: Unternehmen Grün, München 1990 S. 109. **Abb. 167:** B. Krüger, H. Möhrle: Maroni, Maroni, Maroni. In: G + L Jg. 1996, H. 4., S. 38 Mitte (Bild), S. 39 oben (Schnitt). **Abb. 169, 170, 179:** S. Kratochwill: Schritt für Schritt zum Traumgarten, Wien 1986, S. 14, 15, 29. **Abb. 175:** Skriptum Grünraumgestaltung, Universität für Bodenkultur Wien, Strichzeichnung: F. Woess. **Abb. 176, 177:** K. Glotter, Chr. Heiss (Hrsg.): E.W. Heiss, Städtebau con amore, S. 54, 57, Wien 1997. **Abb. 178:** H.-J. Adam, M. Adam: „Park der Sinne" in Laatzen. In: Stadt und Grün Jg. 2000, H. 6, S. 370. **Abb. 180, 181, 182, 183:** Originalplan und Präsentationsmappe Büro Erhardt. **Abb. 184:** Brandenfels A., Ewers C: Bachmodell auf grünem Dach. In: G + L Jg. 1999, H. 2, S. 25. **Abb. 185:** K. Liesecke: Neue Spielplätze braucht das Land. In: Das Gartenamt Jg. 1994, H. 3, S. 158. **Abb. 186:** R. Appl: Bauwerksbegrünung als Unternehmens-Philosophie. In: Stadt und Grün Jg. 1995, H. 10, S. 695. **Abb. 187:** Architektenkammer Wien (Hrsg.): Entwürfe für Wien, Ausstellungskatalog, Wien 1990, S. 63. **Abb. 188:** Dia A. Cejka. **Abb. 189, 190:** Schriftenreihe des Instituts für Landschaftsplanung und Gartenkunst der TU Wien, H. 13 Teil III S. 36, 110. Wien 1990. **Abb. 191, 192:** A. Muhar: EDV-Anwendungen in Landschaftsplanung und Freiraumgestaltung. Stuttgart 1992, S. 44, 116. **Abb. 193:** Firmenprospekt „aktuell" Firma DATAflor, S. 13. **Abb. 194:** Itner S.: Methoden der Grünflächenkartierung. Möglichkeit und Grenzen des Einsatzes von Luftbildern. In: Stadt und Grün Jg. 1998, H. 6, S. 389. **Abb. 195:** Glatthard T.: Datenquellen für Geo-Informationssysteme. In: anthos Jg. 2000, H. 2, S. 20. **Abb. 196:** H. Eschenbruch: Empfehlung für den Aufbau einer Grünflächendatei. In: Stadt und Grün Jg. 1996, H. 1, S. 58-59. **Abb. 197:** Leppert S., Knoflach R.: In Zukunft mehr Service. In: G + L Jg. 1998, H. 9, S. 27. **Abb. 198:** Schulz H.: Über den gestalterischen Umgang mit künstlicher Beleuchtung im Außenraum. In: Stadt und Grün Jg. 1999, H. 12, S. 807. **Abb. 2, 7, 12, 14, 15, 17, 18, 26, 44, 48, 69, 74, 78, 81, 89, 92, 96, 99, 100, 101, 106, 107, 108, 109, 116, 120, 121, 124, 132, 136, 137, 138, 149, 152, 153, 154, 161, 162, 168, 171, 172, 173, 174, 199, 200:** Fotos/Dias/Entwürfe: R. Gälzer.